밀턴 시의 이해

Understanding Milton's Poetry

정식헌 지음

신아사

이 글을 선친 鶴岡 正字 根字 님의 영전에 바칩니다.

■ 머리말

대학강단에서 강의와 연구생활을 하던 33년여의 세월은 짧으면서도 길었다. 그러한 세월을 지내오면서 많은 보람과 즐거움도 있었지만, 동행자가 되어준 것은 고난(苦難)이었다. 아직도 1980년 5월 17일, 40세 당시의 고난은 잊혀지지 않는다. 말로 다할 수 없는 고난 속에서 몸과 마음을 강건하게 떠받쳐준 것은 "인간은 고난을 위하여 태어났나니, 불티가 위로 날음과 같으니라"Yet man is born unto trouble, as the sparks fly upward(*Job,* 5: 7)고 하는 성구(聖句)였다. 어줍은 신앙심으로 고난을 견뎌서 이겨내고 나니, 그 고난은 불티가 날듯 잠깐 왔다가 사라진 것이 되었다. 그렇지만, 그 고난은 많은 경험을 되새김하게 하여 자신을 새롭게 정립시켰고, 어떤 역경도 의롭게 딛고 일어설 수 있는 굳건한 불굴의 정신력을 길러주었다. 고난을 겪어보면, 잘나고 못난 갖가지 인간들의 구차하고 누추한 속을 들여다볼 수 있는 혜안(慧眼)을 갖게 되고, 아울러 권모술수(權謀術數)나 모략중상(謀略中傷)이나 조삼모사(朝三暮四)라는 말의 참뜻을 비로소 터득하게 된다. 나에게 인생살이의 어두운 밤길을 비춰주는 하나의 등불이 생겼다. 그것은 고난의 등불이다. 고난과 더불어 지내면서 삶의 많은 이치를 깨우쳐 준 등불이다. 과거에서부터 파도의 물굽이처럼 이어진 작고 큰 고난의 등불 없이는 미래를 비춰볼 수도 판단할 수도 없는 암흑을 맞게 될 것 같다.

인문학의 모든 분야는 기원 이전에서부터 근대에 이르기까지의 성현들과 수없이 많은 석학들에 의해서 논증되고 설파되고 주창된 학문적 산물이 태산보다 더 높이 무성하게 쌓여 있다. 인문학을 강의하고 연구하는 오늘의 우리가 독창성 있는 우리의 것을 찾아낸다는 것은 교수 또는 학자라는 비단 옷을 걸치고 고난의 밤길을 헤매는 것과 다를 바 없다. 그런데도, 고난의 밤길을 비춰서 갈 길을 안내하고 판단해준 고난의 동반자이자 반딧불 같은 작은 등불은 옛 성현들과 수많은 석학들의 학문적 산물의 모든 내용을 담고 있는, 연구실 사방의 천장에까지 쌓여진 갖가지 문헌들과 연구자료들이었다. 그들이 어느 날 소리쳐 말하기를, "당신이 교수인 양 아니면 학자인 척하고 거드름을 피우는 데에 필수적인 장식물로 우리를 이용하고서, 당신의 강단생활을 마감할 작정이요. 정녕, 우리를 당신의 동반자로, 작은 등불로 사랑했다면 그래서는 안 되지."라고 하였다. 그러한 그들의 외침이 뇌리에 닫는 순간, 고난의 길은 따갑고 맵고 쓰고 쓰리고 시리고 아프고 차디찬 것이었지만, 고난의 등불로 말미암아 나의 고난은 아름다웠다고 생각되었다. 연구실을 꽉 채웠던 그들을 양심 없는 교수 내지는 학자라는 권위와 허세의 들러리로 사장(死藏)시키거나 희생시켜서는 안 되겠다고 생각했다. 거의 한 평생을 동반자이자 작은 등불로 동고동락했던 그들에게 참다운 사랑을 주고자 무엇에게 홀린 듯이 이 글을 쓰게 되면서 세 번의 여름과 두 번의 겨울을 보냈다.

그 동안 밀턴 시와 관련된 강의록과 연구록 및 쌓여 있는 참고문헌의 먼지를 털어내고, 학부나 대학원에서 밀턴 시를 강의하거나 연구하는 동지들이나 후학들에게 아주 미미하나마 어떤 보탬이 될 수 있으면 좋겠다는 생각으로 미흡하고 어설픈 이 글을 썼다. 이 글은 I. 밀턴 시의 배경, II. 밀턴 시대의 시인들, III. 밀턴 시의 이해, IV. 시 선편이라는 순서로 꾸며졌다. I. 밀턴 시의 배경에서는 밀턴 시를 이해하기 위한 첫걸음으로써 고전주의와 신고전주의에 대한 일반론적인 것을 알아보았고, 밀턴 시의 정신적 지적 배경이자 전범(典範)model으로 여겨지는 대표적인 고전작가 아리스토텔레스Aristotle의 행동모방론과 호레이스Horace; Horatius의 적정률(適正律), 그리고 롱기누스 Longinus의 숭고론(崇高論)을 간략하게 살펴보았으며, 밀턴 시의 직접적인 배경이 되는 영국 신고전주의 여명기(黎明期)의 영시론을 세 가지로 분류하여 정리하였다. II. 밀턴 시대의 시인들에서는 밀턴과 17세기라는 동시대에 맞물려 창작활동을 했던 영국 신고전주의 형성기(形成期)의 시인들인 형이상학파 시인들과 왕당파(세속) 시인들, 그리고 밀턴을 주축으로 한 스펜서학파 시인들의 각 계파별 대표적인 몇몇 시인들의 시편들을 예로 들고, 각 계파의 시적 특징을 분석・정리해보았다.

그리고 III. 밀턴 시의 이해에서는 밀턴의 생활무대와 창작시기에 대한 대표적인 두 가지 논술을 들고, 그것들을 종합하여 창작시기를 제1기 케임브리지대학 시절, 제2기 호오턴Horton 시절, 제3기 산문과 14행시의 시절, 제4기 만년시절이라는 네 가지로 구분하였고, 아울러 각 시기별로 대표작품을 선정하여 분석・음미・이해하도록 해보았다. 특히 제4기 만년시절에서는 그 시절에 밀턴이 쓴 전무후무한 훌륭한 걸작품 『실락원 *Paradise Lost*』을 살펴보았다. 우리는 오늘날까지 밀턴의 『실락원』에 관한 유능하고 훌륭한 선배 석학들의 번역물과 연구물 및 저술들을 많이 접해왔다. 그런데, 더러는 출처를 알 수 없는 주석과 해석, 잘못 인용된 『성서(聖書)』의 구절들과 대응관계로 설정된 이설(異說)과 정설(定說) 등에 대한 두루뭉수리한 분석이나 해설은 후학들의 갈증을 더 가중시켰다. 예컨대, 『실락원』의 XII권 160행에 있는 'a younger son'을 야곱Jacob의 '둘째 아들'로 주석하거나 해설해놓았는데 그것은 잘못이다. 야곱의 둘째 아들은 시므온Simeon이고, 애굽 왕 바로Pharao; Pharaoh의 총리로 애굽의 제2인자로 있던 요셉Joseph은 야곱의 열두 아들들 중에서 (야곱의 막내 아들 베냐민Benjamin을 'the youngest son'으로 표현하면) 끝에서 둘째이므로

'a younger son'을 '끝에서 둘째 아들'로 주석되거나 해석되어야 한다. 그리고 같은 책 XII권의 267-268행의 'the third/From Abraham, son of Issac'이라는 어구도 '아브라함의 3세 또는 아브라함으로부터 3세손, 이삭의 아들'로 번역하거나 주석해서는 안 된다. 이 어구는 '아브라함으로부터 세 번째, 이삭의 자손'으로 번역하거나 주석해야 된다. 이런저런 몇 가지 오류들을 발견하면서 『실락원』의 속뜻 다시 읽기라는 소제목으로, 그 구성구조를 발단부, 상승부, 절정부, 하강부, 종결부로 분류하여, 구성구조마다 줄거리의 골격이 되는 대목들을 골라, 같은 길의 동지들이나 후학들과 새로운 음미와 이해를 더불어 가지려고 열심히 노력하고 연구하였다. 마지막 장이 되는 Ⅳ. 시선편은 학부나 대학원의 강의나 학습연구용으로 밀턴의 창작시기별을 대표하는 시 20편을 선정하였다. 같은 길의 동지들이나 후학들의 자연스러운 정서감정과 학습연구의 분위기를 제한하거나 해칠 우려가 있으므로 우리말로 번역하거나 해설하는 따위의 건방은 피했다. 반면에 각 시편의 번역은 원어 그대로의 주석note으로, 감상과 이해를 위한 해설은 각 시편마다 역시 원어 그대로의 꼼꼼한 들머리 해설headnote로 대신하였다. 시선편의 '주석'과 '들머리 해설'에서 원어나 원문의 출처를 이용할 수 있게끔 분명하게 밝혀놓았다. 이러한 의미에서 '시선편'은 '이해편'이 되는 셈이다.

그리고 원서의 경우에, 각 출판사 또는 각 편집자마다 원문의 구두점이나 소문자와 대문자의 표기가 서로 다른 것이 더러 있는 까닭에, 이 글에서 인용된 시의 원문에는 그 출처를 시행의 끝에 밝혀놓았다. 특히 '시선편'에 선정된 시의 원문의 출처가 근대판 Milton(1971)을 제외한 Milton(1929)일 경우이거나 Milton(1933)일 경우에는, Milton(1929) 또는 Milton(1933)] Milton(1971)로 표시한 다음, 시행의 수를 이탤릭체로 하여 그 차이를 '들머리 해설' 말미에 대조해놓았다. 또한 이 글의 군데군데에 있는 각주(脚註)footnote는 용어나 어구의 개념 또는 내용을 충분히 파악할 수 있게끔 정리해보았다. 이 글에 나타나는 고전작가들에서부터 근대작가들에 이르기까지 그들의 생존연대와 이론, 작품내용과 학설, 사상과 철학 등에 관한 것은 1982년도 판의 『신판 브리태니커 백과사전 *The New Encyclopaedia Britannica*』, 전체 I-X권과 1-19권을 이용하였음을 밝혀둔다.

끝으로, 그리스도의 우편 강도와 다를 바 없는 누추한 인간으로 하여금 이 책을 쓰게끔 담대한 용기와 영감과 지혜를 주신 하나님께 감사드리는 마음 금할 길이 없다. 지금도 참사랑의 도리를 담금질하고 있는 내 영육(靈肉)의 안식처, 소리없이 웃는 꽃과 같은 소크라테스의 부인(素山)과 믿음직스러운 장남 基洪이와 사랑스러운 딸 基恩이와 소중한 아들 基薰이에게 남겨줄 것이 아무 것도 없구나. 누구에게나 늙음과 병듦과 죽음이 있음을 항상 되뇌면서 살아라. 그리하면, 언제나 맑게 갠 밝은 내일을 볼 수 있느니라. 가지고 갈 것도 주고 갈 것도 하나도 없는 가증스럽고 더러운 육신의 껍질을 훌훌 벗어 버리고, 누구나 혼자 홀가분하게 떠나는 그 날을 예비하면서 이 책을 남긴다. 그리고 이 책의 출판을 맡아주신 신아사 정현걸 사장님과 한규갑 상무님, 그리고 편집부 직원들에게 고마움을 표한다.

2008년 10월 20일 集賢寓居에서

農山 **鄭 湜 憲** 識

차례

I.
밀턴 시의 배경

I. 밀턴 시의 배경

고전주의와 신고전주의

고전시대의 고전작가들의 작풍manner을 모방하거나 본받으면서 창작활동을 했던 영문학상의 16세기에서부터 18세기까지의 신고전주의 작가들의 작품을 이해하기 위한 우리의 길잡이는 예외없이 고전주의의 내용을 정확하게 파악하는 데에서 시작되고 있다. 고전작가들은 신고전주의 작가들의 문학적・정서적・정신적 배경이었기 때문이다. 밀턴 시의 배경 역시도 예외일 수는 없다. 말하자면, 고전시대의 고전작가들이 있었기에 신고전주의 작가들이 존립할 수 있었다는 뜻이다. 고전주의classicism의 진흥(振興)은 문예부흥Renaissance 운동의 값진 성과 중의 하나였다. 문예부흥 운동은 14세기 초에 이탈리아의 피렌체Firenze(Florence)를 중심으로 일어났다. 우리는 문예부흥의 의의를 대체로 넓은 의미와 좁은 의미로 나누어 생각할 수 있을 것이다. 넓은 의미의 문예부흥은 중세 시대의 유럽을 주름잡던 로마교회의 교리Roman Catholicism에서 비롯된 신위(神威)적인 권위charisma의 막강한 교권(教權)의 틀을 탈피하여 새로운 정신의 발현(發顯)을 추구하는 데에 있었다. 말하자면, 그것은 로마교회에 의하여 규정된 세계관이나 인간관의 속박으로부터 해방된 자연인의 인간성으로써, 인간의 자유로운 활동과 발전의 재생 내지는 부활을 의미하였다. 요컨대, 문예부흥은 로마교회의 교리가 못을 박았던, 이른바 로마교회 자체적인 신God의 권위로 인하여, 한동안 인간이 상실하였던 자아self, 즉 로마교회의 교권에 의한 자아로부터 인간 자신의 자아를 재생하거나 부활하고자 하는 운동이었다. 세계사상사에서 인문주의humanism와 인간애주의humanitarianism를 문예부흥 운동이 제기하여 표방한 것으로 해석하는 이유는 넓은 의미의 문예부흥 정신에서 말미암은 것이며, 또한 16세기의 종교개혁Reformation 역시도 같은 맥락의 사상과 정신에서 비롯된 산물이라고 하겠다.

다음으로, 좁은 의미의 문예부흥은 고대 그리스Greece와 로마Rome의 문학과 학문, 그리고 예술의 고전주의적인classical 특질을 재발굴하여 다시금 구현하려는 고전부흥 또는 학예부흥 운동이었다. 고전주의적인 특질은 주로 고대 그리스와 로마의 작가들의 인간관, 자연관, 철학관, 그리고 문예관이 대체로 잘 나타나 있는 것으로 간주된 호머Homer; Homeros의 『이리아드 *Iliad*』와 『오딧세이 *Odyssey*』, 플라톤Plato의 『대담론 *Dialogues*』, 아리스토텔레스Aristotle의 『시학 *De arte poietica; Poetics*』, 호레이스Horace; Quintus Horatius Flaccus의 『작시론(作詩論) *Ars poetica*』, 퀸틸리언Quintilian; Marcus Fabius Quintilianus의 『웅변술강론 *Institutio Oratoria*』, 그리고 롱기누스Dionysius Cassius Longinus의 『숭고론(崇高論) *Peri Hypsous; On the Sublime*』 등에서 집약되었다. 그와 같은 작품들에 담겨진 **고전주의적인 특질**the classical characteristics은 문학사상의 강고(强固)함stability, 고매한 정신의 숭고(崇高)함sublimity, 평이하면서도 세련된 문체의 명쾌(明快)함clarity, 은은하게 흐르는 우미(優美)serene beauty와 아취(雅趣)taste, 사사로운 감정의 절제restraint, 자연에 대한 인간의 유한함mortality과 한계limit, 감각감정(감성)을 이성에 융합fusion, 남용되지 않는 자연스러운 기발한 이지(理智)wit, 사상과 주제 및 문체style와 어조tone간의 적합한 조화, 즉 적정률(適正律)decorum, 소박한 표현의 정연한 질서order, 그리고 통일성 있게 잘 맞추어진 규칙rule과 형식form 등이었다. 이러한 특질은 고대 그리스와 로마 고전주의classicism의 종합적인 원리이기도 하였거니와 그러한 고전주의를 신봉했던 영국 신고전주의 작가들의 전형적인 규범, 즉 전범(典範)model이기도 하였다.

그러한 특질을 가진 고전주의의 전범을 금과옥조(金果玉條)로 삼아 모방하고, 신봉하고, 조합하고, 찬양하고, 그것을 보편화하고 유형화하며 일반화하고 전형화 하여 고전주의적이라고 하는 작품들의 문학사상 및 정신, 그리고 정서감정 속에 합류해 들어가는 작가들의 성향을 고전적이라고 한다. "우리가 일상적인 용어로 사용하는 고전적 classic(klassik)이라는 말은 '전형적인', '모범적인', 그리고 같은 부류 중에서 '일류의', '최고급인', 즉 학교나 기타에서 '연구나 모방의 가치가 있는' 등의 뜻을 갖는다. 고전주의적classical(klassisch)이라는 말은 '고전주의의', '고전에 관한', '고전에 관한 학식'이라는 뜻으로 고대 그리스와 로마의 가장 훌륭한 작가에 대해서 주로 사용된다. 그리고 낭만주의적 romantic(romantisch)과 낭만주의romanticism(Romantizismus)와 바로크 baroque(Barock)의 개념과는 대립되는 고전주의classicism(Klassizismus)는 앞에서 언급된 고전주의적인 특질을 원리로 하는 문학사조를 지칭한 것이다. 근대 문학사가들은 고대 그리스와 로마의 고전주의와 문예부흥 시대의 고전적 고전주의를 구별짓기 위하여 문예부흥 시대의 고전주의를 이른바 '**신고전주의**'neo-classicism라고 한다"(Cf. Secretan, 2-3). 또한 근대 문학평론가들은, 문예부흥 시대에 고대 그리스와 로마의 고전주의를 재발굴 하여 새롭게 구현했다는 의미가 부여되어 있는, 신고전주의를 고대의 고전주의의 모방 내지는 모조품이라는 뜻에서 '의사(擬似)고전주의'pseudo-classicism라는 용어를 사용하기도 한다. 그리고 서술된 바에서 이해될 수 있듯이, 우리는 포괄적인 의미에서 신고전주의를 문예부흥의 고전주의 또는 고전적 고전주의라고도 일컬을 수 있다.

요컨대, 좁은 의미의 문예부흥은 문학사조사에서 한 획을 장식했던 고전문학의 부흥이라는 정신적 가치를 아낌없이 지불한 신고전주의 운동이었다. 고대 그리스와 로마의 고전문학의 사상과 정신의 전통을 이어받고, 재발굴하여 정리한 고전문학의 전범model을 준수한다는 원칙 아래 실천되어진 문학활동의 사조를 **신고전**

주의이다라고 하며, 이러한 당시대의 문학사조에 적극적으로 동참하여 작가의 길을 걸었던 사람을 **신고전주의자**라고 한다. 신고전주의에 대한 그와 같은 개념에 비추어 보건대, 14세기의 이탈리아 문예부흥을 이끌었던 문인들 중에서, 『신생(新生) *Le Vita Nuova*』과 『신곡(神曲) *Divina Commedia*』을 쓴 단테Alighieri Dante(1265-1321), 『서정사화집(抒情詞華集) *Cauzonicre*』과 『외롭고 쓸쓸한 인생살이 *De Vita Solitaria*』를 쓴 페트라르카Petrarch; Fransesco Petrarca(1304-1374), 그리고 『데카메론 *Decameron*』을 쓴 복카치오Giovanni Boccaccio(1313-1375) 등은 신고전주의의 모범적인 선구자들이었던 셈이다. 근대 및 현대의 문학사가들이나 문학평론가들에 의해서 알려진 바와 같이, 그들의 고전적 사상과 정신, 소재와 주제, 문체와 어조, 그리고 규칙과 형식 등에 지대한 영향을 끼친 문학 일반론적으로 말하는 전형적인 규범, 즉 전범model은 아리스토텔레스의 『시학』과 호레이스의 『작시론』과 롱기누스의 『숭고론』이었다고 할 수 있을 것이다. 다음에서 우리는 신고전주의자들의 전범(典範)이자 밀턴John Milton(1608-1674) 시의 배경의 원류(源流)로 볼 수 있는 그들의 시론들을 간략하게 알아보기로 하자.

고전작가의 시론

아리스토텔레스Aristotle(384?-322? B.C.)는 그의 『시학』에서 풋나기(初心者) 시인들과 극작가들에게 주로 서사시와 시극poetic drama의 비극과 희극에 관한 창작방법을 지도하고 있다. 서사시와 비극과 희극은 여러 가지 유형의 삶을 영위하는 인간의 행동을 모방한 것이다라는 그의 '**행동모방론**'에서, 초심자 시인들과 극작가들에게 모방의 자유로운 활동과 재량권을 부여해놓았다. 그러나 그는 창작품의 플롯(짜임새)plot에는 문제 또는 사건의 제기(提起; 發端)Protos; protasis, 승계(承繼; 上昇)Epiktates; epitasis, 역전(逆轉; 絶頂)Peripeteia;

peripeteia, 쇠락(衰落; 下降)Katabasis; catastasis, 전도(顚倒; 終結)Katastrophe; catastrophe라고 하는 구조와 운율rhythm의 율격meter이 합치되어 있어야 한다라고 함으로써 그들의 재량권의 범위를 한정하였다. 이것은 아리스토텔레스가 그의 『시학』 군데군데에서 설명하고 있는 모방mimesis의 원칙이다. 이러한 모방의 원칙을 중심으로, 16세기 이탈리아의 문학평론가들이 **'3일치의 원칙'**the doctrine of the Three Unities(the unity of place, the unity of time, the unity of action)을 유추해냈던 것이다(Fyfe's Aristotle, xxi). 『시학』에서, 서사시와 시극(詩劇)poetic drama의 비극 및 기타에 대한 아리스토텔레스의 전형적인 정신자세를 인용하면 다음과 같다.

> 그렇더라도, 시는 일찍이 시인 나름의 개성에 따라 두 종류로 분류되었다. 시인들 가운데 보다 중후한 시인the graver은 고결한 행동과 고결한 사람의 행동을 모방할 것이고, 천박한 부류의 시인은 비천한 행동과 비천한 사람의 행동을 모방할 것이다.
> (당시에 서사시로 된 찬미가hymnos와 찬사(讚詞)egkomion는 중후한 시로, 호머 이전의 풍자시는 천박한 시로 분류되었다.)

> Poetry, however, soon broke up into two kinds according to the differences of character in the individual poets; for the graver among them(poets) would represent noble actions, and those of noble personages; and the meaner sort the actions of the ignoble.
> (Fyfe's Aristotle, ch. 4, 10)

> 그런데, 서사시와 비극과의 차이는 (1) 서사시가 한 가지 종류의 운문(韻文)으로 된 설화체인 점에 있다. 또한 (2) 그 둘의 차이는 시간의 길이에 있다. 말하자면, 비극은 가능한 한 태양의 일회전 시간 이내로 유지되도록 하거나, 그 시간대를 과히 초과하지 않으려는 반면에, 서사시는 극적 행동에 따른 일정한 시간의 제한을 받지 않는다.

> It(Epic poetry) differs from it(Tragedy), however, (1) in that it is in one kind of verse and in narrative form; and (2) in its length —which is due to its action having no fixed limit of time, whereas Tragedy endeavours to keep as far as possible within a single

circuit of the sun, or something near that. (*Op. cit.*, ch. 5, 14)

그런데, 비극이란 진지하고 일정한 규모를 갖는, 자체적으로 완결된 행동의 모방이며, 언어는 즐거움을 주는(음악적인 효과를 수반하는 운율 rhythm) 미사여구(美辭麗句)를 사용한다. 그러한 낱낱의 언어는 작품의 여러 부분들의 적재적소에 삽입된다. 그리고 비극은 극적 형식을 취하고 설화체를 취하지 않으며, 애련(哀憐)과 공포를 야기한 사건들을 통해서, 그 같은 사안의 정서감정을 해소한다. . . . 그런데, 이야기의 줄거리나 플롯은 행해진 행동을 모방한 것이다. 플롯이라는 용어의 당면한 의미는 다름이 아니라, 이야기 속에서 행해진 사건들이나 일들의 짜임새를 뜻하는 것이다.

A tragedy, then, is the imitation of an action that is serious, has magnitude, and is complete in itself; in language with pleasurable accessories, each kind brought in separately in the various parts of the work; in a dramatic, not in a narrative form; with incidents arousing pity and fear, wherewith to accomplish its catharsis of such emotions. . . . Now the action (that which is done) is represented in the play by the Fable or Plot. The Plot, in our present sense of the term, is simply this, the combination of the incidents or things done in the story; . . . . (*Ibid.*, ch. 6, 16-17)

또한 아름답다는 것은 생물이거나 여러 가지 요소들로 구성된 사물이거나 간에, 여러 요소들의 배열에 있어서 어떤 질서를 나타내지 않으면 안 될 뿐만 아니라, 역시 적절한 규모로 구성되어야 한다. 사물의 크기와 질서가 미(美)의 질료(質料)이기 때문이다.

Again: to be beautiful, a living creature, and every whole made up of parts, must not only present a certain order in its arrangement of parts, but also be of a certain definite magnitude. Beauty is a matter of size and order, . . . (*Ibid.*, ch. 7, 21-22)

이상의 서술에서 명백한 것은, 시인은 그의 작품에 있는 모방의 요소 때문에 시인이고, 그 모방의 요소는 그가 모방한 행동인 이상, 시인은 운문을 **창작하는 사람**이라기보다는 오히려 이야기나 플롯을 창작하는 사람이어야 한다는 사실이다.

It is evident from the above that the poet must be more **the poet** of his stories or Plots than of his verse, inasmuch as he is a poet by virtue of the imitative element in his work, and it is actions that he imitates. (*Op. cit.*, ch. 9, 26)

시인이 자기의 플롯을 구성하고 통용되는 시어로 그 플롯을 작품화함에 있어서, 명심해야 할 것은 (1) 시인은 될 수 있는 한 실제로 있었던 장면을 눈 앞에 현존(現存)시켜야 한다. . . . (2) 또한, 가능한 한 시인 자신도 작중인물의 거동과 똑같이 자기의 이야기를 연기(演技)해보아야 한다. 가령 같은 천분(天分)을 지닌 시인이더라도, 묘사하게 되는 정서감정을 느끼는 시인이 사람을 가장 잘 감동시킬 수 있을 것이다. . . . (3) 그리고 또, 시인의 이야기는 기성(旣成)의 것이든 시인 자신이 창작한 것이든 간에, 삽화(揷話)를 삽입하여 이야기의 길이를 늘이는 작업에 앞서, 시인은 우선 자기의 이야기를 보편적인 형식으로 간결하게 다듬어야 할 것이다.

At that time when he is constructing his Plots, and engaged on the Diction in which they are worked out, the poet should remember (1) to put the actual scenes as far as possible before his eyes. . . . (2) As far as may be, too, the poet should even act his story with the very gestures of his personages. Given the same natural qualifications, he who feels the emotions described will be the most convincing. . . . (3) His story, again, whether already made or of his own making, he should first simplify and reduce to a universal form, before proceeding to lengthen it out by the insertion of episodes. (*Ibid.*, ch. 17, 47-48)

이상의 구절들에서, 아리스토텔레스는 문학분야별의 원천적인 것을 행동의 모방으로 보았다. 즉, “중후한 시인은 고결한 행동과 고결한 사람의 행동을 모방한 글을 쓰고, 천박한 시인은 비천한 행동과 비천한 사람의 행동을 모방한 글을 쓴다”는 것이 ‘행동모방론’의 골자이다. 그는 『시학』 군데군데에서 서사시와 시극의 비극을 (시극poetic drama과 극시(劇詩)dramatic poem와의 차이는, 시극은 무대에 올릴 희곡(戱曲)을 산문(줄글)으로 쓰지 않고 시의 형태를 빌려 운문(뜻글)으로 쓴 것이고, 극시는 무대와는 무관하게 시를 극적인 희곡의 형태를 빌려 쓴 것이다. 따라서 시극은 시로 된 희곡의 무대화로 산문으로 된 희곡의 무대화나 마찬가지로 연극을 전제로 하는 극작품이고, 반면에 시를 극적 희곡의 형태로 쓴 극시는 읽고 감상하고 음미하는 문학작품으로서의 가치정도를 전제로 하는 희곡이다. 시극이나 극시의 대표적인 것은 비극과 희극이다. 아리스토텔레스의 시대에는 극시보다는 시극을 중심으로 한 시대였으며, 시극의 비극을 고결한 시로 여겼음이 그의 『시학』 군데군데에 드러나 있다.) 제외한 여타의 것들을 천박한 시로 보았다. 다시 말하자면, 아리스토텔레스가 그의 '행동모방론'으로 분류해놓은 문학분야는 고결한 시와 천박한 시인데, 전자는 고결한 상류계층 인물의 행동을 모방한 서사시와 비극이고, 후자는 비천한 하류계층 인물의 행동을 모방한 것으로서 서사시와 비극을 제외한 여타의 서정시, 풍자시, 희극 등으로 분류하였다. 그리고 서사시와 비극은 상류계층의 고결한 인물이 인간생활에서 행한 행동을 시인, 즉 창작하는 사람이 모방하여 쓴 것이고, 또한 시인은 모방의 요소들을 질서있게 배열하여 음악적인 효과를 수반하는 운율rhythm과 즐거움을 주는 미사여구accessories로 문체와 어조의 아름다운 조화와 더불어 적절한 규모의 짜임새로 써야 하되, 될 수 있는 한 실제로 있었던 행동의 장면을 눈 앞에 현존(現存)시켜야 하고, 보편적인 형식으로 간결하게 다듬어진 이야기로 독자나 관객을 감동시켜야 한다는 공통점을 그는 말해놓았다.

그리고 아리스토텔레스의 말에 의하면, 서사시와 시극의 비극에서 서사시는 운문으로 된 설화체이고, 문제나 사건의 발단에서부터 종결까지의 이야기가 극적 행동(연기)에 따른 일정한 시간의 제한을 받지 않고, 작품의 길이에서도 제한받지 않으며, 행동의 규모나 내용이 부분적인 것이라도 모방의 대상이 되고, 행동의 모방을 극적 행동을 통해서라기보다는 이야기를 통해서 독자를 감화 내지는 감동시키는 것이다. 그런데, 시극의 비극은 운문으로 된 극적 형식을 취하는 대화체이고, 문제나 사건의 발단에서부터 종결까지의 이야기는 무대상연의 극적 행동을 고려하여 가능한 한 태양의 일회전 시간, 즉 24시간 이내라는 시간의 제한을 받고, 작품의 길이에서도 무대상연 시간에(대체로 1시간에서 5시간까지 정도에) 적절하게끔 제한을 받으며, 진지하고 일정한 규모를 갖는, 자체적으로 완결된 행동의 모방을 대상으로 하고, 그 목적은 애련pity과 공포를 야기한 사건들을 통해서, 그와 같거나 유사한 사안에 처한 관객의 정서감정을 해소catharsis하는 데에 있다고 하였다.

여기서 우리는 아리스토텔레스의 그러한 비극론이 밀턴에게는 어떠한 영향을 끼쳤는지 잠깐 짚어보아야 될 것 같다. 요지(要旨)부터 말하자면, 아리스토텔레스가 그의 『시학』의 군데군데에서 언급한 고전의 전통적인 비극론을 밀턴이 그의 비극의 전범model으로 삼았음을 우리는 발견하게 된다. 그것은 밀턴이 그의 비극 『투사 삼손 *Samson Agonistes*(1671)』에 부쳐서 쓴 「비극이라고 하는 극시의 그 갈래에 대하여 *OF THAT SORT OF DRAMATIC POEM WHICH IS CALLED TRAGEDY*」라는 제목의 짤막한 서사(序詞)에 잘 드러나 있다고 하겠다.

> 고대에서 작시(作詩)된 바대로, 비극은 모든 여타의 시들 중에서 가장 중후하고, 가장 도덕적이며 가장 유익한 시로 줄곧 유지되었다. 따라서 비극은 아리스토텔레스가 말했던 바와 같이, 애련(哀憐)과 두려움과 공포를 야기함으로써 그와 같거나 그와 유사한 감정을 가진 사람의 마음을 정화(淨化)하는 힘인 것이다. 즉, 그것은 그러한 감정이 잘 모방된 비극을 읽거나 관람함으로써, 감화(感化)된 일종의 환희로 그 같은 감정을 가진 사람의 마음을 적당히 진정시켜 바꿔놓는 것이다.

> TRAGEDY, as it was anciently composed, hath been ever held the gravest, moralest, and most profitable of all other poems: therefore said by Aristotle to be of power by raising pity and fear, or terror, to purge the mind of those and such-like passions, that is to temper and reduce them to just measure with a kind of delight, stirred up by reading or seeing those passions well imitated. (Milton(1971), 341)

> . . . . 아에스키루스(525 / 524-456 / 455 B.C.), 소포클레스(495?-406 B.C.), 유리피데스(*ca.* 489-406 B.C.)는 아직까지 필적(匹敵)을 불허하는 세 사람의 비극시인이며, 비극을 쓰려고 애쓰는 모든 사람에게 그들의 (비극의) 플롯은 최상의 규칙이지만 그들을 아는 사람들만이 그들의 플롯을 아주 잘 판독할 것이다. 발단에서 종결까지 전체 극의 시간제한에 있어서는, 고대의 규칙과 최상의 사례(事例)에 따라, 시간대를 24시간 이내로 하였다.

> . . . . they only will best judge (the plot) who are not unacquainted with Aeschylus, Sophocles, and Euripides, the three tragic poets unequalled yet by any, and the best rule to all who endeavour to write tragedy. The circumscription of time wherein the whole drama begins and ends, is according to ancient rule, and best example, within the space of twenty-four hours. (*Op. cit.*, 343)

논의의 군더더기를 더 이상 필요로 하지 않을 만큼 인용의 내용에서, 밀턴은 고전시대의 고전시인들의 전통적인 비극에서 정리해낸 아리스토텔레스의 비극론이 그의 비극에 준용되었음을 분명하게 말했다. 말하자면, 아리스토텔레스의 비극론의 골자인 비극의 목적과 성격, 소재와 주제, 문체와 어조, 규칙과 형식, 그리고 전체 극의 플롯과 시간대 등을 밀턴은 그의 비극에서 그대로 따랐다는 것이다. 그와 같은 내용에 미루어보건대, 고전시인들의 이론이나 작품의 실제가, 밀턴의 서사시나 비극이나 그 외의 창작품에서, 그의 문학적이면서도 정신적인 배경과 전범(典範)으로 뒷받침되었다라고 하는 사실을 우리는 인정하지 않을 수 없을 것이다.

앞에서 아리스토텔레스의 『시학』의 요지를 음미해본 바와 같이, 그는 그의 『시학』에서 모든 문학분야를 '행동모방론'에 의하여 분류하였고, 그것에 따라 시문학 특히 서사시와 시극의 비극을 논술하는 데에 역점을 두었다. 반면에, 호레이스Horace; Horatius(65-8 B.C.)는 그의 『작시론』에서 작시의 기본은 **'고전의 모방'**이다라는 내용을 간결하게 집약해놓았다a matter nicely epitomized by Horace.

호머의 작품들을 연구하여 너의 환희로 삼아라.
낮에는 그것들을 읽고, 밤에는 그것들을 심사묵고(深思默考)하라.

Be Homer's works your study, and delight,
Read them by day, and meditate by night.
vos exemplaria Graeca
noctruna versate manu, versate diurna.(*Ars poetica*, ll. 268-269)
(Wimsatt & Brooks, vol. 1, 재인용, 82)

위의 구절에서 알 수 있는 바와 같이, 고대 그리스의 호머Homer; Homeros(*ca*. 800 B.C.)는 고대 로마의 아우구스투스 황제 시대인 문예황금시대의 시성 버질Virgil; Vergil; Publius Vergilius Maro(70-19 B.C.)이나 호레이스의 전범model이었고, 버질이나 호레이스는 신고전주의자들의 전범이었던 것이다. 호레이스의 『작시론 *Ars poetica*』은 별다른 격식을 차리지 않는 대담형식의 담론과 같은 표현을 사용하고 있다. 고대 로마의 시인이었던 호레이스는 고대 그리스인들의 문예를 찬양하고, 그들에게서 그들의 문학과 예술을 배우고자 하였다. 그러나 그는 그들의 문예를 추종하는 찬양자이긴 하였지만, 결코 무조건적으로 맹종하는 모방자는 아니었다. "호레이스의 경우에, 시는 습득될 수 있는 기술art, 이른바 사람을 계발(啓發)하는 위력a civilizing influence을 필히 발휘하는 기예(技藝)craft이다"(Secretan, 13)라고 한다. 이 말에서, 고전시를 읽고, 그 기술을 습득한 다음에 시인 스스로가 창조해낸 시적 기예로 시를 써야 한다는 호레이스의 암묵적인 주장을 대변하였음이 간파된다. 이러한 것과 관련하여, 호레이스가 그의 『작시론』에서 말한 교훈적인 글귀를 몇 가지 인용하면 다음과 같다.

그대는 각 시대마다의 작풍(作風)을 점검해야 한다.
또한 전통(傳統)을 따라야 한다.
또한 그대 자신의 규약(規約)을 창조하라.
저마다의 특성이 자체적으로 일정불변하고 일관성있게 지속되도록 하라.

notandi sunt tibi mores;
aut famam sequere;
aut sibi convenientia finge;
servetur ad imum, qualis ab incepto processrit, et sibi constet.
(*Ars poetica,* ll. 156, 119, 126-127; quoted in Kirsch, 134)

말에 대한 법칙과 규약을 규제하는 것은 관행(慣行)이다.
It is usage which regulates the laws and conventions of speech.

여러분은 주야로 그리스인의 전범을 연구하여야 한다.
You must give your days and nights to the study of Greek models.

밟아서 다져진 길을 가든지, 아니면 자체적으로 일관성 있는 그 무엇을 창작하라.
Either follow the beaten track, or invent something that is consistent with itself.

시인이 목적하는 바는 이로움이나 환희, 내지는 즐거움을 주는 것과 인생에 대한 어떤 유익한 교훈을 결합하는 데에 있다.
Poets aim at giving either profit or delight, or at combining the giving of pleasure with some useful precepts for life.
(Secretan, 재인용, 14)

그리고 호레이스가 그의 『작시론』에서 독자들에게 특별히 힘주어 말하고 있는 것은 '운문이 알맞게 잘 짜여져서 모순 없는 어울림, 즉 적합한 조화'라는 의미를 담고 있는 **'적정률(適正律)'decorum의 원리**이다. 『노튼 문선집 *Norton Anthology*』(이하의 인용에서 1962년도 판의 제1권을 괄호 안에 *NA*로 표기함.)에서는 그것이 '어울림의 원리'the principle of the appropriate로 해석되어 있다(*NA*, 1139). 호레이스의 『작시론』에서 집약되어 우리에게 보편적으로 알려져 있는 '적정률'의 특별한 개념은 사상과 언어와 주제와의 적합성propriety, 문체와 어조 및 시의 각 부분간의 적절한 융화fusion 또는 조화, 상당히 엄격한 관행과 전통의 준수(특히 언어를 사용하는 문제에 있어서), 고대인들the ancients에 대한 찬양, 적정률, 그리고 작품을 쓰는 기술art과 기교craftmanship에 있어서 일관성consistency; steadiness의 강조 등을 기조(基調)로 하는 적정률의 원리는 곧 작시원리이다(Cf. Secretan, 13). 이러한 기조를 골격으로 하는 적정률의 원리에 대한 에이브람스M. H. Abrams의 해설을 빌려서 좀 더 투명한 개념을 파악하기로 하자.

> **적정률**이라는 말이 문학에 적용되었을 경우에는, 문학의 종류와 작중인물과 행동, 그리고 그 서술의 문체와 대화를 서로 어울리게 조화시키는 적합성이나 적절성을 일컫는다. 그러한 주장은 고전주의적인 이론, 특히 호레이스의 운문으로 된 논문인 『작시론』에 그 뿌리를 두고, 그것은 문예부흥 시대와 신고전주의 시대에 문학비평과 실제에서 고도로 갈고 닦아서 다듬어진 형태로 일구어졌는데, 그 당시(밀턴이 그의 『교육론』에서 언급한 바와 같이) 적정률이라는 용어는 '준수해야 할 최대의 걸작'을 가리키게 되었다. 이 개념을 가장 엄격하게 적용하면, 문학분야들*Genres*과 작중인물들 및 문체는 상(上)류에서 중(中)류를 거쳐서 하(下)류에 이르는 계층들, 즉 '수준들'로 모두 짜여져 있으므로, 그 수준들이 서로에게 어울리게 되어야만 하였다. 그래서 희극은 비극과 혼합되어서는 안되며, 가장 상류의 가장 진지한 장르들(서사시와 비극)은 고급문체*high style*로 이야기를 하는 최상류 계급(왕이나 귀족)의 인물들을 표현해야 한다.

> **Decorum**, as applied to literature, is the propriety or fitness with which a literary kind, its characters and actions, and the style of its narration and its dialogue are matched to each other. The doctrine had its roots in classical theory, especially in the versified essay on the *Art of Poetry* by Horace, and it achieved a highly elaborate form in the criticism and practice of literature in the Renaissance and the neoclassic age, when (as Milton put it in his essay *Of Education*) decorum became "the grand masterpiece to observe." In the strictest application of this concept, literary *Genres*, characters, and style were all ordered in hierarchies, or "levels," from high through middle to low, and had to be matched to one another. Thus comedy must not be mixed with tragedy, and the highest and most serious genres (epic and tragedy) must represent characters of the highest social classes (kings and

nobility) speaking in the *high style*. (Abrams(1981), 41)

에이브람스의 해설에서 알 수 있듯이, 문학분야별 작중인물과 문체의 수준에는 상류급, 중류급, 하류급이 있는데, 상류급은 상류계층에, 중류급은 중류계층에, 하류급은 하류계층에 각기 적합하고도 적절하게 어울리는 규칙과 형식이 짜여져 있는 것이다. 적정률이란, 짜여져 있는 규칙과 형식에 따라서 작가가 상·중·하로 분류되는 장르별·수준별·계층별에 적합한 사상과 주제, 적의(適宜)한 문체와 어조로 조화롭게 표현한 것을 의미한다. 적정률의 원리에서는, 하류계층에서 사용하는 하류급의 문체와 어조로 말하는 희극과 상류계층에서 통용하는 상류급의 문체와 어조로 말하는 비극이 섞이게 해서는 안 된다는 것이다. 그리고 최상류급의 문학분야인 서사시와 비극은 최상류계층의 왕이나 귀족을 주인공으로 등장시켜 장중한 고급문체와 어조로 말하도록 해야 된다는 것이다. 이상과 같은 논의에서 파악되듯이, 작시술의 일관성과 사상과 언어와 주제와의 적합성을 기본원리로 하는 적정률은 호레이스에 의하여 고대인들의 작시의 관행과 전통에 붙여진 그의 『작시론』에서의 용어였음을 알 수 있다. 말하자면, 고대인들의 작시의 관행과 전통이 호레이스의 전범model이었고, 즉 그것은 호레이스에 의하여 적정률이라는 용어로 정리되었다는 것이다. 따라서 "적정률은 고대인들의 작시의 관행과 전통의 산물이다"라는 개념이 성립된다.

다음으로, 서사시나 비극에서 고급문체로 표현하거나 말해야 하는 **적정률의 구체적인 표현규칙**을 보면, "우리의 시어diction는 적절하고Apt 명쾌하고Clear, 자연스럽고Natural 찬연(燦然)Splendid하고, 그리고 다양한Numerous 것이어야 한다"(Willey, 재인용, 21-22). 아울러 "시어는 간결해야 하지만, 고상하게 간결해야 하고, 천박하거나 무디거나 힘이 없어서는 안 된다. 말하자면, 시어는 장중한 어법grand manner을 목표로 하면서도, 기상(奇想)conceit이나 과장이 없어야 한다. 이러한 적정률*Decorum*은 모든 규칙들all the Rules 중에서 가장 보편적인 규칙이다"(*Ibid*., 22). 호레이스 당시대에서부터 지금에 이르기까지 "전무후무한 이 적정률All this decorum, — 이것은 사상과 언어의 적합성이고, 일치unity와 적절한 조화proportionableness 이고, 이것은 자연 스스로에 의한by Nature herself 자연의 보정(補正)mending인데, — 그것의 목적은 무엇인가? 드라이든Dryden과 기타 몇 사람은 틀림없이 환희를 위해서라고 말할 것이리라. . . ." (*Ibid*., 22). 여기서, "적정률은 자연 스스로에 의한 자연의 보정이다"라고 하는 어구를 생각해보자. '자연 스스로에 의한 자연의 보정'이라는 것은, 무한히 영속하는 자연 스스로가 인간의 일상생활에 적절하면서도 적합하게, 그리고 일관되게 바로 잡아가는 밤과 낮의 순환과 계절에 따라 되풀이하는 변화·조화·질서의 인과율(因果律)을 일컬음이다. 자연은 자체의 그러한 인과율에 의하여 스스로를 보완하고 바로 잡아간다. 이것을 우리는 자연의 섭리 또는 자연의 법칙이라고 한다. 그러니까, "적정률은 자연법칙인즉, 곧 자연의 질서법칙이다"라는 연역deduction이 성립되는데, 이 말에서의 적정률은 시인이 시를 창작함에 있어서 '모든 규칙들 중에서 가장 보편적인 규칙'이 자연법칙인즉, 곧 자연의 질서법칙을 따르고 준수해야만 한다는 작시원리의 기본개념으로 풀이되어야 할 것이다. 그리고 "적정률은 자연법칙인즉, 곧 자연의 질서법칙이다"라고 연역된 것과 앞에서 언급된 바 있는 "적정률은 고대인들의 작시의 관행과 전통의 산물이다"라는 개념과의 연계(連繫)관계에서, 우리는 "**고대인들, 즉 고전시인들의 작시의 관행과 전통의 산물인 적정률은 자연의 질서법칙에서 연역된 작시원리이다**"라는 개념을 도출(導出)하게 된다. 그것의 포괄적인 의미는 자연의 질서법칙에서 연역된 작시원리가 고대인들의 작시의 관행과 전통이고, 그것이 바로 적정률이다라는 뜻이다.

이 대목의 서술에서 벗어난 것이긴 하지만, 앞의 인용에서 비친 드라이든John Dryden(1631-1700)을 계제에 잠깐 짚고 넘어가기로 하자. 영국 신고전주의 전성기의 대표적인 시인들 중에서, 드라이든이나 포우프Alexander Pope(1688-1744)는 적정률을 '사상과 언어와 주제와의 적합성', '일치와 적절한 조화'의 의미로 수용했던 것으로 보인다. 예컨대, 드라이든이 그의 「영웅시체 시와 영웅시체 허용에 대한 작가의 옹호 *The Author's Apology for Heroic Poetry and Heroic License*(1677)」에서 기발한 이지(理智)wit를 정의하면서, "...기발한 이지란 사상과 언어의 적합성, 바꾸어 말하자면, 주제와 근사하게 잘 어울리는 사상과 언어이다"...it(wit) is a propriety of thoughts and words; or, in other terms, thoughts and words elegantly adapted to the subject(Ker, I, 190; Kirsch, 113)라고 말한 것이나, 포우프가 호레이스의 『작시론』을 전범model으로 하여 쓴 그의 『비평론 *An Essay on Criticism*(1711)』에서 "극단을 피하라, 한결같이 아주 적거나 지나치게 많은 것을 좋아하는/그런 사람의 과오를 피하라"Avoid *Extremes*; and shun the fault of such/ Who still are pleased too little or too much(ll. 384-385)라고 읊은 것에서 알 수 있듯이, 드라이든은 적정률을 주제와 잘 어울리는 '사상과 언어의 적합성'으로, 포우프는 적정률의 내재적 의미인 '중용(中庸)'으로 말하고 있다. 이와 같이 영국 신고전주의 전성기의 시인들은 호레이스의 『작시론』에서 강조되고 있는 적정률의 원리를 그들의 작품에 적용하였다. 그리고 그들은 적정률의 원리를—'자연의 모방'the imitation of Nature, 즉 '자연을 모방하라' 내지는 '먼저 자연을 따르라'First follow Nature고 주창함으로써—자연의 법칙과 직결해서 해석하였는데, 그 부분은 영국 신고전주의 전성기에서 논의하기로 하겠다. 끝으로 적정률에 대한 종합적인 정의를 내린다면, **적정률이란 시인이 시를 창작할 경우에 준수해야 할 모든 규칙들 중에서, 가장 보편적인 규칙인 자연의 질서법칙으로서, 작시술의 일관성과 사상과**

언어와 주제와의 적합성에 의한 소재와 주제, 문체와 어조, 그리고 규칙과 형식과의 일치와 조화 그리고 부합(附合)을 기조로 호레이스가 주창한 작시원리이다.

다음에는 서술의 순서에 따라, 롱기누스Longinus(*fl.* 1st century? A.D.)의 『**숭고론(崇高論)**』을 살펴보도록 하겠다. 롱기누스의 『숭고론』은 예전에는 기원 3세기경에, 그리스의 수사학자 롱기누스에 의하여 쓰여진 것으로 알려졌으나, 오늘날에는 기원 1세기경에, 역시 그리스의 수사학자 롱기누스에 의하여 쓰여진 논문으로 통용되고 있다. 말하자면, 고대 그리스의 수사학자에는 기원 1세기와 3세기에 동명이인의 롱기누스가 있었으나, 오늘날의 우리는 그 『숭고론』을 기원 1세기에 수사학자로 활동했던 롱기누스의 작품으로 간주하고 있는 실정이다. 아무튼, 롱기누스의 『숭고론』은 황금의 소책자*aureus libellius*라고 일컬어질 정도로 신고전주의 시대에서부터 문학비평의 비중 있는 전범model이 되었다라고 할 수 있다. 롱기누스가 『숭고론』에서 말한 **작품의 숭고함the sublime; das Erhabene; *hypsous*(old Greek); *hypsos*(modern Greek)이란**, 작가의 사상과 정신을 곁들인 문체와 어조의 "웅대함greatness, 장려함grandeur, 순결무구(純潔無垢)함purity 등을 창작의 목적과 수단으로 삼아, 한 작가를 유명하게 만드는데 기여하는 그 어떤 것이든간에, 독자의 환희delight를 겨냥한 작품의 탁월성excellence을 의미한다. 그것은 열렬한 열정enthusiasm과 천재genius를 동일시한 말이다"(Secretan, 14).

덧붙여 말하자면, 숭고한 작품은 웅대함, 장려함, 그리고 순결무구함을 기조(基調)로 하는 작가의 탁월성이다. 이러한 것을 지향하는 열렬한 열정에서 말미암은 작가의 위대한 사상과 정신, 고상한 감정, 그리고 고상한 표현으로 작품을 창작한 작가는 과히 천재라고 할 수 있다는 것이다. 작가를 천재로 만드는 것은 작가의 열렬한 열정이지 천재가 따로 있는 것이 아니다. 즉, 작가의 천재성은 그의 열렬한 열정의 탁월성에서 말미암는다는 뜻이다. 그런데, 작가의 열렬한 열정의 탁월성은 일정불변의 연속성이나 정확성이 있는 것은 아니다. 그러니까, 작가의 열렬한 열정의 탁월성은 작가의 육체적, 정신적 성장 발달과정과 정서감정의 이동과 변화에 따라 어떤 변용을 가져올지 알 수 없는 것이다. 이러한 의미로 롱기누스가 『숭고론』에서, 천재는 완전성flawlessness과는 거리가 멀고, 위대한 재능great endowments은 미덥지 못 하다라고 말했던 것이고(Cf. Smith and Parks, 98-99; *NA*, 재인용, 1729), 또한 자신은 가장 위대한 탁월성을 지닌 호머와 여타 작가들의 오류나 실수를 수용한다는 뜻으로 말했던 것이다.

> 내 자신은 가장 위대한 탁월성을 지닌 호머와 여타 작가들에 관한 적잖은 오류를 염두에 두고 있었다. 그래서 그들이 저질러놓은 실수가 나에겐 결코 즐거움일 수는 없다. 아직까지도 나는 그들의 실수를 고의성이 있는 오류로 지칭하지 않고, 오히려 생각나는 대로 그 나름의 즉흥적인 성질로 깜빡해버리고, 소홀했던 탓에 천재의 모든 부주의로 시작된 실수로 일컫는다.
>
> I have myself noted not a few errors on the part of Homer and other writers of the greatest distinction, and the slips they have made afford me anything but pleasure. Still I do not term them willful errors, but rather oversights of a random and casual kind, due to neglect and introduced with all the heedlessness of genius. (Smith and Parks, 99; *NA*, 재인용, 1729)

위대한 탁월성을 지닌 작가들의 작품에 보이는 오류나 실수를 롱기누스는 수용하고 있다. 그 까닭은, 작가가 작품을 창작할 당시에 그의 사상과 정신에 감정을 합류시켜 고상하면서도 탁월한 것을 추구하였다면, 고의성이 없는 표현의 오류나 실수도 숭고함의 범주에 포함시킬 수 있기 때문이라는 것이다. 요컨대, 숭고함에 있어서 표현의 오류나 실수가 문제시 되는 것이 아니라, 작가의 감정을 합류시킨 사상과 정신이 문제시 되는 것이다. 이러한 뜻을 롱기누스는 그의 『숭고론』에서, "숭고함은 위대한 영혼의 메아리이고"Sublimity is the echo of a great soul(Smith and Parks, 72), "그것은 예전의 위대한 시인들과 작가들을 모방하고 본받는the imitation and emulation of previous great poets and writers 데에 있다"(*Ibid.*, 80)라는 말로 대신하였다. "그러한 실제적인 예들로 인하여, 『숭고론』은 '결함 없는 평범한 재능보다는 결함 있는 숭고함의 우월성'superiority of flawed sublimity to flawless mediocrity을 입증하는 최초의 입문서들primers 중의 하나가 되고 있는 것이다"(Secretan, 14). 이러한 논지로 롱기누스의 『숭고론』을 기술할 때, 늘상 인용되는 『숭고론』의 요지를 보면 다음과 같다.

> 예술은 그것이 자연과 같이 보일 경우에만 완벽하며, 또한 자연은 자연 내부에 있는 예술을 감출 경우에만 그 목적을 달성하는 것이다.
>
> Art is perfect only when it looks like nature, and again nature hits the mark only when she conceals the art that is within her.
> (*Op. cit.*, 재인용, 14)
>
> 그런데, 경우에 따라서 소박한 표현은. . . 고상한 어법보다 훨씬 더 풍부한 전달력이 있으며, 그것은 일상생활에서 비롯된 것이므로 즉시 이해되고, 아울러 말의 친밀감으로 인하여 오로지 더 많은 설득력을 지니는 것이 사실이다
>
> Now a homely expression. . . is sometimes much more telling than elegant language, for it is understood at once since it is drawn from common life; and the fact that it is familiar makes it only the more convincing. (Smith and Parks, 96)

인용의 첫 번째 구절에서, 롱기누스는 예술의 완벽성이라는 의미를 자연과 연결지웠다. 자연이란 보편적으로 만물의 모든 요소로

구성된 인간의 경험대상의 전체이자 현상phenomenon의 전체이다. “자연은 비약하지 않는다”natura non facit saltus라고 독일 신고전주의 시대의 라이프니쯔Gottfried Wilhelm Leibniz(1646-1716)가 말한 바와 같이, 자연은 그 자체의 인과율에 따라 변화 속의 조화, 조화 속의 질서, 질서 속의 변화를 연속적으로 되풀이하면서, 어떤 가공이나 과장의 기교없이 그대로의 순수하면서도 숭고한 아름다움을 계절마다 인간에게 제공한다. 바로 이와 같은 자연에서, 롱기누스는—“예술은 그것이 자연과 같이 보일 경우에만 완벽하다”라는 말을 함으로써—우리로 하여금 완벽한 예술의 의미를 파악해내게 한다. 말하자면, 자연의 경우에서처럼 작가 역시도—그의 ‘위대한 영혼의 메아리’the echo of a great soul에 충실하여—가공이나 과장의 기교를 부리지 않는 표현으로 작품을 창작하였을 경우에만, 작품 속에 순수하고 숭고한 아름다움이 곁들인 완벽한 창작품을 탄생시킬 수 있다는 것이다. 요컨대, 자연을 모방하는 것이 완벽하게 숭고한 창작이다라는 뜻이다.

그리고 “자연은 자연 내부에 있는 예술을 감출 경우에만 그 목적을 달성하는 것이다”라고 하는 어구(語句)에서, ‘자연 내부에 있는 예술’이라는 것은 자연이 갖추고 있는 예술, 즉 ‘자연의 예술’을 뜻한 것인데, 인간의 예술이 인간의 활동action과 힘power의 발휘에 의한 창작이라고 한다면, 자연의 예술은 ‘자연의 운동motion과 힘energy의 발휘에 의한 창조’라고 해야 될 것이다. 자연의 운동과 힘의 발휘에 의한 창조라는 것은 인간의 예술과는 대립되는 개념으로, 성서의 구약시대나 고대 신화시대에 인간사회에서는 불가사의한 경악(驚愕), 경이(驚異), 신비(神秘), 이적(異蹟) 등으로 당시의 인간을 제압했던 자연의 천재지변(天災地變)을 의미하였다. 따라서 롱기누스의 그 어구는 “자연은 자연의 천재지변을 발생시키지 않는 경우에만 순수하면서도 숭고한 아름다움을 인간에게 제공한다는 그 목적을 달성하는 것이다"로 개역(改譯)된다.

인용의 두 번째 구절에서, 롱기누스는 선택된 소재와 주제에 대한 표현방법을 말하고 있다. 그 구절을 풀어보면, 일상생활에서 비롯되는 '소박한 표현'homely expression은 경우에 따라서 '고상한 어법'elegant language보다 전달력이 훨씬 더 풍부하므로 독자의 즉각적인 이해를 이끌어낼 뿐만 아니라, 또한 그러한 말은 독자와 친밀감이 있는 것이므로 독자에게 더 많은 설득력을 지니고 있다는 것이다. '고상한 어법'은 자연스러운 표현에 고상한 격식의 가면을 덧씌운 상류계층의 언어 표현법이다. 그래서 고상한 어법은 소재와 주제를 고상하고 세련된 문체와 어조에 들어맞게 표현해야 됨을 전제한다. 고상하고 세련된 문체와 어조는 규칙과 형식에 따른 상류계층의 낱말의 선정과 배열이라는 자연스럽지 못한 까다로움을 작가에게 강요한다. 이러한 것은 작가로 하여금 자칫 비유의 억지나 무리한 기교를 부리게 함으로써, 작가가 그의 작품에 그려 넣고자 했던 당초의 목적을 무의식중에 훼손할 뿐더러, 독자에게 즐거움이나 환희를 제공하기는커녕 오히려 작품을 이해하는 데에 어려움을 겪게 하기 십상이다.

반면에, '소박한 표현'은 대중문화의 생활언어로 표현되는 까닭에, 작가의 고상한 사상이나 정신이 선택된 소재와 주제에 자연스럽게 연결되게 한다. 소박한 생활언어로 작가의 고상한 사상이나 정신을 표현하는 데에는 간결한 문체와 평이한 어조, 관행에 따른 규칙과 형식만이 요구될 뿐이다. 작가가 지닌 열렬한 열정의 탁월성으로 창작된 작품이 독자에게 환희를 제공하는 것이 숭고함의 목적이다. 이러한 목적을 위해서, 작가는 그의 '고매한 마음의 메아리'의 반향에 따라 자연적이면서도 풍부하게 술술 나오는 소박한 생활언어를 사용하여, 간결한 문체와 평이한 어조로 그의 즉각적인 '위대한 영혼의 자연적인 발로(發露)'the natural overflow of a great soul를 표현해야 한다는 것이다. 그리하여 롱기누스는 문체의 중요성을 강조한 나머지 그의 『숭고론』에서 작가가 어떠한 글을 쓰든 간에 "문체에 대한 작가의 판단력은 오랜 경험의 최종적인 왕관이 씌워지는 결실이기 때문이다"For the judgment of style is the last and crowning fruit of long experience(Smith and Parks, 70)라고 하였던 것이다. 간략하게 말하자면, 문체의 판단력, 이른바 모든 계층의 독자들에 쉽게 읽혀질 수 있도록 간결한 것으로 판단된 작가의 문체는 작품의 최상의 결실이다라는 것이다. 그것은 '소박한 표현', 즉 소박한 생활언어로 표현된 간결하고 숭고한 문체는 '고상한 어법'으로 표현된 그것보다 다양한 계층의 독자들에게 훨씬 더한 친밀감과 설득력으로 더 많은 환희를 제공하게 된다라는 롱기누스의 주장으로 이해된다. 이를테면, 고상한 사상과 정신을 바탕으로 가장 일상적인 것을 가장 일상적인 언어와 문체로 독자에게 친밀감을 주고 설득력이 있는, 아울러 고상함과 참신함 그리고 창의성이 돋보이는 작가의 작품도 롱기누스가 말한 숭고함에 해당되는 것으로 우리는 보아야 할 것이다. 끝으로 롱기누스는 그러한 숭고함의 사상과 정신을 손상하지 않도록 하자면, 시나 산문체(논설문, 논평, 수필 등)의 글에서 쓸데없는 수식어들, 이른바 글의 내용에 어울리지 않는 무의미한 미사여구(美辭麗句)들로 숭고함의 모양새만을 갖추려고 하지 말라고 충고하였다.

> 그러므로 역시 시나 산문체 작품에 나타난 숭고함의 경우에도, 우리는 어떤 추정된 사례(事例)들이 여러 가지 쓸데 없는 수식어들로 단지 숭고의 모양새만을 갖춘 것이 아닌지 고찰해야 한다. 그 결과 그러한 수식어들은 무의미함에 불과한 것으로 판단된다고 분석하였을 경우에, 즉 품성이 고상한 사람은 분석의 대상들을 찬양하기보다는 오히려 경멸할 것이다.
>
> So also in the case of sublimity in poems and prose writings, we must consider whether some supposed examples have not

> simply the appearance of elevation with many idle accretions, so that when analysed they are found to be mere vanity—objects which a noble nature will rather despise than admire. (Smith and Parks, 70)

이상과 같이 『숭고론』의 개괄적인 내용을 음미해보았다. 여기서, 요약될 수 있는 **숭고함의 원리**the principle of sumlimity를 서술해온 순서에 따라, (1) 고상한 사상과 정신을 원천으로 한다. (2) 창작의 목적과 수단은 웅대함, 장려함, 순결무구함 등이다. (3) 열정의 탁월성은 시의 중요한 원리이다. (4) 열렬한 열정의 탁월성으로 독자의 환희를 겨냥한다. (5) 위대한 영혼의 메아리에 충실하다. (6) 예전의 위대한 시인들과 작가들을 모방하고 본받는다. (7) 결함 있는 숭고함의 우월성을 더 존중한다. (8) 자연을 모방하는 것이 완벽하게 숭고한 창작이다. (9) 비유의 억지나 무리한 기교를 부리지 않는다. (10) 위대한 영혼의 자연적인 발로를 표현한다 등으로 우리는 정리할 수 있다. 롱기누스의 『숭고론』을 논의할 때, 그러한 것들 중에서 논의의 핵심이 되는 것은 (1), (2), (3), (4), (5), (6), (8)이라고 할 수 있다. 아무튼, 롱기누스의 『숭고론』이 신고전주의자들에게 남긴 업적은 숭고함을 수사학적인 영역에서 이끌어내어, 이것을 운문이거나 산문이거나 간에 주로 문학의 문체와 어조와 연결지웠다는 데에 있다. 영국 신고전주의 쇠퇴기의 명망 있는 정치가이면서 작가이기도 하였던 버크Edmund Burke(1729-1797)는 그의 저술 『숭고함과 아름다움에 대한 우리의 관념의 원천에 관한 철학적 탐구 *A Philosophical Inquiry into the Origin of our Ideas of the Sublime and the Beautiful*(1757)』를 통해서 롱기누스의 사상과 정신을 재개하였다. 그리고 **문학평론 용어**로서의 숭고함이라는 말은 17세기경에서부터 고상한 문학을 특징지우는 사상의 장려함grendeur of thought, 정서감정의 환희emotional transport, 그리고 정신적인 고결(高潔)함spiritual elevation이라는 개념으로 자리잡았다.

14세기 이탈리아의 문예부흥, 이른바 문학분야의 고전부흥 운동에 있어서, 대표적인 선구자들이었던 단테, 페트라르카, 복카치오 등은 고전주의적인 전통을 계승하고자, 기술된 바와 같은 아리스토텔레스와 호레이스, 그리고 롱기누스의 문학이론을 위주로, 그 이론에 담겨 있는 사상과 정신, 소재와 주제, 문체와 어조, 그리고 규칙과 형식 등을 정리하여 모방하는 데에 주력하였다. 특히 고전부흥 운동을 주도했던 페트라르카는 주로 아리스토텔레스의 『시학』과 호레이스의 『작시론』에 들어 있는 이론을 전범model으로 삼았다. 그러한 전범을 토대로, 페트라르카는 시문학 장르의 서사시, 시극(비극과 희극), 서정시, 풍자시, 목가(牧歌)idyll, 송시(頌詩)ode, 연가(戀歌)madrigal, 14행시sonnet 등의 문체와 어조, 그리고 규칙과 형식에 관한 기틀을 나름대로 정립하였다. 고전문학의 전통을 전승하고 존중한다는 기치 아래, 페트라르카가 정립한 시문학 장르의 기틀은 문예부흥의 중반기인 15세기 이탈리아 문인들의 전범이 되었다. 그들은 페트라르카의 그러한 기틀을 문예부흥 중반기 동안에 갈고 다듬어서 문예부흥의 신고전주의에 페트라르카의 작풍manner이라는 날개를 달아서 유럽대륙을 휩쓸고 다니게 하였다.

그러한 문예부흥의 시풍이 유럽대륙을 거쳐서 영국에 상륙한 것은 16세기 초반이었다. 말하자면, 이탈리아의 문예부흥이 한창이던 15세기 동안에는, 이탈리아의 그러한 지적 운동을 보고 돌아온 영국의 승려나 정부관리가 몇 명 되지 않았다는 것이다. 1509년 튜더Tudor왕조의 헨리Henry VIII세가 왕위에 오르고 나서야 비로소 영국에도 주목할 만한 문예부흥이 일어나기 시작하였다. 문예부흥의 기본정신에 따른 그 개념을 준용하여, 역사가들이 이탈리아의 문예부흥을 14세기에서부터 16세기까지라고 하였다면, 영국의 문예부흥은 16세기에서부터 18세기까지라고 해야 될 것이다. 그 까닭은 앞에서 이미 기술된 바 있듯이, 좁은 의미의 이탈리아 문예부흥은 고전부흥을 표방한 신고전주의 운동이었기 때문이다. 그런데, 영국 문학사에서는 16세기를 문예부흥의 영시로, 17세기를 신고전주의 초기의 영시로, 18세기를 신고전주의 영시로, 아니면 16세기에서부터 17세기까지를 문예부흥의 영시로, 18세기를 신고전주의 영시로 구분지우는 것을 보편화하고 있다. 문학사조사에서 문예부흥과 신고전주의와의 관계가 문예부흥의 신고전주의로 사실화(史實化)된 이상, 16세기에서부터 18세기까지의 관계를 굳이 분화시켜야 될 당의성을 찾아내기란 힘들 것 같다. 요컨대, 문예부흥의 영시는 신고전주의 영시이고, 신고전주의 영시는 문예부흥의 영시이다라고 하는 관점을 부인할 만한 그 어떤 명증(明證)도 없지 않는가. 물론 영국 문예부흥의 신고전주의가 세기별로 각기 양상(樣相)을 달리하고 있는 것만은 사실이다. 그러나 그러한 사실만으로 영국 문예부흥의 영시와 신고전주의 영시를 분리해서 생각해야 될 이유가 성립한다라고 우리가 묵인해서야 되겠는가. 그래서 우리가 영국 신고전주의를 각 세기의 양상별로, 16세기를 신고전주의 여명기(黎明期), 17세기를 신고전주의 형성기(形成期), 그리고 18세기를 신고전주의 전성기(全盛期)로 분류하는 것이 합당할 것으로 사료된다. 영문학상에서 일반적으로 밀턴 시의 원천적이면서도 직접적인 배경이 되는 것으로 볼 수 있는 신고전주의 여명기 영시론을 우리는 간명하게 살펴보아야 될 것이다.

영국 신고전주의 여명기

영국 신고전주의 여명기의 역사적 배경은 튜더Tudor왕조 시대였다. 튜더왕조 시대의 16세기를 영국 문학사에서는 1485년부터 1603년까지로 잡고 있으나, 신고전주의 여명기에 잣대를 맞추어 이탈리아의 신고전주의가 영국에 들어온 시점을 기준으로 한다면, 1509년 헨리 VIII세가 즉위한 때부터 시작하여 1603년까지로 잡아야 타당한 것이다. 이것을 다시 구분하면, 헨리 VIII세 시대(1509-1547), 헨리 VIII세의 아들 에드워드Edward VI세 시대(1547-1553), 에드워드 VI세의 맏누이 메어리Mary 여왕 시대(1553-1558), 그리고 여왕 엘리자베스Elizabeth I세 시대(1558-1603)로 된다. 특기할 만한 역사적 사실을 간추리면 다음과 같다. 1517년 대륙의 종교개혁이 시작된지 17년 뒤인 1534년에, 헨리 VIII세가 왕권확립을 위하여 로마 교황과 결별을 고하고, 스스로 영국교회의 수장(首長)임을 선언하였고, 1535년에는 웨일즈Wales를 합병시켰으며, 1557년에는 인쇄업자 토텔Richard Tottel에 의하여, 영국 문학사에서 가장 중요한 시문선집 중의 하나인 『경애하는 고(故) 서어리 백작 헨리 하워드 경 및 그 밖의 시인들이 쓴 시가와 14행시집 *Songs and Sonnets written by the Right Honorable Lord Henry Howard late Earl of Surrey and Other*』이라는 제목의 시문선집, 당시대에는 일명 『시가와 14행시 *Songs and Sonnets*』이라고도 일컬었던 이른바 『토텔 시문선집 *Tottel's Miscellany*』이 출판되었다. 신고전주의 여명기의 선도자라고 할 수 있는 와이어트 경Sir Thomas Wyatt the Elder(1503-1542)이 작고한지 15년 후에 출판된 이 시문선집의 총 271편의 시가들 중에서, 와이어트 경의 것은 97편이, 서어리 백작Henry Howard, Earl of Surrey(1517-1547)의 것은 40편이 수록되어 있다(Cf. *NA*, 405). 그리고 1576년에는 연극공연을 위한 최초의 영구적 건물인 〈극장The Theatre〉이 런던 교외의 쇼어디취Shoreditch에 건립되었고, 1588년에는 스페인의 무적함대Invincible Armada를 격파하였으며, 1603년에 여왕 엘리자베스 I세가 서거함으로써 튜더왕조의 막을 내렸다(Cf. *NA*, 336-338).

그러한 신고전주의 여명기를 대표하는 시인들은 헨리 VIII세 시대의

와이어트 경과 서어리 백작, 여왕 엘리자베스 I세 시대의 시드니 경Sir Philip Sidney(1554-1586), 스펜서Edmund Spenser(1552-1599), 로오리 경Sir Walter Ralegh or Raleigh(1552?-1618), 말로우Christopher Marlowe(1564-1593), 세익스피어William Shakespeare(*ca.* 1564-1616) 등이었다고 할 수 있다. 당시의 시인들이 이탈리아 신고전주의자들에 의하여 널리 풍미하던 페트라르카의 작풍, 즉 이탈리아의 신고전주의를 모방하거나 번역하거나 번안(飜案)하여 신고전주의 여명기의 영시에 이식시킨 것이 대부분이었지만, 중세 영시의 얼마 안 되는 규칙과 형식을 계승한 것과 그 당시에 창안된 것도 있었다.

여명기의 영시론

작시론의 첫째로는 이탈리아의 신고전주의 문예부흥의 산물들과 휩싸여서 대륙으로부터 영국에 상륙한 시문학의 다양한 양태들이 영국인의 정서감정에 소화되는 한에서, 모방·번역·번안하면서 생성된 시론들이다. 이탈리아의 신고전주의 시의 소재와 주제, 문체와 어조, 규칙과 형식 등이 영국 풍토에 맞게 이식된 것에는, 율격(律格)meter과 음보(音步)foot로 정해지는 운율규칙(韻律規則)metrical rule의 필수요건을 약강5음보격(弱强五音步格)iambic pentameter; iambic five-foot line으로 하는 14행시sonnet, 무운시blank verse; unrhymed iambic pentameter, 각운형식(脚韻形式)rhyme scheme을 *aba bcb cdc*. . .로 하는 교체형 각운 3행연 시체(詩體)terza rima, 각운형식을 *abababcc*로 하는 8행연 시체ottava rima 등과, 그 밖에 목가, 민요풍의 서정시*canzone,* 연가, 프랑스의 론도우 시체rondeau 등이 있었다. 14행시는 페트라르카식의 14행시Petrarchan sonnet; Italian sonnet를 와이어트 경과 서어리 백작에 의하여 모방·번역·번안되었다. 페트라르카식의 14행시는 각운형식을 *abba abba*로 하는 8행octave과 *cde cde* 혹은 *cdc cdc*로 하는 6행sestet으로 이루어진 것인데, 와

이어트 경은 페트라르카의 14행연 연작시sonnet sequence 『삶의 14행시 *Sonnetto in Vita*』를 번역할 때에, 6행의 각운형식을 *cddc ee*로 바꾸어 모방하였다. 아울러 와이어트 경은 그의 14행시에서 페트라르카식의 기상Petrarchan conceit과 주제—사랑에 병든 사나이의 희망과 고통—마저도 모방하였다(Cf. *NA,* 404-405, 413-414).

그리고 서어리 백작 역시도 페트라르카의 14행연 연작시 『삶의 14행시』와 『죽음의 14행시 *Sonnetto in Morte*』를 번역할 때에, 페트라르카식의 8행의 각운형식을 *abab abab abab*로 된 3개의 4행연 시체quatrains로, 페트라르카식의 6행을 *aa* 또는 *cc*로 된 1개의 2행연구(二行連句)couplet로 번안하였다. 시드니 경은 자신의 14행시를 엘리자베스 I세 당시, 14행연 연작시로서는 영문학상 최초의 것으로 인정되는 그의 『별을 사랑하는 사람과 별 *Astrophil (or Astrophel) and Stella; Starlover and Star*(writ. 1576?-1582; pritd. 1591, 1598)』이라는 제목의 애정시love poetry에서, 각운형식을 *abab abab cdcd ee*로 번안하였다가, 유려한 필치와 풍부한 산문과 운문을 혼용하여 쓰여진 그의 목가적 로망스pastoral romance인 『아케이디어 *Arcadia*(writ. 1577-1581; pritd. 1590, 1593, 1598)』의 몇 군데에서 각운형식을 *abab cdcd efef gg*로 다시 번안하여 사용하였다. 스펜서는 와이어트 경의 14행시와 시드니 경이 『별을 사랑하는 사람과 별』에서 사용했던 14행시의 맨 끝에 오는 2행연구 *ee*만을 본따 와서, 각운형식을 *abab bcbc cdcd ee*로 번안하여 그의 14행연 연작시 『연가소곡 *Amoretti*(1595)』에서 사용하였는데, 그랬던 것이 곧 스펜서식의 14행시Spenserian sonnet로 정착되었다. 또한 시드니 경이 번안하여 그의 『아케이디어』에서 종종 사용하였던 각운형식 *abab cdcd efef gg*를 셰익스피어가 그 형식 그대로 154편으로 구성된 그의 14행연 연작시집 『14행시 *The Sonnets* (1609)』에 적용한 결과 좋은 성과를 거두게 됨에 따라, 셰익스피어식의 14행시Shakespearean sonnet로 고착되었다. 스펜서식의 14행시와 셰익스피어식의 14행시를 우리는 영국형English form 또는 영국식 14행시English sonnet라고 일컫는다.

그리고 무운시blank verse는 서어리 백작이 고대 로마의 아우구스투스 황제 시대인 문예 황금시대의 시성 버질Virgil; Vergil이 쓴 『아에네이드 *Aeneid; Aeneis*』 제2권(1557)과 제4권(1554)을 번역하면서 도입하게 된 것이다. 모든 시의 규칙과 형식 중에서 무운시는 영어의 일상생활 운율rhythm에 가장 가까운 까닭으로 까다롭지 않고 자연스럽고, 또한 가장 유연성이 있었기 때문에 다른 어떤 시형식보다 자주 그리고 다양하게 활용되었다. 그것은 엘리자베스 I세 당시대뿐만 아니라, 그 이후의 서사시나 시극(주로 비극)에서도 꾸준하게 표준 운율로 이어졌던 것이다. 더군다나 비극에서의 무운시는 아리스토텔레스의 '비극론'과 호레이스의 '적정률'을 엄격하게 준용했던 것으로 드러나 있다. 이러한 것에 속하는 당시대의 대표적인 작품들을 예로 들자면, 말로우의 4대 비극 『탬벌레인 대제 *Tamburlaine the Great*』, 『카르타고의 여왕 디도 *Dido Queen of Carthage*』, 『몰타의 유태인 *The Jew of Malta*』, 『파우스투스 박사 *Doctor Faustus*』와 셰익스피어의 4대 비극 『햄릿 *Hamlet*』, 『맥베스 *Macbeth*』, 『오델로 *Othello*』, 『리어 왕 *King Lear*』 등이 있다. 그 이외에 당시대의 역사극이나 로망스극도 대체적으로 비극의 그러한 형태에서 과히 어긋나지 않았다.

그리고 일명 3운구법(三韻句法)이라고도 하는 교체형 각운 3행연 시체와 8행연 시체는 와이어트 경이 영국에 들여온 것인데, 전자는 단테가 그의 『신곡』에서 사용한 것이고, 후자는 페트라르카의 시풍으로 유행하던 것이다. 교체형 각운 3행연 시체는 이탈리아어로는 운율을 맞추기가 쉽지만, 영어로는 운율을 맞추기가 까다롭고 번거로웠다. 그래서 당시대에는 그 시체가 잘 활용되지 않다가, 낭만주의 시대의 셸리Percy Bysshe Shelley(1792-1822)

가 그의 「서풍에 부치는 노래 *Ode to the West Wind*(1820)」에서 그 시체를 훌륭하게 소화하였다. 또한 8행연 시체는 당시대의 시인들에 의하여 짧은 소품에서 많이 애용되었지만, 역시 낭만주의 시대의 바이런George Gorden, Lord Byron(1788-1824)이—이 시체가 마치 자신을 위해서 존재했던 것인 양—그의 장편 애정 풍자시 『돈 쥬앙 *Don Juan*(1819-1824)』에서 그것을 아주 잘 활용하였다.

서술된 것 이외의 목가, 민요풍의 서정시*canzone*, 연가, 그리고 프랑스의 론도우 시체 등은 문예부흥이라는 대륙풍에 묻혀서 영국으로 흘러들게 되었던 것들이다. 목가의 대표적인 것은 시드니 경의 목가적 로망스인 『아케이디어』와 스펜서에 의하여 쓰여진 『목양자의 달력 *The Shepheardes Calender; The Shepherd's Calendar*(1579)』이다. 『목양자의 달력』은 약강5음보격과 6행연의 각운형식을 불완전각운imperfect rhyme으로서 대개 *abba ba*로 하는 시체이다. 이것은 일년 12개월을 기준으로 양치기들의 대화를 한 달에 한 가지씩 해서 모두 열두 가지로 구성된 것으로, 교훈적이면서도 풍자적인 '목가적 대화시'pastoral eclogue인데, 이 속에는 당시에 유행했던 목가시pastoral poetry의 종류 대부분이 들어 있다. 그리고 목가와 연가, 론도우 시체를 당시대의 시인들이 다시 변용하여 유행시켰던 것이 애정시의 **목가적 애정 서정시**pastoral love lyrics와 **애정 서정시**love lyrics이었다. 그 당시의 애정 서정시는 사랑하는 사람을 서로 마주 보듯이, 수금(竪琴)lyre이나 현금(絃琴)lute이나 탄금(彈琴)harp의 가락에 맞추어 노래하는 노랫말과 같은 시로서, 후렴refrain을 넣는 것이 시형식의 특징이었다. 목가적 애정 서정시의 대표적인 것에는 약강4음보격iambic tetrameter 4행연 시체와 각운형식을 *aabb*로 하는 말로우의 「애인을 향한 열렬한 목양자 *The Passionate Shepherd to His Love*(1599, 1600)」와 이것과 동일한 운율과 형식으로 응답한 로우리 경의 「목양자에 대한 요정의 응답

The Nymph's Reply to the Shepherd(1600)」이 있다. 그리고 애정 서정시는 와이어트 경, 서어리 백작, 시드니 경, 말로우, 로우리 경, 캠피언Thomas Campion(1567-1620) 등 당시대의 여러 시인들에 의하여 널리 애용되었다. 이탈리아의 민요풍의 서정시*canzone*는 연가보다는 시행line과 시련stanza의 수가 많고, 각 시련은 길이가 서로 다른 시행들로 짜여져 있는데, 이것은 가곡의 가사와 같은 것이어서 시련 끝부분마다 2개의 2행연구(二行連句)couplets와 후렴을 갖는 것이 특징이다. 이러한 형식을 스펜서가 그의 「축혼곡(祝婚曲) *Epithalamion*(1595)」과 「축혼전곡(祝婚前曲) *Prothalamion*(1596)」에 응용하였다.

작시론의 둘째로는 중세 영시의 규칙과 형식을 계승한 것이다. 그 대표적인 예로서는, 쵸서Geoffrey Chaucer(*ca.* 1343-1400)가 그의 『여인열전 *The Legend of Good Woman*(*ca.* 1380-1386)』, 『캔터베리 이야기 *The Canterbury Tales*(*ca.* 1386-1400)』 등 대부분의 서사시에 사용했던 약강5음보격과 각운형식을 *aa bb cc*. . . .로 하는 영웅시체(英雄詩體) 2행연구heroic couplet가 그 한 가지이고, 다른 한 가지는 쵸서가 간간이 사용했던 것으로 알려진 약강4음보격 또는 약강5음보격과 각운형식을 *ababcc*로 하는 6행연 시체sextet; six-line stanza와 역시 쵸서가 복카치오의 『일 필로스트라토 *Il Filostrato;* 사랑에 빠진 사람 *The Love-Stricken*』을 번안한 그의 『트로일러스와 크레시다 *Troilus and Criseyde*(*ca.* 1385)』, 그리고 『새들의 의회 *Parliament of Fowls*(1375-1385)』, 및 「진리 *Truth*」, 「온화함 *Gentilesse*」 등과 같은 대다수의 짤막한 시에서 사용했던, 이른바 약 1세대 뒤에 스코트랜드의 국왕 제임스 I세 James I(1394-1437)가 「왕의 찬양가 *King's Quair*」에서 쵸서의 이 시체를 사용했다고 해서 제왕royal이라는 명칭이 붙여진 것으로 알려져 있는 약강5음보격과 각운형식을 *ababbcc*로 하는 제왕운(帝王韻) 7행연 시체rhyme royal가 있다. 영웅시체 2행연구는 그 당시 명맥만 유지되다가 신고전주의 형성기의 벤 존슨Ben Jonson 일파를 거쳐서 전성기의 시인들이 재발굴하여 그들의 전용물로 삼았다. 그리고 쵸서의 6행연 시체를 로우리 경은 「거짓 사랑이여, 안녕 *Farewell, False Love*(1588)」, 「거짓말 *The Lie*(1588)」 등과 같은 소품에서 사용하였고, 셰익스피어는 설화체로 쓴 그의 신화적인 열애시mythological-erotic poem 『비너스와 아도니스 *Venus and Adonis*(1593)』에서 사용하였다. 쵸서의 제왕운 7행연 시체는 와이어트 경에 의하여 「그녀들이 나로부터 도망친다 *They Flee from Me*(1557)」 등과 같은 애정시love poetry에서 드문드문 사용되다가, 나중에 셰익스피어에 의하여 『비너스와 아도니스』가 출판된 다음 해에 『비너스와 아도니스』의 내용보다 '더 진지한 노작(勞作)'graver labor인 『루크리스의 겁탈 *The Rape of Lucrece*(1594)』에서 사용되었다(Cf. *NA,* 343-348, 630).

작시론의 셋째로는 영국의 문예부흥 초기에, 이른바 신고전주의 여명기에 시의 규칙과 형식이 창안된 것을 들 수 있다. 당시대에 창안된 것으로는 9행연 시체인 '스펜서식의 시체'Spenserian stanza이다. 스펜서가 '신사나 귀족을 길러내는 방식'fashion a gentleman or noble person을 목적으로 하는 일종의 '예절교본'courtesy book인 그의 낭만적 서사시a romantic epic 『선녀나라의 여왕 *The Faerie Queene*(1590, 1596, 1609)』을 쓰기 위하여 그러한 시체를 창안했던 것이다. 모두 6권으로 완성된 『선녀나라의 여왕』은 각 권별로 신성Holiness, 절제Temperance, 절조(節操)Chastity, 우정Friendship, 정의Justice, 그리고 예절Courtesy이라는 덕목으로 구성된 것인데(*NA*, 449), 스펜서가 그러한 『선녀나라의 여왕』에서, 연시체(連詩體)로 쓴 그 특유의 스펜서식의 시체는 1행에서부터 8행까지를 약강5음보격으로 그리고 마지막 9행을 약강6음보격iambic hexameter(한 개의 알렉산드리아 시행Alexandrine)으로 하고 각운형식을 *ababbcbcc*로 한다.

스펜서식의 시체에 있는 운율규칙에서, 시행의 길이가 약강6음보격으로 늘어난 마지막 9행(알렉산드리아 시행)은 바로 앞의 8행과 2행연구(*cc*)로 된 완결형 각운the closed rhyme으로 조화를 이루어 그 시련(詩聯)을 일정한 결론의 잔잔한 정지(靜止)repose에 도달하게 한다(Altenbernd and Lewis, 49). 스펜서식의 시체는 18세기 톰슨James Thomson(1700-1748)의 『나태(懶怠)의 성 *The Castle of Indolence*(1748)』, 19세기 키이츠John Keats(1795-1821)의 『성 애그니스의 전야제 *The Eve of St. Agnes*(1820)』, 셸리의 『아도네이즈 *Adonais*(1821)』, 테니슨Alfred Lord Tennyson(1809-1892)의 『시름을 잊은 사람들 *The Lotos-Eaters*(1832, 1842)』 등으로 이어졌다(Cf. Abrams(1981), 185). 그리고 밀턴의 시편들 군데군데에서도 우리는 스펜서의 작풍manner을 용이하게 발견할 수 있다. 말하자면, 스펜서의 작풍(作風)은 밀턴 시의 원천적이면서도 직접적인 배경으로 간주되는 것이다. 아무튼, 스펜서는 그의 돋보이는 작품들과 창안으로 말미암아 '그 시대의 시인들 가운데 왕자'the prince of poets in his time(*NA*, 443)로 군림하였던 것만은 사실인 성싶다.

이상과 같은 서술에 드러나 있듯이, 영국 신고전주의 여명기인 16세기는 모방 · 번역 · 번안, 그리고 창안 등으로 시문학의 모든 분야에 걸쳐서 시인들의 작품활동이 다각적으로 풍성하였다. 말하자면, 영문학상에서 문예부흥 초기인 신고전주의 여명기는 시문학의 찬란한 막(幕)을 올렸던 개화시대로 기록될 수 있다. 이러한 점에 대하여, 프랑스의 저술가인 쥐스랑Jean Jules Jusserand(1855-1932)은 그의 저서 『영국인의 문학사 *Literary History of the English People*』에서 다음과 같이 말해놓고 있다.

> 시인들은 이제 지칠 줄 모르고, 벌레들의 세계에서부터 영웅들의 세계에 이르기까지 애정적, 종교적, 서사적, 풍자적, 목가적, 교훈적 온갖 주제들에 관하여, 기억될 만한 시가를 읊고 있다. 어찌하여 시가가 그들의 입술에서 자연스럽게 술술 나오는지는 아무도 모르고, 그들도 그

이유를 모른다.

Indefatigable, the poets now sing verses worthy of remembrance, on every subject, amorous, religious, epic, satirical, pastoral, didactic, moving from the world of insects to the world of heroes. Songs rise naturally to their lips, no one knows why, they do not know why. (*NA*, 재인용, 542)

쥐스랑의 말에서처럼, 신고전주의 여명기 시인들이 읊조린 시의 소재와 주제는 다양하였다. 시의 갖가지 소재와 주제의 주된 내용은 대개가 남녀의 사랑을 다룬 애정시love poetry였다. 그 당시 시문학의 대부분의 장르는 애정시로 장식되었다고 하여도 과언이 아니다. 애정시의 주류는 중세의 상류사회에서부터 전래된 **'궁정풍(宮廷風)의 사랑'**courtly love*과 그 당시 대중사회의 남녀간

---

* '궁정풍의 사랑'이라는 말은 이탈리아어의 amore cortese, 불어의 amour courtois, 그리고 독일어의 Frauendienst로 '귀부인들에 대한 봉사'the service of ladies라는 의미이다. 이것의 연원은 (1) 고대 로마의 아우구스투스 황제 시대Augustan Age의 제일가는 애정시인 오비드Ovid; Ovidius(B.C. 43-A.D. 17)가 엄숙을 흉내내어 mock-serious 쓴 『사랑의 요법 *Remedia amoris; Remedies of Love*』을 곧이곧대로 수용한 것에 있다고도 하고, (2) 고대 봉건제도 하에서의 "사랑하는 남자는 노예vassal이고, 남자가 사랑하는 여인이나 사랑의 신은 주인lord이다"라고 한 것과 같이, 여인을 사랑하는 남자들의 정치적인 관계의 언행을 모방한 것 때문이라고도 하고, (3) 성처녀 마리아를 숭배하는 데에서 드러나는 기독교적 감정과 의식을 남녀관계에 접목시킨 것에서 비롯되었다고도 하고, (4) 고대 영국의 전설적 인물인 아더 왕Arthur의 원탁기사 중의 한 사람인 트리스탄Tristan과 마크 왕Mark의 아내 이졸데Isolde와의 부정(不貞)한 사랑이야기나, 아더 왕의 원탁기사 중에서 으뜸가는 용사인 란슬로트Lancelot와 아더 왕의 아내 기니비어 왕비Queene Guinevere와의 불륜의 사랑이야기에서 비롯된 것으로 보기도 하고, (5) 11세기 후반에서부터 12세기에 이르기까지 남부 프랑스의 프로방스 지방의 음유(吟遊)시인들troubadours이 읊조린 사랑이야기에서 기인된 것으로 간주하기도 한다(Cf. Abrams(1981), 34).

이와 같은 연원을 가진 '궁정풍의 사랑'을 일명 '기사도(騎士道)적인 사랑'이라고도 일컫는데, 그 내용은 "(. . . . 독신 기사의 남의 부인에 대한 사랑도 흔하게는 이 종류의 사랑이다. 중세시대 상류계층의 결혼은 으레껏 실용적이고 정치적인 목적을 위한 일종의 이해관계interest의 계약이었다는 것도 염두에 두어야 한다). 여인을 사랑하는 남자는 전횡적인 애인의 변덕 때문에 심신의 고통과 질병을 감내(甘耐)해야 하며, 기사로서 싸움에 임해서거나 또는 바른 예의범절과 언어행동이라는

복잡한 의례(儀禮)에 있어서거나 간에 불굴의 충정과 엄격한 행동규범을 준수함으로써 자신의 명예를 지키고, 아울러 사랑하는 애인에게 변함없이 헌신해야 한다"(*Ibid.*, 34)라고 하는 것이다. 인용의 내용에서 파악될 수 있듯이, '궁정풍의 사랑' 또는 '기사도적인 사랑'은 궁정의 시종무관이거나 귀족의 가신(家臣)으로서, 독신 또는 총각 기사와 왕비나 궁정의 유부녀나 귀족의 유부녀인 귀부인과의 사랑이다라고 할 수 있다. 그리고 기사도적인 사랑에서 말하고 있는 기사의 애인의 변덕심은 결혼을 한 기혼부부에게 있어서도 마찬가지였다.

봉건시대 상류사회의 실제적인 관행으로서 "결혼이란 사랑과는 아무런 상관이 없었으며, 결혼에 대한 어떠한 '허튼 소리'nonsense도 용납되지 않았다. 모든 결혼은 상호 이해관계의 결합이었는데, 한결같이 나쁜 것은 쉴새없이 변덕을 부리는 이해관계와의 결합이었다"(Lewis, 13)라고 한 것에서처럼, 고대와 중세사회의 궁정이나 귀족들의 사랑이라는 개념은 결혼과는 별개였다. 결혼의 개념은 가문간의 경제적·정치적 이해관계와의 결합이고, 사랑의 개념은 남녀간의 자연스럽고 자유로운 의지에 서로의 몸과 마음을 맡겨서 거리낌없이 헌신하는 혼외정사로 보았다. 그와 같은 사랑의 개념은—이해관계로 결합된 남녀관계는 무의미하게 메마른 사랑으로 상대방에게 공식적이고 업무적이며 타산적이기 때문에—아무런 이해관계 없이 몸과 마음의 결을 항상 살아서 숨 쉬게 하는 남자의 사랑이 일용의 양식이고, 그 사랑을 먹지 않고서는 자신의 존재가치를 느낄 수 없는 여자의 본능적인 욕구에서 말미암은 것이다. 덧붙여 말하자면, 부부의 결합관계는 계약과 같은 것이었음으로 서로를 구속할 따름이지만, 혼외정사는 자유로운 사랑의 선택권을 행사할 수 있다는 것이다. 이러한 점에서, "기혼남녀간의 사랑은 그 힘을 발휘할 수 없다는 것을 우리는 기정사실로 주장하고 선언하는 바이다. 그 까닭은 혼외의 사랑을 나누는 기혼남녀들은 필연의 강박에 얽매이지 않은 채, 서로에게 모든 것을 자유롭게 줄 수 있지만, 기혼부부들은 상대방의 욕망에 의무적으로 굴종해야 하며, 어떠한 일에서도 상대방에게 자신을 거절할 수 없기 때문이다. 따라서 부부관계에서는 자유로운 선택권을 서로가 행사하지 못 한다"(Capellanus, 163). 기혼 남자는 끊임없는 이해관계의 변덕과 자유로운 선택권을 시시로 모색하는, 아내 되는 여자의 애매모호한 태도 때문에 무시로 시달려야 하는 것이다.

마찬가지로, 여자의 애인 되는 남자가 여자를 우상처럼 받들지 못할 경우에는, 여자의 품행의 변화, 즉 여자의, 제2의 혼외정사도 여자의 애인 되는 남자는 묵인해야 될 고통스러운 처지에 놓이게 되는 것이다. 사랑하는 여자로 인한 남자의 그러한 종류의 고통은 중세시대에, 유럽 여러 나라의 애정시와 로망스에서 넓게 차지하고 있는 관행의 하나이다. 영국에서는 고대 전설시대의 문학에서부터 문예부흥의 문학에까지 계속되었다. 중세시대에는 남녀간의 '열정적인 사랑'은 신학자들의 눈살을 찌푸리게 하였다. 신학자들의 견해에 따르면 여자는 영원한 이브Eve이며, 남자와 대등한 위치에 있는 인간이 아니라, 자녀를 출산하는 씨받이에 불과하였다. 신학자들의 그러한 견해에 대한 반동으로 중세시대의 '궁정풍의 사랑'에서는 남녀간의 고결한 사랑의 열정을 이상화하여 묘사해놓았다. 말하자면, 궁정풍의 사랑을 주제로 한 애정시의 내용 속에 있는 여인은 남자의 주인lord된 귀부인lady으로서, 남자를 제압하는 찬탄을 받을 만한 위치를 차지한다. 여자를 향한 남자의 감정은 여자를 고귀하면서도 더욱 값진 것으로 여기게 한다. 여자의 몸과 마음의 아름다움은 남자

에 흔하게 있을 수 있는 '통속적인 사랑'common love을 노래한 것이

로 하여금 여자와 결합하고픈 욕망을 일으키는데, 그것은 오로지 욕정을 위해서가 아니라, 궁극적으로는 도덕적인 미덕을 성취하기 위한 수단인 것으로 그려놓았다 (Cf. Preminger, 156-157). 이러한 궁정풍의 사랑은 남부 프랑스의 프로방스 지방의 음유시인들에 의하여 11세기에서부터 전래된 음유시(吟遊詩)Troubadour poetry의 특성에서 비롯된 것으로 보아야 될 것이다.

음유시는 중세 프로방스의 방언인 로망스어 랑그독Languedoc으로 전해지고 있는데, 시형식은 서정적이고 문체는 더 손질할 필요없이 세련되고 흔히 하는 말로 불가사의할 정도로 유유하면서도 찬란하고 유려(流麗)하다고 한다. 음유시의 특성으로 규정짓고 있는 구절을 보면, "정감(情感)은 물론 사랑이다. 그러나 정감은 고도로 전업화(專業化)된 종류의 사랑이다. 그러한 사랑의 특성은 겸손Humility, 예절Courtesy, 간통Adultery, 그리고 사랑의 신앙the Religion of Love이라는 순서로 나열될 수 있다. 귀부인의 애인 되는 남자는 언제나 비참하다. 그녀가 아무리 변덕스러울지라도 애인은 그의 귀부인의 가장 하찮은 요구에도 복종하고, 그녀가 아무리 온당치 못한 질책을 할지라도 그 질책에 조용히 묵종하는 것만이 애인 되는 남자가 귀부인의 주장에 대처하는 유일한 미덕이다. 그 미덕에는 봉건사회의 노예vassal가 그의 주인에게 은혜를 입고 행하는 그러한 봉사에 꼭 맞추어서 규범화된 사랑의 봉사가 있다. 귀부인의 애인 되는 남자는 귀부인 소유의 남자이다. 그는 그녀를 어원상에서 '나의 귀부인'my lady이 아닌 '나의 주인'my lord을 의미하는 마님*midons*으로 호칭한다. 모든 생활양태는 당연히 '사랑의 봉건화'로 묘사되어 있다"(Lewis, 2)라고 규명해놓았다.

인용에 들어 있는 겸손, 예절, 간통, 그리고 사랑의 신앙이라는 것은 왕비나 궁정과 귀족의 귀부인이 귀족의 남성이나 기사를 자신의 사랑의 노예로 봉건화하는 상례적인 단계의 '네 가지 규준(規準)'(*Ibid.*, 12)이다. 궁정풍의 사랑을 노래한 애정시의 소재와 주제는 귀족의 남성이나 기사가 '사랑의 신앙'이라는 마지막 단계에서, 자신을 사랑의 노예로 삼고 있는 여성에게 (a) 영원한 사랑을 간원, 애소, 애원한 것, (b) 사랑으로 병든 심신의 고통을 비탄, 한탄, 호소한 것, (c) 재색(才色)을 겸비한 미모와 사랑의 숭고함을 예찬, 찬미, 찬탄한 것 등이다. 이러한 것은 영국 신고전주의 여명기 작가들의 페트라르카식의 14행시나, 페트라르카식의 기상Petrarchan conceit을 통해서 잘 알려져 있다(Abrams(1981), 35).

예컨대, 와이어트 경이 번역한 페트라르카의 『삶의 14행시』 137번 「나의 배는 망각의 짐을 싣고 *My Galley Charged with Forgetfulness*」에서, 배는 시인의 마음, 애인은 배의 무정한 키잡이, 시인의 생각은 노젓는 사람, 시인의 한숨은 바람으로, 시인의 눈물은 비로, 시인을 향한 애인의 경멸은 검은 구름으로 비유되어 있다. 그리고 페트라르카는 이 시에 "여자의 애인은 자신의 상태를 바다의 위험한 폭풍우 속에서 요동하는 배에 비유하다"The Lover Compareth His state To a Ship In Perilous Storm Tossed On the Sea라고 하는 부제를 붙였다. 여자의 애인인 시인이 사랑의 신앙에서 말미암은 자신의 고통을 호소한 것인데, 이러한 시의 내용을 궁정풍의 사랑을 주제로 한 것이라고 하며, 이 시에서처럼 은유와 직유를 잘 혼용하여 사랑의 애상(哀傷)을 표출한 비유적 기교를 우리는 **페트라르카식의 기상**(奇想)이라고 한다.

었는데, 전자는 14행시를 위주로 써졌고, 후자는 중세로부터 이어져 온 영국 고유가락에 이탈리아나 프랑스의 외래가락을 접목시켜서 변용한 당시대 특유의 애정 서정시love lyrics를 위주로 써졌다.

애정시의 14행시나 애정 서정시는 궁정시인들에 의하여 작시되었던 까닭으로 그 내용면에서 궁정풍의 사랑으로부터 멀리 벗어나지 못하였던 듯싶다. 신고전주의 여명기의 초엽에는 물론이고 그 이후에서부터 말엽에 이르기까지, 궁정시인들에 의하여 써진 애정 서정시는 작곡되어 수금lyre이나 현금lute 또는 탄금harp의 반주에 맞춰서 노래로 불려질 것을 염두에 두고 쓴 시였다. 상류사회의 귀족들과 심지어는 국왕이나 여왕 자신들조차도 작곡에 손을 대었을 정도로 튜더왕조 시대의 궁정에서는 줄곧 시가와 음악이 그칠 줄을 몰랐다. 특히 여왕 엘리자베스 I세 말년 10여 년 동안은 애정 서정시의 꽃이 만발했던 시기였다. 현재『토텔 시문선집』을 통해서 전해지고 있는 와이어트 경이나 기타 궁정시인들의 애정 서정시는 그 당시에 작시(作詩)되었던 많은 것들 중에서 남아 있는 우수리에 불과한 것이다(Cf. *NA*, 542).

Ⅱ.
밀턴 시대의 시인들

Ⅱ. 밀턴 시대의 시인들

영국 신고전주의 형성기

밀턴 시대의 시인들은 영국 신고전주의 형성기의 시인들이었다. 신고전주의 형성기는 스튜어트Stuart왕조 시대였다. 스튜어트 왕조 시대의 17세기는 1603년부터 1660년까지로 잡는다. 신고전주의 형성기의 영시도 이 연대에 준한다. 17세기 영국 신고전주의 형성기의 시인들이 밀턴과 거의 동시대에 맞물려 활동했던 시인들이므로 그들을 뭉뚱그려서 밀턴 시대의 시인들로 일컬어 질 수 있다. 영국 문학사에서 왕정복고Restoration(1660년 5월) 이후의 영시는 신고전주의 전성기인 18세기에 포함시키고 있다. 17세기의 스튜어트 왕조를 구분하면, 제임스James Ⅰ세; James Stuart 시대(1603-1625), 제임스 Ⅰ세의 아들 차알스Charles Ⅰ세 시대(1625-1649), 크롬웰Oliver Cromwell(1599-1658)을 호민관(護民官)Lord Protector으로 하는 공화정Commonwealth 시대(1653-1658), 1660년 5월 25일에 도버Dover로 귀국하여 5월 29일 왕위에 오른 차알스 Ⅰ세의 아들 차알스Charles Ⅱ세의 왕정복고로 이어진다. 특기할 만한 이 시대의 역사적 사실을 보면, 1620년에 청교도 순례단Pilgrims의 첫 번째 신세계에로의 이민, 점진적으로 왕권이 그 위력을 잃고 마비되기 시작한 1640년 초기에서부터 1659년 사이의 청교도 혁명Puritan Revolution, 즉 1642년 8월 21일에 내란Civil War 발발로 1649년 1월 30일에 차알스 Ⅰ세가 참수되고This remainder. . . . on January 30, 1649, had him beheaded 크롬웰의 공화정 시작 등이다. 이러한 것들 중에서 17세기 영국사의 중심에 있었던 것은 청교도 혁명이었다. 청교도 혁명은 단순한 종교적인 문제뿐만이 아니라, 그 동안 독재적인 왕권에 억눌렸던 사회 및 정치 전반에 걸쳐서 여왕 엘리자베스 Ⅰ세 시대에서부터 여러 가지로 누적된 문제, 즉 교회행정, 외교정책, 전매와 특수한 형태의 경제적 특권, 의회의 권리와 면책권 등의 묻혀 있던 문제들에 대한 논쟁의 견인차 역할을 겸하고 있었다. 그러한 여러 가지 문제들에 대한 열띤 논쟁으로 국민과 왕권 사이에는 반목과 알력이 계속되었다. 그러다가 차알스 I세의 독재정치에 염증을 일으킨 청교도 중심의 국민들과 청교도들을 지지하는 세력들이 규합하여, 1642년에 내란을 일으켜서 이윽고 1649년에는 크롬웰이 실질적인 모든 권력을 장악하고 마침내 1653년에 자신을 호민관으로 하는 공화정 시대를 탄생시켰다. 그러나 청교도들의 원래의 정신과는 다른 크롬웰의 군사독재는 1658년 9월 3일 크롬웰의 사망으로 그 후계를 맡았던 그의 셋째 아들 리차드 크롬웰Richard Cromwell(1626-1712)의 1659년 4월 21일 의회에서의 하야선언(下野宣言)으로 사실상의 공화정 시대를 마감하였다. 더불어 청교도 혁명도 그 막을 내리게 되었다(Cf. *The New Encyclopaedia Britannica*(1982), vol. 3, 243-246; *NA*, 737-744).

신고전주의 형성기는 신고전주의 여명기의 다양한 시문학 분야의 규칙과 형식들, 소재와 주제들 중에서 당시대의 시인들이 취사선택(取捨選擇)하여 영국다운 영시를 형성하려고 노력했던 시기로 볼 수 있다. 이 시대를 대표하는 시인들을 고르라고 한다면, 제임스 I세 시대와 차알스 I세 시대의 단John Donne(1572-1631)과 벤 존슨Ben Jonson(1572-1637), 그리고 차알스 I세 시대에서부터 공화정 시대를 거쳐 왕정복고에 이르기까지의 밀턴John Milton(1608-1674)을 들 수 있을 것이다. 신고전주의 형성기의 단과 벤 존슨, 그리고 밀턴은 각기 특색 있는 세 갈래의 시문학 사조를 형성하였던 것이다. 단은 '형이상학파 시인들'metaphysical poets을, 벤 존슨은 '왕당파 시인들'cavalier poets을, 밀턴은 당시대의 몇 명 안 되는 청교도적인 성향의 '스펜서학파 시인들'Spenserian poets을 대표하였다. 단을 추종하던 형이상학파 시인들에는 허어버트George Herbert(1593-1633), 크래쇼Richard Crashaw(*ca.* 1613-1649), 클레브랜드John Cleveland(1613-1658), 킹Henry King(1592-1669), 카울리Abraham Cowley(1618-1667), 마아블Andrew Marvell(1621-1678), 보온Henry Vaughan(1621-1695), 트래헌Thomas Traherne(1637-1674) 등이 있었고, 벤 존슨을 주축으로 하던 왕당파 시인들에는 헤리크Robert Herrick(1591-1674), 커루우Thomas Carew(*ca.* 1594-1640), 월러Edmund Waller(1606-1687), 서클링 경Sir John Suckling(1609-1642), 러브레이스Richard Lovelace(1618-1657), 덴햄 경Sir John Denham(1615-1669) 등이 있었으며, 밀턴의 시풍처럼 신고전주의 여명기의 스펜서Edmund Spenser의 작풍(作風)을 빌려서 청교도적인 소재와 주제, 문체와 어조로 시를 쓴 스펜서학파 시인들에는, 밀턴보다 한 세대 앞선 제임스 I세 시대의 플렐처Giles Fletcher(1588-1623), 차알스 I세 시대의 브라운William Browne(1591-1643), 그리고 크롬웰의 공화정 시대와 왕정복고의 차알스 II세 시대의 번얀John Bunyan(1628-1688) 등이 있었다.

형이상학파 시인들

형이상학파 시인들, 이를테면 형이상학파 시인군(詩人群)은 신고전주의 여명기의 여왕 엘리자베스 I세 시대에, 시문학의 주류였던 페트라르카 시풍의 고답적인 비유법에서 탈피하고자 하였다. 그리하여 이들은 독창적이면서도 기발한 비유법과 구어체와 대화체의 거친 운율의 시를 써서 시의 새로운 규칙과 형식, 그리고 소재와 주제를 개발하는 데에 주력하였다. 그들의 시는 당시대의 독자들에게 익숙한 애정 서정시와는 거리가 멀었다. 그들은 삶과 죽음, 사랑과 이별과 같은 추상적인 관념에다가 구체적이면서도 생판 이질적인 관념의 대상물이나 대상을 결부시켜서 논리적이면서도 분석적인 기발한 이지wit로써 처리했다는 점에서, 당시대 이전까지에서는 찾아볼 수 없는 괴이하면서도 생경(生硬)한 시를 썼던 것이다. 그들이 써놓은 그러한 특징의 애정 서정시는 시의 소재와 주제에 따라서 세속시secular poetry와 종교시religious poetry로 분류되는데, 전자에 속하는 시인은 클레브랜드, 카울리, 마아블 등이고, 후자에 속하는 시인은 허어버트, 크래쇼, 보온, 킹, 트래헌 등이며, 그리고 단의 경우에는 그의 아내 앤 모어Ann More가 사망한 1617년 8월 15일을 경계로, 단은 대체로 1617년 이전에는 세속시를 그 이후에는 종교시를 썼다. 단의 세속시는 소극적인 애정시negative love poems라고도 하는 육체적인 사랑physical love을 주제로 하였고, 그의 종교시는 적극적인 애정시positive love poems라고도 일컬어지는 것인데, 이것은 정신적인 사랑spiritual love, 이른바 **'플라톤적인 사랑'**Platonic love*을 주제로 하였다. 아무튼, 이들의 시는 고전적인 전통주의자들로

---

* 플라톤적인 사랑Platonic love을 "개인적인 사랑을 초월하여 이상적인 아름다움과의 결합을 염원하는 것으로서, 보편적 순수 실재(實在)의 이념의 직관에서 생기는 일종의 최상의 황홀경에서 체득하는 법열(法悅)ecstasy이라고 플라톤이 풀이한 것이다"라고 규명한 것은 사전적인 의미에 불과한 것이다. 플라톤적인 사랑, 즉 정신애의 내력을 보면, 플라톤Plato(*ca.* 427-347 B.C.)의 『연찬(宴餐)*Symposium*』 210-212에서, 소크라테스Socrates(469?-399 B.C.)는 지혜로운 여인 디오티마Diotima의 조언(助言)인 성적 사랑Eros; sexual love을 설명하고 있다. 디오티마가 소크라테스에게 말하기를, 단 한 사람의 육체적인 아름다움 때문에 도발된exhibited 사랑에 꾸물거릴 것이 아니라, 마치 계단을 올라가듯이 "하나로부터 둘로, 둘에서부터 모든 아름다운 육체all fair forms를 향해서" 올라간 다음에, 이윽고 "절대적이고, 독립적이고, 순박하면서도 영속적인 아름다움"의 영원한 원형(原型)Idea에 관한 정관(靜觀)의 경지에 도달한다고 하였다. 아름다움의 영원한 원형, 즉 이상미(理想美)와는 당면한 감각세계의 육체적 아름다움은 까마득한 거리에 있고, 왜곡(歪曲)된 투영에 불과하다는 것이다. 이러한 원리와 플로티누스Plotinus(*fl.* 3rd century A.D.)와 같은 후세대의 철학자들(플로티누스를 주축으로 한 기원 3세기에서 5세기에 이르는 동안의 신플라톤학파Neoplatonists 철학자들)의 글에서 말미암은 것으로서, 이탈리아 문예부흥시대의 사상가들Renaissance thinkers은 육체적인 아름다움은 영혼의 도덕적이면서 정신적인 아름다움의 외면적인 표시에 불과하며, 영혼의 도덕적이면서 정신적인 아름다움은 절대자인 신(神) 자체의 아름다움Beauty of God Himself으로부터 차례로 방사(放射)된 것이라는 이론을 발전시켰다. 그러므로 정신애Platonic love도 오로지 정신의 명백한 표현으로써, 사랑하는 사람의

육체적인 아름다움을 추앙(推仰)하게 되는데, 그것은 육욕sensual desire으로부터 신에게 있는 지고지순(至高至純)의 아름다움Heavenly Beauty in God에 대한 순수한 정관(靜觀)에까지 이르는 사닥다리의 맨 아래 가로장으로as the lowest rung in the ladder 간주되는 것이다(Cf. Abrams(1981), 66).

이러한 정신애의 주요 원천은 이탈리아 문예부흥 시대의 대표적인 철학사상가 피치노Marsilio Ficino; Marsilius Ficinus(1433-1499)에게서 비롯된 것이다. 피치노는 플로티누스의 철학세계에서 말하는 유일신(神)the One은 지존(至尊)supreme이시고, 모든 만물은 지존이신 유일신(하나님)으로부터 방사된 것으로서, 최초의 방사물은 이성이고The first emanation is the intelligence of Mind(*Nous*), 이성에서 방사된 것이 영혼인데Emanating from *Nous* is the Soul, 이성이 낱낱의 형상으로 이루어져 있듯이 영혼도 개개의 영혼으로 세계령(世界靈)the Soul of the whole world; the *anima mundi*을 이루고 있다. 이러한 영혼은 위로는 이성을 아래로는 육체를 향하고 있으면서 가지계(可知界)와 현상계(現象界)의 중간에서 매개체mediating agency 역할을 한다. 물질세계에서In that lower world, 육체가 영혼을 지배할 때에 그 영혼은 정욕lust과 관능적인 육욕sensuality에 의해서 훼손되는데, 이러한 경우에 우리의 도덕적인 힘virtue은 훼손된 영혼을 회복시켜서 우리로 하여금 이성에 이르게 하고 궁극에는 유일신the One(하나님)에게로 돌아가게 한다는 것이다. 즉, 유일신의 방사물인 우리의 영혼은 도덕적인 힘에 의하여 원래의 아름다움과 순수함으로 정화(淨化)되어서야 비로소 방사물의 주인이신 유일신 하나님에게로 회귀(回歸)한다는 뜻이다. 이와 같이 영혼을 중심으로 하는 하층세계the descent와 상층세계the ascent에 대한 플로티누스의 변증법적 논리The dialectic는 플로티누스 학설Plotinus's system, 이른바 방사론theory of emanation의 가장 인상적인 대목the most dramatic part이다라고 한다. 피치노는 플로티누스의 그와 같은 방사론을 변용하여 문예부흥 시대의 플라톤주의Platonism를 발전시킨 장본인이다. 피치노가 유럽문학에 끼친 가장 중요한 공적은 정신애Platonic love에 대한 그의 교리his doctrine였는데, Platonic love라는 용어도 피치노가 『플라톤의 연찬에 대한 주석(註釋) *Commentary on Plato's Symposium*(1475)』을 저술하면서 만들어낸 신조어(新造語)coinage이다. 피치노는 신성의 사랑divine love과 플라톤의 사상에 나타난 사랑의 관념을 동일시하였다. 두 사람이 서로 사랑할 경우에, 그들이 진실로 사랑하는 것은 개개인에게 존재하고 있는 신성의 아름다움과 순수함divine beauty and goodness을 사랑하는 것이다라고 주장하였다(Cf. Patrides and Waddington, 145-147; *The New Encyclopaedia Britannica*(1982), vol. 14, 540-541). 피치노의 그러한 철학사상은 플라톤의 사상과 플로티누스의 신플라톤주의Neoplatonism는 기독교적인 사상과 어우러져 있다고 생각한 것에서 말미암았으며, 이러한 피치노의 플라톤주의는 오늘날에 이르기까지 모든 문학분야에 영향을 미치고 있다. 이러한 관점에 대하여, "피치노가 사랑에 대한 플라톤의 개념과 기독교의 개념을 상응(相應)a parallel하는 것으로 보았기 때문에, 그는 인간의 사랑과 우정의 지고(至高)한 형태the highest form는 궁극적으로 신을 향한 영혼의 사랑the soul's love for God을 근본으로 하는 영적 교통a communion이다라고 설명하였다. 그리하여 피치노의 그러한 정신애설This theory of spiritual or "Platonic" love은 16세기 이후부터 시와 문학을 지배하였다"(*The New Encyclopaedia Britannica*(1982), vol. IV, 122)라고 해설된다. 피치노의 그러한 신플라톤주의를 일명 기독교도의 플라톤주의Christian Platonism라고 일컬었는데, 영국에서는 아마도 그 신플라톤주의의 가장 주목할 만한 발전은 the most impressive development 17세기 후기 문예부흥 운동post-Renaissance movement 당시 케임브리지 플라톤학파들Cambridge Platonists을 주도하는 주창자였던 모아Henry More(1614-1687), 커드워스Ralph Cudworth(1617-1688) 등의 작품들에서 드러났다(Cf. *Ibid.*, vol. 14, 544; vol. III, 281; vol. VII, 16). 이상의 서술에서 알 수 있듯이, 플라톤적인 사랑, 즉 정신애(精神愛)의 플라톤주의와 신플라톤주의에 대한 철학사상의 사조(思潮)상에서, 3세기경 플로티누스 이전의 플라톤적인 사랑의 철학사상을 **플라톤주의Platonism**로, 플로티누스에서부터 피치노를 거쳐서 발전된 플라톤적인 사랑의 철학사상을 **신플라톤주의Neoplatonism**로 구별지워서 우리는 생각할 수 있을 것이다. 예컨대, 밀턴John Milton(1608-1674)은 그의 『실락원*Paradise Lost*』에서, 이브Eve의 타락 이전의 아담Adam과 이브의 에덴동산 생활을 플라톤주의로, 이브의 타락 직후에(아담의 원죄(原罪)Original Sin 직전에) 이브를 향한 아담의 부부애를 신플라톤주의로 구별하여 그려놓았는데, 밀턴의 그러한 묘사는 플라톤주의와 신플라톤주의의 개념을 독자로 하여금 제대로 파악하게 하는 대표적인 표본으로 볼 수 있을 것이다.

플라톤적인 사랑, 이른바 정신애는 사랑하는 애인이 신으로부터 물려받은 영혼의 도덕적이면서 정신적인 아름다움의 겉껍질에 불과한 육체적인 아름다움의 계단을 우리가 차례로 오른 다음, 말하자면 육체의 아름다움으로부터 정신의 아름다움에까지 올라가서, 마침내 개인적인 성욕이나 육욕을 벗어난 절대적이고, 독립적이고 순박하면서도 영속적인 아름다움의 이상미 ideal beauty인 지고지순의 아름다움을 조용한 가운데 차분하게 가라앉은 마음으로 순수하게 음미할 수 있는 경지에 우리는 도달하게 된다. 이 경지에서 우리의 정신애를 사랑하는 애인에게 육욕으로 표현하게 되면, 지고지순한 이상미의 맨 아래 단계에 머물게 되며, 우리가 정신애를 육욕으로 표현하지 않고, 우리의 개인적인 모든 성적 욕구를 초월하여 지고지순한 이상미의 맨 윗단계에 도달하게 되면, 우리의 육체적인 감각세계 그 너머에 있는 정신세계에서 사랑하는 두 사람의 이상미와 정신애의 직관적인 결합으로 황홀의 극치감인 법열ecstasy을 성취하게 된다. 요컨대, 그러한 황홀의 극치감인 법열을 성취하기 위하여 개인적인 모든 욕구를 희생하고, 가장 소중한 보물을 애지중지(愛之重之)하는 그와 같은 마음가짐으로, 이성간의 한결같이 순수한 사랑의 정신적인 자세를 일컬어 정신적인 사랑, 플라톤적인 사랑, 또는 정신애라고 하는 것이다. 이와 같은 '플라톤적인 사랑'을 읊은 표본적인 시들 중의 하나를 예로 들라고 하면, 단의 「성골(聖骨) *The Relique; The Relic*」이 꼽힐 수 있다.

첫째, 참으로 충실하게 사랑했습니다.
하지만 우리는 무엇을, 왜 사랑했는지를 몰랐습니다.

우리의 수호천사들이 그러하듯이
우리는 성(性)의 차별도 몰랐습니다.
만날 때나 헤어질 때에, 우리는
어쩌다가 입맞춤은 하였지만, 밥먹듯이 하지는 않았습니다.
최근의 법률이 방해했지만, 우리의 두 손은
자연이 자유롭게 해놓은 봉인(封印)을 결코 건드린 적이 없습니다.
이러한 기적을 우리는 이룩하였습니다. 그러나 이제, 아 애닯도다.
얼마나 그녀는 기적이었는가를 내가 말한다면,
모든 한계(限界)와 모든 언어를 뛰어넘을 것입니다.

First, we loved well and faithfully,
Yet knew not what we loved, nor why,
Difference of sex no more we knew,
Than our guardian angels do;
Coming and going, we
Perchance might kiss, but not between those meals;
Our hands ne'er touched the seals,
Which nature, injured by late law, sets free:
These miracles we did; but now alas,
All measure, and all language, I should pass,
Should I tell what a miracle she was.
(ll. 23-33; from Donne(1971), 76)

위에서「성골(聖骨) *The Relique; The Relic*」을 인용한 계제에 여기서 그것에 대한 발표연대를 잠깐 짚어볼 필요가 있을 것 같다. 단이 세상을 떠난 2년 뒤 1633년 당시의 편집자에 의해 단의『시집 *The Poems*』이 최초로 출판되었을 때에는,『시가와 14행시 *Songs and Sonnets*』와『신성한 시편들 *Divine Poems*』그리고 여타 시편들 간의 분류가 다소 산만하게 흩어진 상태로 그 시집에 수록되어 있었다(Cf. Donne(1971), 353). 단의『시집』은 편집자들에 의하여 1633년의 초판 이후에서부터 1669년까지 도합 7판이 출판되었다(*Ibid.*, 13, 25; Clements, x). 1635년 단의『시집』을 편집자가 재판 인쇄할 때, 초판에 수록된 애정 서정시love lyrics를 편집자가 한 데 묶어서『시가와 14행시 *Songs and Sonnets*』라는 표제를 붙였는데(Donne(1971), 353), 인용된「성골」은 그 때까지『신성한 시편들』에 들어 있었다. 1650년에 단의 아들 존 단the younger John Donne이 단의『시집』을 다시 편집하여 5판으로 인쇄할 때(Cf. *Ibid.*, 13; Clements, x), 그는 몇몇 시편들과「성골」을 추가하여『시가와 14행시』에 총 55편이 수록된 단의『시집』을 출판하였던 것으로 알려져 있다. 비록「성골」이『시가와 14행시』에 추고된 것이 1650년 일지라도 발표연대는 1633년, 1635년의『시집』과 마찬가지로『시가와 14행시(1633, 1635)』로 표기되어야 하는 것이다.

인용의 시구(詩句)는 플라톤적인 사랑을 노래한 단의 대표적인 작품인「성골」의 마지막 연이다. 이 시의 작시연대는 확실하지 않다. 작시과정은 단의 아내 앤 모아Ann More가 1617년 8월 10일 아홉 번째의 아이를 사산하고 8월 15일에 사망한 다음, 단이 1621년부터 영국 국교회, 이른바 성공회Anglican Church의 사제생활을 할 때부터, 같은 형이상학파 시인 허어버트의 아내이자 단의 여성 후원자였던 허어버트 부인Lady Magdalen Herbert(Magdalen Danvers)과 함께 나누었던 순수한 플라톤적인 사랑을 읊조린 것만은 부정할 수 없다(Coles *Notes*, 41). 「성골」의 작시연대는 대체로 두 가지로 생각될 수 있다. 그 한 가지는 단이 1623년 11월에서부터 12월에까지 건강의 악화로 재귀열병relapsing fever을 앓고 있을 즈음에, 물심양면으로 보살펴준 허어버트 부인의 애정어린 정성에 대한 감동의 표시로 이 시를 쓴 것으로 본다면, 이 시의 작시연대는 1624년경으로 볼 수도 있겠다. 그리고 다른 한 가지는 제2연에서 "그 때, 우리를 파낸 사람이 우리를 / 주교나 왕에게 가져가서, / 우리를 성골로 삼도록 하겠습니다"Then, he that digges us up, will bring / Us to the Bishop, and the King, / To make us Reliques(ll. 14-16)라고 읊은 구절의 내용과 그 구절을 "눈을 흘끔거리며 무덤을 파낸 어떤 사람이 아둔하게도 예수 그리스도와 막달라 마리아와도 같은 연인들을 숭배하도록 사람의 마음을 부추긴 것임에 틀림없을 성골saints' bones에 대한 미신적인 숭배를 표면상으로 그것은 비웃고 있다"Ostensibly it ridicules superstitious worship of saints' bones which will no doubt prompt some prying grave-digger foolishly to adore the lovers as Jesus and Mary Magdalene(Roston, 187)라고 해석한 것에서 암시되어 있듯이, 당시에 성골의 관습이 신교(新敎)에서는 폐지되었으나, 성골의 관습이 그대로 유지되고 있던 로마교회의 교리Roman Catholicism를 단이 표면상에서는 은근히 조롱조로 공격하고 있다. 그러나 내면적으로는 우리we라는 울타리 안에 용해되어 있는 단 자신과 1627년 6월(단의 나이 55세)에 사망한 허어버트 부인Lady Magdalen Herbert과의 사랑을 예수 그리스도와 막달라 마리아와의 사랑처럼 훗날의 모든 사람으로부터 추앙받는 사랑의 성골, 즉 사랑의 영구한 귀감(龜鑑)이 되도록 하겠다는 뜻을 피력한 것이다. 이러한 점과 인용된 시구에서 단이 애상(哀傷)적으로 "그러나 이제, 아 애닯도다"(l. 31)라고 탄식한 것을 결부시키면, 이 시의 작시연대는 허어버트 부인이 사망한 1627년 6월 이후의 언제쯤으로 추론될 수 있다. 단 주변의 몇 가지 정황과 「성골」의 내용 등으로 보아서, 이 시의 작시연대는 전자의 1624년경보다는 오히려 후자의 1627년경이 합당할 것 같다. 이 시의 발표연대는 단의 『시집』이 출판된 연대와 동일한 것으로 기록되어 있다. 시형식에 있어서 시행의 배열은 재래의 전통적인 것을 무시한 형태이나, 각 시련간의 모양새는 일정하다. 그리고 시행의 길이가 불규칙하고, 시행 내의 율격meter과 음보foot도 일정하지 않는 약강음보격iambic meter이고, 각운형식은 *aabbcddceee*로 규칙적이다.

인용의 구절에서 말하고 있는 단의 플라톤적인 사랑 또는 정신애는 우선, 참으로 서로를 충실히 사랑했다는 것이다. 단과 허어버트 부인과의 참사랑은 대상what과 목적과 이유why도 없이 무조건적으로 사랑했다고 한다. 정신적인 사랑은 맹목적이고 무조건적이다. 그리고 수호천사들의 세계에서는 성sex의 구별이 없듯이(Donne(1971, notes), 398), 그처럼 두 사람은 성의 차별도 잊은 채 사부터는 비난과 비아냥거림을 받았고, 진보주의자들로부터는 격찬을 받다가 한 때는 거의 방기(放棄)된 지경에 있었는데, 금세기에 이르러서야 비로소 영문학상에서 가장 중요한 시문학의 유산으로 인정받게 되었다.

그러한 비관습적, 비전통적, 비현실적인 시를 쓴 단과 그 일파들을 형이상학파metaphysical school 또는 형이상학파 시인들이라고 하거나, 그리고 그들의 시를 형이상학시metaphysical poetry라고 하거나, 또한 그들이 사용한 시의 비유적 기교를 형이상학적인 기상metaphysical conceit이라고 하는 등의 용어는 단의 당시대에는 없었다. 이러한 용어들은 단과 그 일파들의 시를 격찬하거나 찬양한 것에서가 아니라, 비난

랑했다고 한다. 육체적인 사랑에서는 남성male과 여성female이 필수적이지만, 정신적인 사랑은 성(性)을 초월한다. 또한 만날 때와 헤어질 때, 의례적인 입맞춤은 했지만 육체적인 사랑을 나누는 애인처럼 밥먹듯이 하는 이성(異性)으로서의 입맞춤은 하지 않았다. 더군다나 자연이 꽃이나 나비나 벌 등의 모든 생물에게 성행위를 자유롭게 개방해놓았는데도, 두 사람은 그들의 봉인the seals을 결코 건드린 적이 없다고 한다. "이 어구에서, 봉인이란 우선적으로 남녀 생식기에 대한 완곡한 표현이다"Seals' here, is, in the first place, a euphemism for the genitals(Hunt, 222)라고 말한 것에서 알 수 있듯이, 자연에 있는 생물의 성행위는 자유롭게 개방되어 있는 것이 자연의 법칙이지만, 인간의 자유연애의 성행위는 최근의 법률에 의하여 규제됨으로써, 그것이 두 사람의 사랑행위에 장애요인으로 작용한 것도 있겠으나, 그것보다는 육체를 순수한 정신적인 사랑의 노예로 삼았던 까닭으로 두 사람은 결코 성행위를 한 적이 없다는 것이다. 이어서 두 사람간의 정신적인 사랑을 육체라는 용구로 표현하지 않은 것을 기적(奇蹟)이라고 말하고서, 두 사람의 사랑은 그러한 기적을 이룩하였다고 한다. 기적적인 존재는 허어버트 부인이었다. 단은 허어버트 부인이 얼마나 기적적인 존재인가를 말한다는 것은 표현의 한계가 없으며, 모든 언어를 동원해도 그것을 필설(筆舌)로 다 할 수 없다고 한다. This was miracle enough, but "all measure, and all language" would have to be surpassed for the poet to tell what a "miracle" she was(Coles *Notes*, 41).

요컨대, 단이 말한 플라톤적인 사랑은 대상과 목적과 이유가 없는, 이른바 계산되지 않는 이해관계가 없는 타산적이지 않는 사랑으로서, 사랑하는 사람 서로에게 맹목적이고 무조건적인 충실한 사랑을 정신적으로 실행하는 것이 참사랑이다. 참사랑은 자연의 법칙도 따라올 수 없고 언어표현의 글과 말이 미치지 못하는, 황홀의 극치감인 법열과 맞먹는 경지의 기적을 이룩한다는 것이다.

하거나 비아냥거리는 데에서 유래된 것이다. 그들의 시를 '형이상학시'라고 최초로 말한 사람은 드라이든John Dryden(1631-1700)이었다. 그는 그의 「풍자의 기원과 진전에 관한 논설문 *A Discourse concerning the Original and Progress of SATIRE*(1692)」에서, "단은 그의 풍자시에서 뿐만 아니라, 자연스러움으로 주도되어야만 하는 애정시에서도 형이상학을 즐겨 써서, 여성의 마음을 사랑의 부드러움으로 사로잡아서 즐겁게 해주어야 할 경우에도, 까다로운 철학적인 사색으로 여성의 마음을 혼란스럽게 한다"He affects the metaphysics not only in his satires, but in his amorous verses, where nature only should reign; and perplexes the minds of the fair sex with nice speculations of philosophy, when he should ingage their hearts , and entertain them with the softnesses of love. (Dryden(1909), 283)라고 드라이든이 단을 비평한 것이 단 일파들에게 형이상학이란 명칭이 붙여지게 된 시초였다. 그리고 단 일파들의 시적 비유법을 분석해본 존슨Samuel Johnson(1709-1784)이 그들을 '형이상학파 시인들'로 일컫게 되었다. 존슨은 그의 『영국 시인전 *Lives of the English Poets*(1779-1781)』에서, 「카울리론 *Life of Cowley*」을 서술하면서 그 용어를 사용하였는데, 그랬던 것이 계기가 되어 그 이후부터 그것은 문학평론 용어로 고착되었다.

> 17세기 초경에, 형이상학파 시인들이라고 칭할 수 있는 한 무리의 시인들이 나타났다. . . . 형이상학파 시인들은 학식 있는 사람들이며, 그들은 학식을 과시하는 데에 모든 노력을 쏟았다. . . . 그들은 자연도 인생도 모사(模寫)하지 않았으며, 또한 내용에 대한 시형식을 다듬지도 않았고 지성의 작용도 표현하지 않았다. . . . 왜냐하면, 그들의 사상이 독보적이게 하는 것에 주력함으로써 시어에 신경 쓰지 않았기 때문이다. . . . 그러나 기발한 이지(理智)wit는 보다 엄격하면서도 철학적으로 말하자면 일종의 **부조화**(不調和)**의 조화**로 간주될 수 있다. 즉, 유사하지 않는 심상들의 결합, 이른바 외견상 생판 이질적인 것들에 숨겨져 있는 유사점의 발견이다. 이렇게 정의되는 기발한 이지를 그들은 넘치도록 갖고 있다. 가장 이질적인 관념들이 억지로 결합되

어 있다.

> About the beginning of the seventeenth century appeared a race of writers that may be termed the *metaphysical poets*, ... The metaphysical poets were men of learning, and to show their learning was their whole endeavour; . . . . they neither copied nature nor life; neither painted the forms of matter nor represented the operations of intellect. . . . for they endeavoured to be singular in their thoughts, and were careless of their diction. But wit, . . . may be more rigorously and philosophically considered as a kind of *discordia concors*; a combination of dissimilar images, or discovery of occult resemblances in things apparently unlike. Of wit, thus defined, they have more than enough. The most heterogeneous ideas are yoked by violence together; . . . . (Johnson, 1. 11; Smith and Parks, 460-461; *NA*, 1637-1638)

존슨은 형이상학파 시인들을 신랄하게 비아냥거렸다. 시의 근원적인 소재와 주제인 자연과 인생살이도 그들은 제대로 묘사하지 못하고, 시형식과 시어도 아무렇게나 되어 있고, 그들의 시에는 세련된 지성미라고는 없고, 이지를 발휘한다고 한 것이 고작 그들의 학식을 과시하기 위하여 시상의 대상물이나 대상에서 생판 이질적인 관념들을 동원하여 기발하게 억지로 끌어 붙여놓은 것 밖에는 아무것도 없다는 식으로 존슨은 말해놓았다. 말하자면, 형이상학시는 비관습적이고 비전통적이고 비현실적이라는 것이다. 형이상학시에 대한 그러한 비평은 오랫동안 지속되었다. 그러다가 금세기에 이르러서는 존슨의 그러한 비평을 오히려 형이상학시의 특징으로 보게 되고 결점으로 보게 되지는 않았다. 현대에 와서 형이상학시가 재평가되어 그 진가를 인정받게 된 데에는 형이상학파 시인들, 이른바 단 일파와 현대 시인들과의 시를 보는 종합적인 개념의 일치에서 비롯된 것이라고 할 수 있다. 현대 시인들은 시는 세련되어야 하고, 아름다워야 하고, 자연스러워야 한다는 개념에서 벗어나서, 시는 서로 상이한 관념의 대상물이나 대상을 억지로라도 서로 조합하여 새로운 심상을 창조하는 데에 전념한 것의 산물이어야 한다는 것이다. 바로 이점이 단 일파의 시적 개념과 일치하는 것이다.

> 현대주의 시인들과 17세기 기발한 이지 위주의 시인들 사이의 중대한 상호연관성은 비유의 사용에 대한 그들의 공통적인 개념에 있다. . . . 형이상학파 시인들과 현대주의 시인들은 비유의 문제에 있어서 신고전주의 시인들과 낭만주의 시인들 양쪽 모두에게 반대되는 입장에 있었다는 그 사실이 중대한 상호연관성으로 지적되는 것이다.

> The significant relationship between the modernist poets and the seventeenth-century poets of wit lies here—in their common conception of the use of metaphor. . . . The significant relationship is indicated by the fact that the metaphysical poets and the modernists stand opposed to both the neoclassic and Romantic poets on the issue of metaphor. (Brooks(1965), 11)

브룩스Cleanth Brooks에 의하면, 형이상학파 시인과 현대주의 시인과의 중대한 상호연관성, 즉 중요한 공통점은 시인의 사상과 정신을 드러내게 하는 시적 비유의 개념문제에 있어서, 18세기 신고전주의 시인이나 19세기 낭만주의 시인과는 반대되는 입장에 있었다는 사실이다. 말하자면, 형이상학파 시인과 현대주의 시인은 다 같이 시적 비유의 개념을 인간과 자연과 인생살이를 세련되고 아름답고 유려(流麗)한 문체와 어조로 모사copy하거나 묘사하는 데에 이용하는 이른바 수사체의 도구가 아니라, 시상의 대상물이나 대상의 관념들이 비록 생판 이질적이라고 할지라도 그것들을 애써 조합하거나 결합하거나 또는 연합하여 종래의 고답적인 것보다는 오히려 새로운 심상을 만들어내는 창조적 기능이라는 것이다. 바꾸어 말하자면, "그 어떠한 것도 본질적으로 비시적(非詩的)이라고 말할 수는 없다"nothing can be said to be intrinsically unpoetic(*Op. cit.*, 11)는 것이다. 이른바, 인간에게 주어진 모든 것은 시의 소재와 주제가 될 수 있고, 또한 그 모든 것은 새로운 심상을 창조하는 시적 비유의 창조적 기능의 대상물이나 대상이 될 수 있다는 것이다.

시적 비유의 창조적 기능이라는 것은 비유를 통해서 시의 새로운 심상을 만들어내는 기능이기 때문에, 그것은 어떠한 형식의 시에서도 그 비중은 막중하다. 말하자면, 시에 표현된 비유는 시의 결과이고 의미이고 생명이다. 시적 비유의 창조적 기능이란—특히 형이상학시나 현대시에 있어서— 생판 이질적인 대상물이나 대상이 지니고 있는 낱낱의 **관념***을 시인이 의도하는 바의 뜻에

---

* 모든 사물과 인간의 마음과의 상호관계에서 비롯되는 힘과 관념과 성질에 대해서, 17세기 영국 경험철학의 대가로서 경험론적 인식론의 창시자였던 록크 John Locke(1632-1704)의 주장을 빌려 보면, "마음이 그 자체 안에서 지각하는 것, 즉 지각과 생각 또는 오성의 즉각적인 대상이 되는 것은 무엇이든간에 관념idea이라고 부르며, 마음 안에서 어떤 관념을 창조할 수 있는 힘power, 그 힘이 존재하는 그 곳의 주체를 성질quality이라고 부른다. 이를테면, 하나의 눈덩이가 희다, 차갑다, 둥글다하는 관념을 우리의 마음 내부에서 창조할 수 있는 힘을 가지고 있는데, 즉 눈덩이에서 수용되는 바와 같은 그러한 관념을 우리의 마음 내부에서 창조할 수 있는 그 힘을 나는 성질이라고 부르고, 아울러 그러한 성질이 우리의 오성에 있는 감각작용이나 지각작용일 경우에, 나는 그 성질을 관념이라고 일컫는다"(Locke, 1. II, VIII. 8, 169)라고 하였다. 록크는 여기서, 마음 안에서 관념을 창조하게 하는 대상물이나 대상의 성질을 '힘'이라 하고, 관념을 창조할 수 있게 하는 대상물이나 대상에 대한 힘을 '성질'이라 하며, 그러한 성질이 감각작용이나 지각작용에 수용된 경우를 '관념'이라고 한다는 것이다. 또한 18세기 영국의 회의론(懷疑論)적인 인식론에 입각한 포이지적(包理知的) 합리주의 경험철학자 흄David Hume(1711-1776)은 **개념**conception에 대해서 "나는 개념에 대한 이러한 감정 내지는 방식을 제대로 설명하기란 불가능한 것임을 자인한다. 우리는 개념에 가까운 것을 표현하는 낱말들을 사용해도 무방할 것이다. 그러나 개념의 참으로 합당한 이름은 신념*belief*이다. 신념이란 일상생활에서 만인이 다 같이 잘 이해하는 용어이기 때문이다"(Hume(1978), 629)라고 하였다. 즉, 신념이라는 말은 곧 인상에 대한 우리의 관념이 지각력에 의해서 인식되어 개념으로 굳혀진 것이다. 따라서 신념은 생동감 있는 복합관념과 개념의 대체어a substitute term이다.

그리고 **단순관념과 복합관념**에 대해서 록크는 ". . . .왜냐하면, 시각과 촉각이 종종 동일한 대상물에서 동시에 다른 관념을 취하더라도, 즉 사람이 운동과 빛깔을 동시에 보고, 손이 같은 조각의 밀랍에서 부드러움과 따스함을 겸해서 느끼듯이, 동일한 대상에서 그와 같이 결합되어 있는 **단순관념**

맞도록 조합 내지는 결합하거나 연합하여 재래의 것이 아닌 새로운 심상을 창조하게 된 것을 의미한다. 시적 비유의 그러한 기능은 비유되어지는 말인 취의어(趣意語)principal term와 비유하는 말인 매개어(媒介語)secondary term와의 관계에서 성립된다. 취의어는 그 자체로서의 관념이 불확실한 명제proposition인데, 이것의 관념이 확실하게 되도록 탈바꿈시켜주는 것은 매개어의 단순관념simple idea과 복합관념complex idea이다. 매개어의 단순관념이나 복합관념에 의하여 확실한 관념으로 바꾸어진 취의어의 내재적 의미 또는 속뜻connotation을 우리는 시적 비유의

the simple ideas은 마치 서로 다른 감각에 의해서 들어오는 그런 것처럼 구별이 뚜렷하다. 사람이 한 조각의 얼음에서 느끼는 차가움과 딱딱함은, 한 송이 백합화의 냄새와 흰 빛깔이 구별되는 관념이듯이, 마음에서 구별되는 관념이고, 또한 설탕의 맛과 장미의 냄새도 그와 마찬가지로 마음에서 구별되는 관념이다. 아울러 사람이 그러한 단순관념에 대해서 갖는 명료하면서도 뚜렷한 지각보다 그에게 더 분명한 어떤 것도 있을 수 없다. 말하자면, 단순관념이란 그 자체에 있는 낱낱이 비복합적이므로 한 가지 일정한 현상*one uniform appearance*, 이른바 마음 속의 개념*or conception in the mind*만을 그 관념에 포함하기 때문에, 단순관념은 다른 관념들로 분류될 수 있는 것이 아니다"(Locke, 1. II, II. 1, 144-145)라고 하였다. 말하자면, 대상물이나 대상에 대한 감각이나 지각이 우리의 마음 속에서 복합되지 않은 상태로 있는 낱낱의 관념을 단순관념이라고 한다는 것이다. 그리고 ". . . . 그와 같이 마음은 한 가지 관념으로 결합시킬 단순관념들 중의 몇 가지를 고찰할 힘을 지니고 있다. 말하자면, 그 힘은 단순관념들을 외적인 대상물에서 결합시킬 뿐만 아니라, 또한 그 자체로서 단순관념들끼리 결합해놓기도 한다. 따라서 몇 가지 단순관념들의 조합으로 구성된 관념을 일컬어 나는 복합*complex*관념이라고 한다. 이를테면 **복합관념**complex ideas이란 아름다움beauty, 감사gratitude, 사람a man, 군대an army, 우주the universe 등과 같은 것이다. 그것이 갖가지 관념들로 복합된, 즉 단순관념들로 구성된 복합관념들이긴 하지만, 마음이 원하는 경우에 복합관념들은 각각 스스럼없이 한 가지 완전한 사물로서 고찰되며, 아울러 하나의 이름으로 표시된다"(Locke, 1. II, XII. 1, 214)라고 하는 것이다. 한 편의 시에서 단순관념이나 복합관념의 매개어가 모호하고 불확실하며 추상적인 명제의 취의어에 시인의 지각작용으로 말미암아 조합되거나 결합되거나 연합됨으로써, 취의어의 속뜻인 개별심상image을 만들게 되며, 그리고 몇 가지 단순관념으로 된 몇 개의 복합관념의 매개어가 하나 또는 그 이상의 취의어에 조합·결합·연합됨으로써, 시의 주제에 어긋남이 없는 전체심상imagery을 구성하게 되는 것이 원칙이다.

심상이라고 한다.

그러한 것을 단의 시 「가서 별똥을 잡아라 *Go and Catch a Falling Star*(1633)」에 있는 첫 2행을 예로 들어 풀어보기로 하자. 그 시구에서, 미모와 정절을 겸비한 여자a woman true and fair를 찾는 사람thou에게 말을 하는 화자는 "가서 별똥을 잡아라, / 맨드레이크 뿌리에 임신을 시켜라"Go and catch a falling star, / Get with child a mandrake root라고 말한다. 이 시구(詩句)에서 생략된 취의어를 삽입하면, "미모와 정절을 겸비한 여자를 찾는 것은 가서 별똥을 잡는 것이요, 아울러 맨드레이크 뿌리에 임신을 시키는 것이다"*To find a woman true and fair* is to go and catch a falling star, and to get with child a mandrake root로 된다. 여기서, '미모와 정절을 겸비한 여자를 찾는 것은' 취의어로서 그 자체만의 관념은 무엇을 어떻게 한다는 것인지 모호하고 불확실하며 추상적이다. 그런데, 그러한 취의어가 매개어의 관념인 "가서 별똥을 잡는 것이요, 맨드레이크 뿌리에 임신을 시키는 것이다"와 조합됨으로써, 취의어의 내재적 의미, 이른바 그 속뜻은 "미모와 정절을 겸비한 여자는 절대 불가능하다"라고 된다. 따라서 예로 든 시구에서 시적 비유의 심상은 '절대 불가능'으로 되는 것이다. 단은 '절대 불가능'이라는 심상을 만들어내기 위하여, '가서 별똥을 잡는 것'이라는 단순관념과 '맨드레이크 뿌리에 임신을 시키는 것'이라는 단순관념을 복합한 관념, 즉 복합관념을 사용하였다. 그리고 단이 비유어로 사용한 '별똥'은 천문학 용어이고 '맨드레이크 뿌리'는 식물학 용어인데, '미모와 정절을 겸비한 여자'와는 서로가 생판 이질적인 관념들이다. 이러한 이질적인 관념들의 결합은 "그가(Donne은) 인간의 경험의 모든 범위를 그의 시의 영역 안으로 포괄함으로써, 참신한 시의 통일성 a new poetic unity을 창조하기 위하여 표면적으로는 부조화롭고 모순된 것을 서로 연결하여 대가a virtuoso의 풍부한 기량을 그의 시가 속에서 교묘하게 드러내고 있는 것으로 간주된다" (Roston, 1).

그처럼 이질적인 관념들끼리 조합된 시적 비유를 존슨Samuel Johnson은 비아냥거리는 어투로 '부조화의 조화'*discordia concors* 라고 하였다. 그러나 '부조화의 조화'는 형이상학파 시인의 '기발한 이지'wit, 즉 기발한 판단의 착상이라는 의미를 갖는 **'형이상학적인 기상'**metaphysical conceit*으로 자리매김하여 형이상학시를 특징지우는 대접말이 되고 있다. 단편적으로 말하자면, "기상(奇想)이

---

* 기상(奇想)conceit 또는 시적 기교라는 낱말은 존슨Samuel Johnson이 그의 「카울리론」에서 말한 '기발한 이지(理智)'wit, 즉 기발한 판단의 착상이라는 것과 그 개념을 같이 하는 낱말로서, "작가 자기본위egotism의 생각에서 비롯된 것이 아니라, 이탈리아어의 개념 또는 심상을 의미하는 *concetto*에서 유래된 것인데, 그것에 가장 근접하게 일치되는 영어의 낱말은 '개념'concept이다"(*NA*, 750). 그런데, '기상'이라는 단어는 표면상으로 상이한 두 가지 사물들이나 상황들의 유사관계를 아주 인상적으로—언제나 어떤 정교한 유사성 an elaborate parallel으로—이루어지게 하는 비유어figures of speech를 대신하는 용어가 되었다(Abrams(1981), 28). 예를 들자면, 단John Donne이 그의 「벼룩 *The Flea*(1633)」에서, 사랑하는 두 연인 사이를 오가며 피를 빨아먹은 벼룩을 가리켜 "그리고 이것은 슬프게도 우리가 하고자 했던 이상의 것을 했소"And this, alas, is more than we would do라고 표현해놓았다. 말하자면, 벼룩이 두 사람을 대신해서 이미 피섞음질을 했으니, 사랑하는 이여, 그대는 어떠한 부끄러움도 수줍음도 더 이상 갖지 말라고 공격하기 위한 비유의 매개어로 벼룩을 사용하였다.

그리고 단의 「시성(諡聖) *The Canonization*(1633)」에서는, 시의 논의가 전개되어 감에 따라 두 연인간의 관계를 묘사하는 비유들은 상업과 사업의 분야에서부터, 실제적이고 신화적인 다양한 조류(鳥類)들과 갖가지 형태의 역사적 기념물에 대한 것에 이르기까지, 여러 가지 이야기를 거쳐서 절정에 이르게 되는데, 그 절정에서 이루어지는 두 연인의 성행위와 세속적인 연인들의 도덕적 입장은 성인(聖人)들의 종교적인 금욕생활과 천국 같은 종착지와 동일시하여 비유되어 있다. 즉, 두 연인의 성행위는 금욕생활에서 말미암은 성적 발로이자 천국이며, 그러한 것이 마치 시성의 행위처럼 비유되어 있다. 이상의 내용에서 나타나듯이, 두 연인의 서먹한 관계를 피섞음질한 벼룩에, 두 연인의 성행위를 시성의 행위로 비유한 그와 같은 기발한 판단의 착상을 우리는 기상이라고 할 수 있다.

란, 교묘하면서도 정교한 은유metaphor와 직유simile로 보통 이상으로 서로 이질적인 대상물이나 대상이 비유된 것을 일컬음이다"(Altenbernd and Lewis, 18-19). 형이상학시의 그러한 특징은 거의 대부분의 시에서 찾아볼 수 있다. 표본적인 몇 가지만 예를 들면, 단의 「작별: 슬픔을 금하며 *A Valediction: Forbidding Mourning*(1633)」에서 사랑하는 두 사람의 영혼을 건축 제도사가 사용하는 컴퍼스compass에 비유하여 '일심동체(一心同體)'라는 심상을 도출한 것이라든가, 「새 아침 *The Good-Morrow*(1633)」에서 '어디에서 우리는 이보다 더 나은 두 개의 반구(半球)를 찾을 수 있겠소'Where can we find two better hemispheres(l. 17)라고 읊은 것에서처럼, 사랑하는 두 사람을 우주물리학의 반구에 비유하여 '사랑의 결합'이라는 심상을 만든 것이라든가, 그리고 마아블의 「사랑의 정의 *The Definition of Love*(1681)」에서 두 사람의 사랑을 우주물리학의 양극을 회전축으로 돌고 있는 남극과 북극에, 기하학의 평행선에, 천문학의 별들의 충(衝)opposition of the stars에 비유하여 '이루어질 수 없는 사랑'이라는 심상을 표출한 것 등이다. 그 밖에 단은 이질적인 관념들과 그의 지식들을 비유적 표현의 반어법irony과 역설법paradox에 끌어들여서 교묘하면서도 정교하게 이용하여, 그의 심상을 잘 드러낸 것도 있다. 그의 애정 서정시들 중에서 그 대표적인 예로 「떠오르는 태양 *The Sun Rising*(1633)」을 들 수 있다.

부지런한 늙은 바보, 무법(無法)의 태양이여,
어찌하여 그대는 이렇게
창문을 통해서 커튼을 통해서 우리를 찾아오느냐?
애인들의 계절도 그대의 운행에 따라야 한단 말인가?
건방지고 아는 척하는 녀석아, 그대는 가서
지각하는 아이들이나 시무룩한 직공들이나 야단치고,
궁중의 사냥꾼들에게 가서, 왕이 행차한다고 말하고,
시골 개미들에게 가서, 수확역사(收穫役事)에나 불러내거라.
사랑은 한결같이 계절도 모르고, 기후도 모르고,

시간의 조각인 시각도, 날도, 달도 모르노라.

그대는 어찌하여 그대의 햇빛이 그토록 존경스럽고
그토록 강하다고 생각해야 하는가?
내가 눈을 한 번 깜빡하면 그 빛을 가리우고 흐리게 할 수 있노라.
그렇게 하는 동안에라도 님을 보지 못할까봐 그러지 않을 뿐이노라.
만약 님의 눈이 그대의 눈을 멀게 하지 않는다면,
보아두었다가, 내일 늦게 나에게 일러라.
향료와 금광의 양 인도가, 그대가 남겨둔 곳에 있는지,
아니면 여기에 나와 함께 누워있는지를
그대가 어제 만난 제왕들에게 물어보라. 그렇게 하면,
그대는 모두가 여기 한 침대에 누워 있다는 말을 듣게 되리라.

님은 만국(萬國)이고, 나는 만왕(萬王),
그 이외는 아무 것도 아니노라.
왕들은 우리의 대역일 뿐, 이것에 비교하면,
모든 명예는 가짜이고, 모든 부(富)는 협잡이노라.
그대 태양은 우리의 절반쯤은 행복하리라.
이렇게 세계가 축소되었으니,
그대의 나이는 편한 것을 찾고, 그대의 임무는
세계를 따뜻하게 하는 것, 우리를 따뜻하게 하면 임무는 끝이노라.
여기에서 우리에게 비춰라, 그러면 그대는 세계 전체를 비추는 것이 되느니라. 이 침대가 그대의 중심이고, 이 방의 벽은 그대의 천체이노라.

Busy old fool, unruly sun.
Why dost thou thus,
Through windows, and through curtains call on us?
Must to thy motions lovers' seasons run?
Saucy pedantic wretch, go chide
Late school-boys, and sour prentices,
Go tell court-huntsmen, that the King will ride,
Call country ants to harvest offices;
Love, all alike, no season knows, nor clime,
Nor hours, days, months, which are the rags of time.

Thy beams, so reverend, and strong
Why shouldst thou think?
I could eclipse and cloud them with a wink,

But that I would not lose her sight so long:
    If her eyes have not blinded thine,
    Look, and tomorrow late, tell me,
  Whether both th'Indias of spice and mine
  Be where thou left'st them, or lie here with me.
Ask for those kings whom thou saw'st yesterday,
And thou shalt hear, All here in one bed lay.

    She is all states, and all princes, I,
    Nothing else is.
Princes do but play us; compared to this,
All honor's mimic; all wealth alchemy.
    Thou sun art half as happy as we,
    In that the world's contracted thus;
  Thine age asks ease, and since thy duties be
  To warm the world, that's done in warming us.
Shine here to us, and thou art everywhere;
This bed thy center is, these walls, thy sphere.
(Donne(1971), 80-81)

이것은 단의 애정 서정시「떠오르는 태양」의 전편(全篇)이다. 이 시는 단의 사후 1633년에 최초로 출판된 그의『시가와 14행시 *Songs and Sonnets*(1633, 1635)』에 수록되어 있는 것이다(Donne(1971), 353). 이 시는 그의「새 아침」과 마찬가지로 그가 1601년 29세 당시, 에거턴 경Sir Thomas Egerton의 비서관으로 일하면서 알게 되어 사랑을 나눈 에거턴 경의 처조카인 16세의 앤 모아Ann More와 그 해 12월에 비밀결혼한 뒤에—단 자신이 말했던 바와 같이—쓰여진 것으로 알려진 시인데, 그러니까 이 시의 작시연대는 제1연 7행에서 "궁중의 사냥꾼들에게 가서, 왕이 행차한다고 말하고"라는 어구에서, 그 당시 사냥광이었던 제임스 I세를 지칭한 점으로 본다면, 1603년 이후로 추정되는 것이다(Gardner(notes), 60). 발표연대는 단의 사후에 출판된『시가와 14행시』를 통하여 최초로 알려졌다고 해서 1633년으로 기록되어 있다. 그리고 시행의 길이와 운율이 일정하지 않지만, 각 시련간의 시행의 배열은 일정한 모양새를 갖추고 있다. 운율은 약강음보격iambic meter으로 되어 있으나, 각운형식은 *abbacdcdee*로 규칙적인 형태를 취하고 있다. 이 시는 시인이 앤 모아와 비밀결혼을 함으로써 육체적인 성관계를 맺고 난 뒤에, '완전한 사랑'perfect love의 진실한 의미를 깨닫고 그 체험을 노래한 것이다. 「떠오르는 태양」 역시도 「새 아침」에서처럼, 극적 배경설정은 침대에 누워 있는 두 애인의 모습과 아침 햇살이 창문과 커튼 사이로 스며드는 장면이다. 그리고 문체와 어조는 논의의 극적 대화체로서 일인칭 단수(Ⅰ)의 말을 하는 화자는 시인이고 말을 듣는 청자는 태양으로 되어 있으되, 청자에 대한 화자만의 독백시monologue로 되어 있다.

제1연에서, 사랑하는 애인과 더불어 운우지락(雲雨之樂)의 밤을 보낸 시인이 극적 어조dramatic tone로 사랑의 단잠을 깨운 태양을 향하여, 엘리자베스 I세 시대의 애정 서정시에서 쓰이던 세련되고 아름다운 어조를 무시하고 빈정거리는 퉁명스러운 말투로 "부지런한 늙은 바보, 무법의 태양이여"라고 부른다. 태양을 아침에 일찍이 일어나서 젊은이의 단잠을 깨우는 부지런하고 주책없는 늙은이와 아무런 기척 없이 창문과 커튼을 통해서 남의 침실을 침범하는 무법자에 비유하고 있다. 시인은 시작에서부터 과장된 역설법hyperbolic paradox으로 나오고 있다. 이처럼 시인이 태양을 무시하는 역설적인 무례한 표현을 사용한 이유는 태양이 두 애인의 사랑을 좌우할 수 없다는 의미뿐만이 아니라, 또한 단 일파와 동시대의 상반된 시인군인 '왕당파 시인들'이 즐겨 쓰는 미사여구를 겨냥한 반발이기도 하다.

그런 다음에 "애인들의 계절도 그대의 운행에 따라야 한단 말인가?"라고 묻고서, 태양의 본분은 애인들의 사랑을 방해하는 것이 아니라, "지각하는 아이들이나 시무룩한 직공들이나 야단치고,/궁중의 사냥꾼들에게 가서, 왕이 행차한다고 말하고,/시골 개미들에게 가서, 수확역사(收穫役事)에나 불러내거라"는 것이다. 이러한 비유적 표현에서, 살생을 위해서 '궁중의 사냥꾼들(궁중의 대관들과 기사들)을 데리고 사냥터로 가는 왕(사냥광이었던 제임스 I세를 지칭한 것임)의 행차'와 생존을 위해서 '무표정하게 부지런히 일만 하는 시골 개미들(시골 농부들)의 수확역사, 즉 식량준비'와의 관계는 당시의 왕권과 백성과의 생활생태를 은연중에 함축시킨 것인데, 시인은 그러한 내용을 묘한 반어법 irony으로 그 시구의 심층에 깔아놓았다. 이러한 줄도 모르는 태양을 "건방지고 아는 척하는 녀석아"라고 시인은 다시 반어법으로 빈정대면서, 자연의 계절은 그대의 운행에 따라 영향을 받지만, 사랑의 계절은 그대의 영향을 받지 않기 때문에 "사랑은 한결같이 계절도 모르고, 기후도 모르고,/시간의 조각인 시각도, 날도, 달도 모르노라"고 한다. 이 시구에서 시인은 '완전한 사랑'의 의미를 정의하고 있다. 이른바, '완전한 사랑'이란 시간을 초월함은 물론이고 시간에 예속된 모든 것, 즉 시대적 관습이나 전통마저도 초월한다는 것이다. 말하자면, 시인은 앤 모아와의 비밀결혼을 완전한 사랑으로 합리화해놓고 있다라고 할 수 있겠다.

제2연에서도, 시인은 태양을 무시하여 비아냥거리는 어조로 "그대는 어찌하여 그대의 햇빛이 그토록 존경스럽고/그토록 강하다고 생각하는가?"라고 묻고 있다. 사랑하는 두 사람에게 태양 네까짓 것쯤은 아무 것도 아니라는 뜻이다. 시인의 말인즉, 나는 눈을 한 번 감으면, 태양인 그대를 가리울 수도 있고eclipse 흐리게 할 수도 있다. 그러나 "그렇게 하는 동안에라도 님을 보지 못할까봐 그러지 않을 뿐이노라"라는 말로서, 애인의 모습이 태양보다 더 소중함을 강조하고 있다. 그것뿐만이 아니라, "만약 님의 눈이 그대의 눈을 멀게 하지 않는다면,/보아두었다가, 내일 늦게 나에게 일러라"고 한다. 말하자면, 님의 눈빛은 태양의 빛보다 더 열정적으로 강렬하고 찬란해서 시인의 눈은 두 말할 나위없고 태양의 눈마저도 멀게 할 정도인데, 만약 그렇지 않으면 내 님의 눈빛을 잘 보아두었다가, 태양 그대는 오늘 지구를 돌고 내일 다시 돌아와서 그만한 눈빛이 있었던가를 늦게 나에게 말하라고 하는 과장된 역설법으로 태양의 빛을 앤 모아의 눈빛보다 비하(卑下)해놓았다. 여기서, 태양의 빛은 현실세계의 가장 강력하고 으뜸인 위력을 의미하고, 앤 모아의 눈빛은 시인이 추구하는 사랑의 이상세계의 위력을 뜻하고 있다. 이를테면, 태양에 대한 심상은 형이하학세계에 존재하는 최고의 절대자이고 앤 모아에 대한 심상은 시인의 형이상학세계에 있는 최상의 사랑이다. 시인이 그의 최상의 사랑인 앤 모아와 육체적으로나 정신적으로 한결같은 사랑의 시간을 누릴 수만 있다면, 그는 현실세계의 그 어떤 것이라도 무서울 것이 없다는 뜻을 역설적으로 표현한 것으로 간주된다.

그리고 그 다음 행에서, "향료와 금광의 양 인도both th' Indias가, 그대가 남겨둔 곳에 있는지, / 아니면 여기에 나와 함께 누워 있는지를 / 그대가 어제 만난 제왕들에게 물어보라"고 한다. 이 구절에서, '향료와 금광의 양 인도'란 물론 지리적으로 향료가 생산되는 동인도the East Indies와 금광이 있는 서인도the West Indies를 가리키고 있기도 하다(Clements(notes), 4; *NA*(notes), 771). 그러나 '향료와 금광의 양 인도'는 '여기에 나와 함께 누워 있는'lie here with me 앤 모아이다. '향료와 금광의 양 인도'는 앤 모아의 육체이다라는 은유metaphor이다. 침실의 상황설정은 시인과 앤 모아가 벌거숭이인 채로 햇빛이 제일 먼저 방 안에 침범해 들어오는 동쪽 창문으로 머리를 향하고 눈을 반쯤 뜬 상태로 침대에 누워 있다. 시인의 최상의 사랑인 앤 모아의 육체에서 사랑의 향료를 생산하는 동인도는 그녀의 탐스러운 '유방'breast이고, 서인도의 금광은—시인이 「사랑의 연금술 *Love's Alchemy*(1633)」의 첫 행에서 애인과의 사랑행위를 '사랑의 광산love's mine을 파내는 것'으로 은유한 바 있듯이—시인으로 하여금 귀중한 사랑의 금광을 파내게 하는 앤 모아의 벙글은 적금(赤金)빛 음순(陰脣)의 '성기'vulva이다. 따라서 '향료와 금광의 양 인도'는 '시인의 최상의 사랑인 앤 모아의 유방과 성기'이다. 시인은 태양에게, "앤 모아의 이러한 육체는 태양이 지구를 돌면서 언제나 남겨두고 지나가는 지리적인 양 인도가 아니기에, 어제 지구를 돌면서 만났던 각 나라의 제왕들에게 앤 모아의 양 인도가 어디에 있는지 물어보라"고 한 것이다. 태양이 그렇게 물어보면, "그대는 모두가 여기 한 침대에 누워 있다는 말을 듣게 되리라"라고 하는 시인의 기발한 역설법이다. 이 구절의 "모두가 여기 한 침대에 누워 있다"All here in one bed lay라고 한 것에서, '모두'는 시인과 앤 모아이고 또한 두 사람의 모든 것이다. '한 침대에'라는 것은 '모두', 즉 둘이 하나로 된 것을 의미한다. 말하자면, 육체적인 사랑을 통하여 둘이 하나로 된 완전한 사랑을 시사한 것으로 볼 수 있다. 이와 같은 은유적인 역설법은 단의 성적인 사실주의sexual realism를 표현한 단면적인 모습이기도 하다.

제3연에서는, "님은 만국all states이고, 나는 만왕all princes, / 그 이외는 아무 것도 아니노라"로 시작된다. 이 어구(語句)에서, 앤 모아는 시인의 모든 나라, 나라 전체 또는 전부, 즉 시인의 전부인 한 사람이고, 시인은 앤 모아의 나라 전체 또는 전부를 다스리는 모든 왕, 왕 전체 또는 왕 전부인 한 사람이다. 말하자면, "시인과 앤 모아와의 사랑은 서로에게 전부인 유일한 한 사람이니, 그 이외의 다른 여자나 다른 남자는 우리 두 사람에게 아무 것도 아니노라"고 말함으로써, 시인과 앤 모아와의 물샐틈없이 완전한 사랑을 은유해놓았다. 그리고 만국은 공간적인 무한함을,

만왕은 시간적인 영원함을 내재하고 있다. 따라서 시인과 앤 모아의 사랑은 공간적으로도 무한하고, 시간적으로도 영원한 사랑, 즉 완전한 사랑이라는 것이다. 다음 행에서, 시인은 이 세상의 "왕들은 만국인 앤 모아와 만왕인 시인을 대신해서 국왕 노릇을 할 뿐이며, 두 사람의 그러한 완전한 사랑에 비교하면, 세상의 모든 명예는 가짜이고 모든 부귀영화는 협잡alchemy; fraudulent(*NA*(notes), 771)에 불과하다"라고 역설한다. 말하자면, 시인과 앤 모아의 사랑은 가짜도 협잡도 아닌 완전한 사랑이라는 것이다.

시인은 다시 태양에게 자신과 앤 모아와의 완전한 사랑만큼 행복하지 못할 테지만, "그대 태양은 우리의 절반쯤은 행복하리라. / 이렇게 세계가 사랑하는 우리 두 사람의 침실로 축소되었으니" 말이다. 그래서 "그대는 늙은 나이로 일하기 편할 테고, 다만 세계를 비춰서 따뜻하게 하는 것과 우리 두 사람의 완전한 사랑의 세계를 따뜻하게 해줌으로써, 그대의 임무는 간단하게 끝나지 않느냐"는 것이다. 그러하니 "여기에서 우리에게 비춰라, 그러면 그대는 세계 전체를 비추는 것이 되느니라"고 한다. 이를테면, 태양이 시인과 앤 모아를 비추는 것은 세계 전체를 비추는 것과 다름없다는 것이다. 이것은 시인의 과장된 역설법이긴 하지만, 마지막 행에서 시인이 "이 침대가 그대의 중심center이고, 이 방의 벽이 그대의 천체sphere이노라"고 말한 것과 앞 행의 것을 연결시켜서 음미해보면, 그 내용은 고대 그리스의 천문학자 톨레미Ptolemy; Claudius Ptolemaeus(*fl.* 127-151)의 천동설(天動說)Ptolemaic system에서 따온 논리임을 알 수 있다. 시인과 앤 모아가 누워 있는 '침대'는 태양이 운행하는 중심인 '지구'가 되고the center of the sun's orbit(*NA*(notes), 771), 침대가 놓여 있는 침실의 아래와 위, 사방의 벽들은 '천체'가 되는 것이므로 태양이 시인과 앤 모아의 침실을 비추는 것은 세계 전체를 비추는 것과 마찬가지라는 논리가 역설적으로 성립되는 셈이다. 그리고 시인과 앤 모아의 침대가 우주의 중심인 지구가 된다는 것은 두 사람의 완전한 사랑은 침대에서, 이른바 육체적인 사랑에서 시작된 것임을 의미한다. 요컨대, 이 시에서 시인은 육체적인 사랑 없이는 '완전한 사랑'은 존재할 수 없다는 논리를, 갖가지 이질적인 대상물들 내지는 대상들의 다양한 관념들과 지식들을 동원하여, 그의 재치 있는 반어법과 역설법으로 주장해놓았다. 이처럼 형이상학적인 기상의 강렬하고 인상적인 특징은 단의 사후 카울리 대에 와서는 다소 수수해졌음을 엿볼 수 있다. 카울리의 대표적인 애정 서정시 「소원 *The Wish*(1647)」의 일부를 음미해보자.

  오 샘이여! 언제 그대 속에서 내가
착잡한 상념(想念)을 떨쳐버린, 내 자신을 엿볼 수 있을까?
오 들이여! 오 숲이여! 언제쯤, 언제쯤 내가
  그대 그늘의 행복한 거주자가 될 수 있을까?
  여기는 즐거움의 홍수 밀려드는 원천(源泉)이 있구나.
여기는 부유한 자연의 보고(寶庫)가 있구나.
여기는 자연이 영원히 만들고
  검증(檢證)한 모든 풍요가 있구나.

  오만(傲慢)과 야망이 여기에선
오로지 무리한 은유로 나타날 뿐이구나.
여기에선 바람 이외는 어떤 것도 상처 주는 속삭임을 퍼뜨릴 수 없구나.
  메아리 이외는 어떤 것도 아첨하지 않는구나.
  신들은, 그들이 하강할 때면, 하늘로부터
언제나 이리로 길을 택했더구나.
그러므로 여기가 역시 거기로 가는 길이라고
  우리는 서슴없이 말할 수 있겠구나.

  여기서 만일 내가 사랑하는 유일한 님과 살다가,
님과 포옹한 채로, 죽을 수 있다면 정말 행복하겠구나!
모든 세계인 그 님은, 사막에서
  고독을 몰아낼 수 있구나.
  그 때엔 이 한 가지 두려움만을 느끼겠구나.
사람들이, 나의 즐거움을 보고서,

나처럼 살려고 여기로 몰려들어,
  여기에 도시를 건설할까봐 두렵구나.

  O fountains, when in you shall I
Myself, eased of unpeaceful thoughts, espy?
O fields! O woods! when, when shall I be made
  The happy tenant of your shade?
  Here's the spring-head of pleasure's flood,
Here's wealthy Nature's treasury,
Where all the riches lie that she
  Has coined and stamped for good.

  Pride and ambition here
Only in farfetched metaphors appear;
Here naught but winds can hurtful murmurs scatter,
  And naught but Echo flatter.
  The gods, when they descended, hither
From heaven did always choose their way;
And therefore we may boldly say
  That 'tis the way, too, thither.

  How happy here should I
And one dear she live and, embracing, die!
She who is all the world, and can exclude
  In deserts, solitude.
  I should have then this only fear,
Lest men, when they my pleasures see,
Should hither throng to live like me,
  And so make a city here.
(ll. 17-40; from *NA*, 1020)

카울리는 형이상학시에서 18세기 신고전주의 전성기로 넘어가는 과도기의 형이상학파 시인이라고 할 수 있다. 그래서 그런지 그의 애정 서정시는 형이상학적인 기상의 특징들이 부드럽게 완화된 느낌을 갖게 한다. 말하자면, 카울리의 형이상학적인 기상은 상상적인 긴장이 다소 결핍된 감이 있고, 미묘하고 열정적인 감정을 비유적 표현으로 구상화(具象化)하기보다는 단순한 주제에 대하여, 수사적이고 장식적인 묘사를 하는 경향이 짙은 것으로 보인다. 카울리는 10세 때에 처음으로 시를 썼으며, 15세 때에는 그의 최초의 시집을 출판했을 만큼 시적 재능의 신동a poetical prodigy이었다. 그는 1647년에 형이상학적인 표현방식the metaphysical style으로 된 차분하면서도 재치 있는 애정 서정시집A collection of frigidly witty love lyrics 『애인 *The Mistress*』을 상재(上梓)하였는데, 호레이스풍의 시Horatian poem로 평가되는 그의 「소원」도 『애인』에 수록되어 있다. 「소원」의 발표연대는 『애인』의 출판연대와 동일한 것으로 기록되어 있다(Cf. *NA*, 1019-1020).

그리고 「소원」의 작시연대는 확실치는 않으나, 이 시의 제1연 6행과 8행 사이에서, 당시의 런던London을 '커다란 벌집'great hive, '찌르는 듯한 고통'the stings, '군중과 웅성거리는 소리와 중얼거리는 소리'The crowd, and buzz, murmurings로 가득찬 도시로 묘사한 것으로 보아서, 1642년 내란Civil War이 일어난 그 해에 썼을 가능성이 높다. 시행의 배열은 단과 마찬가지로 전통적인 것을 배격한 형식이나 각 시련간의 모양새는 일정하다. 운율은 대체로 약강5음보격이고, 각운형식은 *aabbcddc*로 규칙적인 모양을 갖추고 있다. 또한 카울리는 고대 그리스의 서정시인이자 **송시**(頌詩)Ode*의 대가였던 핀다

* '송시'Ode는 진지하고 품위 있는 소재와 주제, 문체와 어조로 시련stanza의 구조가 정교하며, 시의 길이가 비교적 긴 서정시이다. 송시의 원형은 고대 그리스의 가장 대표적인 서정시인 핀다르에 의하여 확립되었다. 핀다르는 그의 대표작품 『올림퍼스 산에 부치는 송시 *Olympian Odes*』에서 그 자신의 송시의 규칙과 형식을 정립해놓았는데, 그것은 당시의 연극에서 합창무용단Chorus이 부르는 노래의 규칙과 형식을 본뜬 것이었다. 그의 복잡한 시련들은 3개의 시련이 한 조, 즉 한 편one canto을 단위로 대체로 3개의 시편(제I편-제III편)으로, 각 시편에 있는 3개의 시련(詩聯)stanza은 3개의 가장(歌章)으로, 3개의 시편은 모두 9개의 시련, 즉 9개의 가장으로 구성되어 있다. 합창무용단이 춤의 율동에 맞추어 왼쪽으로 돌면서 제I편의(제1연) 선창가장(先唱歌章)strophe을 노래하고, 오른쪽으로 돌면서 제I편의(제2연) 응답가장(應答歌章)antistrophe을 부르고 나서, 가만히 멈추어 서서 제I편의(제3연) 종결가장(終結歌章)epode을

부른 다음에, 그 순서대로 제II편과 제III편으로 돌려가며 반복해서 부르는 그러한 합창무용단의 가장형식을 시의 형식으로 옮겨놓은 것이 핀다르풍의 송시이었다. 영어의 **규칙적인 송시**regular ode 내지는 **핀다르풍의 송시**Pindaric ode는 핀다르의 송시형식을 수준 높게 모방한 것인데, 핀다르의 송시를 영시에 제일 먼저 도입한 시인은 월러Edmund Waller(1606-1687)이었다. 영어의 규칙적인 송시인 핀다르풍의 송시는 선창가장과 응답가장을 시행의 수가 동일한 시련stanza으로 각각 묶어서 정형으로 쓰여지고, 종결가장은 시행의 수가 두 가장과는 다른 또 하나의 시련으로 쓰여졌다.

이러한 형식을 사용한 시인의 시는 「시의 진보 *The Progress of Poesy* (1757)」, 부제를 '핀다르풍의 송시 A Pindaric Ode'라고 붙인 그레이Thomas Gray(1716-1771)의 작품이 그 전형적인 표본이다. 이러한 시의 구성내용을 살펴봄으로써 **핀다르풍의 송시의 내용**을 이해할 수 있을 것이다. 그레이의 「시의 진보」에서, 제I편-1. 2. 3, 제II편-1. 2. 3, 제III편-1. 2. 3으로 되어 있다. 각 시편의 1은 제1연으로 선창가장이고, 2는 제2연으로 응답가장이며, 3은 제3연으로 종결가장으로 되어 있다. 각 시편의 제1-2연은 낱낱이 12행으로 모두 72행이고, 각 시편의 제3연은 각각 17행으로 모두 51행이며, 제I편에서 제III편까지의 시행은 총 123행이다. 말하자면, 각 시편의 제1연(선창가장)과 제2연(응답가장)의 시행의 수는 동일하되, 그것은 각 시편의 제3연(종결가장)의 시행의 수보다 5행씩 적게 되어 있다. 그와 같이, 각 시편의 시련별 시행의 구성구조가 일관되게 규칙적이다. 그리고 운율규칙과 각운형식의 구성내용을 살펴보면, 먼저 운율규칙은 3개의 시편이 모두 약강음보격iambic meter으로 되어 있음을 알 수 있다. 운율규칙에서, 편의상 각 시행을 구성하고 있는 약강3음보격iambic trimeter=3으로, 약강4음보격iambic tetrameter=4로, 약강5음보격iambic pentameter=5로, 약강6음보격iambic hexameter=6으로 표시하여, 제I편에서부터 제III편까지 시련별 시행의 운율규칙의 구성내용은 다음과 같이 고찰될 수 있을 것이다. 시련의 단위를 12행으로 하는 제I편의 제1-2연(2개의 시련)과 제II편의 제1-2연(2개의 시련)과 제III편의 제1-2연(2개의 시련)의 각각의 운율규칙은 모두가 동일하게 [4·5·4·5·4·4·5·4·5·4·4·6]으로 되어 있고, 시련의 단위를 17행으로 하는 제I편에서부터 제III편까지 3개의 제3연의 운율규칙은 똑같이 [4·4·4·4·3·5·4·4·4·4·4·5·5·5·5·5·6]으로 되어 있다. 이러한 표시에서, 3(약강3음보격)=매우 빠름으로, 4(약강4음보격)=빠름으로, 5(약강5음보격)=느림으로, 6(약강6음보격)=매우 느림으로 본다면, 시편 전체에 흐르는 음악적인 조화와 효과의 열정적인 탄력감과 율동미를 체득시켜 주고, 각 시편의 제1-2연의 마지막 행의 약강6음보격iambic hexameter은 '스펜서식의 시체'Spenserian stanza의 마지막 9행인 알렉산드리아 시행Alexandrine처럼 6개의 각 시련을 일시적이나마 안정감 있는 결론의 잔잔한 정지(靜止)에 이르게 하며, 각 시편의 제3연(종결가장)의 끝 부분 [····5·5·5·5·5·6=약강5음보격 다섯 행+약강6음보격 한 행]은 탄력 있는 열정과 율동미를 장중함과 차분함으로 해당 시편의 최종적인 결론에 도달되었음을 인식시켜 준다고 하겠다. 다음으로 각운형식을 살펴보면, 시련의 단위를 12행으로 하는 제I편의 제1-2

연(2개의 시련)과 제II편의 제1-2연(2개의 시련)과 제III편의 제1-2연(2개의 시련)의 각운형식이 모두가 한결같이 *abbaccddeeff*(12행연 시체)로 되어 있고, 시련의 단위를 17행으로 하는 제I편에서부터 제III편까지 3개의 제3연의 각운형식 역시 모두 동일하게 *aabbaccdfdfghghii*(17행연 시체)로 되어 있다. 이상에서 그레이의「시의 진보」를 통해서 '핀다르풍의 송시의 내용'을 알아본 바와 같이, 제I편에서부터 제III편까지의 각 시련과 시행의 수와의 구성구조가 어김없이 일률적이고, 운율규칙과 각운형식은 기존의 어떤 종류의 시체(詩體)에 부합되는 것은 아니지만, 통일된 운율규칙과 각운형식의 체계는 나름대로 시편 전체의 짜임새 있는 음악적인 조화와 효과를 우리에게 고취시켜 준다고 하겠다. 요컨대, 시편 전체의 시행과 시련의 일률적인 구성구조와 통일성 있는 운율규칙과 각운형식의 정교한 체계가 이른바 '핀다르풍의 송시의 내용'의 중요한 골격이자 그 송시 본래의 특징이다라고 할 수 있을 것이다. 그러한 진지하고 품위 있는 내용의 골격과 특징을 잘 살린 영어의 '규칙적인 송시' 내지는 '핀다르풍의 송시'는 예찬이나 찬미나 찬송이나 찬양이나 칭송의 대상물과 대상을 고양된 높은 수준으로 노래하는 것의 정형(定型)이었다고 하겠다.

불규칙적인 송시irregular ode는 카울리Abraham Cowley(1618-1667)에 의하여 창안된 것인데, 그가 핀다르풍의 송시 내용과 형식을 모방했지만 시편 전체가 선창가장에서 응답가장으로, 응답가장에서 종결가장으로 되풀이되는 핀다르풍의 송시에서 세 부분으로 된 각 가장(歌章)을 무시하고, 각 시련이 다양한 길이의 시행과 시행수와 운율규칙과 각운형식의 체계가 각기 다른 독자적인 짜임을 갖도록 하였다. 이와 같은 짜임의 불규칙적인 시련의 구조는 핀다르풍의 송시 본연의 규칙과 형식에 얽매이지 않고, 소재와 주제에 대한 정서감정의 심리적·정신적 분위기의 변화에 따라 시의 짜임새가 자유롭게 바꾸어질 수 있기 때문에, 이후에서부터 핀다르풍의 송시를 전범(典範)model으로 한 그러한 '불규칙적인 송시'는 영시의 가장 일반적인 송시의 형태로 자리를 잡았다. 그 같은 핀다르풍의 송시는 어떤 인물을 칭송하거나, 어떤 사물이나 생물을 예찬하면서 어떤 바람이나 소망을 간구(懇求) 또는 희구(希求)하거나, 기후나 계절이나 때의 어떤 것에 부쳐서 인생살이의 무상함이나 인간적 고뇌의 사상과 이상 그리고 정신을 노래하거나, 어떤 일이나 행사를 찬미하거나, 어떤 추상적인 인간사의 것에 소신이나 신념이나 의지 같은 것을 부여하여 노래하거나 찬양하기 위해서 쓰여진 시의 규칙과 형식이었다. 그래서 송시라는 낱말 자체의 의미가「~부(賦)」또는「~에게 부치는 노래」로 이해되는 것이다. 불규칙적인 송시의 대표적인 예를 들어 보면, 드라이든John Dryden (1631-1700)의「앤 킬리그루 양에게 부치는 노래 *Ode to Mrs. Anne Killigrew*(1686)」와「알렉산더의 잔치 *Alexander's Feast*(1697)」, 콜린즈William Collins(1721-1759)의「저녁에 부치는 노래 *Ode to Evening*(1746, 1748)」, 그레이의 단편「역경에 부치는 찬가 *Hymn to Adversity*(1753)」, 워즈워스William Wordsworth(1770-1850)의「영생불멸을 깨달은 송시 *Ode: Intimations of Immortality*(1807)」와「의무에 부치는 노래 *Ode to Duty*(1807)」, 코울리지Samuel Taylor Coleridge(1772-1834)의「낙담에 부치는 노래 *Dejection: An Ode*(1802, 1817)」, 셸리Percy Bysshe

르Pindar; Pindaros of Thebes(*ca.* 518/522-446/438 B.C.)의 대표작품인 『올림퍼스 산에 부치는 송시 *Olympian Odes*』를 모방하여, 때때로 충만하면서도 격조 높은 노래로서 드라이든John Dryden과 포우프Alexander Pope 시대에도 계속 사용된 자유스러운 송시 형식loose ode form인 『핀다르풍의 송시 *Pindarique Odes*(1656)』를 써서 송시의 틀을 정립하는데 이바지 하였다(Cf. Moody and Lovett, 153-154). 아울러 그는 운문뿐만이 아니라 산문에서도 그의 재능은 탁월하여 오늘날의 연수필(軟隨筆)informal essays의 개척자이기도 하였다(Cf. *NA*, 1019). 그의 산문으로는 『실험철학의 진전에 대한 제언 *A Proposition for the Advancement of Experimental Philosophy*(1661)』이라는 철학 논설문집이 있다. 이와 같은 몇 가지 카울리의 업적에도 불구하고, 그의 사후에 후세대의 문학평론가 존슨Samuel Johnson은 그의 운문을 "오로지 하나의 다른 성another sex(여성)에 대해서 이야기를 들었던 철학적인 운문시인a philosophical rhyme에 의하여 돈을 받고 쓰여졌을지도 모를"(Moody and Lovett, 재인용, 153) 것이라고 혹평하였다. 여하튼, 카울리는 「소원」을 쓴 이후, 1645년에 내란의 주동세력인 개혁파에 의하여, 영국에서 추방되어 차알스 I세의 왕비와 왕자(왕정복고 시대의 차알스 II세)와 함께 프랑스로 망명하여 힘든 생활을 하였다. 1656년경에 카울리는 단신

Shelley(1792-1822)의 「서풍에 부치는 노래 *Ode to the West Wind*(1820)」 등이 있다.

호레이스풍의 송시 Horatian Ode는 고대 로마의 시인 호레이스의 송시의 격조와 내용과 형식을 전범model으로 하여 모방한 것이다. 핀다르풍의 송시 규칙과 형식의 짜임에 담긴 열정과 환상적인 대담성과는 대조적으로, 호레이스풍의 송시는 조용하고 침착하며 묵상적이고 감정과 열정이 억제된 것이었으며, 핀다르풍의 송시에서 3부로 된 가장이 대개 하나의 동일가장homostrophic(I-1. 2. 3)만으로 구성되어 있다. 바꾸어 말하자면, 단일하게 반복되는 시련의 형식으로 쓰여졌다. 예를 들자면, 키이츠John Keats(1795-1821)의 송시가 대체로 호레이스풍의 송시이지만 그 중에서도 전형적인 것은 「가을에 부치는 노래 *To Autumn*(1820)」이다라고 할 수 있다(Cf. *The New Encyclopaedia Britannica*(1982), vol. 14, 466-467; Fowler, 131-132; Abrams(1981), 124-125).

귀국하여 옥스퍼드Oxford에서 의학공부를 하였고, 그 뒤에 그의 「소원」대로 시골의 자연에 묻혀서 조용한 생활을 하다가 여생을 마감하였다. 그리고 「소원」 역시도 단의 「떠오르는 태양」과 마찬가지 형태로서, 시골의 자연이 청자이고 카울리 자신을 화자로 하는 대화체이며, 그의 현실에 대한 갖가지 착잡한 상념을 미래지향적으로 치환하여 쓴 일종의 독백시monologue이다.

인용된 부분은 「소원」의 다섯 연 중에서 제3연에서부터 마지막 제5연까지이다. 카울리의 애정 서정시 「소원」은 내란이 발발한 이후에, 왕당파와 개혁파의 전쟁으로 마치 벌집을 쑤셔놓은 듯이 아수라장(阿修羅場)으로 변해버린 런던과 공기 좋고 물 맑은 한적한 시골과의 차이를, 형이상학파 시인 특유의 비유법보다는 다소 부드럽고 은은한 비유적 표현으로 읊어놓았다. 17행에서부터 24행까지에서, 시인은 "오 샘fountains이여! 런던의 샘은 혼탁해서 내 모습이 보이지 않았는데, 여기 맑은 샘은 런던에서 혼잡해진 내 모습 때문에 혼탁해지니, 역시 내 원래의 모습을 볼 수 없구나. 언제쯤이면, 그대 속에서 내 원래의 맑고 밝은 자신을 엿볼 수 있을까?"라는 자기반성적인introspective 질문을 '샘'에게 던지고 있는 것으로 풀이될 수 있다. 이 질문에서, 시인은 '샘'을 비유의 등가물로 삼아서, 원래의 모습으로는 살 수 없는 런던과 원래의 모습으로 살 수 있는 시골과의 대조를 섣불리 음미하면 드러나지 않는 은근한 역설법을 가미하여 구사하였다.

그리고 덧붙여서, 시인은 "자유와 평화가 없는 런던의 들fields은 전쟁터이고 런던의 숲woods은 아군인지 적군인지 알 수 없는 복병(伏兵)의 은신처인데, 오 이곳 시골의 들이여! 오 이곳 시골의 숲이여! 언제쯤이면 내 원래의 맑고 밝은 자신을 찾고, 언제쯤이면 내가 그대 자유롭고 평화로운 그늘의 행복한 거주자가 될 수 있을까?"라고 시인은 '들'과 '숲'을 향해서 다시 넋두리 같은 질문을 던진다. 시인은 시골의 들과 숲의 아름다움, 자유로움, 평화로움을 예찬하는 것처럼 하면서, 런던의 내란사태를 슬그머니 꼬집는 부드러운 반어법을 그 질문의 내면에 넣어두었다. 이제 런던은 사람 살 곳이 못되는 아비규환(阿鼻叫喚)의 아수라장이고, "여기 시골은 홍수 같은 즐거움의 원천이고, 부유한 자연의 보고treasury이며, 자연이 낮과 밤, 그리고 사계절의 순환을 통해서 영원히 만들고, 자연이 검증한stamped 풍요가 있구나"라고 카울리가 시골의 자연을 적극적으로 예찬함으로써, 런던의 내란사태를 심하게 깎아내린 반어적인 표현이다.

인용의 25행에서부터 32행까지에서는, "여기 시골의 자연에서는, 오만방자한 행동과 야망은 오로지 무리한 은유farfetched metaphors, 즉 실없는 수작이나 허튼 짓거리에 불과하구나"라고 카울리는 내란의 주동세력인 개혁파를 풍유적인allegorical 은유로 비난한 다음에, 이어서 시인은 "여기 시골의 자연에서는, 이편 저편 갈라서 서로를 상처 주는 속삭임hurtful murmurs인 모략과 모함과 중상이 없고, 이편이나 저편에 들어가서 일신의 안위(安慰)와 영달을 위해서 온갖 감언이설(甘言利說)로 아첨하는flatter 것이 없는, 오직 자연의 바람소리와 메아리소리만 있구나"라고 뜻풀이될 수 있는 것으로 읊었다. 시인의 이러한 표현은 내란을 겪는 가운데 살아남기 위한 런던 시민들의 혼탁한 민심과 고육지계(苦肉之計)를 우회적으로 은유한 것이다. 다음 행에서, 시인이 이야기를 비약하여 "신들이 지상으로 내려올 때면, 언제나 아름다움과 자유로움과 평화로움이 충만하고, 아울러 자연의 도(道)natural order가 그대로 살아있는 이곳 시골의 자연에로 가는 길을 택했더구나"라는 뜻으로 말하였는데, 시인의 그 말은 내란 중에 있는 런던은 신으로부터 버림받은 곳이고, 시골의 자연은 신들의 택함을 받아 신들이 내왕하는 곳이다라는 뜻이다.

덧붙여 말하자면, 오만과 야망에 절은 내란의 주동세력인 개혁파는 신으로부터 버림받은 집단이고, 시골의 자연 속에서 자연의 도를 거역하지 않고 사는 사람은 신의 택함을 받은 집단이라는 의미를—얼핏 보아서는 예사롭게 넘어갈 수밖에 없는— 그 표현의 심층에 시인이 짙게 깔아놓은 풍유allegory이다. 이와 같은 풍유적인 표현을 그 시련의 끝에서도, 시인은 "여기 시골의 자연이 역시 거기로, 이른바 신의 세계로 가는 길이라고 우리는 서슴없이 말할 수 있겠구나"라고 한다. 이를테면, 우리의 육신이 시골의 자연의 흙 속에서 자연의 도와 더불어 오만과 야망을 버린 가난한 마음으로 살다가 시골의 자연의 흙 속으로 돌아가면, 우리의 영혼은 신의 세계에 이르게 된다라는 시인의 자신감 있는 주장이다. 아무튼, 그 시구는 "심영(心靈)이 가난한 자는 복이 있나니, 천국이 저희 것이니라"Blessed are the poor in spirit: for theirs is the kingdom of heaven(*Matthew*, 5: 3)고 하는 신약성서의 구절을 우리에게 상기시켜준다고 하겠다.

이 시의 결론 부분인 33행에서부터 40행까지에서, 카울리는 여태까지 여기 시골의 자연을 충만한 아름다움과 자유로움과 평화로움의 서식처이고, 홍수 같은 즐거움의 원천이고, 부유한 자연의 보고treasury이며, 자연이 만들고 자연이 검증한 풍요가 있는 곳으로 묘사하였다. 이러한 시골의 자연은 이른바 카울리가 설정한 그의 지상낙원이다. 시인이 그의 지상낙원인 "여기서 만일 내가 사랑하는 유일한 님one dear, 즉 모든 세계이고, 그 어떤 것과도 바꿀 수 없는 전부이며, 사막에서 고독을 몰아낼 수 있는(she) can exclude / In deserts, solitude 그러한 님과 어울려 살다가 포옹한 채로, 죽을 수 있다면 원(怨)도 한(恨)도 없이 행복하겠구나"라고 말한 것으로 해석되는 구절인데, 이것은 시인 자신과 시인의 모든 것인 님과의 사랑을 언젠가는 그처럼 실현하겠다는 정신적인 이상향으로 간직해

온 행복론을 숨김없이 토로한 것이다. '포옹한 채로, 죽을 수 있다면'embracing, (should I) die이라고 읊은 시인의 미래지향적인 가설은 그의 님에 대한 끓어 넘치는 무한한 사랑과 열정의 발로(發露)로서, 이 시의 절정에서 그의 극치감consummation을 장식한 대목이다.

시인은 그러한 극치감에서 한 가지 두려움을 갖는다. 그 한 가지 두려움이란 다름이 아니라, "사람들이, 나의 즐거움을 보고서, / 나처럼 살려고 여기로 몰려들어, / 여기에 도시를 건설할까봐 두렵구나"라는 것이다. 이 어구에 나타나 있듯이, 시인은 지상낙원인 시골의 자연에서, 그의 님과 함께 즐겁게 사는 것을 보고 사람들이 점점 몰려들어서, 내란의 주동세력인 개혁파의 오만과 야망의 회오리에 희생양이 되고 있는 아비규환의 아수라장인 런던과 같은 도시를 건설할까봐 두렵다는 것이다. 시인은 지상낙원인 시골의 자연과 아비규환의 아수라장인 런던을 그 어구의 내면에서 비교한 가운데, 내란의 주동세력을 은연중에 힐난하는 반어적 은근법ironic understatement으로 「소원」을 마무리해놓았다. 서술된 바와 같은, 형이상학파 시인들의 다양한 비유의 개념이 현대주의 시인들의 구미에 들어맞게 된 것이다. 이러한 관점은 엘리어트Thomas Stearns Eliot(1888-1965)의 평론 「형이상학파 시인론 *The Metaphysical Poets*(1921)」에 잘 나타나 있다.

> 시인의 마음이 작품을 위해서 완전히 준비가 갖추어 졌을 때, 지속적으로 분산된 경험을 통합하고 있지만, 보통 사람의 경험은 혼잡스럽고 불규칙하며 단편적이다. 보통 사람은 연애를 하거나 스피노자를 읽거나 간에 이 두 경험은 서로 아무런 상관이 없으며, 또한 타자기 소리나 요리하는 냄새와도 아무런 상관이 없다. 그런데도, 시인의 마음 속에서는 이러한 경험이 언제나 새로운 전체를 형성하고 있다. . . . 문제의 형이상학파 시인들은 다른 시인들과 마찬가지로 여러 가지 결점들을 갖고 있다. 형이상학파 시인들은 결국 마음과 감정의 상태에 대한 언어의 등가물(等價物)을 찾으려는 과업에 종사하였

다. 그리고 이것은 틀림없이 그들보다 떨어지지 않는 문학적 재능을 가진 후세의 시인들보다도 그들이 더 원숙할 뿐만 아니라, 보다 오래 지속될 것임을 의미한다. . . . 현대문명은 고도의 다양성과 복잡성을 포괄(包括)하고 있다. 이러한 다양성과 복잡성은 순화된 감각력에 작용하여 반드시 다양하고 복잡한 결과를 가져온다. 시인은 필요하다면 강제로 말의 순서를 뒤바꾸어서라도 자기의 뜻을 언어로 표현하기 위하여, 더욱 포괄적이고, 더욱 암시적이며, 더욱 간접적이 되어야 한다. . . . 그렇다면, 우리는 다음과 같은 결론을 내릴 수는 없을까. 이른바, 단, 크래쇼, 보온, 허어버트, 허어버트 경, 마아블, 킹, 아주 잘된 시에 있어서의 카울리 등은 영시의 직계에 속하며, 그리고 그들의 결점들을 골동품 애호가적인 사랑으로 귀여워해야 될 것이 아니라, 오히려 이러한 표준에 의하여 질책되어야 마땅하지 않을까? . . . .

When a poet's mind is perfectly equipped for its work, it is constantly amalgamating disparate experience; the ordinary man's experience is chaotic, irregular, fragmentary. The latter falls in love, or reads Spinoza, and these two experiences have nothing to do with each other, or with the noise of the typewriter or the smell of cooking; in the mind of poet these experiences are always forming new wholes. . . . The poets in question have, like other poets, various faults. But they were, at best, engaged in the task of trying to find the verbal equivalent for states of mind and feeling. And this means both that they are more mature, and that they wear better, than later poets of certainly not less literary ability. . . . Our civilization comprehends great variety and complexity, and this variety and complexity, playing upon a refined sensibility, must produce various and complex results. The poet must become more and more comprehensive, more allusive, more indirect, in order to force, to dislocate if necessary, language into his meaning. . . . May we not conclude, then, that Donne, Crashaw, Vaughan, Herbert and Lord Herbert, Marvell, King, Cowley at his best, are in the direct current of English poetry, and that their faults should be reprimanded by this standard rather than coddled by antiquarian affection? . . . .

(Eliot(1932), 287-290)

인용의 그 대목에서, 엘리어트는 시적 변용transfiguration의 중요한 매체로 이용되는 낱낱의 경험을 시로 표현함에 있어서, 시적 비유의 개념문제에 관한 형이상학파 시인과 현대주의 시인과의 공통점을 시사해놓았는데, 그 내용은 세 가지로 요약될 수 있다. 첫째는 이질적이고 혼잡스러운 잡다한 경험들을 시인은 언제나 새로운 전체를 형성하여 비유적 표현의 관념으로 통합시켰다는 것이고, 둘째는 형이상학파 시인이 마음과 감정의 상태에 대한 언어의 등가물, 이른바 새로운 심상을 창조하기 위한 비유적 표현의 등가물을 찾으려는 과업에 종사했듯이, 현대주의 시인도 서로 상이한 관념의 대상물이나 대상을 억지로라도 서로 조합하여 새로운 심상을 창조하는 데에 전념한다는 것이며, 셋째는 형이상학파 시인이 참신한 시의 통일성을 창조하기 위하여, 다양하고 복잡한 경험들의 가장 이질적인 관념들을 억지로 결합시킨 '부조화의 조화'로, 포괄적이고 암시적이며 간접적인 시를 썼듯이, 현대주의 시인도 자기가 경험한 현대문명의 다양성과 복잡성을 세련된 감각력a refined sensibility에 의하여, 자기의 뜻을 언어로 표현하기 위한 방편으로, 필요하다면 강제로 말의 순서를 뒤바꾸어서라도 다양하고 복잡한 경험들의 이질적인 관념들을 통합하여 더욱 포괄적이고, 더욱 암시적이며, 더욱 간접적인 시를 써야 된다는 것이다. 이러한 시를 썼던 형이상학파 시인을 비난하거나 비아냥거리는 비평가는 오히려 언급된 표준에 의하여, 질책되어야 마땅할 것이라고 엘리어트는 결론지었다.

이상에서 기술된 내용을 토대로 **'형이상학파'**, **'형이상학파 시인'**, **'형이상학시'**, 그리고 **'형이상학적인 기상'의 특징**은 다음과 같이 요약될 수 있다. (1) 재래의 관습적인 운율rhythm의 규칙이나 시련stanza의 형식 대신에 시의 주제와 내용에 알맞는 시인 나름대로의 독특한 규칙과 형식을 부여하였다. 말하자면, (2) 시의 운율은 엘리자베스 I세 시대에 풍미했던 고전적인 유산인 음악성의 필요에 의한 것이 아니라, 시의 운율은 시내용 속에 들어있는 의미의 지배를 받는다. 따라서 시의 운율이 귀에 거슬리게 들리기도 하고 거칠게 들리기도 하지만, 어떤 면에서는 발랄하고 활기 있는 극적효과를 갖는 그런 형태의 운율을 시인들은 즐겨 사용하였다. (3) 종래의 전통적인 애정시에서 사용된 목가체, 수사체, 그리고 일정불변의 연속적인 14행시sonnet의 문체와 어조를 배격하고 논의의 극적 수사법을 취하는 구어체와 대화체로 대신하였다. 그리고 (4) 특히 문체는 의미의 밀도와 탄력이 있도록 압축되고 생략된 구문을 사용하며, 과감한 반어법irony과 역설법paradox으로 시인 자신의 주장을 강력하게 표현하였다. (5) 시어diction는 기발한 판단의 착상이라는 의미인 기상conceit 또는 시적기교의 본질에 입각한 모든 지식, 즉 기하학, 생물학, 신학, 역사, 연금술, 우주물리학, 종교, 지리, 천문, 철학 등을 망라한 것들로 조성되었으며, 그러한 시어로 시인은 비관습적인 심상을 구사하였다. 아울러 (6) 연상(聯想)이 짙지 않는 일상생활의 어휘를 시어로 사용하여 독자의 정서를 함축하지 않도록 하였다. (7) 재래의 세련되고 아름답고 자연스러운 서정보다는 미묘한 사색과 까다로운 철학적인 사상으로 현학적(衒學的)pedantic이고 난해한 철학시를 즐겨 썼다. (8) 참신한 시의 통일성을 창조하기 위하여, 다양하고 복잡한 경험들의 이질적인 관념들을 통합하고 또한 이질적인 등가물의 관념들을 통합하여 그것들의 서로를 억지로라도 조합·결합·연합시켜서, 비유법의 은유metaphor와 직유simile를 교묘하면서도 정교하게 혼용한 '부조화의 조화'로 새롭고 놀라운 기발한 이지wit에 찬 효과를 얻는 비전통적인 심상을 구사하였다. 아울러 (9) 시의 내용은 포괄적이고 암시적이고 간접적이며, 시의 어조는 논의식으로 논리적이고 분석적이고 심리학적이다. (10) 남녀관계에 있어서의 복잡 미묘한 애정문제의 인간적인 동기를 다룸에 있어서, 성적인 사실주의sexual realism를 위주로 풍자적이고 냉소주의cynicism

적인 시를 썼다. (11) 재래의 성적인 사랑sexual love에 대해서 혁명적이고 혁신적인 태도를 취하며, 인간의 속마음을 뚫어보는 내관적(內觀的)인 심리분석에 대한 흥미를 돋우는 시를 씀으로써, 궁정풍의 사랑과 같은 여성의 우상화와 이상화를 의식적으로 배격하는 애정시를 즐겨 썼다는 것 등으로 우리는 그 특징을 개괄적으로 요약해놓을 수 있을 것이다.

왕당파 시인들

왕당파 시인들, 즉 왕당파 시인군(詩人群)은 거의 대부분이 궁정시인들이었다. 벤 존슨은 제임스 I세 시대에 궁정의 계관시인이 되어 차알스 I세 시대까지 궁정시인으로 여생을 마쳤고, 그리고 커루우, 윌러, 서클링 경, 러브레이스 등은 차알스 I세에게 충성한 궁정시인들이었다. 그래서 붙여진 이름이 '왕당파 시인들'cavalier poets이었다. 그런데, 왕당파 시인들 중에서 독창적이고 중추적인 역할을 하면서 벤 존슨을 마치 자신의 수호신처럼 추종했던 헤리크는 유일하게도 궁정시인이 아니었다. 아무튼, 벤 존슨을 중심으로 한 그러한 무리의 시인들은 '존슨 학파'the school of Jonson로 불려진다. 그 까닭은 그들 중의 일부는 벤 존슨의 섬세하면서도 우수한 시적 기교의 자질을 반영하였지만, 더욱더 그들은 '벤의 일족으로 낙인이 찍힌'sealed of the tribe of Ben 그의 개인적인 신봉자들에 속하며, 벤 존슨과 같이 현실세계와 그 즐거움에 몰두하였기 때문이다(Cf. Moody and Lovett, 150). 그러한 그들은 일명 '벤의 자식들'Sons of Ben(*NA*, 751), 즉 '벤 존슨 일파들' 또는 '세속(世俗)시인들'로 불려지기도 하였다.

그러한 왕당파 시인들은 '단을 중심으로 한 형이상학적인 표현방식'the metaphysical style of Donne과는 대립되는 '벤 존슨을 중심으로 한 신고전주의적인 표현방식'the neoclassical style of

Jonson을 고수하였다(Cf. *NA*, 751). 말하자면, 왕당파 시인들은 시의 규칙과 형식 그리고 문체와 어조에 있어서, 신고전주의 여명기에서 이식된 재래의 관습적이고 전통적인 시를 고집하였다. 바꾸어 말하자면, 왕당파 시인들은 신고전주의 여명기의 여러 가지 시체들을 계승하고 정비하여, 그것들을 영국의 것으로 다시 형성하여 정착시키려고 하였다고 볼 수 있다. 그들이 즐겨 사용한 일반적인 시체는 14세기의 쵸서와 신고전주의 여명기로부터 신고전주의 전성기에로 전승된 영웅시체 2행연구heroic couplet이었지만, 때로는 그것을 응용한 것으로 볼 수 있는 약강5음보격보다는 짧은 약강4음보격으로 된 '각운 있는 2행연구'rhymed couplet를 다양한 시절(詩節)의 시체로 사용하였고, 그리고 그 당시 애용된 시체로는 민요풍의 4행연시체ballad stanza; common meter stanza와 6행연 시체 등이었다.

그리고 그들의 시의 소재와 주제는 중세의 '궁정풍의 사랑', 일명 '기사도적인 사랑'을 답습한 것과, 왕의 권능과 위엄 및 업적과 치적을 찬미하거나 찬양한 것이 대부분이었다. 전자의 것으로는 애정시를 후자의 것으로는 서정시를 주로 썼는데, 틈틈이 그들은 송시Odes와 당시대의 상황들에 관한 풍자시satire 또는 경구적 풍자시epigram와 비극과 희극을 쓴 것으로 되어 있다. 또한 왕당파 시인들은 고대 그리스나 로마의 시인들을 예찬한 나머지 그들의 영향을 꽤나 많이 받았던 것으로 간주된다. 극작가이면서 시인이었던 벤 존슨의 고전적인 비극『세자누스 *Sejanus*(1603)』와 타락한 반역자『캐티라인 *Catiline*(1603)』은 아리스토텔레스의 3일치three unities를 준용했던 고대 로마의 비극작가 세네카Lucius Annaeus Seneca(B.C. 5/4?-A.D. 65)의 영향을 받았고, 제임스 I세 당시에 왕의 가신들에 의해서 궁정에서 공연된 그의 풍자희극『볼포네 *Volpone*(1606)』,『각자의 해학 속에 사는 모든 사람 *Every Man in His Humour*(acted 1598)』,『연금술사 *The*

Alchemist(1610)』, 그리고 그의 풍자적인 가면무도 희극 『님도 보고 뽕도 따고 *Pleasure Reconciled to Virtue*(1616)』는 고대 로마의 희극작가 플라우투스Titus Maccius Plautus(254?-158? B.C.)의 영향을 받았으며, 「저녁식사에 친구를 초대해놓고 *On Inviting a Friend to Supper*(1616)」와 같은 서정시는 대체로 고대 로마의 호레이스(호라티우스)의 것을, 경구적 풍자시는 로마 중기의 풍자시인 마셜Martial; Marcus Valerius Martialis(40?-102?)의 것을 모방하거나 번안하였다. 왕당파 시인들 대부분은 고대 로마의 서정시인 호레이스나 마셜이나 카툴루스Gaius Valerius Catullus(84?-54? B.C.)의 문체와 어조를 찬양하고 본받은 것으로 알려져 있다. 그들 중에서도 특히 헤리크는 고대 로마의 그와 같은 서정시인들 이외에도 아나크레온Anacreon(*ca.* 582-485 B.C. 이오니아Ionia의 테오스Teos 태생으로 고대 그리스의 전무후무한 뛰어난 서정시인last great lyric poet of Asian Greece. 사랑을 주제로 하는 연애시, 즉 애정 서정시를 주로 썼다고 해서 애정 서정시인으로 알려졌음.), 오비드Ovid; Publius Ovidius Naso(B.C. 43-A.D. 17. 고대 로마 아우구스투스 황제 시대의 가장 위대한 시인들 중의 한 사람이자 당대의 제일가는 애정시인the arch-poet of love, 일명 연애시인.)의 영향을 받은 것으로 드러나 있다.

왕당파 시인들의 시에 대하여, “농담을 즐기는 어떤 비평가가 논평하기를, 왕당파의 시는 마치 말을 타다가 떨어지는 사이에 쓰여진 것 같이 보이는 시이다”Some jocose critic has remarked that Cavalier poetry is poetry that sounds as if it had been written while falling off a horse(*NA*, 751)라고 했듯이, 왕당파 시인들은 전반적으로 그들의 시를 압축시키고 제한하려고 하였다. 말하자면, 갖가지 지적인 내용의 경험들을 명확하게 희생시킴으로써 그들의 시에다가 고도의 매끄러움과 세련미와 유려(流麗)함을 강하게 부여하려고 한 것이다. 그래서 그들의 시는 신고전주의 여명기의 애정 서정시처럼 감미롭고 아름다우며 자연스럽다. 그들의 애정 서정시의 감미로움과 아름다움과 자연스러움에는 대체적으로 다음과 같은 내용이 함유되어 있다.

> 은밀한 혼외정사에 대한 암시는 유한한 인간의 유물처럼, 이른바 사랑의 경험을 직설적으로 언급한 것이 아닌, 애정문학에서 오랜 내력을 갖고 있다. 존슨은 두 가지 전통적인 중심주제를 사랑 자체의 본질과 인간의 보편적인 본능이라는 양자에 결합시켜서 상처입기 쉬운 사랑을 시사해놓았다.
>
> The suggestion of furtive, adulterous affair has, like the reminder of mortality, a long ancestry in the literature—not to mention the experience— of love. Jonson combines two traditional motifs to suggest a love made vulnerable both by its own nature and by the universal nature of man. (Leggatt, 266)

고대 신화시대나 전설시대에서부터 벤 존슨 일파의 시대에 이르기까지 '궁정풍의 사랑'에서 전래된 은밀한 혼외정사, 이른바 총각이나 독신남성이나 유부남과 상류사회의 유부녀인 귀부인들과의 간통은 오랜 내력을 가졌음은 사실이다. 그러나 혼외정사를 아무리 합리화시켜도 그 이후에 찾아오는 갈등과 고통 및 가책과 미움 등으로, 두 남녀는 심신의 상흔(傷痕)을 남긴 채 종당에는 헤어지기 마련이다. 또한 그러한 혼외정사가 표면화되었을 경우에는 현대와 마찬가지로 사회적인 지탄의 대상이 되는 것은 물론이거니와 엄정한 법의 규제를 받게 마련이었다. 그래서 당시대의 시인이 자신과 상류사회의 유부녀인 귀부인과의 사랑에서 빚어진 혼외정사의 내용을 소재와 주제로 삼아 자신의 애정 서정시에 담을 경우에는, 노골적이고 열정적인 감정을 표현하기보다는 오히려 감정을 최대한 감추고 억제시킨, 암시적이면서도 은은한 비유로 노래하였던 것이다. 벤 존슨 일파도 그들의 애정 서정시에서 사랑의 두 가지 전통적인 중심주제인 정신적인 사랑spiritual love(Platonic love)

과 육체적인 사랑physical love 가운데, 정신적인 사랑을 '사랑 그 자체의 본질'에, 육체적인 사랑을 '인간의 보편적인 본능'에 결합시켜서 상처받기 쉬운 사랑을 암시적인 비유로 표현한 것으로 비쳐놓았다.

인간의 마음에서 마음으로 이어지는 **사랑***그 자체를 본질로 하

---

* 사랑 자체의 본질인 사랑의 종(種)species개념에 대하여, 흄David Hume은 "하지만 아름다움에서 최초로 생긴 것이 바로 사랑의 가장 평범한 종개념이다. 나중에 사랑의 그 개념은 그 자체를 호의kindness로 그리고 육체적인 욕구로 파급시킨다. 호의나 존경, 그리고 생식욕구는 서로 아주 동떨어진 것임으로 쉽사리 일괄해서 결합할 수 없다. 전자는 어쩌면 영혼의 가장 순화된 열정the most refin'd passion일 것이고, 후자는 아주 지나치게 범속(凡俗)한 열정the most gross and vulgar일 것이다. 아름다운 사랑은 정확하게 양자의 중용(中庸)에 있게 되며, 따라서 양자가 지닌 본질을 함유한다. 거기에서부터 아름다운 사랑은 진행된다. 그리하여 그것은 아주 묘하게 연접(連接)되어 양자를 창작한다"(Hume(1978), 395)라고 하였다. 흄의 귀납적 추론에서 도출된 사랑의 발단은 아름다움을 추구하는 인간의 미의식에서 말미암은 것이고, 그리고 아름다운 사랑이란, 마치 명암의 짜임새가 조화로운 형상이 아주 아름답듯이, 인간의 순화된 열정과 범속한 열정을 적정의 비율로 짜임새 있게 조합하여 재창조한 것이 사랑이다라는 요지로 볼 수 있겠다.

그리고 일반론적인 사랑의 가변성(可變性)에 대하여, 바스캐글리아Leo E. Buscaglia는 "사랑이란 우리 삶의 시시각각에서 살아 있고, 우리 삶의 모든 것에서 생동하는 역동적인 교호작용a dynamic interaction이다. 그래서 언제 어디서든지 사랑은 존재한다. 이러한 이유로 나는 '사랑에 빠진다'to fall *in* love는 말을 사용하지 않는다. 나는 인간이 사랑에 빠진다거나 사랑하는 까닭이라고 하는 말을 믿지 않는다. 인간은 예사롭지 않는 자극에 어느 정도 특유의 방법으로 반응할 줄 안다. 그러한 반응작용은 인간의 가시적인 애정 표시인 것이다. 인간은 삶의 여차직한 순간에 재산과 체면에 못지않는 '빠지는' 사랑이나 '까닭 있는' 사랑을 한다. 인간은 사랑에서 자란다고 하는 것이 더욱 정확한 말일 런지 모른다. 인간은 아는 것이 많으면 많을수록 점점 더 행동의 반응을 바꿀 수 있는 계기가 많아지고, 따라서 사랑할 수 있는 인간의 능력을 확대해간다. 인간은 역시 한결같이 사랑에서 자라서 사랑에서 죽는다. 그러므로 인간의 교호작용과 더불어 인간의 생활 활동은 일생을 통해서 변할 것이다"(Buscaglia, 91)라고 말하였다.

또한 봉사와 인내, 헌신과 희생을 바탕으로 하는 불변의 위대한 참사랑에 대하여, 『성서』의 「고린도전서」 13장 1절-13절에서는 "내가 사람의 방언과 천사의 말을 할지라도 사랑이 없으면 소리 나는 구리와 울리는 꽹과리가 되고Though I speak with the tongues of men and of angels, but have not love, I am a noisy gong or a clanging cymbal. / 내가 예언하는 능이 있어 모든 비밀과 모든 지식을 알고, 또한 산을 옮길 만한 모든 믿음이 있을 지

라도, 사랑이 없으면 내가 아무 것도 아니요And if I have prophetic powers, and understand all mysteries and all knowledge, and if I have all faith, so as to remove mountains, but have not love, I am nothing./내가 내게 있는 모든 것을 구제하고, 또 내 몸을 불사르게 내어 줄지라도 사랑이 없으면 내게 아무 유익이 없느니라If I give away all I have, and if I deliver my body to be burned, but have not love, I gain nothing./사랑은 오래 참고, 사랑은 온유하며, 투기(妬忌)하지 않으며 사랑은 자랑하지 않으며 교만하지 않으며Love suffereth long, *and* is kind; love envieth not; love vaunteth not itself, is not puffed up,/무례(無禮)히 행하지 아니하며, 자기의 유익을 구하지 아니하며, 성내지 아니하며, 악한 것을 생각하지 아니하며Doth not behave itself unseemly, seeketh not its own, is not provoked, thinketh no evil;/불의를 기뻐하지 않으며, 진리와 함께 기뻐하고it does not rejoice at wrong, but rejoices in the truth;/사랑은 모든 것을 참으며, 모든 것을 믿으며, 모든 것을 바라며, 모든 것을 견디느니라Love bears all things, believes all things, hopes all things, endures all things./사랑은 언제까지든지 떨어지지 아니하나, 예언도 폐하고 방언도 그치고 지식도 폐하리라Love never ends; as for prophecies, they will pass away; as for tongues, they will cease; as for knowledge, it will pass away./우리가 부분적으로 알고 부분적으로 예언하니For we know in part, and we prophecy in part./온전한 것이 올 때에는 부분적으로 하던 것을 폐하리라But when that which is perfect is come, then that which is in part shall be done away./내가 어렸을 때에는 말하는 것이 어린 아이와 같고, 깨닫는 것이 어린 아이와 같고, 생각하는 것이 어린 아이와 같다가 장성한 사람이 되어서는 어린 아이의 일을 버렸노라When I was a child, I spoke as a child, I understood as a child, I thought as a child: but when I became a man, I put away childish things./우리가 이제는 거울로 보는 것 같이 희미하나, 그 때에는 얼굴과 얼굴을 대하여 볼 것이요, 이제는 내가 부분적으로 아나, 그 때에는 주께서 나를 아신 것 같이 내가 온전히 알리라For now we see through a glass, darkly; but then face to face: now I know in part; but then shall I know even as also I am known./그런즉 믿음, 소망, 사랑, 이 세 가지는 항상 있을 것인데, 그 중에서 제일은 사랑이라So faith, hope, love abide, these three; but the greatest of these is love."고 하였다.

이상에서 사랑의 개념에 대한 대표적인 세 가지, 즉 흄의 순화된 열정과 범속한 열정을 짜임새 있게 조합한 중용의 사랑, 바스캐글리아의 인간의 교호작용에 의한 가변적인 사랑, 「고린도전서」 13장의 불변의 참사랑을 알아보았다. 인생살이는 선택의 연속이고, 선택은 사랑의 연속이다. 가정과 지역, 사회와 국가 등의 작고 큰 모든 집단의 최소단위는 한 남자와 한 여자이다. 여자는 냄새도 모양도 무게도 부피도 색깔도 없이 마음에서 마음으로, 그 마음을 몸으로 먹여주는 남자의 사랑을 삭이며 일생을 살아가고, 남자는 역시 뭐라고 꼬집어낼 수 없는 마음에서 마음으로, 그 마음을 몸으로 뿜어주는 여자의 생기(生氣)를 쏘이며 일생을 살아간다. 권력도 명예도 재물도 없을지라도 여자는 남자가 먹여주는 사랑 때문에, 남자는 여자가 뿜어주는 생기 때문에 행복하다. 사랑이라는 말이 없었더라면 행복이는 정신적인 사랑은 아름답고, 인간의 몸에서 몸으로 이어지는 보편적인 본능을 본질로 하는 육체적인 사랑은 추악한 법이다. 왜냐하면, 정신적인 사랑은 이성reason의 노예이기 때문에 아름답고, 육체적인 사랑은 감성의 노예이기 때문에 추악하다. 정신적인 사랑은 밝아져가는 혜안(慧眼)의 영혼과 더불어 자라고, 육체적인 사랑은 어두워져가는 육안(肉眼)의 육신과 더불어 상하기 마련이다. 그리고 마음의 향기를 추구하는 정신적인 사랑은 언제나 물질과 욕망을 지배하고, 몸의 향연을 추구하는 육체적인 사랑은 항상 물질과 욕망의 노예가 된다. 그러나 인간의 사랑은 정신에 의해서만 자라는 것이 아니라, 육체적인 표현에 의해서도 자라는 것이기 때문에, 사랑은 정신에서 표현의 유일한 도구인 육체로 옮겨간다. 사랑의 혜안의 밝음과 육안의 어둠이 똑같은 비율로 적정의 조화를 이루게 되었을 때, 마치 명암이 잘 어우러진 그림이 가장 아름답듯이, 인간의 사랑도 사랑의 정신적인 것과 육체적인 것이 짜임새 있게 잘 배합된 최상의 아름다움을 갖게 되는 것이다. 이러한 사랑은 사랑의 세월에서 쌓인 고통과 미움의 상처와 상흔을 최소화해주고, 사랑의 세월과 더불어 함께 나눈 기쁨과 즐거움을 최대화해준다. 이와 같은 사랑을 추구한 벤 존슨 일파는 페트라르카식의 기상Petrarchan conceit과는 다른 차원에서 그들의 애정 서정시를 썼다고 볼 수 있다. 말하자면, 벤 존슨 일파는 사랑하는 여인과의 혼외정사 이후에 그들 자신이 받을 상처를 줄일 수 있는 사랑의 재창조라는 의도에서, 그들의 상대 여성을 찬미하거나 찬양하여 우상화 내지는 이상화했다는 뜻이다. 이러한 까닭으로, 간결하면서도 명쾌한 문체와 어조로 된 벤 존슨 일파의 애정 서정시의 비유적 표현을 우리가 찬찬히 음미해보면, 그들이 암암리에 함축시켜놓은 다소간 외설스럽고 음탕한 구석을 우리는 발

라는 말도 없었을 것이다. 사랑은 생동력(生動力)과 행복의 샘이고 창조의 힘이다.

견하게 된다.

오로지 그대 두 눈으로, 내게 축배(祝盃)해주오,
그러면 나도 내 두 눈으로 축배하리다.
아니면, 입맞춤 자국을 술잔에만 남겨주오,
그러면 나는 술을 찾지 않으리다.
영혼에 일어나는 갈증은
성스러운 술을 요구하오.
하지만 내가 주피터신의 신선주를 마실 수 있다 한들,
나는 그대의 술과는 바꾸지 않으리다.

Drink to me only with thine eyes,
And I will pledge with mine;
Or leave a kiss but in the cup,
And I'll not look for wine.
The thirst that from the soul doth rise,
Doth ask a drink divine:
But might I of Jove's nectar sup,
I would not change for thine.
(ll. 1-8; from *NA*, 809-810)

이 시구는 벤 존슨의 『벤자민 존슨 전집 *The Works of Benjamin Jonson*(1616)』에 있는 「숲지대 *The Forest*」의 「실리아에게 바치는 노래 *Song: To Celia*(1616)」의 첫째 연이다. 이 시는 기원 3세기경, 그리스의 학자이자 산문작가인 필로스트라투스Flavius Philostratus(*ca.* 170-245 A.D.)의 『선간문집 *Epistles*』에 있는 그의 연애편지를 벤 존슨이 읽고서 그 편지의 별개로 된 다섯 개 구절five separate passages을 엮어서 조립patchwork한 것으로 알려진 시이다(Cf. *NA*(notes), 809). 실리아Celia라는 이름은 벤 존슨의 연인 앨리스Alice의 ce→Ce로, Ali→lia로 철자의 위치를 바꾸어 쓴anagram 별칭이다. 그리고 8행연 시체로 된 이 시는 운율이 홀수행 약강4음보격iambic tetrameter과 짝수행 약강3음보격iambic trimeter이 교체되며, 각운형식은 *abcbabcb*로 규칙적이다. 이것을 4행연 시체 두 개로 분리하면, 민요풍의 4행연 시체ballad stanza의 정형이 된다. 인용의 시구에서, 실리아라는 가명의 혼외정사의 애인과 술잔을 마주 든 벤 존슨은 술을 마시는 데는 관심이 없고, 눈맞춤 입맞춤을 하고난 다음에 '영혼에서 일어나는 갈증은/성스러운 술을 요구하오'라고 한다. '영혼에서 일어나는 갈증'이라는 것은 마음 깊숙한 곳에서 끓어오르는 '간절한 욕정'을, '성스러운 술'이라는 것은 '사랑의 술', 즉 애인의 은밀한 곳에서 흐르는 '애액(愛液)'을 은유적으로 표현한 것이다. 말하자면, 애인끼리 눈맞춤 입맞춤을 끝낸 다음에 '간절한 내 욕정은 그대의 애액을 마시고자 하오', '그대의 그 맛을 어찌 신선주와 바꿀 수 있사오리까'라고 하는 대단히 외설적인 내용을 시인은 그 시련의 밑바닥에 깔아놓았다. 이것과 유사한 또 한편의 실리아에 대한 애정 서정시로서, 『벤자민 존슨 전집』의 「숲지대」에 「실리아에게 바치는 노래」 보다도 먼저 쓰여진 것으로 기록된 「오세요, 나의 실리아여 *Come, My Celia*(1600, 1606)」가 있다. 이 시의 요지가 되는 부분만을 살펴보기로 하자.

> 오세요, 나의 실리아여, 우리가 할 수 있는 동안에
> 우리의 사랑놀이를 맛보도록 합시다.
> 시간은 영원히 우리 것이 될 수 없으니,
> 시간은 종내 우리의 즐거움을 앗아갈 것이외다.
>
> Come, my Celia, let us prove,
> While we can, the sports of love;
> Time will not be ours forever;
> He at length our good will sever.
> (ll. 1-4)
>
> 사랑의 실과(實果)를 훔치는 것은 죄가 없지만,
> 달콤한 도둑질을 남에게 드러내는 것,
> 잡히는 것, 들키는 것,
> 이런 것들은 범죄로 간주되는 것이외다.

'Tis no sin love's fruit to steal;
But the sweet thefts to reveal,
To be taken, to be seen,
These have crimes accounted been.
(ll. 15-18; from *NA*, 810)

「오세요, 나의 실리아여」는 벤 존슨의 풍자희극 『볼포네』에서 꼭같은 시가*Song*로 막간에 삽입되어 주인공 볼포네Volpone에 의하여 불려진 노래인데, 이것은 고대 로마의 서정시인 카툴루스가 쓴 유명한 시 「오세요, 레스비아여, 우리 흙이 되기 전에 사랑합시다 *Come, Lesbia, Let Us Live and Love*」를 알기 쉽게 의역한 것으로 전해진다. 이 시 역시 벤 존슨의 혼외정사의 애인 앨리스의 별칭인 실리아에게 바친 애정 서정시이다. 이 시의 운율은 약강4음보격이고 각운형식이 *aabb*로 된 '각운 있는 2행연구'의 정형이다. 이 시의 1행에서부터 4행까지에서, 시인은 자기의 애인에게 사랑놀이, 즉 혼외정사를 즐길 수 있는 시간이 있을 때, 그 놀이에 탐닉하자고 제의하고서 사랑행위의 시간은 영원한 것이 아니라, 시간의 흐름은 사랑의 즐거움을 앗아간다고 한다. 말하자면, 현재의 사랑에 시간과 인생을 매달아놓고, 현재의 쾌락에 몸과 마음을 맡긴 채, 현재에 살고 현재에 죽는, 현재를 만끽하는 연인이 되자는 것을 암시한다. 이것은 호레이스가 그의 『송시집 *Odes*』에서 **'현재를 즐겨라'**Carpe diem*고 말한 그 정신을 그대로 적용한 것이다. 벤 존슨

* '현재를 즐겨라'Carpe diem고 하는 말은 고대 로마 황금시대의 시인 호레이스의 『송시집(頌詩集) *Odes*』 I. xi에 나오는 '그날을 잡아라'Seize the day는 뜻의 어구이다. 특히 애정 서정시에서 흔하게 발견되는 중심주제motif의 명칭이 되었다. Carpe diem을 중심주제로 하는 시 속의 화자는 소심하거나 수줍음을 타는 청자인 여성을 최대한 현재의 쾌락을 즐기는 것에 동참시키기 위하여, 인생은 짧고 세월은 화살과 같다는 사실을 강조한다. 육체적인 아름다움은 오래가지 못하고, 그 아름다움은 죽음과 더불어 흙으로 돌아가는 것이니, 육체의 아름다움이 힘찬 생동력으로 살아 숨 쉴 때, 사랑이라는 나무 아래에서 인간의 최상의 예술행위인 성sex의 쾌락에 모든 것을 바치자는 것이다. 이러한

일과 중에서 이러한 정신을 노정(露呈)한 대표적인 애정 서정시는 헤리크의 「처녀들에게, 시간을 최대한으로 이용하라는 충고 *To the Virgins, to Make Much of Time: Counsel to Girls*(1648)」와 월러가 상처한 이후 그의 구애를 끝까지 거절했던 시드니 여사Lady Dorothy Sidney에게 바친 「가거라, 사랑스러운 장미여 *Go, Lovely Rose* (1645)」(Cf. *The New Encyclopaedia Britannica*(1982), vol. X, 527) 등이다.

그리고 인용된 시의 결론 부분인 15행에서부터 18행까지에서, 시인은 "사랑의 실과를 훔치는 것은 죄가 없지만" '달콤한 도둑질'the sweet thefts이 세상에 폭로될 경우에는 범죄로 간주된다고 한다. 이 부분에서 중요한 것은 '실과'fruit의 비유적 의미이다. '실과'에 관한 중세기의 비유적 표현에는 '사랑의 실과'love's fruit와 '금단의 실과'the forbidden fruit가 있었는데, 전자는 지상 제일의 사랑을 찾아나선 중세기 귀부인의 몸과 마음으로 일구어진 '사랑의 나무'의 실과이고, 후자는 하나님이 에덴동산에 심어놓았던 '지식의 나무의 실과(實果)', 즉 선악과(善惡果)나무의 실과(*Genesis*, 2: 9-17)이다. 사랑의 나무에 달린 '실과'는 최상의 사

의미를 자주 나타내주는 상징은 스펜서의 『선녀나라의 여왕 *The Faerie Queene*』에 있는 바와 같은 '장미'rose이다(Spenser(1872), 173). "그러므로 아직 피어 있는 동안에 장미를 꺾어라"*Gather therefore the rose, whilest yet is prime*(II, xii. 75, l. 6)고 한 것과 "아직 시간이 있을 때에, 사랑의 장미를 꺾어라"*Gather the rose of love, whilest yet is time*(II, xii. 75, l. 8)고 스펜서가 말한 것이 장미의 상징적 의미를 결정짓게 하였다. 이러한 것을 헤리크Robert Herrick는 「처녀들에게, 시간을 최대한으로 이용하라는 충고 *To the Virgins, to Make Much of Time: Counsel to Girls*(1648)」에서, "너희들이 할 수 있는 시간 동안에, 장미꽃 봉오리를 꺾어 모아라"Gather ye rosebuds while ye may(l. 1)고 표현하였고, 월러Edmund Waller는 「가거라, 사랑스러운 장미여 *Go, Lovely Rose*(1645)」에서 "가거라, 사랑스러운 장미여 / 가서, 시간을 낭비하고 나를 애태우는 그녀에게 전하라"Go, lovely rose! / Tell her that wastes her time and me(ll. 1-2)고 표현하였다. 이러한 유형에 속하는 가장 훌륭한 시들은 죽음을 눈앞에 두고 쾌락을 추구하는 것이 얼마나 쓰라린 슬픔 또는 절망을 인간에게 안겨주는가를 전달해준다(Cf. Abrams(1981), 19).

랑을 사냥하기 위해서 나선 '귀부인의 몸과 마음', 즉 '바람난 귀부인'을 비유한 것이었고, 선악과나무의 실과, 이른바 금단의 '실과'는 따먹어서는 안 된다는 기독교적인 개념에서 말미암은 것으로, 여왕이나 왕비나 수녀를 지칭하는 비유어로 사용되었다. 그런데, 중세 이후의 문학작품에서 금단의 '실과'는 아이를 낳지 못하는 석녀(石女)sterile에 비유되기도 하였다. 아무튼, 사랑과 연결지운 '실과'의 비유적 의미는 남성의 성적 욕구의 대상인 '여성'과 관계된다. 벤 존슨이 인용의 시구에서 말하고 있는 바는, "사랑의 실과를 훔쳐 먹는 도둑질, 즉 바람난 귀부인의 욕구를 채워주는 달콤한 도둑질, 이를테면 즐거운 혼외정사를 한 것이 죄일 수는 없지만, 그 도둑질이 세상에 폭로될 경우에는 단죄된다"는 것이다. 이것은 혼외정사라는 비리(非理)를 정리(正理)로 합리화하기 위한 괴변적인 논리로 볼 수 있겠다.

벤 존슨의 애정 서정시에서, 이상과 같은 경향의 것이 있는가 하면, 왕당파의 진면목을 보여주는 것도 있다. 예컨대, 「여왕과 여사냥꾼 *Queen and Huntress*(1600)」, 일명 「신시아에게 바치는 찬가 *Hymn to Cynthia*」에서는 시인 자신을 저녁별인 태백성(太白星)Hesperus에 비유하고, 엘리자베스 I세를 정절과 달과 사냥의 여신인 신시아Cynthia, 즉 다이애너Diana와 동일시하여 여왕의 권능과 위엄을 찬양한 유명한 서정시인데, 이것은 벤 존슨의 풍자희극 『신시아의 떠들썩한 잔치 *Cynthia's Revels*(1600)』에서 노래된 시가이다. 여기서, 그것의 첫째 연만을 소개하면, "정숙하고 아름다운 여왕이시며 여사냥꾼이시여, / 이제 태양은 잠자리에 누워 있고, / 당신은 은제의자에 앉아서, / 평상시처럼 위엄을 갖추고 있나이다. / 눈부시게 찬란한 여신이시여, / 태백성이 당신의 빛을 간청 하나이다"Queen and huntress, chaste and fair, / Now the sun is laid to sleep, / Seated in thy silver chair, / State in wonted manner keep; / Hesperus entreats thy light, / Goddess excellently bright(ll.

1-6)라고 읊었다. 벤 존슨은 엘리자베스 I세를 정숙하고 아름다운 여왕이고 여걸(女傑)이며 눈부시게 찬란한 여신이라고 우상화하거나 이상화하여 그 위엄을 찬양하고, 그는 그러한 여왕의 은총을 간청한다고 하였다. 이와 같이 여성을 우상화·이상화하여 예찬하거나 찬미하거나 찬양하는 것을 주제로 한 서정시는 왕당파 시인들의 주된 유형 중의 하나이다. 헤리크의 「줄리아의 옷에 대하여 *Upon Julia's Clothes*(1648)」라고 하는 짧은 애정 서정시도 그 같은 주제에 속한다.

> 비단옷을 입고 나의 줄리아가 걸어갈 때면,
> 그 때, 그 때, 내 생각엔, 그녀 옷의 물결이
> 정말 유려(流麗)하게 흐르더이다.
>
> 그런 다음, 내가 나의 시선을 던져, 거동마다 자유롭고,
> 눈부시게 아름다운 몸매의 율동을 볼 때면,
> 오, 정녕 그 현란함이 나를 사로잡더이다.
>
> Whenas in silks my Julia goes,
> Then, then, methinks, how sweetly flows
> That liquefaction of her clothes.
>
> Next, when I cast mine eyes, and see
> That brave vibration, each way free,
> O, how that glittering taketh me!
> (*NA*, 822)

이 시는 그리스 신화 황금사과의 낙원, 이른바 주지육림(酒池肉林)의 쾌락의 낙원을 상징하는 헤리크의 세속시집 『헤스페리데스 *Hesperides*』와 고상한 문체와 어조로 된 그의 종교시집 『고상한 노래 혹은 경건한 단상(短想) *Noble Numbers or Pious Pieces*』을 합본한 시전집 『헤스페리데스와 고상한 노래 *Hesperdes and Noble Numbers*(1648)』에 수록된 단편 전문이다. 그리고 이 시

의 운율은 약강4음보격이며 각운형식은 교체형 각운 3행연 시체 terza rima와는 다른 *aaa bbb*로 3행 연속연구triplet; chain couplet의 정형으로 되어 있다. 이 짧은 시는 감각적이면서도 관능적이 아닌 보기 드물게도 독자의 공감각(共感覺)synesthesia을 불러일으키고 있다. 이 시에서 시인은 줄리아라고 하는 묘령의 연인의 옷맵시와 옷매무새 속에 드러나 보이는 아름다운 몸맵시의 움직임을 '유려하게 흐르는 물과도 같은 율동'으로 이상화하여 예찬해놓았다. 그리고 서클링 경의 「지조 있는 애인 *The Constant Lover*(1659)」은 다소 직설적인 표현을 가미하여, 그 첫째 연에서, "제기랄! 온통 사흘 동안을 / 나는 사랑했노라. / 그런데도 날씨만 화창하다면, / 사흘 더 사랑하고 싶구나"Out upon it! I have loved / Three whole days together; / And am like to love three more, / If it prove fair weather 라고 한 다음에, 그 둘째 연에서, "넓고 넓은 세상에서 다시 / 그처럼 지조 있는 애인을 / 시간이 발견하자마자 이내 / 시간은 그의 날개를 털갈이하리라"Time shall molt away his wings, / Ere he shall discover / In the whole world again / Such a constant lover라고 읊었다. 서클링 경의 이 시 역시도 계절의 털갈이도 모른 채, 즉 계절의 순환도 잊은 채, 한결같은 몸과 마음으로 시인만을 사랑해주는 여인을 지조 있는 애인으로 예찬하고 있다. 반면에, 커루우의 「나를 더욱 사랑해주오, 아니면 더욱 경멸해주오 *Give me more love, or more disdain*(1640)」에서처럼, 여기까지 서술해온 애정 서정시와는 다른 경향을 보여주는 것도 있다.

나를 더욱 사랑해주오, 아니면 더욱 경멸해주오.
　열대(熱帶)이든 동토(凍土)대이든
내 고통에는 같은 안식을 안겨준다오.
　온대(溫帶)는 내게 아무 것도 줄 수 없다오.
사랑이 되었건 증오가 되었건, 양극단은
평온한 저택보다 오히려 더 감미롭다오.

Give me more love, or more disdain;
  The torrid or the frozen zone
Bring equal ease unto my pain;
  The temperate affords me none:
Either extreme, of love or hate,
Is sweeter than a calm estate.
(ll. 1-6; from *NA*, 1025)

이것은 커루우의 「나를 더욱 사랑해주오, 아니면 더욱 경멸해주오」의 첫째 연이다. 이 시의 첫째 연과 여기에 인용되지 않은 둘째 연의 운율은 다 같이 약강4음보격이나, 각운형식은 첫째 연이 쵸서가 사용했던 6행연 시체sextet의 *ababcc*이고, 둘째 연은 8행연 시체ottava rima의 정형과는 다른 *ababccdd*로 되어 있다. 이 애정 서정시에서, 시인은 자기 애인의 사랑을 기후풍토와 결부시켜놓았다. 말하자면, 애인의 열정적인 사랑을 열대에, 야멸찬 경멸의 사랑을 동토대에, 사랑도 아니고 경멸도 아닌 미적지근한 상태를 온대에 비유하여, 시인은 애인의 미온적인 사랑으로 인한 고통을 호소함과 동시에 사랑이 되었건 증오가 되었건 양단간에 결정해줄 것을 간원하고 있다. 시인의 이러한 호소와 간원은 '궁정풍의 사랑'의 전형인 것으로 간주된다. 또한 '궁정풍의 사랑'을 노래한 것이라도 러브레이스의 애정 서정시는 그 소재와 주제면에서 사랑의 고통을 호소하거나 간원한 것과는 다른 점을 갖고 있다. 그러한 점을 러브레이스의 명시선 중의 하나인 「루카스타에게, 전쟁터로 가면서 *To Lucasta, Going to the Wars*(1649)」를 통해서 알아보기로 하자.

사랑하는 님이여, 날더러 야속(野俗)하다고 말하지 마오.
그대의 정숙한 젖가슴과 정밀(靜謐)한 마음의
수녀원으로부터
내가 전쟁과 무기를 향하여 달려간다 해서.

정녕, 지금 나는 새 애인을 쫓고 있소,
전쟁터의 첫 번째 적을.

그리고 칼과 말과 방패를
한결 굳은 믿음으로 포옹하오.

하지만, 이 부정(不貞)은 그대 역시
경모(敬慕)할 그러한 것이오.
님이여, 내가 명예를 더 사랑하지 않았더라면,
나는 그대를 몹시도 사랑할 수 없었을 것이오.

Tell me not, Sweet, I am unkind
That from the nunnery
Of thy chaste breast and quiet mind,
To war and arms I fly.

True, a new mistress now I chase,
The first foe in the field;
And with a stronger faith embrace
A sword, a horse, a shield.

Yet this inconstancy is such
As you too shall adore;
I could not love thee, Dear, so much,
Loved I not honor more.
(*NA*, 1033)

이 시편은 러브레이스의 첫 시집 『루카스타: 일화, 14행시, 시가 *Lucasta: Episodes, Sonnets, Songs*(1649)』, 일명 『루카스타 *Lucasta*』에 들어 있는 작품으로서, 그의 애정 서정시 가운데 으뜸으로 평가되는 작품이다. 1642년에 내란Civil War이 발발하자, 적극적인 왕당파 러브레이스는 차알스 I세의 군대에 가담하여 전쟁터의 용감한 전사생활을 하면서, 그의 애인이자 약혼녀였던 애칭 루카스타의 실제인물인 새키버럴Lucy Sacheverell에게 바치는 많은 애정 서정시를 써서 보냈다. 그가 새키버럴에게 보낸 시편들 중의 하나가 「루카스타에게, 전쟁터로 가면서」라는 작품이다. 이 시의 내용으로 보면 그가 전쟁터로 나가면서 루카스타를 위해서 쓴 것으로 되어 있으나, 발표연대가 1649년인 것으로 보아서 참전 당시에 썼던 것을 다시 가필하여 그의 시집 『루카스타』에 발표하였을 가능성이 높은 것으로 간주된다. 내란 발발 직전인 1641년에, 스코트랜드Scotland 원정에 나선 뒤 의회의 진정서 사건으로 러브레이스는 투옥되었다가, 석방된 이후 내란의 발발과 동시에 왕당파의 전사로 참전하였다. 그리고 1642년에 내란의 주동세력인 개혁파에게 체포되어 다시 영어(囹圄)의 몸이 되었다. 몇 년 동안의 감옥생활에서 석방된 이후에, 그는 해외로 나가서 스페인과 프랑스 간에 가톨릭교의 세력Catholic Powers다툼으로 전쟁 중일 때, 프랑스 군대에 자원입대하여 싸우다가 1646년 북부 프랑스의 항구도시 단커어크Dunkirk(Dunkerque)에서 부상을 입었는데, 이것이 루카스타에게 그가 전사한 것으로 잘못 전해지면서 그녀는 다른 배우자와 결혼하게 되는 결과를 낳았다. 그가 부상당한 얼마 뒤에 불편한 몸을 이끌고 귀국하였을 때, 그 당시 청교도 정부the puritan government는 다시 그를 감옥에 보냈다. 1649년 차알스 I세가 처형됨과 동시에 무일푼의 빈털터리로 석방된 러브레이스는 루카스타와의 비련(悲戀)의 아픔과 자신의 궁핍한 생활을 견뎌야만 하는 무명인으로서의 불운한 여생을 보냈다.

위에서 인용된 러브레이스의 애정 서정시는 각 시련이 홀수행 약강4음보격과 짝수행 약강3음보격으로 교체되고, 각운형식이 *abab*로 된 전형적인 민요풍의 4행연 시체이다. 이와 같이, 러브레이스의 「루카스타에게, 전쟁터로 가면서」는 시의 규칙과 형식이 평범할 뿐만 아니라, 문체와 어조도 소박하고 아울러 당시대 시인들의 시에서 흔히 볼 수 있는 일상적인 심상을 특유의 비유로 효과있게 처리한 것으로 평가되는 시이다. 제1연에서, 시인은 그의 애인 루카스타의 정숙한 젖가슴과 고요하고 편안한 마음을 수녀원nunnery에 비유하였다(ll. 2-3). 몸의 정숙함과 마음의 고요함과 편안함을 시인에게 선사해주는 애인의 품 안은 시인의 몸과 마음에 감미로운 휴식을 제공하는 안식처로서의 수녀원이다. 이러한 비유는 형이상학적인 기상에서나 볼 수 있는 시인의 돋보이는 착상(着想)이라고 할 수 있다. 수녀원 같은 그대의 품 안을 떠나 "내가 전쟁과 무기arms를 향하여 달려간다 해서"(l. 4), 야속한 사람으로 말하지 말라고 시인은 루카스타에게 당부한다.

그러한 당부에서, '전쟁'과 '무기'arms는 단순한 심상image이 아니라, 몇 가지 심상을 추가하고 있다. 말하자면, '무기'는 '애인의 무기'와 '전사(戰士)의 무기', 그리고 애인과 왕을 위한 러브레이스 '자신의 무기'를 의미한다. '애인의 무기', 즉 루카스타의 러브레이스에 대한 무기는 몸의 정숙함과 마음의 고요함과 편안함이고, '전사의 무기'는 제2연의 마지막 행에 있는 전사의 칼과 말과 방패이고, 시인 '자신의 무기'는 애인에 대한 변함없는 사랑의 봉사와 헌신과 왕에 대한 불굴의 충정(忠貞)으로 반드시 지켜져야만 하는 명예이다. 전쟁도 무기와 같은 맥락에서, '애인과의 전쟁'과 '적병과의 전쟁'이라는 이중적인 심상이 내재된 것인데, 전자는 애인으로서의 방중술(房中術)과 '자신의 무기'를 골자로 하는 루카스타에 대한 시인의 '사랑'이고, 후자는 전사로서의 창검술(槍劍術)과 '자신의 무기'를 골격으로 하는 차알스 I세에 대한 시인의 '충정'이다. 시인 '자신의 무기'인 명예에 오점을 남기지 않기 위하여, 애인도 전자에 의해서 정복되어야 하고 적병도 후자에 의해서 정복되어야 하는 대상이다. 요컨대, '전쟁'의 심상은 시인 '자신의 무기'인 명예를 지키기 위한 애인에 대한 변함없는 사랑이고, 왕에 대한 불굴의 충정인 것이다. 이러한 의미에서 파악될 수 있듯이, 시인의 애인에 대한 그러한 당부는 "내가 그대의 사랑과 몸의 정숙함과 마음의 고요함과 편안함을 떠나서 왕에 대한 충정에로 달려간다고 해서" 야속하게 생각하지 말고, 큰 일을 위해서 작은 일을 희생하자고 하는 뜻이 담겨 있는 것으로 해석된다.

제2연에서 시인은 전쟁터에서 만난 최초의 적병을 자신이 사냥해야 할 새 애인으로 비유하여, '자신의 무기'인 명예를 위해서 새 애인을 반드시 정복하겠다는 한결 굳은 믿음으로 '전사의 무기'인 칼과 말과 방패를 끌어안는다(ll. 5-8). 새 애인을 사냥하기 위한 목적으로 전사의 무기를 끌어안는다는 것은 그 초점이 새 애인을 정복하는데 맞추어진 것이기 때문에, 그것은 제3연의 첫째 행에서 시인이 말하고 있는 바와 같이 정신분석학적인 어떤 의미로 본다면, 그의 애인 루카스타에 대한 부정(不貞)inconstancy행위(l. 9)로 볼 수도 있다. 아무튼, 적병과 새 애인, 끌어안는 전사의 무기와 부정의 비유에서 시인은 기발한 언어적 반어법verbal irony을 효과있게 이용하였다. 그런 다음에, 시인은 그러한 부정은 왕에 대한 불굴의 충정으로 적병을 마치 새 애인을 정복하듯이 하겠다는 의지이니 "그대 역시 경모할 그러한 것이오"(l. 10)라고 부연한다. 만약에 내란Civil War을 진압하는 전쟁에서 승리한다면, 루카스타 당신도 역시 그러한 나의 의지를 존경하고 흠모할 것이라는 뜻이다.

시인은 제3연의 끝부분에서, "님이여, 내가 명예를 더 사랑하지 않았더라면, / 나는 그대를 몹시도 사랑할 수 없었을 것이오"(ll. 13-14)라는 진술로 시 전체를 마무리해놓았다. 다시 말하자면, 시인이 애인을 사랑할 수 있는 것은 시인 '자신의 무기'인 명예를 지키기 위해서라는 것이다. 마지막 결론 부분을 그러한 의미로 개역하면, "님이여, 내가 그대와 왕에 대한 불굴의 충정과 변함없는 봉사와 헌신으로 반드시 지켜야만 되는 '명예'를 더 사랑하기 때문에, 나는 그대를 몹시도 사랑할 수 있는 것이오"로 된다. 이와 같은 명예를 지키지 못하는 궁정인은 고대시대 이래로 당시대에까지 애인과 왕으로부터 매몰차게 버림받았던 것이다. 시인의 명예에 대한 그러한 사상과 정신을 일컬어 우리는 엄밀한 의미에서 '궁정풍의 사랑'이라기보다는 오히려 '기사도적인 사랑'이라고 해야 마땅할 것이다.

벤 존슨 일파는 헤리크를 제외한 나머지 시인들 대부분이 차알스 I세 당시의 궁정시인들로서, 왕을 위한 의협심과 충성심 또는 왕의 공적과 치적을 예찬, 찬미, 찬양한다고 해서 왕당파 시인으로 불려지기도 하였고, 더불어 고대 로마의 서정시인 호레이스가 말한 '현재를 즐겨라'Carpe diem고 하는 사상과 정신에 바탕을 둔 시를 썼다고 해서 세속시인으로 일컬어지기도 하였다. 하여간에, 그러한 영국 신고전주의 형성기, 즉 벤 존슨 일파의 초기 신고전주의의 정신적인 몇 가지 특징을 애트킨즈J. W. H. Atkins는 그의 『문예부흥론 *The Renaissance*(1950), 347』에서 알기 쉽게 기술해놓았다.

> 그와 같이 부활된 고대의 원리 중에, 가장 주목할 만한 것은 아마도 형식적인 기교나 매끄럽지 못한 어구에 전념하는 것과는 대립되는 것으로서, 명석한 사고(思考)에 대한 근본적이면서도 필요불가결한 요구였다. 그리고 이것은 더 나아가서, 무난한 전환으로 이어지는 생각의 질서정연한 전개를 요구하고, 주제와 경우마다의 사정과 독자에게 적절한 시어(詩語)와 표현방식을 요구하고, 아울러 인간의 정서감정이 언제나 예술적으로 표현될 경우에는 그러한 비유적 기교의 분별 있는 사용에 대한 요구를 수반하였다. 그밖에도 한결같은 연마(鍊磨)와 작시술의 비법에 대한 필요성은 되풀이해서 이끌어졌다. 문체는 두 말할 나위없이 인격의 표현인데, 인격을 표현하는 것의 가장 차원 높은 성질은 수사적인 말의 나열에서가 아니라, 표현의 질서, 조화, 소박함, 그리고 무엇보다도 표현의 명쾌함에서 실현되는 것으로 지적되었다. 고대 로마의 퀸틸리언이 진술했던 바와 같이, 글의 목적은 "독자로 하여금 이해하도록 하는 것일 뿐만 아니라, 독자가 이해하지 못하는 것이 불가능하도록 쓰는 것"이어야 하였다.

> Of the ancient principles thus revived, the most notable was perhaps the fundamental and indispensable need for clear thinking,

> as opposed to concentration on formal artifice or tortured phrase. And this was accompanied by further demands for an orderly development of thought with easy transitions, for a diction and a manner in keeping with the theme, the occasion and the reader, as well as for a discreet use of those figurative devices in which human emotion has always found artistic expression. Apart from this, the necessity for constant practice and a concealment of art, was also inculcated; style, it was pointed out, was inevitably an expression of personality, and its highest qualities were said to be realized, not in an array of flowers, but in order, proportion, simplicity, and above all, perspicuity. As Quintilian long ago had stated, the aim in writing should be 'not merely to enable the reader to understand, but to make it impossible for him not to understand'. (Secretan, 재인용, 24)

애트킨즈는 벤 존슨 일파의 신고전주의 형성기 작풍manner을 더 이상의 해석이나 해설을 필요로 하지 않을 정도로 잘 기술해 놓았다. 바꾸어 말하자면, 애트킨즈의 그러한 기술 자체가 신고전주의 형성기의 초기 신고전주의의 특징적인 몇 가지를 해석 내지는 해설해놓았다는 뜻이다. 그러므로 여기까지 서술된 내용을 중심으로 **왕당파 시인** 내지는 **세속시인의 특징**을 들면 다음과 같다. (1) 재래의 궁정의 관습적이고 전통적인 시풍을 그대로 답습하여 왕을 위한 의협심과 충성심, 그리고 왕의 공적과 치적을 예찬, 찬미, 찬양하는 시를 썼다. 따라서 벤 존슨 일파는 (2) 시의 규칙과 형식, 문체와 어조, 그리고 소재와 주제를 신고전주의 여명기에서 전래된 관행과 전통을 취사선택하여 계승하고, 그것을 다시 다듬어서 영국다운 영시로 정착시키려고 하였다. (3) 특히 문체와 어조는 인격의 표현임을 염두에 두고, 비유적 표현의 분별 있는 사용으로 수사적인 표현의 지나친 나열을 지양하며, 시적 표현의 질서, 조화, 소박함, 그리고 무엇보다도 표현의 간결함과 명쾌함을 중요시 하였다. 그래서 벤 존슨 일파에 의하여, (4) 독자가 이해하기 쉬운 시어와 표현방식으로 쓰여진 문체와 어조는 감미롭고 매끄럽고 세련되고 아름답고 유려하고 자연스럽고 낙천적이다. 아울러 벤 존슨 일파도 신고전주의 여명기의 시인들과 마찬가지로 (5) 고대 그리스와 로마 시인들의 영향을 받고 그들의 작풍을 모방하거나 번안하기도 하였다. 그리고 (6) 고전주의적 사상과 정신인 '현재를 즐겨라'와 중세의 애정 서정시의 중심주제였던 '궁정풍의 사랑' 혹은 '기사도적인 사랑'을 즐겨하는 시를 썼다. 아울러 (7) 애정 서정시의 주요한 내용은 "여자와 자연의 아름다움은 세월과 더불어 사라지는 것이니, 아름다움이 존재해 있는 동안에 즐겨라"고 하는 찰나적 정서감정을 추구하는 경향이었다. 그리하여, (8) 소재와 주제는 도덕적이고 정신적인 것보다는 육체적이고 현실적인 것으로서, 주로 여성에 대한 사랑의 간원, 애소, 한탄과 여성의 아름다움과 우아함을 예찬, 찬미, 찬탄함으로써 여성을 우상화하거나 이상화한 것이었다는 등으로 집약될 수 있다.

스펜서학파 시인들

스펜서학파 시인들, 이른바 스펜서학파 시인군(詩人群)은 신고전주의 여명기의 스펜서Edmund Spenser의 작풍을 본떠서 청교도적인 소재와 주제, 문체와 어조로 시를 썼던 시인들이다. 이러한 의미에서, 청교도적인 종교시인들로 분류될 수도 있다. 이들 중에서 제일 앞선 세대에 속하는 시인은 제임스 I세 시대의 플렐처였는데, 플렐처는 그의 설화시narrative poetry를 위해서 스펜서식의 시체Spenserian stanza의 변형을 이용하였을 뿐만 아니라, 문체의 특성, 즉 특히 의인화 및 여러 가지 시적 기상 등과 같은 비유어의 사용은 스펜서와 공통점이 있다. 무엇보다도 그러한 공통점에는 스펜서의 운문에 들어있는 색채와 음악을 플렐처 역시 가지고 있다는 것이다. 플렐처는 1610년, 그러니까 밀턴이 겨우 두 살이었을 때, 그의 청교도적인 사상과 정신이 용해되어 있는 『천국과 지상에서 그리스도의 승리와 개가

(凱歌) *Christ's Victory and Triumph in Heaven and Earth*』라고 하는 서사시를 출판하였다. 플렐처의 이 서사시는 밀턴의 초기의 장엄한 송시 「성탄절 찬가 *Hymn on the Nativity*」, 즉 「그리스도의 성탄 아침을 맞으며 *On the Morning of Christ's Nativity*(writ. 1629, 12, 25; pritd. 1645)」(일명 「성탄절에 부치는 송시 *Nativity Ode*」)에서부터 말기의 『복락원 *Paradise Regained*(1671)』에 이르기까지 그 영향을 미쳤던 흔적이 드러나 있다(Cf. Moody and Lovett, 149).

그리고 차알스 I세 시대의 브라운은 스펜서식의 목가적 전통을 계승하여, 윤리적이고 종교적인(청교도적인) 사상과 정신을 독자들에게 전달하는 『대영제국의 목가시 *Britannia's Pastorals*(1616)』를 출판하여, 그 당시에 다소 미미했던 목가시의 전통을 잇는데 활기를 불어넣었다(Cf. *Ibid.*, 150). 밀턴의 『실락원 *Paradise Lost*(1667, 1674)』을 그 외적 그리고 신학적인 양상에서 청교도주의Puritanism의 장편 무운 서사시라고 한다면, 공화정 시대와 왕정복고Restoration 초기의 번얀은 내적 및 정서감정적인 국면에서 청교도주의의 장편 설화체 무운 서사시로 특징지워지는 『천로역정(天路歷程) *Pilgrim's Progress from This World to That Which Is to Come*』을 1678년에 출판하였다(Cf. *Ibid.*, 173). 1660년 11월 차알스Charles II세 시대 초기에, 영국 국교회Anglican Church가 비국교파를 체포하여 감옥으로 보낼 때, 번얀도 영국 국교회파의 비위에 거슬리는 불법적인 종교집회를 주동한 죄로 베드포드 감옥Bedford jail에 수감되었다. 번얀은 수감생활을 하면서 그의 청교도적 신앙의 내면세계의 삶을 설화체로 쓴 정신적인 자서전 『으뜸가는 죄인에게 넘치는 은총 *Grace Abounding to the Chief of Sinners*(1666)』을 발표하였다.

번얀이 1672년 12년만에 감옥에서 풀려난 이후, 『으뜸가는 죄인에게 넘치는 은총』의 보완수정판으로 출판된 것으로 볼 수 있는 것이 번얀의 『천로역정』이다. 『천로역정』은 주인공 크리스천Christian의 아내 크리스티애너Christiana와 그의 자녀들이 그레이트하트 씨Mr. Greatheart(Jesus Christ)의 안내를 받으면서 천도(天都)Celestial City, 예루살렘Jerusalem으로 가는 도중에 만난 사람들과 꿈 속에서 보았던 사람들을 이야기한 것인데, 특히 꿈 속에서 보았던 죄악의 '누더기 옷을 걸친 사람'a man clothed with rags(*Isaiah*, 64: 6), 자신의 소유욕을 버린다는 믿음으로 '집을 떠난 행색으로 이름 모를 곳에 서 있는 사람'standing in a certain place, with his face from his own house(*Luke*, 14: 33), 영혼의 구원을 믿는다는 증표인 '책(*Bible*)을 손에 쥐고 있는 사람'a book in his hands(*Habakkuk*, 2: 2; *Acts*, 16: 31; *John*, 3: 16), 죄악의 '무거운 짐을 등에 진 사람'a great burden upon his back(*Psalms*, 38: 4) 등의 이야기에서 시사되고 있는 바와 같이, 인생은 여행이라는 비유를 청교도의 성서적인 사상과 정신에 결부시킨 세계문학의 3대 풍유적인allegorical 이야기 중의 하나이다(Cf. *Op. cit.*, 171-172; *NA*, 1169). 플렐처에서부터 밀턴을 거쳐 번얀에 이르기까지, 이들의 청교도적인 사상과 정신이 스펜서식의 표현방식에 근거하여 표출되었다는 관점에서, 우리는 이들을 '스펜서학파'the school of Spenser(Moody and Lovett, 149), '후기 스펜서 일파'the post-Spenserians(*NA*, 751), 또는 스펜서학파 시인들Spenserian poets로 일컫는다. 스펜서학파 시인들의 소재와 주제는 주로 청교도적인 사상과 정신에 입각한 교훈적, 도덕적, 윤리적, 종교적인 것이고, 문체와 어조는 주로 스펜서를 중심으로 한 고대 그리스와 로마의 시인들의 작풍을 모방한 것이며, 그리고 즐겨 사용한 시체는 주로 심리적 정신적인 내용의 14행시, 영웅시체 2행연구heroic couplet 연시체(連詩體), 애가(哀歌)elegy, 송시, 풍자시, 목가시, 무운 서사시 등이었다.

스펜서학파 시인들의 공감대는 그들의 청교도 사상을 중심주제로 한 청교도주의Puritanism이다. **신학사상**에서 말하는 일반적인 개념의 청교도주의는 선good을 경외(敬畏)하고 악evil을 멀리하고 양심의 순결을 존중하며, 『성서 *Bible*』를 하나님God의 율법으로 생각하고 일상생활에서 행하는 모든 언어와 행동을 『성서』의, 『성서』에 의한, 『성서』에 바탕을 두고, 『성서』의 계율(戒律)을 그대로 규율(規律)하고자 하는 사상이다. 이 사상은 절대자인 하나님(神)과 인간과의 직접적인 교통communion을 주장하며, 로마 가톨릭교회Roman Catholic나 영국 국교회인 성공회Anglican Church에서 행해지고 있는 타율적이면서도 강제적인 권위와 의식예전(儀式禮典)을 배척하는 기독교 사상이기도 하다. 그리고 **문학사상**에서 말하는 청교도주의라는 것은, 신학사상의 정신을 작품에 그대로 반영하기 위하여, 『성서』 속에 들어 있는 성인들saints이나 예수 그리스도Jesus Christ가 행한 기적(奇蹟)이나 이적(異蹟), 그리고 고난 등의 성서적인 사실(史實)이나 설화나 일화를 작품의 중심주제로 삼아서, 청교도의 사상과 정신을 잘 묘사하여 부각시킨 문학작품을 일컫는다. 또한 이것은 거시적인 의미의 청교도 문학사조의 보편적인 원리이자 청교도 문학의 전반적인 특징이기도 하고, 또한 미시적인 의미의 **스펜서학파의 특징**이기도 하다.

그러한 **청교도주의 사상과 정신의 유래**는 종교개혁과 고전부흥 운동을 동반한 이탈리아의 문예부흥 운동이 영국에 상륙했던 신고전주의 여명기로 거슬러 올라간다. 신고전주의 여명기의 헨리 VIII세 시대의 소위 옥스퍼드의 개혁자들The Oxford Reformers인 당시대의 네델랜드 출신으로 가장 위대한 학자였던 에라스무스Desiderius Erasmus(*ca.* 1466-1536)와 인문학자이자 목사였던 코릳John Colet(1467?-1519)과 플라톤의 『공화국 *Republic*』에 근거를 둔 유명한 철학적 이야기를 1514-1516년에 걸쳐서 라틴어로 써서 1516년 12월 벨기에Belgium의 루우벵Luvain에서 출판되었던 『이상향 *Utopia*』을(Cf. *The New Encyclopaedia Britannica*(1982), vol. 12, 438), 1551년에 그것을 다시 영어로 옮기면서 대담식의 설화체로 썼던 모아 경Sir Thomas More(1477-1535) 등은 영국 문예부흥 초기의 진전과 더불어 그들의 벅찬 희망hopefulness과 이상주의idealism를 인상적으로 예증(例證)하는 인물들이었다(Cf. Moody and Lovett, 64-65). 옥스퍼드에서 만난 이들 셋은 헨리 VIII세 시대의 기독교적인 인문주의자들이자 영국 종교개혁의 동지들이었다. 모아 경의 선배이고 성 바울대학의 학장Dean of St. Paul's School이었던 코렡은 중세 시대에서부터 교인들을 이용하는 데에만 사용되었던『성서』를 새로운 시각에서 올바르게 풀이해야 할 필요성을 절감한 나머지, 그는 그의 친구이자 위대한 인문주의자이고 학자이며「신약성서 *New Testament*」의 편집자editor of New Testament였던 에라스무스(*NA*, 351)로 하여금 그리스어로 된「신약성서」의 원본에 주석을 달아서 출판하게 하고, 그것을 라틴어로 번역하여『성서』의 원류(源流)를 되찾아내게 하였다. 이처럼 그들의 인문주의에 입각한 종교개혁의 열성은 대단하였으나, 구교인 로마 가톨릭교회의 교리Roman Catholicism에 반기를 들고 투쟁하지는 않았다. 인문주의적 종교개혁이 옥스퍼드를 거점으로 서서히 진행되는 동안에, 대륙에서 종교개혁을 주도하던 독일의 루터Martin Ruther(1483-1546)를 종교개혁의 불가피성을 깊이 인식했던 케임브리지대학의 젊은이들도 환영하였다. 말하자면, 영국의 인문주의적 종교개혁은 조용한 가운데 발상지인 옥스퍼드에서 케임브리지로, 옥스퍼드와 케임브리지에서 전국으로 점점 확산되기에 이르렀다.

이처럼 기독교 인문주의자들의 여건조성에 힘입은 종교개혁가 틴들William Tyndale(1492/1494?-1536)은 독일로 건너가서 루터와 같이 에라스무스의 그리스어와 라틴어판「신약성서」와 루터의 독일어판「신약성서」를 비교 검토하여 최초로「신약성서」를 영어로 번역하였다. 이어서 틴들은 히브리어Hebrew를 터득하여 또한 영어로 번역된 최초의 「구약성서 *Old Testament*」를 내놓았으나, 그는 이단적인 기질이 있는 것으로 간주되어 1536년에 헨리 VIII세에 의하여 처형되었다. 그러한 헨리 VIII세는 종교보다는 왕권을 위해서 1534년에 스스로 영국교회의 수장(首長)임을 선언하여 구교의 수장인 로마 가톨릭교회의 교황과 결별하였다. 로마 교황으로부터 파문당한 뒤에 헨리 VIII세는 개신교도Protestant의 요구를 수용하여 교회에서 영어로 된 신구약성서the Scriptures in English인 1539년판의 『대성서(大聖書) *The Great Bible*』를 글을 아는 사람이면 누구든지 읽을 수 있도록 허용하였다(Cf. *NA*, 335). 그리고 1558년에 엘리자베스 I세는 즉위하면서부터 개신교도의 교리Protestantism를 전폭적으로 수용하였다. 기독교의 권위와 존엄성을 교회와 교황에다 두지 않고 『성서』에 바탕을 둔 영국의 인문주의적 종교개혁에 앞장섰던 개신교도의 기본적인 사상은 우선과제로 로마 가톨릭교회의 독단적인 전횡(專橫)을 철저하게 '정화(淨化)하는 것'to purify; purifying이었다. 이를테면, 구교에 대한 개신교도의 그러한 정화사상 및 정신에서 말미암은 것이 **청교도주의**puritanism[*]라는 용어이

* 청교도주의Puritanism의 일반적인 개념을 보면, "16세기 후반과 17세기 동안 영국의 교회 내의 개혁운동인 청교도주의는 그 단계를 거슬러서 종교개혁을 추진하려고 했던 것이 여왕 엘리자베스 I세 통치 초기에 이르렀다Puritanism, a reform movement in the Church of England during the late 16th and 17th centuries sought to carry the Reformation beyond the stage it reached at the beginning of the reign of Queen Elizabeth I (1588-1603). 청교도라는 명칭은 분명히 로마 가톨릭교회의 "교리제도popery"의 유물로부터 영국의 교회를 정화하는 것이 당연지사(當然之事)라고 생각했던 사람들을 대상으로 1560년대에 최초로 사용되었다The name Puritan apparently was first used in the 1560s against those who thought it was necessary to "purify" the Church of England from remnants of Roman Catholic "popery"."

청교도주의의 본질과 취지NATURE AND SIGNIFICANCE에서는, "청교도들은 그들의 모든 생활방식을 결정짓는 도덕적이고 종교적인 정신의 진지(眞摯)함으로 유명하였다. 그들의 이상적인 생활양식은 거의 2세기 전에 쵸서Geoffrey Chaucer(*ca.* 1343-1400)의 『캔터베리 이야기 *The Canterbury Tales*』에 나타난

었다. 청교도주의라는 용어는 신고전주의 형성기의 밀턴 시대를 거쳐서 오늘날에까지 사용되고 있다.

성직자에 대한 묘사에서 예시된 바 있다. 16세기와 17세기의 청교도들이 쵸서의 성직자와 차이가 있는 것은, 어쨌거나 교회의 개혁을 통하여 그들 자신의 생활양식을 국민에게 합당한 귀감(龜鑑)으로 삼게 하려는 그들의 영웅적인 시도였다. 개혁을 위한 청교도의 계획은 하나님의 말씀을 진실하게the Word truly (개신교도의 의미에서) 공표(公表)하고, 성례(聖禮)를 올바르게 집전(執典)하며("로마 가톨릭교회 우상숭배popish idolatry"의 허례허식 없이), 그리고 교회 규율을 진지하게 지켜나갈(신성모독의 생활에서 신성한 생활로 개선(改善)하기 위하여 교구의 구성원들을 설유(說諭)하여 깨닫게 하기와 잘못을 바로잡아 고치기를admonishing and correcting members of the parish in order to transform profane lives into holy lives) 목사를 각 교구에 배치함으로써 영국의 교회를 개발시킬 목적이었다. 나라를 변화시키기 위한 청교도들의 노력으로, 영국 시민전쟁civil war in England을 이끌어낸 혁명활동과 서민이 교육받을 수 있게 되었던 것은 노동의 터전working models에서 말미암은 것인데, 그 같은 노동의 터전으로서 미국 내의 식민지 건설 등의 양자(兩者)는 청교도들의 덕분이었다. 청교도 정신은 종교, 사회, 경제, 정치, 문학, 예술, 그리고 현대 영어권 세계의 지적 조직체들and intellectual institutions of the modern English-speaking world에게 영향을 미쳤다. 그러한 영향의 본질은 활발한 논쟁의 문제로 계속될 것이다." 라고 기술해놓았다.

청교도주의의 유래Origins of Puritanism 에서는, "청교도주의에 담겨진 이념의 활력은 영국 최초의 개신교도들England's earliest protestants의 사상에 근거를 두었으며, 그들 중에서도 가장 중추적인 인물은 틴들William Tyndale (1492/1494?-1536)이었다. 하나님의 율례(律例)와 은총 아래 존속했던existing under the judgment and mercy of God 고대 이스라엘처럼, 틴들은 영국을 성약(聖約)의 나라로 생각했다Tyndale viewed England as a covenant nation. 그는 개신교도의 종교개혁은 하나의 수단the Protestants Reformation as a means이며 그것을 통해서 은혜로우신 하나님께서 그 성약을 복원할 수 있는 기회를 영국에게 주고 있었노라고 말하였다. 만약 영국이 "로마 가톨릭교회 우상숭배"의 영토임을 참회하여 깨끗이 정화하고 아울러 하나님의 율법을 지키고자 노력한다면, 하나님께서는 그의 약속을 훌륭하게 이행하실 것이다라고 틴들은 힘주어 말했다Tyndale contended. 만약 그렇게 하지 않으면, 영국은 전쟁, 기근, 또는 역병의 방식으로 진노(震怒)하신 하나님the wrath of God의 형벌을 받으리라. 현재의 번영도 개혁된 영국에서 가능하다고 그는 말했다." 이상에서와 같이 청교도주의에 대해서 기술된 바의 요지만을 정리해 보았다(*The New Encyclopaedia Britannica*(1982), vol. 15, 304).

Ⅲ.
밀턴 시의 이해

Ⅲ. 밀턴 시의 이해

생활무대와 창작시기

신고전주의 형성기의 스펜서학파 시인들 중에서, 청교도주의의 유래와 사상을 바탕으로 하는 청교도주의 문학사상과 정신을 잘 보여주고 있는 당시대의 대표적인 시인은 밀턴이다라고 할 수 있겠다. 대체적으로 영문학상에서 차알스 I세 시대에서부터 크롬웰의 공화정 시대를 거쳐 왕정복고에 이르기까지의 시대를 일컬어 밀턴 시대의 문학 또는 청교도주의 문학이라고 한다. 밀턴의 작품들 중에서 청교도주의 문학의 주된 사상과 정신이 잘 드러나 있는 것은『실락원(失樂園)』과『복락원(復樂園)』이다라고 하겠다. 그 중에서도 밀턴이 여러 가지 다각적인 학문과 예술을 청교도주의에 초점을 맞추어 집약해놓은 것을 꼽으라고 한다면, 두 말할 여지도 없이 그의『실락원』이 우선이다. 그러나 우리가 밀턴의 생애와 작품을 그의 사상과 정신에 연계하여 요목별로 간추려서 그를 말할 경우에, 그는 문학적으로는 주로 스펜서의 작풍을 모방하거나 본뜨기를 즐겼던 스펜서학파Spenserian school를 대표하는 시인이었고, 사회적으로는 개인의 권리와 자유와 인격체로서의 존엄성을 존중했던 인간애주의자humanitarianist였고, 정치적으로는 봉건적이고 절대권적인 권력을 전횡(專橫)하는 귀족과 군주의 왕권정치를 혐오하여 쇄신하고자 했던 개혁파reformist였고, 종교적으로는 17세기 영국사의 중심에 있었던 종교개혁과 함께한 청교도 혁명을 이끌었던 인물들 중의 한 사람으로 꼽힐 정도로 권위 있는 독실한 청교도Puritan였고, 철학적으로는 청교도로서의 그의 기독교 신학이나 철학 이외에 그 당시 같은 세대의 케임브리지 플라톤학파들Cambridge Platonists이 주창한 기독교도의 플라톤주의Christian Platonism에 적극 호응한 신플톤학파Neoplatonist였으며, 학문적으로는 일찍이 그리스어와 라틴어와 히브리어를 익혀서 그리스나 로마의 고전작가들의 작품을 즐겨 읽고 그들의 작풍을 전범model으로 삼아 그들을 능가하는 작품을 쓰고자 노력하고 연구한 영국 문예부흥 시대의 인문주의자humanist였다(Cf. In his (Milton's) last prolusion (1631-32?) he proclaimed the fervent creed and dream of a young Renaissance Humanist who was at once a Christian, a Platonist, and—whether or not he had yet read Francis Bacon—a Baconian.—*The New Encyclopaedia Britannica*(1982), vol. 12, 205)라고 정리할 수 있겠다. 아울러 생활무대의 환경과 함께하는 육체적·정신적 성장 발달과정과 정서감정의 이동과 변화와 직결(直結)된 밀턴의 창작생활 일대기(一代記)를 시기별로 구분해놓은 것 가운데 비교되는 두 가지만 들어보기로 하자.

한 가지는 밀턴의 생활무대 환경의 변화와 창작생활 일대기를 제1기FIRST PERIOD(1608-1639), 제2기SECOND PERIOD(1640-1660), 그리고 제3기THIRD PERIOD(1660-1674)로 구분해놓은 것이다(Pattison, 1-164). 각 시기별로 서술되어 있는 작품들에 대한 것은 되도록이면 **시기별 대표작품의 이해**에서 언급하기로 하겠다.

제1기는 밀턴이 런던의 브레드 가Bread St 스프레드이글the Spread Eagle (or the Spreadeagle)의 그의 아버지 밀턴John Milton의 집에서 1608년 12월 9일에 장남으로 태어난 때부터(*Ibid.,* 3), 1620년 성 바울 중등학교 입학St. Paul's School, 1625년 2월 12일 케임브리지 대학 그리스도 학료(學寮)Christ's College에 자비생으로 입학 허가를 받아 그 해 부활제 학기the Easter term 다음에 교내생활(학료생활)을 시작(Cf. However, it was determined that he should go to Cambridge, where he was admitted a pensioner of Christ's, 12th February, 1625, and commenced residence in the Easter term ensuing.—*Ibid.*, 5. Comp. On April 9, 1625, Milton matriculated at Christ's College, Cambridge;. . . .—*The New Encyclopaedia Britannica*(1982), vol. 12,

205). 그리스도 학료시절에 학생들이 밀턴에게 붙여준 별명은 "그리스도 학료의 숙녀" "the lady of Christ's" (Pattison, 7. Comp. "Milton's nickname at the university, "the Lady", was apparently bestowed because of his handsome and delicate features and a purity of mind and behaviour that disdained the diversions of his coarser fellows."—*The New Encyclopaedia Britannica*(1982), vol. 12, 205)였다고 함(Cf. "밀턴은 그의 청년시절에 뛰어난 아름다움으로 인하여 그의 학료의 숙녀로 불려질 정도로 호평을 받았다. 앞 가리마를 탄 연한 갈색의 그의 머릿결은 그의 양 어깨 위에 내려뜨려져 있었다. 그가 보여준 모습은 아담의 초상화 모습과 일치하였다"Milton has the reputation of having been in his youth eminently beautiful, so as to have been called the Lady of his college. His hair, which was of a light brown, parted at the fore-top, and hung down upon his shoulders, according to the picture which he has given of Adam.—Johnson, 1. 90). 학료생활 만 7년이던 1632년 24세에 석사학위 취득, 석사학위 취득 직후 버킹엄 주the county of Buckingham의 최남단 모퉁이에 위치한 호오턴Horton의 작은 마을(Hammersmith—*The New Encyclopaedia Britannica*(1982), vol. 12, 205)에 있는 아버지의 집에서 은거(隱居)생활을 함. 호오턴에서 약 5년 동안 자연과 책과 더불어 다양하게 교감하면서 폭 넓은 학문과 많은 지식을 정확하게 축적하며 시인으로서의 자질을 공고(鞏固)히 함(Pattison, 8-17). 밀턴의 어머니께서 1637년 4월에 사망하였다(Cf.「밀턴의 생애와 주요한 작품의 연대표(年代表) *Chronological Table of Milton's Life and Chief Works* (Milton(1968, 1971, xv-xx)」에 는 밀턴의 어머니 사망일자가 1637년 4월 3일로 기록되어 있음. 이하에서 이것을「연대표」로 줄여서 씀.). 그렇게 되자 그의 동생 크리스토퍼Christopher는 호오턴에 있는 아버지의 집에서 살기 위해서 그의 아내를 데리고 왔었다(Pattison, 32-33.). 밀턴은 1638년 4월인가 5월인가에 프랑스 파리에 도착하여 (Cf. Milton arrived in Paris April or May, 1638. He received civilities from the English ambassador, Lord Scudamore,. . . .—*Ibid.*, 34.) 5월

어느 날 파리에 있는 국제법의 창시자이자 라틴어로 애가elegy를 썼던 시인인 네델랜드 사람 그로티우스Hugo Grotius(1583-1645. Cf. *The New Encyclopaedia Britannica*(1982), vol. IV, 753)를 방문함. 대륙여행 시작(Journey to Italy)→그 해 8월 전에 프랑스의 니스Nice와 이탈리아의 제노아Genoa를 경유 플로렌스Florence에 도착, 로마Rome, 나폴리Naples, 베니스Venice, 그리고 두 번째 플로렌스 방문에서 종교상의 이유로 감옥에 갇혀 가혹한 심문을 받고 있는 갈릴레오Galileo Galilei(1564-1642)를 면회함(Pattison, 34-39). 그리고 귀국하는 중도에 밀턴이 스위스의 제네바Geneva에 체재한 일자는 나폴리 출신의 어느 망명자의 사진첩의 하단에 써놓은 그의 자필서명대로 1639년 6월10일이 유일한 기록이다The only record of Milton's stay at Geneva is the album of a Neapolitan refugee, to which Milton contributed his autograph, under date 10th June, 1639, . . .(*Ibid.*, 40). 밀턴이 런던에서 내과의(內科醫) 수련과정을 시작한—마음을 터놓고 지낸 밀턴의 절친한 친구Milton's bosom friend(Cf. Charles Diodati was much nearer to Milton than had been Edward King.—*Ibid.*, 41)— 디오다티Charles Diodati의 사망 소식을 처음으로 접한 것은 전년도(1638년) 8월이었는데, 그것은 제네바에서 지도자급 목사들 중의 한 사람인 디오다티의 숙부Giovanni Diodati의 집에 밀턴이 초대받은 손님이었을 즈음으로 유력시됨 . . .it is probable that he was a guest in the house of one of the leading pastors, Giovanni Diodati, whose nephew Charles, ...Here Milton first heard of the death, in the previous August, of that friend(*i.e.* Diodati).—*Ibid.,* 40. 그러니까, 밀턴이 1638년 8월에 제네바를 처음 방문했을 때, 디오다티의 숙부에게서 디오다티의 사망 소식을 들은 셈이고(Cf. 「연대표」에는 1638년 8월 27일에 디오다티의 시신이 매장되었다고 함.), 대륙여행을 사실상 마무리하고 귀국하는 도중 1639년 6월에 재차 제네바에 들려서 얼마 동안 머무른 것으로 간주됨. 밀턴이 그러한 여행을 한 때까지가(Cf. *Ibid.,* 32-42) 제1기이다.

제2기는 대륙여행에서 밀턴이 1639년 8월에 영국으로 돌아와서(Milton was back in England in August, 1639.—*Ibid.*, 43. Comp. Milton returned to England in July 1639, settled in a house in London, . . .—*The New Encyclopaedia Britannica*(1982), vol. 12, 206) 호오턴에 있는 그의 아버지 집으로 돌아가지 않고 런던에 정착하면서부터(Pattison, 43), 밀턴은 1643년 이른 여름쯤에 아무도 그 이유나 그 목적을 모르는 지방에로의 여행을 훌쩍 떠났다가, 약 한 달 뒤에 결혼한 아내라는 사람을 대동하고 돌아와서 런던의 얼더즈게이트 가에 있는 그의 집에서 신부를 수행한 신부의 최측근 친척 몇 사람들과 결혼 축하잔치를 벌렸음(Cf. In the early part of the summer of 1643, Milton took a sudden journey into the country, "nobody about him certainly knowing the reason, or that it was any more than a journey of recreation." He was absent about a month, and when he returned he brought back a wife with him. Nor was the bride alone. She was attended "by some few of her nearest relations," and there was feasting and celebration of the nuptials, in the house in Aldersgate-street.—*Ibid.,* 51. Comp. In June (?) 1642, several months before the outbreak of the Civil War, Milton had married Mary Powell, the daughter of a Royalist squire of Oxfordshire who owed money to his father.—*The New Encyclopaedia Britannica*(1982), vol. 12, 206. Cf.「연대표」에는 밀턴이 1642년 5월쯤(May?)에 메어리 포우웰 Mary Powell과 결혼함이라고 기록되어 있음.). 당시 신부의 나이는 17세였고 이름은 메어리Mary였는데The bride's name was Mary, 그녀는 고대 왕실삼림 포리스트 힐Forest Hill의 임차인(賃借人)lessee이자 옥스퍼드 주 소속 마을이면서 교구인 포리스트 힐의 치안판사이며 of Forest Hill, J.P. for the county of Oxford, 왕당파cavalier party인 포우웰Richard Powell, Esq. 씨의 맏딸이었음eldest daughter of Richard Powell(Cf. Pattison, 51-54). 평탄치 못한 신혼생활을 한 달 넘게 지낸 뒤에 메어리는 성 미가엘 축제 때에는 돌아오겠다는 양해 하에 그 해 7월에 그녀의 친정 포리스트 힐로 가서Mary Milton went to Forest Hill in July, but on the understanding that she was to come back at Michaelmas(*Op. cit.*, 56), 2년여 넘게 돌아오지 않자 메어리와 이혼하고 재혼하려고도 생각하였으나, 1645년에 밀턴과 메어리의 양측 친구들이 계략을 꾸며서 밀턴이 종종 드나들던 성 마틴의 대예배당에 있는 한 집으로 메어리를 유인하여A conspiracy of the friends of both contrived to introduce Mary Powell into a house where Milton often visited in St. Martin's-le-Grand 두 사람의 상봉을 주선했는데, 밀턴은 그녀가 불각시(不覺時)에 들이닥쳐 몸소 두 무릎을 꿇고서 용서해줄 것을 요망하는 그녀를 보고 깜짝 놀랐음and he was surprised by seeing her suddenly brought in, throw herself on her knees, and ask to be forgiven. 이제 나이 두 살 더 먹고 두 살만큼 철들었겠지만 아직 열아홉 살에 불과한 가엾고 어린 것이 진실이든 거짓이든 애원했는데The poor young thing, now two years older and wiser, but still only nineteen, pleaded, truly or falsely, 밀턴은 "기품있는 당당한 너그러움으로"Milton, with a "noble leonine clemency" 그녀를 용서하고, 그녀가 돌아와서 그의 아내로 그와 더불어 살겠다는 것만으로 족했음It was enough that she was come back, and was willing to live with him as his wife(*Op. cit.*, 62). 아내 메어리를 런던의 얼더즈게이트로 데려온 밀턴은 그 해(1645년) 9월에 런던의 도심에서 조금 벗어난 바비컨Barbican에 있는 보다 큰 저택으로 옮겨서 청교도 혁명전쟁인 내란Civil War 당시 1646년 6월 옥스퍼드의 항복으로 파멸하여, 세상에 내동댕이쳐진 그의 아내의 가족에게 피난처로 제공하였음but it (the larger house) served to shelter his wife's family, when they were thrown upon the world by the surrender of Oxford in June, 1646(*Ibid.*, 85). 1646년 7월에 그녀는 아이 엄마가 되었고(*Ibid.*, 63), 그 해 말에는 그녀의 아버지 포우웰 씨가 바비컨의 그 집에서 사망하였음In this Barbican house Mr. Powell died at the end of that year(*Ibid.*, 85. Cf. 「연대표」에는 밀턴의 장인 포우웰 씨의 사망연대가 1647년 1월 1일

로 기록되어 있음.). 1649년 1월 30일에 국왕(Charles I)은 처형되고 The Crown having fallen on January 30, 1649(*Ibid.*, 93), 1649년에 이미 그의 시력을 위협하는 예상했던 바의 조짐이 나타났고Already, in 1649, unmistakable symptoms threatened his sight(*Ibid.*, 94), 1649년 3월 13일에 공화정부의 외교위원회the Committee for Foreign Affairs는 밀턴에게 (라틴어 비서직책을) 제안하기로 정했고, 3월 15일자로 밀턴은 정부청사Whitehall의 집무실에서 업무에 종사했음(*Ibid.*, 96. Cf. 「연대표」에 따르면 밀턴은 1649년 3월 15일자로 연봉 288파운드(at ₤ 288 p.a.)의 비서직에 임명되었음. 「연대표」와는 달리 Milton(1933), xvii에서는 당시 밀턴의 봉급이 288파운드로, 현대 화폐가치로는 약 900파운드였다고 함Milton's salary was ₤ 288, in modern money about ₤ 900.). 밀턴에게 닥친 불운이라고 할 수 있는 시력감퇴는 12년 전에서부터 그동안 서서히 진행되었는데, 1650년경에는 왼쪽 눈의 시력이 소진(消盡)되었음. . . .and about 1650 the sight of the left eye was gone(*Ibid.*, 109). 밀턴의 불운이 절정에 달했던 때는 바로 1652년 그 해 초순경이었는데, 그 때에 그는 43세의 나이로 완전히 실명(失明)하였음It was about the early part of the year 1652 that the calamity was consummated. At the age of forty-three he was in total darkness(*Ibid.*, 110. Cf. 「연대표」에는 밀턴이 완전하게 실명한 때를 1652년 2월 28일경으로 기록해놓았음.). 같은 해 여름에 그의 아내 메어리는 혼자 네 번째 아이를 낳다가 사망하였으며, 당시 그녀의 나이 불과 스물여섯 살, 밀턴에게 시집 온지 9년만이었음Mary Milton herself died in giving birth to the fourth child in the summer of 1652. She was only twenty-six, and had been married to Milton nine years(*Ibid.*, 63. Cf. 「연대표」에는 메어리가 네 번째 아이 딸 데보라Deborah를 5월 2일에 낳고, 출산 사흘 뒤인 1652년 5월 5일에 그녀가 사망한 것으로 기록되어 있음.). 밀턴은 1652년에 케임브리지대학 동문이자 열두 살 연하인 마아블Andrew Marvel(1621-1678)을 그의 실명으로 무능하게 된 부분을 메울 수 있

는 비서 보좌관assistant secretary으로 임명해줄 것을 추천한 바 있으나, 1657년이 되어서야 마아블은 밀턴의 동료직원이 되었음It was not till 1657, ... that Marvel became Milton's colleague(*Op. cit.*, 131). 밀턴의 첫 번째 아내가 사망한지 4년 뒤에, 그러니까 1656년에 재혼하였는데, 그가 그의 14행시 23번Sonnet XXIII에서 "최근에 죽은 아내", 그녀의 몸매에서 "사랑과 감미로움과 선량함이 · · · 빛났더이다"라고 애도한 것에서 알아낼 수 있는 더 이상의 아무 것도 그 두 번째 부인 캐서린에 대해서 아는 바가 없었음We know nothing more of this second wife, Catharine (or Catherine; Katherine) Woodcock than what may be gathered from the Sonnet XXIII, in which he commemorated his "late espoused saint", in whose person "Love, sweetness, goodness · · · shined"(*Ibid.*, 136). 1658년 그녀는 겨우 몇 달 밖에 살지 못한 딸을 출산한 다음, 결혼한지 불과 15개월 뒤에 사망하였다After only fifteen months union she died (1658), after having given birth to a daughter, who lived only a few months(*Ibid.*, 136. Cf. 「연대표」에는 캐서린과의 재혼일자는 1656년 11월 12일, 캐서린의 사망일자는 1658년 2월 3일로 기록되어 있음.). 1660년 5월, 그 달은 밀턴의 환상에 어쩌지 못할 종말을 안겨주었다. 그 달 29일 이전에(차알스 II세가 등극하기 이전에) 페티 프랑스Petty France에 있는 그의 집에서 도망쳐 나와, 바돌로메 골목구역Bartholomew Close에 있는 친구의 집에서 그는 그 해 8월 29일 대사면령(大赦免令)the Act of Oblivion이 통과될 때까지 은신해 있었음The month of May 1660, put a forced end to his illusion. Before the 29th of that month he had fled from the house in Petty France, ... In this friend's house, in Bartholomew Close, he lay concealed till the passing of the Act of Oblivion, 29th August(*Ibid.*, 138). 공식절차를 밟아 교수형 집행인의 손에 의하여by the hands of the hangman 그의 저서들 중의 두 권이 불태워졌다(*Ibid.*, 139. Cf. 「연대표」에는 1660년 6월 16일 밀턴을

체포할 조치를 취하면서 밀턴이 쓴 『성상(聖像)의 파괴자 *Eikonoklastes*(6 Oct. 1649)』와 『국교도 타도(打倒)에 대한 옹호론 *Defensio pro populo Anglicano*(24 Feb. 1651)』이 불태워진 것으로 기록되어 있음.). 1660년 가을에 얼마 동안 경호경찰관의 감금 하에 있다가in the custody of the serjeant-at-arms, 동년 12월 15일자의 하원(下院)의 의사록에in the Commons journals 밀턴의 무죄석방his discharge을 명한다는 기록이 있음. 밀턴이 석방되기까지, 마아블Andrew Marvel은 그를 적극적으로 도왔음(Cf. *Op. cit.*, 138-139. Cf. 「연대표」에 따르면, 1660년 12월 15일에 왕정복고 후의 의회가 밀턴의 석방을 명했고, 동년 12월 17일에 밀턴이 부담해야 될 보석금jail fees 150파운드는 과도하다고 마아블이 의회에 항의한 것으로 기록되어 있음.). 여기까지가 제2기로 기술(記述)되어 있는데, 제2기의 1660년 5월 29일 왕정복고 이전까지에 밀턴은 사회나 정치나 종교의 현안문제와 관련된 논설문과 소책자pamphlets 및 저술 위주의 산문(Cf. *Ibid.*, 69-80)과 그의 14행시Sonnet 총 23편 가운데 16편(운율규칙과 각운형식은 14행시에 맞추어졌지만, 시행의 수가 불규칙한 20행으로 구성된 한 편으로서, 이탈리아어로 쓴「장기간의 의회 개회 중에 있는 새로운 권력층의 양심에 부쳐서 *ON THE NEW FORCERS OF CONSCIENCE UNDER THE LONG PARLIAMENT*」를 포함하면 17편으로 되는 셈이다.—Cf. Milton (1933, notes), 29-60)을 썼다. 그 외에도 밀턴은 몇 편을 제외한 거의 모든 애가(哀歌)Elegy와 성가시(聖歌詩)Psalm를 틈틈이 이 시기에 쓰기도 했다(Cf. Pattison, 88-90). 이 시기를 밀턴이 주력한 분야를 중심으로 말한다면, 그것은 단연코 그의 산문과 14행시의 시절이다(Cf. The period is chiefly marked by sonnets, not many, one in a year, or thereabouts.—*Ibid.*, 88)라고 말할 수 있겠다.

제3기는 1660년의 왕정복고라는 엄청난 혁명(Cf. The Restoration of 1660 was such a revolution.—*Ibid.*, 140)의 급변하는 소용돌이를 거치면서부터, 왕당파의 위협으로 거듭되는 우여곡절 속에 인고(忍苦)

의 나날들을 보내야만 했던 밀턴은 그 동안 런던에서 이사를 네 번이나 하였음. 1660년 12월에 경호경찰관의 감금에서 풀려나자마자 잠시 동안 호울번Holborn 지역에서 살다가, 거기서 다시 쥬윈 가Jewin Street로, 쥬윈 가에서 그의 결혼(세 번째 결혼)을 임박하게 앞 둔 무렵, 1662년에 런던에서 중고서적을 가장 많이 소장하고 있던 서적상인 밀링턴Millington의 집으로 이사했다가, 그의 마지막 이사는 포병부대the Artillery-ground를 마주보고 있는 새로 생긴 거리a newly-created row인 번힐 로우Bunhill Row에 있는 집이었다. 이 집은 그의 결혼(세 번째 결혼)에서부터 사망할 때까지, 다른 어떤 주택에서 생활했던 것보다 더 오래, 거의 12년 가까이 거처한 그의 주거지였음This was his abode from his marriage till his death, nearly twelve years, a longer stay than he had made in any other residence. 이 집은 『실락원 *Paradise Lost*』을 쓴 시인과 관련이 있는 그 집임에 틀림없다. 말하자면, 그 시의 나머지 부분을 써서 전체적으로 보완하여 완성한 곳이 바로 여기였다This is the house which must be associated with the poet of *Paradise Lost,* as it was here the poem was in part written, and wholly revised and finished(*Ibid.,* 149-150). 이 무렵에, 글을 보지 못하는 밀턴에게 글을 읽어줄 그의 자원 낭독자volunteer readers 중의 한 사람은 엘우드Thomas Ellwood라는 이름의 젊은 퀘이커교도a young Quaker였는데, 그 사람 덕분에 우리는 밀턴의 만년시절에 대한 가장 공신력 있는 설명을 듣게 됨we owe the most authentic account of him in his last years. 엘우드는 밀턴과 가까운 곳에 숙소를 정하고, 매주 "첫째 날"을 제외한 매일 오후에 밀턴에게 가서 라틴어를 읽어 주었음Ellwood took a lodging near the poet, and went to him every day, except "first day", in the afternoon, to read Latin to him(*Ibid.,* 149. Cf. 「연대표」에는 1662년에 밀턴과 엘우드가 서로 친숙하게 지낸 것으로 되어 있음.). 장님이 된 밀턴에게 첫째 부인 메어리의 소생인 세 명의 어린 딸들이 있었는데, 그 중에서 막내는 왕정복고 당시에 겨우 여덟 살이었다. 그래서 밀턴의 결혼은 어린 딸들을 위해서든 밀턴 자신을 위해서든 어느 쪽이든 똑같이 당연지사(當然之事)로 여겨졌다. . . .marriage seemed equally necessary for their sake as for his own. 밀턴은 그의 명철한 벗이자 의료고문his judicious friend and medical adviser인 닥터 패짙Dr. Paget와 그 문제를 상의하였던 바, 닥터 패짙은 그의 먼 친척뻘 되는 체셔주Cheshire에 있는 낸트위치Nantwich 근방에서 훌륭한 신분의 가문 출신인 엘리자베스Elizabeth Minshull를 천거하였음. 엄청난 책임감을 껴안고 추천했음이 틀림없을 것으로 여겼던 엘리자베스는 밀턴의 선택을 당연한 것으로 수용하였다She justified his selection. 그리하여, 밀턴의 세 번째 부인을 맞는 결혼식이 1663년 2월에 거행되었고The marriage took place in February 1663, 밀턴은 그의 나머지 생애 11년 동안을 능동적이고 유능한 여인 엘리자베스의 사려 깊은 보살핌에 묻혀서 생활하였다and during the remaining eleven years of his life, the poet was surrounded by the thoughtful attentions of an active and capable woman(Cf. *Ibid.*, 145. Cf. 「연대표」에 의하면 1663년 2월 24일에 밀턴이 엘리자베스Elizabeth Minshull와 결혼 한 것으로 기록되어 있음.). 밀턴이 1642년 초에 몇 행 써놓았던 것을 1658년이 되어서야 계속적인 창작작업에 착수하여 1663년 그가 결혼(세 번째 결혼) 무렵에 그것을 탈고하였는데, 그것을 다듬고 가필하고 손질하며 완전한 상태로 완결하여 처음으로 『실락원 *Paradise Lost*』이라는 제목으로 세상에 알려진 것은 1665년이었음(Cf. . . . .he had finished it in 1663, about the time of his marriage. In polishing, re-writing, and writing out fair, much might remain to be done, after the poem was, in a way, finished. It is in 1665, that we first make acquaintance with *Paradise Lost* in a complete state.—*Ibid.*, 157). 1665년은 역병(疫病)의 해였음. 밀턴은 창궐하는 역병Great Plague을 피해 젊은 친구 엘우드Thomas Ellwood가 밀턴을 위해 마련해놓은 버킹엄 주the county of Bucks의 챌폰트 성 자일즈Chalfont St. Giles에 있는 작은 집으로 옮겼음(Cf. *Ibid.*, 158. Cf. 「연대표」에는 엘우드가 밀턴을 위해 버킹엄주의 챌폰트 성 자일즈에 마련해놓은 집으로 밀턴이 피난한 것은 1665년 6월쯤으로 되어 있음.). 1665년 가을에 역병이 수그러들자 이어서 새로운 액운이 런던에 닥쳤음. 말하자면, 창궐하던 역병이 대화재(大火災)로 이어졌음The Great Fire succeeded the Great Plague. 1666년의 대화재로 런던의 3분의 2인 13,000 가구가 재로 변했음13,000 houses, two-thirds of the city, were reduced to ashes(Cf. *Ibid.*, 159). 대화재로 브레드 가에 있던 밀턴의 집이 소실되었다In the great fire, 1666, his house in Bread-street was destroyed(*Ibid.*, 142. Cf. 「연대표」에 의하면, 런던의 대화재는 1666년 9월 2일부터 6일까지 계속된 것으로 기록되어 있음.). 밀턴의 『실락원』의 출판은 그 당시의 인쇄업자 사이먼즈 Samuel Symons와의 인쇄관계 합의 일자는 1667년 4월 27일이었는데 The agreement with Symons is dated 27 April, 1667, 서적출판업자 조합사무소 등록부의 등록일자는 동년 8월 20일이다the entry in the register of Stationer's Hall is 20th August. 그리하여, 『실락원』이 일반 대중에게 입수된 것은 1667년 가을이었다It was therefore in the autumn of 1667 that *Paradise Lost* was in the hand of the public(*Ibid.*, 161. Cf. 「연대표」에는 『실락원』의 출판연대가 1667년 8월쯤으로, 재판의 출판연대는 1674년 7월 6일쯤으로 기록되어 있음.). 밀턴은 이 시기에 『실락원』 외에도 『대영제국사 *The History of Britain*』, 『복락원 *Paradise Regained*』, 『투사 삼손 *Samson Agonistes*』 등과 같은 불후(不朽)의 걸작품들을 써서 출판하였다. 그러고서, 밀턴은 번힐 로우Bunhill Row에 있는 자택에서 1674년 11월 8일 일요일에 격심한 통풍(痛風)으로 그의 삶을 마감하였는데, 그의 시신은 성 자일즈의 크리플게이트 교회 안의 성단(聖壇) 앞 쪽에 묻혀 있는 그의 부친 곁에 매장되었다 He died of the "gout struck in" on Sunday, 8th November, 1674, and was buried, near his father, in the chancel of St. Giles's, Cripplegate(*Ibid.*,

164. Cf. 「연대표」에는 정확한 사망일자는 미상이며, 1674년 11월 8-10일 경에 자택 번힐 하우스Bunhill house에서 사망한 것으로 기록되어 있음. Cf. Milton died on November 8, 1674, "of the gout struck in" just before his 66th birthday.—*The New Encyclopaedia Britannica*(1982), vol. 12, 208). 이상에서, 패티슨Mark Pattison이 밀턴의 일대기를 3기로 구분하여 각 기별로 기술해놓은 내용의 대강을 정리해보았다.

다른 한 가지는 교육과 초기 시Education and early poems, 호오턴 시절Horton period(1637-38), 이탈리아 여행Italian tour(1638-39), 중년시절Middle period(1641-60), 14행시와 기타 시Sonnets and other poems(1642-58), 그리고 만년생활Later life이라는 순서로 앞의 것보다 세분(細分)해놓은 것이다(*The New Encyclopaedia Britannica*(1982), vol. 12, 204-208). 여기서는 앞에서 정리된 내용과 차이가 있는 것 이외에 동일한 내용으로 중복되는 것은 피하며, 또한 앞에서와 마찬가지로 각 세분별로 기술된 작품들은 될 수 있는 한 **시기별 대표작품의 이해**에서 언급하기로 하겠다.

첫째로, 교육과 초기 시Education and early poems에서는 밀턴이 런던의 성 바울 중등학교St. Paul's School에 입학한 1620년에서부터 케임브리지대학에서 석사학위를 취득한 1632년 7월까지의 기간이다. 성 바울 중등학교 시절에 밀턴은 학교의 정규학습에 곁들여서 라틴어, 그리스어, 다음의 히브리어는 가정에서 교육을 받았고the boy had instruction at home, 한편으로 현대 언어들은 가정교사private tutors로부터 가르침을 받은 듯싶다. 성 바울의 재학시절이나 졸업 이후에나 밀턴의 가장 절친한 친구Milton's closest friend는 성 바울에서 옥스퍼드에로 진학한 이탈리아 태생의 유능한 내과의사의 아들인the son of a prominent physician of Italian origin 디오다티Charles Diodati였고, 디오다티 다음으로 학교를 졸업한 이후에도 역시 친근한 우정을 지속한 친구는 교장의 아들the son of the headmaster 길Alexander Gill이었다(*The New Encyclopaedia Britannica*(1982), vol.

12, 205). 이 시절에 밀턴은 벌써 실베스터Joshua (Josuah) Sylvester (1563-1618)가 번역한 *Du Bartas*(1605) (Cf. Josuah Sylvester, English poet-translator, best known as translator of an influential biblical epic, the *Divine Weekes and Workes*. Translated from a French Protestant poet, Guillaume de Salluste seigneur du Bartas(1544-1590), ...—*Ibid.*, vol. IX, 731)와 개신교도 시의 창시자the patriarch of Protestant poetry 페어팩스Edward Fairfax(1575-1635)가 번역한 *Tasso*(1600) (Cf. Edward Fairfax . . . poet whose *Godfrey of Bulloigne or the Recoverie of Jerusalem* (1600), a translation of *Gerusalemme liberata*, an epic poem by his Italian contemporary Torquato Tasso(1544-1595), won fame and was praised by John Dryden.—*Ibid.*, vol. IV, 30)를 부지런히 읽었다고 함(Pattison, 4). 성 바울의 과정을 마치고서, 밀턴은 1625년 4월 9일에 케임브리지대학 그리스도 학료(學寮)Christ's College에서의 학료생활을 허가받아 입학한matriculated 이후에, 1629년 3월에 문학사, 1632년 7월에 문학 석사학위를 취득하였음(Cf. 「연대표」에서는 그리스도 학료Christ's College 에 입학이 허가된admitted 일자는 1625년 2월 12로, 문학사 취득일자는 1629년 3월 26일로, 문학 석사학위 취득일자는 1632년 7월 3일로 기록되어 있음.). 우리는 밀턴의 케임브리지에서의 생활경험을 그의 많은 라틴어 시가(詩歌)와 일곱 편의 라틴어 서사(序詞)his abundant Latin verse and his seven Latin prolusions에서 부분적으로 알 수 있음. 밀턴의 케임브리지에서의 7년 동안에, 그는 이름 없는 무명인에서 유명인으로, 아울러 학감들과 교양 있는 학생들 사이에서는 높이 평가되는 인물로from some unpopularity to general respect and, among dons and cultivated students, to high esteem 변모했던 것으로 여겨진다. 재학시절 밀턴은 교과과정의 대부분을 차지하는 고리타분한 이론Scholastic logic을 좋아하지 않았다. 말하자면, 구태의연(舊態依然)한 그것을 그는 불모지(不毛地)와 다를 바 없다고 비난하였다then, as well as later, he denounced it as barren. 그러한 것의 개선을 촉구하는 강력한 의지를 밝힌 것으로 보이는, 이른바 케임브리지 생활 1631년과 1632년 사이쯤의 마지막에 쓴 그의 서사에서In his last prolusion(1631-1632?), 밀턴은 기독교도이기도 하고, 플라톤학파이기도 하며, 아울러—그가 베이컨 Francis Bacon(1561-1626)의 글을 읽었건 아직 못 읽었건 간에—베이컨 철학의 신봉자이기도 한 문예부흥 시대의 젊은 인문주의자의 a young Renaissance Humanist who was at once a Christian, a Platonist, and—whether or not he had yet read Francis Bacon—a Baconian 불타는 신조이자 꿈이라고 선언하였다(*The New Encyclopaedia Britannica*(1982), vol. 12, 205). 그리고 밀턴의 초기 시를 우리는 습작기의 시로 볼 수 있는데, 이 시절에 쓴 시 중에서도 「그리스도의 성탄일 아침에 *On the Morning Christ's Nativity;* 성탄절에 부치는 송시 *Nativity Ode*」, 「쾌활한 사람 *L'Allegro; The Joyous (or Cheerful) Man*」, 「명상하는 사람 *Il Penseroso; The Meditative (or Thoughtful) Man*」 등과 같은 몇 가지 우수한 작품을 썼음. 그러한 반면에 이 시절에 밀턴은 그의 시적 기능을 계속 연마했으며, 그가 라틴어로 시를 썼을 경우에는 종종 그의 내재적 자아를 드러내곤 하였다Meanwhile, Milton had been learning his craft and sometimes revealing his inner self in writing Latin verse. 또한 당시대 유럽의 신라틴어 시인Neo-Latin poets 부카난George Buchanan(1506-1582)이나 그로티우스Hugo Grotius(1583-1645)와 같은 저명인사들과 교제하였다라고 기술되어 있다(*Ibid.*, 205).

둘째로, 호오턴 시절Horton period은 1632년 7월에 케임브리지에서 문학 석사학위를 취득한 직후부터 1638년 5월에 대륙여행을 떠나기 이전까지의 기간이다. 밀턴은 1632년 7월에 문학 석사학위를 받자마자On taking his master of arts degree in July 1632 그의 아버지 집으로 은거(隱居)했다. 밀턴은 1635년까지는 호오턴의 작은 마을 해머스미스Hammersmith에서, 그 뒤에는 윈저Windsor 근처에 있는 호오턴의 시골 촌락(村落)에서at the country estate 은거했다. 그리고 그는 케임브리지가 마련해주지 못했던 교양교육the liberal education을 스스로 개설하여 진행하였음. 그의 자유주의의 사고방식에 대한 기반을 다지거나 그 방향을 설정했던 것은 바로 요 몇 년간이었다 It was in these years that he laid the foundation or set the direction of his liberal thinking(Cf. I have called this period, 1632-39, one of preparation, and not of production.—Pattison, 20). 이 시절에 밀턴은 장차 지도자 겸 스승이 될 국민시인citizen-poet으로서 요구되는 대부분의 역사, 문학, 그리고 철학을 섭렵(涉獵)하려고 하였고He sought to digest the mass of history, literature, and philosophy, 매우 적절하면서도 갖가지 풍성한 예술과 현실문제들을 통찰해보려고 하였음to gain the "insight into all seemly and generous arts and affairs". 때때로 밀턴은 수학이나 음악에서 책이나 새로운 중요한 것을 찾고자 자신의 할 일을 제쳐두고 런던에 들리곤 하였다. 1630년과 34년 사이 동안에, 아마 1632년경 밀턴은 필시 당시대의 음악가 로즈의Henry Lawes(Cf. Lawes, Henry(1569-1662) was a composer noted for his continuo songs. He studied under one of the foremost English musicians of the time John Coperario, and became a gentleman of the Chapel Royal in 1626 and a royal musician for lutes and voices in 1631. In 1634 he wrote the music for . . . Milton's *Comus*, . . .—*The New Encyclopaedia Britannica*(1982), vol. VI, 88) 권유로at the invitation probably of the musician Henry Lawes, 벤 존슨식 궁정풍의 소규모의 가면극a miniature masque of Jonsonian courtliness 「아케이드즈 *Arcades*」를 썼을 것임. 짐작컨대, 밀턴은 로즈의 요청을 받고 다른 또 하나의 길이가 긴 가면극 『코머스 *Comus*』를 썼는데, 『코머스』는 1634년 9월 29일에 쉬로프 주 러드로우 성에 있는 브리지워터의 백작 에거턴 앞에서, 그가 웨일즈의 집정관(執政官)이 된 것을 기념하여 공연되었다 *Comus* was presented on September 29, 1634, before John Egerton, earl of Bridgewater, at Ludlow Castle, in Shropshire, in honour of his becoming lord president of Wales. 밀턴의 옛 친구인 학료(學寮) 동창생His former fellow collegian 킹Edward King이 1637년 8월에 아일랜드 해Irish Sea에서 난파선으로 말미암아 익사하였음. 그는 절친하게 지낸 그의 지기(知己) 킹을 추모하는 목가적 애가pastoral elegy 「리시더스 *Lycidas*」를 1637년 11월에 썼음(Cf. *Op. cit.*, vol. 12, 205). 여기까지가 밀턴의 호오턴 시절에 대하여 기술되어 있는 내용의 요지이다.

셋째로, 이탈리아 여행Italian tour은 여행한 내용으로 보아서 대륙여행이라고도 할 수 있는 것인데, 어머니가 사망한지 1년 뒤인 1638년 5월에In May 1638, a year after his mother's death 밀턴은 하인 한 사람을 대동하고 이탈리아 여행을 시작하면서부터 그가 1639년 7월에 영국으로 돌아오기 이전까지의 기간이다. 그는 주로 플로렌스, 로마, 그리고 나폴리에 체류하였음(Cf. 「연대표」에서는 1638년 5월에 배를 타고 항해하여 프랑스에 도착, 파리에서 그로티우스Hugo Grotius(1583-1645)를 방문하였고, 같은 해 6월과 7월 사이에 프랑스의 니스Nice, 이탈리아의 제노아Genoa, 레그혼Leghorn, 피사Pisa를, 같은 해 10월엔 시에나Siena와 로마Rome를, 같은 해 12월엔 나폴리Naples를, 1639년 1월과 2월 사이에 로마를 재방문하였고, 그 해 3월에 플로렌스Florence로 다시 돌아왔고, 그 해 4월엔 디오다티Charles Diodati 가족의 고향인 루카Lucca, 볼로그나Bologna, 아리오스토Ludovico Ariosto(1474-1533)와 타쏘Torquato Tasso(1544-1595)의 고향 페라라Ferrara, 베니스Venice를, 그 해 5월엔 베로나Verona와 밀라노Milan를, 그 해 6월엔 제네바Geneva에 있는 차알스 디오다티Charles Diodati의 숙부인 신학자 존 디오다티John(Giovanni) Diodati를 방문하고, 그 해 7월에 귀국했다고 기록되어 있음.). 나폴리에서 밀턴을 맞았던 주인에게To his host in Naples, 말하자면 빌라Villa의 후작(侯爵)으로 타쏘Torquato Tasso와 마리노Giambattista Marino(1569-1625)의 후원자였던 만소Giambattista(John Baptista) Manso(*ca.* 1560-1645)에게 밀턴은 그의 가장 훌륭한 라틴어 시편들 중의 하나인 버터 발린 빵이라는 서간체시a bread-and-butter epistle "만수즈 Mansus(Manso)" (1638-39)를 써주었고(Cf. 「연대표」에는 1638년 12월에 나폴리에서 만소를 만났다고 되어 있음), 또한 로마의 시인a Roman poet 살찔리Giovanni Salzilli에게도 한 편의 서간체시를, 그리고 유명한 바로니Leonora Baroni의 노래에 찬사를 보내는 몇 편의 경구적 풍자시several epigrams를 썼음. 로마에서 당시대의 음악가 바르베리니Cardinal Francesco Barberini (1597-1679) 추기경이 마련한 성대한 연주회에 그는 초대 손님으로 참석하였음he . . . . was a guest at a grand entertainment given by Cardinal Fransesco Barberini (Cf. 「연대표」에는 1638년 10월 로마에서 바티칸의 도서관원 중의 일원인 홀스타인Lucas Holstein을 만났고, 또한 바르베리니 연주회에도 참석한 것으로 기록되어 있음Attends Barberini concert.). 플로렌스에서 밀턴은 천문학자 갈릴레오Galileo를—훗날 『아레오파기티카 *Areopagitica*』에 기록해둔— 방문하였는데, 그는 로마교회의 교리에 대립되는 그의 우주관으로 말미암아 거의 수로(囚虜)상태에 있었다He made a call —later recorded in "Areopagitica"— on the astronomer Galileo, who was in semicaptivity because his views on the universe conflicted with the doctrine of the Roman Church (Cf. 「연대표」에는 1638년 8월과 9월 사이에 플로렌스에 도착하여 갈릴레오를 방문함으로 되어 있음.). 밀턴은 국내의 정치적 긴장이 고조되고 있다는 소식으로 인하여 시칠리Sicily와 그리스Greece 방문을 그만두기로 작정했음. 귀국길에 밀턴은 제네바에서 신학 교수로 재직하고 있던 디오다티Charles Diodati의 숙부Giovanni Diodati를 만나기 위하여 제네바에 머물렀다(Cf. 「연대표」에는 1639년 6월 제네바에 있는 디오다티Charles Diodati의 숙부인 신학자 존 디오다티John (Giovanni) Diodati를 방문한 것으로 기록되어 있음.). 이탈리아 여행에 관한 것은 이상의 기술내용까지이다(Cf. *Op. cit.*, vol. 12, 206.)

넷째로, 중년시절Middle period은 밀턴의 장년시절이라고도 할 수 있는 것인 바, 이 시절에 밀턴은 여러 가지 분야에서 역동적인 활동으로 바쁜 나날을 보냈다고 하겠다. 그 중에서도 정치적·종교적 분야에서는 밀턴의 자유의 사상과 정신에 날개를 달아서 그것을 정도껏 펼친 시절이었다고 하겠다(Cf. 밀턴의 자유에 대한 사상과 정신은 밀턴의 대다수의 소책자pamphlets에서 주창되고 있는데, 개괄적인 개념을 보면 다음과 같다. Many of Milton's pamphlets are certainly party pleadings, choleric, one-sided, personal. But through them all runs the one redeeming characteristic—that they are all written on the side of liberty. He defended religion liberty against the prelates, civil liberty against the crown, the liberty of the press against the executive, liberty of conscience against the Presbyterians, and domestic liberty against the tyranny of canon law.—Pattison, 69). 중년시절의 기간은 밀턴이 1639년 7월에 대륙여행에서 영국으로 돌아와서 런던의 주거지에 정착하면서부터Milton returned to England in July 1639, settled in a house in London 차알스 Ⅱ세가 1660년 5월 29일 개선 등극식(登極式)에서 왕위를 계승하기(Cf. . . . . since machinery was patently moving to bring back Charles Ⅱ (he made his triumphal entry on May 29.) 이전까지이다(Cf. *The New Encyclopaedia Britannica*(1982), vol. 12, 206-207). 고인이 된 밀턴의 절친한 친구였던 디오다티에 대한 그의 정성들인 목가적 애가「다몬의 묘비명 *Epitaphium Damonis; Damon's Epitaph*」은 그가 분명히 1640년 말에 써서 비공식적으로 출판하였는데, 이 시는 통상적으로 밀턴의 라틴어 시 가운데 최우수작으로 꼽힌다His elaborate pastoral elegy on Diodati, "Epitaphium Damonis," was written apparently late in 1640 and privately printed. This has commonly been ranked at the head of Milton's Latin poetry(Cf.「연대표」에는「다몬의 묘비명」의 출판은 의문이고, 초판의 출판연대도 표시되지 않았으나 아마 1640년에 속하는 것이 유력시됨이라고 기록되어 있음.). 밀턴은 또한 청교도의 대의명분에 관해서도about Puritan cause 몹시 고뇌하였다. 그가「리시더스 *Lycidas*」에서 돈(물질)을 목적으로 목회하는 성직자를 공개적으로 비난했을 때In his denunciation of hireling clergy in "Lycidas", 사실상 밀턴은 그의 청

교도로서의 도리his Puritan allegiance를 천명(闡明)했던 것이므로, 1641년에서부터 1660년까지 그는 종교와 시민의 자유를 위해서in the cause of religious and civil liberty 소책자를 집필하는 데에to pamphleteering 거의 전부를 쏟았다. 내란의 발발 몇 개월 전 1642년 6월쯤에 밀턴은 옥스퍼드 주 왕당파 명사(名士)의 딸 메어리 포우웰과 결혼했음In June(?) 1642, several months before the outbreak of the Civil War, Milton had married Mary Powell, the daughter of a Royalist squire at Oxfordshire. 33세의 학자이자 시인과 안일하게 꾸리는 살림살이, 기껏해야 밀턴의 나이의 절반인, 교육받지 못한 소녀와의 결혼은 성공을 거의 예측 불허하였음Success could hardly be predicted the marriage of a scholar and poet of 33 to uneducated girl of half his age from a large, easygoing household. 밀턴의 젊은 아내는 얼마 뒤에 그녀의 가족에게로 가서 밀턴에게 돌아오기를 거절함. 1645년에 친구들이 밀턴과 그의 아내와의 재결합을 성사시켰고, 1646년에는 포우웰 일가가 내란으로 파멸되었을 때, 밀턴은 포우웰 일가를 그의 집으로 데려와서 모두 10명의 시끌시끌한 가족과 거의 일년 동안을 지냈다. 밀턴의 아내는 세 딸들, 앤Anne은 1646년에, 메어리Mary는 1648년에, 데보라Deborah는 1652년에 낳았고, 아들 하나는 유아 때에 죽었으며, 밀턴 부인은 딸 데보라를 낳고서 며칠 뒤에 사망하였음. 1649년 2월 13일에, 그러니까 차알스 I세가 처형된지 2주 뒤에 밀턴이 쓴 최초의 정치적 소논문「왕과 집정관의 재직권론 *Tenure of Kings and Magistrates*」을 발표하였다. 밀턴의 시력이 수년에 걸쳐서 약해지다가 1651년과 1652년 사이의 겨울에 완전한 장님이 되었음it (his eyesight) had been failing for years, and blindness became complete in the winter of 1651-52. 밀턴이 공화정부 공문서의 번역가로서 1659년까지 줄곧 일했지만, 눈멀음은 엄밀한 의미에서 그의 비서로서의 업무를 줄이게 했음Blindness reduced his strictly secretarial duties, though he continued through 1659 as a translator of state letters. 그의 마지막 정치적 소책자「훌륭한 공화정부를 수립할 수 있는 예비된 쉬운 길 *The Readie and Easie way to Establish a Good Commonwealth*」을 1660년 3월에 출판하고, 다시 4월에 증보판을 내놓았음. 그것은 쓸모없는 용기와 다를 바 없는 행위였음. 까닭인즉, 정치체제가 차알스 Ⅱ세를 옹립하기 위하여 바뀌고 있음이 명백하였기 때문이다(차알스 Ⅱ세는 5월 29일에 그의 개선 등극식(登極式)을 거행하였음.) It was an act no less courageous than futile, since machinery was patently moving to bring back Charles Ⅱ(he made his triumphal entry on May 29). 밀턴의 중년시절은 이상과 같이 요약될 수 있다(*Op. cit.*, 206-207).

다섯째로, 14행시와 기타 시Sonnets and other poems는 중년시절의 작품에 속하는 것이며, 그것은 또한 이미 앞에서 패티슨Mark Pattison이 구분한 제2기에 속하는 것으로서 14행시와 기타 시의 내용이 소개된 것이기도 하다. 밀턴은 그의 중년시절에 사회나 정치나 종교 등의 현안문제와 관련된 논설문과 소책자pamphlets 및 저술 위주의 산문을 주로 썼다고 할 수 있다. 말하자면, 공적인 업무에 투신한 20년 동안 그는 시와는 거의 담을 쌓았지만 그래도 그는 (어떤 일이나 행사가 있을 때마다 써놓은) 17편의 우성시(偶性詩)격인 14행시Sonnet(Cf. 밀턴의 14행시 총 23편 가운데 운율규칙과 각운형식과 시행의 수가 14행시의 형태에 맞게 중년시절에 영어로 쓴 것은 16편인데, 운율규칙과 각운형식은 14행시에 맞추어졌지만, 시행의 수가 불규칙한 20행으로 구성된 한 편으로서, 이탈리아어로 쓴「장기간의 의회 개회 중에 있는 새로운 권력층의 양심에 부쳐서 *ON THE NEW FORCERS OF CONSCIENCE UNDER THE LONG PARLIAMENT*」를 포함하면 이 시절에 쓴 그의 14행시가 17편으로 되고, 그가 쓴 14행시는 총 24편이 되는 셈이다.)와 다수의 성가시(聖歌詩)Psalms를 작시했으며, 그리고『실락원 *Paradise Lost*』을 창작하기 시작했다During the 20 years given to public affairs he was mostly cut off from poetry but did write 17 occasional sonnets, versified a number of Psalms, and began the composition of *Paradise*

Lost. 몇 편의 14행시는 지극히 개인적이다. 이를테면, 두 편이 있는데 그것은 그의 눈멀음에 대한 14행시(1651?-55)와 그가 1656년에 결혼한 그의 두 번째 부인 캐서린이 출산한지 몇 개월 뒤인 1658년 사망한 것에 대한 14행시이다Some of the sonnets are deeply personal: two on his blindness (1651?-55) and one on the death in 1658, some months after childbirth, of his second wife, Katherine Woodcock, whom he had married in 1656. 주요한 14행시들은 자서전적인 운치(韻致)뿐만 아니라 상당히 시적인 운치도 지니고 있다. 그리고 한 무리의 시편들은 ("리시더스 *Lycidas*"와 더불어) 시의 짜임새와 운율과 함께 서사시에서 완전한 틀을 갖추는데 있어야 될 장중한 문체의 (그것은 아마도 밀턴이 16세기 이탈리아 시인 델라 까사Giovanni della (Della) Casa(1503-1556)와 타쏘Torquato Tasso(1544-1595)에게서 일부분 습득했을) 시초를 예시해놓고 있다The major sonnets have much poetical as well as autobiographical interest, and as a group they illustrate (with "Lycidas") both in texture and rhythm the beginnings of the grand style (which Milton may have learned partly from the 16th-century Italian poets Giovanni della Casa and Torquato Tasso) that was to have full scope in the epic. 밀턴이 쓴 무운시의 단락에 접근하는 한 가지는 14행시의 구조나 각운에 대해서 알려고 할 게 아니라, 하나의 단일한 어군(語群)의 구성단위에 대해서 알려고 하는 것이다One is less conscious of sonnet structure and of rhymes than of a single massive unit that approaches a paragraph of Milton's blank verse. 이상과 같이 14행시와 기타 시에 기술된 내용의 요지만을 간추려보았다(*Op. cit.*, 207).

여섯째로, 만년생활Later life은 1660년 5월 29일 차알스 II세가 왕위를 계승한 왕정복고 이후에서부터 밀턴이 10권으로 구성했던 그의 『실락원 *Paradise Lost*』 초판본을 『실락원. 열 두권으로 된 시 *Paradise Lost. A poem in twelve books*』로 증보(增補)하여 1674년 7월 6일에 재판본으로 출판했던 때까지, 그러니까 밀턴이 사망한 그 해 8월 이전까지의 활동기간이다. 왕정복고 정부는The Restoration government 공화정부의 지도자the Commonwealth leader 베인 경Sir Henry Vane the Younger(1613-1662)을 처형하였으며, 크롬웰Oliver Cromwell, 아이어턴Henry Ireton(1611-1615), 그리고 브래드쇼John Bradshaw(1602-1659)의 시신을 파내어 런던의 사형 집행장 타이번에at Tyburn 효수(梟首)하였다. 밀턴 자신은 국왕 살해자의 옹호자로 지목받는 한 사람으로서as a noted defender of the regicides 정녕 위험에 처했다. 1660년 여름에 정당한 근거로 어떻게 해서든지 밀턴을 체포하려고 하였으므로 밀턴은 친구들 덕에 계속 숨어서 지냈다In the summer of 1660 a warrant was out for his arrest; he was kept in hiding by friends. 대다수의 공화정부 동조자들에게 사면을 하사한다는 대사면령(大赦免令)이 그 해 8월에 통과되었다In August the Act of Oblivion, granting pardon to most Commonwealth supporters, was passed. 밀턴은 대사면령의 조항 내에서 안전하였음에도 불구하고 감금되었다(그러고서 그 해 12월 15일에 석방되었음.). 석방 이후 갖가지 초기의 이야기에 따르면, 밀턴의 생계는 1657년 동료 비서a fellow secretary였으며, 이제는 의회의 의원인now a member of Parliament 시인 마아블Andrew Marvel이나, 또는 밀턴이 예전에 그 생명의 구조(救助)를 중재(仲裁)한 적이 있던whose life Milton had earlier been the means of saving 왕당파 극작가 대비넌트 경the Royalist playwright Sir William Davenant(1606-1668)의 주선에 의하여through the intercession 연명되었음. 왕정복고 정부가 밀턴을 석방한 것에 관한 적절한 사유를 생각해보면, 이제 피차에게 무해한 장님 작가인데다가 명목상의 법적 절차가 그를 제재하기에 충분할 것이라고 어쩌면 판결되었을 것이다It may have been decided that the blind writer was now harmless and that token proceedings against him would be enough. 밀턴이 만년생활, 즉 만년시절에 쓴 전대미문(前代未聞)의 세계적인 그의 걸작품『실락원 *Paradise Lost*』은 1665년에 완성되었다It(*Paradise Lost*) was finished by 1665. 1667년의 초판은 10권으로 되었고, 이것은 1668년과 1669년에 다시 출판되었는데, 이 출판물의 몇 군데에 밀턴은 무운시로 쓴 것에 대한 글머리 주해prefatory note와 "글의 개요 The Argument"를 덧붙여놓았다. 재판(1674년 출판)에서는, 소규모의 수정과 아울러 vii권과 x권을 각각 두 권으로 분리했으며, 더불어 초판에서 한꺼번에 일괄했던 글의 개요를 각권마다의 들머리에 배치하였다In the second edition(1674), along with some small revisions, book vii and x were each split into two; and the arguments, formerly grouped together, were placed at the head of the respective books. 『실락원』의 주요 동인(動因)과 사건은 크거나 작거나 정도에 맞게 선례를 남겼다. 비록 밀턴이 이른바, 그리스의 어떤 극작가처럼, 강력한 정신의 독창력으로 그들을 다루었다손 치더라도, 그는 그의 독자에게 개략적으로 잘 알려져 있는 이야기를 재구성해놓았다. 더군다나, 그의 이야기는 유일한 진리, 신성함, 그리고 우주와 영원의 취지(趣旨)에 대한 이야기였는데, 그 이야기는 기억에서 사라져버린 신앙과 그의 예전의 독자들의 마음 속에 있는 유대감에 관한 유리한 입지를 밀턴에게 제공하였다The main motives and events of *Paradise Lost* had precedent to a greater or lesser degree, though Milton handled them with powerful originality; like a Greek dramatist, he was reworking a story familiar in outline to his audience. His story, moreover, was one of unique truth, sacredness, and universal and eternal import, and it gave the poet the advantage of immemorial belief and association in the minds of his earlier readers. 밀턴의 만년시절의 일상생활에 대해서, 초기의 전기 작가들은 조용한 일과처럼 묘사한다Early biographers give pictures of a quiet daily routine. 밀턴은 아침 4시에 기상하여 그에게 히브리어로 된『성서』를 읽어주게 한다. 명상, 독서, 그리고 구술을 받아쓰기 시간으로 정오의 만찬 때까지 채웠다Meditation, reading, and dictation filled the time until midday dinner. 물론 그의 만년의 장편 시들은 『실락원』에 나타난 유명한 인유(引喩)들이 넌지시 일러주듯이as famous allusions in *Paradise Lost* indicate, 특히 밤에 그의 머리 속에서 창작되었다. 마실 우유를 준비하고 이따금씩 한 쪽 다리를 안락의자에 걸쳤을 경우에, 그는 그의 구술을 받아쓰게 하곤 하였다. 구술을 받아쓰기, 초고(草稿)의 교정, 그리고 다양한 언어로 크게 소리 내어 읽기는The taking of dictation, the correction of copy, and reading aloud in various languages 유급 조수나, 그의 두 조카들, 그의 어린 딸들, 그리고 친구들과 신봉자들에 의하여 실행되는 봉사였다고 함. 또한 이 시절에, 종교적으로 밀턴은 그의 부모의 저교회파 영국 국교회주의 교리에서 독립에로 독립 교회제도를 지향(指向)하는 장로교회주의 교리로 개종했었다In religion Milton had moved from the low-church Anglicanism of his parents to Presbyterianism to Independency to independence. 밀턴의 초기의 전기작가 토랜드John Toland(1670-1722)에 따르면, 그의 인생살이의 후반부에 "그는 기독교들 중의 어느 특정한 교파에 속한 공공연하게 알려진 교인은 아니었고he was not a professed member of any particular sect among Christians, 그는 기독교들의 어떤 모임에도 잘 나가지 않았으며, 또한 자신의 가족에게 있어서도 기독교들 특유의 종교의식을 이용하지 않았다he frequented none of their(Christians) assemblies, nor made use of their peculiar rites in his family."라고 한다. 하지만, 존슨 박사Dr. Johnson; Samuel Johnson(1709-1784)가 논평했던 바와 같이, 그의 국교회에 대한 적대감일랑 접어두고, "그의 연찬(硏鑽)과 명상은 일종의 몸에 밴 기도예배와 같았다his studies and meditations were an habitual prayer." 밀턴은 그의 66회 생일 직전인 1674년 11월 8일에 "격심한 통풍(痛風)으로of the gout struck in" 사망하였다. 성 자일즈의 크리플게이트 교회의 그의 장지에는 "런던에 있는 그의 학식 있고 훌륭한 친구들 모두와, 한 무리의 친밀감을 가진 서민대

중도" 참석하였다His burial in St. Giles', Cripplegate, was attended by "all his learned and great friends in London, not without a friendly concourse of the vulgar."—*Op. cit.*, 207-208.

이상에서 밀턴의 생활무대의 환경과 함께한 창작생활의 일대기(一代記)가 시기별로 구분되어 있는 몇 가지 중에서 비교되는 대표적인 두 가지를 간략하게 정리해보았다. 그 두 가지의 구분 내용과 밀턴의 「연대표」의 내용을 종합하여 그 시기를 다음과 같은 간명한 네 가지로 구분해보았다. 앞으로 이 글에서는 다음의 네 가지 시기 구분을 밀턴의 생활무대의 환경과 함께한 **창작생활의 일대기**로 삼겠다.

제1기는 케임브리지 대학시절(1625년 2월 12일에 그리스도 학료(學寮)Christ's College에 입학한 때부터 석사학위를 취득한 1632년 7월 3일까지로 17세-24세)이고, 제2기는 호오턴Horton 시절(1632년 7월 이후부터 1638년 5월 대륙여행을 떠나기 이전까지로 24세-30세)이고, 제3기는 산문과 14행시의 시절(1638년 5월 이후의 대륙여행에서부터 1660년 5월 왕정복고 이전까지로 30세-52세)이며, 제4기는 만년시절(1660년 5월 왕정복고 이후에서부터 1674년 11월 8-10일경 런던의 자택 번힐 하우스Bunhill house에서 통풍(痛風)으로 사망할 때까지로 52세-66세)이다라고 하겠다(Cf. Milton(1968); Milton(1971), xv-xx).

시기별 대표작품의 이해

밀턴의 **제1기 케임브리지 대학시절**은 습작기로 볼 수 있는데, 밀턴이 이 시절에 쓴 그의 작품들 중에서 돋보이는 것에는, 「봄을 맞으면서 Elegy V. *On the Coming of Spring*(writ. Spring 1629; pritd. 1645)」, 「오월 아침에 부치는 노래 *Song. On May Morning*(writ. Spring 1629?; pritd. 1645)」, 「그리스도의 성탄일 아침에 *On the Morning Christ's Nativity;* 성탄절에 부치는 송시 *Nativity Ode*(writ. 1629, 12,

25; pritd. 1645)」, 「셰익스피어에게 *On Shakespeare;* 훌륭한 극시인 윌리엄 셰익스피어님에게 드리는 비문체의 시문 *An Epitaph on the Admirable Dramatic Poet, W. Shakespeare*(writ. 1630; pritd. 1632, 1645)」, 「수난(受難) *The Passion*(writ. March 1630?; pritd. 1645)」, 「쾌활한 사람 *L'Allegro; The Joyous (or Cheerful) Man*(writ. Summer 1631?; pritd. 1645)」, 「명상하는 사람 *Il Penseroso; The Meditative (or Thoughtful) Man*(writ. Summer 1631?; pritd. 1645)」, 그리고 각운형식을 ***abba abba cdc dcd*** 와 ***cde dce***로 하는, Ⅰ번과 Ⅱ번의 2편은 영어로, Ⅲ번에서 Ⅶ번까지는 라틴어로 쓰여진 7편의 14행시 등이 있다. 이 시절의 그러한 시편들 중에서 비교적 우수한 작품으로 알려진 밀턴의 짧은 시가(詩歌) 「셰익스피어에게」를 감상해보자.

나의 셰익스피어는 그대의 영예로운 유골에 무엇을 필요로 하는가.
한 시대의 노동자가 쌓아올린 비석이란 말인가.
아니면, 그대의 그 성스러운 유골이
별이 가리키는 피라밋 아래 감추어져야 한단 말인가?
명성의 위대한 상속자, 기억의 사랑스러운 아들이여,
어찌하여 그대는 그대 이름의 그런 약한 증인(証人)을 필요로 하는가?
그대는 우리의 경탄(驚歎)과 경악(驚愕) 속에
그대 스스로 영원한 기념비를 세웠사외다.
왜냐하면, 끈기있게 노력하는 예술이 무색하게,
그대의 유창한 시가(詩歌)는 흘러나오고, 모든 사람의 마음이
그대의 귀중한 책갈피에서, 시신(詩神)의 영감을 받은
그러한 시행들에 대한 깊은 인상을 받았기 때문이외다.
그리하여 그대는 우리의 상상력 그 자체를 빼앗고,
너무나 많은 상념으로 우리로 하여금 대리석이 되게 하고,
그토록 장려(壯麗)하게 무덤 속에 누워 있음으로
왕들도 이러한 무덤을 위해서라면 기꺼이 죽으려고 할 것이외다.

What needs my Shakespeare for his honoured bones,
The labour of an age in piled stones,
Or that his hallowed relics should be hid

Under a star-ypointing pyramid?
Dear son of memory, great heir of fame,
What need'st thou such weak witness of thy name?
Thou in our wonder and astonishment
Hast built thyself a live-long monument.
For whilst to the shame of slow-endeavouring art,
Thy easy numbers flow, and that each heart
Hath from the leaves of thy unvalued book,
Those Delphic lines with deep impression took,
Then thou our fancy of itself bereaving,
Dost make us marble with too much conceiving;
And so sepulchred in such pomp dost lie,
That kings for such a tomb would wish to die.
(Milton(1971), 123-124)

이 시는 1632년에 익명으로 「훌륭한 극시인 윌리엄 셰익스피어님에게 드리는 비문체의 시문 *An Epitaph on the Admirable Dramatic Poet, W. Shakespeare*」이라는 표제어로 셰익스피어의 두 번째 2절판Second Folio 작품집 서문의 시문으로 출판된 최초의 작품이다. 밀턴은 이 시의 작시연대를 1645년에 출판된 그의 『영어와 라틴어로 쓴 존 밀턴의 시집 *Poems of Mr John Milton, Both English and Latin*』과 그가 사망하기 1년 전인 1673년 11월경에 그 동안 써둔 시편들과 각종 행사 때에 쓴 시편들의 모음집으로 출판된 『시와 기타 각종 우성시(偶性詩) *Poems, &c, upon Several Occasions*』에서는 시제title에 작시연대를 1630년이라고 덧붙여놓았다(Cf. Milton(1929), 9; notes, 78; Milton(1971), 122). 그러니까, 「셰익스피어에게」의 작시연대는 1630년이고, 발표연대는 밀턴이 익명으로 발표했던 1632년이라기보다는 실명을 사용했던 1645년이 타당하다. 그리고 16행으로 1편을 이룬 이 시의 규칙과 형식은 영웅시체 2행연구인데, 4행씩 4연으로 *aabb ccdd eeff gghh*로 나누면 영웅시체 2행 연구 연시체로 되는 경구적 풍자시epigram이다.

이 시의 문체와 어조에서, 밀턴이 스펜서의 시풍을 모방한 것으로 비평가들은 주석한다. 예컨대, '별이 가리키는'a star-ypointing(l. 4)이라는 말의 경우에, "중세영어의 보유형(保有形)The retention of the Middle English인 과거분사 앞의 접두어 '-y'는 스펜서와 그의 모방자들his imitators이 사용한 고어체 언어의 보편적인 특색이었다. 스펜서는 현재분사 앞에서 그 접두어를 결코 사용하지 않았다. 말하자면, 밀턴이 모방한 '-ypointing'은 원칙에서 벗어난 고어체 표현이다"(Milton(1971, notes), 123)라고 한다. 이 말에 따르면, 밀턴이 스펜서의 어조를 모방한 '-ypointing'은 '-ypointed'로 되어야 원칙적으로 바른 것인데, 그는 스펜서의 시풍을 모방하되 자신의 방식을 창조한다는 뜻을 항상 품고 있었음을 엿볼 수 있다. 그리고 이 시의 주제는 셰익스피어의 문학상의 업적을 밀턴이 찬탄(讚嘆)한 것이다. 이 시의 내용을 보면, *aabb*(ll. 1-4)에서는 셰익스피어의 유골을 보존하기 위하여, 그 시대의 노동자가 공들여 만든 비석이나 피라밋과 같은 기념비는 필요치 않다는 것이다. *ccdd*(ll. 5-8)에서는, 셰익스피어는 그가 남긴 작품으로 위대한 명성을 상속받았고, 또한 그의 시적 재능이 그리스 신화의 제우스Zeus와 기억의 여신 므네모슈네Mnemosyne 사이에서 낳은 아홉 명의 딸들인 시신들Muses의 남동생이자 기억의 여신의 사랑스러운 아들Dear son of memory일 정도로 위대한 작품들을 남겼으니, 바로 그 작품들 자체가 영원한 기념비a live-long monument이다는 것이다. *eeff*(ll. 9-12)에서는, 밀턴은 그 까닭을 끈기있게 노력하는 사람의 예술에 무색함을 가중시키는 셰익스피어의 귀중한(unvalued; invaluable) 책갈피의 시가는 시신의(Delphic: Apollo, god of poetry, had his oracle at Delphi.) 영감없이는 불가능할 정도로 유려하고 인상적이기 때문이라고 하였다. *gghh*(ll. 13-16)에서는, 그리하여 셰익스피어의 작품을 읽는 우리의 상상력은 그의 탁월한 상상력에 흡입됨과 동시에, 그의 위대한 업적에 경탄과 경악을 금치 못한 나머지 멍해진 우리는 조용하고 말없는 대리석처럼 셰익스피어의 기념비가 된다Dost make us marble with too much conceiving라는 뜻을 밀턴은 명시하였다. 그런 다음 이 시의 마지막 행의 결론에서, 밀턴은 "왕들도 이러한 무덤을 위해서라면 기꺼이 죽으려고 할 것이외다"라고 가정했는데, 이 어구에 밀턴은 모든 사람이 위대한 업적을 남긴 셰익스피어의 무덤의 기념비가 되듯이, "왕들도 셰익스피어와 같은 훌륭한 공덕(功德)과 위업(偉業)으로 죽음 이후에 만백성의 기념비가 되면 좋으련만, 왕들은 오로지 권력과 영예와 위엄만으로 만백성의 기념비가 되려하니"라는 속뜻connotation을 깔아놓았다(Cf. *Op. cit.*, 122-124). 말하자면, 밀턴은 이 시의 주제 이면에 케임브리지 대학시절에 느꼈던 차알스 I세의 무소불위(無所不爲)한 절대왕권을 경구적으로 풍자해놓았다고 할 수 있다. 이와 같은 경구적 풍자시는 그 당시 밀턴의 정신세계를 차지했던 청교도 사상에서 말미암은 것이다.

밀턴의 **제2기 호오턴 시절**은 영국의 남부 버킹엄 주Buckinghamshire의 호오턴에 있는 부친의 시골집에 은거하면서, 그가 고전작품과 비교문학 연구에 몰두했던 시절이었다. 이 시절에 밀턴이 쓴 작품에는, 핀다르풍의 송시Pindaric Ode의 불규칙적인 송시irregular ode 형태로서, 규칙과 형식에서는 스펜서와 페트라르카Petrarch; Fransesco Petrarca(1304-1374), 그리고 타쏘Torquato Tasso(1544-1595)의 정취mood를 가미한 그의 송시(Cf. Milton(1971), 162-166) 「장엄한 음악을 듣고서 *At a Solemn Music*(writ. 1633?; pritd. 1645, 1673)」, 「시간에 부쳐서 *On Time*(writ. 1633?; pritd. 1645, 1673)」, 「할례식날에 *Upon the Circumcision*(writ. 1633?; pritd. 1645, 1673)」가 있으며, 그의 시극으로는 「아케이드즈 *Arcades*(writ. Summer 1633?; pritd. 1645, 1673)」와 『코머스 *Comus*(First acted 29 Sept. 1634;

pritd. 1637, 1645, 1673)』가 있는데, 전자는 길이가 짧은(109행) 가면극이고 후자는 스펜서식의 시어법 색채를 물씬 풍기는(*Op. cit.*, 171) 길이가 긴(1022행) 가면극이다. 그리고 밀턴의 위대한 걸작품들 중의 하나로 꼽히는 도합 193행의 중편 무운 서사시체로 된 목가적 애가pastoral elegy 「리시더스 *Lycidas*(writ. Nov. 1637; pritd. 1638, 1645, 1673)」 또한 이 시절에 써졌다. 이 시절에 밀턴이 쓴 시편들 중에서, 이상의 것들은 영어로 써졌고 열거되지 않은 나머지 것들은 대개가 라틴어로 써졌다. 이 시절에 썼던 밀턴의 걸작품인 목가적 애가 「리시더스」에서, 그의 청교도주의의 종교개혁 사상을 드러낸 것으로 보이는 대목만을 인용하면 다음과 같다.

　다음으로, 존경받는 노부(老父) 캐머스가
그의 털망토를 걸치고, 문양(紋樣)을 침침하게 짜넣은,
가장자리에 저 피빛 꽃처럼 비탄(悲嘆)의 글자가 새겨진
그의 사초(莎草)모자를 쓰고서 천천히 걸어왔노라.
"아, 누가 내 총애하는 자식pledge을 앗아갔느냐?"라고 그는 말했노라.
마지막으로 와서 마지막으로 가버린
갈릴리 호수의 수로안내자(水路案內者),
그는 두 가지 금속으로 된 육중한 두 개의 열쇠를 지녔노라.
(황금 열쇠로는 열고, 철 열쇠로는 힘껏 닫노라)
주교의 법관(法冠)을 쓴 머리칼을 흔들며, 그가 준엄하게 말하기를—
"젊은 목동이여, 그대를 대신해서 정녕 내 어찌 내버려 두었으랴마는,
배때기를 채우기 위해서 양우리에 기어들어
침입하고 기어오르는 그 수많은 자들을!
그들은 양털 깎는 축제 때, 어떻게 하면 슬그머니 들어가서
초대된 귀빈들을 밀쳐낼까를 생각하는 것 외엔
다른 걱정은 전혀 염두에도 없노라.
눈먼 탐욕의 주둥이들! 그들 스스로 목자(牧者)의 지팡이 쥐는 법도
거의 모르고, 성실한 목자의 도리art에 속하는 것을
조금도 배우지 못한 무지렁이들!
그것이 그 자들에게 무슨 상관있으랴? 무엇을 그 자들이 필요하랴?
그 자들은 번영을 누렸노라. 그들이 마음 내키면, 그 자들의 빈약하고
야한 값싼 노래들이 초라한 밀짚피리로 귀에 거슬리는 소리를 내고,
굶주린 양들이 쳐다보아도 먹을 것이 없고,

그런데도, 바람으로 배는 부풀리고, 고약한 안개를 들이마셔,
마음은 썩어, 몹쓸 전염병을 퍼뜨리노라.
더군다나 잔인한 늑대가 숨겨진 발톱으로
매일 얼른 먹어치우는데도, 아무 말도 못하노라.
그러나 문 앞에 저 두 손 달린 무기engine가 일격(一擊)을,
최후의 일격을 가할 태세로 대기하고 있노라"고 하더라.

Next, Camus, reverend sire, went footing slow,
His mantle hairy, and his bonnet sedge,
Inwrought with figures dim, and on the edge
Like to that sanguine flower inscribed with woe.
"Ah! who hath reft," quoth he, "my dearest pledge?"
Last came, and last did go,
The Pilot of the Galilean Lake*;

---

* 갈릴리 호수의 수로안내자(水路案內者)The Pilot of the Galilean Lake에 대하여, 대부분의 주석가(註釋家)들이 성 베드로St Peter를 비유한 것으로 해석한 것을 국내의 밀턴 연구자들도 그대로 따르고 있음이 사실이다. 그런데, Milton의 『단편 시전집 *Complete Shorter Poems*(1971)』 편집자인 캐리John Carey는 "**수로안내자**의 비유는 성 베드로가 아니라 그리스도Christ이다. 그 까닭은, 신약성서의 베드로전서 2장 25절(*1 Peter*, 2: 25)의 "너희들이 전에는 양과 같이 길을 잃었더니, 이제는 너희들 **영혼의 목자와 감독**되신 이에게 돌아왔느니라"For ye were as sheep going astray; but are now returned unto the Shepherd and Bishop of your souls에서, 목자와 감독으로 기술된 주교Bishop는 그리스도이기 때문이다"라고 호운R. E. Hone이 그의 『언어 문헌학 연구 *Studies in Philology* (1959)』의 56장lvi 55-61에서, 그의 의견으로 주창한 것을 주석에 인용하였다(Milton(1971), 247).

또한 캐리는 호운이 주창한 다음과 같은 내용을 주석에 곁들여놓았다. 호운이 그의 의견으로 주창한 바에 의하면, "밀턴이 그의 「시넥티므누스에게 항변하는 레몬스트란트 교파 옹호에 대한 견책론(譴責論)*Animadversions upon the Remonstrant's Defence against Synectymnuus*(1641, 7월)」에서, "나는 곧 산 자라, 내가 전에는 죽었노라. 볼지어다 이제 세세토록 살아 있어 **음부(陰府; 지옥)와 사망의 열쇠**를 가졌노니"I *am* he that liveth, and was dead; and behold, I am alive for evermore, Amen; and have the keys of hell and of death(*Revelation*, 1: 18)라는 구절에 있는 바와 같이, 열쇠를 지니고 다니는 이도 그리스도이고, 갈릴리 호수에서 조난당한 제자들의 배를 구출하여 수로를 안내한 이도 그리스도임에도 불구하고(*John*, 6: 15-21), "내가 **천국의 열쇠**를 너에게 주리니, 네가 땅에서 무엇이든지 매면 하늘나라에서도 매일 것이요, 네가 땅에서 무엇이든지 풀면 하늘나라에서도 풀릴 것이

Two massy keys he bore of metals twain
(The golden opes, the iron shuts amain);
He shook his mitred locks, and stern bespake:—
"How well could I have spared for thee, young swain,
Enow of such as, for their bellies' sake,
Creep, and intrude, and climb into the fold!
Of other care they little reckoning make
Than how to scramble at the shearer's feast,
And shove away the worthy bidden guest.
Blind mouths! that scarce themselves know how to hold
A sheep-hook, or have learnt aught else the least
That to the faithful herdman's art belongs!
What recks it them? What need they? They are sped;
And, when they list, their lean and flashy songs
Grate on their scrannel pipes of wretched straw;

라"And I will give unto thee the keys of the kingdom of heaven: and whatsoever thou shalt bind on earth, shall be bound in heaven: and whatsoever thou shalt loose on earth, shall be loosed in heaven(*Matthew,* 16: 19)고 말한 구절에 나타난 바대로, 그리스도께서 성 베드로에게 준 열쇠를 요한계시록 1장 18절(*Revelation*, 1: 18)의 열쇠보다 우선하여 「리시더스」의 그 시구의 기술내용에 결부시킨 것처럼 여겨진다"는 것이다(*Ibid.*, 247).

캐리가 호운의 의견으로 주창된 이상의 내용을 수용하여 그의 주석에 인용한 의도는, 캐리 자신도 밀턴이 「리시더스」의 그 부분에서 비유한 '갈릴리 호수의 수로안내자'는 성 베드로가 아니라 그리스도이다라는 의지를 표명한 것이다. 성서적인 해석에서도 그리스도가 성 베드로에게 준 천국의 열쇠(*Matthew*, 16: 19)는 성 베드로의 믿음을 인정하고 그가 세운 베드로의 교회에 천국의 권세와 베드로로 하여금 그리스도의 양들을 인도하게끔 하는 목자로서의 감독권을 부여함을 의미한 것이고(*Matthew*, 16: 18; *John*, 21: 15-17), 그리스도가 부활 이전에서부터 이후에까지 지닌 열쇠(*Revelation*, 1: 18)는 사망 이후의 만인들을 심판할 때에, 음부에 이르게 할 자와 영생에 이르게 할 자에게 열어주는 천국문의 열쇠라는 뜻을 내재하고 있다는 것이다. 게다가, 「리시더스」는 밀턴이 그의 친한 지기(知己)였던 에드워드 킹 Edward King의 죽음을 슬퍼한 애도시이다는 관점에 비추어보건대, '갈릴리 호수의 수로안내자'의 비유적 의미를 우리는 신성(神性)이 없는 성 베드로라고 주석하기보다는 오히려 인성(人性)과 신성을 겸한 그리스도로 보아야 타당할 것으로 생각된다. 아무튼, '갈릴리 호수의 수로안내자'의 비유적 의미가 그리스도이냐 성 베드로이냐 하는 문제는 그 시구에 대한 밀턴 주석가들이 지금까지 해석해놓은 것과 호운의 해석과의 차이를 성서적인 바탕 위에서 신학적인 바른 해석이 요청되는 것으로 사료된다.

The hungry sheep look up, and are not fed,
But, swoln with wind and the rank mist they draw,
Rot inwardly, and foul contagion spread;
Besides what the grim wolf with privy paw
Daily devours apace, and nothing said.
But that two-handed engine at the door
Stands ready to smite once, and smite no more."
(Milton(1929), ll. 103-131)

밀턴의 「리시더스」는 1637년 8월 10일에 아일랜드 해the Irish Seas에서 익사한 케임브리지대학의 그리스도 학료(學寮)Christ's College의 학우였던 에드워드 킹Edward King의 죽음을 애도한 시로서, 1637년 11월에 써서 그 달에 성 삼위일체 학료Trinity College에서 처음으로 발표된 목가적 애가pastoral elegy이다. 킹의 죽음을 애도한 케임브리지대학 지기(知己)들의 시편들은 제1부와 제2부로 된 추도시집a volume of memorial verses으로 꾸며져서 1638년에 출판되었을 때에, 밀턴의 「리시더스」는 제2부에 실려져 있었다. 킹을 추모하는 추도시집의 제1부는 「사랑과 추억으로 비탄에 잠긴 그의 친구들이 쓴 익사한 의인(義人) 에드워드 킹을 위한 장례식 애도시 *Justa Eduardo King naufrago, ab Amicis moerentibus amoris & μνείας Χάριν*」라는 제목으로 되었고, 제2부는 「에드워드 킹을 추모하는 장례식 애도시 *Obsequies to the memory of Mr Edward King*」라는 제목으로 꾸며졌다. 전자에는 라틴어와 그리스어로 된 23편의 시가 실려 있고, 후자에는 영어로 된 13편의 시가 실려 있는데, 그 중에서 밀턴의 이름 첫 글자 J. M이 서명된 「리시더스」는 제2부의 맨 끝에 길이가 제일 긴 장시(長詩)로 수록되어 있었다(Milton(1971), 232; Verity, xxxix). 밀턴의 「리시더스」는 시어법과 전체적인 심상imagery에서는 스펜서의 『목양자의 달력』을 모방한 스펜서식의 목가풍Spenserian pastoralism(Milton(1971), 234)이고, 운율규칙과 시형식에서는 무운 서사시체이며, 문체와 어조에서는 목가적 애가인데, 인용에서처럼 영웅시체 2행연구(ll. 104-105; ll. 117-118)와 각운형식을 *abababcc*로 하는 8행연 시체ottava rima(ll. 124-131), 그리고 각운형식을 *ababbcc*로 하는 6행연 시체sextet 등과 같은 것이 이따금씩 섞여져 있다. 밀턴은「리시더스」의 부제에서 말하기를, "이 애도시에서 필자는 1637년 체스터Chester에서 아일랜드 해로 항해하는 도중에 불행하게도 익사한 박식한 친구를 슬퍼하고, 계제에 그 당시 절정에 달했던 부패한 성직자들의 멸망을 예언하노라"고 하였다. 밀턴은 이 머리말을 통하여「리시더스」의 주제를 '킹의 익사에 대한 애도'와 '당시의 부패한 성직자들의 멸망을 예언함'이라고 설정해놓았다.

밀턴의「리시더스」는 편집자 및 주석자마다 글자의 대문자와 소문자, 그리고 구두점punctuation mark 등과 관련된 몇 가지에서 다소간의 차이를 드러내고 있다. 그래서 필자는 출판연대가 오래된 것이 비교적 원문에 가까울 것으로 여겨졌다. 그 까닭은 문학은 어학처럼 시대와 더불어 변천된 어법의 발달과정을 연구대상으로 하는 것이 아니라, 언제나 원전에 충실한 문체와 어조, 그리고 그러한 것에 스며 있는 정서감정에서 말미암는 작가의 사상과 정신을 연구대상으로 하기 때문이다. 필자가 소장하고 있는「리시더스」에 관한 문헌은 1929년에, 벨W. Bell, C.I.E., M.A.에 의한 편집과 주석으로 출판된『성탄절에 부치는 송시, 리시더스, 14행시 및 기타 *Nativity Ode, Lycidas, Sonnets &c*』이다. 이것의 초판본은 1889년에『리시더스, 14행시 및 기타 *Lycidas, Sonnets &c*』이었다. 초판본 이래로 계속해서 1919년까지 14판을 거듭하다가, 1929년에 다시 벨에 의하여「성탄절에 부치는 송시」의 주석을 곁들여서 보완증보판으로 편집출판된 것이 바로『성탄절에 부치는 송시, 리시더스, 14행시 및 기타』이다. 필자는「리시더스」의 원문에 관한 한 이 문헌을 이 글의 텍스트로 삼는다. 앞에서 인용된 시구는 「리시더스」의 두 가지 주제 중에서, '당시의 부패한 성직자들의 멸망을 예언함'이라는 것에 해당되는 부분이다. 「리시더스」에 대한 전체적인 감상과 분석은 그것을 다루게 되는 항목에서 고찰하기로 미루고, 인용의 구절에서는 '당시의 부패한 성직자들의 멸망을 예언함'이라고 한 주제의 내용만을 음미하기로 하겠다.

인용의 대목에서, 우선 케임브리지대학의 캠퍼스 한가운데로 흐르는 캠 강the River Cam의 정신, 이른바 오랜 역사와 전통에 빛나는 정신을 이어온 킹의 모교Camus, reverend sire조차도 킹의 죽음을 애도하기 위하여, 마치 노부처럼 털망토를 걸치고 비탄의 글자가 새겨진 히야신드꽃sanguine flower; hyacinth과도 같은 사초모자를 쓰고 천천히 걸어 나와서 "아, 누가 내 총애하는 자식pledge; child을 앗아갔느냐?"라고 조문(弔問)하는 듯하였다(ll. 103-107)는 것이다. 그런 다음에, "마지막으로 와서 마지막으로 가버린(Comp. *Revelation*, 22: 13, 나는 알파와 오메가요 시작과 끝이요 처음과 마지막이노라I am Alpha and Omega, the beginning and the end, the first and the last.) / 갈릴리 호수의 수로안내자"(ll. 108-109)가 주교의 법관을 쓴 머리칼(mitred locks; locks crowned with a bishop's head-dress.)을 흔들면서 익사한 킹의 조문객으로 등장한다(l. 111). 밀턴이 조문객으로 등장시킨 '갈릴리 호수의 수로안내자'의 준엄한 말을 통해서, 당시의 부패한 성직자들의 멸망을 예언한 내용은 다음과 같다. 그 당시 감독교회의 성직자들이 그들의 배때기를 채우기 위해서(for their bellies' sake: here means the Episcopalian ministers.), 양 우리에 기어들어 침입하고 기어오르는 그 수많은 자들(Cf. *John*, 10: 1-2), 즉 선량한 신자의 가정(the fold)에 기어들어 침입하고 신자들 위에 군림하는 '수많은 부패한 성직자들'(enow; enough, Enow of such as; an ample number of the corrupt clergy.)을 "젊은 목동이여, 그대를 대신해서 정녕 내 어찌 내버려 두었으랴마는"(have spared; have given up, for thee; in return for you.) 이제는 그들을 가만 두지 않겠다고 '갈릴리 호수의 수로안내자'는 단호하게 말한다(ll. 113-115).

그러고서, '갈릴리 호수의 수로안내자'는 저들의 교회를 위한 헌금(獻金)을 거둬들이는데 혈안이 된 그들(express the eager and rude striving for those church endowments that here are called 'the shearers' feast.'), 어떻게 하면 양심적이고 성실한 성직자(The 'worthy bidden guest' denotes the conscientious and faithful clergy.)를 몰아낼까를 궁리하는 눈먼 탐욕의 주둥이들(Blind mouths: 'Mouths' is put by synecdoche for 'gluttons,' and 'blind' is therefore quite applicable.), 선량한 신자들을 인도할 능력(how to hold/A sheep-hook)과 성실한 목자의 도리(the faithful herdman's (*i.e.* herdsman's) art)도 배우지 못한 무지렁이들, 신자들을 성실하게 인도할 능력과 목자의 본연의 도리와는 상관없이 "번영을 누린 자들"(They are sped: They have sped: One of early meanings of *speed* is 'success,' and *to speed* is to be successful.), 그들이 마음 내키면(when they list: when it pleases them. list=please; cf. *John*, 3: 18), 그 자들의 빈약하고 야하면서도 값싼 알맹이 없는 설교로(lean and flashy songs: pastoral language for 'their teaching, which is without substance or nourishment to their hearers.' 'Flashy'=showy but worthless.), 즉 성서의 진리와는 상관없는 속되고 탐욕스러운 설교(하나님을 팔아서 각종의 물질을 요구하는 식의 설교)로 귀에 거슬리는 소리를 내는(scrannel; being a provincialism='lean': the harsh sound of the word also suits the passage.) 그러한 자들, 방치된 교회의 목회(牧會)(The hungry sheep; the neglected congregations)와 부패하고 유해한 설교로 채워진 신자들의 마음은(swoln with wind, etc., with minds filled with unsound and unwholesome teaching.) 그 자들이 추구하는 물질주의와 이기주의의 '고약한 안개를 들이마셔서'(the rank mist they draw; rank=coarse, foul: 'draw'=inhale, *e.g.* to *draw* breath.), 그 자들의 그러한 것에 전염된 신자들은 '마음이 부패되어 그릇된

교리를 전파하고'(Rot inwardly, and foul contagion spread; have their hearts corrupted, and disseminate false doctrines.), 또한 이러한 신자들과 로마 가톨릭교회의 잔인한 늑대 같은 성직자들이 합세하여 교회의 선량한 신자들을 날마다 그들의 숨겨진 발톱으로 얼른 먹어치우는 자들(the grim wolf; the Church of Rome or Roman Catholicism: comp. "거짓 선지자들을 삼가하라, 양의 옷을 입고 너희에게 다가오나, 마음속은 노략질하는 늑대이니라" Beware of false prophets, which come to you in sheep's clothing, but inwardly they are ravening wolves(*Matthew*, 7: 15). ". . . . 흉악한 늑대가 너희에게로 들어와서 그 양 떼를 아끼지 아니하니라". . . . grievous wolves shall enter in among you, not sparing the flock(*Acts*, 20: 29). 'Privy paw'(l. 28)=the paw/Of hireling wolves(Sonnet XIV, ll. 13-14). 'Privy'=secret. 'Apace'=rapidly(l. 29). At that time, the Roman Catholic revival was strong at Cambridge.), 이토록 성직자들의 부패와 타락이 창궐(猖獗)하여도 로마 가톨릭교회에 편중되어 있는 캔터베리Canterbury의 대주교 로어드William Laud(1573-1645)조차 '아무 말도 하지 않는'(and nothing said: and nothing (being) said. Milton may here refer to Archbishop Laud's leaning towards Popery.) 가운데, 흉악무도한 부패와 타락을 만연시키는 비양심적이고 비성서적 비진리적인 저들과 같은 사이비 성직자들을 '두 손 달린 무기'가(two-handed engine; 'engine'=instrument, and 'two-handed' denotes some formidable instrument. And some formidable instrument denotes the axe or a sharp two-edged sword. Cf. *Matthew*, 3: 10; 7: 19; *Luke*, 3: 9; *John*, 15: 2; *Revelation*, 1: 16) 저들의 '문 앞에서'(At the door=ready at hand; from *Matthew*, 24: 33, ". . . . 인자(人子)가 가까이 곧 문 앞에 이른 줄 알아라. . . . know that it(the Son of man) is near, *even* at the door.) 최후의 일격을 가할 태세로 대기하고 있노라고 저들의 멸망을 예언했다(ll. 116-131).

인용된 구절에 대한 이상의 음미에서 해설(Cf. Milton(1929, notes),

168-173; Verity(notes), 140-148)된 바와 같이, 16세기 튜더왕조의 헨리 VIII세 이래로 승승장구 교세(敎勢)를 확장해온 그 당시의 영국 국교회 성직자들의 경제적·사회적·정치적인 참여로 인한 속물근성도 마찬가지였겠지만, 특히 튜더왕조 시대에 완전히 지하종교로 밀려났다가, 17세기 스튜어트왕조 시대에 들어와서 다시 부흥의 날개를 넓게 펴고서 활개치는 당시의 로마 가톨릭교 성직자들의 물질주의와 이기주의로 인한 부패와 타락은 말할 수 없었던 모양이다. 인용의 구절에서 밀턴이 겨냥한 것은 청교도주의의 첫 번째 정화대상인 로마 가톨릭교 성직자들이라고 할 수 있다(Cf. Verity(notes), 146-147). '갈릴리 호수의 수로안내자'를 통하여, 밀턴은 로마 가톨릭교 성직자들의 겉 다르고 속 다른 죄상을 조목조목 들추어서 신랄하게 비판하여 고발하고, 그와 동시에 하나님의 두 손에 단단히 잡힌 도끼나 검이 힘껏 그들을 내리침으로써, 그들이 잘라져나갈 때가 임박했음을 천명(闡明)해놓았다. 말하자면, 인용된 시구에서 밀턴이 말한 바의 엄밀한 의미의 주제는 당시에 부패와 타락의 전염병을 만연시켜서 선량한 수많은 신자들의 마음을 썩게 한 죄의 대가로, 첫 번째 정화대상으로 낙인된 가톨릭교 성직자들의 멸망을 천명한 그의 청교도주의의 종교개혁 사상이다라고 하겠다.

밀턴의 **제3기 산문과 14행시의 시절**에는 교육, 사회, 정치, 그리고 종교 등의 당면문제의 쟁점에 관한 논설문과 소책자pamphlet가 많이 발표되었으며, 시문학 분야에서는 밀턴이 영어로 쓴 16편의 14행시(Sonnet Ⅷ-XXⅢ)를 이 시절의 작품으로 들 수 있을 뿐이며, 그 이외의 주목할 만한 문학작품은 거의 없는 상태이다. 이 시절에 밀턴이 쓴 대표적인 논설문과 소책자에는, 성직의 근본문제를 다룬 『영국 종교개혁론 *Of Reformation in England*(May 1641)』, 「시넥티므누스에게 항변하는 레몬스트란트 교파 옹호에 대한 견책론(譴責論)*Animadversions upon the Remonstrant's Defence* *against Synectymnuus*; 레몬스트란트 교파 옹호에 대한 견책론 *Animadversions upon the Remonstrant's Defence*(July 1641)」, 『교회행정의 조리(條理) *The Reason of Church Government*(Feb. 1642)』, 영국 최초의 이혼론인 『이혼의 원리와 규제 *Doctrine and Discipline of Divorce*(1 August 1643)』, 인문주의적 교육사상을 집약한 『교육론 *Of Education*(5 June 1644)』, 언론과 출판 자유의 옹호론인 『아레오파기티카 *Areopagitica*(23 Nov. 1644)』, 차알스 I세 처형 2주 뒤에 발표된 「왕과 집정관의 재직권론 *Tenure of Kings and Magistrates*(13 Feb. 1649)」, 『성상(聖像)의 파괴자 *Eikonoklastes*(6 Oct. 1649)』, 『국교도 타도(打倒)에 대한 옹호론 *Defensio pro populo Anglicano*(24 Feb. 1651)』, 종교의 자유를 강조한 『시민세력론 *A Treatise of Civil Power*(16 Feb. 1659)』, 등이 있다. 여기서는 밀턴의 논설문이나 소책자에 대한 논급은 피하기로 하겠다. 이 시절을 산문과 14행시의 시절이라고는 하나, 이 시절의 초기에, 그러니까 밀턴이 대륙여행 중 1638년 12월에 나폴리에서 만난 만소Giambattista(John Baptista) Manso 후작(侯爵)에게 라틴어로 써준 서간체시 「만수즈 *Mansus; Manso*(writ. Jan. 1639?; pritd. 1645, 1647)」와 그가 대륙여행에서 막 돌아와서 1638년 8월에 런던에서 사망하여 동년 8월 27일에 매장된(Cf. Diodati died in London and was buried in 27 Aug. 1638.—Milton(1971), 267) 그의 절친했던 친구 디오다티Charles Diodati의 죽음을 애도한 목가적 애가 「다몬의 묘비명 *Epitaphium Damonis; Damon's Epitaph*(writ. Autumn 1639; pritd. 1640, 1645, 1673)」을 쓰기도 했다. 아무튼 이 시절에 밀턴이 쓴 14행시 중에서 그의 대표작으로 알려져 있는 「눈멀음에 대하여 *On His Blindness*(writ. 1652?, 1655?; pritd. 1673)」를 음미해보자.

이 캄캄하고 넓은 세상에서 내 반평생이 끝나기도 전에
　어쩌다가 나의 광명이 소진(消盡)되고,

게다가 죽음을 감출 수 있는 한 시적 재능talent이
쓸모없이 나와 함께 기거(寄居)하고 있음을 생각할 적에,
내 영혼이 그것으로 내 창조주를 더 섬기기로 작심했을지라도,
그 분이 돌아와서 꾸짖지 않도록 나의 진실한 계산서를 제출하고자,
"하나님께서는 광명을 주시지 않고 낮 일을 강요하시나이까?"
나는 어리석게도 묻습니다. 그랬더니 인내가 그 불평을 가로막아,
이내 대답하기를, "하나님께서는 인간의 업적이나 타고난 재능을
필요로 하지않노라. 그 분께서는 인간의 부드러운 멍에를
가장 잘 견디는 자들이 그 분을 가장 잘 섬기는 자들이니라.
그 분의 나라는 천국이나니, 천군천사들이 그 분의 명령에 달려가며,
쉼없이 육지와 바다를 바쁘게 다니노라. 그들은 또한 차분하게
천명(天命)을 기다리는 자를 위해서 일하느니라"라고 하더이다.

WHEN I consider how my light is spent
Ere half my days in this dark world and wide,
And that one talent which is death to hide
Lodged with me useless, though my soul more bent
To serve therewith my Maker, and present
My true account, lest He returning chide,
"Doth God exact day-labour, light denied?"
I fondly ask. But Patience, to prevent
That murmur, soon replies, "God doth not need
Either man's work or his own gifts. Who best
Bear his mild yoke, they serve him best. His state
Is kingly: thousands at his bidding speed,
And post o'er land and ocean without rest;
They also serve who only stand and wait."
(Milton(1929), 42)

이것은 밀턴이 쓴 14행시 총 23편 중에서 XIX번이다(Cf. Milton(1971), 327쪽에서는 Sonnet XVI번으로 편집되어 있다.). 이 시를 썼을 무렵 밀턴의 개인적인 생활환경을 보면, 밀턴은 1644년(36세)에서부터 점차 그의 시력을 잃기 시작하여 1652년 2월 28일경(43세)에 완전히 실명하였다. 엎친데 덮친격으로 실명된지 약 3개월 뒤에 그의 아내 메어리Mary Milton; Mary Powell가 네 번째 아이, 딸 데보라Deborah를

5월 2일에 출산하고, 그 3일 뒤인 5월 5일에 유명(幽明)을 달리하였다. 그 이후 1655년(47세) 3월 초순경에 그는 크롬웰의 공화정의회의 라틴어 비서직을 직무 대리인에게 맡기고 공무에서 물러나면서부터 그의 공적인 활동을 중단하고, 침울한 정서환경 가운데에서도 그의 운명에 순응하는 새로운 생활을 시작할 수밖에 없었다. 밀턴의 그러한 생활여건을 참작했음인지, 거의 모든 밀턴의 작품 해석가들은 14행시 XIX번에 있는 '내 반평생이 끝나기도 전에'Ere half my days(l. 2)라고 한 어구를 밀턴이 열심히 일했던 시절working days 약 23년과 그의 사망연대 1674년 11월(66세)을 연관지워서 XIX번의 작시연대를 1655년 10월과 11월 사이로 추정하고 있다(Cf. Milton(1971), 327). 아무튼, 밀턴이 1655년 후반기에 이 시를 작시한 것만은 틀림없을 것으로 생각된다(Cf. Milton(1929, notes), 212). 이 시는 1673년 11월경에 출판된 밀턴의 『시와 기타 각종 우성시』에 수록됨으로써 알려졌기 때문에 발표연대 역시 그것의 출판연대와 동일하게 기록되고 있다.

밀턴이 쓴 14행시의 각운형식을 살펴보면, 그의 14행시 모두 23편 중에서 5편(III-VII)은 라틴어로 써졌고, 나머지 18편은 영어로 써졌는데, 영어로 쓴 18편의 14행시 각운형식은 스펜서나 셰익스피어의 14행시처럼 일정한 각운형식을 취한 것이 아니다. 영어로 된 밀턴의 18편의 14행시는 첫째 행에서부터 여덟째 행까지 8행octave의 각운형식은 모두가 *abba abba*로 페트라르카식의 14행시를 따르고 있으나, 아홉째 행에서부터 마지막 행까지 6행sestet의 각운형식이 다양하게 되어 있음을 우리는 발견할 수 있다. 그러한 밀턴의 14행시 각운형식에 대하여, 벨W. Bell, C.I.E., M.A.이 분석해놓은 여섯 가지를 빌려오면 다음과 같다. 첫 번째 각운형식은 *abba abba cdc dcd*이고, 이 형식의 14행시는 7편으로서 I번, VIII번, XI번, XIV번, XVIII번, XXII번, 그리고 XXIII번이며, 두 번째 각운형식은 *abba abba cde cde*이고, 이 형식의 14행시는 5

편으로서 IX번, X번, XVII번, XIX번, 그리고 XXI이며, 세 번째 각운형식은 *abba abba cde dce*이고, 이 형식의 14행시는 2편으로서 II번과 XIII번이며, 네 번째 각운형식은 *abba abba cdd cdc*이고, 이 형식의 14행시는 2편으로서 XII번과 XV번이며, 다섯 번째 각운형식은 *abba abba cdc eed*이고, 이 형식의 14행시는 1편으로서 XX번이며, 여섯 번째 각운형식은 *abba abba cdd cee*이고, 이 형식의 14행시는 1편으로서 XVI번이다로 분류되어 있다.* 인용된 밀턴의 14행시 XIX번은 각운형식을 *abba abba cde cde*로 하는 페트라르카식의 정형이다.

밀턴이 사용한 시어와 어구는 스펜서풍의 요소와 성서적인 요소, 그리고 고대 그리스와 로마를 비롯한 갖가지 신화적인 요소로 복합되어 있다. 그의 그러한 시어는 사전적인 의미만으로는 우리가 그의 시를 이해하는 데에 불가능한 경우가 많다는 것을 알게 되었을 것이다. 예시된 14행시 XIX번의 경우도 그러한 것의 예외가 아니기 때문에 주해(註解)된 몇 가지를 들어보면 다음과 같다. *spent*(l. 1), exhausted. *that one talent*(l. 3). The full construction is, 'and (when I consider how) that one talent, which (it) is death to hide, (is) lodged with me useless.' Talent (Lat. *talentum*, a balance)=something weighed in a balance; hence applied to 'money' and metaphorically (as in the Scripture parable of the talents) to 'God's gift': the word has thus acquired the sense of 'a

---

* Cf. METRICAL ANALYSIS. 1st form: abba, abba; cdc, dcd:—Sonnets i., viii., xi., xiv., xviii., xxii., xxiii. 2nd form: abba, abba; cde, cde:—Sonnets ix., x., xvii., xix., xxi. 3rd form: abba, abba; cde, dce:—Sonnets ii., xiii. 4th form: abba, abba; cdd, cdc:—Sonnets xii., xv. 5th form: abba, abba; cdc, eed:—Sonnet xx. 6th form: abba, abba; cdd, cee:—Sonnet xvi. 7th form: abba, abba; cde,dec; cff, fgg:—(*tailed*) Sonnet xii*a*.—Milton(1929, notes), 183. See the interpretation of「Milton's Sonnets」in the pages 471-474 of this book.

natural gift or ability,' and there is even an adjective from it — 'talented'=clever, possessing natural ability. Milton modestly compares himself to the servant who had received only one talent (see *Matthew*, 25: 14-30); he refers to his poetic genius. 아무튼, talent의 의미는 '시적 재능'을 뜻하기도 하지만, "그 분이 돌아와서 나를 꾸짖지 않도록 나의 진실한 계산서를 제출하고자"present / My true account, lest He returning chide(ll. 5-6)라는 어구와 결부시키면, 고대 그리스나 로마나 히브리의 화폐단위 '달란트'talent라는 의미도 내재된 이중적인 뜻으로 보이는 것이다. *which is death to hide*(l. 3), *i.e.* to hide which is death. *more bent*(l. 4), *sc.* 'is': 'bent,' determined. *lest He returning chide*(l. 6), *i.e.* lest He, on his return, reprove me for sloth. *Doth God exact day-labour*(l. 7). 이것은 "낮 동안에 나를 보내신 그 분의 일을 우리가 해야만 하리라. 밤이 오면 아무도 일할 수 없나니라"We must work the works of him that sent me, while it is day: the night cometh, when no man can work(*John*, 9: 4)라는 구절에서 끌어와서 밀턴 자신의 현실을 비유한 것으로 설명된다. *exact*(l. 7) *i.e.* compel. Doth God exact day-labour; Doth God compel day-labour from me. *light denied*(l. 7): absolute construction, equivalent(as often in Latin) to a conditional construction,=if light is denied. *fondly*(l. 8)=foolishly. *murmur*(l. 9)=complaint. *his own gifts*(l. 10), *i.e.* the talents entrusted by Him to man. *mild yoke*(l. 11)는 "내 멍에는 부드럽고 내 짐은 가볍나니라"For my yoke *is* easy, and my burden is light(*Matthew*, 11: 30)고 말한 구절에서 인유allusion된 것이다. *thousands*(l. 12), *i.e.* thousands of angels. 이것은 "하나님의 군마는 만만이요 천군천사들이라. . . ."The chariots of God *are* twenty thousand, *even* thousands of angels. . . .(*Psalms*, 68: 17)라고 하는 구절에서 따온 것으로 생각된다. *post*(l. 13), hasten. Primarily *post*=something fixed; then a fixed place or stage on a line of road; then a person who travels from stage to stage; and finally any quick traveller. *stand and wait*(l. 14), *i.e.* 'those who, unable to do more, calmly submit to God's purposes, also render Him genuine service. 또한 이 어구의 *wait*는 다윗 David 왕의 시 "너희는 여호와를 바랄지어다. 너희는 담대하여라. 그분께서 너희의 마음을 강하게 할지니. 내가 이르노니, 여호와를 바랄지어다"Wait on the Lord: be of good courage, and he shall strengthen thine heart: wait, I say, on the Lord(*Psalms*, 27: 14)에서처럼, '기다린다'는 의미 이외의 또 하나의 뜻이 내재된 이중성으로 볼 수 있는 것이기도 하다. 이상과 같은 주해(Cf. Milton(1929, notes), 212-213)에서 알 수 있듯이, 밀턴의 14행시 XIX번의 시어와 어구는 그의 다른 14행시와는 달리 성서적인 요소만을 은유적 표현으로 이용한 것의 전형에 속한다.

밀턴이 성서적인 요소를 은유적 표현으로 이용한 것 중에서, 이 시를 쓰게 된 동기를 제기함과 동시에 시의 구성의 중심에 있도록 한 것은 달란트(돈)talent의 비유이다. 청년시절에서부터 장님이 될 때까지 밀턴은 청교도주의 정신으로 생활하였고, 또한 청교도 혁명의 중심에서 하나님을 바르게 섬기는 일에 열심히 종사해왔으나, 앞날이 창창한 나이에 그 자신은 장님이 되고 그의 아내마저도 세상을 떠나버린 비운이 겹치게 되었을 때에, 그의 청교도주의 정신의 시적 재능이 캄캄한 어둠 속에 묻힐 수밖에 없는, 이른바 주인(하나님)의 종으로 봉사할 수 있는 능력과 재능을 상실했다는 비감(悲感)에 사로잡힌 "밀턴은 겸손하게 그 스스로를 단 한 달란트만을 받았던 그 종에 비유한다"Milton modestly compares himself to the servant who had received only one talent(Milton(1929, notes), 213). 그의 영혼이 그의 시적 재능으로 창조주를 더 섬기기로 작심했을지라도(ll. 4-5), 그의 눈멀음으로 말미암아 그 재능은 한 달란트를 받았던 종이 그 돈을 땅속 묻어서 쓸모없이 한 것과 같은 바 되었다는 뜻이다. 나중에 종의 주인이 돌아와서 "그 무익한 종을 바깥 어두움 속으로 내어 쫓으라.

거기서, 슬피 울며 이를 갊이 있으리라"And cast ye the unprofitable servant into outer darkness: there shall be weeping and gnashing of teeth(*Matthew*, 25: 30)고 말한 바와 같은 내쫓김을 창조주로부터 그 자신도 당하게 될까봐 심히 우려되었다는 것이다.

그래서 그는 창조주께 그의 진실한 계산서를 제출하고 그와 같은 내쫓김을 당하지 않고자 하는 마음에서, "하나님께서는 광명을 주시지 않고 낮 일을 강요하시나이까?"(l. 7)라는 물음이 하나님의 뜻을 모르는 자신의 어리석음의 소치(所致)인 줄 알면서도 질문하게 된다. 그의 이러한 질문의 이면에는 하나님께서 "빛없이 캄캄한 데를 더듬게 하시며, 술취한 사람 같이 비틀거리게 하시니라"They grope in the dark without light, and he maketh them to stagger like a drunken man(*Job*, 12: 25)고 욥Job에게 하셨던 말씀을 어찌하여 저의 눈을 빌려서 현시(顯示)하시나이까?"라는 원망어린 불평이 스며 있는 것이다. 그러나 그러한 불평도 잠시일 뿐으로 그는 이내 청교도다운 신앙과 정신을 회복하여, 그에게 부과된 눈멀음의 '부드러운 멍에'mild yoke를 가장 잘 인내하는 것이 곧 하나님을 가장 잘 섬기는 자의 도리임을(ll. 10-11) 알고, 욥이 어려움을 당하여 하나님께 경배드릴 때, ". . . . 주신 분도 여호와이시고, 거둬들인 분도 여호와이시니, 여호와의 이름이 찬양받을 지어다". . . . The Lord gave, and the Lord hath taken away; blessed be the name of the Lord(*Job*, 1: 21)라고 했던 말을 그는 되새김하였을 것이다. 말하자면, 인간의 육신의 모든 것과 영혼의 모든 것은 원래 창조주이신 하나님의 것이니, 하나님께서는 인간의 힘으로 헤아려낼 수 없는 어떤 뜻이 있어 그 뜻에 따라 인간에게 준 것을 다시 회수하는 것은 당연한 일이므로 오히려 찬양받아야 된다는 욥의 말에 밀턴도 동조한 것이다. 그렇기 때문에, 그는 그의 눈멀음이 하나님의 뜻에 의한 것이니, 하나님의 뜻에 순종하여 차분하게 천명God's purposes을 기다리는 것만이 하나님을 참되게 성실하게 섬기는 길이다(ll. 12-14)라는 결론을 내릴 수 있었다. 요컨대, 이 시에서 밀턴은 그의 눈멀음에 대하여, 청교도로서의 그의 깊은 신앙과 정신으로 빚어낸 달관(達觀)의 경지를 읊은 것이다라고 하겠다. 또한 그와 같은 달관의 경지는 밀턴의 14행시 XIX번의 주제이기도 하다.

그러한 주제를 밀턴은 그의 『실락원 *Paradise Lost*』에서는 하나님에게 육안의 눈멀음 대신에 마음의 혜안을 밝게 해줄 것을 간구하는 내용으로 바꾸었다. "이와 같이 해마다 / 계절은 돌아오지만 나에게는 돌아오지 않느니. / 해도, 아침 저녁의 상큼한 다가옴도, / 또한 봄철의 꽃, 여름철의 장미의 모습도 / 양 떼며 소떼들도, 거룩한 사람의 얼굴의 모습도, / 대신에 오직 구름과 가실 줄 모르는 암흑이 / 나를 에워싸고, 인간의 즐거운 생활방도를 / 차단해놓고, 아름다운 지식의 책 대신에 / 나에게는 지우고 깎아버린 자연의 위업의 / 망망한 공백만이 선사되었고, / 지혜는 한쪽 입구로 완전히 내밀려버렸도다. / 그럴수록 더욱더 그대 하늘의 빛이여, / 마음 속을 비치시라, 마음의 모든 능력을 샅샅이 밝히시라. / 거기에 눈을 심고 모든 안개를 / 깨끗이 씻어서 걷어내시라. 인간의 시력으로 / 볼 수 없는 것을 내가 보고 말하게 하시라."Thus with the year / Seasons return, but not to me returns / Day, or the sweet approach of even or morn, / Or sight of vernal bloom, or summer's rose, / Or flocks, or herds, or human face divine; / But cloud in stead, and ever-during dark / Surrounds me, from the cheerful ways of men / Cut off, and for the book of knowledge fair / Presented with a universal blank / Of nature's works to me expunged and razed, / And wisdom at one entrance quite shut out. / So much the rather thou celestial Light / Shine inward, and the mind through all her powers / Irradiate, there plant eyes, all mist from thence / Purge and disperse, that I may see and tell / Of things invisible to mortal sight(III, ll. 40-55).

밀턴의 **제4기 만년시절**은 프랑스의 루이Louis XIV세의 보호 아래 망명생활을 하던 차알스Charles II세가 1660년 5월 25일에 귀국하여 동년 5월 29일에 왕위를 계승한 왕정복고 시대였다. 청년 및 장년시절을 청교도를 신봉하는 신앙과 사상 및 정신으로 교육, 문학, 사회, 정치, 종교, 철학 등의 여러 가지 분야에서, 인간애의 존중과 자유를 위하여 봉사·헌신하다가 눈마저 바친 밀턴은 배반과 수난의 고통이 점철되는 어려운 고비들을 넘겨야 하는 그야말로 곤궁하고 고달픈 만년시절을 보내야 하였다. 더군다나, 청교도 혁명의 역군으로 활약하다가 1649년 크롬웰의 공화정부 초기에 차알스 I세의 각종 행위를 옹호하는 것이 무익함을 주장한 『성상(聖像)의 파괴자 *Eikonoklastes*』를 저술하여, 왕의 처형을 지지했던 밀턴은 왕정복고와 더불어 그의 소책자 『성상의 파괴자』와 『국교도 타도(打倒)에 대한 옹호론 *Defensio pro populo Anglicano*』은 1660년 6월 16일에 모두 압수되어 불태워지고, 그 자신은 그 해 10월에 체포되어 수감되었다가 동년 12월 15일에 평소 그를 아꼈던 형이상학파 시인이자 청교도 옹호론자였던 마아블Andrew Marvell의 적극적인 도움으로 보석금jail fees 150파운드를 지불하고 석방됨으로써 처형의 위기를 모면하였다(Cf. Pattison, 138-139). 그 이후에도 교수형에서 제외된 그를 증오한 왕당파의 극렬분자들에 의하여, 수차례 암살의 위험에 처했던 그는 불안과 공포의 한복판에서 암울하고 참담한 몇 해를 지내야만 되었다. 그처럼 만년시절의 밀턴은 육체적으로나 정신적으로 갖가지 어려움과 맞물린 최악의 여건이었음에도 불구하고, 그의 내부에서 줄기차게 끓어올랐던 청교도주의 사상과 정신의 열정으로 언제까지나 연구대상일 수 밖에 없는 불후(不朽)의 명작을 바로 이 시절에 남겼다(Cf. *The New Encyclopaedia Britannica*(1982), vol. 12, 207-208; Pattison, 149-164).

이 시절에 밀턴이 쓴 유명한 저술 및 문학작품을 꼽아보면, 먼저 그의 저술로서는 영국의 청교도들뿐만이 아니라, 전세계의 개신교도들Protestants의 최상최대의 재산이라고 할 수 있는 라틴어로 된 그의 신학이론서 『기독교의 교리 *De Doctrina Christiana; The Christian Doctrine*(writ. 1655-1661?; pritd. 1825)』, 국민적 도의와 국가적 번영을 강조하기 위하여 성서적인 사실(事實)들을 영국 중세사료에 접목시킨 『대영제국사 *The History of Britain*(1670)』, 『논리학 *Art of Logic*(1672)』, 『참다운 종교론 *Of True Religion*(1673)』 등이 있으며, 다음으로 이 시절에 쓴 밀턴의 문학작품에는 히브리어Hebrew로 된 「구약성서 *Old Testament*」의 창세기(*Genesis*, 1-50), 출애굽기(*Exodus*, 1-40), 민수기(*Numbers*, *passim*), 신명기(*Deuteronomy*, *passim*), 여호수아(*Joshua*, *passim*), 사무엘상(*1 Samuel*, *passim*), 사무엘하(*2 Samuel*, *passim*), 열왕기상(*1 Kings*, *passim*), 열왕기하(*2 Kings*, *passim*), 역대상(*1 Chronicles*, *passim*), 역대하(*2 Chronicles*, *passim*), 시편(*Psalms*, *passim*) 등과 그리스어Greek로 된 「신약성서 *New Testament*」의 마태복음(*Matthew*, 1: 18-25; 20: 29-23: 39), 마가복음(*Mark*, 14-20), 누가복음(*Luke*, 24: 1-53), 요한복음(*John*, 1: 19-4: 54; 20: 1-21: 25), 요한계시록(*Revelation*, 1-21) 등을 주된 소재로 하여, 그의 학문과 예술 등의 모든 분야에 관한 해박한 지식을 청교도적인 사상과 정신에 결집시켜서 그의 하나님God관, 그리스도관, 우주관, 인간관, 윤리관, 그리고 물질관 등을 집대성한 『실락원 *Paradise Lost*(*ca*. writ. 1658-1663; first pritd. August? 1667, second pritd. 6 July? 1674)』, 또한 「신약성서」의 마태복음(*Matthew*, 4: 1-11)과 누가복음(*Luke*, 4: 1-13)에 있는 그리스도Christ를 40일 동안 광야에서 시험하는 마귀the devil의 유혹을 소재로 한 반면에, 스펜서의 『선녀나라의 여왕』 II권 VIII편에서 맘몬Mammon(재물 또는 탐욕의 신; comp. *Matthew*, 6: 24; *Luke*, 16: 9-13)이 기욘 경Sir

Guyon을 타일러가며 유혹하는 내용을 모방한 것으로 추정되는 그의 『복락원 *Paradise Regained*(writ. 1667-1670; pritd. 1671)』, 아울러 『복락원』에 곁들여서 출판된 「구약성서」의 사사기(士師記; *Judges*, 13-16)에 있는 마노아Manoah의 아들 삼손Samson과 블레셋 사람(필리스타인)Philistines의 여인 데릴라Delilah와의 이야기를 소재로 한 『투사 삼손 *Samson Agonistes*(1671)』을 밀턴은 세상에 남겼다. 그리고 그가 사망하기 1년 전에는 그의 일생을 통해서 써놓았던 다양한 운문을 다시 정선한 모음집 『시와 기타 각종 우성시 *Poems, &c, upon Several Occasions*(1673)』를 출판하였다. 만년시절의 밀턴이 무운 서사시로 쓴 『실락원』과 『복락원』 그리고 『투사 삼손』은 영문학상에서 뿐만 아니라, 또한 세계문학상에서 전무후무한 청교도 문학의 금자탑으로 꼽히는 불후의 명작들이다. 이러한 명작들 중에서 밀턴의 청교도주의를 잘 대변한 작품은 그의 『실락원』이다.

『실락원』의 속뜻 다시 읽기

밀턴이 『실락원』을 통해서 그의 청교도주의 사상과 정신에 접목시킨 학문과 예술은 대단히 방대하고 심오하고 해박함으로, 깊이 있게 연구되어야 함을 필수조건으로 하기 때문에 작품 전체를 대상으로 하는 심도 있는 구체적인 분석이나 해석은 여기서 삼가하기로 한다. 밀턴은 『실락원』에서 그의 청교도주의 사상이나 정신과 관련된 여러 가지를 표출해놓았는데, 이 글에서는 그의 그러한 것에 대한 핵심적인 내용을 골라서 그 속뜻만을 다시 훑어보도록 하겠다. 밀턴은 그의 『실락원』의 시작 부분에서 시의 전체적인 운용범위에 대한 원칙*principium*을 밝혀놓고 있는데, 이것은 이탈리아의 문예부흥 초기의 단테Dante나 말기의 타쏘Torquato Tasso(1544-1595)가 그랬던 것처럼, 호머Homer나 버질Virgil의 전통적인 서사시풍의 배열방식을 따랐다는 것이다(Cf. Milton(1968), 40; Milton(1934, notes), 74). 이러한 점에 대해서, 밀턴 자신도 『실락원』의 서사(序詞)*The Verse*에서 "이 시의 격조(格調)measure는 호머의 그리스어 시Homer in Greek와 버질의 라틴어 시Virgil in Latin가 그랬던 것처럼 무운 영웅시체 영시English heroic verse without rhyme이다. 각운rhyme이란 특히 장편 서사시에서나 단시(短詩)poem나 좋은 운문에 반드시 필요한 부수물(附隨物) 또는 진정한 장식품이 아니라, 미개했던 시대의 창안물이다. . . . 번거로운 근대적인 각운의 구속modern bondage of rhyming에서 고대적인 자유를 영웅시체 시에로 회복시켜준 한 표본으로, 영어로 써진 최초의 작품으로 평가되어야 할 것이다"(Milton(1968), 38-39)라는 말로 시인하였다. 말하자면, 밀턴은 그의 『실락원』이 호머나 버질의 서사시풍을 따랐으되, 영어로 쓴 최초의 작품임을 자부하였다. 아무튼, 밀턴은 호머나 버질의 서사시풍처럼 『실락원』의 시작 부분에서 주제와 그것에 따른 목적을 설정하였다.

인간의 최초의 불복종과 그 치명적인 맛이
인간세계에 죽음을 초래한 저 금단의 실과(實果)와
에덴의 상실로, 보다 위대하신 한 분이
우리를 회복시켜 다시 지복(至福)의 자리를 얻기까지의
우리의 모든 비통(悲痛)함을 노래하노라.
천국의 시신(詩神)이여, 그대는 오렙 혹은 시나이 산의
은밀한 정상에서, 그 선민(選民)에게
태초에 하늘과 땅이 어찌하여 혼돈(混沌)에서
생겨났는지를 맨 처음 가르쳤던 그 목자(牧者)에게
영감을 주었노라. 또한 만일 시온산과
하나님의 성전(聖殿) 아주 가까이서 흘러가는 실로아의 냇물이
그대를 더 기쁘게 한다면, 나는 거기에서부터
아직 산문으로나 운문으로나 시도된 적이 없는 것들을
나의 노래가 취급할 때, 나의 모험적인 노래에
그대의 도움을 청하여 (정화천(淨火天)을 향해서) 훨훨 날아
아오니아 산 위에서 높이 솟아오르련다.

그리고 주(主)로 그대, 오 성신(聖神)이여,
모든 신전 앞에서 의롭고 순한 마음을 더 좋아하는 이여,
그대는 알지니 나를 가르치소서. 그대는 처음부터
존재하셨고, 쭉 펴진 힘찬 날개로
비둘기처럼 광대한 심연(深淵)을 품고 앉아서
그것을 잉태하였나이다. 내 안에 있는 어두운 것을
밝혀주시고, 낮은 것일랑 일으켜서 부축해주옵소서.
그리하여, 이 커다란 명제(命題)의 높은 곳에서
내가 영원한 섭리(攝理)의 정당함을 입증하고,
인간에게 하나님의 길(法道)을 정당화하도록 하옵소서.

Of man's first disobedience, and the fruit
Of that forbidden tree, whose mortal taste
Brought death into the world, and all our woe,
With loss of Eden, till one greater man
Restore us, and regain the blissful seat,
Sing heavenly Muse, that on the secret top
Of Oreb, or of Sinai, didst inspire
That shepherd, who first taught the chosen seed,
In the beginning how the heavens and earth
Rose out of chaos: or if Sion hill
Delight thee more, and Siloa's brook that flowed
Fast by the oracle of God; I thence
Invoke thy aid to my adventurous song,
That with no middle flight intends to soar
Above the Aonian mount, while it pursues
Things unattempted yet in prose or rhyme.
And chiefly thou O Spirit, that dost prefer
Before all temples the upright heart and pure,
Instruct me, for thou know'st; thou from the first
Wast present, and with mighty wings outspread,
Dove-like sat'st brooding on the vast abyss
And madest it pregnant: what in me is dark
Illumine, what is low raise and support;
That to the highth of this great argument
I may assert eternal providence,
And justify the ways of God to men.
(Milton(1968), I, ll. 1-26)

우선 이 시구에서, 밀턴이 사용한 어휘나 어구에 대해서 해석한 내용을 우리는 살펴보기로 하자. *mortal*(l. 2). The *taste* of fruit is *mortal* in a derivative sense: deadly, death-bringing (Latin *mortalis*). 위대하신 한 분*one greater Man*(l. 4); the Messiah=Jesus Christ. 말하자면, 하나님에 대한 인간의 최초의 불복종man's first disobedience으로 낙원의 동산인 에덴의 상실loss of Eden을 초래하였는데, 그것을 회복시켜 주기 위하여 하나님은 인간의 원죄를 대속(代贖)할 순종obedience의 한 분을 인간세계에 보냈다. 이 어구에서는 바로 그 한 분을 의미한 것이다(Cf. *Romans*, 5: 17, 19, "한 사람의 범죄로 인하여 사망이 그 한 사람으로 말미암아 왕 노릇 하였은즉, 더 많은 은혜와 의의 선물을 넘치게 받은 자들이 한 분 예수 그리스도로 말미암아 생명 안에서 왕 노릇 하리로다"For if by *one man's offence* death reigned by one; much more they which receive abundance of grace, and of the gift of righteousness, shall reign in life by *one, Jesus Christ.* "한 사람의 불순종으로 많은 사람이 죄인 된 것 같이, 한 사람의 순종으로 많은 사람이 의롭게 되리라"For as by *one man's disobedience* many were made sinners, so by *the obedience of one* shall many be made righteous(The italic is mine.). 천국의 시신*heavenly Muse*(l. 6): not one of the Nine Muses to whom a Greek or Roman poet would have appealed, but the Muse of sacred song, the Heavenly power which inspired Moses on Sinai, and David on Zion, and the other prophets of Israel. Twice he speaks of great singers as "taught by the Heavenly Muse"(III, l. 19), and in VII, ll. 1-4 he gives her name "Urania", 'the Heavenly':—Milton(1934, notes), 74-75. The *heavenly Muse*, later addressed as *Urania*. He refers the heavenly Muse or Urania to the Holy Ghost(Holy Spirit) in his poetry as 'saucy familiarity with a true God'.—Cf. Milton(1968, notes), 41. *Oreb, or · · · Sinai*(l. 7). As *shepherd* of Jethro's(Moses' father in law) flock, Moses was granted the vision of the burning bush on the Mount Horeb(*Exodus*, 3: for euphony, the Vulgate form(Cf. the Vulgate form은 기원 4세기 말경에 라틴어로 번역된 최초의 성서로서 로마 가톨릭교회에서 사용하였음), *Oreb*, is preferred.); as pastor, he received the Law, either on Mount Horeb(*Deuteronomy*, 4: 10) or its low part, Mount Sinai(*Exodus*, 19: 20).—*Ibid.*, 42. 덧붙여 말하자면, 장인 이드로의 양치기였던 모세가 하나님의 율법the Law(Ten Commandments)을 받은 곳이 신명기*Deuteronomy* 4장 10절에서는 호렙 산Mount Horeb; Miltonic Oreb으로 되어 있고, 출애굽기*Exodus* 19장 20절에서는 호렙 산의 나지막한 연산(連山) 시나이 산Mount Sinai으로 되어 있으므로, 밀턴으로서는 모세가 계율을 받은 하나님의 성산(聖山)이 어느 곳인지 단정하기가 어려워서 '오렙 혹은 시나이 산'이라고 표현한 것으로 해석되고 있다. 그러나 쉽게 일치될 수 있는 설명은 호렙은 산맥이고, 시나이는 호렙 산맥의 낮은 연산이다는 것이다(Milton(1934, notes), 75).

그리고 *that shepherd*(l. 8); Moses, who "kept the flock of Jethro" on Horeb(*Exodus*, 3: 1). *first taught*(l. 8), in *Genesis* 1. 선민(選民)*the chosen seed*(l. 8): the children of Israel, whom Moses, the *first*(note the emphatic repetition of this word, in I, ll. 19, 27, 28, 33) Jewish writer, taught about the *beginning* of the world in *Genesis*, the principal source of the mythos of *Paradise Lost*(Milton(1968), 42). *the Heavens*(l. 9), *i.e.* the sky and starry realms of this Universe, not the Empyrean. 혼돈(混沌)*Chaos*(l. 10)=vast abyss(l. 21). 시온 산 *Sion hill*(l. 10)=Mount Zion; the sanctuary, a place of ceremonial song, but also of oracular pronouncements(*Isaiah*, 2: 3). 시온 산의 맨 윗쪽에는 예루살렘Jerusalem이 건립된 곳이고, 시온 산의 연산(連山) 모리아 산Mt Moriah의 한가운데는 하나님의 성전(聖殿)*the oracle of God*(l. 12; 'thy holy oracle'; *Psalms*, 5: 7; 28: 2; 138: 2)이

세워진 성소(聖所)이다. 실로아의 냇물*Siloa's brook*(l. 11); more familiar to us in the description the 'pool' of *Siloam* through *John*, 9: 7-11; but Isaiah's words, of which Milton may be thinking—"the waters of *Shiloah* that go softly"(*Isaiah*, 8: 6),—imply that the waters of the 'pool' overflowed into the garden below and so formed a streamlet, which would find its way into the Kidron(the brook Cedron(*John*, 18: 1) which is situated in the valley of east Jerusalem). Siloa was outside Jerusalem, in the valley that skirted Mt Moriah on which stood the Temple(the oracle of God). In this phrase Milton may have in mind the curative and purificatory pool of Siloam('which is by interpretation, Sent'(*John*, 9: 7): 실로암을 번역하면 '보냄을 받았다'는 뜻이다). If so, an analogy would seem to be implied between the poet, and the blind disciple given sight and insight by Jesus and sent to wash in the pool(*John*, 9: 1-11; 30-39). 아주 가까이서*fast by*(l. 12); close by. (정화천(淨火天)을 향해서) 훨훨 날아*no middle flight*(l. 14), *i.e.* he will ascend to the highest Empyrean. 이 어구에는, 밀턴 이전의 인류 최대의 고대 서사 시인 그리스의 호머나 로마의 버질을 능가하겠다는 뜻을 내포하고 있다. 이러한 뜻은 다음의 'above the Aonian mount'와 연결된다. 아오니아 산*the Aonian mount*(l. 15), Helicon, in Boeotia; sacred to the Muses. In the description of 'above the Aonian mount', Milton hopes to be filled with a higher inspiration, so as to treat of higher things, than the classical poets whose inspiration came from the Muses of antiquity. 취급하다*pursues*(l. 15); treats of; in the sense of the Latin *sequor*. 성령(聖靈) 또는 성신(聖神)*Spirit*(l. 17); Holy Ghost or Holy Spirit: a higher power than Muse addressed above(l. 6). That invocation of the Holy Spirit as a separate person has no Biblical foundation. Unlocalised and operating inwardly, the Spirit provides the impulse of every creative act, divine or human. Comp.

the Pauline idea of the body as the 'temple of the Holy Ghost'(*1 Corinthians*, 6: 19). St Paul also regarded the Spirit as the only instructor about the things of God. 비둘기처럼*dove-like*(l. 21). The allusion is to the descent of the Holy Ghost 비둘기 같은 형체(形體)로'in a bodily shape like a dove' at the baptism of our Lord(*Luke*, 3: 22): ". . . . 내가 보니 성령이 비둘기 같이 하늘에서 강림하더라". . . .I saw the Spirit descending from heaven like a dove(*John*, 1: 32); cf. I, ll. 30, 83. *brooding*(l. 21); like a bird hatching eggs. *brooding* · · · *mad'st it pregnant*(ll. 21-22). Not a mixed metaphor(*Genesis*, 1-2: 3), but a deliberate allusion to the Hermetic doctrine that God is both masculine and feminine. 명제*argument*(l. 24); subject=Latin *argumentum*; cf. IX, l. 28. 정당함을 입증하다*assert*(l. 25); vindicate. 인간에게 하나님의 길(法道)을 정당화하도록 하옵소서*(may) justify the ways of God to men*(l. 26: cf. *Samson Agonistes*, ll. 293-294, "Just are the ways of God, / And justifiable to men"—the Scriptural reference being to passage like "여호와께서는 모든 길에서 의로우시며". . . . The Lord *is* righteous in all his ways. . . .(*Psalms*, 145: 17) and ". . . . 주(하나님)의 길이 의롭고 참되시도다". . . .just and true *are* thy ways(*Revelation*, 15: 3). Alexander Pope professed the same design; cf. *Epistle I* in *An Essay on Man*, ll. 15-16: "경우에 따라 비웃기도 하고 솔직하게도 되어야 하리라. / 그러나 인간에게 하나님의 길(법도)의 정당함을 입증하리라"Laugh where we must, be candid where we can; / But vindicate the ways of God to man.), 즉 인간에게 하나님의 길이 의롭고 참된 것임을 『실락원』을 통해서 입증하게 해달라는 밀턴의 간구. 이상의 주석(Cf. Milton(1934), 74-77; Milton(1968), 40-44)에서 보았듯이, 밀턴이 사용한 대다수의 어휘나 어구는 성서에서 빌려온 것이었다.

밀턴은 성서적인 요소를 인유allusion함으로써 『실락원』을 구성하였다. 『실락원』의 그와 같은 구성을 통해서, 밀턴은 그의 청교도주의 사상 내지는 정신의 건실함을 노정(露呈)해놓았다. 그의 그러한 사상과 정신을 골격으로 한 『실락원』의 주제는 인류의 조상임과 동시에 종족의 대표인 아담Adam과 이브Eve가 하나님의 명령을 어기고 금단(禁斷)의 실과를 따먹은 인간 최초의 불복종으로 인하여, 인간세계에 죽음과 낙원Eden의 상실을 초래하게 된 것에서부터(*Genesis*, 2: 8-3: 24), 아담과 이브의 원죄를 대속하기 위하여 순종의 한 분이자 인간의 구세주Messiah이신 그리스도께서 세상에 와서(*Matthew*, 1: 18-25; *John*, 1: 19-4: 54) 인간을 회복시켜 다시 지복의 자리로 승천(昇天)할 때까지에(*Mark*, 16: 19-20; *Luke*, 24: 50-53) 있었던 비통함을 노래한다는 것이다(ll. 1-5). 요컨대, 이 장편 무운 서사시의 주제는 에덴의 상실에서부터 구세주로 왔던 그리스도가 승천하기까지 사이에 있었던 인간의 비통함을 노래한 것이다. 그리고 밀턴은 이러한 주제설정의 목적을 하나님의 영원한 섭리의 정당함을 입증하고, 인간에게 하나님의 법도를 정당화하는데 있다고 한다(ll. 25-26).

그러한 주제와 목적을 설정해놓았던 밀턴은 『실락원』의 구상과정에서 10년 이상의 세월을 투자한 것으로 되어 있다. 당초에 그는 『실락원』의 구성구조plot-structure를 5막(5부)으로 하는 시극을 쓰기로 하였으나, 정작 그가 『실락원』을 집필할 당시에는 시극을 버리고 서사시로 썼는데, 왜 그렇게 변경하였는지 그 연유를 정확하게 알 수 있는 길은 없다. 밀턴이 그의 조카 필립스Edward Phillips에게서 틈틈이 교정(校正)의 도움을 받으면서, 1658년경에서부터 『실락원』을 쓰기 시작하여 1663년 2월 24일 25세의 금발미인 엘리자베스Elizabeth Minshull를 세 번째 부인으로 맞았던 그 해(밀턴의 나이 54세 때)에 탈고하였다고 한다. 작품이 탈고된 이후, 그러니까 1663년에서부터 1665년 가을 이전까지 밀턴은 『실락원』을 다시 손질하여 완결하였다. 그처럼 완성된 것을 그는 1667년 8월경에 초판으로 출판하게 되었다. 1667년, 1668년, 1669년까지 세 차례에 걸쳐서 출판된 초판본의 제목은 『실락원. 열권으로 된 시 *Paradise Lost. A poem in ten books*』이었고, 1674년 7월 6일경에 8절판의 재판으로 출판되었을 때의 제목은 『실락원. 열 두 권으로 된 시 *Paradise Lost. A poem in twelve books*』이었다. 이러한 제목에서 알 수 있듯이, 『실락원』의 초판본은 I-X권으로 꾸며졌고 재판본은 I-XII권으로 증보(增補)된 것이다. 오늘날 우리에게 전해진 『실락원』의 텍스트는 XII권으로 된 증보판이다. 또한 우리는 『실락원』의 작시연대를 1658년경에서부터 1663년까지 약 5년간으로 보는 것이 통상적이기는 하지만, 사실상의 완성시기가 1665년이고 보면 그 작시연대가 1658년경에서부터 1665년까지로 볼 수도 있는 것이다(Cf. Milton(1934), xxiii-xxxviii; Milton(1968), 3-8). 구상에서부터 증보판으로 완성되기까지, 오랜 기간의 진통 끝에 탄생된 『실락원』의 구성구조는 당시대의 전통적인 유산이었던 아리스토텔레스의 비극의 5부구조를 따랐다고 할 수 있다. 말하자면, I-III권은 발단(發端)부protasis이고, IV-VIII권은 상승(上昇)부epitasis이며, IX권은 절정(絶頂)부peripeteia, X-XI권은 하강(下降)부catastasis이고, XII권은 종결(終結)부catastrophe로 된 5부구조이다. 구성구조의 그러한 구분에 있어서, X-XII권을 인류의 역사를 이야기했다는 큰 줄거리로 본다면, 한 갈래로 묶어서 하강부가 없는 종결부로 생각될 수도 있겠다. 그러나 아담의 원죄(原罪) 이후 그것에 대한 하나님의 심판과 그 결과가 노아의 홍수로 이어졌다고 해석한다면, 즉 원인과 결과를 묶어서 생각해야 한다면, X-XI권을 종결부의 예비단계인 하강부로 보아야 될 것이다. 그리고 XII권은 노아의 홍수를 기점으로 개벽(開闢)된 이후의 새로운 제2의 세계another world(XI, l. 877)를 이야기한 것이다. 말하자면, XII권은 제2의 세계 시작에서부터 그리스도의 탄생과 부활과 승천(昇天)의 사실을 예시(豫示), 아담과 이브의 낙원에서의 추방으로 결론져진 대단원의 종결부로 되는 것이다. 밀턴의 『실락원』을 연구한 학자들 중에서, X-XI권의 하강부를 XII권의 종결부에 포함시킨 것은 몇 가지 모순점을 안고 있다고 하겠다. 이 글에서, 그러한 구성구조로 된 『실락원』의 주된 내용만을 간추려서 해설하면 다음과 같다.

『실락원』의 발단부

발단부에서, 시인은 질투와 복수심으로 인류의 어머니를 간계로 속인 원흉이 지옥의 뱀the infernal serpent임을 전제(I, ll. 34-36), 지옥의 참상을 묘사(I, ll. 56-78), 마왕(魔王)Satan과 마왕 다음가는 비엘지밥(바알세불)Beelzebub(블레셋 사람Philistines의 신; '파괴의 신'을 뜻함. 성서(*Matthew*, 12: 24; *Luke*, 11: 15)에서는 '마귀의 왕'the prince of the devils으로 불렀다.)의 등장(I, ll. 80-82). 지옥에 건축된 중마전(衆魔殿)Pandaemonium에서 마왕은 반역천사들을 소집하여 회의를 선언하고(I, ll. 755-798), 지옥에서의 회의진행→몰록Moloch("너는 결단코 너의 자녀를 몰록에게 주어 불을 지나가도록 하지 말며, 네 하나님의 이름을 욕되게도 하지 말라. 나는 여호와이니라"And thou shalt not let any of thy seed pass through *the fire* to Moloch, neither shalt thou profane the name of thy God: I *am* the Lord(*Leviticus*, 18: 21; cf. *2 Kings*, 23: 10; *Jeremiah*, 32: 35). 왕을 뜻하는 히브리어에서 유래한 말로서 요단강 동쪽에 있던 암몬족 Ammon이 숭배한 태양신. 우상의 형상은 소의 머리에 사람의 몸이다. 그 우상은 황동으로 만들어졌으며, 제물로 바치는 어린이를 불이 타오르는 우상의 가슴에 있는 구멍에 떨어뜨려서 제사를 지낸다.)은 천국과의 개전(開戰)만이 유일한 방법, 복수전 주장(II, ll. 51-105). 맘몬Mammon("사람이 두 주인을 섬기지 못 할 것이니, 혹은 그는 이 사람을 미워하여 저 사람을 사랑하거나, 그렇지 않으면 이 사람을 중히 여겨 저 사람을 경히 여기게 됨이라. 너희는 하나님과 재물을 겸하여 섬기지 못 하느니라"No man can serve two masters: for either he will hate the one, and love the other; or else he will hold to the one, and despise the other. Ye cannot serve God and **mammon**(*Matthew*, 6: 24; cf. *Luke*, 16: 9-13). 맘몬은 시리아어로 부(富) 또는 재물을 뜻함. 중세의 관습에서 이것을 의인화하여 맘몬은 9계급의 악마 중에서 최하위의 왕이다. 재물 또는 탐욕의 신. 맘몬의 탐욕의 3대 양상은 인색함, 물질주의적인 상업주의, 낭비이다. 이 양상은 스펜서의 『선녀나라의 여왕』에 나오는 동굴 에피소드(II권 VII-VIII편)의 맘몬과 아주 유사하다. 스펜서는 이 세 가지 양상을 각기 다른 유혹에서 구체화하였고, 또한 다른 모습으로 의인화 하였다. 스펜서와 밀턴이 묘사한 맘몬에 대한 궁극적인 토대는 아리스토텔레스의 도량(度量)의 개념이고, 물질에 대한 적절한 덕목을 규정하는 데 있다고 한다(Cf. I, ll. 678-684: Milton(1968, notes), 82-83)은 몰록의 전쟁론을 반박하고, 평화론과 지옥에서의 건국론을 주장(II, ll. 229-283). 비엘지밥은 몰록의 복수심에 불타는 전쟁론과 맘몬의 평화적인 건국론을 반대하고, 위대한 창조주가 창조한 새로운 종족인 인간의 복지로 예견되는 행복의 섬The happy isle에 사는 인간을(*Genesis*, 2: 8, 21-23; 3: 20의 에덴동산을 행복의 섬으로, 아담Adam과 이브Eve를 인간으로 표현하였음.) 그 곳에서 쫓아내거나, 아니면 창조주와 인간 사이가 원수가 되도록 함으로써 복수하자고 제의. 모두가 대찬성. 임무수행의 곤란한 점과 임무의 중대성 역설(II, ll. 310-378; ll. 390-416). 마왕이 자신의 결의를 피력하고, 직위에 따른 책임감으로 중책을 자임(自任)함(II, ll. 430-466). 지옥의 회의The Stygian council 종결, 지옥의 호족(豪族)들이 차례로 퇴장함(II, ll. 486-507). 밀턴은 악마들의 단결과 인간의 갈등과 분규와 전쟁을 비교하고, 회의(懷疑)적인 인간론을 언급함(II, ll. 496-505).

마왕은 지옥문을 향해서 비상(飛翔)→모험을 시작함. 아홉 겹으로 된 지옥문에 도착(II, ll. 629-648). 마왕은 지옥문의 열쇠를 가지고 있는, 상반신은 아름다운 여인이고 하반신은 수많은 가시비늘로 무장한 구렁이인 '죄'Sin; Sorceress와 지옥문을 지키는 흉측한 거구의 형체인 '죽음'Death; Goblin을 만난다. 마왕은 '죄'는 자신의 딸이자 아내이고 며느리임을, '죽음'은 자신의 아들이자 손자이고 사위임을, '죄'는 '죽음'의 어머니이자 아내이고 누이임을 확인함. 밀턴은 마왕과 죄와 죽음의 관계를 '최상의 타락과 악마의 삼위일체'로 상정하였음(II, ll. 648-870). '죄'의 열쇠로 지옥문이 넓게 열림(II, ll. 871-888: "너희는 좁은 문으로 들어가라. 멸망으로 인도하는 문은 크고, 그 길이 넓어 그리로 들어가는 자가 많노라"Enter ye in at the strait gate; for wide *is* the gate, and broad *is* the way, that leadeth to destruction, and many there be which go in thereat(*Matthew*, 7: 13)는 구절에서 인유됨.). 마왕과 '혼돈'(混沌)Chaos의 왕 '밤'Night; Anarch과 '오르쿠스'Orcus(*Orcus* and *Ades* are both names of the classical god of hell(Milton(1968, notes), 135). 로마 신화의 지옥의 신, 원래는 죽음의 신. "그리고 청백색의 말을 지켜보았는데, 그 말을 탄 자의 이름은 죽음이니 음부(陰府)가 그 뒤를 따르더라"And I looked, and behold, a pale horse: and his name that sat on him was Death, and hell followed with him(*Revelation*, 6: 8). 그리스 신화의 죽음 또는 죽음의 신), '아데스'Ades; Hades(그리스 신화의 지옥 또는 지옥의 신), '데모고르곤'Demogorgon,* '소문'Rumour, '우연'Chance, '소

---

* *Name of Demogorgon*=Demogorgon himself; a Latinism. *Demogorgon*, a deity supposed to be alluded to by Lucan, *Pharsal*. VI. 744, and said to be first mentioned by name by Lactantius(fourth cent. A. D.): also to be mentioned by Italian writers, Boccaccio, Boiardo, Tasso, and Ariosto. Be all this as it may, Demogorgon was certainly a demon very much 'dreaded.' Spenser makes him the lord of Chaos—"Downe in the bottome of the deepe Abysse," *Faerie Q*. IV. II. 47; . . . .(Milton(1934, notes), 132). *name / Of Demogorgon*, the divine nature of Demogorgon; alluding also to Statius' mention of 'the name whose knowing and whose speaking' the ghosts dread(*Theb*. iv 514)-identified by the scholiast as Demogorgon. . . . M. supposes 'Demogorgon, the ancestor of all the gods . . . to be identical with the Chaos of the ancients'(Milton(1968, notes), 135). 데모고르곤 자체는 라틴어 어투에서 연유된 것인데, 고대 로마의 두 서사시인 루칸Lucan; Marcus Annaeus Lucanus(39-65)과 스타티우스Publius Papinius Statius(*ca*. 45-96)

란'Tumult, '혼란'Confusion, 그리고 '불화'Discord와의 만남, 이들에게 천계의 왕the Ethereal King이 최근에 소유한 곳으로 가는 지름길 안내를 협조요청(II, ll. 959-987). 혼돈 왕이 혼돈과 그 위에 있는 최근의 다른 세계인 하늘과 땅을 연결하는 황금사슬이a golden chain("그는 북쪽을 허공에 펼치고, 땅을 텅빈 공간에 걸어 놓으셨도다"He stretcheth out the north over the empty place, *and* hangeth the earth upon nothing(*Job*, 26: 7). 호머의 『이리아드』 VIII권 18-27에서, 제우스Zeus는 하늘에서 내려뜨리는 황금사슬로 모든 신(神)과 땅, 바다, 그리고 우주를 끌어올릴 수 있다고 한다. 여기서, 밀턴은 우주의 영원한 질서의 연결고리를 의미한 듯하다.—Cf. Milton(1934, notes), 134) 있음을 마왕에게 알려줌(II, ll. 1004-1009). 혼돈 왕이 말을 마치자마자 마왕은 지체없이 가는데(II, l. 1010), 마왕의 발자국을 '죄'와 '죽음'이 뒤따른다(II, ll. 1024-1025). 마왕은 지옥에서 계속된 이 허약한 세계의 극지의 천구(天球)the utmost orb에 이르는 긴 다리를 지나서 자연의 끝이 닿는 변경과 '혼돈'이 물러나는 지점에서(II, ll. 1029-1039), 정화천empyreal heaven(empyrean; the abode of the Deity and his angels.)을 바라보며 황금사슬에 매달려 늘어진 그 세계This pendent world, 즉 신세계로 향한다(II, ll.

가 데모고르곤을 그들의 서사시에서 신격화하여 인유한 것이 그 효시(嚆矢)이다. 루칸은 그의 서사시 『파르잘리아 *Pharsalia*』, VI권 744에서 일종의 신a deity으로, 스타티우스는 그의 서사시 『테바이스 *Thebais; Thebaid*』, IV권 514에서 고대 주석가들이 주석한 것에 일치하는 무서운 망령(亡靈)으로 인유하였다. 그 뒤에, 고대 로마의 말기 기독교 호교(護敎)철학자 라크탄티우스Lucius Caecilius Firmianus Lactantius(*ca.* 240-320)가 그의 『신의 가르침 *Divinae Institutiones; The Divine Precepts*』에서 처음으로 데모고르곤을 악마의 이름으로 사용한 이래, 복카치오, 보이아르도, 타쏘, 그리고 아리오스토와 같은 이탈리아 작가들의 작품에 등장하였다. 스펜서의 『선녀나라의 여왕』, IV권 II편 47연에서는 "깊은 심연의 밑바닥(지옥)에 누워 있는" 혼돈의 지배자로 되어 있다. 아무렇든, 데모고르곤은 굉장히 무시무시한 악마임에는 틀림없다. 밀턴은 데모고르곤을 태고의 혼돈시대에 걸맞는 모든 신gods의 조상으로 생각하였다. 여하튼, 데모고르곤은 신비스럽고 무서운 괴물로 지옥을 떨게 하는 마력이나 주술(呪術)의 힘을 가진 악마로 인격화된 것임에는 틀림없을 것 같다.

1046-1055).

밀턴은 무대를 지옥의 대응부counterpart인 정화천의 세계(천국)로 옮겼다. 먼저 그 곳의 빛을 찬양함. 빛은 성스러운 하늘의 첫 자손offspring of heaven first-born이요, 하나님의 목소리 듣고 태어났고(*Genesis*, 1: 3, "하나님이 가라사대, 빛이 있으라 하니 빛이 있었고"And God said, Let there be light: and there was light. 천지창조에서 제일 먼저 빛이 창조되었음.), 하나님은 빛이며(*1 John*, 1: 5, ". . . . 하나님은 빛이시라, 그에게는 어둠이 조금도 없으시니라". . . . that God is light, and in him is no darkness at all.), 가까이 할 수 없는 빛 속에 사셨고(*1 Timothy*, 6: 16, "오직 그 분만이 영원불멸이고, 아무도 가까이 할 수 없는 빛에 사시고, 아무도 보지 못하였고, 또한 볼 수 없는 분이시니, 그에게 존귀와 영원한 능력을 돌릴지어다"Who only hath immortality, dwelling in the light which no man can approach unto: whom no man hath seen, nor can see; to whom *be* honour and power everlasting.), 누구도 그 근원을 알지 못하는Whose fountain who shall tell?(*Job*, 38: 19, "빛이 있는 곳으로 가는 길은 어디 메냐?. . . ."Where *is* the way *where* light dwelleth?. . . .) 빛은 순수한 정기(精氣)의 흐름pure ethereal stream으로 신세계The rising world를 외투로 에워싸듯이 하였다(III, ll. 1-12)고 밀턴은 노래함. 밀턴 자신의 이야기. 육안의 눈멀음 대신에 마음의 혜안을 밝게 해줄 것을 간구함(III, ll. 13-55). 정화청천(淨火靑天)the pure empyrean의 보좌(寶座)에 앉으신 전능하신 아버지the almighty Father 성부(聖父)와 그 우편에 앉아 있는 그의 독생자His only Son이신 성자(聖子), 그리고 그 둘레에 천국의 모든 성자(聖者)들sanctities이 빽빽이 모여 있다(III, ll. 56-64).

천국에서의 회의진행→성부는 지옥과 중간의 혼돈Hell and the gulf(Chaos) between을 보고, 마왕이 밤Night 이쪽 하늘의 성벽을 따라(*this side, i.e.* the side nearest to the Empyrean. The realm of

Night(personified) lies in Chaos, between Hell and the Empyrean. 지옥과 천국의 중간에 있는 혼돈을 벗어나서), 창천(蒼天)없이 에워싸인 굳은 땅(Firm land imbosomed without firmament: viewed from outside, this Universe appeared to be a solid, spherical mass of land, without sky(Milton(1940, notes), 66). 천국과 신세계의 중간에 있는 우주의 외곽지대)의 표면에 내리려는 것을 본다(III, ll. 69-76). 성부는 타락한 마왕의 거듭되는 배은망덕의 타락과 유일한 명령the sole command(*i.e.* to abstain from the forbidden tree—*Ibid.*, 66. *Genesis*, 2: 9, 17, "여호와 하나님이 그 땅에서 보기에 아름답고 먹기에 좋은 나무가 나게 하시니, 동산 가운데에는 생명의 나무와 선과 악을 알게 하는 지식의 나무도 있더라"And out of the ground made the Lord God to grow every tree that is pleasant to the sight, and good for food; the tree of life also in the midst of the garden, and the tree of knowledge of good and evil. "그런데, 선과 악을 알게 하는 지식의 나무의 실과는 먹지 말라. 네가 먹는 날에는 그것으로 너는 정녕 죽으리라"But of the tree of the knowledge of good and evil, thou shalt not eat of it: for in the day that thou eatest thereof thou shalt surely die.)을 어기게 되는 아담과 이브의 타락을 예고함(III, ll. 86-96). 누구의 잘못 인가whose fault? 자신의 잘못이 아니고 누구의 잘못이란 말인가Whose but his own? 타락하는 것은 자유이나, /나는 충분히 견뎌낼 수 있게끔 그를 정의롭고 흠잡을 데 없게 만들었느니라I made him just and right, / Sufficient to have stood, though free to fall. 견뎌낸 것도 자유로이 견뎌냈고, 타락한 것도 자유로이 타락했노라Freely they stood who stood, and fell who fell고 성부는 인간의 타락은 자유의지free will이고 인간 자신의 책임(자신의 죄는 자신의 책임), 이른바 자기책임(自己責任)의 원칙론, 자유의 존귀성을 말함, 타락을 창조주 탓으로 돌리는 것은 부당함(III, ll. 96-113). **예정설**predestination*을 고지(告知)함. 이른바, 인간의 자

유의지에서 말미암은 타락과 죄는 확실하게 예정된 것이나, 판단함에 있어서나 선택함에 있어서도 자초지종 자업자득(自業自得)임(Ⅲ, ll. 114-128). 타락의 첫 번째 족속(the first sort; the fallen angels.—*Op. cit.*, 66)인 반역천사들은 자기유혹self-tempted과 자기타락self-depraved이나, 타락의 두 번째 족속인 인간은 첫 번째의 기만(欺瞞)으로 타락한 것이니man falls deceived / By the other first, 인간은 하나님의 자비에서나 정의에서나 시종일관 가장 찬란하게 빛나는 자비를 입게 될 것이다in mercy and justice both, . . . / But

---

* "하나님이 미리 아신 자들로, 또한 그 아들의 형상을 본받게 하기 위하여 예정하셨으니, 이는 그가 많은 형제 중에서 맏아들이 되게 하심이라. / 게다가 예정하신 그들을 또한 부르시고, 부르신 그들을 또한 의롭다 하시고, 의롭다 하신 그들을 영화롭게 하셨느니라"For whom he did foreknow, he also did predestinate *to be* conformed to the image of his Son, that he might be the first-born among many brethren. / Moreover, whom he did predestinate, them he also called: and whom he called, them he also justified: and whom he justified, them he also glorified(*Romans*, 8: 29-30). "그의 기뻐하시는 뜻대로, 우리를 예정하사 예수 그리스도로 말미암아 자기의 아들들이 되게 하셨으니, / 이는 그의 사랑하시는 자 안에서 우리에게 거저 주시는 바, 그의 은총의 영광을 찬미하게 하려는 것이라"Having predestinated us unto the adoption of children by Jesus Christ to himself, according to the good pleasure of his will, / To the praise of the glory of his grace, wherein he hath made us accepted in the Beloved(*Ephesians*, 1: 5-6)는 인용의 두 구절들은 하나님의 예정설(豫定說)이 함축되어 있다. 예정설에 대하여 대체적으로 두 갈래의 해석이 있는데, 그 하나는 칼뱅John Calvin(1509-1564)의 것이고 다른 하나는 아르미니우스Jacobus Arminius(1560-1609)의 것이다. 그 내용을 요약하면, 전자의 칼뱅주의Calvinism의 예정설에서는 "하나님의 심사숙고한 절대적인 결정speculative determinism에 의하여 구원받을 자와 구원받지 못할 자(멸망할 자)가 예정되어 있다"는 것이고(Cf. *The New Encyclopaedia Britannica*(1982), vol. II, 468-469), 후자의 아르미니우스주의Arminianism의 예정설에서는 "하나님의 구원은 특정한 일부의 인간에게만 있는 것이 아니라, 전 인류에게 행해지며 이것을 거부하는 것은 인간의 자유의지이다"라고 하는 것이다(Cf. *Ibid.*, vol. I, 526-527). 말하자면, 구원의 예정은 하나님의 절대적인 결정으로서 인간의 자유의지를 억제하는 것이 아니라, 자유의지에 의한 인간의 선택을 하나님이 미리 알고, 인간이 선택한 것에 해당하는 운명을 하나님께서 예정한다는 것이다. 밀턴의 예정설은 판단과 선택에 있어서 인간의 자유의지를 존중한 점으로 보아서 아르미니우스주의에 속한다고 할 수 있겠다.

mercy first and last shall brightest shine라고 말함(III, ll. 129-134).

성자는 인간을 타락시킨 마왕과 타락한 창조물(인간)을 어떻게 할 것인지에 관한 성부의 뜻을 타진함(III, 11. 144-166). 위대하신 창조자 성부와 성자와의 견해의 일치(삼위일치의 예)로 성부는 만족함(III, ll. 168-172). 구원을 원하는 인간은 성부의 은총에 힘입어야만 구원받음(III, ll. 173-182). 구원에 이르게 하는 성부의 수단(III, ll. 183-202). 성부, 인간이 지은 죽음의 죄를 대신할 속죄자(贖罪者)의 필요를 말함(III, ll. 203-216). 성자, 인간의 죄의 속죄자로 자청함(III, ll. 227-265: comp. *John*, 8: 42, ". . . . 이는 내가 하나님에게서 나서 왔음이라, 나는 스스로 온 것이 아니요, 아버지께서 나를 보내신 것이니라". . . . for I proceeded forth and came from God; neither came I of myself, but he sent me. 밀턴은 성자가 인간의 속죄자가 될 것을 자청한 것으로 읊었으나, 성서에서는 성자가 자청한 것이 아니라, 하나님이 성자를 세상에 보내서 온 것으로 되어 있다(Cf. *Matthew*, 10: 40). **밀턴의 이러한 이설은 엄격한 의미에서 이단시되어야 한다**. 그러나 성서상의 엄격한 의미보다는 문예미학적인 창작으로 봐주는 것이 좋을 것 같다. 왜냐하면, 청교도주의자인 밀턴이 성서의 그러한 내용을 몰랐을 리가 만무하기 때문이다.). 성부, 속죄를 위한 그리스도Christ의 수육(受肉)을 말함. 즉, 때가 오면 기이한 출생에 의하여 처녀의 씨로 화육(化肉)하여Made flesh, when time shall be, of virgin seed, / By wondrous birth(III, ll. 284-285: *Galatians*, 4: 4, "때가 차매 하나님이 그 아들을 보내사, 여자에게서 나게 하시고, . . ."But when the fullness of the time was come, God sent forth his Son, made of a woman, . . . *Matthew*, 1: 21, 하나님의 사자가 요셉에게 현몽(現夢)하여 가로되, 정혼한 동정녀 마리아가 "아들을 낳을 것이니 이름을 예수라 하라. 이는 그가 자기 백성을 저희의 죄에서 구원할 자이심이라 하니라"And she shall bring forth a son, and thou shall call his name JESUS: for he shall save his people from their sins. *Luke*, 1: 31, 하나님이 보낸 천사 가브리엘Gabriel이

요셉과 정혼한 동정녀 마리아에게 수태고지(受胎告知)하기를 "보라, 네가 수태하여 아들을 낳으리니, 그 이름을 예수라고 하라"And behold, thou shalt conceive in thy womb, and bring forth a son, and shalt call his name JESUS. *Isaiah*, 7: 14; *Matthew*, 1: 23, "보라, 처녀가 잉태하여 아들을 낳을 것이요, 그 이름을 임마누엘이라 하리라고 하셨으니, 이를 번역한즉 하나님이 우리와 함께 계시다 함이니라"Behold, a virgin shall be with child, and shall bring forth a son, and they shall call his name Emmanuel, which being interpreted is, God with us.) 아담 대신으로 인류의 으뜸이 되라고 당부함(III, ll. 281-286). 아담 안에서 모든 인간이 멸망하듯이, 마치 제2의 뿌리에서As from a second root처럼(인류의 조상 아담은 제1의 뿌리이고, 인류의 새로운 시작의 장을 열었던 그리스도는 인류의 제2의 뿌리이다라는 뜻임.) 네 안에서 회복될 수 있는 한 회복되리라(Cf. *1 Corinthians*, 15: 22, "아담 안에서 모든 사람이 죽은 것 같이, 그리스도 안에서 모든 사람이 살게 되리라"For as in Adam all die, even so in Christ shall all be made alive.). 네가 아니면, 회복시킬 자 없노라고 인류를 구원하기 위한 속죄의 원리를 말함(III, ll. 287-302: cf. *Romans*, 3: 24, "그리스도 예수 안에 있는 속죄로 말미암아, 하나님의 은총으로 값없이 의롭다 하심을 얻은 자 되었느니라"Being justified freely by his grace, through the redemption that is in Christ Jesus. *Romans*, 5: 18, "그런즉, 한 범죄로 모든 사람이 정죄(定罪)에 이른 것 같이, 의의 한 행동으로 말미암아 모든 사람이 의롭다 하심을 받아 생명에 이르렀느니라"Therefore, as by the offence of one *judgment come* upon all men in condemnation, even so by the righteousness of one *the free gift came* upon all men unto justification of life. *Romans,* 5: 10, "곧 우리가 원수가 되었을 때에, 그 아들의 죽으심으로 말미암아 하나님과 화목되었은즉, 우리는 화목된 자로서 더 더욱 그의 살으심으로 인하여 구원받을 것이니라"For if when we were enemies, we were reconciled to God by the death of his Son; much more, being reconciled, we shall be saved by his life. *Matthew*, 20: 28, "인자(人

子)가 온 것은 섬김을 받으려 함이 아니라, 도리어 섬기려 하고, 자기의 목숨을 많은 사람의 대속물(代贖物)로 주려 함이니라"Even as the Son of man came not to be ministered unto, but to minister, and to give his life a ransom for many. *John*, 3: 17, "하나님이 그 아들을 세상에 보내신 것은 세상을 심판하려 하심이 아니요, 저로 말미암아 세상이 구원받게 하려 하심이라"For God sent not his Son into the world to condemn the world, but that the world through him might be saved. *Ephesians*, 1: 7, "우리가 그리스도 안에서 그의 은총의 풍성함을 따라, 그의 피로 말미암아 속죄, 이른바 죄사함을 받았으니"In whom we have redemption through his blood, the forgiveness of sins, according to the riches of his grace; *Colossians*, 1: 14). 성부는 성자에게 부여될 인성(人性)을 공덕merit과 착함good과 사랑love이다라고 하고(III, ll. 303-312), 성자의 부활(*Matthew*, 28: 1-10; *Mark*, 16: 1-11; *Luke*, 24: 36-43; *John*, 20: 1-20, 25-28; *1 Corinthians*, 15: 21)과 승천(*Mark*, 16: 19-20; *Luke*, 24: 50-51) 이후의 권능(III, ll. 313-317), 하늘과 땅의 모든 지배권을 성자에게 수여할 것임(III, 11. 317-322: cf. *Matthew*, 28: 18; *Ephesians*, 1: 20-22; *Philippians*, 2: 10-11; *Hebrews*, 1: 8-9), 성자의 재림(*Matthew*, 16: 27; 24: 29-31; 25: 31; 26: 64; *Mark*, 8: 38; *Luke*, 21: 27; *Revelation*, 1: 7)과 심판(*John*, 3: 36; 5: 22, 25-29; *Acts*, 10: 42; *Romans*, 2: 6-16; *2 Timothy*, 4: 1; *1 Peter*, 4: 5; *Revelation*, 20: 12-15), 이후에 죄인들로 가득찬 지옥문이 영원히 닫히고(Cf. *Matthew*, 23: 33; *Revelation*, 20: 1-3), 또한 세계는 불타 없어지며(Cf. *Psalms*, 50: 3; *Isaiah*, 34: 4; *2 Peter*, 3: 10, 12) 황금시대golden days의 신천지(Cf. *Isaiah*, 65: 17; *2 Peter*, 3: 13; *Revelation*, 21: 1)가 도래될 것이다(III, ll. 323-343)라고 그의 말을 마무리하였다.

성부의 그 모든 말이 끝나자마자 회의에 모였던 천사의 무리는 넘치는 환희jubilee* 속에서, 호산나hosannas를 연호(連呼)하면서(호산나는 히브리어로 "구하옵나니, 구원하옵소서"를 뜻함. "오 여호와여, 이제 구하옵나니 구원하옵소서. 오 여호와여, 구하옵나니 이제 형통(亨通)케 하옵소서"Save now, I beseech thee, O Lord: O Lord, I beseech thee, send now prosperity(*Psalms*, 118: 25). Commonly 'hosanna' is a cry for deliverance; but sometimes of praise, as in *Matthew*, 21: 9, "앞에서 가고 뒤에서 따르는 무리가 소리질러 가로되, 호산나 다윗의 자손이여, 찬송하리로다 주의 이름으로 오시는 이여, 가장 높은 곳에서 호산나라고 하더라"And the multitudes that went before, and that followed, cried, saying, Hosanna to the Son of David: Blessed *is* he that cometh in the name of Lord: Hosanna in the highest(Milton(1940, notes), 132). 여기서는 장엄한 예찬 또는 찬미를 뜻하는 감탄어로 사용되었음.) 성부와 성자의 옥좌를 향하여 예의를 갖춘 엄숙한 경배의 표시로 아마란트amarant와 황금으로 짠 면류관(冕旒冠)을 땅에 던진다(**amarant**; 'unwithering'; a purple flower that, as Hume and Newton noted, was for Clement of Alexandria(150?-215?) a 'symbol of immortality'(Milton(1968, notes), 163). Amarant is the unfading flower that typifies immortality in Greek(Milton(1940, notes), 70; 127). 아마란트꽃은 불멸의 또는 불사의 의미를 가진 부조화(不凋花)로 낙원에서 생명의 나무 옆에서 자랐다고 한다. Cf. *1 Peter*, 1: 4, "썩지 않고 더럽지 않고 쇠하지 아니하는 기업(基業)을 잇게 하시니, 곧 너희를 위하여

---

* 환희(歡喜)를 뜻하는 요베루jubilee는 사면remission 또는 해방emancipation의 희년(禧年)으로서, 구약시대 유대인(아브라함과 그 자손)이 가나안Canaan 땅에(Cf. *Genesis*, 12: 5-9) 들어간 해부터 기산하여 이스라엘에서는 50년마다 요베루jubilee라고 하는 안식(安息)희년 축제가 있다(Cf. *Leviticus*, 25: 8-17). 이 해에는 노예가 해방되고 토지 소작인은 경작의 의무에서 해면되며, 부당하게 남에게 넘어간 토지나 가옥은 원래의 주인 또는 그 상속인에게 반환된다. 말하자면, 모든 지상의 관계가 원점에서 다시 시작됨을 의미한다. 따라서 이 해가 왔음을 알리는 나팔소리가 울려퍼지면 학대받던 사람들이 요베루jubilee를 외치며 기뻐한다(Cf. Milton(1968, notes), 163). 여기에서 요베루jubilee의 뜻은 천사들의 더할 나위없는 기쁨을 나타낸 것이다.

하늘에 간직하신 것이라"To an inheritance incorruptible, and undefiled, and that fadeth not away, reserved in heaven for you. 면류관을 땅에 던진다**to the ground / · · · down they cast / Their crowns:** cf. *Revelation*, 4: 10, "이십 사 명의 장로들이 보좌에 앉으신 그 분 앞에 엎드려, 세세토록 사시는 그 분에게 경배하고 자기의 면류관을 보좌 앞에 던지며 가로되. . . ."The four and twenty elders fall down before him that sat on the throne, and worship him that liveth for ever and ever, and cast their crowns before the throne, saying, ...). 회의에 모였던 천사들의 충만한 기쁨과 경배 속에 천국에서의 회의는 종료되었다(III, ll. 344-352). 이어서 밀턴은 자신의 하나님관과 그리스도관 그리고 우주관을 서술해놓았다. 그의 **하나님관**은 '인간에게 하나님의 길을 정당화'하고자 하는 그의 시정신에 합당한 기본적인 관념을 뚜렷이 하는 데에 초점이 맞추어진 것으로 볼 수 있겠다.

성부시여, 저들은 맨 먼저 당신을
전능의, 불변의, 불멸의, 무한의, 영생의
왕이시요, 만유(萬有)의 창조주이시고,
빛의 원천이라고 노래하옵나이다.
장엄한 광채 속에서, 당신 스스로는 내보이지 않는
아무도 접근할 수 없는 보좌에 앉으셨으니, 다만 빛살의
휘황한 광염(光炎)을 가리우시고, 찬연한 성소(聖所)처럼
당신 주위를 휘감은 구름 속으로 비칠 때에만,
너무나 찬란한 당신의 옷자락이 거무스름하게 드러나 보이나,
그래도 하늘은 눈부셔, 가장 빛나는 세랍천사들도
가까이 못하고, 두 날개로 저들의 눈을 가리나이다.

Thee Father first they sung omnipotent,
Immutable, immortal, infinite,
Eternal king; thee author of all being,
Fountain of light, thy self invisible
Amidst the glorious brightness where thou sit'st
Throned inaccessible, but when thou shadest
The full blaze of thy beams, and through a cloud
Drawn round about thee like a radiant shrine,

Dark with excessive bright thy skirts appear,
Yet dazzle heaven, that brightest seraphim
Approach not, but with both wings veil their eyes.
(Milton(1968), III, ll. 372-382)

밀턴의 하나님은 전능의, 불변의, 불멸의, 무한의, 영생의 왕이시고(Comp. *Exodus*, 6: 2-3, "하나님이 모세에게 말씀하여 가로되, 나는 여호와이노라. 내가 아브라함과 이삭과 야곱에게 전능의 하나님으로 나타났노라. . . ." And God spake unto Moses, and said unto him, I *am* the Lord: And I appeared unto Abraham, unto Issac, and unto Jacob by *the name of* God Almighty, . . . *Isaiah*, 41: 4, "이 일을 누가 행하였으며 누가 이루었느냐, 누가 태초에서부터 만대를 명정(命定)하였느냐? 나 여호와라, 태초에도 나요, 나중에 있을 자에게도 내가 곧 그이니라"Who hath wrought and done *it*, calling the generations from the beginning? I the Lord, the first, and with the last; I *am* he. *Revelation*, 1: 8, "주 하나님이 가라사대, 나는 알파와 오메가라, 이제도 있고 전에도 있었고 장차 올 자요, 전능한 자라 하시더라"I am Alpha and Omega, the beginning and the ending, saith the Lord, which is, and which was, and which is to come, the Almighty. *Job*, 42: 2, "주께서는 무소불능(無所不能)하시오며, 어떤 경영이든지 못 이룰 것이 없는 줄 아오니"I know that thou canst do every *thing*, and *that* no thought can be withholden from thee. *Psalms*, 139: 7-8, "내가 주의 성령을 떠나 어디로 가며, 주의 앞에서 어디로 피하리이까? 내가 하늘에 올라갈지라도 거기에 계시며, 내 자리를 음부에 펼지라도 거기에 계시나이다"Whither shall I go from thy Spirit? or whither shall I flee from thy presence? If I ascend up into heaven, thou *art* there: if I make my bed in hell, behold thou *art there*. *Jeremiah*, 23: 23-24, "나 여호와가 말하노라, 나는 가까운 데 하나님이요, 먼 데 하나님은 아니더냐? 나 여호와가 말하노라, 사람이 내게 보이지 아니하려고 누가 자기를 은밀한 곳에 숨길 수 있겠느냐? 나 여호와가 말하노라, 나는 천지(天地)에 충만하지 아니하냐?"*Am* I a God at hand, saith the Lord, and not a God afar off? Can any hide himself in secret places that I shall not see him? saith the Lord. Do not I fill heaven and earth? saith the Lord. *1 Timothy*, 1: 17, "그리하여 영생의, 불멸의, 보이지 아니하는, 유일한 하나이신 하나님께 존귀와 영광이 세세토록 있을지어다"Now unto the King eternal, immortal, invisible, the only wise God, *be* honour and glory for ever and ever.), 만유의 창조주이시고(*Genesis*, 1-2: 2), 빛의 원천이시고(*1 John*, 1: 5; *1 Timothy*, 6: 16), 빛의 휘황한 광염으로 그 형상(形像)을 아무도 볼 수 없으며(Cf. *Exodus*, 24: 17, "산(시나이 산) 위의 여호와의 영광이 이스라엘 자손의 눈에 맹렬한 불처럼 보였고"And the sight of the glory of the Lord *was* like devouring fire on the top of the mount in the eyes of the children of Israel. *Exodus*, 33: 20, 22-23, 하나님께서 모세에게 이르시기를 "네가 내 얼굴을 보지 못하리니, 나를 보고 살 자가 없음이니라. . . . / 내 영광이 지날 때에, 내가 너를 반석(盤石) 틈에 두고 내가 지나도록 내 손으로 너를 덮었다가, / 손을 거두리니 네가 내 등을 볼 것이요, 얼굴은 보지 못하리라"Thou canst not see my face: for there shall no man see me, and live. . . . / And it shall come to pass, while my glory passeth by, that I will put thee in a cleft of the rock; and will cover thee with my hand while I pass by: / And I will take away mine hand, and thou shalt see my back parts: but my face shall not be seen.), 하나님을 모시는 가장 빛나는 세랍천사들마저도 눈을 가려야만 하는(Cf. *Isaiah*, 6: 1-2, ". . . 또한 내가 본즉 주께서 높이 들린 보좌에 앉으셨는데, 그 옷자락은 성전에 가득하였고, 세랍천사들은 모셔 섰는데, 각기 여섯 날개가 있어 그 둘로는 그 얼굴을 가리었고, 그 둘로는 그 발을 가리었고, 그 둘로는 날며". . . I saw also the Lord sitting upon a throne, high and lifted up, and his train filled the temple. Above it stood the seraphims: each one had six wings; with twain he covered his face, and with twain he covered his feet, and with twain he did fly.), 형용불능의 전지전능과 무소부재(無所不在)와 지고지성(至

高至聖)을 모두 갖춘 '지존(至尊)의 절대자'(*Psalms*, 113: 1-6)이다. 살펴보았듯이, 밀턴의 하나님관은 그의 독자적이면서도 자유로운 상상세계에서 방만하게 추론된 이질적인 갖가지 관념을 종합한 것이 아니라, 시인으로서의 그의 창조적 감각력creative sensibility에 따른 감상적 성질pathetic quality의 관념을 곁들이기는 하였어도, 대체로 인증된 『성서』에 실재했던 내용을 충실히 수용하여 『실락원』의 하나님으로 이식(移植)한 것으로 간주된다. 따라서 인용된 구절에 있는 밀턴의 하나님은 청교도주의의 틀에서 벗어난 이설(異說)의 하나님은 아니다.

다음으로, **밀턴의 그리스도**는 모든 창조물 중에서 먼저 태어나신 성자이고, 하나님의 형상divine similitude이며(*Colossians*, 1: 15, 17, "그는 보이지 아니하시는 하나님의 형상이요, 모든 창조물보다 먼저 나신 자이니"Who is the image of the invisible God, the first-born of all creation: "또한 그가 만물보다 먼저 계시고, 그로 인하여 만물이 이루어지니라"And he is before all things, and by him all things consist,), 그 뚜렷한 용모에, 가리운 것이 없는 환한 전능하신 성부의 모습이 나타나 빛나고, 성부의 영광의 광채가 새겨져 깃들이니(Cf. *2 Corinthians*, 4: 6, "어두운 데서 빛이 비춰리라 하시던 하나님께서, 예수 그리스도의 얼굴에 있는 하나님의 영광을 아는 빛을 우리 마음에 비취셨느니라"For God, who commanded the light to shine out of darkness, hath shined in our hearts, to *give* the light of the knowledge of the glory of God in the face of Jesus Christ.), 성부의 충만한 성령이 옮겨 머무는 아들로서, 원수(Satan)에게 맹렬한 복수를 감행할 성부의 위력thy Father's might을 가진 성자이다(III, ll. 383-399).

그대 다음 자리에 앉았던 그 지복을
마다하고, 인간의 죄를 위하여 죽고자
스스로 몸을 바쳤도다. 오 견줄 데 없는 사랑이여!

하나님이 아니고서는 어디에서도 찾을 곳 없는 사랑이여!
훌륭하시도다. 하나님의 아들이여, 인간의 구세주여!
그대 이름은 이후 내 노래의 풍부한 소재가 되리다.
나의 탄금(彈琴)은 그대의 찬미를 잊지 않으리다.
또한 그대 아버지의 찬미에서 벗어나지 않으리다.

Regardless of the bliss wherein he sat
Second to thee, offered himself to die
For man's offence. O unexampled love,
Love nowhere to be found less than divine!
Hail, Son of God, saviour of men, thy name
Shall be the copious matter of my song
Henceforth, and never shall my harp thy praise
Forget, nor from thy Father's praise disjoin.
(Milton(1968), ,III, ll. 408-415)

인용된 구절에 드러난 밀턴의 그리스도관은 성서의 내용을 그대로 함축한 것임으로 별스러운 이론(異論)의 여지가 없다. 밀턴은 성부 다음 제2위의 자리인 우편 보좌에 연연하지 않고 인간의 죄를 대속하기 위하여, 인간세계에 보내진 그리스도를 인간을 위한 견줄 데 없는 사랑과 하나님이 아니고서는 그 어디에서도 찾을 수 없는 사랑이라고 찬탄하였다(Cf. *Psalms*, 107: 8, 15, 21, 31, "오 여호와의 인자하심과, 인간의 자손들에게 행하신 참으로 훌륭한 일로 인하여 그를 찬양할지어다"Oh that *men* would praise the Lord *for* his goodness, and *for* his wonderful works to the children of men! *John*, 3: 16, "하나님이 세상을 이처럼 사랑하사 독생자를 주셨으니, 이는 저를 믿는 자마다 멸망하지 않고 영생을 얻게 하려 하심이라"For God so loved the world, that he gave his only begotten Son, that whosoever believeth in him should not perish, but have everlasting life. *1 Corinthians*, 13: 3, "내가 나에게 있는 모든 것으로 구제하고, 내 몸을 불사르게 내어줄지라도, 사랑이 없으면 나에게 아무런 유익이 없느니라"And though I bestow all my goods to feed *the poor*, and though I give my body to be burned, and have not charity, it profiteth me nothing. *2 Corinthians*, 1: 3, "찬송하리로다, 그는 우리 주 예수 그리스도의 하나님이시요, 자비의 아버지시요, 모든 위로의 하나님이시며"Blessed *be* God, even the Father of our Lord Jesus Christ, the Father of mercies, and the God of all comfort;). 인간을 긍휼(矜恤)히 여기는 거룩하고 위대한 사랑으로(*1 Corinthians*, 13: 1-13), 인간세계의 구세주(救世主)가 되신 성자를(Cf. *John*, 4: 25-26, "여자가 가로되, 메시야(구세주) 곧 그리스도라고 하는 이가 오실 줄을 내가 아노니, 그가 오시면 모든 것을 우리에게 고하시리이다. 예수께서 이르시되, 내가 네가 말하는 그로라 하시니라"The woman saith unto him, I know that Messiah cometh, which is called Christ; when he is come, he will tell us all things. Jesus saith unto her, I that speak unto thee am *he*. Comp. *Matthew*, 26: 63-64; *Mark*, 14: 61-62) 밀턴은 이후 『실락원』의 풍부한 소재로 삼아, 성부의 찬미에서 벗어나지 않는 노래, 즉 성부에게 바치는 찬미와 마찬가지로 노래하겠다는 것이다. 밀턴의 이러한 의지는 그리스도가 성부의 뜻에 합당한 위력effectual Might, 이른바 '성부의 위력'을 부여받은 제2위의 신성(神性)과 인자로서의 구세주라고 하는 『성서』의 기록을 사실(史實)로 수용한 밀턴의 청교도 사상 내지는 청교도 정신에서 말미암은 것이라 하겠다. 이러한 해석은 밀턴의 독창이나 창작이 아니라, 밀턴 당시대에 이르기까지 수세기를 지내면서 기독교의 각 교파가 대동소이하게 받아들였던 기독교 정신의 근본이다. 따라서 인용된 구절에 관한 한, 우리는 밀턴의 그리스도관 역시 이설로 볼 수는 없다.

그와 같이 별의 세계the starry sphere(III, l. 416), 즉 항성권(恒星圈)the fixed sphere(III, l. 481; sphere of the fixed stars: 우주의 중심에서 지구를 회전하는 항성천(恒星天)으로 우주의 권역(圈域)에서 제8권이고, 이것을 제8천이라고도 하며, 여기에는 일곱 유성권(遊星圈)이 포함된다.) 위에 있는 천상에서, 천사의 무리의 기쁨과 찬미를 빌려서 밀턴은 하나님관과 그리스도관을 서술하였다. 이제 그러한 것에서 화제를 바꾸어, 밀턴은 천국(정화천)과 신세계(지구)인 행복의 섬(II, l. 410; III, l. 567)의 중간에 있는 우주의 첫 번째 관문인 원동권(原動圈)the first convex or the first moved; the Primum Mobile(III, l. 419; l. 483; cf. Milton(1940, notes), 114: 볼록면으로 된 우주의 외곽으로서 제9권(제9천)을 안으로 감싸고 암흑으로 된 혼돈의 침입을 막고, 그 안에 있는 다른 제권(諸圈)에 운동을 전하는 원동천(原動天)이며, 또한 이것을 제10권(제10천)이라고 하였다.)에 내려서 걷는 마왕Satan의(III, ll. 419-422) 여정(旅程)을 서술한 사이사이에 그의 우 주관을 피력해놓았다. 제10권인 원동권은 무한한 대륙a boundless continent처럼 보이는 곳으로 어둡고 광막하고 거칠며, 주위에서 혼돈의 폭풍이 불어 대는 춥고 험악한 하늘inclement sky의 영향을 받는 우주의 변경(邊境)이나, 다만 대기(大氣)의 희미한 반사광을 받는 한쪽만은 다르다(III, ll. 422-429). 마왕the Fiend; Satan은 여기를 자유롭게 거닐었다(III, l. 430). 마왕이 거니는 그 곳은 생물도 무생물도 아무 것도 없는(III, l. 443) 은빛의 광야argent fields인데(III, l. 460), 여기에는 현신승천(現身昇天)한 성인(聖人)들translated saints(Cf. *Genesis*, 5: 24; Enoch, *2 Kings*, 2: 11; Elijah), 그리고 천사와 인간 사이에서 중간계급에 속하는 영(靈)들middle spirits(보통 사람보다 뛰어났던 현자(賢者)들의 영)이 산다(III, ll. 460-462). 또한 허례와 허식으로 하늘나라에서 사는 분을 죽은 분으로서 골고다에서 찾아 헤매다녔던(Cf. *Luke*, 24: 5-6, ". . . . 어찌하여 죽은 자 가운데서 산 자를 찾느냐? 여기에 계시지 않고 살아나셨느니라. . . ."Why seek ye the living among the dead? He is not here, but is risen. . . .) 순례자들pilgrims도 여기에서 방황(彷徨)한다(III, ll. 474-477: 밀턴은 당시의 로마가톨릭교회가 소중하게 받들던 성지순례의 어리석음을 조롱하고 있다.).

그리고 하늘나라의 낙원(천국)을 가고자 하는 자들은 일곱 유성권(遊星圈)the planets seven*을 지나고 제8권인 항성권을 지나서, 제9권(제9천)인 수정권(水晶圈)crystalline sphere을 지나고, 여기

---

* 밀턴은 이 대목에서 천체의 운행구도를 말하였다. 고대 천문학을 대표하는 톨레미식의 우주론Ptolemaic cosmology(Milton(1940, notes), 75; 112-113)에서는, 지구를 중심으로 돌면서 운행하는 유성이 일곱인 것으로 여겼으며, 일곱 유성의 권역을 제1권의 달the Moon, 제2권의 수성Mercury, 제3권의 금성Venus, 제4권의 태양the Sun, 제5권의 화성Mars, 제6권의 목성Jupiter, 제7권의 토성Saturn인 것으로 보았다. 그리고 제8권(8천)인 항성권, 제9권(제9천)인 수정권(水晶圈)crystalline sphere, 그리고 제10권(제10천)인 원동권으로 설정하였다. 여기서 수정권은 수정과 같이 투명한 물로 된 권역이며, 이 권역를 수정천(水晶天)이라고 한다. Cf. *Revelation*, 4: 7, "보좌 앞에 수정과 같은 유리 바다가 있고, ..." And before the throne *there was* a sea of glass like unto crystal: . . . . "하나님이 창천(蒼天)을 만드사, 창천 아래의 물과 창천 위의 물로 나뉘게 하시매, 그대로 되니라"And God made the firmament, and divided the waters which *were* under the firmament from the waters which *were* above the firmament: and it was so(*Genesis*, 1: 7)고 하는 구절에서, '창천 위의 물'the waters which *were* above the firmament은 제9권인 수정권을 말한 것이다(*Ibid.*, 114). 그리고 수정권은 진동세차(振動歲差)를 조정하는 권역이다(III, ll. 482-483). 진동세차란 태양이 지구를 도는 궤도, 이른바 태양의 궤도인 황도(黃道)가 적도를 횡단하는 지점과 춘분과 추분에 태양이 있는 지점은 조금씩 이동되고 있다. 동시에 항성권 내에 있는 각 항성의 위치도 약간씩 이동된다. 그렇기 때문에 해마다 춘분, 추분이 동일한 시점에 오지 않고 20분 정도 앞선다. 이러한 현상을 '주야평분시(晝夜平分時)의 세차'the precession of the equinoxes라고 하는데(Cf. *Loc. cit.*), 이것을 일컬어 진동세차 또는 세차라고 한다. 지구는 태양을 중심으로 회전한다는 태양 중심설heliocentric theory의 지동설(地動說)을 주장했던 코페르니쿠스Nicolaus Copernicus(1473-1543)에 의하면, 그러한 세차의 원인은 태양과 달이 지구에 미치는 인력으로 인하여, 지구의 회전축(回轉軸)이 수직선에 대하여 같은 경사를 유지하며 회전하다가, 방향을 바꾸어 그 수직선을 중심으로 돌게 되는 데에서 비롯된 것이라고 한다. 그래서 지구의 축은 일정한 기간에 원추형을 그리며 한 번 회전한다고 한다. 그리고 모든 천체는 지구를 중심으로 회전한다는 지구 중심설geocentric theory의 천동설(天動說)을 주장했던 고대 천문학자 톨레미Ptolemy; Claudius Ptolemaeus(*fl.* 127-151)에 의하면, 제8권인 항성권 위에 제9권인 수정권이 있는데, 수정권이 항성권의 진동을 조정하기 때문에 이러한 세차가 생긴다는 것이었다. 이것은 어디까지나 그 당시 톨레미의 실증 불가능한 상상에 불과하였다. 아무튼, 밀턴은 그의 우주관의 많은 부분을 톨레미의 천동설에서 빌려왔음을 엿볼 수 있다.—Cf. *The New Encyclopaedia Britannica*(1982), vol. 5, 146; vol. 15, 179-180.

제10권인 원동권을 지난다. 이 대목에서 밀턴의 우주관(宇宙觀)이 피력되었음(III, ll. 478-483). 혼돈의 접경지대이고 제9권 이하의 제권을 에워싸고 있는 우주의 외곽지대 제10권인 원동권에서, 천국을 가려고 하는 로마 가톨릭교의 각종 성직자들은(Cf. *Op. cit.*, 76) 성 베드로가 천국의 열쇠를 가지고 기다리고 있는 '하늘의 좁은 문'Heaven's wicket(Cf. *Matthew*, 7: 13)으로 가지 못하고, 죽음 이후의 수용소인 '바보들의 낙원'the Paradise of Fools(중세 시대의 로마 가톨릭교의 신학이론에서 '지옥의 변경(邊境)'limbo; *Limbus* in Latin에는, 그리스도가 탄생하기 이전에 인자하고 착한 사람이 죽은 뒤에 가는 곳을 '부조(父祖)의 림보'the limbo of fathers; *Limbus Patrum*, 세례를 받지 못한 어린애가 죽은 뒤에 가는 곳을 '유아의 림보'the limbo of infants; *Limbus Infantium*, 백치나 천치나 바보 또는 그러한 인물과 같은 이교도들이 죽은 뒤에 가는 곳을 '바보의 림보'the limbo of fools; *Limbus Fatuorum*라고 하였는데, 이러한 세 가지 지옥의 변경을 일컬어 바보들의 낙원이라고 하였다(Cf. *Ibid.*, 134). 말하자면, 밀턴은 지옥의 변경을 바보들의 낙원으로 보았던 것이다.), 이른바 광대한 지옥의 변경a limbo large and broad으로 들어간다(III, ll. 484-496: 여기서, 밀턴은 그 당시까지 로마 가톨릭교의 성직자들이 자행(恣行)한 비성서적인 횡포를 힐난하는 조로 비아냥거려놓았다.).

마왕은 제10권인 원동권을 오랫동안 방황한 끝에 드디어 천국이 들여다보이는 '하늘문'the gate of heaven(Cf. *Genesis*, 28: 17)과 그 계단을 보았다(III, ll. 501-525). 그리고 그 계단 정면 바로 밑에는 낙원의 복된 자리(천국)the blissful seat of Paradise에서 지구로 내려가는 넓은 통로a passage wide가 열려 있었는데(III, ll. 527-528), 그 통로의 그 계단은 하늘문heaven gate에 오르는 황금계단steps of gold; golden stair이었다(황금계단은 항상 거기에 있는 것이 아니라, 때로는 끌려들어가서 보이지 않는다(III, ll. 516-517). Also, between the globe(again, on its upper side, *i.e.* that nearest to the Empyrean) and the gate of Heaven there stretches a golden stair, used by good angels for descent and ascent when they are despatched to Earth on any duty. . . .(*Ibid.*, 111). 이른바, 하늘문에서 지구에 내려뜨리는 그 황금계단은 수호천사들good angels이 어떤 사명을 띠고 지구에 파견되었을 경우에, 그들이 오르내리는 데에 사용하였다.). 마왕은 황금계단의 하단에서 우주를 처음으로 관찰한 다음(III, ll. 540-561), 지구에서 우주의 외곽지대인 제10권인 원동권으로 오는 것과는 역순으로 곧장 아래로 곤두박질하여 우주의 제1구역the world's first region으로 날아들어서(우주의 제1구역이라고 하는 것은 중세 물리학자들이 사용한 전문용어로서, 그들은 대기권을 세 구역으로 나누어 생각하였는데, 그 세 구역 중에서 최상층the uppermost of the three "regions"을 일컬음이다(*Ibid.*, 77-78). 말하자면, 우주의 외곽 근처로서 '창천과 창천 그 너머에까지 이르는'reaching up to the Firmament and beyond(Milton(1968, notes), 177) 제9권인 수정권과 제8권인 항성권을 함께 일컬은 것이다.), 무수한 별들 사이를 헤쳐간다(III, ll. 562-565). 그리하여 마왕은 날(日)과 달(月)과 해(年)를 헤아리는(Cf. *Genesis*, 1: 14, 16, "하나님이 가라사대, 하늘의 창천에 광명이 있어 주야(晝夜)를 나뉘게 하라. 아울러 그 광명으로 하여금 하늘의 징조와 사계(四季)와 일자와 연한을 이루라. . . ./ 하나님이 두 가지 큰 광명을 만드사, 큰 광명으로 낮을 주관하시고, 작은 광명으로 밤을 주관하게 하시며, 또한 별들을 만드셨느니라"And God said, Let there be lights in the firmament of the heaven, to divide the day from the night; and let them be for signs, and for seasons, and for days, and years. . . ./ And God made two great lights; the greater light to rule the day, and the lesser light to rule the night: he *made* the stars also.) 고요한 창천의 커다란 발광체(發光體)the great luminary가 있는 제4권인 태양권에 도착하여(III, ll. 573-588), 그는 젊은 케룹천사a stripling cherub로 변장하고서(III, ll. 636-639: 앞의 성구(聖句)에서 잠깐 언급된 바 있는 **세랍천사**seraph(*pl.* seraphim)

와 이 대목에 나타난 **케룹천사**cherub(*pl.* cherubim)는 그 품계(品階)가 최고위의 천사들 중에서 두 부류의 천사인데, 하나님의 사자(使者)이자(Cf. *Psalms*, 34: 7; 35: 5-6; 91: 11; 148: 2; *Matthew*, 26: 53; *Acts*, 10: 3; 27: 23-24) 파수꾼이며(Cf. *Daniel*, 4: 13, 17), 또한 하나님의 보좌와 성전을 수호하는 치품(熾品)천사 또는 치(熾)천사로 알려진 세랍천사의 형상은 여러 개의 눈들과 세 쌍으로 된 여섯 개의 날개를 가진 것으로(*Isaiah*, 6: 2-3; *Revelation*, 4: 8) 기록되어 있다. 그리고 에덴동산의 수위(守衛)이자(*Genesis*, 3: 24) 하나님의 날쌘 거마(車馬)꾼이고(*2 Samuel*, 22: 11; *Psalms*, 18: 10) 하나님의 언약궤the ark of the covenant(법궤(法櫃) 또는 성궤(聖櫃)라고도 함)를 지키는 수호천사로서(*Hebrews*, 9: 4-5) 지품(智品)천사 또는 지(智)천사로 알려진 케룹천사(*Exodus*, 25: 18-20; *Psalms*, 80: 1; 99: 1; *Isaiah*, 37: 16; *Ezekiel*, 10: 2-22)의 형상은 네 개의 얼굴과 두 쌍으로 된 네 개의 날개와 각 날개 밑에 손을 가진 것으로(*Ezekiel*, 1: 6-9; 10: 20-22) 기록되어 있다.) 지구의 바다와 육지를 두루 살피는 하나님의 눈이자 사자이고 통신사이며, **일곱 명의 대천사**the seven archangels* 가운데 하나로서 태양권을 순찰하고 있던 우리엘Uriel(「구약성서」의 경외전(經外典)the apocryphal book의 에스드라스 후서*2 Esdras*에서, 우리엘은 대천사들 중의 하나로 언급되어 있으며, 그의 이름에 담긴 뜻은 '하나님의 불'the fire of God(Milton(1940,

---

* 품계가 높은 천사들 중에서도 제일 지위가 높고 항상 하나님의 보좌 앞에서 성안(聖顔)을 뵙는 일곱 명의 대천사the seven archangels가 있는 것으로 사료된다. "the seven angels which stood before God," *Revelation*, 8: 2. "the seven Spirits which are before his throne," *Revelation*, 1: 4. Of these Uriel was one(Milton(1940, notes), 81). Cf. *Revelation*, 8: 6, "일곱 나팔을 가진 일곱 천사가 나팔 불기를 예비하더라"And the seven angels which had seven trumpets prepared themselves to sound. *Matthew*, 18: 10, ". . . . 저희 천사들이 하늘에서 하늘에 계신 내 아버지의 얼굴을 항상 뵈옵느니라". . . . That in heaven their angels do always behold the face of my Father which is in heaven. 일곱 대천사의 이름은 가브리엘Gabriel, 미가엘Michael, 라구엘Raguel, 라미엘Ramiel, 라파엘Raphael, 사라콰엘Saraquael, 그리고 우리엘Uriel로 알려져 있는데, 성서에 따르면 그들 중에서 천사장은 미가엘인 것으로(Cf. *Daniel*, 10: 13; *Jude*, 1: 9) 기록되어 있다.

notes), 81) 또는 '하나님의 빛'the light of God(Milton(1968, notes), 184) 이라고 한다.)을 만난다(Ⅲ, ll. 645-653).

눈치채지 못하게 젊은 케룹천사로 변장한 허위의 위선자the false dissembler unperceived(Ⅲ, l. 681) 마왕은 우리엘을 만나서 그의 직분을 찬양하고, 우리엘에게 자신이 천사의 무리에서 나와 방랑한 이유는 인간세계를 알고자 함이라고 말한 다음, 창조주이신 하나님의 반역의 적들his rebel foes, 이른바 반역천사들을 지옥의 심연으로 몰아내고 그 손실을 메우기 위하여, 행복의 그 새로운 종족인 인간을 창조하여created this new happy race of men 하나님을 더 잘 섬기게 하시니, 하나님의 길은 모두 현명하시도다라고 찬미한다(Ⅲ, ll. 653-680). 마왕의 그러한 속임수에 넘어간 우리엘은 마왕에게 천지창조의 신비를 말해주고(Ⅲ, ll. 702-721), 인간의 고장인 지구를 가리켜주며That place is earth the seat of man 그로 하여금 지구를 전망케 한 다음, "내가 가리키는 저 지점이 낙원이자, / 아담의 처소이며, 저 높은 그늘은 그의 정자이다"That spot to which I point is Paradise, / Adam's abode, those lofty shades his bower라고 말해준다(Ⅲ, ll. 722-735). 마왕은 즉시 우리엘과 하직하고, 태양이 지구를 도는 궤도인 황도(黃道)the ecliptic에서 곧장 날아서 지구에 있는 니파테Niphates(*Niphates*, 'the snowy range'; a mountain of Armenia, part of Taurus range—the borders of Assyria(Milton(1940, notes), 83). 니파테는 아르메니아에 있는 타우라스 산맥의 봉우리 중의 하나이다. 밀턴은 이 곳을 에덴동산에서 가장 가까운 북쪽 변방으로 설정하였다.)의 정상에 내렸다(Ⅲ, ll. 739-742).

여기까지의 기술에서 드러났듯이, 지옥을 탈출한 마왕이 지구의 니타페에 도착하기까지의 여정을 통하여, 밀턴은 그 나름의 **우주관**cosmology을 피력해놓았다. 밀턴이 피력한 그의 우주관을 요약하면, 무한한 공간은 최초에 맨 윗쪽의 하늘Heaven 또는 정화천the Empyrean(천국)과 그 아래의 비물질로 된 광대한 혼돈 Chaos으로 되어 있었다. 하나님은 그의 권능에 의하여, 천국의 맨 아랫쪽 혼돈의 밑바닥에다가 지옥Hell을 만들어 타락한 반역천사들을 수용하였고, 그런 다음에 천국과 지옥 사이에 있는 혼돈의 중간 지점에 땅, 물, 불, 공기, 그리고 하늘의 정기(精氣)the ethereal quintessence of heaven를 기본적인 5대 원소로(III, 11. 715-716), 인간이 살 수 있는 지구Earth와 이 지구를 구심점(球心點)으로 하는 천체의 세계인 우주Universe를 창조하였다. 지구를 에워싼 우주의 천체에는 10개 권역(圈域)sphere이 있는데, 밀턴은 제1권을 달의 권sphere of the Moon, 제2권을 수성권sphere of Mercury, 제3권을 금성권sphere of Venus, 제4권을 태양권sphere of the Sun, 제5권을 화성권sphere of Mars, 제6권을 목성권sphere of Jupiter, 제7권을 토성권sphere of Saturn이라고 하는 일곱 유성권이 있는 것으로 간주하였다. 또한 밀턴은 유성천(遊星天) 또는 제7천이라고 하는 일곱 유성권이 지구를 중심으로 동심원(同心圓)을 그리며 회전한다고 보았다. 그리고 그는 그러한 일곱 유성권을 에워싸고 도는 외곽의 제8권을 항성권sphere of the fixed stars(항성천(恒星天) 또는 제8천), 제9권을 수정권crystalline sphere(수정천(水晶天) 또는 제9천), 그리고 제10권을 원동권the first moved; the primum mobile(원동천(原動天) 또는 제10천)이라고 하였다. 이와 같이 요약된 밀턴의 우주관에는 당시대의 상상적인 천문학에 불과했던 톨레미의 천동설이나 코페르니쿠스의 지동설의 이론이 상당부분 수용되었음을 엿볼 수 있으나, 그 중에서도 톨레미의 지구 중심설geocentric theory인 천동설이 밀턴의 우주관을 지배했다고 하겠다. 아무튼, 밀턴의 우주관은 과학적으로 입증된 체계적이고 합리적인 우주론을 기술한 것이 아니라, 어디까지나 우주의 불멸이고 신비하고 심오한 변화·조화·질서에 대하여, 밀턴 자신의 청교도 사상 내지는 청교도 정신에 입각한 신앙심의 발로에서 말미암은 그의 상상적인 우주의 구도를 타당성이 있게끔 설정한 것이다. 요컨대, 밀턴의 우주관은 자신의 청교도적인 사상과 정신의 상상세계에 수용된 당시대의 천문학설과 더불어 곁들인 그의 **감상적 개연성(感傷的 蓋然性)**pathetic probability*의 관념을 구체화해놓은 것으로 볼 수밖에 없다.

『실락원』의 상승부

그리고 상승부에서, 지구의 니파테에 도착한 패배의 용(龍)the dragon인(IV, l. 3: cf. *Revelation*, 12: 7-9, 미가엘과 그의 사자들에게 퇴패당한 큰 용the great dragon으로서 옛 뱀, 즉 마귀the Devil 또는 마왕Satan을 지칭한 것인데, 마왕이 에덴동산에서 뱀으로 변신하여 아담과 이브로 하여금 범죄케 한 이후, 하나님의 저주로 종신토록 흙을

---

* 감상적 개연성(感傷的 蓋然性)pathetic probability이라는 용어는 감상적 성질pathetic quality과 비유적 표현의 개연성probability을 결합시킨 복합어이다. 감상적 성질은 '우리의 도덕적인 정감(情感)과 생생한 감각작용'our moral sentiments and animal sensations과의 교호(交互)결합으로 해설되는 것으로서, 그것의 지주는 도덕감moral feeling이다. 도덕감은 우리의 일상생활에서 도덕적인 정감의 정리(情理)sympathy를 우러나오게 하는 바, 그러한 정리에는 '인간적인 연민의 정리'와 '명상적인 연민의 정리'가 있다. 우리의 감상적 성질은 도덕적인 정감의 정리에서 비롯되는 인생살이의 일상적인 사건들이나 정황들과 우리의 생생한 감각작용의 창조적 감각력creative sensibility과의 교호결합이다. 그리고 우리의 생생한 감각작용의 창조적 감각력은 감상적 성질을 지닌 감정활동의 자발성spontaneity을 함유한 감각력이다.

문학작품 전반에 걸쳐서 비유적 표현의 개연성은 취의어(趣意語)principal term에 대한 매개어(媒介語)secondary term의 단순관념simple ideas이나 복합관념complex ideas을 산출해내는 관찰의 습관과 귀납적 추론이다. 그리고 관찰의 습관과 귀납적 추론은 직관적인intuitive 명확성이다. 직관적인 명확성은 직관력을 본질로 삼는 우리의 습관이고, 또한 그러한 습관은 감상적 성질을 지닌 감정활동의 자발성과 같은 맥락이다. 따라서 감상적 성질과 비유적 표현의 개연성과의 결합관계는 감상적 성질로 인한 감정활동의 자발성을 공통분모로 하였다.

그러므로 감상적 개연성pathetic probability이라는 용어는 감상적 성질로 인한 우리의 감정활동의 감상적 자발성pathetic spontaneity이다라는 의미로 해설되는 셈이다.—졸저(拙著), 『워즈워스의 감각력 *Wordsworth's Sensibility*』(서울: 푸른사상사, 2001), 243-321.

먹고 살게 된 뱀(*Genesis*, 3: 14)에 대한 복선(伏線)을 밀턴은 깔아놓았다.) 마왕은 회한과 가책과 후회 그리고 절망 등으로 착잡한 심사를 토로하나, 여전히 복수의 악의를 깊이 간직한 채 성자다운 외관saintly show으로 변장하고서(IV, ll. 32-123) **낙원Eden의 경계**[*]에 당도하였다(IV, ll. 131-132). 밀턴은 마왕의 머리 위에 펼쳐진 울창한 삼림(森林), 꽃, 실과, 햇빛, 그리고 공기 속에 묻어나는 향기를 묘사(IV, ll. 137-171). 이 대목의 끝부분(IV, ll. 167-171)에서, 밀턴은 마왕을 **악령 아스모데우스**Asmodeus[**]에

* 낙원Paradise의 경계, 즉 에덴동산의 구역에 대하여, 『존 밀턴의 생애 *The Life of John Milton*(1881)』를 저술하고 『존 밀턴 시전집 *The Poetical Works of John Milton*(1890)』의 편저자 매손David Masson은 다음과 같이 말하였다. "Eden is the whole tract or district of Western Asia wherein the Creator has designed that men should first dwell; Paradise is the Happy Garden situated in one particular spot of this Eden—on its eastern side." Cf. *Gen.* ii. 8, "God planted a garden eastward in Eden." *Paradise*=a park in Greek; a word of Persian origin(Quoted in Milton(1940, notes), 86). IV, ll. 210-214. According to these limits, which indicate, however, only its eastern and western points, Eden lay in Syria and Mesopotamia—mainly in the latter(Milton(1940, notes), 89). 에덴동산은 서부 아시아 전지역의 시리아와 메소포타미아 중에서 주로 메소포타미아 지역이었던 것으로 간주된다.

** 아스모데우스Asmodeus는 천국에서 추방당한 반역천사들 중의 하나로서, 밀턴은 VI권 365행에서는 아스마다이*Asmadai*, 『복락원』의 II권 151행에서는 아스모다이*Asmodai*로 일컫고 있는데, 이것은 히브리어의 '파괴자the destroyer'를 뜻하는 아쉬메다이*Aschmedai*에 해당되는 말의 한 형태(形態)이다. 밀턴은 그것을 고대 페르시아 종교Persian religion의 악령an evil demon과 일맥상통하는 것으로 생각한 것이다(Milton(1940, notes), 88). 그리고 아스모데우스는 구약성서의 경외전(經外典)의 토비트서*Tobit*에 있는 토비트의 아들 토비아스Tobias의 이야기와 무관하지 않다. 토비아스가 어떤 용무로 메디아Media(카스피해 서남부에 있던 구약시대 왕국의 이름, 지금의 이란 서북부에 해당함.)에 갔는데, 그 곳에서 대천사 라구엘Raguel의 딸 사라Sara와 결혼하게 되었다. 그런데, 사라는 이전에 일곱 명의 남자와 결혼했으나 사라를 사랑했던 질투심 많은 악령 아스모데우스에 의하여, 일곱 명의 남자 모두가 첫날밤을 치루기도 전에 살해되었다. 토비아스와 사라와의 결혼 때에는, 대천사 라파엘Raphael이 토비아스에게 이르기를 결혼날 밤에 생선의 내장the heart and liver of a fish을 태워서 연기가 나게 하라고 하였다. 그리하여 다른 남자들이 실패했던 그 곳에서의 결혼을 토비아스는 무사히 치뤘다. 그 까닭인즉, 그 연기 속에 풍기는 냄새를

비유하였다. 이제 마왕은 낙원의 경계를 훌쩍 뛰어넘어 낙원 안에 내려서(IV, ll. 181-183), 생명의 나무(*Genesis*, 2: 9) 위로 제일 높은 나무 위에 가마우지a cormorant처럼 앉아(IV, ll. 194-196) 경이의 눈으로 만화백과(萬花百果)와 각종 생물들로 가득찬 아름다운 낙원의 장관을 보았다(IV, ll. 205-287). 밀턴은 전라(全裸)의 벌거숭이 인류 최초의 남녀(아담과 이브)의 모습과 그 행복한 생활양태를 묘사하였음(IV, ll. 288-342). 이러한 묘사에서 밀턴은 그의 **인간관**을 다음과 같이 노정(露呈)해놓았다.

그 무엇보다 훨씬 더 고상한 둘의 모습은 몸이 곧고 키가 크고,
하나님 같이 곧으며, 위엄 있는 나체에는
타고난 존귀(尊貴)의 옷 입혀졌고 만물의 영장(靈長)으로 보이고도
남음이 있도다. 그 둘의 신성(神性)의 얼굴에는
영광스러운 창조주의 형상, 진리, 지혜,
근엄하면서도 순결한 성덕(聖德)이 빛났도다.
근엄하지만 자식으로서의 참된 자유에서 마련된 것이니,
그러한 것은 인간의 참다운 권위이도다.
두 사람은 성(性)이 다른 것처럼, 평등하지 않고,
남자는 사색과 용기를 위하여, 여자는 온유와
아름답고 매력 있는 기품(氣品)을 위하여, 남자는 하나님만을 위하여,
여자는 남자에게 나타난 하나님을 위하여 만들어졌도다.

Two of far nobler shape erect and tall,
Godlike erect, with native honour clad
In naked majesty seemed lords of all,
And worthy seemed, for in their looks divine
The image of their glorious maker shone,
Truth, wisdom, sanctitude severe and pure,

맡고 이집트Egypt의 극지로 달아난 그 악령을 천사가 붙잡아 결박하였기 때문이다(*Tobit*, 8: 3). 아울러 이와 같은 아스모데우스의 결박the binding of Asmodeus의 비유에서, 밀턴은 XII권 454행의 하늘의 군왕prince of air으로 표현된 새로운 아담the new Adam(Cf. *Romans*, 5: 14)인 그리스도에 의한 마왕의 결박the binding of Satan을 예시(豫示)한다(Milton(1968, notes), 201; cf. Milton(1940, notes), 87)라고 하였다.

Severe but in true filial freedom placed;
Whence true authority in men; though both
Not equal, as their sex not equal seemed;
For contemplation he and valour formed,
For softness she and sweet attractive grace,
He for God only, she for God in him:
(Milton(1968), IV, ll. 288-299)

하나님은 태초에 흙(육체)과 생령(生靈; 영체)을 구성성분으로, 남자와 여자라고 하는 **인간**Adam*을 창조하였다. 밀턴에 의하면, 나체의 인간은 하나님처럼 지상의 그 무엇보다도 몸의 자세가 곧고 키가 크면서도 훨씬 고상한 모습, 이른바 귀골(貴骨)이 장대(壯大)한 모습에 타고난 위엄과 존귀를 갖추었으며(Cf. *Psalms*, 8: 5, "주 여호와께서는 그를 천사보다 조금 못하게 지으시고, 영화와 존귀로 관을 씌우셨나니라"For thou hast made him a little lower than the angels, and

---

* Adam; *adham*; man in Hebrew. Eve; *hawwa*; life in Hebrew. Cf. Adam(*adham*), one of several Hebrew words meaning "man," is generally used in a collective sense to designate the human species. . . . Eve (Hebrew *hawwa*) is given to the first woman as a personal name in *Gen.* 3: 20. The name is commonly explained through its assonance with the Hebrew word for life, *hayyim*; this etymology, however, is often questioned. —*The New Encyclopaedia Britannica*(1982), vol. I, 74에 의하면, 아담Adam은 히브리어로 인간의 모든 종족, 즉 인류를 총칭하는 집합적인 의미의 인간이고, 인간 최초의 여자에게 붙여진 이름인 이브(하와)는 히브리어로 생명 *hayyim*이라는 뜻이다. 아담은 '인류의 조상', 이브(하와)는 '인류의 어머니'라는 의미를 내재하고 있다. Cf. *Genesis*, 2: 7, "여호와 하나님이 흙으로 사람을 지으시고, 생기(生氣)를 그 코에 불어넣으시니 사람은 생령이 되니라"And the Lord God formed man of the dust of the ground, and breathed into his nostrils the breath of life; and man became a living soul. *Genesis*, 3: 20, "아담이 그 아내를 이브(하와)라 이름하였으니, 그녀는 모든 산 자의 어미가 됨이더라"And Adam called his wife's name Eve, because she was the mother of all living. *Genesis*, 5: 2, "남자와 여자를 창조하셨고; 그들이 창조되던 날에, 하나님이 그들에게 복을 주시고, 그들의 이름을 인간이라 일컬으셨더라"Male and female created he them; and blessed them, and called their name Adam, in the day when they were created.

hast crowned him with glory and honour.), 아울러 두 인간(아담과 이브)은 만물의 주재자, 즉 진리와 지혜로 근엄하면서도 순결한 성덕으로 빛나는 만물의 영장으로서, 하나님의 형상대로 창조되었다는 것이다(*Genesis*, 1: 27-28, "하나님이 자기 형상, 곧 하나님의 형상대로 사람을 창조하시되, 남자와 여자를 창조하시고, / 하나님이 그들에게 복을 주시며, 그들에게 이르시되, 생육하고 번성하여 땅에 충만하라. 땅을 정복하라. 바다의 고기와 공중의 새와 땅에서 움직이는 모든 생물을 다스리라 하시니라"So God created man in his *own* image, in the image of God created he him; male and female created he them. / And God blessed them, and God said unto them, Be fruitful, and multiply, and replenish the earth, and subdue it: and have dominion over the fish of the sea, and over the fowl of the air, and over every living thing that moveth upon the earth. *Psalms*, 8: 6, "주 여호와의 손으로 만드신 것을 그로 하여금 다스리게 하시고, 주 여호와께서는 만물을 그의 발 아래 두셨으니"Thou madest him to have dominion over the works of thy hands; thou hast put all things under his foot:). 밀턴은 청교도의 입장에서 상상한 태초의 인간의 육체(흙)와 영체(靈體; 생령; 영혼)를 그의 관념세계에 있는 하나님의 형상과 결부지웠다. 즉, 하나님의 모습과 같은 인간의 육체는 귀골이 장대하고 위엄과 존귀로 하나님의 형상을 갖추었고, 인간의 영체는 진리와 지혜로 근엄하면서도 순결한 성덕을 갖추었다는 것이다. 밀턴은 이러한 것을 인간의 참다운 권위라고 하였다.

이를테면, 하나님의 자식으로서의 참된 자유에서 나온 인간은 원래 그 육체는 하나님의 형상을, 그 영체는 순결한 성덕을 지니고 태어났으며, 또한 참다운 권위와(Cf. *Ephesians*, 4: 24, ". . . . 하나님을 따라 의와 진리의 거룩함으로 창조되었으니". . . . after God is created in righteousness and true holiness.) 자유의지를 가진(인용의 시구에서, "근엄하지만 자식으로서의 참된 자유에서 마련된 것이니"라고 한 것은 근엄한 하나님이지만 자식인 최초의 인간(아담과 이브)에게 자유의지를 부여하였다는 의미로 풀이되고 있다. 인간의 자유의지는 이미 앞에서 언급된 예정설과도 연계되는 개념이다(Cf. *Job*, 23: 13; *Isaiah*, 14: 24). 인간은 생래적으로 순수하고 순결하기 때문에 선택이나 판단에 있어서 자유의지이나 언제나 유혹에 잘 빠져드는 약점을 가진 허약자라는 것이다.) 만물의 영장이다라는 것이 밀턴의 인간관이다. 그리고 성 바울St Paul이 "하나님은 그리스도의 머리요, 그리스도는 남자의 머리요, 남자는 여자의 머리이다"라고(*1 Corinthians*, 11: 3, "그러나 나는 너희가 알기를 원하노니, 각 남자의 머리는 그리스도요, 여자의 머리는 남자요, 그리스도의 머리는 하나님이시니라"But I would have you know, that the head of every man is Christ; and the head of the woman *is* the man; and the head of Christ *is* God.) 명료하게 함축해놓은 남녀관계의 윤리관을 그대로 수용했던 밀턴은 그의 인간관에서 남녀평등 사상을 인정하지 않았다. 남자는 하나님의 형상과 영광이고, 여자는 남자의 영광이기에(*1 Corinthians*, 11: 7), 남자는 하나님만을 위하여, 또한 생활의 모든 경영에 대한 사색과 용기를 위하여, 여자는 남자에게 나타난 하나님을 위하여, 그리고 온유한 성품과 아름답고 매력 있는 기품을 위하여 창조되었다는 것이 남자와 여자에 대한 밀턴의 인간관이다. 바꾸어 말하자면, 남자는 하나님의 표상이고, 여자는 남자의 표상이니, 여자는 온유한 성품과 기품 있는 아름다움과 매력으로 남자를 하나님처럼 섬기고, 남자는 그의 '뼈 중의 뼈이고 살 중의 살'(*Genesis*, 2: 23)인 여자를 자신의 몸과 같이 돌보고 사랑하며 아끼라는 것이다. 여하간, 밀턴은 그의 인간관에서 남녀관계가 동등하거나 평등한 것이 아니라, 성서의 군데군데에 기록된 내용에 의거하여 남존여비(男尊女卑) 사상을 견지하였다.

마왕이 하나님의 그러한 섭리에 의하여 창조된, 낙원의 다정한 한 쌍인 아담과 이브를 보고 경탄(驚嘆)과 시기심이 점철되나,

장차 그들에게 미칠 화(禍)에 대한 동정, 연민, 복수, 그리고 이 신세계this new world를 정복할 것임을 독백함(IV, ll. 358-392). 나무에서 짐승들 틈으로 내려와서 때와 장소에 따라 알맞게 변신, 아담과 이브의 대화를 귀 기울여 엿듣는다(IV, ll. 395-410). 아담과 이브와의 대화에서, 그들에게 부과된 하나님의 한 가지 쉬운 명령This one, this easy charge이 생명의 나무 옆에 있는 지식의 나무tree of knowledge의 실과를 맛보지 말라는 것, 그 나무의 실과를 맛보면 곧 죽음이라고 하나님이 선언하셨다는 것, 그리고 그 명령은 아담과 이브의 순종의 유일한 징표(徵表)로 위임된The only sign of our obedience left 최초의 율법임을 마왕은 알게 되었다(IV, ll. 421-433). 복수와 파멸의 단서를 알아낸 마왕은 치밀한 계획으로 낙원을 탐색하기 시작함(IV, ll. 512-548). 한편으로, 석양의 햇빛을 타고 낙원에 내려온 우리엘은 낙원의 수직(守直)당번으로 정해진 가브리엘Gabriel(성서에서 가브리엘은 무사라기보다는 오히려 하나님의 평화사절이다(Cf. *Daniel*, 8: 16-17; *Luke*, 1: 26-31). 가브리엘은 일곱 명의 대천사 중의 하나이며, 또한 인간세계의 구석구석을 다스리는 네 명의 대천사들 중의 하나이다(Milton(1968, notes), 227). 이름의 뜻은 '하나님의 사람'the man of God(Milton(1940, notes), 95) 또는 '하나님의 세력'the strength of God(Milton(1968, notes), 227)이라고 한다.)을 만나 마왕의 침입을 알리고, 마왕의 망동(妄動)이 우려되니 찾아낼 것을 당부(IV, ll. 561-575). 가브리엘은 우리엘에게 현재까지는 미발견이나 내일 아침까지 찾아낼 것을 약속함(IV, ll. 577-588). 우리엘은 임지로 돌아감(IV, ll. 589-592). 이와 같은 진행 사이에, 밀턴은 아담과 이브의 대화를 통하여 **부부윤리관**을 말해놓았다(IV, ll. 635-658).

> 나를 만들고 나를 다스리는 이여, 님께서 무슨 말씀을 하셔도
> 말없이 순종하겠나이다. 하나님께서 그렇게 정하셨나이다.
> 하나님은 님의 율법, 님은 나의 율법이나이다.

그 이상 모르는 것이 여자의 가장 행복한 지식이고 영예(榮譽)이나이다.
님과 함께 지내노라면 낮이나 밤이나, 모든 시간도
그 변화도 다 잊고, 늘 즐거움뿐이옵나이다.

My author and disposer, what thou bid'st
Unargued I obey; so God ordains,
God is thy law, thou mine: to know no more
Is woman's happiest knowledge and her praise.
With thee conversing I forget all time,
All seasons and their change, all please alike.
(Milton(1968), IV, ll. 635-640)

이 구절에서, 밀턴은 부부간의 윤리관을 간명하게 함축해놓았다. 여자(이브)는 하나님에 의하여 남자(아담)로부터 지음을 받았기 때문에(Cf. *Genesis*, 2: 22-24, "여호와 하나님이 아담에게서 취하신 그 갈빗대로 여자를 만드시고, 그녀를 아담에게로 데려왔더니. 아담이 가로되, 이는 이제 내 뼈 중의 뼈요, 내 살 중의 살이라. 그녀를 남자에게서 취하였은즉, 여자라 칭하리라 하니라. 이리하여 남자가 부모를 떠나 그 아내와 결합하여 둘이 한 몸을 이룰지니라"And the rib, which the Lord God had taken from man, made he a woman, and brought her unto the man. And Adam said, This *is* now bone of my bones, and flesh of my flesh: she shall be called Woman, because she was taken out of man. Therefore shall a man leave his father and his mother, and shall cleave unto his wife: and they shall be one flesh.), 비록 부부가 일심동체(一心同體)이기는 하지만(Cf. *1 Corinthians*, 7: 4), 남편 되는 남자는 아내 되는 여자를 만들고 다스리는 님이라는 것이다. 말하자면, 여자는 남자에게서 났으며, 남자를 위하여 지음을 받은 것임으로(*1 Corinthians*, 11: 8-9) 님의 말에 묵묵히 순종하는 하는 것이 하나님께서 정해주신 아내의 도리이다(Cf. *1 Timothy*, 2: 11-12, "여자는 일절 순종함으로써, 묵묵히 배우라. 여자가 남자를 가르치는 것과 남자를 주관하는 것을 허락하지 않노니, 오직 묵묵히 할지니라"Let the woman learn in silence with all subjection. But I suffer not a woman to teach, nor to usurp authority over the man, but to be in silence.). 남편 되는 남자에 대한 아내 되는 여자의 제일의 아름다운 도리는 순종이라는 것이다. 이러한 뜻을 더 강조하기 위하여, 밀턴은 태초에 천지창조, 즉 우주와 삼라만상을 창조하신 하나님의 말씀은(*Genesis*, 1: 1-2: 25) 곧 님의 율법(계율 또는 계명)이고, 님의 말은 아내 된 여자의 율법이다라고 하였다. 이어서 밀턴은 그러한 님의 율법을 따르는 것만이 아내 된 여자의 가장 행복한 지식이요 영예라고 하였다. 바꾸어 말하자면, 아내 된 여자의 가장 아름다운 행복과 영예는 남편에게 순종함으로써(Cf. *Ephesians*, 5: 22, "아내들이여, 자기 남편에게 복종하기를 주께 하듯 하라"Wives, submit yourselves unto your own husbands, as unto the Lord. *1 Peter*, 3: 1, 3-5, ". . . 너희 아내들이여, 너희 남편들에게 순복(順服)하라. . . ." . . . ye wives, *be* in subjection to your own husbands. . . . "너희(아내들)의 단장(丹粧)은 머리를 꾸미고, 금을 차고, 아름다운 옷을 입는 외모로 하지 말고, / 오직 마음 속에 섬기는 사람을 온유하고 안정한 심령의 썩지 아니할 것으로 치장하라. 이는 하나님이 보시기에도 값진 것이니라. / 예전에 하나님께 소망을 두었던 거룩한 부녀들도, 이와 같이 자기의 남편들에게 순복함으로써 자기를 단장하였나니라"Whose adorning let it not be that outward *adorning* of plaiting the hair, and of wearing of gold, or of putting on of apparel; / But *let it be* the hidden man of the heart, in that which is not corruptible, *even the ornament* of a meek and quiet spirit, which is in the sight of God of great price. / For after this manner in the old time the holy women also, who trusted in God, adorned themselves, being in subjection unto their own husbands:) 얻어지는 것이니, 아내 된 여자는 그리스도를 섬기듯이 자신의 구주(救主)인 남편 된 남자를 섬기라(Cf. *Ephesians*, 5: 23-24)는 뜻이다.

그런데, '하나님의 말씀은 님의 율법'이라는 어구에서 시사되고 있듯이, 남편에 대한 아내 된 여자의 순종이란 하나님의 율법 안에서 남편이 그 아내에게 부부로서의 의무를 다할 경우에, 그 남편에 대한 아내의 참다운 의무로 부과되는 '님의 말은 아내 된 여자의 율법'인 것이지 무조건적인 맹종(盲從)을 의미한 것은 아니다(Cf. *1 Corinthians*, 7: 3, "남편은 그 아내에게 대한 의무를 다하고, 아내도 그 남편에게 그렇게 할지라"Let the husband render unto the wife due benevolence: and likewise also the wife unto the husband. *Ephesians*, 5: 25, 28, "남편들아, 아내 사랑하기를 그리스도께서 교회를 사랑하시고, 교회를 위하여 자신을 주심과 같이 하라"Husbands, love your wives, even as Christ also loved the church, and gave himself for it. "그처럼 남편들도 자기 아내 사랑하기를 제 몸과 같이 할지니. 자기 아내를 사랑하는 자는 자기를 사랑하는 것이니라"So ought men to love their wives, as their own bodies. He that loveth his wife loveth himself. *1 Peter*, 3: 7, "그와 더불어, 남편 된 자들아, 지식을 따라 너희 아내와 동거하고, 저는 더 연약한 그릇이요, 또 생명의 은혜를 유업으로 함께 받을 자로 알고 귀히 여기라. . . ."Likewise, ye husbands, dwell with *them* according to the knowledge, giving honour unto the wife, as unto the weaker vessel, and as being heirs together of the grace of life;. . . .). 덧붙여 말하자면, 부부로서의 "남자는 하나님을 알고 사랑하도록 만들어졌으며, 동료 인간을 사랑하고 돕고, 익히고 착실하게 일하며, 아울러 인생살이의 어떠한 처지에 놓일지라도 남자의 의무를 이행하도록 만들어졌다. 여자는 이러한 일에 종사하는 남자에게 합당한 내조자로 창조되었다"Man is made to know and love God, love and assist his fellow man, learn and labour truly, and do his duty in whatever state of life he may be called to. Woman is created to be a help meet for him in these tasks(Radzinowicz, 163)는 것이다. 기술된 바와 같이, 밀턴이 주장한 부부간의 윤리관이란, 남편 된 남성은 하나님의 율법의 테두리 내에서, 연약한 아내를 사랑하고 소중히 여길 줄 아는 남편

으로서의 도리를 다함으로써, 또한 아내 된 여성은 자신의 그리스도와 같은 남편에게 내주장(內主張)하지 않고 순종하는 합당한 내조자로서의 참다운 의무를 이행함으로써, 즉 부부간의 참사랑과 의무이행으로 정립된 율법이라는 것이다. 요컨대, 밀턴의 인간관에서 언급된 바 있는 성 바울이 간명하게 설파했던 남녀관계의 윤리관에서처럼, 밀턴은 남편에 대한 아내 된 여성의 윤리관이 부창부수(夫唱婦隨)와 여필종부(女必從夫)를 근본으로 해야 됨을 강조해놓았다. 밀턴의 이와 같은 부부윤리관 역시도 우리는 성서를 중심으로 한 그의 청교도주의에서 말미암은 윤리관으로 이해되어야 할 것이다.

그와 같은 윤리관을 율법으로 하는 이브는 모든 아름다움과 모든 즐거움이 '님이 없으면 어이 즐거우리요'nor. . .without thee is sweet라고 말함으로써 아담을 높이 칭송한다(IV, ll. 641-658). 밤을 맞은 아담과 이브는 그들의 숙소에서 밤을 만드신 전능의 창조주Maker omnipotent께 경배와 예찬을 드림(IV, ll. 720-735). 밀턴은 부끄러움이나 수치를 모르는 채 전라(全裸)의 벌거숭이 아담과 이브가 아름다움으로 가득한 밤의 잠자리에서 행하는 지고지순(至高至純)한 사랑의 부부생활을 묘사함(IV, ll. 736-775; cf. IV, ll. 312-342: 가장 아름답고 건강한 선남선녀(善男善女)의 부부애를 한 폭의 그림으로 보여주듯 하는 그러한 표현을 통하여, 밀턴은 이브의 타락 이전의 아담과 이브의 에덴동산 생활을 야하지 않고 속되지 않는 플라톤적인 사랑Platonic love, 즉 그야말로 순결purity하고 순수한pure 무구(無垢)innocence의 정신애인 플라톤주의Platonism로 그려놓았다라고 뜻풀이될 수 있는 대목이다.). 가브리엘은 에덴동산의 상아의 문ivory port; ivory gate; the eastern gate of paradise(IV, l. 542), 즉 낙원의 동쪽 초입의 문에서 정해진 시각에 나와 야경(夜警)에 임하는 무장한 케룹천사군(軍)의 부관 우지엘Uzziel(성서에서는 고핫Kohath의 아들들 중의 하나로만 나온다(*Exodus*, 6: 18; *Numbers*, 3: 19). 이름의 뜻은 '하나님의 세력'strength of God이라고 한다.)에게는 천사군 절반을 이끌고 낙원의 남쪽을, 나머지는 북쪽을 감시하라고 지시하고, 이쑤리엘Ithuriel(밀턴이 만든 이름이며. 이름의 뜻은 '하나님의 발견'the discovery of God이라고 한다.)과 제폰Zephon(성서에서는 갓Gad의 자손이라는 이름만 나온다(*Numbers*, 26: 15). 이름의 뜻은 '은밀한 탐색자'searcher of secret 또는 '탐색하는 이'a looking out라고 한다.—Cf. Milton(1940, notes), 101; Milton(1968, notes), 242)에게는 동산 내를 샅샅이 탐색하여 은신하고 있는 지옥의 천사(마왕)를 붙잡아 이쪽으로 끌고 오라고 지시하였다(IV, ll. 778-796). 잠에 빠진 이브의 귓전 가까이에 두꺼비처럼 웅크리고 앉아 있는 마왕을 발견하고서(IV, ll. 799-800), 이쑤리엘이 창으로 살짝 건드려서 본연의 모습으로 돌아온 마왕을(IV, ll. 810-813) 질책함(IV, ll. 823-827). 조소와 경멸로 응대하는 마왕을(IV, ll. 828-833) 제폰 역시 경멸로 힐책하고서 낙원의 침범을 막고 두 사람(아담과 이브)을 보호하는 것이 임무임을 말하고(IV, ll. 834-843), 도전적인 거만한 마왕을 대동하고 오는 이쑤리엘과 제폰 일행을 가브리엘은 맞는다(IV, ll. 864-873). 가브리엘은 한계를 위반한 마왕을 심문할 권력과 권리가 있음을 밝힘(IV, ll. 877-884). 가브리엘의 말에 마왕은 지옥의 생활상태를 말하고 고통을 피하기 위한 수단이라고 변명함(IV, ll. 885-901). 가브리엘(무사천사)은 마왕에게 낙원에서 퇴거하라고 강경하게 명령함(IV, ll. 962-967). 항거하는 마왕을 무장한 천사대the angelic squadron가 포위하자, 마왕도 전투태세를 갖춤(IV, ll. 977-990). 바로 이 때에 하늘에서 황금저울golden scales이 내걸렸다(IV, l. 996-1004: 밀턴은 여기서 호머의 『이리아드』 VIII. 69-72과 XXII. 209-212에 나오는 황금저울golden scales의 이야기를 이용하였다. 그 내용인즉, 제우스Zeus는 트로이군Trojans과 그리스군Achaians; Achaean의 운명을 황금저울로 저울질했다. 이와 같은 내용은 버질의 『아에네이드』 XII. 725-727에서도 트로이Troy의 용사 아에네이스Aeneis; Aeneas의

무용담을 언급한 것에서도 모방되었다고 한다. 밀턴은 이 황금저울을 하늘의 황도대(黃道帶)Zodiac에 있는 별자리 처녀궁Astraea; Astrea과 전갈궁Scorpion 사이에 있는 천칭궁Libra과 같은 개념으로 수용하여, 모든 창조물이 최초에 그 저울로 측정된 것으로 상상했던 것 같다(Comp. *Isaiah*, 40: 12; *Job*, 28: 25).—Cf. Milton(1940, notes), 105-106). 마왕은 황금저울에서 그의 세력이 가장 가볍고 약한 것으로 드러나자 말없이 도망쳤다(IV, ll. 1010-1015).

가브리엘의 천사군이 마왕을 쫓아낸 이후, 아름답고 평화로운 낙원에 아침이 오자 아담과 이브는 잠자리에서 일어났다. 이브는 마왕이 그녀의 의식 속에 불어넣은 실제상의 유혹을 그대로 계시(啓示)한 지난 밤의 꿈을 잊지 못한다. 그 나무의 실과(지식의 나무의 실과)를 먹으면 이브 자신이 여신Thy self a goddess이 된다는 꿈 속의 말과 그 실과의 상큼한 향기the pleasant savoury smell를 잊지 못한 채, 이브는 아담에게 꿈의 내용을 털어놓는다(V, ll. 30-93). 이브는 그 께름칙한 꿈으로 인한 괴로움 때문에 인간 최초의 여린 눈물a gentle tear을 에덴동산에 떨어뜨린다(V, ll. 130-134). 마왕이 간밤에 이브의 꿈 속에서 어떻게 했는지를 잘 아는 하나님은 사교적인 대천사 라파엘Raphael(구약성서의 경외전(經外典)의 토비트서*Tobit*, 8: 3에서, 토비트의 아들 토비아스와 대천사 라구엘의 딸 사라가 결혼한 날에 라파엘이 악령 아스모데우스를 이집트의 극지로 쫓아내어 결박함으로써, 결혼을 온전하게 성사시킨 이야기는 앞에서(IV, ll. 167-171) 서술된 바 있다. 그리고 라파엘은 일곱 명의 대천사 중의 하나이면서, 또한 우리엘, 가브리엘, 그리고 미가엘과 함께 하나님의 우주여행 4륜마차cosmic chariot의 거마꾼 대천사 네 명 중의 하나이고(Milton(1968, notes), 185; 227; 270), 그 이름의 뜻은 '하나님의 건강'the health of God(*Ibid.*, 270; *e.g. Tobit*, 3: 17)이라고 한다.)을 불러서, 마왕의 내력과 흉계를 아담에게 알릴 것은 알리라고 지시한다(V, ll. 220-245). 알몸의 아담과 이브는 정성을 다한 식탁을 차려놓고 깍듯한 예절로 라파엘을 맞이한다(V, ll. 331-370). (이 대목에서부터 VIII 권까지의 서사시는 라파엘과 아담과의 대담(對談)으로 구성되어 있다.) 라파엘은 음식의 소화작용을 '유형물을 영적 무형물로 변화시킨다'corporeal to incorporeal turn라고 설명한다(V, ll. 412-413). 천국의 식생활이 궁금했던 아담은 라파엘에게 천국의 음식과 비교하여 그 맛이 어떤지를 묻는다(V, ll. 461-467). 아담의 물음에 라파엘이 대답하기를, 전능하신 하나님으로부터 나온 만물이 선용되는 한에서 하나님께로 되돌아가는 것임과 또한 하나님이 창조한 만물의 원질(原質)은 하나one first matter all임을 전제하고서, 물질의 천차만별의 형상various forms과 천변만화(千變萬化) 단계various degrees의 본질substance이 생동하는 것에는 생명이 부여되었으며, 또한 그러한 생명은 각기 다르게 부과된 각각의 활동영역에서 Each in their several active spheres assigned 그 형상과 단계가 하나님에게 가까울수록 더욱 품위 있고 더욱 영적이고 더욱 순결하여 각 종류는 응분의 한계 안에서, '마침내 육체는 영체로 승화한다'Till body up to spirit work. 그래서 때가 되면 인간도 불편하지 않게 천사와 같이 식사하게 될 것이다. 이른바, 그대들이 순종하게 될진대If ye be found obedient(Cf. *Isaiah*, 1: 19, "너희가 즐거이 순종할진대, 땅의 아름다운 소산을 먹을 것이요"If ye be willing and obedient, ye shall eat the good of the land:), 그리고 그대들을 낳은 하나님의 온전한 사랑을his love entire / Whose progeny you are 변함없이 꿋꿋하게 지킬진대는, 그대들의 육체는 시간이 경과함에 따라 종내에는 모두 영체(靈體)로 화하여Your bodies may at last turn all to spirit, / Improved by tract of time 우리처럼 날개를 달고 자유롭게 이 곳이나 하늘나라의 낙원에서 살리라고 말하였다(V, ll. 469-503).* 라파엘이 그렇게 말하자, 아담은 또한 중심에서 주위에

---

* 여기서 아담에게 말하는 "라파엘의 물질세계에 대한 도식(圖式)적인 묘사는

방사물(放射物)의 윤생(輪生)운동a cyclic movement of emanation(플로티누스를 중심으로 한 신플라톤학파의 철학자들에 의하면, 모든 물질은 신God이 방사한 것이며, 또한 신의 방사물은 윤생하는 것으로 보았다.)과 회귀(回歸)return로 특징지웠는데, 라파엘은 그러한 것을 플라톤적인 것으로 표출해놓았다. 말하자면, 그것은 영혼의 순차적인 단계의 개념the notion of successive degrees of spirituousness(플라톤의 『국가 *Politeia*』 편에 나오는 선분(線分)의 비유에서, 인간의 실체는 영혼이며 영혼은 3분(三分)의 단계로 되어 있다고 보았다. 하위단계는 육체와 결합된 영혼의 정욕(情欲)epithymetikon단계, 중위단계는 육체와 결합된 영혼이 이성의 통제를 받는 기개(氣慨)thymoeides 단계, 상위단계는 영혼이 육체와의 결합에서 벗어난 순수한 이념의 불사적인 이성(理性)logistikon단계라고 한다.)을 바로 그대로 표출한 것이다. 그것은 고대로부터 너무나 흔하게 알려진 도식적인 묘사임으로 근원과 모델을 예시(例示)한다는 것은 무의미한 일이 될 것이다. . . . 그러나 모든 모델은 최근의 어떠한 진화론(進化論)evolutionary system 못지 않게 역동적인 점에 유의하라"(Milton(1968, notes), 286)고 주석되어 있다. 이와 같은 주석을 우리가 그대로 수용한다면, 밀턴은 아담에게 알려주는 라파엘의 말을 빌려서 하나님의 방사물인 물질세계의 진화론, 즉 그의 **물질관**인 **만물진화론**(萬物進化論)을 개진(開陳)하였는데, 그것은 플라톤적인 사상에서 도출된 것으로 볼 수 있다. 밀턴의 논리에 의하면, 만물은 하나님의 방사물이기 때문에 그 원질은 동일하며, 동일한 원질의 만물이 선용되는 응분의 한계 내에서 하나님에게로 회귀한다는 것인데, 하나님에게로 회귀되는 과정에 관한 밀턴의 논리를 우리는 밀턴식의 만물진화론이라고 일컫는다.

그 논리의 골자는, 원질에서 각양각색으로 분화된 만물은 가장 낮은 단계의 무기물로부터 식물로, 식물에서 동물로, 동물에서 인간으로, 인간에서 가장 상위단계에 있는 천사에로 상승한다는 것인 바, 가장 상위단계의 천사는 가장 신성에 가까운 것이다. 이러한 상승적인 단계의 진화론을 『실락원』 해석가들은 밀턴의 만물진화론 사상으로 해설하고 있다. 이러한 만물진화론에서, 밀턴은 하나님이 방사한 만물 중에서 흙으로 인간을 창조하였고, 흙이라는 물질은 하나님 자신의 선(善)의 부분이고, 그러한 선의 원질은 하나님에게로 회귀된다는 개념에서, "육체가 영체로 승화한다"(V, l. 478)라든가 시간의 경과와 더불어 "그대들의 육체는 종내에는 모두 영체화한다"(V, l. 497)라고 하였다. 그리고 밀턴은 "인간의 자양(滋養)Man's nourishment에 의한 육체는 살이 있는 영혼, 즉 활기 있는 영체vital spirits이고, 생명과 감각, 상상과 오성(悟性)Fancy and understanding에 따른 이성이 있으며, 이성은 추론적Discursive이거나 직관적intuitive이거나 영혼 그 자체이다reason is her(soul) being라고 하였다"(V, ll. 483-488). 바꾸어 말하자면, 인간의 육체는 살이 있는 영체로서의 몸이요 실체이며, 활기 있는 감성과 이성을 가진 개인 그 자체이다라는 뜻이다. 요컨대, 밀턴은 육체와 영체, 이른바 육(肉)과 영(靈)을 합일시함으로써 그 둘의 분리를 거부하였다. 육체와 영체 또는 육과 영에 대한 밀턴의 **합일론**은 성서의 **분리론**과는 배치(背馳)된 것이다(Cf. *Genesis*, 3: 19, ". . . . 너는 흙이니 흙으로 돌아갈 것이니라". . . . for dust thou *art*, and unto dust shalt thou

까지 자연의 사닥다리the scale of nature(the ladder of nature는 물질의 낱낱의 모양에서부터 우주만물에 이르기까지, 사닥다리 맨 윗쪽에 존재의 최고위급(신)이 있는up the hierarchic grades of existence, 플라톤적인 수련(修鍊)Platonic ascesis을(Cf. 플라톤적인 사랑(정신애)에서, 육욕(肉慾)으로부터 신에게 있는 지고지순의 아름다움에 대한 순수한 정관(靜觀)에까지 이르는 사닥다리의 수련, 즉 사랑의 참 아름다움의 성취를 위한 수련을 밀턴이 사닥다리에 비유한 것임.) 언급한 것이다. 그러나 그것을 연금술의 정화(淨化)작용의 단계the ladder of alchemic purification를 인유한 것으로 보기도 한다(Cf. Milton(1968, notes), 289). 그러니까, 사닥다리의 맨 아래는 낱낱의 물질이 있고 맨 위는 신이 있는데, 사닥다리의 비유적 논리는 낱낱의 물질은 신의 원질에로, 신의 원질에서 신에 의하여 다시 방사되는 물질로 오르락내리락 한다는 의미로 해석된다.)를 놓아주셨으니, 이것으로써 창조된 것들을 관조하면서In contemplation 한 걸음씩 한 걸음씩 하나님께로 올라갈 수 있겠나이다(V, ll. 509-512)라고 아담은 말하였다.

---

return. *Ecclesiastes*, 3: 20-21, ". . . . 모두가 흙으로 말미암으므로, 다 흙으로 다시 돌아가나니. 인간의 영체는 위로 올라가고, 짐승의 영체는 아래 곧 땅으로 내려감을 누가 알랴?". . . . all are from the dust, and all turn to dust again. who knoweth the spirit of man that goeth upward, and the spirit of the beast that goeth downward to the earth? *Ecclesiastes*, 12: 7, "흙은 여전히 땅으로 돌아가고, 영은 그것을 주신 하나님께로 돌아가니라"Then shall the dust return to the earth as it was, and the spirit shall return unto God who gave it. *Matthew*, 10: 28, "몸은 죽여도, 영혼은 능히 죽이지 못하는 자들을 두려워하지 말고. . . ."And fear not them which kill the body, but are not able to kill the soul:. . . . *Luke*, 23: 46, "예수께서 큰 소리로 불러 가라사대, 아버지여 내 영체를 아버지 손에 부탁하나이다 하고, 이 말씀을 하신 후 운명(殞命)하시다"And when Jesus had cried with a loud voice, he said, Father, into thy hands I commend my spirit: and having said thus, he gave up the ghost. *Hebrews*, 12: 9, "또 우리는 우리 육체의 아버지가 우리를 징계하여도 공경하였거늘, 하물며 영체의 아버지께 더욱 복종하여 살려하지 않겠느냐?"Futhermore, we have had fathers of our flesh which corrected *us*, and we gave *them* reverence: shall we not much rather be in subjection unto the Father of spirits, and live?). 따라서 **밀턴의 만물진화론 사상 곧 물질관은 성서의 테두리에서 이탈된 이단적인 철학사상으로 볼 수밖에 없다.**

대화는 계속되어 아담은 라파엘에게 "그대들이 순종하게 될진대"*If ye be found obedient?*라고 첨가한 주의caution의 순종은 어떤 의미인지 묻는다. 라파엘이 아담에게 대답하기를, "그대들이 행복함은 하나님의 힘이지만, 그대들이 그 행복을 지속함은 그대들 자신의 힘이다"that thou art happy, owe to God; / That thou continuest such, owe to thyself. 즉, 그대의 순종의 결과이다라고 일러준 다음(V, ll. 512-521), 하나님은 그대들을 완전하게 만드셨으나 불변으로는 아니며, 선(善)하게 만드셨으나 간직하는 것은 그대들의 힘에 맡겼음. 그대들에게 자유의지를 부여하면서 강요되지 않은 봉사를 요구하신다. 하나님을 자진해서 섬기느냐 않느냐도 그대들의 자유의지에 달려 있음(V, ll. 524-534). 우리가 자유의지로 순종을 지속하는 한 그대들과 같은 행복한 상태를 보장받게 됨. 우리의 자유의지로 사랑함. 하늘나라에서 불순종 때문에 지옥의 밑바닥으로 떨어진 자들이 있었음을 말해준다(V, ll. 535-543). 아담은 하늘나라에서 있었다고 하는 그 때의 일을 알고자 라파엘의 대답을 간청한다(V, ll. 553-560). 라파엘은 잠시 주저한 끝에 다음과 같이 말한다. 하나님은 하늘의 대세륜(大歲輪)heaven's great year이 이루어지는 그 어느 날on such day(V, ll. 582-583),* 칙명(勅命)으로

* 이 어구는 천체의 운행주기에 관한 플라톤의 학설Platonic doctrine에서 밀턴이 빌려온 것으로, "대세륜 또는 플라톤적인 대세륜은 모든 천체가 동시에 원래의 위치로 복귀한 때에 완결되는 운행주기이다. 운행주기의 기간은 다양하게 산정되었으며(예컨대, 자연계의 세륜을 세르비우스Servius; Marius (or Maurus) Servius Honoratus(*fl.* 4th century)는 12,954년으로, 마크로비우스Macrobius; Ambrosius Theodosius Macrobius(*fl. ca.* 4th century)는 15,000년으로, 플라톤은 36,000년으로), 그것은 종종 주야평분시의 세차운동(Cf. III, ll. 482-483) 기간과 연결되었다"The *great year* or *annus magnus platonicus* is the cycle completed when all the heavenly bodies simultaneously return to their original positions. The period of the cycle was variously estimated(*e.g.* by Servius at 12,954 natural years, by Macrobius at 15,000, by Plato at 36,000), and it was often connected with the equinoctial precessional period(Milton(1968, notes), 293). 밀턴은 영원의 세계인 하늘나라에서도 대세륜

소집된 천사군(天使軍)들(V, l. 584; ll. 600-601) 앞에서, 독생자를 그들의 우두머리인 주로 책봉함을 선언하고, 그들로 하여금 그를 섬기고 그의 말에 순종하도록 명하여, 이것을 어기는 자는 암흑 속에 떨어져 영원히 구원 없이 놓여질 것이다라고 하였더니(V, ll. 603-615), 반역천사들의 우두머리가 되기 이전에는 하늘나라의 수석(首席)천사였던 마왕은(V, ll. 657-659) 성자에 대한 질투심과 교만심, 아주 심한 악의와 모멸감(侮蔑感)을 품고(V, ll. 662-666) 천사들에게 온갖 거짓말을 함으로써(*John*, 8: 44, ". . . .그는 처음부터 살인자요, 진리가 그 속에 없으므로 진리 안에 있지 못하고, 거짓을 말할 때마다 자신의 것으로 말하나니. 이는 그가 거짓말쟁이요, 거짓의 아비가 되었음이니라". . . .he was a murderer from the beginning, and abode not in the truth; because there is no truth in him. When he speaketh a lie, he speaketh of his own: for he is a liar, and the father of it.), 천사군의 3분의 1을 규합해놓고(V, ll. 709-710), 성자와 '동등하게 자유로운 천민(天民)이고 천자(天子)임'Natives and sons of heaven(V, ll. 790-792)과 '자유에서는 동등함'In freedom equal(V, ll. 794-797)을

이라는 것이 있어서, 그것이 끝날 때마다 새로운 기원의 날을 가져온다고 생각하였다. 따라서 밀턴은 하나님이 독생자를 낳아 기름을 부은anointed(V, ll. 604-605: cf. *Psalms*, 2: 6-7, "내가 나의 왕을 나의 성스러운 시온 산에 세웠도다. . . ./너는 내 아들이라, 오늘 내가 너를 낳았도다"Yet have I set my King upon my holy hill of Zion. . . ./Thou *art* my Son; this day have I begotten thee. *Hebrews*, 1: 9, ". . . .그러므로 하나님 곧 너의 하나님이 즐거움의 기름을 너에게 부어 네 동료들보다 위에 있게 하셨도다". . . . therefore God, *even* thy God, hath anointed thee with the oil of gladness above thy fellows. 히브리어의 Messiah와 그리스어의 Christ(*John*, 4: 25-26)는 '기름부음을 받은 자'라는 뜻이다.) 그를 우편에 앉히고 만유의 주(主)Lord로 책봉한 것도(V, ll. 606-608: cf. *Philippians*, 2: 10-11, "하늘에 있는 자들과 땅에 있는 자들과 땅 아래 있는 자들로, 모든 무릎을 예수의 이름에 꿇게 하시고,/ 모든 입으로 예수 그리스도를 주(主)라 시인하여 하나님 아버지께 영광을 돌리게 하셨느니라"That at the name of Jesus every knee should bow, of *things* in heaven, and *things* in earth, and *things* under the earth,/And *that* every tongue should confess that Jesus Christ *is* Lord, to the glory of God the Father.) 그러한 날 중의 어느 날로 생각했던 것 같다.

역설하여 압도적인 지지를 받았으나, 회중(會衆)의 세랍천사 압디엘Abdiel은(*1 Chronicles*, 5: 15에 나오는 압디엘은 계보(系譜)상의 한 인물a human genealogical context로 나타나 있을 뿐이다. 압디엘은 '하나님의 종복(從僕)'Servant of God(Milton(1968, notes), 307)이라는 뜻이다.) 마왕을 '오 하나님의 배반자여, 저주받은 영이여'라고 힐난하며 강경하게 반발하였다오(V, ll. 877-895). 하나님을 향한 변함없는 충의와 사랑과 열정을 고수한His loyalty he kept, his love, his zeal(V, l. 900) 압디엘은 초연한 자세로 마왕 일당에게 반박의 경멸을 보내며with retorted scorn 등을 돌렸소(V, ll. 903-906).

그 다음의 일을 라파엘은 아담에게 계속해서 알려준다. 압디엘은 하나님의 성산the sacred hill에 있는 보좌 앞에서Before the seat supreme, 황금구름a golden cloud 속의 하나님께서 그를 칭송하고서, 그들의 왕인 구세주를 거역하는 반역도당revolted multitudes을 힘으로써 정벌하라는 음성과 대천사 미가엘Michael(일곱 명의 대천사중의 하나인 미가엘은 용(龍), 즉 마왕과 그의 사자들과 싸워서 저들을 격퇴시킨 천국의 천사장이고 '천사군의 사령관'the leader of angels(Cf. *Daniel*, 12: 1; *Revelation*, 12: 7-8)이다. 그 이름의 뜻은 '누가 하나님과 같은 자냐?'Who is like to God?(*Ibid.*, 314)라고 한다.)과 가브리엘에게 그 반역도당을 지옥의 심연the gulf of Tartarus(Tartarus. In the Renaissance manner, Milton identifies the Christian hell with the classical underworld, in which Tartarus was the place of the guilty. —*Ibid.*, 93)으로 몰아넣어라고 하는 출정명령(出征命令)의 음성을 들었소(VI, ll. 25-55). 하늘에서의 전쟁(*Revelation*, 12: 7-9) 첫째 날에, 압디엘은 천사군을 이끌고 반역군과 좁은 공간의 간격을 두고 대치(對峙)된 상태에서(VI, ll. 104-107), 반역군의 우두머리인 마왕과의 마지막 담판(VI, ll. 127-129). 압디엘은 마왕의 오만방자함과 어리석음을 질책하고(VI, ll. 131-148), 마왕은 복수심으로 하나님의 전지전능을 부인하며Omnipotence to none 하나님에 대한 자유봉사를 굴종시함(VI, ll. 150-170). 압디엘, 마왕의 배신과 거듭 범하는 과오를 신랄하게 꾸짖으며 굴종servitude의 의미를 밝혀주고, 그 불경의 머리에 일격을 가하니 반역군은 혼비백산(魂飛魄散)하여 퇴각하였소(VI, ll. 172-198). 이것을 보고 있던 대천사 미가엘은 진격의 나팔을 불어서(VI, ll. 201-203), 천사군과 저항하는 반역군은 파멸의 공격과 지칠 줄 모르는 격분으로 돌격하였소together rushed . . . with ruinous assault /And inextinguishable rage(VI, ll. 216-217). 미가엘의 칼이 일격에 적의 대대(大隊)들을 쓰러뜨리고서(VI, ll. 250-251), 미가엘은 마왕을 대적하여 악의 창조자Author of evil라고 통렬하게 비난하고(VI, ll. 262-280) 잘 연마된 그의 예리한 칼로 마왕의 오른쪽 옆구리를 베어 갈기갈기 상처를 입혀, 갑옷을 온통 붉은 영액(靈液)the nectarous sanguine humour으로 물들게 하였소(VI, ll. 320-334). 이 때에, 다른 한편에서 천사군의 가브리엘은 반역군의 몰록(Cf. I, ll. 392-393; II, ll. 51-105)을, 우리엘과 라파엘은 아드라멜렉Adramelec; Adramelech(구약시대에 스발와임Sepharvaim에서 사마리아Samaria로 이주한 사람들이(*2 Kings*, 17: 24) 숭배한 우상 태양신sun-god의 이름(Milton(1968, notes), 328). 그들은 자녀들을 불로 태워 아드라멜렉에게 제물로 바쳤다(*2 Kings*, 17: 31)라고 한다.)과 아스마다이Asmadai; Asmodeus(Cf. IV, ll. 167-171)를, 압디엘은 아리엘Ariel(*Isaiah*, 29: 1-2에서의 아리엘은 다윗David왕이 진(陣)을 친 성읍(城邑)의 이름이며, 엄밀한 의미에서 예루살렘Jerusalem을 가리키며(*Op. cit.*, 328), *Ezra*, 8: 16에서의 아리엘은 족장의 이름으로 나오는데, 이름의 뜻은 '하나님의 사자(獅子)'Lion of God(*Loc. cit.*)라고 한다. 아리엘이 반역군의 악마 이름으로 사용된 것은 밀턴의 창작으로 보아야 될 것 같다.)과 아리옥Arioc; Arioch(*Genesis*, 14: 1-16에 보면, 아브람Abram(아브람의 나이 99세 때에, 여호와께서 아브람을 아브라함Abraham으로 개명하여 부르심(*Genesis*, 17: 1, 5). 성서의 주석에서 히브리어로 아브람Abram의 뜻은 '고귀한 아버지'이고, 아브라함

Abraham의 뜻은 '많은 무리의 아버지'이라고 한다.)과 대적하여 싸웠던 '엘라살의 왕 아리옥'Arioch of Ellasar인데, 아리옥은 문예부흥 시대의 마신론(魔神論)demonology에서 '복수의 영'spirit of revenge으로 알려졌으며, 이름의 뜻은 '사자와 같은'Lion-like(*Loc. cit.*)이라고 한다.), 그리고 라미엘Ramiel(이미 언급된 바 있듯이, 라미엘은 일곱 명의 대천사 중의 하나로 되어 있다. 그런데, 구약성서의 경외전 *1 Enoch*, 6: 7에는 인간의 딸들과 간음한 타락천사들 중의 하나이다라고 한다(*Loc. cit.*). 이름의 뜻은 '하나님의 높임' 혹은 '하나님의 천둥'으로 전유(轉喩)된다고는 하나 그 출처는 불분명하다.)을 격퇴시켰소(VI, ll. 362-372). 그리하여 반역군의 최강자는 진압되었고 전투는 소강(小康)상태로 접어들었소the battle swerved(VI, l. 386).

패퇴(敗退)한 반역군의 야간회의에서(VI, l. 416), 니스록Nisroc; Nisroch은(니스록은 구약시대 앗시리아인의 우상the Assyrian idol의 이름이고, 그 이름의 뜻은 히브리어로 '탈주' 또는 '교묘한 유혹'Flight or Delicate temptation이며(Milton(1968, notes), 331), 또한 독수리과 새의 이름이기도 하다. 우상으로서의 니스록이 어떤 내용의 존재이었는지는 확실하지 않다. 성서에 따르면, 앗시리아의 왕 세나케리브(산헤립)Sennacherib가 니네베(니느웨)Nineveh에 있는 니스록의 신당(神堂)에서 경배하다가 그의 두 아들 아드람멜렉Adrammelech과 사레셀Sharezer에 의하여 살해되었다(Cf. *2 Kings*, 19: 36-37; *Isaiah*, 37: 37-38)라고 기록되어 있다. 밀턴은 니스록의 이름을 '탈주자'라는 의미로 해석하였고, 아울러 그 이름을 반역군의 여러 왕후(王侯) 중의 수장(首將)the prime of principalities(VI, ll. 447-448)의 명칭으로 사용하였다.) 전쟁 비관론과 보다 강력한 새 무기를 발명할 것을 제의(VI, ll. 451-468). 마왕, 새로 발명한 대포(大砲)가 있으니 염려하지 말라고 함(VI, ll. 482-495). 전쟁의 둘째 날 아침에 천사군의 케룹천사 조피엘Zophiel이(조피엘은 케룹천사 중에서 가장 날쌘 천사이고(VI, l. 535), 이름의 뜻은 '하나님의 첩자'Spy of God(*Op. cit.*, 335)이라고 한다. 조피엘이라는 이름은 성서나 여타의 문헌에서도 그 출처를 알아낼 수 없다. 밀턴이 창작한 이름으로 보는 것이 타당할 것 같다.) 전속력으로 천사군 진영에 날아와서 반역군이 가까이 왔으니 전투준비에 만전(萬全)을 기할 것을 당부함(VI, ll. 537-546). 이윽고, 양 진영의 처절한 격전 끝에, 천사군은 반역군이 사용하는 기관의 삼층열(三層列; 대포)engines' triple-row(VI, l. 650)과 모든 무기를 찌그러뜨려 못쓰게 함으로써crushed in and bruised(VI, l. 656) 승리하였다오(VI, ll. 651-660). 그러나 하늘나라의 환경은 거듭된 무서운 혼란으로 파멸의 위기에 처해 있었소(VI, ll. 662-670). 이러한 소란을 예견한 전능의 성부께서는 성자에게 제2위의 전능자Second omnipotence라는 명예와 일체의 권력을 위임하고서, 최강자thou mightest in thy Father's might(최고 사령관)로 임명된 성자로 하여금 반역군을 하늘나라의 경계 밖에 있는 깊은 심연the utter deep(예비 된 지옥) 속으로 몰아넣어라고 명령하였소(VI, ll. 671-718). 전쟁의 셋째 날(Cf. *Genesis*, 3: 15, "내가 너로 여자와 원수가 되게 하고, 너의 후손도 여자의 후손과 원수가 되게 하리니, 여자의 후손은 네 머리를 상하게 할 것이요, 너는 그의 발꿈치를 상하게 할 것이니라"And I will put enmity between thee and the woman, and between thy seed and her seed: it shall bruise thy head, and thou shall bruise his heel. 성서에서, 사흘 또는 셋째 날의 3이라는 숫자는(성부, 성자, 성령의 삼위일체를 상징함) '강림', '이룸', '완전', '완성', '부활'의 실행의 의미를 내재시킨 상징적인 숫자의 날이다(Cf. *Exodus*, 19: 1, 11, 16; *Matthew*, 20: 19; 27: 63-64; *Luke*, 13: 32). 말하자면, 둘째 날은 마왕이 그리스도의 발 뒤꿈치를 상하게 하는 날이고, 셋째 날은 그리스도가 마왕의 머리를 상하게 하는 날이다.) 동틀 녘에 최고 사령관인 성자는 재정비된 반역군을 향해서 전진하여(VI, ll. 748-749) 양 진영의 군사들에게 단독으로 응전(應戰)할 것임을 선언하고(VI, ll. 801-823), 즉시 네 천사가 끄는 4륜전차를(Cf. *Ezekiel*, 1: 4-21) 타고 돌격하여 무찌르니 패퇴(敗退)당한 반역군은 예비 된 지옥에 아흐레 동안 떨어졌으며, 그런 다음 반역군

전부를 수용한 지옥의 문은 닫혔다오(VI, ll. 827-875). 마침내 성자는 높은 보좌에 계신 위대한 성부의 궁전에 있는 어전(御前)으로 into the courts / And temple of his mighty Father throned / On high(VI, ll. 889-891) 개선하였고, 이리하여 하늘에서의 전쟁은 종식되었소. 이상과 같은 하늘나라의 전쟁이야기를 마친 라파엘은 아담에게, 마왕과 함께 지옥으로 떨어진 반역자들은 첫째로 그대의 생활상태를 질투하고he who envies now thy state, 둘째로 하나님에게 복수하고자 그대를 하나님에 대한 순종에서 어떤 방법으로 유혹해 낼까를 궁리 중이니Who now is plotting how he may seduce / Thee also from obedience, 마왕의 유혹에 귀 기울이지 말 것이며, '더 연약한 그릇'the weaker vessel(*1 Peter*, 3: 7) 같은 그대의 아내 이브에게 경고하시오warn thy weaker. 그리고 지옥에 떨어진 반역자들을 기억하시오. 범죄 할까 두렵소(VI, ll. 893-912)라고 훈계하였다.

밀턴은 라파엘과 아담과의 대담 사이에 성령의 시신 우라니아 Urania(Cf. I, l. 6)에게 자신의 시적 영감을 지속시켜서, 자신으로 하여금 고전시인을 능가하는 더 높은 주제의 시를 계속 쓰게 할 것을 간구함(VII, ll. 1-39: 이 부분은 시의 진행 사이에 삽입된 서곡(序曲)이라고 할 수 있음. 여기서, 밀턴은 자신의 창작을 인도하는, 즉 성령의 영감을 자신에게 불어넣어주는 천국의 시신heavenly Muse(I, l. 6; III, l. 19)인 성령Holy Ghost(Holy Spirit)에는 하나님의 두 딸이 있음을 명시하였다(. . .we should note that Wisdom is not M.'s Muse but the *sister* of his Muse.—Milton(1968, notes), 357). 자매 중의 하나는 성스러운 목소리(말씀)whose voice divine로 가장 고매한 시심(詩心)을 밀턴에게 불어넣어주는 시가의 여신 우라니아Urania(VII, ll. 1-7)이고, 다른 하나는 우라니아와 협의하여 밀턴으로 하여금 전능하신 성부the almighty Father를 즐겁게 할 하늘나라의 노래thy celestial song를 읊을 수 있게끔 영원한 지혜eternal Wisdom를 밀턴에게 제공하는 지혜의 여신 위즈덤Wisdom(VII, ll. 8-12)이라고 하였다.—Cf. *Ibid.*, 356-357. 하나님의 두 딸, 즉 두 여신은 밀턴이 문예미학적으로 창작한 이단적인 가공인물이다.). 아담은 최근에서야 지구를 에워싼 공간과 대지를 혼돈에 건설한 까닭과 '자연의 생성과 유래'His generation, and the rising birth / Of nature(VII, ll. 102-103), 이른바 천지만물의 창조 과정을 라파엘에게 조심스럽게 묻는다(VII, ll. 86-108). 아담의 물음에 라파엘이 대답하기를, 전능하신 영원의 성부께서는the omnipotent / Eternal Father(VII, ll. 136-137) 하늘의 전쟁에서 자멸한 반역천사들을 손실로 보고서, 그 손실을 메우기 위하여 I can repair / That detriment, if such it be to lose 즉각적으로 다른 한 세계를 창조하고, 그 세계의 한 인간으로부터 무수한 인류를 창조하여 이 곳이 아닌 그 곳에서 살게 하려는and in a moment will create / Another world, out of one man a race / Of men innumerable, there to dwell, / Not here 전능자이신 성부의 뜻이었음을 일러둠(VII, ll. 149-157). 전능자이신 성부의 '말씀' 곧 태어난 아들에게thou my Word, begotten Son(Cf. *John*, 1: 1, "태초에 말씀이 계시니라. 그 말씀이 하나님과 함께 계셨으니, 그 말씀은 곧 하나님이셨니라"In the beginning was the Word, and the Word was with God, and the Word was God. 「신약성서」에서 종종 언급되는 '말씀'(대문자로 시작된 Word)은 성자Jesus Christ를 호칭한 것이다. 성구(聖句)의 내용을 보면, 태초에서부터 성부와 성자가 함께 하셨으며, 성부와 성자와 성령이 삼위일체이므로 성자 역시도 하나님이다(Cf. *John*, 20: 28; *Philippians*, 2: 6)라는 의미의 성서적인 해석이 명시되어 있다.) 전능자는 '만물을 덮으시는 영spirit과 힘', 즉 '천지만물을 창조하는 성령과 권능'을 그의 성자에게 위임하여 보내니My overshadowing spirit and might with thee / I send along, ride forth(VII, ll. 163-166: cf. *Genesis*, 1: 2, ". . . . 하나님의 성령이 수면에 운행하시니라"and the Spirit of God moved upon the face of the waters. 이 구절은 천지창조의 사역에 성령도 참여하였음을 알게 한다. *Luke*, 1: 35, ". . . . 성령이 네게 임하시고, 지극히 높으신 이의 권능이 너를 덮으시리니. . . ."The Holy Ghost shall come upon thee, and the power of the Highest shall overshadow thee: . . . . 이

구절은 동정녀에게 성자 하나님이 잉태되는 내용을 극적으로 표현한 것인데, 성서의 '덮으신다' 또는 '덮어 가린다'overshadow는 단어의 뜻은 '가려서 어둡게 한다'는 것이 아니라, 권능이 '함께 한다', '보호한다', 또는 권능의 힘을 '입으신다', '잉태한다', 즉 '지으신다' 또는 '창조한다'는 의미로 해석되는 것이다. 따라서 '만물을 덮으시는 영과 힘'이라는 것은 '만물을 지으시는, 이른바 천지만물을 창조하는 성령과 권능'이라는 뜻이다.), 전능자(성부)의 '말씀' 곧 그 아들인 하나님께서 즉시 실행에 옮겼소His Word, the filial Godhead gave effect./ Immediate are the acts of God(VII, ll. 174-176: cf. *John*, 1: 2-3, "그가 태초에 하나님과 함께 계셨고. 만물이 그로 말미암아 지은 바 되었으니, 지은 것이 하나도 그가 없이 된 것이 없느니라"The same was in the beginning with God. All things were made by him; and without him was not any thing made that was made. *Hebrews,* 1: 1-2, "옛적에 선지자들로 여러 부분과 여러 모양으로 여러 번 우리 조상들에게 말씀하신 하나님이,/이 모든 날 마지막에 아들로 우리에게 말씀하셨으니, 이 아들을 만유의 후사로 세우시고, 또 저로 말미암아 모든 세계를 지으셨느니라"God, who at sundry times and in divers manners spake in time past unto the fathers by the prophets,/Hath in these last days spoken unto us by *his* Son, whom he hath appointed heir of all things, by whom also he made the worlds. Comp. *Colossians*, 1: 15-17. 이 구절들은 성자 하나님이 천지창조에 성부 하나님과 함께 하였음을 명시한 것이다.). 성자 하나님은 케룹천사와 세랍천사, 권력자들과 왕자들, 능력자들과 날개 돋친 영들, 그리고 날개 달린 4륜전차들을Cherub and seraph, potentates and thrones,/ And virtues, winged spirits, and chariots winged(VII, ll. 198-199) 대동하고서, 하늘이 넓게 열어놓은 영원의 문을heaven opened wide /Her ever during gates(VIII, ll. 205-206: cf. *Psalms*, 24: 9, "문들아 너희 머리를 들지어다. 영원한 문들아 들릴지어다. 영광의 왕이 들어가시리로다"Lift up your heads, O ye gates; even lift *them* up, ye everlasting doors; and the King of glory shall come in.) 통과한 '혼돈'chaos의 중심에서(Ⅶ, ll. 215-221), 성자 하나님은 전능자 하나님께서 영원의 곳간에 비치해둔prepared / In God's eternal store 황금컴퍼스를 그의 손에 잡고in his hand / He took the golden compasses 이 우주와 창조된 만물의 한계를 정하고자to circumscribe / This universe, and all created things, 그는 한 다리를 중심으로 삼고One foot he centered 다른 다리로 암흑의 거대한 심연 속을 빙 돌리면서and the other turned / Round through the vast profundity obscure 말씀하시기를(Ⅶ, ll. 224-230),* "여기까지 뻗쳐라. 여기까지가 그대의 경계이노라. 이것이 그대의 정확한 범위이노라This be thy just circumference. 오 세계여"라고 함으로써, 세계(지구)의 하늘과 땅과 물질을 창조하셨고(Ⅶ, ll. 230-233: cf. *Genesis*, 1-2), 창조된 세계를 위하여, 제1일에는 빛light을 창조하여 빛을 낮이라, 어둠을 밤이라 칭하시고(Ⅶ, l. 243-252: *Genesis*, 1: 3-5), 제2일에는 창천firmament을 창조하여 하늘이라 칭하시고(Ⅶ, ll. 261-274: *Genesis*, 1: 6-8), 제3일에는 흙dust과 물water, 육지와 바다를 분리

---

* 이 대목을 참고로 VII, l. 170과 대조해보면, 하나님(전능자 하나님)께서는 몸소 만물의 한계를 정하지 않은 것으로uncircumscribed 묘사되어 있다. 하나님의 기하학적인 건설의 개념은the notion of a divine geometrical construction 원래 「구약성서」의 잠언(箴言)*Proverbs* 8장 27절에서 유래한다("그가 하늘을 지으시며, 궁창(穹蒼)의 해면(海面)을 (컴퍼스로) 두르실 때에, 내가 거기에 있었고"When he prepared the heavens, I *was* there: when he set a compass upon the face of the depth: comp. *Genesis*, 1: 7). . . .건축설계자로서의 하나님God as an architect에 대한 심상은 신인동형론(神人同形論)의 개념an anthropomorphic conception을 내포하였고, 그는 수리(數理)와 비율의 원리에 따라서 우주universe를 설계하였다"(Milton(1968, notes), 370)고 한다. 이러한 주석의 내용에서 알 수 있듯이, 성자 하나님이 사용한 '황금컴퍼스'는 밀턴이 「구약성서」의 잠언에서 따온 것이며, 인간이 건축설계에서 수리와 비율의 원리를 적용하여 사용하는 그러한 컴퍼스를 성자 하나님이 ―하늘(창천)과 땅(지구) 또한 땅의 만물을 창조할 때에― 이용한 것으로 묘사함으로써, 성자 하나님 역시도 인간과 마찬가지의 건축설계자로 되어 있다. 밀턴은 이러한 묘사 속에 인간과 성자 하나님과의 신인동형론을 내포시켜놓았다라고 볼 수 있는 것이다.

하시고(Ⅶ, ll. 276-308: *Genesis*, 1: 9-10), 땅에서 자랄 각종 식물을(Ⅶ, ll. 309-328: *Genesis*, 1: 11-13), 제4일에는 전능자 하나님께서 낮과 밤, 계절과 날(日)의 순환을 위한 우주의 해와 달과 별, 그리고 황도를heaven's high road; the ecliptic(Ⅶ, ll. 339-373: *Genesis*, 1: 14-19), 제5일에는 성자 하나님께서 강과 바다의 파행동물(爬行動物; 길짐승)Reptile과 모든 조류를(Ⅶ, ll. 387-403: *Genesis*, 1: 20-23), 제6일의 전반에는 땅에 서식할 각종 동물류와 곤충류를(Ⅶ, ll. 449-498: *Genesis*, 1: 24-25) 창조하였소. 그리고 제6일의 후반에는(Ⅶ, l. 504) 성자 하나님께서 전능자 하나님의 하명(下命)을 받들어 하나님의 형상대로 그대 아담과 그대의 배필(이브)을 창조하여 인간이라 명명(命名)하시고(*Genesis*, 1: 26-27; 2: 7, 18, 21-23; 5: 2), 인간인 그대들을 이 동산This garden; Eden으로 데리고 와서(*Genesis*, 2: 8) 만물의 모든 지배권을 그대들에게 부여하였다오(*Genesis*, 1: 28-31)라고 최초의 인간(아담과 이브)의 창조과정과 인간에게 부여된 지배권의 범위를 일러줌(Ⅶ, ll. 519-542). 그러나 선과 악을 알게 하는 지식의 나무의 실과는 맛보지 말라, 먹는 날에는 죽으리라고 하는 한 가지 유일한 명령(율법; 계율)을 그대들에게 남겼소(Ⅶ, ll. 542-547: *Genesis*, 2: 9, 17). 제7일에는 성자 하나님께서 모든 창조를 끝내고 안식(安息)하시며(*Genesis*, 2: 1-3) 창조하신 것을 모두 둘러보신 후에 귀천(歸天)하였소(Ⅶ, ll. 548-560). 천지만물의 창조를 말한 라파엘은 아담에게 인간의 분수(分數)human measure를 넘지 않는 범위 내에서, 그 밖에 더 물을 것이 있으면 말하라고 한다(Ⅶ, ll. 639-640).

라파엘의 그러한 말에, 아담은 지식의 굶주림을 풀어준 데 대한 깊은 감사를 라파엘에게 표한 다음, 궁금하게 여겼던 천체의 구조와 운동에 관해서 묻는다(Ⅷ, ll. 5-38). 아담의 물음에 라파엘은 다음과 같이 대답하였다. 위대한 건축설계자the great architect인

전능자 하나님께서는(Cf. 천지만물의 창조에서, 전능자(성부) 하나님은 주로 우주(천제의 구조와 운동)를 창조하고, 성자 하나님은 주로 하늘(창천)과 땅(지구; 인간세계)과 인간, 그리고 그 땅과 인간에게 필수적인 만물을 창조하고, 이러한 창조의 사역에 성령도 동참한 것으로 해석하는 것이 기독교의 교리이다라고 한다.) 천체의 비밀을 천사에게도 인간에게도 공개하지 않았으니, 계절, 시간, 날, 달, 해years의 운동을 정밀하게 조사하여 그 비밀을 알도록 하시오(Ⅷ, ll. 68-75). 그 강대한 구조 The mighty frame를(앞에서 논급된 바 있는 밀턴의 우주관을 참고할 것.) 어떻게 다루고, 제현상(諸現象)appearances을 유지하기 위하여 어떻게 세우고, 허물고, 고안하고, 천체의 궤도(軌道) 중의 궤도인orb in orb 대운행원(大運行圓; 大圓)Cycle과 주전원(周轉圓; 小運行圓; 小圓)epicycle, 즉 불가해(不可解)하게 작성된 동심원권(同心圓圈; 동심궤도)과 이심원권(異心圓圈; 이심궤도)the sphere / With centric and eccentric으로 어떻게 모든 천체를 망라하는지 살펴보고서, 이미 그대는 그 비밀을 추론thy reasoning할 것이라고 생각하오(Ⅷ, ll. 80-85).* 아담에게 알려주는 라파엘의 말을 빌

---

* 이 부분의 동심원권과 이심원권에 대하여, "이심원권*eccentric*과 주전원*epicycle*이라는 용어는 논리적인 설명의 일관성a logical expository sequence을 내재한 점에 주목하라. 톨레미의 천동설Ptolemaic system에서, 첫째로 천체의 운동이 불규칙한 운동으로 관찰된 것을(이심원eccentric circles으로 인하여) 궤도의 중심인 지구에서from the earth of the centres of orbit 천체의 운동이 조금씩 이동slight displacements된다는 가설을 설정함으로써by hypothesizing 설명하게 되었다. 둘째로—그 가설은 태양 이외의 여타 행성(行星)들planets의 운동을 설명하기에는 불충분하였으므로—이심원보다 더 작은 원smaller circles의 중심이 주동(主動)적인 이심원(大圓)the main eccentric circles의 원주(圓周)를 운행하면서 모든 행성의 궤도운행을 진행시킨다는 주전원(小圓)을 부가함으로써by adding epicycles 천체의 운동을 설명하게 되었다. 지구 바깥쪽의 행성들(화성Mars, 목성Jupiter, 토성Saturn)의 경우에는 그 행성들의 주전원이 지구의 운동에 일치하며, 아울러 이심원의 주동원은the eccentric main circle(主動圓; 對心圓: cf. 지구를 중심으로 한 동심원(동심궤도; 大圓)에서 운행궤도가 조금씩 이동된 주동적인 이심원으로서의 대운행원(大圓)cycle을 일컬음이다. 말하자면, 지구를 중심으로 한 동심원에서 조금씩 이동된 지점을 중심으로 하는 이심원은 지구와 그 이심원의 중심 사이의 직선 거리만큼의 지점

려서 밀턴은 천동설을 인정하고(Ⅷ, ll. 114-119), 지동설의 개괄적인 내용을 암시하고 있음(Ⅷ, ll. 122-148). 라파엘은 하나님의 칙명his high behests으로 우리가 이곳에 파견된 것은 지존의 왕으로서의 위엄을 위해서For state, as sovereign king, 우리의 민첩한 순종Our prompt obedience을 숙달시키기 위함이었는데(Ⅷ, ll. 238-240), 우리는 임무를 다했다so we had in charge라고 하고서, 아담에게 이제 그대의 이야기를 말해보라고 하였다(Ⅷ, ll. 246-248). 라파엘의 이러한 주문에 대한 대답으로 아담은 비몽사몽(非夢似夢)간에a dream, / Whose inward apparition(Ⅷ, ll. 292-293) 성스러운 형체shape divine(하나님)가 와서 축복의 동산the garden of bliss; Eden으로 자신을 인도했던 일(*Genesis*, 2: 8, 15)과 동산의 나무 사이에 나타난 성스러운 존재Presence divine(하나님)를 보았던 일(Ⅷ, ll. 395-314: 밀턴은 최초의 인간과 처음이자 마지막으로 하나님과의 대면을 부각시켜놓았다.), 창조주께서 저의 순종과 신앙(信仰)의 맹약(盟

에 모든 이심원의 주동적인 중심이 있는 것으로 보고서, 그 주동적인 이심원의 중심을 대심(對心)이라 하고, 그러한 대심을 중심으로 한 이심원을 대심원(對心圓) 곧 동심원에 대응(對應)하는 대운행원(大圓)이라는 것인데, 행성들의 주전원(小圓)의 중심은 대심원(大圓)의 원주를 운행한다는 것이다. 이러한 최종적인 톨레미의 천동설인 대심원설(또는 對心天球說)은 코페르니쿠스의 지동설(地動說)the Copernican system 또는 태양중심설(太陽中心說)the heliocentric theory이 등장하기 이전까지 당시의 천문학계를 지배했던 것으로 알려져 있다.) 그 행성의 주전원과 연관되어 있었다. 지구 안쪽의 행성들(수성Mercury, 금성Venus)의 경우에는 그 주전원이 지구의 운동과는 역(逆)방향으로 운행되며, 그리고 해마다의 공전(公轉)the annual revolution을 포함하고 있는 것이 바로 대심원the main circle이다. 코페르니쿠스 역시도 천체에 필요한 2차적 운행원(二次的 運行圓; 小圓)auxiliary circles의 수(數)가 34개나 된다고 가설하고서, 모든 행성의 다양한 운행속도the varying velocities of the planets를 설명하였다"(Milton(1968, notes), 400)라고 한다. 이와 같은 주석에서, 우리는 천동설의 대운행원(大圓)이 동심원설(또는 同心天球說)에서 이심원설(또는 異心天球說; 離心球體說)로, 이심원설에서 대심원설(또는 對心天球說)로 변천해왔음을 알 수 있다. 그리고 톨레미가 그의 천동설에서 제창한 천체의 구조와 운동에 관한 중요한 요지를 밀턴이 그의 『실락원』에 수용하였음도 드러나 있다.

約)으로The pledge of thy obedience and thy faith(Ⅷ, ll. 317-325) 동산 가운데 생명의 나무 옆에 있는 선과 악을 알게 하는 지식의 나무의 실과를 먹지 말라는 유일한 명령(율법; 계율)my sole command과 그 명령을 범했을 경우의 죄와 벌을 말씀하시고서 엄격한 금지령The rigid interdiction을 단호하게 선언하셨다는 것(Ⅷ, ll. 326-334: *Genesis*, 2: 9, 17), 만물의 지배권을 부여받았다는 것(*Genesis*, 1: 28-31), 그리고 지존자supreme of things에게 동반자로서의 사랑과 소중하게 아끼는 화목Collateral love, and dearest amity을 함께 할 상대가 필요하다고 청했더니(Ⅷ, ll. 412-436), 그분께서 저의 왼쪽 옆구리에서 갈빗대 하나를a rib 떼내어 저의 이성different sex으로 세상에서 가장 예쁜 여성(이브)so lovely fair을 창조하여 배필로 삼게 했다는 것(Ⅷ, ll. 463-489: *Genesis*, 2: 18, 20-25), 그리고 여성의 덕성과 혼인의 기쁨과 만유(萬有)의 환희(Ⅷ, ll. 500-520), 여성의 강력하게 아름다운 시선의 매력 the charm of beauty's powerful glance(Ⅷ, ll. 530-533)과 양성(兩性)의 차이(Ⅷ, ll. 534-546)와 예쁜 여성예찬론(Ⅷ, ll. 546-559) 등을 생각나는 대로 라파엘에게 말해주었다. 아담의 그러한 이야기를 다 듣고서, 라파엘은 접촉감의 쾌락과 욕정passion은 참사랑 true love이 아님을 강조하고, 하늘의 사랑에까지 도달할 수 있는 to heavenly love thou mayst ascend 참사랑의 의미를 요약함(Ⅷ, ll. 579-594: 이 부분에서, 밀턴은 라파엘의 말을 통하여 청교도적인 정신애 Platonic love를 참사랑으로 간주하였음. Cf. *1 Corinthians*, 13: 4-7; *Matthew*, 5: 43-48). 아담은 이브와의 혼인으로 얻은 기쁨과 즐거움을 말하고서(Ⅷ, ll. 596-614), 천사는heavenly spirits 사랑을 하지 않는지, 천사가 사랑을 하면 어떻게 표현하는지를 라파엘에게 묻는다(Ⅷ, ll. 614-617). 아담의 그러한 물음에, 천사에게도 사랑과 행복이 있소without love no happiness. 천사끼리의 사랑은 "순수와 순수의 욕망이 결합하여 완전히 혼합됨으로 육과 육, 영과 영이 혼합되는 것과 같은 제한된 전달수단이 필요 없소"Total they mix, union of pure with pure / Desiring; nor restrained conveyance need / As flesh to mix with flesh, or soul with soul라고 라파엘은 일괄하였다(Ⅷ, ll. 620-629). 일몰(日沒)이 가까워지니 라파엘이 떠나야 할 때가 되었다. 라파엘은 그 분(하나님)을 사랑하는 것은 순종하는 것이니Him whom to love is to obey, 그 분의 지엄한 명령을 지키시오 keep / His great command. 그리고 반역에로의 모든 유혹을 물리치시오And all temptation to transgress repel라고 아담에게 신신당부(申申當付). 이상에서와 같이 대담을 끝낸 라파엘과 아담은 서로 작별인사를 나누고, 빈객천사angel guest로 왔던 라파엘은 하늘나라로 아담은 그의 정자로 돌아갔다(Ⅷ, ll. 630-653).

『실락원』의 절정부

이제 이 서사시의 절정에서, 밀턴은 앞에서의 목가적 가락(Ⅲ권에서 Ⅷ권까지의 가락)을 비극적 가락으로notes to tragic 바꿀 수 밖에 없다는 것을 밝히고(IX, ll. 5-13), 아울러 그의 기독교적인 서사시Christian epic의 주제argument가 하늘의 수호여신my celestial patroness(*i.e.* Heavenly Muse in I, l. 6; III, l. 19, or Urania in VII, l. 1, and Wisdom in VII, l. 10)에게서 제공되는 성령의 영감에 힘입어, 세계적인 3대 고전의 비극 서사시보다도(이를테면, 고대 그리스의 시성 호머의『이리아드 *Iliad*』와『오딧세이 *Odyssey*』, 그리고 고대 로마의 시성 버질의『아에네이드 *Aeneid; Aeneis*』가 세계적인 3대 고전의 비극 서사시로 꼽힌다.) 훨씬 더 장엄한 영웅시heroic song가 될 것임을 그는 스스로 은연중에 거듭 자부(自負)하였다(IX, ll. 13-24: cf. I, ll. 12-16; VII, ll. 1-12). 순종obedience과 신앙faith을 가늠하기 위한 하나님의 유일한 척도인 금단(禁斷)의 실과를 인류의 조상이 먹음으로 말미암아, 죄악과 죽음이 인간의 참다운 사랑과 행복만으로 이어질 지상천국에서의 영생복락(永

生福樂)을 대신하게 되었다. 인간에게 영생복락을 대신한 죄악과 죽음의 공포와 비통(悲痛)보다도 더 장엄한 비극이 또 어디에 있겠는가. 인류역사상 초유(初有)한 그 비극의 주제는 인간과 인간 사이에서 빚어내는 어떤 전쟁비극(호머의 『이리아드』와 『오딧세이』)이나 애정비극(버질의 『아에네이드』)의 주제를 훨씬 능가한다고 자부했던 밀턴은 그 주제의 가닥을 '마왕Satan의 유혹', '이브Eve의 타락', 그리고 '아담Adam의 타락'으로 잡아서 읊어놓았다.

'마왕의 유혹'에서는, 황금저울에서 가브리엘과 그의 천사군의 세력과 비교해서 마왕의 세력이 보다 미미한 것으로 드러나자마자, 에덴동산에서 즉시 도망쳤던 마왕이(Cf. IV, ll. 1010-1015) 칠주야(七晝夜) 동안 지구를 순회하고 나서, 8일째의 야음(夜陰)을 틈타 티그리스 강Tigris*(IX, l. 71) 기슭을 따라 낙원에 잠입하여 은신처를 찾아다녔다(IX, ll. 48-76). 마왕이 은신해서 그의 흉계his wiles에 도움이 될 생물을 조사한 끝에, 그는 가장 간교(奸巧)한 뱀을(Cf. *Genesis*, 3: 1, "여호와 하나님이 지으신 들짐승 중에 뱀이 가장 간교하더라: . . ."Now the serpent was more subtle than any beast of the field which the Lord God had made: . . .) 선택하여 악의 유혹을 감출 수 있는 적절한 도구Fit vessel로, 기만(欺瞞)

* 에덴동산에서 발원(發源)한 강의 이름. Cf. *Genesis*, 2: 10, 14, "강이 에덴에서 발원하여 동산을 적시고, 거기에서부터 갈라져 네 강의 근원이 되었으니"And a river went out of Eden to water the garden: and from thence it was parted, and became into four heads. "셋째 강의 이름은 힛데겔이라 앗시리아 동편으로 흐르며, 넷째 강은 유프라테스이더라"And the name of the third river *is* Hiddekel: that *is* it which goeth toward the east of Assyria. And the fourth river *is* Euphrates. He(Milton) identifies the Tigris with the river that "went out of Eden to water the garden," *Genesis* ii. 10(Milton(1937, notes), 83). Tigris(Hiddekel) is the name of one of the four distributaries, ...(Milton(1968, notes), 441) 에덴동산에서 발원하여 흐르는 4대 강의 지류 중에서 세 번째 지류인 힛데겔 강이 곧 티그리스 강이다.

의 가장 적절한 작은 악마fittest imp of fraud로 이용할 것을 결정하였다(IX, ll. 83-91). 그리하여 한밤중에 마왕The devil은 에덴동산, 즉 낙원의 풀숲에 잠든 뱀의 입으로 들어가서in at his mouth / The devil entered 그 뱀의 가슴과 머리에 이내 마왕의 지력을 불어넣은soon inspired / With act intelligential 다음, 그는 아침이 되길 기다렸다(IX, ll. 179-191). 낙원의 아침이 되자 만물은 대지를 대제단으로 삼아 창조주께 찬미를 드리고, 상쾌한 향기로써(Cf. *Genesis*, 8: 21, "여호와께서 감미로운 향기를 맡으시고; . . ."And the Lord smelled a sweet savour; . . .) 그의 코를 채울 때(IX, ll. 192-197), 아담과 이브는 넘쳐나는 일을 어떻게 할 것인가를 의논하게 되었다(IX, ll. 201-203). 이브가 과다한 작업량을 따로따로 분업할 것을 제의(IX, ll. 205-225). 아담은 이브의 제의를 당연한 것으로 인정하면서도(IX, ll. 227-234), 떨어져서 분업하는 동안에 적의 첫째 계획이 우리의 충성을 하나님에게서 끊어내는 것이든 결혼의 사랑을 방해하는 것이든 간에Whether his first design be to withdraw / Our fealty from God, or to disturb / Conjugal love 소원을 성취하려는 적의 계획에 좋은 기회를 제공하게 될 것이니, 이브에게 그의 곁을 떠나지 말라고 당부함(IX, ll. 251-269).

이브는 하나님이나 그대에 대한 나의 절조(節操)my firmness를 유혹한 적이 있다고 해서, 나의 확고한 신앙과 사랑my firm faith and love이 적의 기만에by his fraud 흔들리고 유혹될 것임을 의심하고 있음이 분명하시군요라고 아담에게 유감을 표명함. 즉, 아담에 대한 이브의 오해와 자기과신(自己過信)을 노출함(IX, ll. 279-289). 이브의 이러한 태도에, 아담은 그대가 내 곁에서 떠남을 만류(挽留)하는 것은 그대를 불신함이 아니라Not diffident of thee do I dissuade / Thy absence from my sight, 적의 유혹에서 그대를 보호하기 위함이니 오해 마오misdeem not then. 또한 적의 악의(惡

意)와 위계(僞計)를 얕보지 마시오Nor thou his malice and false guile contemn. 어디까지나 나는 그대와 시련을 함께 하려함이오. 이처럼 아담은 동심일체의 부부애matrimonial love로써 이브를 타이름(IX, ll. 291-319). 아담의 타이름에도 불구하고, 이브는 자기의 성실한 신앙을 덜 미덥어한다는Less attributed to her faith sincere 생각에서(IX, ll. 319-320), 대체 우리가 무엇 때문에 피하고 무엇 때문에 두려워하리요then wherefore shunned or feared by us(IX, ll. 331-332)라고 아담에게 순종을 거부. 현명하신 조물주께서the maker wise 우리가 혼자이거나 둘이거나 우리의 행복을 불완전하게 해놓았다고 생각하지 마세요. 만일 그렇게 위험하다면, 우리의 행복은 덧없는 것이고, 에덴은 에덴이 아니지요라고 말함으로써, 이브는 독자적으로 자립하여 행동할 것임을 시사함(IX, ll. 337-341). 이브의 이러한 태도에, 아담은 "그러나 하나님은 자유의지로 하셨으되, 이성(理性)을 좇는 자가 자유인이기 때문이오. 그리고 하나님께서는 이성을 올바르게 만들었소. 그렇더라도 이성을 필히 조심하고 항상 방심하지 말라고 분부하셨소."But God left free the will, for what obeys / Reason, is free, and reason he made right, / But bid her well beware, and still erect(IX, ll. 351-353: 이 구절이 의미하고 있는 바는, 이성을 좇는 곳에 자유의지가 있고, 자유의지를 좇는 곳에 주의(注意)가 있어야 한다. 왜냐하면, 자유의지에 의한 이성의 판단이 절대적인 정당성에서 벗어날 수도 있기 때문이다라고 풀이될 수 있다. Cf. III, ll. 96-128; V, ll. 524-534). 유혹을 자초하지 마시오. 유혹을 피하는 것이 상책이오(IX, ll. 364-365). 만약에 그대의 절조를 보여주려거든, 먼저 그대의 순종을 보여주시오Wouldst thou approve thy constancy, approve / First thy obedience(IX, ll. 367-368)라는 요지로 이브를 거듭 경고하면서 설득함. 그러나 이미 아담에 대한 오해와 자기과신에 빠져버린 이브의 심중을 간파한 아담은, 둘이 있을 때에는 의외의 시련을 방심하게 되어 위험하고, 혼자일 때는 방심하지 않기 때문에 덜 위험하다고 생각되거든 떠나시오(IX, ll. 370-372)라는 뜻으로 말을 맺고 말았다. 이에 이브는 남편의 경고와 설득을 뒤로 하고 남편과 잡았던 손을 빼내고서 숲으로 떠남으로써(IX, ll. 378-388), 아담과 이브는 비극적 중대국면tragic crisis에로 접어들게 됨. 시인은 아담과 결별(訣別)하고 떠나는 이브의 모습을 비유적으로 묘사함(IX, ll. 387-398). 이브는 떠날 때, 아담에게 정오까지 돌아와서 점심식사와 휴식을 같이 하겠다는 굳은 약속을 남겼다(IX, ll. 399-403).

신새벽에서부터 마왕the fiend의 분신(分身)인 뱀은 낙원에 나타나서 그가 노리는 희생물his purposed prey을, 이른바 '마왕의 유혹'의 희생물이 될 아담과 이브를 찾아다녔다(IX, ll. 412-421). 이윽고, 마왕은 뜻 밖에도 그의 소원대로to his wish, / Beyond his hope 낙원의 화원에 혼자 떨어져 서 있는 이브를 보고서 접근하였다(IX, ll. 423-438). 몸을 뱀 속에 은신한 뱀의 간악(奸惡)한 동거자는enclosed / In serpent, inmate bad 이브 쪽으로 걸어갔다(IX, ll. 494-502). 뱀은 이제 부르지 않았는데도 더 대담하게 이브 앞에 섰다He bolder now, uncalled before her stood(IX, l. 523). 뱀의 간계(奸計) 제1단계로서, 뱀은 이브에게 놀라지 말라는 말을 전제한 다음, 이브를 '지존의 여왕'sovereign mistress(IX, l. 532), '아름다운 조물주를 가장 아름답게 닮은 자'Fairest resemblance of thy maker fair(IX, l. 538), 그리고 '신들 중의 여신'A goddess among gods(IX, l. 547)이라는 호칭을 사용하면서 아부(阿附)함(IX, ll. 532-548). 이브는 뱀에게, 어찌하여 짐승의 혀로 인간의 말을 하며 인간의 마음을 표현하게 되었는지 그 경이로운 경위를 물음Redouble then this miracle, and say(IX, ll. 553-566). 교활(狡猾)한 유혹자the guileful tempter인 뱀은 이브를 '이 아름다운 세계의 황후'Empress of this fair world니 '눈부시게 아리따운 이브'resplendent Eve니라고 부르며(IX, l. 568) 거듭 아부하고 나서, "마침내 어느 날 낙원의 들을 헤매다니다가 우연하게도 멀리 있는 한 멋진 나무에 진홍빛과 금빛으로 어우러진 아주 고운 빛깔의 실과가 열려 있는 것을 보았나이다Till on a day roving the field, I chanced / A goodly tree far distant to behold / Loaden with fruit of fairest colours mixed, / Ruddy and gold(IX, ll. 575-578). 가장 감미로운 회향(茴香)fennel* 보다 또는 새끼들에게 빨리지 않아서 괴어 흐르는 암양ewe이나 염소의 젖내보다 더 달콤한 향기를 풍기는(IX, ll. 579-583) 그 나무의 실과를 양껏 따먹었더니(IX, ll. 594-598), 내재적인 힘 속에in my inward powers 이성이 생길 정도에 이르렀고(to degree / Of reason; to the extent of giving me the faculty of reason.—Milton(1937, notes), 94), 이 형체 그대로였지만 언어와 높고 깊은 사색과 넉넉한 마음으로with capacious mind 천지간의 아름답고 좋은 만물을 고찰하게 되었나이다(IX, ll. 598-605). 그리고서, 그대의 아름다움이 하늘나라의 광채 속에 결합되었음을 보았나이다and in thy beauty's heavenly ray / United I beheld. 그리하여 무례를 무릅쓰고 와서 뵙고though importune perhaps, to come / And gaze '창조물

---

* *fennel*; of which serpents were supposed to be fond; cf. Pliny, *Natural History*, XIX. 9, *feniculum anguibus gratissimum*. They were also thought to suck the teats of sheep and goats(Milton(1937, notes), 94). Milk from the teat and *fennel* were supposed to be favourite foods of serpents. Fennel was said to renew the serpent in spring, either by inducing it to cast its skin, or by sharpening its sight. See Pliny, *Nat. hist.* Viii 99, XX 254; . . . Note also, however, that fennel was an emblem of flattery; . . .(Milton(1968, notes), 473). 이러한 주석에서 알 수 있듯이, 뱀의 기호식품을 회향과 양이나 염소의 젖으로 생각하였다. 특히 미나리과의 2년초 방향성(芳香性) 식물로서의 회향은(학명; *feniculum anguibus gratissimum*), 고대 로마의 박물학자 플리니the Elder Pliny; Gaius Plinius Secundus(23-79)가 쓴 『자연사 *Natural History*』 Viii 99, XIX 9, XX 254에 의하면, 봄에 뱀의 묵은 허물을 벗게 하고, 또한 뱀의 시력을 예리하게 하여, 뱀의 생활을 거듭나게 한다고 기록되어 있다. 하여간, 밀턴이 회향을 아부의 상징으로 사용하였음은 주목할 점이다.

의 지존'Sovereign of creatures이시며 '삼라만상의 여주인'universal dame 이신 그대를 찬미하나이다"(IX, ll. 607-612)라고 이브를 연신 추켜 세우는 유혹자의 교활한 너스레는 그럴싸한 아부로 끝맺게 됨.

뱀의 간계 제2단계로서, 뱀의 교활한 너스레와 아부에 빨려든 이브는 뱀에게, 그대가 처음으로 검증(檢證)한 그 실과의 힘이 의심스러우니, 그 나무는 어디에서 자라며 여기서 얼마나 멀리 있는가를 말하라But say, where grows the tree, from hence how far?(IX, ll. 615-617)고 하면서 그 곳에로의 인도를 요청함. 이에 유쾌하고 기뻐서 뱀은 이브에게, 만약 저의 인도를 허락하신다면, 곧장 그 곳으로 모시겠나이다라고 하자, 그렇다면 인도하라고 이브는 말하였다Lead then, said Eve(IX, ll. 629-631). 그리하여 뱀은 그의 기만(欺瞞)에 잘 속아 넘어가는 인류의 어머니 이브를 우리 인류의 모든 비통의 근원인 금단의 나무에로 인도하였다and into fraud / Led Eve our credulous mother, to the tree / Of prohibition, root of all our woe(IX, ll. 643-645). 금단의 나무가 있는 곳에 당도한 이브는 뱀에게 잘못 왔음을, 자신에게는 그 실과의 효능이 있을 수 없음을, 뱀이 증명credit한 그 실과의 효능은 참으로 불가사의함을, 이 나무의 실과를 맛보거나 만져서는 안 된다고 명령하시되(Cf. *Genesis*, 2: 9, 17) 하나님의 음성의 외딸로 Sole daughter of his voice 하셨음을,[*] 그리고 그 나머지는 우리 자

---

* '하나님의 음성의 외딸'이라는 말의 의미는, *Sole*; because it was the only recorded command laid upon Adam and Eve; cf. IV, 421-433. *daughter of his voice*; a literal rendering of a Hebrew phrase which implies 'a voice from Heaven.' Wordsworth describes Duty as "Stern Daughter of the Voice of God!" *Ode to Duty,* l. 1.— Milton(1937, notes), 96. *daughter of his voice*: . . . . But a more salient feature of the passage is that Eve has omitted one of God's daughters. vii 8-12 made it clear that God has *two* daughters, Wisdom and Urania(perhaps Logos), so that *sole daughter* is a dramatic irony. Eve slights an obedience she ought to acknowledge. She is not as independent as she claims, for she owes

신의 율법으로 살며(Cf. *Romans*, 2: 14, "율법이 없는 이방인이 본성(本性)으로 율법의 일을 행할 때는, 이러한 사람은 율법이 없어도 자기가 자기 자신에게 율법이 되나니라"For when the Gentiles, which have not the law, do by nature the things contained in the law, these having not the law, are a law unto themselves), 우리의 이성이 우리의 율법임을 말함(IX, ll. 646-654). 이브의 그러한 말에, 마왕의 분신인 유혹자 뱀은 교활하게 그대들을 만유의 주(主)로 선언하신lords declared of all in earth or air 하나님께서 정녕 모든 이 낙원의 실과를 먹지 말라하셨나이까(Cf. *Genesis*, 3: 1)라고 대꾸

---

allegiance to Wisdom, and hence to Adam(Milton(1968, notes), 476). 주석에서와 같이, '유일한'*sole*이라는 것은 아담과 이브에게 부과된 하나님의 '유일한 명령'(율법; 계율)the sole command(Cf. III, ll. 92-95; IV, ll. 421-433; VII, ll. 542-547; VIII, ll. 326-334)을 의미하고, '하나님의 음성의 딸'*daughter of his voice*이라는 것은 워즈워스William Wordsworth(1770-1850)가 그의 「의무에 부치는 노래」에서 의무를 '하나님의 음성의 준엄한 딸'로 묘사한 것과 마찬가지로 '하늘에서 보내온 한 목소리'를 의미하는 히브리어의 문학적인 표현의 어구이다. 그런데, '외딸'*sole daughter*이라는 어구만을 생각해보면, 밀턴이 문예미학적으로 창작한 이단적인 가공인물이기는 하지만, 하나님에게는 시가의 여신 우라니아(Cf. VII, ll. 1-7)와 지혜의 여신 위즈덤(Cf. VII, ll. 8-12)이라는 두 딸이 있는 것으로 상상하였다. 하지만, 하늘나라(천국)에는 하나님의 '외딸'은 없다.

그러나 지상세계에는 하나님이 창조한 '외딸' 이브가 있다. 말하자면, 이브는 '유일한 명령의 딸'이다. 이브는 '유일한 명령의 딸'이다라고 하는 것은 '하늘에서 보내온 한 목소리'에서 나온 '하나님의 유일한 명령에 순종의 의무를 지고 있는 딸'이라는 뜻이다. 그런데, 자신의 권리를 주장할 만큼 자주적이지 못한 이브가 하나님의 딸 지혜의 여신 위즈덤에게 충성해야 할 의무를 지고 있다가, 이제부터는 아담에게 충성해야 할 의무를 지게 됨으로써 '순종의 의무'의 절대적인 비중이 다소 완화된 셈이다. 또한 이브가 당연한 의무로 인식하고 있는 '순종의 의무', 이른바 하나님의 유일하면서도 절대금단(絶對禁斷)의 명령(율법; 계율)이 '하나님의 유일한 명령에 순종의 의무를 지고 있는 딸'인 이브의 자유의지에로 이관되어 그 '순종의 의무'의 중압감이 다소 적게 그리고 유연하게 되었음을 시사하기 위하여, 밀턴은 '하나님의 유일한 명령'God's sole command이라는 강경(强硬)한 표현 대신에 '하나님의 음성의 외딸'Sole daughter of his voice이라는 우회(迂廻)적인 비유의 극적인 반어법dramatic irony을 사용하였다. 따라서 '하나님의 음성의 외딸'은 '하나님의 입에서 나온 유일한 명령'이라는 뜻임에는 변함이 없다.

하자, 이브는 낙원 내의 모든 실과를 다 먹어도 좋으나 낙원 한복판에 있는 이 아름다운 나무의 실과에 대하여 "너희들은 그것을 먹지도 말고 만지지도 말라, 그렇지 않으면 죽으리라"Ye shall not eat / Thereof, nor shall ye touch it, lest ye die(*Genesis*, 3: 2-3)고 하나님께서 명령하셨음을 밝힘(IX, ll. 656-663). 이브의 말이 채 끝나기도 전에, 유혹자인 뱀은 인간에게는 열정과 사랑을, 하나님의 부당함에는 분개(憤慨)한 척하면서with show of zeal and love / To man, and indignation at his wrong 옛날 아테네나 로마의 웅변가처럼 일어서서 아주 열정적으로(IX, ll. 664-678) 이 우주의 여왕 Queen of this universe이시여, 그 엄격한 죽음의 위협을 믿지 마소서. 그 실과 때문에 그대들은 죽지 않으리이다(Cf. *Genesis*, 3: 4, "뱀이 여자에게 이르되, 너희가 결코 죽지 아니하리라"And the serpent said unto the woman, Ye shall not surely die:). 그 실과는 그대에게 지식에 이르는 생명을 주나이다It gives you life / To knowledge. 저를 보소서Look on me. 운명이 저에게 정해준 것보다 더욱 완전한 생명을 얻었나이다. 짐승에게 열린 것이 인간에게 닫히겠나이까Shall that be shut to man, which to the beast / Is open? 또한 하나님께서 사소한 죄에 노여움을 불태울 리가 있겠는지요 Or will God incense his ire / For such a petty trespass. 선의 지식은 마땅한 것이고 악의 지식도 알아서 무방할 것이지요. 그대들을 해하는 불의의 하나님이라면 하나님이 아니오니, 두려워하지 말고 순종하지 마옵소서. 죽음의 공포 스스로가 공포를 제거하나이다God therefore cannot hurt ye, and be just; / Not just, not God; not feared then, nor obeyed: / Your fear it self of death removes the fear라는 등의 궤변(詭辯)을 그럴듯하게 늘어놓음으로써 이브를 완전히 기만(欺瞞)함(IX, ll. 684-702). 계속해서 뱀은 그와 같은 기만의 화술(話術)로, 그대들이 그것(그 실과)을 먹는 날, 눈이 완전히 열리고 밝아져서 신gods과 같이 되어 신(神)처럼 선도 악도 알게 될 것을 하나님은 아시고 있음을(IX, ll. 705-709: cf. *Genesis*, 3: 5, "너희가 그것을 먹는 날에는 너희의 눈이 밝아져서, 선과 악을 아는 신과 같이 될 줄을 하나님이 아심이니라"For God doth know, that in the day ye eat thereof, then your eyes shall be opened; and ye shall be as gods, knowing good and evil.), 그 실과를 먹은 내가 짐승에서 인간으로 되었으니, 그대들은 인간에서 신으로 되는 것임을I of brute human, ye of human gods(IX, l. 712), 죽음은 인간에서 신으로 되기 위한 것이므로 나쁜 것이 아님을(IX, ll. 713-715), 그리고 그 실과를 금단의 실과로 정한 것은 그대들에 대한 하나님의 질투일 것임을(IX, ll. 729-731) 설파(說破)하여, 이브가 뱀의 기만적인 설득에 솔깃이 빠져들게 하였다.

뱀의 간계 제3단계로서, 뱀은 그의 기만에 넘어가는 듯한 이브에게 지체없이 "인간의 여신이시여, 손을 뻗쳐 마음대로 맛보소서"Goddess humane, reach then, and freely taste(IX, l, 732)라고 하면서 금단의 실과를 따먹도록 적극적으로 유혹(誘惑)함. 간계로 가득찬 뱀의 말은 아주 쉽사리 이브의 가슴 속을 파고들었다his words replete with guile / Into her heart too easy entrance won(IX, ll. 733-734). 이브가 그 실과를 뚫어지게 쏘아보니, 보기만 하여도 유혹되는 터, 뱀의 말에 이성과 진리가 충만하게 들어 있는(*impregned*, filled; Lat. *impraegnare*; cf. IV, l. 500.—Milton(1937, notes), 98) 것처럼 여겨졌고, 때마침 점심시간이라서 이브의 맹렬한 식욕은 그 실과의 향기에 촉진되어 만져서 맛보고 싶은 욕망을 유발하여, 갈망하는 이브의 눈을 유혹하였다Solicited her longing eye(IX, ll. 735-743). 뱀의 유혹에서 자유의지에로의 유혹에 빠져든 이브는 금단의 실과를 따먹기 위한 자신의 합당한 명분을 궁리한다. 그리하여 이브는 처음으로 따먹은 뱀에게 주었던 그 실과의 효과를 찬미하고, 하나님께서도 너를 찬미하여 지식의 나무the tree / Of knowledge, 선과 악을 알게 하는 지식의 나무the tree of knowledge both of good and evil로 일컬음을(IX, ll. 745-752), 우리에게 그 맛을 금한 것은 우리의 선을 금하고 현명하기를 금한 것이니Forbids us good, forbids us to be wise, 그러한 금지는 효과 없음을Such prohibitions bind not, 이 아름다운 실과를 먹는 날에 우리가 정죄(定罪)되어 죽는다our doom is, we shall die는 것은 우리의 마음의 자유에 무슨 이득이 있겠는가라는 생각에서 금단은 무효임을, 뱀은 먹고서도 살고, 알고, 말하고, 이성과 분별력이 생겼는데, 우리에게만 주어진 죽음의 위협은 불합리함을(IX, ll. 758-769), 최초에 그 실과를 맛보았던 한 짐승(뱀)은 시샘 없이envies not 제가 받은 선을 인간에게 친절하게 기만도 간계도 없이far from deceit or guile 전하는데, 내가 무엇을 두려워하랴(IX, ll. 769-773)라는 자문으로 두려워할 것이 없음을, 선과 악, 하나님이나 죽음, 율법(계율; 계명)이나 형벌에 대해서 아무 것도 모르는 이러한 무지(無知)상태에 처하고 보면, 어이하여 두려움을 알랴rather what know to fear(IX, ll. 773-775)라는 논리로, 여기에 자라고 있는 만사의 치료제the cure of all이고 보기에 아름답고 구미에 당기고 현명하게 하는 힘을 지닌 이 신성한 실과를 따먹을 것임을to reach(IX, ll. 776-779), 그 실과를 따먹고 몸과 마음을 동시에 살찌우는데 무슨 방해가 있겠느냐(IX, l. 779)라는 생각에서, 어떤 방해도 없을 것임 등을 추론(推論)해냄으로써, 금단의 실과를 따먹기 위한 이브의 합당한 명분은 정립되었다.

'이브의 타락'은 마왕의 분신인 뱀의 간계 3단계, 이른바 제1단계의 아부, 제2단계의 기만, 그리고 제3단계의 유혹을 거치면서 뱀은 그의 간계의 덫 안으로 이브를 몰아넣었다. 종당에는 이브의 자유의지에서 판단된 나름대로의 합당한 명분에 의하여 이브 스스로 금단의 실과를 따먹게 됨으로써, '마왕의 유혹'의 목적은 달성된다. 그와 동시에 (Cf. *2 Corinthians*, 11: 3, ". . . . 뱀이 그의 간교(奸巧)로 이브를 기만한 것과 같이 . . . ." . . . . as the serpent beguiled through his subtilty. . . .) '이브의 타락'이 초래된다. "이브는 악의 시간에in evil hour(이브가 금단의 실과를 따먹은 바로 그 찰나부터 인류에게 죄의 형벌인 죽음이라는 재앙이 개막되는 순간임을 의미함.) 경조부박(輕佻浮薄)하게 그 실과에 손을 내뻗쳐 따서 먹었다"her rash hand in evil hour / Forth reaching to the fruit, she plucked, she ate(IX, ll. 780-781: *Genesis*, 3: 6, "여자(이브)가 그 나무를 본즉 먹음직도 하고 보암직도 하고, 인간을 지혜롭게 할 만큼 탐스럽기도 한 나무인지라, 여자가 그 실과를 따먹고. . . ."And when the woman saw that the tree *was* good for food, and it *was* pleasant to the eyes, and a tree to be desired to make *one* wise; she took of the fruit thereof, and did eat; . . . . Cf. *1 Timothy*, 2: 14). 바로 이 대목은 '이브의 타락'이자 이 서사시의 **'근원(根源)적인 절정'**primary climax이다. 이브가 금단의 실과를 따먹은 순간에, 지구는 상해(傷害)를 느꼈고, 아울러 자연은 그 자리에서 만물의 온갖 작용을 통하여 탄식하면서, 모든 것을 상실했다는 비통의 표시를 보였다gave signs of woe, / That all was lost(IX, ll. 782-784: comp. *Jeremiah*, 12: 4, 11. Cf. *Romans*, 8: 22, "모든 피조물이 이제까지 함께 탄식하며, 함께 고통하는 것을 우리는 아노라"For we know that the whole creation groaneth, and travaileth in pain together until now:). 이 때에, 죄악의 뱀은 덤불숲으로 슬그머니 도망쳐갔다(IX, ll. 784-785). 만물의 비통해하는 표시에도 불구하고, 일찍이 맛본 적이 없는 그 실과의 쾌락에 정신을 쏟은 이브는 신성(神性)godhead이 된 듯한 생각이 들었다. 이브는 한없이 게걸스럽게 탐식(貪食)하면서도, 죽음을 먹는 줄 몰랐다knew not eating death (=knew not that she was eating death. Cf. *Romans*, 6: 21, "너희가 그 때에 무슨 실과를 먹었느뇨, 이제는 너희가 그러한 일을 부끄러워하느뇨? 그러한 일의 끝은 죽음이니라"What fruit had ye then in those things whereof ye are now ashamed? for the end of those things *is* death.). 마침내 포식(飽食)하고서, 유쾌하고 즐겁

게 술을 마신 듯이 상기되어, 이브는 흔쾌(欣快)한 기분으로 다음과 같이 독백하였다(IX, ll. 785-794).

이브는 그녀의 독백에서, 한 번 더 금단의 나무를 찬미하고 나서, 만인에게 자유로이 제공되는(Cf. *Romans*, 6: 20, "너희가 죄의 종이 되었을 때에는, 의(義)에 대하여 자유로이 하였느니라"For when ye were the servant of sin, ye were free from righteousness.) 너의 충만한 가지의 풍성한 짐을 덜어주리라the fertile burden (shall) ease(무겁게 주렁주렁 매달린 실과를 따먹음으로써 금단의 나무의 짐이 덜어지게 하겠다는 것을 뜻함.). 그리하여 너를 먹음으로써 지식이 성숙하여, 만물을 아는 신과 같아지도다(IX, ll. 795-804)라고 금단의 실과의 효력을 찬양하고, 뱀(마왕)의 시험이여(*Experience*, making trial.—Milton(1937, notes), 99), 그대가 고맙다. 최선의 안내자인 그대를 따르지 않았던들, 나는 여전히 무지하였으리. 그대는 지혜의 길을wisdom's way 열어 접근하게 하였도다(IX, ll. 807-810)라고 말함으로써, 뱀의 간계의 합리성을 예찬하고, 더불어 하나님의 유일한 명령(율법; 계율)에 대한 순종의 의무를 저버린 이브는 반어적으로ironical 자기 자신을 변명한다. 또한 우리의 위대한 금단자(禁斷者; 하나님)Our great forbidder께서는 지구상의 모든 것을 분별하기엔 높고 멀리 떨어진 하늘나라에 있으며, 아마 다른 걱정으로 부단(不斷)한 감시를 딴 데로 돌렸을지도 모르리라and other care perhaps / May have diverted from continual watch(IX, ll. 811-815: cf. *Job*, 22: 13-14, "그런데, 네 말은 하나님이 무엇을 아시며, 흑암의 구름 중에서 어찌 심판하실 수 있으랴. 빽빽한 구름이 그를 가리운즉, 그가 보지 못하시고 궁창(穹蒼)으로 걸어다니시니라고 하는구나"And thou sayest, How doth God know? Can he judge through the dark cloud? Thick clouds *are* a covering to him, that he seeth not; and he walketh in the circuit of heaven. *Psalms*, 10: 11, "저의 마음에 이르기를 하나님이 잊으셨고, 그 얼굴을 가리우셨으니, 영원히 보지 아니하시리라 하나이다"He hath said in his heart, God hath forgotten: he hideth his face; he will never see *it.*)고 하는 당찮은 억측으로, 이브는 자신의 무모하면서도 모험적인 행동의 후환(後患)에 대해서 스스로 안도(安堵)하고자 했다. 그러고서, 이브는 "그러나 내가 아담에게는 어떤 모습으로 나타나야 하나"But to Adam in what sort / Shall I appear?라고 아담에 대한 대책을 강구(講究)한다(IX, ll. 816-817). 지금까지의 변화를 아담에게 알려주고, 완전한 행복의 동참자copartner가 되도록 할까? 아니면 차라리 우월한 지식을the odds of knowledge 동참자가 없는 나만의 능력으로 지니고서, 여성에게 부족한 것을 보충하여 남녀불평등을 보다 더 평등한more equal 것으로(밀턴의 인간관이나 부부윤리관에서 살펴보았듯이, 밀턴은 남녀평등 사상을 인정하지 않는 것이 그의 지론이었다. 우리는 밀턴의 이러한 사상과 지론이 어디까지나 성서의 가르침에서 말미암은 것임을 알 수 있었다. Cf. *1 Corinthians*, 11: 3-10; *Ephesians*, 5: 22-24; *1 Timothy*, 2: 11-13; *1 Peter*, 3: 1-6. IV, ll. 295-299; 635-640; VIII, ll. 534-546; X, ll. 145-156; 888-898), 아니 평등한 것보다 더 우월한 것으로 할까?(IX, ll. 817-825)라고 이브는 궁리하다가, "혹시라도 하나님께서 보시고서, 죽음이 찾아오면 어쩌나"but what if God have seen, / And death ensue?라는 생각이 들게 되자, 내가 죽으면 아담은 다른 이브와 결혼하여 즐겁게 살 테지. 내가 사라지면I extinct, 죽음이라(IX, ll. 826-830). 그렇게 될 수야 없지라고 하는 암묵(暗默)적인 이기심에 사로잡힌 이브는 지극히 사랑하는 아담을 그녀와 생사화복(生死禍福)의 공동운명체로 만들 결심을 굳힘(IX, ll. 830-833). 이와 같이 강구된 이브의 결심은 아담으로 하여금 스스로 타락하게끔 유인하게 된다.

'아담의 타락'은 뱀처럼 간교하고 교활하게 변질된 이브의 궤변과 이브를 향한 아담의 고결한 사랑의 희생정신에서 말미암는다. 나름대로 아담에 대한 대책을 강구한 이브는 '마왕의 유혹'에 감복(感服)했듯이, 금단의 나무에게도 우선 무릎을 낮추어 경의를 표하고 나서(이브는 스스로 높아졌다고 생각하였으나, 금단의 나무에 절을 함으로써 스스로 낮아졌다(Cf. *Matthew*, 23: 12; *Luke*, 14: 11, "누구든지 스스로 높아지고자 하는 자는 낮아지고, 누구든지 스스로 낮아지고자 하는 자는 높아지리라"And whosoever shall exalt himself, shall be abased; and he that shall humble himself, shall be exalted.). 아울러 이브가 금단의 나무, 즉 지식의 나 무에 절을 한 것은 하나님께서 계명(율법; 계율)으로 금한 우상숭배의 죄를(Cf. *Exodus*, 20: 3-5; *Romans*, 1: 21-23) 범한 것이다. 하나님의 유일한 명령을 거스르고도 모자라서 우상숭배까지 한 이브는 스스로 중죄인으로 타락하였음을 밀턴은 시사해놓았다.) 발걸음을 돌렸다(IX, ll. 834-835). 그 동안 이브의 머리에 씌울 화관(花冠)을 짜놓은 아담은 큰 기쁨great joy과 새로운 위안new solace을 기대하며 그녀가 돌아오길 간절히 기다림(IX, ll. 838-844). 뭔지 모를 불길한 예감divine of something ill으로 불안했던 아담은 아침에 처음 헤어질 때, 이브가 간 길로 마중 나갔다가 지식의 나무에서 막 돌아서는 그녀를 만났음(IX, ll. 845-850). 그녀의 손에는 매우 아름답고 감미로운 향기를 풍기는ambrosial smell diffused 실과가 매달린 싱그러운 가지 하나가 쥐어져 있음(IX, ll. 850-852). 아담에게로 달려온 이브는 먼저 그녀의 얼굴에 사과의 표정을 띠며 대뜸 변명하기를apology to prompt, 지체되었음을 의심하시는지, 헤어져 있던 동안에 그대가 그리웠다는 둥, 사랑의 고뇌를 느꼈다는 둥, 두 번 다시는 헤어짐의 고통을 맛보고 싶지 않다는 둥하면서(IX, ll. 853-861) 그녀의 본심과는 판이한 궤변을 얼버무리고 난 다음, 돌아옴이 지체된 "원인을 들으면 괴이(怪異)하고 불가사의할 것이외다"But strange / Hath been the cause, and wonderful to hear라고 전제하고, 이브는 금단의 나무의 실과를 맛본 자는 눈이 열려 신gods이 되게 하는 신성한 효과divine effect가 있었음을(IX, ll. 861-866), 기만과 간계의 뱀이 말했던 것을 곧이곧대로 사례(事例)로 삼아 아담에게 전달하고서(IX, ll. 867-872), 뱀이 자신을 설득력있게 설복하였기에 그 실과를 맛보았더니, 그 효과가 뱀의 말과 일치되어 자신이 신성godhead에 가까워졌음을(IX, ll. 872-877), 그것을 구한 것은 그대를 위한 것이었음을, 그대가 없는 행복은 무용지물(無用之物)임을, 그대도 이 실과를 맛보고서Thou therefore also taste 공동운명equal lot으로 동고동락(同苦同樂)할 것을, 그대가 맛보지 않으면 그대와 나와의 계급의 차이로 헤어져 지낼 운명임을(IX, ll. 877-885) 이브는 즐거운 얼굴과 시종일관 그럴싸한 궤변으로, 어떻게 하든지 아담을 그녀에게 동참하게 하여 그녀의 결심대로 공동운명체, 이른바 공범자(共犯者)로 만들고자 안간힘을 썼다.

아담은 이브가 범한 치명적인 죄를 듣자마자 아연실색(啞然失色)하여 멍청하니 서있었다Adam, soon as he heard / The fatal trespass done by Eve, amazed, / Astonied stood and blank. (*Astonied*, astonished: cf. *Job*, 17: 8, "정직한 자는 이것으로 인하여 놀라고, . . ."Upright men shall be astonied at this, . . .) 맥빠진 아담의 손에서 이브를 위하여 짠 화관이 떨어지고, 시들은 장미가 모두 흩어졌다(IX, ll. 888-893). (애석한 심정으로) 아담은 이브의 아름다운 외양을 마지막으로 찬미하고서(IX, ll. 896-899), 어떤 저주받은 적의 기만과 간계에 속아 엄격한 금지령The strict forbiddance: The rigid interdiction(VIII, l. 334)이 내려진 금단의 실과를 그대가 범한 것은 타락lost이요 죽음이니 그대와 함께 나는 멸망하였도다(IX, ll. 900-906)라고 한탄함. 그러고서, 사랑하는 그대, 내 살 중의 살, 내 뼈 중의 뼈인 그대flesh of flesh, / Bone of my bone thou art, 지복bliss이든 비통woe이든 그대 신세와 내 신세가 결코 별개일 수야 없지요from thy state / Mine never shall be parted(IX, ll. 906-916)라는 말로써, 아담은 이브에게 동생공사(同生共死)할 결심

을 밝힘. 아담은 착잡한 생각들을 진정시키며 구제불능(救濟不能)의 일로 체념(諦念)하고서Submitting to what seemed remediless 차분한 심사로 이브에게 말하기를(IX, ll. 917-920), 대담하고 모험적인 행동으로 금단의 실과를 맛보았으니 전능의 하나님도 운명도 그 저질러진 일을 원상대로 되돌려놓을 수 없는 터(IX, ll. 921-927), 그 실과를 먼저 더럽힌 뱀이 아직 살아서 인간처럼 고급의 생명을 누리고 있음에, 아마 그대는 죽지 않을 것이오(IX, ll. 927-934). 우리가 그 실과를 맛보고 뱀에 비례하여 신gods이나 천사나 반신demi-gods으로 격상한다면, 하나님에게 위협은 될 테지요. 그렇더라도 하나님의 최고위의 창조물his prime creatures인 우리를 멸망시키지는 않겠지요. 우리가 멸망하면 우리를 위해서 창조된 만물도 함께 멸망할 것은 당연지사(當然之事)이니까, 하나님은 노이무공(勞而無功)labour loose한 일을 생각하지 않을 것이기에, 우리의 파멸을 꺼리실 것이오yet would be loth / Us to abolish(IX, ll. 934-947). 하나님을 대적(對敵)하는 적(the adversary=Satan, according to the meaning of the name, cf. *Deuteronomy*, 32: 27; *Job*, 1: 6; *1 Peter*, 5: 8.—Cf. Milton(1937, notes), 101)이 "무상하구나, 하나님께서 가장 총애하는 그들의 신세여, 누군들 오래도록 하나님의 마음에 들 수 있을까, 제일 먼저 나를 파멸시키더니, 이제는 인간, 그 다음 차례는 누구일까"라고 쾌재(快哉)를 부르며 조롱거리Matter of scorn로 삼지 않도록 하기 위해서라도(IX, ll. 947-951), 여하간에 나는 그대와 운명을 같이 하리다However I with thee have fixed my lot. 나는 그것을 숙명처럼 받아들이기로 결심하였소Certain to undergo like doom(*Certain to*, resolved to. An imitation of Lat. *certus*, with infinitive or gerund,='determined to'; cf. *certus eundi* and *certa mori*—*Aeneid* IV. 554, 564.—*Ibid.*, 101). 우리는 하나, 한 몸이니, 그대를 상실함은 나 자신의 상실이요we are one, / One flesh; to lose thee were to lose my self(IX, ll. 952-959). 요컨대,

우리는 공동운명체이오라고 하였다. 이러한 아담의 말에 이브는, 공범자가 되겠다는 아담을 기쁨으로 반기며, 둘이면서 한 마음 한 영혼이라One heart, one soul in both(Cf. VIII, l. 604, "마음의 결합인즉, 우리의 영혼은 둘이면서 하나입니다"Union of mind, or in us both one soul.)고 하는 부부 일심동체(一心同體) 정신을, 같은 죄로 같은 형벌을 받겠다To undergo with me one guilt, one crime는 공동운명체our union 정신을 찬양함(IX, ll. 961-971: 이브의 타락 직후에 (아담의 원죄(原罪)Original Sin 직전에) 이브를 향한 아담의 부부애는, 타락한 이브를 호되게 질책하거나 책망하기는커녕 오히려 아담은 차분하게 정리된 심사로 IX, ll. 900-920; IX, ll. 952-971에서처럼 이브의 타락을 구제불능의 일로 체념하고서, 이브와 동생공사(同生共死), 공동운명(共同運命), 그리고 일심동체(一心同體) 정신으로 끝까지 동행동고(同行同苦)하겠다는 정신애(情神愛)Platonic love이다. 여기서, 밀턴은 타락한 이브를 향한 아담의 정신애를 지고지순(至高至純)의 봉사와 헌신 그리고 희생 그 자체만으로 미쁘고 황홀하게 서로의 마음을 채워주는 사랑, 이른바 기독교적인 플라톤주의Christian Platonism인 신플라톤주의Neoplatonism로 묘사해놓았다라고 하겠다. Cf. Within the tradition of Christian Platonism to which *PL* (*Paradise Lost*) belongs it is natural for dignity and splendour to be attributed to so important an image of emanation as the sun.— Milton(1968, notes), 179). 이 아름다운 실과를 맛본 효능virtue은 선(善)에서 여전히 선이 나오며, 직접적으로나 간접적으로나(*direct or by occasion, i.e.* directly or indirectly.—Milton(1937, notes), 101; Milton(1968, notes), 494) 그대 사랑의 이 행복한 시험을 보여주었으며(IX, ll. 972-975), 특히 이제 뚜렷이 그대의 견줄 데 없는 그토록 진실하고 충실한 사랑을 확인하고 나니, 그 결과(*event*; result, outcome.)는 너무나도 다름을 느낍니다라고 말하고서는, 앞의 861-866행과 872-877행에서의 내용과 동일한 궤변을 간추려서 되풀이함. 그렇게 말하고 난 이브는, 아담이여, 거리낌없이 맛보시고, 죽음의 공포일랑 바람에게 던져버리소서Adam, freely taste, / And fear of death deliver to the winds(IX, ll. 981-989)라고 말을 끝맺은 다음, 이브는 자기를 위하여 하나님의 노여움이나 죽음을 감수하려는 아담의 너무나도 고결한 사랑에 감격한 나머지 much won that he his love / Had so ennobled, 아담을 껴안고 눈물을 흘렸다(IX, ll. 990-993: *Psalms*, 7: 14, "볼지어다, 악인이 죄악을 해산함이여, 잔해(殘害)를 잉태하여 궤휼(詭譎)을 낳았도다"Behold, he travaileth with iniquity, and hath conceived mischief, and brought forth falsehood.). 이브에 대한 아담의 고결한 사랑이 낳은 희생정신에 대한 보답으로, 이브는 그 가지에서 그 아름다운 유혹의 실과를 따서 아담에게 주었다from the bough / She gave him of that fair enticing fruit(IX, ll. 994-996). 아담은 서슴없이 먹었다he scrupled not to eat(*Genesis*, 3: 6, ". . . . 여자가 그 실과를 따먹고, 자기와 함께한 남편에게도 주매, 그도 먹은 지라". . . . she took of the fruit thereof, and did eat; and gave also unto her husband with her, and he did eat.). 아담은 그의 한결 선한 지식을 배반하고, 기만당하지는 않았을망정(Cf. *1 Timothy*, 2: 14, "아담은 기만당하지 않았고, 여자가 기만당하여 죄에 빠졌음이니라"And Adam was not deceived, but the woman being deceived was in the transgression. 이브는 뱀(마왕)의 기만과 간계에 의한 유혹으로 죄를 범했지만, 아담은 이브에 대한 고결한 사랑의 희생정신으로 죄인 줄 알면서 죄를 범했다. Cf. *1 John*, 3: 4, "죄를 짓는 자마다 불법을 행하나니, 죄는 불법이라"Whosoever committeth sin transgresseth also the law; for sin is the transgression of the law.) 어리석게도fondly; foolishly 여성다운 매력에 굴복당했다(IX, ll. 998-999: comp. X, ll. 151-153, ". . . .정녕 그녀는 매력적이고, 사랑스럽고 그대의 사랑을 사로잡지만, 그대의 복종은 안 된다. . . ." . . . . adorned / She was indeed, and lovely to attract / Thy love, not thy subjection, . . . Cf. *1 Timothy*, 2: 12, "여자가 남자를 가르치는 것과 남자를 주관하는 것을 허락하지 않노니, 오직 묵묵히 할지니라"But I suffer not a woman to teach, nor to usurp authority over the man, but to be in silence.). 바로 이 부분이 '아담의 타락'임과 동시에 이 서사시의 **'궁극(窮極)적인 절정'**main climax이다. 이 궁극적인 절정에서, 지구는 다시금 고통하듯 내장entrails으로부터 떨고, 자연도 재차 신음했으며, 찌푸린 하늘은 뇌성벽력(雷聲霹靂)을 웅얼거렸다(IX, ll. 1000-1002: cf. *2 Samuel*, 22: 8, "이에 땅이 진동하고 떨며, 하늘의 기초가 요동하고 흔들렸으니 그의 진노(震怒)로 인함이더라"Then the earth shook and trembled: the foundations of heaven moved and shook, because he was wroth. *Jeremiah*, 12: 4, 11, "언제까지 이 땅이 슬퍼하며, 모든 지방의 채소가 마르리이까. 짐승과 새들도 멸절(滅絶)하게 되었사오니, 이 땅의 거민(居民)이 사악하여 말하기를 그가 우리의 결국(結局)을 보지 못하리라 함이니이다"How long shall the mourn, and the herbs of every field wither, for the wickedness of them that dwell therein? the beasts are consumed, and the birds; because they said, He shall not see our last end. "그들이 이를 황무(荒蕪)케 하였으므로 그 황무지가 나를 향하여 슬퍼하는도다. . . ."They have made it desolate, *and being* desolate mourneth unto me; . . . . *Romans*, 1: 18, "하나님의 진노가 불의로 진리를 막는 인간의 모든 불경(不敬)과 불의에 대하여, 하늘을 좇아 나타나나니"For the wrath of God is revealed from heaven against all ungodliness, and unrighteousness of men, who hold the truth in unrighteousness.). 하나님으로부터 순종과 맹약의 시험장으로 지음받은 인간의 지상천국인 에덴동산에서의 영생복락 대신에, 죄악과 죽음을 인간에게 초래케 되었음은 인류역사상 초유(初有)한 비극이 아닐 수 없다. 이러한 의미에서, 이 궁극적인 절정은 죄악과 죽음의 길에 이른 모든 인간비극의 전무후무(前無後無)한 결론적인 절정이다라고 하겠다. 이와 같은 절정에서, 대지는 다시 고통하는 듯이 내장으로부터from her entrails 떨고(Comp. IX, ll. 782-784), 자연은 다시 한 번 신음하고 찌푸린 하늘은 천둥번개를 웅얼거리며, 상당량의 비애의 눈물로써 그 치명적인 **원죄(原罪)***가 범해졌음을 통곡하였다some sad drops / Wept at completing of the mortal sin / Original(IX, ll. 1000-1004).

그리하여, 이제 그 두 사람은 새 술에 취한 듯이 환락에 젖어, 신성의 날개로 지구를 박차고to scorn the earth 날아오를 것만 같은 상상을 한다(IX, ll. 1007-1011). 그러나 우선 그 허위의 실과의 작용은 육욕의 욕정을 타오르게 하여Carnal desire inflaming(Cf. *Romans*, 1: 24-25, "그러므로 하나님께서도 저들을 마음의 정욕(情慾)대로 더러움에 내버려두사 저들의 몸을 피차에 욕되게 하셨으니, / 이는 저들이 하나님의 진리를 거짓 것으로 바꾸어 피조물을 창조주보다 더 경배하고 섬김이라. . . ."Wherefore God also gave them up to uncleanness, through the lusts of their own hearts, to dishonour their own bodies between themselves: / Who changed the truth of God into a lie, and worshipped and served the creature more than

---

* "이것은 밀턴이 그의 모든 시에서 '원죄'Original Sin라는 어구를 사용한 유일한 시구라는 점에서 주목받게 되었다. 원죄에 대한 교리(敎理)를 그가 논의한 신학이론서 『기독교의 교리』, I. VII, XI에서 논급해놓았다"(Milton (1937, notes), 101). ". . . .원죄라는 것은 아담이 지은 죄의 결과 때문이다. 만약에 이브 혼자만이 지은 죄였더라면, 그 죄가 온 인류에게 초래되지는 않았을 것이다". . . .'since Origianl Sin is an effect of Adam's sin, the human race would not have been involved if only Eve had sinned'(Milton(1968, notes), 491). 밀턴이 그의 많은 시편들 가운데 『실락원』에서 딱 한 번 사용한 용어인 원죄의 개념은 인류의 조상인 아담이 지은 죄이므로, 그것은 모든 인간의 죄의 원천이 되는 것이다라는 뜻이다. 예컨대, 다윗David이 하나님에게 죄씻음 받기를 간구하는 그의 시편에서 "보시옵소서, 내가 죄악 속에서 출생하였으며, 내 어머니가 죄 속에서 나를 잉태하였나이다"Behold, I was shapen in iniquity; and in sin did my mother conceive me(*Psalms*, 51: 5)라고 읊조린 이 구절은 원죄의 유전(遺傳)을 그대로 표현했던 것으로 볼 수 있다. 『성서』의 어떤 구절에서도 '원죄'라는 용어를 우리는 찾아볼 수 없다. 우리는 『성서』에서 오로지 '원죄의 개념'(Cf. *Romans*, 5: 12-19)만을 알 수 있을 따름이다. 「신약성서」의 로마서 5장 12절은 우리에게 '원죄의 개념'을 잘 알려주는 몇몇 구절들 중의 대표적인 것으로 볼 수 있다. "이리하여 한 사람(아담)으로 말미암아 죄가 세상에 들어오고, 죄로 말미암아 사망이 왔나니, 이와 같이 모든 사람이 죄를 지었으므로 사망이 모든 사람에게 이르렀느니라"Wherefore as by one man sin entered into the world, and death by sin; and so death passed upon all men, for that all have sinned:—*Romans*, 5: 12, comp. *1 Corinthians*, 15: 21-22.

the Creator, ...이 성구(聖句)에 덧붙여 말하자면, 하나님을 하나님으로서 경배하지 않고 섬기지 않는 죄의 결과는 먼저 정욕의 방종으로 나타난다는 것이다. *James*, 1: 15, "그런데, 정욕(욕심)이 잉태한즉 죄를 낳고, 죄가 장성하여 사망을 낳느니라"Then, when lust hath conceived, it bringeth forth sin; and sin, when it is finished, bringeth forth death.) 아담과 이브는 서로 음탕(淫蕩)한 시선을 주고받으며to cast lascivious eyes 정욕에 불타서in lust they burn, 드디어 아담은 이브를 정염(情炎)의 농탕(弄蕩)질로 이끌어감Till Adam thus gan Eve to dalliance move(IX, ll. 1011-1016). 아담이 금단의 실과를 먹음으로써 많은 쾌락에 도취되어 금단의 나무가 열 나무라도 좋겠다고it might be wished, / For this one tree had been forbidden ten, 내 감각은 완전한 아름다움을 갖춘 그대를 향락하려는 열정으로 불타고 있다고adorned / With all perfection, so inflame my sense / With ardour to enjoy thee 말하고서, 색정(色情)적인 생각 amorous intent으로 이브를 애무toy; caress하니, 이브의 눈에서도 색정의 불을 뿜었다. 더할 나위없이 청신유화(清新柔和)한 대지의 무릎earth's freshest softest lap에서, 그들이 지은 죄를 위안 The solace of their sin하고자 사랑과 사랑의 희락(戲樂)에 아낌없이 질펀히 도취했다they their fill of love and love's disport / Took largely(IX, ll. 1017-1044: cf. *Proverbs*, 7: 18, "오라, 우리가 아침까지 흡족하게 서로 사랑하며, 서로 사랑함으로 서로를 위안하자"Come, let us take our fill of love until the morning: let us solace ourselves with love. *Ephesians*, 2: 3, "전에는 우리도 모두 그 가운데서 우리 육신의 정욕을 따라 이야기하며 지냈고, 육신과 마음의 욕망을 충족시켰으며, 다른 사람들과 마찬가지로 본질상 진노의 자녀들이었더니"Among whom also we all had our conversation in times past in the lusts of our flesh, fulfilling the desires of the flesh and of the mind; and were by nature the children of wrath, even as others.). 이윽고 색정의 유희에 지친with their amorous play 그들은 잠에 빠짐(IX, ll. 1044-1045). 아담과 이브는 괴로운 잠에서 깨어남. 그들의 눈은 열렸으나 마음이 어두워졌음을 깨달음. 그들의 알몸은 죄과의 수치(*shame*; personified, as in l. 1097)를 가리고자 하였음(Cf. *Psalms*, 44: 15, "나의 곤혹(困惑)이 종일 내 앞에 있으며, 수치(羞恥)가 내 얼굴을 덮었으니"My confusion *is* continually before me, and the shame of my face hath covered me. *Psalms*, 109: 29, "나의 대적으로 수치를 옷 입듯 하게 하시며, 자기의 곤혹을 겉옷처럼 입게 하소서"Let mine adversaries be clothed with shame, and let them cover themselves with their own confusion, as with a mantle.). 그러한 수치심을 삼손Samson의 예로 비유함(*Judges*, 16: 19-20). 그 거짓의 버러지에게To that false worm(*worm*, serpent; cf. *Antony and Cleopatra*, V. 2. 243, where Cleopatra asks for the asp or serpent to kill herself, "Hast thou the pretty worm of Nilus there?"—Milton(1937, notes), 103) 기만당하여 우리의 타락은 사실로 되고 기대했던 향상은 거짓임true in our fall, / False in our promised rising. 선을 잃고 악을 얻었으니 사악한 지식의 실과로구나good lost, and evil got, / Bad fruit of knowledge. 이후에 하나님이나 천사의 얼굴을 내 어찌 대하리오How shall I behold the face / Henceforth of God or angel라고 아담은 한탄과 후회로 자책하고서(IX, ll. 1050-1081), 이브에게 우선 이 새 손님인 수치this new comer, shame에게서 부정하다고 비난받지 않도록 흉하게 보이는 각자의 그 부분을 나뭇잎으로 가리자고 상의함(IX, ll. 1091-1099). 그들이 숲 속으로 들어가서 고른 것은 무화과나무였다(IX, ll. 1100-1101). 아마존 여족(女族)의 방패만큼이나as Amazonian targe(아마존 여족이 사용했던 초승달 모양의 방패shield. Cf. Virgil's reference to the 'crescent-shaped shields'(*lunatae peltae*) of the Amazons, *Aeneid*, I. 490.—*Op. cit.*, 104. 그리고 그리스 신화나 전설에 따르면, 아마존 여족 Amazonian은 여자만으로 집단을 이룬 종족이었다. 이 종족은 코카서스 산맥the Caucasus Mountains 근처에 살던 사납고 호전적인 여족으로

종종 소아시아Asia Minor; Anatolia, 트라키아Thracia, 그리스Greece, 이집트Egypt 등을 침공했으며, 나중에는 소아시아로 이주했다고 한다.) 넓은 그 나무의 잎을 엮어서 허리에 둘렀다(IX, ll. 1110-1112: *Genesis*, 3: 7, "그리하여 그들의 눈이 밝아지자 자기들의 몸이 알몸인 줄을 알고, 무화과나 무 잎을 엮어 치마를 둘렀더라"And the eyes of them were opened, and they knew that they *were* naked: and they sewed fig-leaves together, and made themselves aprons.). 그러고서, 그들은 앉아서 울었다. 눈물이 비오듯 쏟아질 뿐만 아니라, 마음 속에서는 더 험한 폭풍이 일어났다. 격정high passion과 분노anger, 증오hate, 불신mistrust, 혐의suspicion, 불화discord 등이었다(IX, ll. 1121-1124). 아담은 지금의 불행이 아침에 간청에도 불구하고 그의 말에 불순종한 이브에게서 비롯되었음을 지적함(IX, ll. 1134-1142). 아담의 이 같은 지적에 이브는, 그대라도 뱀의 기만을 당해낼 수 없었을 것이요thou couldst not have discerned/Fraud in the serpent라고 항의하고서, 머리이신 그대는(Cf. *1 Corinthians*, 11: 3) 어째서 나에게 절대로 가서는 안 된다고 명령하지 않았는지요Command me absolutely not to go. 그대는 쾌히 허락하여 나를 보냈소. 그대가 확고하면서도 단호하게 반대하였던들 나는 죄를 범하지는 않았을 것이요라고 이브는 아담에게 불행의 책임을 전가함(IX, ll. 1144-1161). 이브의 말에 화가 난 아담은, 배은망덕(背恩忘德)한 이브여ingrateful Eve, 이것이 내 사랑에 대한 그대의 보답인가요. 그대가 타락했을 때, 자진하여 그대와의 죽음(同生共死)을 택했던 내가 이제 그대의 범죄의 원흉(元兇)으로서as the cause/Of thy transgressing 비난받아야 한단 말이오(賊反荷杖). 내가 그대에게 경고와 충고, 그리고 위험과 숨은 적에 대해서 예고했었소. 그 이상은 그대의 자유의지free will에 대한 강제뿐인데, 자유의지에는 강제가 있을 수 없소. 나는 지금 내 잘못을 뉘우치오. 그 잘못이 내 죄가 되고, 그렇게 해서 된 내 죄를 그대는 비난하는 구려. 여자의 가치를 과신(過信)하여 여자의 의지대로 행하도록 하는 사람에겐 이런 일이 있기 마련. 여자는 자신에게 맡겨진 일에 사악한 일이 발생하면, 먼저 남자의 심약한 관용his weak indulgence을 비난할 테지라고 이브를 꾸짖으며 비아냥거렸다. 이처럼 아담과 이브는 서로를 비난으로 설왕설래(說往說來)하면서 무익한 시간을 보냈으나, 아무도 자기반성(自己反省)을 하지 않는 언쟁이 계속되었다(IX, ll. 1162-1189).

『실락원』의 하강부

하강부에서, 마왕satan이 낙원에서 행한 그 동안의 극악무도(極惡無道)한 행위the heinous and despiteful act, 즉 마왕이 뱀의 모습으로 이브를, 이브는 그녀의 남편을 유혹하여 그 치명적인 실과the fatal fruit를 맛보게 한 그의 행위가 하늘나라에 알려졌다. 전지(全知)하신 하나님은 인간의 자유의지free will를 시험하는 마왕의 간계를 방해하지 않았던 것이다(X, ll. 1-11). 낙원의 경비천사들인 케룹천사들은 황급히 귀천(歸天)하여 인간 때문에 말없이 슬퍼함(X, ll. 17-19). 그들은 지존의 보좌the throne supreme로 달려가서 정당한 변명으로써 최선의 경비를 해명하여to make appear / With righteous plea, their utmost vigilance 하나님으로부터 용인(容認)받음(X, ll. 28-31). 영원의 아버지는Eternal Father 신비스러운 구름his secret cloud 한가운데서 뇌성(雷聲)으로 Amidst in thunder(X, ll. 31-33: 구름은 하나님의 영광을 상징함. *Ezekiel*, 10: 4, "여호와의 영광이 케룹에서 올라 성전(聖殿) 문지방에 임하니, 구름이 성전에 가득하며 여호와의 영광스러운 광채가 뜰에 가득 하였고"Then the glory of the Lord went up from the cherub, *and stood* over the threshold of the house; and the house was filled with the cloud, and the court was full of the brightness of the Lord's glory. Cf. *1 Kings*, 8: 10-11; *2 Chronicles*, 7: 1-2. 그리고 뇌성은 하나님의 심판

을 상징함. *Revelation*, 4: 5, "보좌로부터 번개와 뇌성과 음성이 나오고. . . ."And out of the throne proceeded lightnings, and thunderings, and voices. . . . *Revelation*, 8: 5, "천사가 향로를 가지고 단 위의 불을 담아다가 땅에 쏟으매, 음성과 뇌성과 번개와 지진이 나더라"And the angel took the censer, and filled it with fire of the altar, and cast it into the earth: and there were voices, and thunderings, and lightnings, and an earthquake.), 유혹자(마왕)는 악의 사명을his bad errand 성취할 것이라고, 인간은 유혹자의 유혹과 아부로 타락할 것이라고 이미 예고하였음을(X, ll. 38-42: cf. III, ll. 86-96), 나의 원 뜻은decree of mine 그를 필히 타락시키려는 것이 아니었고, 아주 경미한 자극으로with lightest moment of impulse 그의 자유의지를 움직이려 하지도 않았고, 그의 자유의지의 온당한 저울질에 스스로 기울도록 맡겨두었음을to her own inclining left in even scale(X, ll. 43-47), 그 날 경고된 그대로 타락한 그의 범죄에On his transgression 이제 죽음의 선고가 내려질 수밖에 없음을 말씀하시고서(X, ll. 47-49), 영원의 아버지는 그의 대리자인 아들Vicegerent Son에게 하늘에서나 땅에서나 지옥에서의 모든 심판을 위임하여(*John*, 5: 22, 27, "아버지께서는 아무도 심판하지 아니하시고, 모든 심판을 다 아들에게 맡기셨으니"For the Father judgeth no man; but hath committed all judgement unto the Son. "또 인자(人子)됨을 인하여, 심판하는 권세를 주셨느니라"And hath given him authority to execute judgment also, because he is the Son of man. Cf. *Acts*, 17: 31), 인간의 중개자로서(*his Mediator*: cf. *John*, 14: 6, "예수께서 그에게(unto Thomas) 가라사대, 내가 곧 길이요 진리요 생명이니, 나로 말미암지 않고는 아버지께로 올 자가 없느니라"Jesus saith unto him, I am the way, the truth, and life: no man cometh the *Father*, but by me. Milton discusses the "Mediatorial office" of Christ in the *Christian Doctrine*, I. XV.—Milton(1937, notes), 107. 그리고 Mediator의 첫 철자가 Milton(1937) 45쪽에서는 대문자로, Milton(1968)

510쪽에서는 소문자로 되어 있음.), 또한 자청해서 정해진 속죄자ransom임과 동시에 구세주Redeemer로서(Cf. III, ll. 227-265. Redeemer의 첫 철자가 Milton(1937) 45쪽에서는 대문자로, Milton(1968) 510쪽에서는 소문자로 되어 있음.) 타락한 인간을 심판하라고 하심(X, ll. 55-62). 그러고서, 성부께서는 오른손으로 성자 위에 영광의 신격(神格)deity이 빛나게 하셨음(X, ll. 63-65: cf. Hebrews, 1: 3, "이는 하나님의 영광의 광채시요, 그 본체의 형상이시라, 그의 능력의 말씀으로 만물을 붙드시며, 우리의 죄를 정결케 하는 일을 하시고, 높은 곳에 계신 위엄의 우편에 앉으셨느니라"Who being the brightness of *his* glory, and the express image of his person, and upholding all things by the word of his power, when he had by himself purged our sins, sat down on the right hand of the Majesty on high;).

그리하여 성자는 영원의 아버지이신 성부에게, 운명을 정하심은 아버지의 일이시고thine is to decree, 지고하신 아버지의 뜻을 이행함은 나의 일이며, 아버지께서는 사랑하는 당신의 아들인 내 안에서 언제나 기뻐하며 계시오니that thou in me thy Son beloved / Mayst ever rest well pleased(Cf. *Matthew*, 17: 5, ". . . . 이는 내 사랑하는 아들이요, 그 안에서 내가 기뻐하나니, 너희는 저의 말을 들으라" . . . . This is my beloved Son, in whom I am well pleased: hear ye him. *John*, 17: 21, "아버지께서 내 안에, 내가 아버지 안에 있는 것 같이 . . . ."That they all may be one; as thou, Father, *art* in me, and I in thee . . . .), 죄인들을thy transgressors 심판하기 위하여 지상으로 내려감을(X, ll. 68-72), 곁들여서 심판받을 사람은 둘이며 제3자인 뱀(마왕)은 유죄로 입증되었음을 고함(X, ll. 80-84). 성자는 심판관이자 중재자로서(*intercessor*. *Isaiah*, 59: 16, "사람이 없음을 보시며, 중재자 없음을 이상히 여기셨으므로. . . ."And he saw that *there was* no man, and wondered that *there was* no intercessor. . . . Cf. III. l. 219; XI, l. 19. Milton deals with the subject of Christ's intercession for man, as one aspect of his office as 'Mediator', in *Christian Doctrine*, I. XV.—Milton(1937, notes), 108. Cf. *Hebrews*, 7: 25, "그러므로 자기를 힘입어 하나님께 나아가는 자들을 온전히 구원하실 수 있으니, 이는 그가 항상 살아서 저희를 위하여 간구(懇求)로 중재하심이니라"Wherefore he is able also to save them to the uttermost that come umto God by him, seeing he ever liveth to make intercession for them.) 지상의 에덴동산에 당도함(X, ll. 96-97). 동산을 거니시는 성자 하나님의 음성을 들은 아담과 이브는 하나님의 낯을 피하여 무성한 나무 사이로 숨었다(X, ll. 97-102: *Genesis*, 3: 7, "그들이 날이 서늘할 때에, 동산을 거니시는 여호와 하나님의 음성을 듣고, 아담과 그 아내가 여호와 하나님의 낯을 피하여 동산 나무 사이에 숨은지라"And they heard the voice of the Lord God walking in the garden in the cool of the day: and Adam and his wife hid themselves from the presence of the Lord God amongst the trees of the garden.). 하나님께서 아담아 어디에 있느냐, 무엇 때문에 못 나오는가, 나오라고 하니(X, ll. 103-108), 아담은 겸연(慊然)쩍어 하는 이브를 데리고 나왔다(X, ll. 109-110). 아담은 하나님에게 음성이 두렵고 알몸이라 숨었음을 아룀(X, ll. 116-117). 하나님께서 아담에게 두려움을 갖게 된 동기와 알몸임을 알게 된 연유를 묻고, 먹지 말라고 명령한 나무의 실과를 먹었느냐고 물음(X, ll. 119-123). 아담은 죄의 책임을 전적으로 자신의 죄로My self the total crime 할 것인가 아니면 내 생명의 배우자를My other self, the partner of my life 고발할 것인가에 대한 고충(苦衷)이 있었음을 털어놓고서, 나의 내조자로 만드신 이 여인은This woman whom thou madest to be my help 흠잡을 데 없었고 성스러웠으며, 그녀의 행위가 옳은 것으로 믿었기에, 그녀가 그 나무에서 따주는 것을 내가 먹었나이다라고 말함(X, ll. 126-143). 아담의 말에 하나님께서는 그대의 완전함은 모든 참된 위엄에 있어서in all real dignity 그녀보다 훨씬 우월한데,

그녀에게 그대의 복종은 안 되며 그녀의 천품(天稟)her gifts은 그대의 지배하에서는 타당하게 여겨지지만, 그대를 다스리는 것은 부적당함을(성서에서는 남녀평등 사상을 인정하지 않았음. Cf. *Genesis*, 2: 20-23; *1 Corinthians*, 11: 3-10; *Ephesians*, 5: 22-24; *1 Timothy*, 2: 11-13; *1 Peter*, 3: 1-6.) 말씀하시고서(X, ll. 150-155), 이브에게 말하라 여인이여 그대는 무슨 짓을 했느뇨Say woman, what is this which thou hast done?라고 묻자(X, l. 158), 이브는 뱀에게 기만당하여 그 실과를 먹었음을 고함(X, l. 162). 하나님께서 고발된 뱀을 즉시 심판하여 내린 처벌의 저주는(X, ll. 163-174), 너는 배로 다니고 흙을 먹을지니라. 그리고 너의 후손과 여자의 후손이 thine and her seed 원수가 되어, 여자의 후손은 네 머리를, 너는 그의 발꿈치를 상하게 할 것이니라(X, ll. 175-181: *Genesis*, 3: 14-15)고 하는 하나님의 말씀(神命)oracle으로 선언하셨다(X, l. 182). 이것이 사실로 증명된 것은 제2의 이브 마리아(Comp. V, l. 387; Marie, second Eve)의 아들 예수가Jesus son of Mary second Eve(*Mary, second Eve*; repeated from V. 387. The thought is similar to that which makes Christ "the last Adam," *1 Corinthians* XV. 45(Milton(1937, notes), 109). Just as Christ is the 'last Adam'(*1 Cor.* XV 45; and see i 4-5*n*), so the Virgin was typologically related to Eve(Milton(1968, notes), 280). *1 Corinthians,* 15: 45, "기록된 바 첫 사람 아담은 산 영이 되었다 함과 같이, 마지막 아담은 살려주는 영이 되었나니"And so it is written, The first man Adam was made a living soul, the last Adam was made a quickening spirit. Comp. *Romans*, 5: 14, "그러나 아담으로부터 모세까지 아담의 범죄와 같은 죄를 짓지 아니한 자들 위에도, 사망이 왕 노릇 하였나니 아담은 오실 자의 표상이라"Nevertheless, death reigned from Adam to Moses, even over them that had not sinned after the similitude of Adam's transgression, who is the figure of him that was to come. 이러한 내용에서 알 수 있듯이, 예표론(豫表論)적인typologically 관점에서 예수

그리스도가 마지막 아담the last Adam으로 된 것과 마찬가지로, 동정녀 마리아를 이브와 동류(同類)로 관련지운 그러한 생각이 제2의 이브 마리아라는 말을 하게 한 것이다.) 무덤에서의 부활로 개선(凱旋)하고 triumphed(Cf. *Colossians*, 2: 15, "정사와 권세를 벗어버려 밝히 드러내시고, 십자가로 승리하셨느니라"*And* having spoiled principalities and powers, he made a shew of them openly, triumphing over them in it(his cross).) 승천하였을 때(예수 그리스도가 속죄자로서 자신의 죽음과 부활로 죄와 죽음을 깨뜨림으로써 개선하여 승천하였을 때, 사탄(마왕)은 하늘에서 번개처럼 떨어졌다. *Luke*, 10: 18, "예수께서 이르시되, 사탄이 하늘에서 번개 같이 떨어지는 것을 내가 보았노라"And he said unto them, I behold Satan as lightning fall from heaven.), 마왕의 영역에서 포로(捕虜)로 사로잡은 자를 끌고 와서Captivity led captive(Cf. *Judges*, 5: 12, ". . . . 너의 포로로 사로잡은 자를 끌고 갈지어다. . .". . . . and lead thy captivity captive . . . *Psalms*, 68: 18, "주께서 높은 곳으로 오르시며, 포로로 사로잡은 자를 끌고 와서, 선물을 인간에게서 또는 패역자(悖逆者) 중에서 받으시니 . . . ."Thou hast ascended on high, thou hast led captivity captive: thou hast received gifts for men; yea, *for* the rebellious also, . . . *Ephesians*, 4: 8, ". . . . 그가 위로 올라가실 때에, 포로로 사로잡은 자를 끌고 와서 사람들에게 선물을 주셨다고 하였도다". . . . When he ascended up on high, he led captivity captive, and gave gifts unto men.) 마침내 그를 우리의 발 밑에서 밟히게 하겠노라Whom he shall tread at last under our feet(Cf. *Luke*, 10: 19, "볼지어다. 내가 너희에게 뱀과 전갈을 밟으며, 원수의 모든 능력을 제어할 권세를 주었으니, 너희를 해할 자가 결단코 없으리라"Behold, I give unto you power to tread on serpents and scorpions, and over all the power of the enemy: and nothing shall by any means hurt you. *Romans*, 16: 20, "평강의 하나님께서 속히 사탄을 너희 발 아래서 상하게 하시리라. 우리 주 예수 그리스도의 은총이 너희에게 있을지어다"And the God of peace shall bruise Satan under your feet shortly. The grace of our

Lord Jesus Christ *be* with you.)고 하셨던 그 분의 예언대로 되었을 때였다(X, ll. 182-191. Cf. X, ll. 509-528; XII, ll. 451-455). 그렇게 하고서, 심판관 하나님은 여인(이브)을 향하여, 잉태의 고통을 크게 더하여 고통의 수고로 자식을 낳을 것이고, 남편의 뜻에 복종할 것이며 남편은 너를 다스릴 것이니라(*Genesis*, 3: 16)고 선고(宣告)하시고(X, ll. 192-196), 마지막으로 아담에게, 네가 네 아내의 말을 솔깃이 듣고 내가 너에게 명령한 금단의 실과를 먹었은즉, 땅은 너로 인하여 저주를 받고, 너는 종신토록all the days of thy life 수고하여야 먹을 수 있으며, 땅이 또한 네게 가시덤불과 엉겅퀴를 낼 것이니, 네가 먹을 것은 밭의 채소the herb of the field인즉, 얼굴에 땀을 흘려야 빵을 먹고, 필경(畢竟)에는 땅으로 돌아가리니, 너는 흙이니 흙으로 돌아갈 것이니라 For dust thou art, and shalt to dust return(*Genesis*, 3: 17-19)고 선고하셨다(X, ll. 197-208). 아울러 하나님께서는 그 당장에 선언될 죽음의 즉결(卽決)을the instant stroke of death 멀리 연기하시고서(X, ll. 210-211), 그들(아담과 이브)의 외적인 알몸에 짐승의 가죽옷을 입혔을 뿐만 아니라(*Genesis*, 3: 21, "여호와 하나님이 아담과 그 아내를 위하여 가죽옷을 지어 입히시니라"Unto Adam also and to his wife did the Lord God make coats of skins, and clothed them.), 훨씬 더 더러운much more / Opprobrious 내적인 알몸까지도 의(義)의 겉옷을 입혀서with his robe of righteousness(Cf. *Isaiah*, 61: 10, ". . . . 이는 그가(하나님이) 구원의 옷을 내게 입히시고, 의(義)의 겉옷을 입히시며 . . . ." . . . . for he hath clothed me with the garments of salvation, he hath covered me with the robe of righteousness . . . .) 성부의 눈으로부터 가려지게 하였다(X, ll. 216-223). 그러고서, 성자 하나님은 급히 성부에게로 돌아가서 인간에게 있었던 모든 일에 대하여 부드러운 중재를 곁들이면서 mixing intercession sweet 소상하게 보고하였다(X, ll. 224-228).

이러한 죄의 심판이 지상에서 있기 전에, 한편에서는 지옥문 안에 '죄'Sin와 '죽음'Death이 앉아서 마왕이 지옥문을 통과한 이래(X, ll. 229-234), '죄'는 '죽음'에게 정리(情理)sympathy로써나 어떤 천생의 친화력(親和力)some connatural force으로써나 가장 은밀한 이심전심(以心傳心)secretest conveyance으로써나 너는 내 그림자이니 나와 함께 가야만 하는 숙연(宿緣; cf. II, ll. 648-870) 임을 말하고서For Death from Sin no power can separate(X, ll. 245-251), 지옥에서부터 마왕이 세력을 떨치는 저 신세계that new world에 이르는 이 대해(大海) 위에Over this main 길을 구축하자고 제의하고, 아울러 신세계에 떨친 마왕의 세력은 높은 공적의 기념비가a monument / Of merit high 될 것이다라는 자신의 큰 기대감을 '죽음'에게 피력함(X, ll. 254-263). 수척한 그림자인the meagre shadow(*meagre*; in the literal sense 'lean', F. *maigre*; cf. the conventional representation of Death as a skeleton(Milton(1937, notes), 111). *meagre*, emaciated(*OED* I); Death was usually represented as an almost fleshless skeleton(Milton(1968, notes), 521). 죽음을 육신이 없는 해골로 표현하는 것은 인습적인 관례였다. 수척한 그림자the meagre shadow는 해골이라는 뜻이고 해골과 죽음은 동격이다.) '죽음'은 '죄'의 말에 동조한다. 그리고 그는 온 인류와 만물의 죽음을 예감하며(X, ll. 264-271), 죽음으로 개변(改變)되는 지상의 냄새를 맡았다he snuffed the smell / Of mortal change on earth(X, ll. 272-281). '죽음'은 모여진 흙The aggregated soil과 모아들인 모래자갈the gathered beach로 마왕의 귀환을 위하여 지옥에서 신세계에 이르는 거대한 방죽(防築)길the mole immense(*mole*, causeway=Latin *moles*, used of any massive structure, *e.g.* a dam or pier.—Milton(1937, notes), 113)을 축조하였음(X, ll. 293-305). 반면에, 마왕은 간계로 이브를 유혹한 뒤에 그의 간계의 행위를his guileful act 이브가 그녀의 남편에게 그대로 되풀이하는 것과 그들의 수

치를 보았다. 하나님의 아들The Son of God이 그들을 심판하려고 에덴동산에 강림(降臨)하였을 때, 마왕은 잠깐 피했다가 밤에 돌아와서 불행한 부부the hapless pair가 나누는 비애의 대화in their sad discourse를 엿듣고서, 자신의 운명도 짐작했다Thence gathered his own doom. 그래도, 마왕은 기껍게 지옥으로 돌아왔다(X, ll. 332-346). 혼돈의 기슭에 있는 그 새롭고 기이한 다리의 정상 부근에서near the foot / Of this new wondrous pontifice(*the foot*; meaning, of course, the top of the bridge("pontifice"); cf. X, ll. 315-326.—*Op. cit.*, 115. *pontifice*, bridge(*OED* 2) or priest(*OED* 1).—Milton(1968, notes), 526), 마왕은 그의 자식들('죄'와 '죽음')을 만났음(X, ll. 347-349). 그들의 만남을 크게 기뻐함(X, ll. 350-352). '죄'는 마왕('죄'의 아버지이자 남편이고 시아버지임.)의 위업thy magnific deeds과 승리thy trophies를 찬미하고, 마왕과 '죄'와 '죽음'(마왕의 아들이자 손자이고 사위임.)과의 숙연(Cf. X, ll. 245-251)의 결속을 말함Such fatal consequence unites us three(X, ll. 354-364). 그리고 '죄'는 자유를 성취한Thou hast achieved our liberty 마왕의 용기thy virtue(*virtue*, courage(Lat. *virtus*).—Milton(1937, notes), 115)와 지혜thy wisdom를 찬양하고, 그 곳(淨火天)Empyrean은 하나님이, 구체(球體)의 세계thy orbicular world(*orbicular*; the World is always spoken of in the poem as a globe.—*Ibid.*, 116)는 당신이 서로 등분하여 지배할 것을 종용(慫慂)함(X, ll. 368-382). 이에 마왕은 자신의 영광스러운 과업에 상응하여, 지옥과 그 세계를 하나의 영역 하나의 대륙으로 묶는 내왕하기 편리한 통로(通路)를 만들었음을and made one realm / Hell and this world, one realm, one continent / Of easy thorough-fare 칭찬하고서(X, 11. 391-393), 너희 둘('죄'와 '죽음')은 이 길로 낙원으로 곧장 내려가서 만물의 유일한 영장(靈長)sole lord of all인 인간에게 통치권을 행사하여 Dominion exercise, 처음에는 인간을 반드시 노예로 삼고 마지막에

는 죽이고, 그리고 너희는 지상의 전권자Plenipotent on earth로 된다라고 말하고서 그들을 지상의 낙원으로 보냄(X, ll. 397-410). 그러한 동안 지옥의 중마전Pandaemonium(Cf. I, l. 756)에서는 지옥의 호족(豪族)들(두령들)the grand(*the Grand*, the great ones(Ital. *i grandi*), being "the great consulting peers"(X, l. 456) who held the council in bk. II.—*Op. cit.*, 117)이 모여서 회의 중에(X, ll. 424-430), 시시각각으로 마왕의 귀환(歸還)을 기다렸음(X, ll. 439-441). 마왕은 지옥의 대전당(大殿堂)that Plutonian hall(*Plutonian*, pertaining to Pluto, ruler of the classical underworld. First instance in *OED*.—Milton(1968, notes), 531. 플루토Pluto는 그리스 신화의 지옥 또는 지옥의 신 아데스Ades; Hades(Cf. II, l. 964)의 또 하나의 호칭이며, 플루토니언Plutonian은 플루토에 속하는 형용사이다.)의 입구에서부터 보이지 않게 들어와서from the door . . . invisible(*from, i.e.* passing up the hall from.—Milton(1937, notes), 118) 높은 옥좌his high throne(Cf. II, ll. 1-4)에 앉았다(X, ll. 443-445). 마침내 지옥의 무리들은the Stygian throng* 저희가 기다리던 수령Their mighty chief(마왕)이 돌아온 것

---

* 스티지언Stygian은 그리스 신화의 지옥에 있는 삼악도(三惡道)의 시내(川)인 '암흑의 강' 스틱스Styx의 형용사로서 '지옥의' 또는 '삼도내(三途川)의'라는 뜻이다. 따라서 the Stygian throng은 II권의 506행에 있는 '지옥의 회의'the Stygian council와 마찬가지로 마왕의 추종자들을 의미하는 '지옥의 무리들'이다. 밀턴은 지옥Hell이나 지옥일원(一圓)을 기술할 경우에는 지옥세계와 관련된 고전신화(古典神話) 용어를 사용하고 있다. 예컨대, 앞에서 언급된 444행의 '플루토니언'(그리스 신화), II권 578행의 '아케론'Acheron(그리스・로마 신화의 슬픈 '비통의 강'—Milton(1934, notes), 120), II권 583행의 '레데'Lethe(그리스 신화의 '망각의 강'. 죽은 자의 영혼이 이 강물을 마시면 전생의 세상에서 했던 말과 행동을 모두 잊어버린다고 한다.—*Ibid.*, 120.), II권 883행의 '에레부스'Erebus(그리스 신화의 혼돈에서 에레부스와 암흑의 '밤'이 생겼다. 에레부스는 버질Virgil의 『농경시(農耕詩) *Georgica; Georgics*』, iv권 471에서처럼 흔히 지옥 그 자체를 말하는 데에 사용되었다 'From Chaos sprang Erebus and black Night'. Erebus was often used to refer to hell itself-as in Virgil, *Georg.* iv 471, . . .—Milton(1968, notes), 130. 즉, 에레부스는 암흑의 '지옥'을 뜻한다) 등이다. 특히 버질의 『아에네이드』 VI권 295 이

을 보고서 회의 중의 호족들이the great consulting peers 그에게 환호와 축하를 보냄(X, ll. 452-458). 마왕은 그 신세계The new created world와 놀라운 구조a fabric wonderful를 알아내고, 낙원의 인간을 만나 한 개의 사과로 기만fraud하여 그의 창조주로부터From his creator 유혹해낸 결과, 창조주는 그의 심판으로 인간과 그 세계의 만물을 '죄'와 '죽음'의 먹이로 내주었다는 것, 마왕이 그의 분신으로 이용했던 뱀도 심판받았다는 것, 시기는 미정이나when is not set 나는 인간의 발꿈치를 인간의 후손His seed은 나의 머리를 상하게 할 것이라는(Cf. *Genesis*, 3: 14-15) 등으로 경과보고함(X, ll. 480-499). 마왕 일당의 갈채와 환호소리는 야유hiss와 경멸scorn의 소리로 바뀜(X, ll. 504-509). 그와 동시에 마왕을 지배하는 보다 위대한 힘a greater power(하나님)의 심판의 선고에 따라 According to his doom(Cf. X, ll. 175-181), 반역의 종범자(從犯者) 모두가all as accessories 쉬익쉬익 무서운 소리를 내는 전갈Scorpion, 독사asp, 양두사(兩頭蛇)amphisbaena, 뿔달린 뱀cerastes(Gk. a horned snake), 물뱀hydrus, 바다뱀ellops, 그리고 열사(熱蛇)dipsas 등과 같은 뱀으로 변해서 지옥의 대전당에 우글거렸고(X, ll. 509-528) 마왕 자신은 지금은 덩치가 제일 큰 용dragon으로 되었다. 개선(凱旋)이 수치로 바뀐triumph to shame 반역군은 빠짐없이 그 형체가 뱀으로 되어 저희들끼리 야유hiss를 퍼부었다(X, ll. 528-547). 마왕 일당의 반역군은 뱀에로의 변화와 함께 생겨난 숲에서 불타는 갈증과 격심한 굶주림으로with scalding thirst and hunger fierce 방황함. 그러다가 마침내 그들은 (하나님으로부터) 허락받아 그들의 잃어버린 모습으로 되돌아감. 어떤 이가 말하기를 '매년 정해진 수의 날에 연례(年例)적인 굴욕'을 당하도록

하의 등등에서와 같이, 『실락원』 II권 575-586행 내에 있는 밀턴의 지옥에 대한 모든 개념은 고전에 힘입은 바 크다고 하겠다(Cf. Milton(1937, notes), 118).

결정되었다고 함Yearly enjoined, some say, to undergo / *This annual humbling certain numbered days.*[*] 이러한 조치는 마왕과 그 일당의 교만pride과 인간을 유혹한 기쁨joy for man seduced의 기세를 꺾기 위함이었음(X, ll. 547-577). 그리하여 지옥의 마왕 일당들은 몰락하였음. 지옥에서 하나님의 심판의 선고대로 이루어졌던 동안에, 마왕의 지시에 응했던(Cf. X, ll. 397-410) 지옥의 한 쌍('죄'와 '죽음')the hellish pair은 아주 빨리 낙원에 도착하였음. 영주자(永住者)로 살기위하여to dwell / Habitual habitant '죄'의 뒤를 아직은 청백색의 말을 타지 않은 '죽음'이 바짝 따랐다(X, ll. 585-590: *Revelation*, 6: 8, "그리고 청백색의 말을 지켜보았는데, 그 말을 탄 자의 이름은 죽음이니 음부(陰府)가 그 뒤를 따르더라. 저희가 땅의 사분의 일의 권세를 얻어, 검(劍)과 기근(饑饉)과 죽음과 땅의 짐승으로써 (인간을) 죽이더라"And I looked, and behold, a pale horse: and his name that sat on him was Death, and hell followed with him. And power was given unto them over the fourth part of the earth, to kill with sword, and with hunger, and with death, and with the beasts of the earth.). '죄'는 '죽음'에게, 너는 세월의 낫이The scythe of time(*scythe*; the traditional attribute of Time and Death. Cf. Shakespeare, *Sonnet* 12, "아무 것도 세월의 낫을 막고 맞설 수 없으리라"And nothing 'gainst Time's scythe can make defence.—*Op. cit.*, 123. 세월과 죽음을 낫에 은유(隱喩)한 것은 세월과 죽음의 전래

---

* 이러한 전설tradition에 대하여, 밀턴은 어떤 근거authority를 틀림없이 가졌겠지만, 편집자들은 그 근거를 찾지 못했다. 그러나 주석가들이나 편집자들이 알아낸 가장 가까운 것에는 이탈리아 문예부흥 시대의 아리오스토 Ludovico Ariosto(1474-1533)가 8행연 시체ottava rima로 쓴 서사시 『광포(狂暴)한 오란도 *Orlando Furioso*(pub. 1516, 1521, 1532)』, 43편 98의 요정(妖精) 만토Fairy Manto가 자기의 동료들은, 즉 "우리는 7일째마다 강요된 / 뱀의 몸을 스스로 취해야 한다"Each sev'nth day we constrained are to take / Upon ourselves the person of a snake라고 읊은 것에서, '매년 정해진 수의 날에 연례적인 굴욕'과 관련된 유사한 근거를 엿볼 수 있을 따름이다(Cf. Milton(1937, notes), 122).

(傳來)적인 속성(屬性)을 '세월의 낫'으로 표현하는 데에서 비롯된 것인데, 세월과 죽음은 낫으로 베듯이 냉엄(冷嚴)하고 비정(非情)하다는 뜻이다.) 베는 것은 무엇이든지 아낌없이 먹어치워라devour unspared. 드디어 나는 모든 족속(族屬)의 인간 속에 살면서 인간의 사상, 용모, 말, 행동 모두를 악으로 오염시켜, 인간을 너의 최종의 진미(眞味)의 먹이로 마련해주리라And season him thy last and sweetest prey고 이르고서 그들 둘은 다른 길로 갔다(X, ll. 605-610). 전능자 하나님the almighty은 그것을 보시고 성자들 사이에서 찬란한 여러 천사들에게the saints among / To those bright Orders(*those bright Orders*, the Cherubim, Seraphim and others.—*Op. cit.*, 123) 말씀하시기를(X, ll. 613-615), 자랑스러운 아들이여well-pleasing Son, 너의 승리의 팔을 한 번 던짐으로 '죄'도 '죽음'도 입을 벌리는 무덤도 결국엔 '혼돈' 속으로 내던져져서, 영원히 지옥의 입을 막고 그 걸신들린 턱을 봉해버린다and seal up his ravenous jaws(*1 Corinthians*, 15: 24, 26, "그 후에는 나중이니, 저가 모든 정사(政事)와 모든 권세와 능력을 멸하시고, 나라를 아버지 하나님께 바칠 때라"Then *cometh* the end, when he shall have delivered up the kingdom to God, even the Father; when he shall have put down all rule, and all authority, and power. "맨 나중에 멸망 받을 원수는 죽음이니라"The last enemy *that* shall be destroyed *is* death. *Revelation*, 20: 14, "죽음과 음부(지옥)도 불못에 던지우니, 이것은 둘째 죽음 곧 불못이라"And death and hell were cast into the lake of fire. This is the second death.). 그 뒤에는 천지가 새롭게 되고(Cf. Ⅲ, ll. 333-338: *2 Peter*, 3: 13; *Revelation*, 21: 1) 청순해져서 오염 없는 신성sanctity에 이른다. 그 때까지는 하늘과 땅에게(*both*, viz. Heaven and Earth.—*Ibid.*, 124) 선언된 저주가 앞장서도다(X, ll. 633-640)라고 하셨다. 에덴동산의 아담과 이브가 그 실과를 맛보았음에At that tasted fruit, 태양은 다이에스티스의 향연

(饗宴)Thyestean banquet(이것은 밀턴이 그리스 신화에서 인유한 것이다. 신화의 내용은 펠로프스Pelops의 아들이며 미케네의 왕king of Mycene 아트로이스Atreus는 자기의 아내 아에로페Aerope(다이에스티스Thyestes의 형수)를 동생 다이에스티스가 유혹하여 자기에게 입혔던 마음의 상처를 씻어내기 위한 복수로, 아트로이스는 동생 다이에스티스의 두 아들을 죽이고 거짓 향연을 벌여서 동생 다이에스티스를 그 향연에 초대하여 그의 두 아들의 고기를 먹게 하였다. 죽은 그 두 아들의 아버지인 다이에스티스는 눈치채지 못하고 그 무서운 향연에 참석하였다. 그 때에, 태양도 그 무서운 비도(非道)를 외면하여 정도(正道)의 궤도에서 벗어나게 되었다고 한다. 밀턴은 이러한 신화를 금단의 실과를 따먹은 아담과 이브의 향연에 적용하여 다이에스티스의 향연 때처럼, 태양이 궤도에서 벗어났음을 시사해놓았다.—Cf. Milton(1937, notes), 126; Milton(1968, notes), 544)에서처럼 예정된 궤도에서 이탈하였다. 더불어 하늘과 땅과 바다의 모든 자연현상이 비정상으로 되었다(X, ll. 687-707). 그런데, '죄'의 장녀first / Daughter of Sin '불화'Discord는 이성 없는 것들 사이에among the irrational 맹렬한 반감에서 말미암는through fierce antipathy 죽음을 들여옴으로써, 이제 짐승은 짐승끼리, 새는 새끼리, 고기는 고기끼리 싸우며 서로 잡아먹었다. 이러한 현상은 에덴동산 외부에서부터 증가하는 참화(慘禍)from without / The growing miseries였다(X, ll. 707-715). 이를테면, 모든 자연현상은 인간에 대한 저주(詛呪)로 변했다. 아담은 그러한 현상들을 얼핏 보고서 슬픔에 빠졌다. 마음속으로 더 악화되는 불운을 느끼고, 요동(搖動)하는 격랑(激浪)의 바다a troubled sea of passion(*Isaiah*, 57: 20, "오직 악인은 능히 안정치 못하고, 그 물이 진흙과 더러운 것을 늘 솟구쳐내는 요동하는 바다와 같으니라"But the wicked *are* like the troubled sea, when it cannot rest, whose waters cast up mire and dirt.)에 흔들리며 아담은 슬픈 푸념으로with sad complaint 마음을 진정시키고자 하였다(X, ll. 715-719). 아담의 푸념인즉, 행복에 뒤따른 비참함이여, 축복에

서 저주로Accurst of blessed, 먹고 마시고 낳는 것은 모조리 저주의 증식(增殖)임을All that I eat or drink, or shall beget / Is propagated curse, "증대하라*Increase*, 번성하라*multiply*"(*Genesis*, 1: 28)고 하던 목소리에는 죽음과 저주의 증대와 번성 이외는 할 것이 없음을, 저주는 세세연년(歲歲年年) 계속되고all ages to succeed, 모든 것이 저주the execration일 것(**영구(永久) 저주설**)임을(X, ll. 720-737), 그리고 모든 저주는 무서운 역류(逆流)로 내게로 되돌아올 것임을(즉, 아담은 자신을 중심으로 하는 저주의 무서운 순환을 걱정함.)all from me / Shall with a fierce reflux on me redound(*redound*; in the literal sense 'flow back'(Lat. *redundare*).— Milton(1937, notes), 128) 넋두리하고서(X, ll. 737-741), 오 흘러간 낙원의 기쁨이여, 조물주Maker여, 나를 흙에서 인간으로 만들라고(Cf. *Genesis*, 2: 7) 내가 간청하였나이까? 어둠에서 나를 일으켜내어 여기 이 즐거운 동산에 두어달라고 당신에게 애걸하였나이까? 내 의지가 내 존재에 맞지 않으니, 나를 흙으로 돌려보냄이 공평타당할 따름이었소이다it were but right / And equal to reduce me to my dust. 내가 구하지도 않던 선(善)을 지켜야 할 당신의 조건thy terms이 너무나 어려워 이행할 수 없으매, 그것을 상실함으로써 형벌은 충분하였는데, 어찌하여 당신은 한없는 비통의 의식을The sense of endless woes 가중(加重)하였나이까? 당신의 정의justice는 이해할 수 없나이다라는 등의 탄원조로 하나님을 원망하였음(X, ll. 741-765). 그러다가, 아담은 자창자화(自唱自和)의 독백으로 "하나님이 손수 너를 골라서 자기 것으로 만들어 자기를 섬기게 하셨다God made thee of choice his own, and of his own / To serve him. 너의 보상은 하나님의 은총his grace에서 비롯된 것이니, 너의 벌(罰)은 당연히 하나님의 뜻에 의한다"라고 함으로써, 모든 것이 절대권자인 하나님의 자의적(自意的)인 일임을 인정하고 하나님의 선고에 복종할 것임을 다

짐하며, 흙으로 돌아가라shall to dust return는 하나님의 처형(處刑)은 정당하다his doom is fair라고 수용함(X, ll. 766-770)과 아울러 아담은 처형의 집행이 늦어짐을 원망하며 죽음을 원함(X, ll. 771-782).

그러나 영구적인 저주에 대한 아담의 한 가닥 의혹은one doubt, 하나님께서 불어넣은 순결한 생기(生氣)인(*Genesis*, 2: 7) 인간의 영체(靈體)를 이 육체의 흙덩이와 한목에 멸(滅)할 수는 없을 것이다Lest that pure breath of life, the spirit of man / Which God inspired, cannot together perish / With this corporeal clod라는 의혹. 그렇다면, 내가 살아도 죽어 있고(生中死) 죽어도 살아 있는(死中生) 죽음뿐일는지 누가 알랴who knows / But I shall die a living death? 오, 생각만 하여도 정말 무시무시한 일이다(X, ll. 782-789). 그런데, 어째서 그렇다는 것인가. 죄를 지은 것은 생기(영체)breath / Of life뿐인데, 생명과 죄지음 이외에 무엇이 죽으리오? 육체는 원래 그 어느 것도(생명도 죄지음도) 없다The body properly hath neither. 그러면, 나의 모두가 다 죽는다All of me then shall die. 말하자면, 나의 육체도 영체도 다 죽는데 하나님은 나의 무엇을 영구적으로 저주한단 말인가라는 논리(X, ll. 789-792).* 또한 만유(萬有)의 주Lord이신 하나님은 무한하다.

---

* 이 부분에서, "아담이 주장하는 바는 '순결한 생기'로 생명을 이룬 것은 영체the spirit이고, '죄를 지은 것은' 영체뿐이다. 육체는 흙dust이고 흙덩이clod에 불과하니, 그처럼 육체는 생명도 죄도 '원래 그 어느 것도 없다'. 그러므로 생명의 적멸(寂滅)과 죄의 벌the annihilation of life and punishment of sin로써, 죽음은 영체의 죽음을 의미하는 것이 당연하다. 따라서 죽음의 끝the 'end'(l. 797)은 흙으로 돌아가는 유한한 육체의 사멸(死滅)the dissolution of the mortal body임과 동시에 모든 것의 적멸annihilation of the whole being이다. 즉, "나의 모두가 다 죽는다." 그러한 논제(論題)는 밀턴의 『기독교의 교리』, I. XIII에서 논의되어 있다"—Milton(1937, notes), 129. 또한 이 부분에 대하여, "그리하여 영혼과 육체의 분리를 인간의 죽음이라고 일컬을 수는 없다. 인간의 육신과 정신과의 연대(連帶)적인 절멸(絶滅)과 연대적인 부활the joint extinction and joint resurrection에 대한 밀턴의 신념은 정도를 벗어난 이단

죽음이 정해져 있는mortal doomed 인간은 유한하다. 유한한 인간에게 하나님은 어떻게 무한한 분노(저주)Wrath without end를 행사할 수 있을 건가(X, ll. 794-797). 하나님이 유한의 인간에게 무한의 저주를 행사하자면, 인간의 유한을 무한으로, 즉 하나님은 죽음 없는 죽음(불사의 죽음)을 만들 수 있나?Can he make deathless death? 그렇게 하는 것은 괴이한 모순Strange contradiction이자, 힘이 없는 약함의 증거가 되니까as argument / Of weakness 하나님 자신으로서도to God himself 불가능한 일이니 유한의 인간을 영구적으로 저주할 수 없다는 논리(X, ll. 798-801).** 그리고 하나님이 분노

---

an eccentric heresy이 아니고, 합당한 성서신학good Biblical theology이다"(Milton(1968, notes), 549)라고 밀턴의 그러한 신념을 두둔하는 평해(評解)도 있다. 아담의 자탄자가(自彈自歌)를 통해서 밀턴이 주장한 것은, 육체는 흙이니 원래 생명도 죄도 없고, 또한 흙이 육체의 원질(源質)로서 생명이 없다는 그 자체가 죽음이며, 죄를 지은 것은 영체이니 영체가 죽음이라는 벌로 죽는다. 그런고로 죽음은 육체도 영체도 모두 다 죽는 것이다. 이를테면, 하나님의 영구적인 저주의 대상은 모두 다 죽고 아무 것도 없다는 것이다. 뒤집어 말하자면, 인간의 죽음은 육체와 영체의 분리가 아니라, 육체와 영체의 합일(合一)이다라는 논리로 밀턴은 영구 저주설을 부정하는 첫째 이유를 제시하였다. 이러한 밀턴의 논리를 이단이 아닌 성서신학으로 두둔한 것은 잘못이다. 밀턴의 물질관인 만물진화론(Cf. V, ll. 469-503)에서 논의된 바 있듯이, 육체와 영체, 육과 영의 합일론은 성서에 위배되는 이단이다. 왜냐하면, 육체와 동시에 영체가 죽음으로써 영체 또는 영의 세계가 없다는 의미를 내재하고 있으므로, 영체 또는 영의 세계를 부정하는 것은 하나님의 세계(천국)를 부정하는 것이기 때문이다.

** 그 까닭인즉, 전능의 하나님은 모순이 있는 일을 하지 않기 때문이다. 이 점에 대하여, "밀턴은 그의 『기독교의 교리』, I. II에서 전능하신 하나님the Almighty의 '전능'the omnipotence(Cf. III, ll. 372-374: *Exodus*, 6: 2-3; *1 Timothy*, 1: 17; *Revelation*, 1: 8)을 논하면서 그가 말하기를, "하나님의 권능the power of God은 모순contradiction이 있는 일에는 역사(役事)하지 않는다는 사실을 반드시 명심해야 된다"라고 하고서, "우리는 미쁨이 없을지라도, 주(主)는 일향(一向) 미쁘시니, 자기를 부인하실 수 없으시리라"If we believe not, *yet* he abideth faithful: he cannot deny himself(*2 Timothy*, 2: 13)고 하는 구절과 "이는 하나님이 거짓말을 하실 수 없는 그 두 가지 변치 못할 사실로 인하여, 앞에 있는 소망을 얻으려고 피하여 가는 우리로 큰 안위(安慰)를 받게 하려 하심이라"That by two immutable things, in which *it was* impossible for God to lie, we might have a strong consolation, who have

때문에, 벌을 받는 인간의 유한을 무한으로finite to infinite 연장하여 결코 만족되지 않는 자기의 지엄(至嚴)함rigour을 만족시키고자 할 건가. 그것은 죽음 이후에도(*beyond dust, i.e.* after death. —*Op. cit.*, 130) 자기의 선고를 연장하는 것이며, 아울러 그러한 것은 자연의 법칙nature's law을 벗어난 것이다(X, ll. 801-805). 자연의 법칙에 의하면, 여타(인간을 제외한) 만물이 활동하는 원인은By which all causes else 한결같이 물질의 수용력(受容力)the reception에 따라서 작용하고, 그 자체의 활동범위의 한계까지는 작용하지 않는다(X, ll. 806-808). 자연의 법칙이 이러한데, 유한 수용력의 인간을 하나님이 죽음 이후에까지 연장하여 벌하는 것은 자연의 법칙을 거스르는 것이므로, 하나님은 인간을 영구적으로 저주할 수 없다는 논리.*** 아담은 그와 같은 논리로 원죄의 인간에 대한

---

fled for refuge to lay hold upon the hope set before us(*Hebrews*, 6: 18)고 하는 구절을 인용해놓았다. 밀턴의 그러한 말은 중세 신학자들이 심사숙고한 교리였다"(Milton(1937, notes), 130)라고 한다. 이상의 내용을 정리하면, 하나님은 모순 있는 일과 자기가 정한 일을 부인할 수 없고 거짓말을 할 수 없으므로, 인간을 무한히 저주하기 위해서 유한의 인간을 무한의 인간으로 한다는 것은 모순이고 있을 수 없는 일인 까닭으로, 하나님이 인간의 죄에 가하는 저주의 벌은 유한 생명인 인간의 죽음으로써 모두 끝난다. 따라서 유한 생명의 인간에 대한 하나님의 영구적인 저주는 있을 수 없다는 것이다. 이것이 아담을 통해서 밀턴이 주장한 **영구 저주설을 부정하는 둘째 이유**이다. 이것 역시도 영체 내지는 영의 영원한 세계를 부정한 것이기 때문에, 성서 신학의 교리에서 빗나간 이단이다.

*** 자연의 법칙을 토대로 말한 이 대목의 그러한 논리에 대하여, "뉴턴 Sir Issac Newton(1642-1727)은 "여타 만물의 활동은 그 실체the subject-matter의 수용력the *reception* 또는 수용능력capacity에 따라서 작용하고, 그 자체의 능력범위의 극한까지는 작용하지 않는다and not to the utmost extent of their own power ['sphere'] . 격언the axiom을 인용하면, 만물의 활동능력은 수용능력에 따라서 작용하고, 그 자체로서는 작용하지 않는다 *omne efficiens agit secundum vires recipientis, non saus*"라고 하였다. 그래서 죽음은 아담이 벌을 수용할 수 있는 수용능력the capacity to suffer의 극한에 도달한 벌이기 때문에 죽음 이후에는 받을 수 있는 벌이 없다. 즉, 죽음과 더불어 그러한 수용능력은 끝난다라고 아담은 주장한다"(Milton(1937, notes), 130). 바꾸어 말하자면, 죽음으로써 끝나는 유한 수용능력 밖에 없는 인간을

하나님의 영구적인 저주를 부정하는 세 가지 이유를 제시하였다. 그러고서도, 죽음은 끝없는 비참endless misery으로 영원히 계속된다and so last / To perpetuity. 죽음이나 내나 둘 다 영원하고 실체 없는incorporate 것이로되, 나 혼자만이 아니라 나로 인하여 모든 후손이 저주받는다Nor I on my part single, in me all / Posterity stands cursed(X, ll. 808-818). 아, 어찌하여 온 인류가 한 사람의 잘못으로 죄 없이 벌을 받아야 하느냐Ah, why should all mankind / For one man's fault thus guiltless be condemned?(X, ll. 822-823: *Romans*, 5: 12, "이리하여 한 사람으로 말미암아 죄가 세상에 들어오고, 죄로 말미암아 사망이 왔나니, 이와 같이 모든 사람이 죄를 지었으므로 사망이 모든 사람에게 이르렀느니라"Wherefore as by one man sin entered into the world, and death by sin; and so death passed upon all men, for that all have sinned: comp. *1 Corinthians*, 15: 21-22) 아담은 죄의 벌, 이른바 죽음이 자신의 후손인 모든 인류에게 유전(遺傳)될 것임을 한탄함(X, ll. 822-828). 모든 잘못과 부패의 죄는 아담 자신의 책임first and last / On me, me only임을 절감하고(X, ll. 828-833), 깊이 빠져드는 죄짐의 운명 등을 아담은 그의 푸념을 통하여, 혼자서 큰 소리로 비탄(悲嘆)하면서 고요한 밤을 지새웠다(X, ll. 834-846). 아담은 싸늘한 땅바닥에 누워서 자기의 창조를his creation 저주하고(Cf. *Job*, 10: 18-19, "주께서 나를 태에서 나오게 하셨음은 어쩜이나이까? 그렇지 아니 하였더면, 내가 기운이 끊어져 아무 눈에도 보이지 아니하였을 것이라!"Wherefore

---

하나님이 벌함에 있어서, 하나님의 표준에 맞추어 인간의 유한 수용능력을 무한 수용능력으로 연장하여 인간으로 하여금 죽음 이후에까지 벌을 수용하도록 한다면, 그것은 하나님 자신이 만든 자연법칙을 스스로 위배(違背)하는 일이다. 하나님은 그러한 위배를 범하지 않을 것인즉, 인간에 대한 하나님의 영구적인 저주는 있을 수 없다는 것이다. 이러한 논리는 아담의 말을 빌려서 밀턴이 주장한 영구 저주설을 부정하는 셋째 이유이다. 이것 또한 육체와 영체의 분리를 거부하고 영체 내지는 영의 영원한 세계인 하나님의 세계를 부정한 것이므로 성서신학의 교리에 어긋난 이단이다.

then hast thou brought me forth out of womb? Oh that I had given up the ghost, and no eye had seen me! "있어도 없던 것 같이 되어서, 잉태에서 바로 무덤으로 옮겼으리이다"I should have been as though I had not been; I should have been carried from the womb to the grave.), "어찌하여 죽음이 오지 않느냐"Why comes not death, "그러나 죽음은 불러도 오지 않고, 하나님의 정의는 기도나 외침으로도 그녀의 느릿느릿한 걸음을 재촉하지 않는다"But death comes not at call, justice divine / Mends(=quickens) not her slowest pace for prayers or cries라고 하면서, 죽음의 집행이 더딤을death . . . / Of tardy execution 저주하며 죽음을 자청(自請)하였다(X, ll. 850-858). 이처럼 괴로워하는 아담을 보고서 비탄에 잠긴 이브가 그의 격정his fierce passion을 달래려고 하였지만, 아담은 엄한 눈초리로 이브를 물리치면서(X, ll. 863-866), 내 앞에서 꺼져버려. 그대는 뱀이고 뱀과 같은 패거리다thee with him leagued. 뱀처럼 속마음의 기만을 Thy inward fraud 드러낼 요량(料量)으로, 아주 매력적인 모습too heavenly form으로 지옥의 기만을hellish falsehood 감추고 유혹하려고 하였으니, 그대가 아니었더라면 나는 줄곧 행복했을 것이다But for thee / I had persisted happy. 그대의 교만과 질정(質定)없는 허영심 thy pride / And wandering vanity으로 그대는 뱀에게, 나는 그대에게by him thou, I by thee 기만당했다라고 이브를 몹시 책망함(X, ll. 867-880). 왜 하나님은 천국에 사는 천사 같이 남성만으로 세계를 채우지 않으셨던가? 인류를 생산하는 어떤 다른 방법을 모르셨던가? 여성이 없었더라면, 무수한 혼란이innumerable / Disturbances 일어나지 않았을 터인데라고 아담은 여성을 창조한 하나님을 원망함(X, ll 888-898). 그리고 아담은 결혼의 어려움을 토로하였다(X, ll. 898-908: 이 대목은 밀턴의 조카이자 밀턴의 전기작가들 중의 한 사람인 필립스Edward Phillips에 의하면, 밀턴과 생활하기를 거부했던 첫 부인 이후에 밀턴이 대단한 관심을 쏟았던 데이비스 양Miss

Davis(밀턴의 14행시 IX번에서 언급된 숙녀lady가 데이비스 양일 수도 있다)과 결혼에로의 실패경험을 사사롭게 인유(引喩)한 것으로 알려져 있다.—Milton(1937, notes), 131). 이에 이브는 하염없는 눈물을 흘리며with tears that ceased not flowing 아담의 발을 끌어안고서, 자신을 버리지 말고 보살펴줄 것을, 기만당하여 부지중에 죄를 범하였음을unweeting(*i.e.* unwitting) have offended 고백하고, 두 사람 사이가 화평해지기를Between us two let there be peace(X, ll. 910-924), 정죄로써by doom 우리에게 지정된 적이자 원수인 뱀에게 협동으로 대적할 것을(X, ll. 925-930) 애원하고서, 님은 하나님에게만 나는 하나님과 님에게 죄를 지었나이다but thou / Against God only, I against God and thee. 심판장에 돌아가서And to the place of judgment will return 하늘나라에 울부짖으며 졸라대어 There with my cries importune heaven 하나님의 그러한 분노의 선고가 나에게만 내리도록 하겠나이다(X, ll. 930-936)라고 이브는 자책(自責)과 통회(痛悔)로써 모든 책임을 전담(全擔)할 것을 자원함. 이러한 이브에게 연민의 정을Commiseration 느껴 이내 마음이 누그러진 아담은(X, ll. 939-941) 심판장에to that place 달려가서 모든 벌이 내 머리 위에 내리고, 연약하고 보다 의지 박약한 여성인 (Cf, *1 Peter*, 3: 7) 그대를 용서하라Thy frailty and infirmer sex forgiven고 외치리라. 이제 언쟁과 책망은 그만두고, 사랑의 임무에 진력(盡力)하자but strive / In offices of love. 이날에 선고된 죽음은 더딘 걸음의 재앙a slow-paced evil으로, 우리의 고통을 증대하고 우리의 후손에게 (오, 불행한 후손에게) 대물림할 길고 긴 날의 죽임일 것이다A long day's dying to augment our pain, / And to our seed (O, hapless seed) derived(=imparted; passed on by descent; descendants, as in l. 77.—Milton(1968, notes), 556)라고 말을 마쳤다(X, ll. 953-965). 아담의 이러한 말에서 기운을 회복한 이브는 아담의 새로운 용납에Of new acceptance, 님의 사랑을 회복할 희망이 넘쳐hopeful to regain / Thy love 내 불안한 가슴의 생각을 숨기지 않겠음을 전제하고서(X, ll. 966-975), 우리의 후손이 비통woe으로 태어나 결국에는 죽음에게 먹힐 것이 확실하니(X, ll. 979-981), 산아제한(産兒制限)in thy power / It lies, yet ere conception to prevent(=cut off beforehand; preclude.—*Ibid.*, 557) / The race unblest, to being yet unbegot을 하든지(X, ll. 986-988), 아니면 우리 자신과 후손을 (죽음의) 두려움에서 당장 해방시키기 위하여 자살합시다Let us seek death, · · · · .supply / With our own hands his office on our selves라고 제안함(X, ll. 999-1002). 그러나 아담은 이브의 그러한 권유에 움직이지 않고 대답하기를, 그대가 인생과 즐거움을 멸시하고thy contempt of life and pleasure 자멸(自滅)을 self-destruction 추구함은, 그대의 멸시가 아니라 과도한 사랑의 인생과 즐거움을 상실함에 대한 고민과 후회를 의미하는 것이다 and imply / Not thy contempt, but anguish and regret / For loss of life and pleasure overloved(X, ll. 1013-1019)라고 인생과 즐거움을 부정하는 이브를 부드럽게 책망(責望)하고 난 다음, 그대가 불행의 궁극적인 종결(終結)로서 죽음을 갈망한다면Or if thou covet death, as utmost end / Of misery(X, ll. 1020-1021), 오히려 그러한 행동은 지존(至尊)에 대한 반역이고 도전이며rather such acts / Of contumacy will provoke the highest 우리의 죄를 가중시키는 것이니(X, ll. 1026-1028) 불가함을, 이제 더 이상 자해행위(自害行爲; 자살)와 고의의 불임(不姙)을 운운하지 말라No more be mentioned then of violence / Against our selves, and wilful barrenness. 그러한 말은 하나님과 우리의 목에 걸려진 그 분의 의로운 멍에에 대한 반항을 느끼게 할 뿐이다and savours only · · · / Reluctance(=the act of struggling *against* something; resistance(*OED* I).—*Ibid.*, 559) against God and his just yoke / Laid on our necks라고 일러둠(X, ll. 1041-1046). 그리고 하나님은 우리의 이야기를 들으시고 분노나

힐책(詰責)도 없이 온유와 은총의 기품(氣品)mild / And gracious temper으로 심판하셨음을 기억하라. 그래서 그 날에 예기했던 즉각적인 사멸(死滅)dissolution의 죽음이 아니라, 그대에게는 잉태child-bearing와 출산bringing forth의 고통뿐이었고, 그 고통은 즉시 잉태한 기쁨의 결실로써 보상받게 하였고soon recompensed with joy, / Fruit of thy womb(Cf. *John*, 16: 21, "여자가 해산하게 되면, 그 때가 이르렀음으로 근심하나, 아이를 낳으면 세상에 사람 난 기쁨으로 인하여, 그 고통을 다시 기억하지 아니 하느니라"A woman when she is in travail hath sorrow, because her hour is come: but as soon as she is delivered of the child, she rememberth no more the anguish, for joy that a man is born into the world.), 나에게 대한 저주는 옆으로 빗나가 땅에 떨어져서, 땅을 일구고 가꾸며 땀 흘린 대가인 채소와 빵으로 살도록 할 정도로(Cf. *Genesis*, 3: 18-19) 연민의 정pity을 베푸신 하나님이시니, 우리가 기도하면 더욱 연민의 정에 기울어지실 분이시다(X, ll. 1046-1063). 그러하니, 하나님의 많은 위안으로 이 세상의 인생살이를 편안하게 지내다가To pass commodiously this life 우리의 최후의 안식처이자 본향(本鄕)our final rest and native home인 흙으로 끝내고(X, ll. 1083-1085), 하나님이 우리를 심판했던 그 곳으로 가서 경건하게 엎드려 우리의 잘못을 고백하고, 용서를 빌고, 거짓 없이 뉘우치는 슬픔과 눈물로 땅을 적시고 한숨으로 하늘을 채우는 도리 밖에(X, ll. 1086-1092). 빛나는 은혜favour, 은총grace, 자비mercy만이 있으신 하나님은 틀림없이 노여움을 푸시리라(X, ll. 1093-1096)라고 아담은 말을 맺었다. 회개(悔改)한penitent 우리의 조상 아담이 그렇게 말하니, 이브 또한 뉘우쳤다. 그들은 당장 심판받은 그 곳으로 돌아가서, 경건하게 엎드려 거짓없이 뉘우치는 참회(懺悔)와 회개의from hearts contrite 눈물로는 땅을 적시고 한숨으로는 하늘을 채웠다with tears / Watering the ground, and with their sighs the air / Frequenting(X, ll. 1098-1104).

이렇게 그들은 지극히 비참한 처지에서 엎드려 회개하며 계속 기도했다stood(=prostrate and remained.—*Op. cit.*, 563) / Praying(XI, ll. 1-2). 그들의 기도는 하늘의 문을 통과하여, 위대한 중재자에 의하여 성부의 보좌 앞에 나타났다By their great intercessor, came in sight / Before the Father's throne. 기꺼운 마음의 성자가 중재하기를(XI, ll. 14-21), 아버지여, 당신이 인간에게 심으신 은총에서 최초로 맺은 지상의 실과인 저 한숨과 기도를. 그것은 회개의 실과이오니Fruits . . . with contrition in his heart(XI, ll. 22-27), 그의(인간의) 간원(懇願)supplication을 들어주소서(Cf. *Luke*, 15: 7, "내가 너희에게 이르노니, 이와 같이 죄인 하나가 회개하면, 하늘에서는 회개할 것 없는 의인 아흔 아홉으로 인하여 기뻐하는 것보다 더 하리라"I say unto you, That likewise joy shall be in heaven over one sinner that repenteth more than over ninety nine just persons which need no repentance.). 성자가 그의 능숙하지 못한 기도의 대변자이자 화해자(和解者)로서 성부에게 통변(通辯)하건대let me / Interpret for him, me his advocate / And propitiation(Cf. *1 John*, 2: 1-2, ". . . . 만일 누가 죄를 범하면, 아버지 앞에서 우리의 대변자가 있으니, 곧 의로우신 예수 그리스도시라. / 저는 우리의 죄를 위한 화해자이니, 우리만 위할 뿐 아니요, 온 세상의 죄를 위하심이라". . . . And if any man sin we have an advocate with the Father, Jesus Christ the righteous: / And he is the propitiation for our sins: and not for ours only, but also for *the sins of* the whole world.), 저의 공덕my merit이 그의 모든 일을 완성하고, 그의 모든 일을 (속죄자로서) 저의 죽음이 보상할 것이오니, 저를 용납하시고, 제 안에 있는 인류를 향한 화평의 향기를The smell of peace(Cf. *Colossians*, 1: 21-22, "전에는 악한 행실로 멀리 떠나 마음으로 원수가 되었던 너희를 / 이제는 그의 육체의 죽음으로 말미암아, 화목케 하사, 너희를 거룩하고 흠 없고 책망할 것이 없는 자로 그 앞에 세우고자 하셨으니"And you, that were sometime alienated and enemies in *your* mind by wicked works, / Yet now hath he reconciled, in the body of his flesh through death, to present you holy, and unblameable, and unreproveable in his sight:) 가납(嘉納)하소서. 그로 하여금 당신 앞에서 화해되어 살게 하소서(XI, ll. 30-39). 속죄자들 모두가All my redeemed, 저와 당신이 하나됨과 같이, 나와 하나 되어 살게 하소서(XI, ll. 43-44: Cf. *John*, 17: 21, "아버지께서 내 안에, 내가 아버지 안에 있는 것 같이, 저희도 다 하나가 되어 우리 안에 있게 하사. . . ."That they all may be one; as thou, Father, *art* in me, and I in thee, that they also may be one in us. . . .)라고 요청함. 이에 성부는 평온하게, 인간을 위한 너의 요구가 이루어질 것임을, 너의 요구는 모두 나의 섭리(攝理)my decree였음을, 저 낙원에서 더 사는 것을 내가 자연에 준 율법으로 그에게 금(禁)함을The law I gave to nature him forbids(XI, ll. 45-49), 내가 처음에 두 가지 공의로운 선물인 행복과 영생immortality을 그에게 주어 창조하였는데, 전자는 상실되고, 후자는 죽음이 마련될 때까지 비통의 영속일 뿐임을but to eternize woe, 그래서 죽음은 최후의 구제책임을His final remedy(Cf. *Revelation*, 14: 13, ". . . . 지금 이후로 주 안에서 죽는 자들은 복이 있도다 하시매, 성령이 가라사대 그러하다, 저희 수고(受苦)를 그치고 쉬리니. . . ." . . . . Blessed *are* the dead which die in the Lord from henceforth: Yea, saith the Spirit, that they may rest from their labours; . . . .), 가혹한 시련과 신앙의 수련을 겪은 다음에 의인(義人)의 부활the renovation of the just(Comp. 'the resurrection of the just'—*Luke*, 14: 14)로 깨어난 제2의 생명에 다시 시작되는 신천지(新天地: Cf. *2 Peter*, 3: 13; *Revelation*, 21: 1)와 함께 그를 맡길 것임을 말하고서, 인간에 대한 나의 심판을 알리고자 하니, 광대한 하늘나라의 축복받은 자들을(여러 천사들) 모두 회의에 부르라Let us call to synod(*synod*, assembly. Comp. the synod of gods at VI, l. 156, and the synod of stars at X, l. 661.—

Op. cit., 567)고 성자에게 명함(XI, ll. 57-70). 전능자이신 성부는 지존의 보좌에서from his throne supreme, 회의에 참석한 아들들(천사들)에게 인간의 범죄 이후의 경과와 조치를 말하고 나서(XI, ll. 82-96), 인간을 동산에서 퇴거시켜, 땅에서 태어난 그가 그 흙을 갈고 살도록 하라(*fitter soil*] . . . . The ground from which Adam was taken is the dust of *pura naturalia* (ordinary properties of human nature); from now on this is the nature he will have to work with.—*Ibid.*, 569)고 선고함(XI, ll. 96-98). 그리고 미가엘이 내 명령을 실행하라(XI, l. 99). 하나님의 낙원으로부터 죄지은 부부를 사정없이 추방하라(XI, ll. 104-105). 아담에게 내가 그대에게 밝힌대로 미래시대에 닥쳐올 일을 현시(現示)하고reveal, 여자의 후손에게 다시 시작되는 나의 성약(聖約)My Covenant을 아울러 전하라(XI, ll. 113-116)고 성부는 미가엘에게 명령을 내림. 성부의 명령을 받은 천사왕 중의 천사장The princely hierarch 미가엘은 에덴동산에 당도하여 부하 천사들로 하여금 동산을 장악케 하고, 혼자 단신으로 아담의 거처를 찾아 나섰다(XI, ll. 220-223). 먼 발치로 그 광경을 보고 있던 아담은 공손하게 그를 맞이해야 한다면서 이브더러 물러가 있으라고 말함(XI, ll. 228-237). 아담의 이 말이 끝나자, 천사장archangel은 인간의 차림새로 즉시 아담에게 다가와서 그가 온 이유를 분명하게 말하기를(XI, ll. 238-250), 그 동안의 회개의 은총으로 그대의 주 하나님thy Lord은 마음을 푸시고, '죽음'의 탐욕스러운 요구에서from Death's rapacious claim 그대를 온전히 구원하실 것이나, 더 이상 낙원에서의 거주는 허용되지 않는다. 낙원에서의 퇴거령과 그대가 태어난 땅의 흙을 갈고 살도록 하라는 하나님의 선고가 내려졌음(XI, ll. 255-262). 하나님의 선고를 전해들은 아담의 비애와 이브의 비탄(XI, ll. 263-267). 아름다운 낙원과의 석별(惜別)을 푸념하는 이브(XI, ll. 268-285). 미가엘은 온유하

게 이브여 비탄하지 말라. 그냥 체념하라. 그리고 마음 쓰지 말라. 그대 남편이 그대와 동반함을, 그대 남편을 따라야 됨을, 그대 남편이 사는 곳이 그대의 향토(鄕土)thy native soil임을 일러줌(XI, ll. 286-292). 아담은 천사장 미가엘에게 이 행복한 고장에서의 퇴거Departure from this happy place를 한(恨)함(XI, ll. 303-307). 그러나 하나님의 절대명령absolute decree을 거역하지 않고 그 숭고한 분부에to his great bidding 복종하겠음을, 하나님의 성스러운 얼굴His blessed face을 뵙지 못하게 됨이 가장 괴로운 것임을 말하고서, 여기에 자주 와서 하나님께 경배드릴 수 있기를, 그리고 나의 아들들을 데리고 이 곳을 성지(聖地)로서 순례하게 되기를 요청함(XI, ll. 310-322). 이러한 아담에게 미가엘은 하나님은 삼라만상에 무소부재(無所不在)omnipresence이시니, 에덴동산에 국한해서 생각하지 말라(XI, ll. 334-342; ll. 349-352: cf. *Job*, 42: 2; *Psalms*, 139: 7-8; *Jeremiah*, 23: 23-24). 이제 그대의 아들들과 같은 땅에서 살기 위하여 (에덴동산을) 내려가게 되었다(XI, ll. 347-348). 하나님은 관용(寬容)과 부성애로With goodness and paternal love 그대를 한결같이 감싸 안으시며, 성안(聖顔)과 거룩한 발자취를 보이실 것이다. 그러한 사실을 그대가 여기를 떠나기 전에, 그대는 믿을 수 있으며, 아울러 확인하게 될 것이다. 그대와 그대의 자손에게 미래시대에 닥쳐올 일을 보여주고자 내가 파견된 것임을 알라(XI, ll. 352-358). 선을 악과 더불어 듣는 것을 예기(豫期)하라. 하나님의 은총supernal grace은 인간의 죄악과의 투쟁이니, 순경(順境)Prosperous이건 역경(逆境)adverse이건 참된 인내True patience로 지극히 걱정 없는 인생살이를 지내고서, 그대의 죽음(*mortal passage*, death—*Op. cit.*, 580)이 왔을 때, 아주 잘된 준비로 그 죽음을 감당할 것이다(XI, ll. 358-366). 그러한 말을 마친 미가엘은 이브를 잠재워두고(XI, ll. 366-369) 아담과 둘이서 낙원의 제일 높은 산꼭대기에 올라 하나님이 보여주는 환상(幻想) 속에In the visions of God 올라선다(XI, ll. 376-378).

첫 번째 환상the first vision에서, 아담은 미래의 역사적 무대인 동양과 서양의 여러 제국(帝國)의 위치와 그 도읍지를 보았다(XI, ll. 385-411). 미가엘은 아담이 보아야 할 것이 많기 때문에 좁쌀풀과 운향(芸香)으로with euphrasy and rue(Both *euphrasy* and *rue* are mentioned in Gerard's *Herball* as remedies for restoring or quickening the sight.—*Op. cit.*, 585). 좁쌀풀과 운향은 시력회복 및 시력재활에 효능이 있는 시력치료제로 사용된 약초임.) 아담의 시신경 The visual nerve을 씻어내고 생명의 샘의the well of life 물을 세 방울 주입하였다(XI, ll. 414-416). 완전히 실신상태의 아담을 미가엘은 일으켜서 주의를 환기시켰다(XI, ll. 419-422).

두 번째 환상the second vision에서, 미가엘은 아담에게 원죄(原罪)original crime(XI, l. 424: IX, ll. 1003-1004에서는 the mortal sin / Original, 즉 Original Sin으로 되어 있다. Original Sin은 하나님의 심판의 선고가 아담에게 내리기 이전의 '원죄' 개념이고, original crime은 하나님의 심판의 선고가 아담에게 내려진 이후의 '원죄' 개념으로 볼 수 있다.)의 결과를 보라고 한다(XI, ll. 423-425). 아담은 들판을 본다. 한편에는 땅을 갈아 농사를 짓는 경작지Part arable and tilth에서 갓 베어놓은 곡식단들이 있었고, 다른 한편에는 목장과 양 떼가 있었다. 추수꾼은 제대로 고르지도 않은 첫 수확의 곡식단을 아무렇게나 쌓은 풀더미로 된 제단에 놓고 무성의하게 하나님에게 제사를 올렸고, 양치기는 고르고 골라서 제일 좋은 첫 배 새끼 양the firstlings of his flock을 제단의 장작 위에On the cleft wood 올려놓고 갖가지 제례의식을 갖추어all due rites 하나님에게 제사를 올렸다. 추수꾼의 제물을 그대로 둔 채로, 양치기의 제물을his offering 하늘로부터 은혜로운 불이 잽싸게 내려와서 섬광(閃光)과 상쾌한 증기로with nimble glance and grateful steam 태워버렸다(*Hebrews*, 11: 4, "믿음으로 아벨은 카인보다 더 나은 제사를 하나님께 드리므로, 의로운 자라 하시는 증거를 얻었으니, 하나님이 그 예물에 대하여 증거하심이라. . . ."By faith Abel offered unto God a more excellent sacrifice than Cain, by which he obtained witness that he was righteous, God testifying of his gifts: . . . .). 말하자면, 하나님은 정성스러운 양치기의 제물을 열납(悅納)하셨던 것이다(하나님이 제물을 열납하신 증거로, 하늘의 불에 태워진 경우는 기드온Gideon(*Judges*, 6: 21), 엘리야Elijah(*1 Kings*, 18: 38), 그리고 솔로몬Solomon(*2 Chronicles*, 7: 1) 등의 제물이 있었다.). 그것에 분격한 추수꾼은 양치기를 돌로 쳐 죽였다. 죽음의 처참한 광경을 본 아담은 놀란다(XI, ll. 429-449). 아담은 하나님에 대한 공경과 순결한 헌신이 저 유순한 사람에게 그렇게 보답 되나이까To that meek man, · · · · / Is piety thus and pure devotion paid?라고 미가엘에게 묻는다. 이에 미가엘은 아담에게, 그 두 사람은 형제이고, 그대의 옆구리에서 나온 것임을to come / Out of thy loins, 즉 아담의 갈빗대로 만든 이브가 낳은 그의 장남 카인Cain과 차남 아벨Abel임을(Cf. *Genesis*, 4: 1-15) 넌지시 말해주고, 불의가 정의를 살해했다the unjust the just hath slain(*1 John*, 3: 12, "카인 같이 하지 말라. 저는 악한 자에게 속하여 그 아우를 죽였으니, 어쩐 연고로 죽였느뇨. 자기의 행위는 악하고 그 아우의 행위는 의로움이니라"Not as Cain, *who* was of that wicked one, and slew his brother. And wherefore slew he him? Because his own works were evil, and his brother's righteous.)라고(XI, ll. 451-455) 일괄(一括)하였다. 죽음의 흉악한 광경을 보고 슬퍼하며 소름끼치도록 무서워하는 아담에게(XI, ll. 461-465) 미가엘은 다음의 환상을 보여준다.

세 번째 환상the third vision (이것을 Milton(1968, notes), 588에서는 **두 번째 환상**에 포함시켰음.)에서, 미가엘은 아담에게 그대가 본 것이 인간의 죽음의 첫 모습임을(XI, ll. 466-468), 인간이 죽는 요인에는 폭행, 불, 물, 기근famine이 있으나, 음식물의 무절제(無節制)로by intemperance 온갖 무시무시한 질병이 지상에 들어와서 더 많은 죽음이 초래됨을(XI, ll. 471-474) 말해주고서, 죽음에 이르는 갖가지 질병으로 신음하고 있는 수많은 환자들의 모습을 보여준다(XI, ll. 477-490). 죽음으로 가는 질병의 비참한 miserable 군상(群像)을 본 아담은, 죽음에 이르러 우리와 동질(同質)의 흙과 섞이는데and mix with our connatural dust 다른 방법이 없겠나이까But is there yet no other way?라고 미가엘에게 묻는다. 이에 미가엘은 만일 그대가 "정도에 넘치지 말라"는 규칙을 잘 지키고if thou well observe / The rule of not too much, 먹고 마시는 것에서 절제를 배워, 탐식(貪食)의 쾌락에 빠지지 않는다면, 노년에 편안하면서도 성숙한 죽음을 맞이하게 될 것이니라(XI, ll. 527-538). 이 말에 아담은 나의 생명을 반환(返還)하기로 정해진 날까지till my appointed day / Of rendering up, 즉 나의 사멸My dissolution의 날까지 참을성있게 기다리겠나이다(Cf. *Job*, 14: 14, "사람이 죽으면 어찌 다시 살리이까. 나는 나의 정해진 시간의 모든 날 동안, 놓이게 될 때를 기다리겠나이다"If a man die, shall he live again? all the days of my appointed time will I wait till my change come.)라고 말한다. 미가엘은 그대의 생명을 사랑하지도 말고, 미워하지도 말라. 사는 동안 잘 살아라. 길든 짧든 하늘에 맡겨라(XI, ll. 550-554: cf, *Romans*, 14: 8, "우리가 살아도 주를 위하여 살고, 죽어도 주를 위하여 죽나니. 그러므로 사나 죽으나 우리는 주의 소유로다"For whether we live, we live unto the Lord; and whether we die, we die unto the Lord: whether we live therefore, or die, we are the Lord's.)고 아담에게 조언(助言)함.

네 번째 환상the fourth vision에서, 미가엘은 아담에게 노아 Noah(Cf. *Genesis*, 4: 25; 5: 3-31: 노아는 아담의 삼남 셋Seth의 8세손 라멕Lamech의 아들이다.)의 방주(方舟)the ark 이전, 이를테면 홍수

the flood of waters(Cf. *Genesis*, 7: 6-24) 이전의 문명사회를 보여준다. 넓은 들판의(*Genesis*, 4: 16-22: 아담의 장남 카인과 그의 자손이 살던 에덴 동편의 놋 땅the land of Nod을 일컬음.) 한편에는 형형색색의 장막(帳幕)tents과 들판에서 풀을 뜯는 가축 떼가 있고(*Genesis*, 4: 20, 카인의 5세손 라멕Lamech(Cf. *Genesis*, 4: 16-18)의 두 아내들 중에서, "아다는 야발을 낳았으니, 그는 장막에 거하여 가축치는 자의 조상이 되었고"And Adah bare Jabal: he was the father of such as dwell in tents, and *of such as have* cattle.), 다른 장막에서는 탄금(彈琴)harp과 퉁소(洞簫)organ의 가락과 금주(琴柱)와 현(絃)의 조화로운 음계(音階)의 높낮이로 쫓기고 쫓으며 울려퍼지는 둔주곡(遁走曲)the resonant fugue(*fugue*] Derived from Ital. *fuga*=flight. M. brings this out with *Fled*; no doubt to remind us that Jubal's race is the fugitive race of Cain(Milton(1968, notes), 593). 밀턴은 둔주곡의 악상(樂想)을 이용해서, 카인의 5세손 라멕과 그의 아내 아다Adah와의 둘째 아들 유발Jubal의 자손은 카인처럼 유랑하는 족속임을 상기시키고 있다.)이 흘러나왔으며(*Genesis*, 4: 21의 유발Jubal은 야발의 아 우 로서 탄금harp과 퉁소organ를 잡는 모든 자의 조상이 되었으며.), 저쪽의 대장간에서는 일하는 한 사람이 서서 묵직한 철(鐵)과 동(銅) 두 덩어리를two massy clods of iron and brass 녹여 주조(鑄造)하고 있었다(*Genesis*, 4: 22, 카인의 5세손 라멕의 두 아내들 중에서, "씰라 또한 두발카인을 낳았으니, 그는 동철(銅鐵)을 주조하는 모든 기술자의 지도자요: . . . ." And Zillah, she also bare Tubal-cain, an instructor of every artificer in brass and iron: . . . .). 이상과 같이, 네 번째 환상에서 미가엘은 우선 아담에게 그의 장남 카인의 자손들이 살아가는 생활상을 보여주었다(XI, ll. 556-573: cf. *Op. cit.*, 592-593). 그러나 이쪽 편에는(아담의 삼남 셋Seth의 자손은 바로 낙원과 인접한 연산(連山)지대에서 살았다they lived in the mountains *neighbouring* Paradise itself. 그러므로 아담이 있는 위치에서 보면, 카인의 자손이 사는 들판의 이쪽이 된다(*Ibid.*,

593). 카인의 자손은 세속적인 생활을 한 반면에, 셋의 자손은 하나님을 숭배하는 종교적인 생활을 하였다. 두 자손의 그처럼 서로 다른 생활은 고대문명의 양대 조류(潮流)를 형성하였다고 한다.) 다른 사람들이 산에서 들판으로 내려왔다. 오로지 그들이 하는 일은all their study 하나님을 바르게 숭배하고, 하나님의 성업(聖業)을 숨김없이 알고and know his works / Not hid, 인간에게 자유와 평화를 보존해주기 위한 그러한 일들도 잃어버리지 않았다(*last*] lost *Ed I,* corrected in *Errata.—Ibid.,* 594. XI, ll. 573-580). 이 장면은 아담에게 미가엘이 아담의 장남 카인의 자손의 생활상 다음으로, 하나님을 경외(敬畏)하는 신앙생활로 일관되게 지내는 그의 삼남 셋의 자손들의 단편적인 모습을 보여준 것이다(Cf. *Ibid.,* 593). 그들이(셋의 자손들이)* 얼마 아니 걸었을 때, 들판의 장막으로부터 보석과 선정

---

* 이들은 622행에서 하나님의 아들들the sons of God로 불려진다. 그런데, V권 447행의 하나님의 아들들the sons of God은 창세기*Genesis* 6장 2절의 "하나님의 아들들이 사람의 딸들의 아름다움을 보고, 자기들의 좋아하는 모든 자로 아내를 삼는지라"That the sons of God saw the daughters of men that they were fair; and they took them wives of all which they chose는 구절에서 인유한 천사들angels이다. 그렇지만, 밀턴이 인간의 딸들을 아내로 취한 적이 있는 천사들이라고 하지 않은 점에 유의하라(Milton(1968, notes), 285)고 주석되어 있다. 이러한 주석에 곁들여서, 필로Philo Judaeus; Philo of Alexandria(B.C. 20?-A.D. 50?), 클레먼트Clement of Alexandria(150?-215?), 그리고 테르툴리안Tertullian; Quintus Septimius Florens Tertullianus(160?-230?)과 같은 고대의 몇몇 기독교 철학 주석가들은 인용된 성구(聖句)의 '하나님의 아들들'을 인간의 딸들과 사통(私通)한 타락한 천사들the fallen angels을 의미한 것으로 간주하였으며, 밀턴 자신도 애매한 표현의 어구로 우리로 하여금 이러한 추측에 놀아나도록 한다. 그러나 실제적으로 밀턴은 XI권에서 성서로부터 신화를 추방하기demythologizing 때문에, 고대 주석가들의 그것은 지옥의 변경Limbo이라는 말에 어울리는 또 하나의 허무맹랑함과 어리석음의 한계를 정하는 것에 불과했던 것으로 판명된다. 그러한 폐기(廢棄)된 학설에 대하여On the discarded theory, 최근의 주석가들 중에서 앨런D. C. Allen은 학술지「현대언어 주석 *Modern Language Notes*」 lxi권(1946) 78에서 이단으로heretical 취급하였으며, 웨스트R. H. West는 그의『밀턴과 천사들 *Milton and the Angels*』129쪽에서 밀턴이 천사의 타락설the angel perversion theory을 마음에 품었다는 관념을 의당 인정하지 않는다(*Ibid.,* 595)라고 한다. 말하자면, V권의 447행에 있는 '하나님의 아들들'은 하나님의 왕자들, 이른바 하나님의 천사들이고, XI권의 622행에 있는 '하나님의 아들들'은 이미 인용된 성구 바로 앞의 창세기*Genesis* 6장 1절의 "사람이 땅 위에서

(煽情)적인 의상wanton dress을 화려하게 차려입은 미녀의 무리가 탄금harp에 맞춰서 감미로운 사랑노래Soft amorous ditties 부르고 춤추며 나왔다. 산에서 들판으로 내려온 남자들(셋의 자손들)은 각자 좋아하는 여자를 골라서 화촉의 횃불the nuptial torch을 밝히고 하이멘Hymen(스펜서의 「축혼곡 *Epithalamion*」 140행의 "하이멘이여, 오 하이멘, 하이멘하고 그들은 외쳤다"*Hymen, iô Hymen, Hymen* they do shout라는 시구에 들어 있는 하이멘에 대한 주석에서, 하이멘은 혼인의 신god의 이름이며, 결혼식 때에 의례적으로 연호(連呼)하는 감탄어a conventional exclamation at weddings로 사용되었다(*NA*(notes), 531)고 한다.)에게 혼인의 기원을 명하고, 그들은 처음으로 결혼식을 축원하였다. 아담은 결혼잔치의 음악과 노래, 화환과 꽃에 마음이 끌려 자연의 기호(嗜好)인The bent of nature 환희(歡喜)를 용납하기에 이르렀음(XI, ll. 580-597). 앞의 두 가지 환상은 증오와 죽음, 즉 자심(滋甚)한 고통이었지만, 여기서는 자연의 모든 목적이 이루어진 듯하나이다(XI, ll. 601-602)라고 아담이 말하자, 미가엘은 아담에게 가장 좋은 것을 쾌락으로 판단하지 말라. 그대는 고귀한 목적에 맞게끔 하나님과 유사한 성순(聖純)Holy and pure으로 창조되었노라. 그대가 퍽 즐겁게 보았던 저 장막들은 사악(邪惡)한 인간의 장막the tents of wickedness이었노라(Cf. *Psalms*, 84: 10, "사악한 인간의 장막에 거함보다 내 하나님의 문지기로 있는 것이 좋사오니"I had rather be a doorkeeper in the house of my God, than to dwell in the tents of wickedness.). 거기에는 자기의 형제를 살해한 자의 족속들(아담의 장남 카인의 자손

번성하기 시작할 때에, 그들에게서 딸들이 나니"And it came to pass, when men began to multiply on the face of the earth, and daughters were born unto them라고 하는 구절과 연결되는 것이다. 따라서 '인간의 딸들'은 인간 중심의 세속적인 생활을 했던 카인의 자손들의 딸들을 일컬은 것으로, '하나님의 아들들'은 하나님 중심의 종교적인 생활로 하나님 최초의 지상의 아들인 아담의 신앙을 계승해온 셋의 자손들의 아들들을 일컬은 것으로 주해될 수 있다.

들)이 사는 곳일 게다(XI, ll. 603-609). 그대가 본 저 장막의 아름다운 여자의 무리는For that fair female troop thou saw'st 여자의 가정적인 영예와 중요한 찬미를 조성하는 모든 선(善)에 대해서는 백치(白痴)이나, 오직 그들이 길러내어 완성하게 되는 것은 음탕한 정욕의 맛과 멋the taste / Of lustful appetance(*i.e.* appetence] desire—Milton(1968, notes), 595)이노라(XI, ll. 614-620). 종교적인 생활로 하나님의 아들들the sons of God(아담의 삼남 셋의 자손들)로 불려진 자들이 그 아리따운 무신앙자(無信仰者)들의 유혹(*trains*; snares, enticements.)과 미소에 일체의 미덕과 명예를 버리고, 지금 희희낙락(喜喜樂樂)하노라and now swim in joy / (···) and laugh. 세상은 미구(未久)에 눈물의 세계를 슬퍼해야만 하리라(XI, ll. 621-627). 이러한 미가엘의 말을 듣고서, 아담이 "인간의 비통의 길은the tenor of man's woe 여전히 변함없이 여자에게서 시작됨을 from woman to begin 알겠나이다"라고 하자, 미가엘은 "그것은 남자의 사내답지 못한 누그러짐에서From man's effeminate slackness 시작한다"(XI, ll. 632-634)라고 아담의 말을 고쳤다.

다섯 번째 환상the fifth vision에서, 미가엘은 노아의 홍수 직전의 동족상잔(同族相殘)의 참화(慘禍)를 아담에게 보여준다. 아담은 넓게 펼쳐진 지역에 있는 마을들과 시골집들, 높은 문과 탑의 도시, 무장한 적과의 대치(對峙)Concourse in arms(*concourse*] hostile encounter.—*Ibid.*, 597), 전쟁하려는 사나운 얼굴들, 기골이 장대하고 용감무쌍한bold emprise 거인들Giants(하나님의 아들들(l. 622)의 자손들, 즉 아담의 삼남 셋의 자손들은 거인이었다(Cf. *Ibid.*, 597). Cf. *Genesis*, 6: 4, "당시에 땅에 거인들이 있었고, 그 후에도 하나님의 아들들이 인간의 딸들을 취(娶)하여 자식을 낳았으니, 그들이 용사(勇士)라. 고대에 유명한 사람이었더라"There were giants in the earth in those days; and also after that, when the sons of God came in unto the daughters of men, and they bare *children* to them; the same *became* mighty men, which *were* of old, men of renown.), 기마병, 그리고 보병이 전열(戰列)을 정비한 광경을 보았다(XI, ll. 638-645). 그리고 한편에서는 가축들을 약탈해가고 forage drives(XI, ll. 646-650), 잔인한 싸움으로 인하여With cruel tournament 가축이 풀을 뜯던 들판은 유혈이 낭자(狼藉)한 들판the ensanguined field으로 황폐(荒廢)화 되었음을(XI, ll. 651-655), 또한 강대한 도시를 에워싼 공격siege과 방어, 양편의 살육전(殺戮戰)을(XI, ll. 655-659), 다른 한편에서는 회의council가 소집되어 중년의 한 사람이 일어나서Of middle age one rising(중년의 한 사람이란, 아담이 930세, 셋이 902세, 아담의 7세손 에녹Enoch이 365세, 에녹의 손자 라멕이 777세(*Genesis*, 5: 3-31), 라멕의 아들 노아가 950세(*Genesis*, 9: 29)를 향수(享壽)하였는데, 그 당시로서 에녹의 나이는 중년이다. 따라서 '중년의 한 사람'은 에녹이다.) 정(正)과 사(邪), 정의와 종교, 진리와 평화, 그리고 하늘나라의 심판에 대해서(Cf. *Jude*, 1: 14-15, "아담의 7세손 에녹 역시 사람들에게 대하여 예언하여 이르되, 보라 주께서 그 수만의 거룩한 자와 함께 임하셨나니, / 이는 뭇 사람을 심판하사, 모든 경건치 않은 자의 경건치 않게 행한 모든 경건치 않은 일과, 또 경건치 않은 죄인의 주께 거슬러서 한 모든 강퍅(剛愎)한 말로 인하여 저희를 정죄하려 하심이라 하였느니라"And Enoch also, the seventh from Adam, prophesied of these, saying, Behold, the Lord cometh with ten thousand of his saints, / To execute judgment upon all, and to convince all that are ungodly among them of all their ungodly deeds which they have ungodly committed, and of all their hard *speeches* which ungodly sinners have spoken against him.) 말한 뒤에 현신승천(現身昇天)(*Genesis*, 5: 24, "에녹이 하나님과 동행하더니, 하나님이 그를 데려가심으로 세상에 있지 아니 하였더라"And Enoch walked with God, and he was not: for God took him. Cf. *Hebrews*, 11: 5)하는 것을(XI, ll. 660-671), 들판 곳곳에서 강포(强暴)와 압박과 무단(武斷)sword-law이 판치니(Cf. *Genesis*, 6:

11-12, “또한 온 땅이 하나님 앞에 패괴(悖壞)하여 강포가 땅에 충만한지라. / 하나님이 보신즉, 땅이 패괴하였으니, 이는 땅에서 모든 혈육 있는 자의 행위가 패괴함이었더라”The earth also was corrupt before God; and the earth was filled with violence. / And God looked upon the earth, and behold, it was corrupt: for all flesh had corrupted his way upon the earth.) 피난처는 아무데에서도 찾을 수 없음 등을 아담은 보았다. 아담은 슬프게 탄식하며, 저들은 무엇이나이까? 죽음의 사신들Death's ministers이나이까? 형제를 살해한 자의 죄를 만배나 늘리니, 그러한 살육은 동족의 인간이 인간에 대한 것이 아니나이까? 하늘나라에서 구해간 그 의인that just man은 누구였나이까?(XI, ll. 671-682)라고 미가엘에게 물었다. 이에 미가엘은, 그들은 그릇된 결혼의 산물, 이른바 선과 악이 결합하는 것을 스스로 꺼려하면서도 경박(輕薄)하게 교합(交合)하여 by imprudence mixed 낳은, 몸이나 마음이 기형(畸型)인 자들이다(XI, ll. 683-688). 그들은 전쟁과 무수한 살육으로with infinite / Manslaughter 인류의 정복자, 보호자, 신gods, 그리고 신의 아들들sons of gods로 일컬어지는데, 더 바르게 부르자면 인간의 파괴자요 역병(疫病) 같은 존재plagues of men이노라(XI, ll. 691-697). 그러나 그 의인은 그대의 7세손the seventh from thee(에녹)으로서, 하나님이 심판하러 오신다는 진리를 말했기 때문에, 원수들에게 포위당했던 그를 지존께서 날개달린 말과 향기로운 구름으로써 데려가him the most high / Rapt in a balmy cloud with winged steeds 구원과 지복의 나라에서 지존이신 하나님과 동행하고 있노라to walk with God / High in salvation and the climes of bliss(XI, ll. 700-708)고 아담의 질문에 대답해주었다.

여섯 번째 환상the sixth vision에서, 미가엘은 아담에게 노아의 홍수 당시에 만연한 향락의 타락상과 그 종말을 보여준다. 아담은 앞의 것과는 사태가 완전히 바뀌었음을 보았다. 환락(歡

樂)jollity과 경연(競演)game, 사치luxury와 방탕riot, 결혼Marrying과 매춘prostituting, 그리고 강간Rape과 간통adultery, 그리하여 술잔에서부터 내란civil broils으로까지 이어졌다(XI, ll. 712-718: *Genesis*, 6: 5, "여호와께서 인간의 죄악이 땅에 가득함과, 그 마음에 지닌 생각의 모든 계획이 항상 악할 뿐임을 보시고"And God saw that the wickedness of man *was* great in the earth, and *that* every imagination of the thoughts of his heart *was* only evil continually. Cf. *Luke*, 17: 27, "노아가 방주(方舟)에 들어가던 날까지, 사람들이 먹고 마시고 장가들고 시집가더니, 홍수가 나서 저희를 다 멸하였으며"They did eat, they drank, they married wives, they were given in marriage, until the day that Noah entered into the ark, and the flood came, and destroyed them all.). 이윽고 그러한 사람들 사이에 한 존경받는 노부(老父)a reverend sire가 와서(아담의 10세손 노아가 와서) 그들의 행위에 대하여 강렬한 반대의사를 천명(闡明)하고, 그들의 생활태도에 대항하는 증언을 하였다(Cf. *Hebrews*, 11: 7, "믿음으로 노아는 보지 못하는 일에 경고(警告)하심을 받아 경외하므로, 방주를 예비하여 그 집을 구원하였으니, 이로써 세상을 정죄하고 믿음을 좇는 의의 후사(後嗣)가 되었느니라"By faith Noah, being warned of God of things not seen as yet, moved with fear, prepared an ark to the saving of his house; by the which he condemned the world, and became heir of the righteousness which is by faith.). 그는 종종 회연(會宴)이나 축제나, 도처의 집회에 나가서 심판의 임박함을 (*Genesis*, 6: 13, 17, "하나님이 노아에게 이르시되, 모든 혈육 있는 자의 강포가 땅에 가득하므로, 그 끝날이 내 앞에 이르렀으니, 내가 그들을 땅과 함께 멸하리라"And God said unto Noah, The end of all flesh is come before me; for the earth is filled with violence through them: and behold, I will destroy them with the earth. "내가 홍수를 땅에 일으켜, 무릇 생명의 기식(氣息) 있는 육체를 천하에서 멸절(滅絶)하리니, 땅에 있는 자가 다 죽으리라"And I behold, I, even I, do bring a flood of waters upon the earth, to destroy all flesh, wherein *is* the breath of life, from under heaven: *and* every thing that *is* in the earth shall die.), 마치 옥(獄)에 있는 영(靈)들에게처럼as to souls / In prison(Comp. *1 Peter*, 3: 19-20) 개심(改心)과 회개를 설교하였으나 모두가 허사였다(XI, ll. 719-726). 그래서 그 노부는 자기의 장막을 멀리 옮기고, 한 척의 거대한 배를 건조하여(하나님께서 노아에게 일러준 방주의 구조: *Genesis*, 6: 14-16), 사람과 짐승들을 위한 양식을 저장하고(*Genesis*, 6: 21), 갖가지 종류의 짐승과 새와 곤충의 암수 일곱씩을 배 안에 들이고(*Genesis*, 7: 2-3), 마지막으로 그 노부와 그의 세 아들들과 그들의 네 아내들이(노아와 그의 아들 셈Shem, 함Ham, 그리고 야벳Japheth과 노아의 처와 세 자부(子婦)를 말함.) 배 안에 들어가고 나니, 하나님이 배의 문을 닫으셨다(XI, ll. 727-737: *Genesis*, 7: 13-16). 맹렬한 폭우가 땅이 전혀 보이지 않을 때까지 쏟아져 지상의 모든 것을 휩쓸고(XI, ll. 743-749), 바다가 바다를 덮으니 기슭 없는 바다가 되었다(XI, ll. 749-750: *Genesis*, 7: 4, 17-24). 아담은 모든 자손의 종말, 너무나도 슬픈 종말, 인간의 종말The end of · · · / Depopulation을 보고서, 눈물과 비애의 또 다른 홍수에 빠져 그의 자손들처럼 침몰하였다. 미가엘의 부축을 받고 일어선 아담은 그 슬픔을 하소연하였다(XI, ll. 754-762). 아담은 불길한 예견ill foreseen의 환상에서 미래를 본 것을 후회하고 몹시 괴로워함. 앞으로는 어느 누구도 자기와 자기의 자손에게 일어날 일의 예고를 들으려하지 말라고 말함(XI, ll. 763-772). 광포violence와 전쟁이 끝났을 때, 만사가 형통(亨通)하고 평화가 인류the race of man에게 오래도록 행복의 날로 장식되기를 바랬건만, 황폐(荒廢)의 전쟁에 못지 않은 부패의 평화를 보니, 내가 까맣게 속았나이다. 어찌 이렇게 되나이까. 하늘의 안내자시여, 여기서 인류가 끝날 것인지 어떤지 말해주사이다(XI, ll. 779-786)라고 아담은 반문했다.

이러한 아담에게 미가엘은, 그대가 홍수 직전에 보았던 전승(戰勝)과 호사스러운 부를 누린 자들은 뛰어난 무용prowess과 대단한 공훈exploits은 있으되, 인간의 참다운 미덕이 결여된 자들로서(XI, ll. 787-790), 그들의 인생행로를 쾌락pleasure, 안일ease, 나태sloth, 과식Surfeit, 그리고 정욕lust으로 바꾸고 드디어 우애(友愛)에서 음란wantonness과 교만pride을, 평화에서 적대행위를 야기하게 되니라(XI, ll. 794-796)고 승전자(勝戰者)들이 타락하는 과정을 말한 다음, 피정복자The conquered나 전쟁의 노예도 역시 자유와 함께 모든 미덕을 상실하여(XI, ll. 797-798), 하나님을 저버린 세속적인 방종dissolute과 향락생활을 하려고 애쓰게 되니라(XI, ll. 799-804)고 패전자(敗戰者)들이 타락하는 과정을 말하였음. 그처럼 모두가 타락하고 모두가 부패하여 정의와 절제, 진리와 신앙이 망각되었는데(XI, ll. 805-807), 그러한 여러 가지에 분노한 암흑시대의 예외인 한 사람, 유일한 빛의 아들(노아)은(Cf. *Philippians*, 2: 15, "이는 너희가 흠이 없고 순전(純全)하여, 어그러지고 거스르는 백성 가운데서, 하나님의 흠 없는 아들로 세상에서 그들 가운데 빛들로 나타내며"That ye may be blameless and harmless, the sons of God, without rebuke, in the mist of a crooked and perverse nation, among whom ye shine as lights in the world; cf. *Matthew*, 5: 14; *John*, 12: 36) 그들을 훈계하여 정의의 길로 안내하고, 회개하지 않는 그들에게 닥쳐올 하나님의 진노wrath를 선언한 살아 있는 단 한 사람의 의인The one just man alive(*Genesis*, 7: 1, "여호와께서 노아에게 이르시되, ... 네가 이 세대에 내 앞에서 의로움을 내가 보았음이니라"And the Lord said unto Noah, ... for thee have I seen righteous before me in this generation.)이었음을, 그 의인의 방주와 하늘나라의 폭포들이 모두 열려all the cataracts / Of heaven set open 밤낮으로 쏟아진 홍수, 그 홍수의 실황, 그리고 낙원의 소멸 등을 보충설명해주고, 그리고 인적(人跡)이 끊어진 그 곳 낙원에 그대에게 가르침을 주고자 하나님은 신성

sanctity을 부여하지 않았노라(XI, ll. 808-838)고 미가엘은 말해주었다.

일곱 번째 환상the seventh vision에서, 아담에게 미가엘은 노아의 홍수 이후에 천지가 복원되는 실상(實相)을 보여준다. 줄어든 홍수의 물 위에 방주의 선체the ark hull가 떠 있는 것이 보였다. 나날이 물은 줄어들었다. 하늘나라의 창문이 닫히면서 수문His sluices이 막혀, 방주는 땅 위의 어떤 산꼭대기에(아라랏 산the mountains of Ararat의 정상을 일컬음.) 고착된 것 같았으며, 산봉우리들의 바위가 나타나면서(*Genesis*, 8: 1-5) 물줄기는 바다로 몰려갔다(XI, ll. 840-854). 방주에서 까마귀가 날아 나오고, 비둘기를 내놓으니 비둘기가 두 번째 돌아올 때에, 그 부리로 평화의 표상인 감람나무 잎을 물고 왔다. 이윽고 마른 땅이 나타나자 그 노부는 그의 일행 모두를 데리고with all his train 방주에서 내린다(XI, ll. 855-862: *Genesis*, 8: 6-19). 그런 다음에, 노부가 손과 눈을 경건하게 올리고 하늘나라에 감사할 때(Cf. *Genesis*, 8: 20-21, "노아가 여호와를 위하여 제단을 쌓고 모든 정결한 짐승 중에서와, 모든 정결한 새 중에서 취하여 번제(燔祭)로 제단에 드렸더니./여호와께서 감미로운 향기를 맡으시고, 그 심중(心中)에 이르시되, 내가 다시는 사람으로 인하여 땅을 저주하지 아니하리니, 이는 사람의 마음의 계획하는 바가 어려서부터 악함이라. 내가 전에 행한 것 같이 모든 생물을 멸하지 아니하리니"And Noah builded an altar unto the Lord, and took of every clean beast, and of every clean fowl, and offered burnt-offerings on the altar./And the Lord smelled a sweet savour; and the Lord said in his heart, I will not again curse the ground any more for man's sake; for the imagination of man's heart *is* evil from his youth: neither will I again smite any more every thing living, as I have done.), 그는 머리 위의 이슬 머금은 구름과 그 속에 있는 세 가지 화려한 색깔로 된 선명한 무지개를 본다. 그것은 하나님으로부터의 평화와 새로운 성약Covenant new을 예시(豫示)한 것이다(*Genesis*, 9: 13-15). 이러한 것들을 본 아담은 이전의erst; previously(Milton(1968, notes), 607) 슬픔에서 기쁨을 되찾고(XI, ll. 863-869), 인간과 만물의 종족보존을 확신하고서, 이제는 사악한 아들들의 전세계one whole world가 멸망한 것을 비탄하지 않나이다. 나는 오히려 그토록 완전하고 그토록 의로운 한 사람을 찾아내어, 하나님께서 황송하게도 제2의 세계another world를 일으키시고 모든 노여움을 잊으신 것을 기뻐하나이다(XI, ll. 872-878). 그러나 마음을 풀으신 하나님의 이마처럼 펼쳐진Distended; expanded 저 빛깔진 줄무늬는 무엇이나이까? 아니면 저것들은 저 물구름과 꼭같이 흐르는 옷자락이 다시 풀려 땅에 물을 쏟지 않도록, 그것을 묶어두는 꽃장식의 끝단이나이까?(XI, ll. 879-883)라고 미가엘에게 묻는다. 이에 미가엘은 영리하게 맞혔음과 하나님의 노여움이 풀어지심을, 하나님이 인간의 타락과 강포와 패괴(悖壞)함Corrupting을 보시고 마음으로 후회하고 한탄하셨지만(*Genesis*, 6: 6-7, 11-12), 그러나 그러한 것이 사라졌음을 말하고서, 하나님은 그와 같은 은총such grace(*Genesis*, 6: 8, "그러나 노아는 여호와께 은총을 입었더라"But Noah found grace in the eyes of the Lord.)을 입은 한 사람의 의인을 눈앞에서 찾음으로써 마음을 푸시고, 다시는 홍수로 땅과 세상의 모든 것을 멸하지 않겠다는 성약a Covenant을 세우셨노라(XI, 884-895: *Genesis*, 9: 11, "내가 너희와 성약을 세우리니, 다시는 모든 생물을 홍수로 멸하지 아니할 것이라, 땅을 침몰할 홍수가 다시 있지 아니하리라"And I will establish my covenant with you; neither shall all flesh be cut off any more by the waters of a flood; neither shall there any more be a flood to destroy the earth. Cf. *Psalms*, 104: 9, 14-15; *2 Peter*, 3: 6-7). 하지만 하나님이 땅 위에 구름을 가져올 경우엔, 세 종류의 색깔로 된 무지개His triple-coloured bow로써 그의 성약을 기억하게 하시니라(Cf. *Genesis*, 9: 16). 아울러 낮과 밤, 파종과 추수Seed time and harvest, 더위와 된서리

hoary frost는 그들의 운행을 지키고(Cf. *Genesis*, 8: 22), 드디어 하늘나라의 불이 만물을 새롭게 정화(淨化)한 신천지에서(Cf. *2 Peter*, 3: 12-13) 그 의인이 살게 되리라(XI, ll. 895-901)고 미가엘은 답해주었다.

『실락원』의 종결부

이 서사시의 종결부는 노아의 홍수로 개벽(開闢)된 이후의 제2의 세계another world(XI, l. 877)에 관한 인류사(人類史) 이야기를 미가엘이 아담에게 들려주고 나서, 성부 하나님이 선고하신 대로 아담과 이브를 낙원에서 추방하는 것으로 대단원의 막을 내린다. 여기서, 미가엘은 어조를 부드럽게 바꾸어 말을 새로 시작하기를, 그대는 그렇게 한 세상이 시작되고 끝나고, 인간이 마치 제2의 줄기a second stock (제2의 줄기는 III권의 288행에서 제2의 뿌리a second root로 표현되어 있으며, 제2의 아담 그리스도를 표상한 것으로 되어 있다. "그것은 제1의 세계에서 제2의 세계로the second *world*, 제1의 줄기에서 제2의 줄기로the *second stock*(XII, l. 7), 그리고 제1의 근원(根源)에서 제2의 근원the *second source*(XII, l. 13)에로의 변천이다" 그리고 "줄기*stock* 라는 말에는, 인간의 혈통의 또 하나의 근원인 노아는 유일한 근원one source인 아담의 혈통 그대로의 후계literal replacement를 말할 뿐만 아니라, 인류를 그리스도의 혈통the stem of Christ에로의 접목grafting을 언급한 어떤 다의성(多意性)An ambiguity이 있다, ..."—Milton(1968, notes), 610)에서처럼 생기는 것을 보았다. 아직 볼 것이 많은데, 그대 인간의 눈이 약화하였으므로 지금부터 앞으로의 일을 말로 할 터이니, 잘 경청할 것을 아담에게 당부함(XII, ll. 5-12).

첫째 이야기 1st Story에서, 아담에게 미가엘은 노아의 차남 함의 손자이고, 시날Shinar 땅의 지배자 니므롯Nimrod(*Genesis*, 10: 6-10)에 관한 이야기를 들려준다. 이 인류의 제2의 근원은 아직 수가 적고, 지난 심판의 공포가 생생하게 남아 있는지라, 하나님을 두려워하는 생활로 급속히 번성하여 풍성한 수확물과 가축들의 어린 것들로 하나님에게 거룩한 제사sacred feast를 올리며, 족장의 지배paternal rule 아래 가족끼리 부족끼리 오래도록 평화롭게 살았다(XII, ll. 13-24). 마침내, 오만하고 야심 있는 한 사람이(노아의 증손 니므롯을 일컬음.) 나타나서 그의 형제에게서 부당하게 가로챈 주권을 행사하며, 화합과 자연법칙을 땅에서 완전히 쓸어버리려는 자. 그의 폭군적인 절대 주권his empire tyrannous에 복종을 거부하는 자는 그의 사냥감이고, 하늘나라를 멸시하고 하늘나라로부터 제2의 주권second sovereignty을 요청함으로써, 여호와 앞에서 유별난 사냥꾼이라는 호칭을 받은(*Genesis*, 10: 9, "그가 여호와 앞에서 유별난 사냥꾼이 되었으므로, 속담에 이르기를, 아무는 여호와 앞에 니므롯 같은 유별난 사냥꾼이로다 하더라"He was a mighty hunter before the Lord: wherefore it is said, Even as Nimrod the mighty hunter before the Lord.) 하나님에 대한 반역자로 낙인될 자. 그는 같은 야심으로 자기 밑에서 폭정을 휘두르고자 동참한 도당과 더불어with a crew 에덴으로부터 서쪽으로 진군하다가, 검은 역청(瀝靑)의 소용돌이가a black bituminous gurge(*gurge*] whirlpool (first instance in *OED*; almost certainly a Latinism: *gurges*=abyss, whirlpool).—*Op. cit.*, 612) 땅 밑에서 끓어오르는 벌판을 발견하게 되어, 벽돌과 그 물질로(Cf. *Genesis*, 11: 2-3, "이에 그들이 동방에서 옮기다가, 시날 평지를 만나 거기서 거하고./서로 말하되, 자, 벽돌을 만들어 견고히 굽자하고, 이에 벽돌로 돌을 대신하며, 역청으로 진흙을 대신하고"And it came to pass, as they journeyed from the east, that they found a plain in the land of Shinar; and they dwelt there./And they said one to another, Go to, let us make brick, and burn them thoroughly. And they had brick for stone, and slime had they for mortar.) 그들은 스스로의 이름을 얻고 먼 이국땅으로 흩어지지 않도록 하기 위하여, 도시와 꼭대기가 하늘나라에 닿는 탑을 건설코자 하였노라(XII, ll. 24-46: cf. *Genesis*, 11: 4). 그들의 행위를 지켜보던 하나님께서 드디어 그들을 바라보시고, 그 탑이 하늘나라의 탑을 가로막기 전에 조롱하시며in derision(Comp. *Psalms*, 2: 4), 그들의 혀에 불화의 영(靈)a various spirit을 심어서 그들의 원래의 언어를 완전히 말살해버리고, 그 대신에 말이 아닌 말의 소음으로 서로 의사소통이 되지 않도록 함으로써(Cf. *Genesis*, 11: 1, 5-8), 그 건축은 중단되고 그 건축공사는 '혼란'으로 명명되었느니라the work Confusion named(*Genesis*, 11: 9, "그러므로 그 이름을 바벨이라 하니, 이는 여호와께서 거기서 온 땅의 언어를 혼란(混亂)케 하셨음이라. 여호와께서 거기서 그들을 온 지면에 흩으셨더라"Therefore is the name of it called Babel, because the Lord did there confound the language of all the earth: and from thence did the Lord scatter them abroad upon the face of all the earth. 이 구절의 행간(行間)의 주해(註解)marginal gloss에서 알 수 있듯이, *Confusion named*는 히브리어로 바벨Babel이고, 바벨의 뜻은 '혼란'Confusion이다(Cf. *Op. cit.*, 613). 그리고 창세기*Genesis* 10장과 11장에서, 니므롯이 바벨탑 건축을 주장했다거나 주도했다는 기록은 없다.)고 미가엘은 이야기하였다(XII, ll. 50-62). 이에 아담은 조상답게 불쾌한 심정을, 저주받을 자손이군요. 하나님으로부터 받지 않은 권위를 찬탈(簒奪)하다니요. 하나님이 우리에게 부여한 절대주권Dominion absolute은 단지 짐승과 물고기와 새 등에 대해서만이고, 사람 위에 사람을 주인lord으로 두지 않으셨으며, 주인이라는 이름은 자신만이 보유하시고, 인간은 인간에게서 자유롭게 하셨는데, 그 찬탈자는 그의 오만한 불법침략his encroachment proud을 멈추지 않고, 그의 탑으로 하나님에게 도전하다니요. 한심스러운 인간이나이다(XII, ll. 63-74)라고 한탄하였다.

둘째 이야기 2nd Story에서, 미가엘은 그대가 그 자손을 증오함은 당연하다. 그러나 그대의 근원적인 과실(過失)thy original lapse,

즉 그대의 원죄 이래로 참다운 자유는true liberty 상실되었노라. 참다운 자유는 항상 바른 이성과 짝지워서(*Twinned*] Implies not only a close relation but also a reflective relation in which free will is a true image of reason.—*Op. cit.*, 614) 살며(자유 내지는 자유의지와 이성의 판단 또는 이성과의 관계를 밀턴은 군데군데에서 언급해놓았다. Cf. III, ll. 96-128; V, ll. 524-534; IX, ll. 351-353), 따로 분리되어서는(dividual; separate, distinct) 존재하지 않노라(XII, ll. 79-85). 인간이 지닌 이성이Reason in man 어둡거나 이성에 복종하지 않으면, 당장에 터무니 없는 욕망과 고조된 열정upstart passions이 이성의 지배권을 잡아채고, 그 때까지 자유롭던 인간을 노예로 전락(轉落)하게 하니라. 인간 스스로 내부에서 무리한 힘이 자유의지의 이성free reason을 지배하도록 용납하면, 공의(公義)로운 판단의 하나님께서는 인간을 외부에서 광포(狂暴)한 군주들violent lords에게 예속(隷屬)시키니라(하나님께서는 인간의 자유의지의 이성 또는 마음의 의지의 선택에 따라 내부와 외부가 같도록 그 운명을 예정해두심을 뜻함(Cf. III, 114-128). Cf. *Luke*, 6: 43, 45, "못된 열매를 맺는 좋은 나무가 없고, 또 좋은 열매를 맺는 못된 나무가 없느니라"For a good tree bringeth not forth corrupt fruit; neither doth a corrupt tree bring forth a good fruit. "선한 사람은 마음의 쌓은 선에서 선을 내고, 악한 사람은 그 쌓은 악에서 악을 내나니"A good man out of the good treasure of his heart, bringeth forth that which is good; and an evil man out of the evil treasure of his heart, bringeth forth that which is evil: *Ephesians*, 1: 11, "모든 일을 그 마음의 의지대로 역사하시는 자의 뜻을 따라, 우리가 예정을 입어 그 안에서 기업(基業)이 되었나니"In whom also we have obtained an inheritance, being predestinated according to the purpose of him who worketh all things after the counsel of his own will:). 광포한 군주들은 종종 인간의 외적 자유를 과당(過當)찮게undeservedly 속박하니라. 폭정tyranny은 반드시 있는 법. 때로는 백성들도 이성

이라는 미덕으로부터 매우 낮게 타락하여, 악이 아닌 정의에 어떤 치명적인 저주를 곁들여서 내적inward 자유를 상실한(내적 자유는 아담의 원죄로 상실되었음.) 그들의 외적 자유outward liberty를 박탈하니라. 그 사례(事例)로서, 불경스러운 아들(노아의 차남 함을 일컬음. Cf. *Genesis*, 9: 21-25)에게 아비(노아)가 당한 치욕(恥辱)으로 말미암아(Cf. *Genesis*, 9: 21-22), 그 사악한 자손 위에(함의 사남 가나안Canaan에게) '종들 중의 종'*Servant of servants*이 되라는(*Genesis*, 9: 24-25, "노아가 술이 깨어 그 작은 아들이 자기에게 행한 일을 알고. / 이에 가로되, 가나안은 저주를 받아 그 형제의 종들 중의 종이 되기를 원하노라"And Noah awoke from his wine, and knew what his younger son had done unto him. / And he said, Cursed *be* Canaan: a servant of servants shall he be unto his brethren.) 가혹한 저주가 떨어졌음. 이후의 세계(노아의 홍수 이후 제2의 세계)도 이전의 세계(노아의 홍수 이전 제1의 세계)와 마찬가지로 악에서 심한 악으로 나아가기에, 이윽고 하나님께서도 그들을 외면함avert / His holy eyes 등으로(XII, ll. 86-109) 미가엘은 둘째 이야기의 배경을 아담에게 들려준 다음에, 둘째 이야기의 주된 내용으로서, 아브라함Abraham(*Genesis*, 17: 1, 5: 아브람Abram의 나이 99세 때에, 여호와께서 아브람을 아브라함Abraham으로 개명하여 부르심. 아브라함은 아담의 20세손이고 노아의 장남 셈의 9세손, 즉 노아의 10세손임. Cf. *Genesis*, 11: 10-26)에서부터 이삭Issac(아브라함의 아내 사라Sarah(히브리어로 '여주인'이라는 뜻임.)가 낳은 아들임. 그 이름의 뜻은 '웃음'이라고 함. Cf. *Genesis*, 17: 19; 21: 3), 이삭의 아들 야곱Jacob(이름의 뜻은 '발꿈치를 잡았다'라고 함. 하나님께서 야곱의 이름을 이스라엘Israel로 개명하여 부르심. 개명된 이름의 뜻은 '하나님과 겨루어 이김'이라고 함. Cf. *Genesis*, 32: 28; 35: 10), 야곱의 아들 요셉Joseph(야곱의 둘째 부인 라헬Rachel의 첫째 아들. 아브라함의 3세손. 이름의 뜻은 '더함'이라고 함. Cf. *Genesis*, 29: 23-28;

30: 22-24), 그리고 모세Moses(야곱의 첫째 부인 레아Leah가 낳은 삼남 레위Levi(Cf. *Genesis*, 29: 32-35. 이름의 뜻은 '연합함'이라고 함)의 손자 아므람Amram의 아들임(Cf. *1 Chronicles*, 6: 1-3). 아브라함의 6세손. 이름의 뜻은 '물에서 건져냄'이라고 함.—Cf. *Exodus*, 2: 1-10; 6: 16-20)에 이르기까지 그 역사의 줄거리를 아담에게 들려준다.

그로부터 하나님은 그들의 타락된 길에 버려두시고, 여타의 모든 백성 중에서 한 특별한 백성one peculiar nation을 골라내어(Cf. *Deuteronomy*, 7: 6, "너는 여호와 네 하나님의 성민(聖民)이라, 네 여호와 하나님께서 지상의 만민(萬民) 중에서 너를 자기만의 특별한 백성으로 택하셨나니"For thou art an holy people unto the LORD thy God: the LORD thy God hath chosen thee to be a special people unto himself, above all people that are upon the face of the earth. *Deuteronomy*, 14: 2. 이 구절에서, 아브라함은 하나님의 택함을 받은 선민(選民)임을 밝혀놓았음.), 말하자면 믿음 있는 한 사람(아브라함을 말함. Cf. *Galatians*, 3: 9)에게서 나올 백성A nation from one faithful man to spring. 그는 홍수를 피한 족장patriarch이(노아를 일컬음. 노아는 홍수 후에 350년을 더 살다가 950세에 사망함. *Genesis*, 9: 28-29) 아직 살아 있을 때에, 유프라테스 강 이쪽에서(아브라함 일족의 본토the land of his nativity 갈대아의 우르는Ur of the Chaldees(*Genesis*, 11: 27-28) 에덴에서 발원(發源)하는 셋째 강 티그리스의 서쪽, 넷째 강 유프라테스의 연안에 있었음(*Op. cit.*, 616). 유프라테스 강의 이쪽은 티그리스 강 쪽에서는 동쪽이다. 그러니까, 갈대아의 우르는 에덴에서 유프라테스 강을 중심으로 오른편의 상류, 즉 메소포타미아Mesopotamia의 동쪽 변경인 유프라테스 강의 동쪽 연안에 위치했던 것으로 된다. Cf. *Acts*, 7: 2) 우상숭배로 자랐음(Cf. *Joshua*, 24: 2). 그러나 지존의 하나님은 황송하게도 그를 환상vision으로 불러내어, 그에게 그의 친족과 거짓 신들false gods을 떠나 하나님이 지시하는 땅으로 가서(*Genesis*, 12: 1), 강대한 민족을 일으키고 모든 백성이 그의 후손으로 인하여in his seed(뱀의 머리를 상하게 할 '여자의 후손'her(woman's) seed(*Genesis*, 3: 15)이 누구인가를 암시하고 있음. 즉, 아브라함의 자손인 그리스도를 시사함.) 축복받게 되리라고 하시니(*Genesis*, 12: 2-3), 그는 당장에 순종하니라(*Genesis*, 12: 4). 어떤 땅인지 알지 못하면서도 확실히 믿고서(Cf. *Hebrews*, 11: 8, "믿음으로 아브라함은 부르심을 받았을 때에 순종하여, 장래 기업으로 받을 땅에 나갈새, 갈 바를 모르고 나갔으며"By faith Abraham, when he was called to go out into a place which he should after receive for an inheritance, obeyed; and he went out, not knowing whither he went.), 우상들과 친구들과 고향 갈대아의 우르를 버리고 여울the ford(유프라테스 강 하류의 작은 지류(支流)로서 우르에서 하란Haran으로 가는 도중에 있었음.)을 건너서 하란(우르의 맞은편, 유프라테스 강 하류 근처의 동남쪽에 위치한 지명임.)에 당도함이 보이니라(XII, ll. 109-131). 그러고서, 이제 그는 가나안Canaan(하나님께서 아브라함에게 약속하신 복지의 땅. Cf. *Genesis*, 12: 5-9)에 도착하니라. 그가 가나안 땅에 도착 즉시 장막을 친 곳(세겜Sechem; Sichem; Shechem과 모레Moreh(Cf. *Genesis*, 12: 6. 지금의 중부 팔레스타인Palestine에 속함.)과 가나안 땅의 동서남북 경계를 일러줌(XII, ll. 135-146: cf. *Genesis*, 15: 18; *Exodus*, 23: 31; *Numbers*, 34: 2-12; *Joshua*, 1: 3-4. 이 구절들에 의하면, 지금의 레바논Lebanon, 사우디아라비아Saudi-Arabia, 시리아Syria, 요르단Jordan, 이라크Iraq 유프라테스 강의 동남부 전역, 이스라엘Israel, 그리고 팔레스타인의 영토가 가나안 땅이었음을 알 수 있다. 구약시대의 가나안 땅은 야곱의 열 두 아들이 분활하여 관장했던 12지파(支派)의 영토였다.). 이 땅의 만백성(萬百姓)이 그의 후손으로 인하여in his seed 축복받게 될 것임(Cf. *Genesis*, 22: 17-18; 48: 3-4). 그 후손이란 뱀의 머리를 상할 그대의(아담의) 위대한 구주(救主)thy great deliverer를 뜻함이니라. 믿음 있는 아브라함faithful Abraham이라고 불리워질 이 축복받은 족장This patriarch blest은 그를 닮은 아들(이삭)과 손자(야곱은 이삭의 쌍동이에서 차남. 이삭의 장남은 에서Essu이다. 이름의 뜻은 '털이 많은 자'라고 함. Cf. *Genesis*, 25: 24-26)를 두었는데, 그의 손자는 불어난 열 두 아들(야곱의 첫째 부인 레아는 르우벤Reuben, 시므온Simeon, 레위Levi, 유다Judah(*Genesis*, 29: 31-35), 잇사갈Issachar, 스블론Zebulun(*Genesis*, 30: 17-20)을 낳았고, 레아의 여종 실바Zilpah가 갓Gad과 아셀Asher을 낳았으며(*Genesis*, 30: 9-13), 그리고 야곱의 둘째 부인 라헬은 요셉Joseph(*Genesis*, 30: 22-24)과 베냐민Benjamin(*Genesis*, 35: 16-18)을 낳았고, 또한 라헬의 여종 빌하Bilhah가 단Dan과 납달리Naphtali를 낳았다(*Genesis*, 30: 3-8). 야곱은 2명의 부인과 2명의 첩(여종)에게서 모두 12명의 아들을 얻었으며(*Genesis*, 35: 22-26), 그의 열 두 아들은 훗날 가나안 땅을 관장했던 이스라엘(야곱)의 12지파(*Genesis*, 49: 2-28)이었음.)과 함께 기근 때에In time of dearth(Cf. *Genesis*, 41: 57; 43: 1), 나일 강the river Nile을 경계로 갈라진 애굽Egypt이라는 나라에서, 애굽 왕 바로Pharao; Pharaoh의 제2인자로 있는 끝에서 둘째 아들a younger son(요셉은 야곱의 열 두 아들 중에서 열 한 번째로(Cf. *Genesis*, 42: 3-4; 45: 14), 애굽 왕 바로의 총리ruler over all the land of Egypt(Cf. *Genesis*, 41: 41, 46)로 있었음. 흔히 a younger son을 야곱의 둘째 아들로 번역하고 있는데, 그것은 잘못된 것임.)의 초청을 받아 그 땅에 체재하기 위하여 그가(야곱이) 왔느니라(Cf. *Genesis*, 45: 9-11, 16-19; 46: 3-7, 28-30; 47: 1-6). 거기서 그는 죽고(이스라엘(야곱)이 향년(享年) 147세로 애굽의 고센Goshen 땅에서 그의 열조(烈祖)에게로 돌아감. 가나안 땅의 선영(先塋) 막벨라Machphelah에 매장됨. Cf. *Genesis*, 47: 27-28; 49: 29-33; 50: 12-13. 그리고 애굽의 총리로 바로 왕의 총애를 받던 요셉도 110세를 향수(享壽)하고 고센 땅에서 열조에게로 돌아감. 애굽에서 입관되었음. Cf. *Genesis*, 50: 22-26), 나머지 자손이 불어나서 한 국민이 되니(Cf. *Exodus*, 1: 7), 이제 애굽의 다음 왕a sequent king(애굽의 바로 II세 왕the later Pharaoh 부시리스Busiris를 일컬음. 밀턴은 바로 II세 왕을 애굽의 신화적인 폭군 부시리스와 동일시하고, 바로의 '애굽 기병대'the Pharaoh's 'Memphian chivalry'를 악마들에 비유함. 그러나 밀턴이 바로 II세 왕과 부시리스를 동일시한 이유는 분명하지 않다. Cf. *Op. cit.*, 63, 618)에게 의심받게 되나니라(Cf. *Exodus*, 1: 8-10). 그 왕은 이스라엘 자손의 과잉번식(overgrowth] excessive growth (*OED* I)—*Ibid.*, 618)을 막고자 손님이었던 그들을 노예로 삼고, 아울러 그들의 남자 유아(幼兒)를 죽이니라(Cf. *Exodus*, 1: 13-16)고 미가엘은 말해주었다(XII, ll. 147-168).

이윽고, 하나님의 백성을(이스라엘(야곱)의 자손을) 노예에서from enthralment 구해내기 위하여, 하나님은 두 형제, 즉 모세와 아론 Aaron(아브라함의 5세손 아므람의 장남이고 모세의 형임(Cf. *Exodus*, 6: 20; *1 Chronicles*, 6: 1-3). 모세와 아론은 이스라엘의 4세손임.)을 우선 무법의 폭군에게 보내어(Cf. *Exodus*, 4: 13-16; 5: 1-2), 무서운 표징(表徵)과 심판으로 강압하여 그들(이스라엘의 자손)이 약속의 땅(Cf. *Genesis*, 12: 7; 13: 14-17; 26: 2-4; 35: 11-12; *Exodus*, 3: 6-8; 6: 7-8)으로 돌아 가니라. 하나님께서 이스라엘의 자손을 애굽에서 구출해내어 약속의 땅 가나안으로 데려가기 위하여, 모세와 아론을 통하여 그 무법의 폭군과 그의 백성에게 가해진 하나님의 무서운 표징과 심판의 강압에 관한 출애굽기 7장에서부터 12장까지의 기록을 밀턴은 미가엘의 말을 빌려서 다음과 같이 요약해놓았다. 모든 강물은 흐르지 않는 피로 변해야만 되었고(*Exodus*, 7: 19-21), 개구리(*Exodus*, 8: 2-6), 이lice(*Exodus*, 8: 16-17), 파리(*Exodus*, 8: 21-24) 떼가 진저리나게 들어와서 왕궁과 국토를 온통 채웠고, 가축은 역병과 전염병으로 죽고(*Exodus*, 9: 3-6), 종기Botches와 농포(膿胞)로 왕과 그 백성들 모두의 온 몸은 틀림없이 부풀고(*Exodus*, 9: 8-11), 우박(雨雹) 섞인 뇌성(雷聲)과 불 섞인 우박이 지상의 모든 것을 휩쓸고(*Exodus*, 9: 22-26), 우박과 뇌성에서 멸종을 면한 풀과 실과와 곡물과 지상의 온갖 푸른 것이 몽땅 메뚜기 떼에게 먹히고(*Exodus*, 10: 12-15), 전국을 흑암(黑暗)으로 삼일간의 날수를 없애버리며(*Exodus*, 10: 21-23), 마지막으로 한밤중에 애굽에서 최초로 태어난 모든 것이all the first-born 반드시 죽었음이더라(*Exodus*, 11: 4-7; 12: 29-30). 이렇게 열 가지 타격으로써with ten wounds(XII, ll. 169-190), 이른바, 하나님께서 모세를 통하여 애굽에 내린 '10대 재앙(災殃)'으로써 드디어 길들어진 강(江)의 용(龍)은The river-dragon(당시의 바로를 강물의 악어(鰐魚)에 비유함. Cf. *Ezekiel*, 29: 3, ". . . 주 여호와의 말씀에, 애굽 왕 바로야 내가 너를 대적하노라, 너는 자기의 강들 한가운데 누운 큰 악어라, . . ." . . . Thus said the Lord God; Behold, I am against thee, Pharaoh king of Egypt, the great dragon that lieth in the midst of his rivers, . . .) 굴복하여 그 거류민들his sojourners로 하여금 애굽 땅을 떠나게 하니라(Cf. *Exodus*, 12: 31-37, 40-42). 그 직후 그 왕이 격분하여 놓아보낸 자들을 추격하니(*Exodus*, 14: 5-8), 모세의 지팡이로 갈라진 바다의 양쪽 수정(水晶)벽 사이를 마른 땅에서처럼 그들(이스라엘 자손)은 통과하고(*Exodus*, 14: 16, 21-22), 낮에는 구름으로 밤에는 불기둥으로 그들의 갈 길을 인도하고(*Exodus*, 13: 21-22; 14: 19, 24), 흑암이 중간에서 새벽까지 애굽 왕의 접근을 막고(*Exodus*, 14: 20), 애굽 왕의 모든 군대all his host를 어지럽게 하고 병거(兵車)의 바퀴를 망가지게 하며And craze their chariot wheels(*Exodus*, 14: 24-25), 명에 따라 모세가 한 번 더 권능의 지팡이his potent rod를 바다 위에 뻗치니, 파도는 되돌아와서 진군대열의 군대On their embattled ranks를 함몰(陷沒)시킴(*Exodus*, 14: 26-28; 15: 19). 선민the race elect은 안전하게 지름길이 아닌 광야(曠野)를 지나서 해안(홍해Red Sea의 해안)에서(Cf. *Exodus*, 13: 17-18. 즉, 애굽의 고센 땅 라암셋Rameses; Raamses에서 바다(지금의 수에즈 운하Suez Canal 인근의 바다)를 건너 수르 광야the wilderness of Shur(Cf.

Exodus, 15: 22)와 홍해 연안의 신 광야the wilderness of Sin를 지나서, 르비딤Rephidim(홍해 연안의 시나이 산Mt. Sinai 남서쪽과 근접한 구약시대의 소도시. Cf. *Exodus*, 17: 1)에서 잠시 머문 뒤, 그 곳을 떠나 시나이 광야the desert of Sinai의 시나이 산 앞에 장막을 치고서(*Exodus*, 19: 1-2에서처럼), 모세가 이스라엘 자손을 이끌고 애굽을 떠난 이후부터 시나이 산에 이르기까지 홍해의 해안을 따라 이동하였음.) 가나안을 향해서 나아갔느니라(XII, ll. 191-216).

가나안을 향해서 가는 도중에 그들은 넓은 광야(시나이 광야)에서 행군을 멈추고, 그 곳에서 그들의 통치기관their government을 설치하고, 이스라엘의 12지파로부터 원로원(元老院)their great senate을 선출하니라(Cf. *Exodus*, 18: 24-26; 24: 1-14; *Numbers*, 11: 16-25). 그리고 우뢰와 번개와 나팔소리가 시나이 산 흰 정상을 진동시키는 가운데 하나님이 강림하셔서(Cf. *Exodus*, 19: 16-19), 모세를 통하여 그들에게 율법laws(십계명Ten Commandments)을 정해주시고(Cf. *Exodus*, 20: 1-17; *Deuteronomy*, 5: 1-22), 유형(類型)과 징표(徵表)로써by types / And shadows, 그 뱀을 상하기로 정해진 '후손'destined seed to bruise / The serpent이 어떤 방법으로 인류의 구원을 성취할 것인가를 알려주시니라(XII, ll. 223-235). 황공(惶恐)하옵게도 성스러운 분께서 유한의 인간과 함께 생활하기 위하여(Cf. *Leviticus*, 26: 11-12), 하나님의 성막(聖幕)his tabernacle(성서의 군데군데에서 성소(聖所)the holy place; sanctuary라고도 함. Cf. *Exodus*, 26: 33)을 세우게 하시고(Cf. *Exodus*, 20: 1-37; 35: 10-19; 40: 17-33), 그 안에 하나님의 증거인 성약의 기록 The records of his Covenant을 모셔둘 궤(櫃)the ark(하나님께서 그의 율법(계율)인 십계명을 친수(親手)로 기록하여 모세에게 주신 두 돌판 two tables of stone(Cf. *Exodus*, 24: 12; 40: 20; *Deuteronomy*, 5: 22; 9: 9-11)을 넣어둘 궤(Cf. *Exodus*, 25: 21; 40: 20-21)를 제작하라고 명하셨음(Cf. *Exodus*, 25: 10-22). 모세는 그 궤를 하나님의 말씀대로

이스라엘 자손 브사렐Bezaleel에게 지시하여 제작하였음(Cf. *Exodus*, 37: 1-9. 이 궤를 증거궤(證據櫃)the ark of testimony(*Exodus*, 25: 22), 법궤(法櫃) 내지는 성궤(聖櫃)the ark(*Leviticus*, 16: 2), 그리고 언약궤(言約櫃)the ark of the covenant(*Deuteronomy*, 31: 25; *Joshua*, 3: 14, 17; *Hebrews*, 9: 4-5)라고 기록해놓았다.). 빛나는 두 케룹천사 사이에(Cf. *Exodus*, 25: 19-20; 37: 8-9) 황금으로 만든 속죄소(贖罪所)A mercy-seat(Cf. XI, l. 2: *Exodus*, 25: 17-18; 37: 6-7)가 있고, 그 앞에 불타는 일곱 등잔Seven lamps이 있노라(Cf. *Exodus*, 25: 31-37; 37: 22-24; *Revelation*, 4: 5). 이스라엘 자손이 발행(發行)할 경우를 제외하고, 성막 위에는 낮엔 구름이 밤엔 불의 섬광(閃光)이 머물게 하여(Cf. *Exodus*, 40: 34-38), 마침내 그들은 아브라함과 그 자손에게 약속된 땅에 이르게 되니라(이스라엘 자손이 애굽에 거주한지 사백 삼십 년, 430년을 마감하는 밤에 모세는 하나님의 인도로 그들을 이끌고 애굽의 고센 땅 라암셋에서 출발하여, 가나안 땅 여리고Jericho 맞은편 요단Jordan 강가 모압Moab 평지에 이르렀음(Cf. *Numbers*, 33: 1-54). 모세는 약속된 땅 가나안의 당면문제를 여호수아에게 위임하고(*Deuteronomy*, 31: 7) 120년을 향년(享年)으로 모압 평지에서 사망함(*Deuteronomy*, 34: 5-7). 그 이후부터 여호수아Joshua가 하나님의 인도를 받으며(Cf. *Joshua*, 1: 1-2, 5-6), 이스라엘 자손을 이끌고(Cf. *Numbers*, 27: 18-23; *Deuteronomy*, 1: 38; 3: 28; 31: 23; 34: 9) 애굽에서 출발한지 40년만에(Cf. *Numbers*, 33: 38) 약속받은 땅 가나안에 들어감. 하나님께서 정해주신 가나안 땅(Cf. XII, ll. 135-146: *Genesis*, 15: 18; *Exodus*, 23: 31; *Numbers*, 34: 2-12; *Joshua*, 1: 3-4) 전체를 온전하게 점유하여(Cf. *Joshua*, 21: 43-44) 이스라엘 자손의 각 지파에게 제비뽑기로 나누어주었다(Cf. *Numbers*, 33: 54; 34: 13; *Joshua*, 18: 10-28; 19: 1-51)라고 기록되어 있다.).

그 사이에 얼마나 많은 전쟁을 치뤘으며 얼마나 많은 왕들이 패망하였던고. 인간의 목소리가 명령조로 (하나님께) 간구하여, "태양이여, 기브온Gibeon(예루살렘Jerusalem 서북쪽의 작은 도시)에 머물거라. 달이여, 너도 아얄론Aialon; Ajalon(기브온 서북쪽에 있는 작은 도시)의 골짜기에 머물러라. 이스라엘이 승리할 때까지"(Cf. *Joshua*, 10: 12-14)라고, 그렇게 간청한 것은 아브라함으로부터 세 번째the third / From Abraham(이 어구를 아브라함의 3세 또는 3세손으로 해석해서는 안 된다. 아브라함의 3세손은 요셉인데, 그는 향년(享年) 110세로 애굽 땅에서 이미 그의 열조(烈祖)에게로 돌아갔었다(Cf. *Genesis*, 50: 26). 이 어구는 약속의 땅 가나안을 얻기까지의 지도자를 중심으로 해석되어야 할 것이다. 말하자면, 하나님의 인도로 고향 갈대아의 우르를 버리고 약속의 땅 가나안에 정착한 아브라함이 첫 번째이고, 애굽에서 이스라엘(아브라함의 손자) 자손을 하나님으로부터 약속받은 가나안 땅으로 이끌었던 모세가 두 번째이며, 가나안 땅에 들어가서 그 땅 전체를 얻고, 그것을 이스라엘 자손의 기업(基業)으로 분배해준 여호수아가 세 번째이다.), 이삭의 자손son of Issac,* 그리고 그에게서부터 그의 모든 후손His whole descent이 가나안을 얻게 되었느니라(XII, ll. 244-269)는 등등으로, 이스라엘 자손이 성약의 땅 가나안을 얻기까지의 역사를 미가엘은 아담에게 들려주었다. 미가엘의 그러한 이야기에, 아담은 의로운 아브라함과 그의 자손에 관한 것을 알려준 데에 대한 고마움을 표하고(XII, ll. 270-273), 이제 처음으로 나의 참다운 눈이 열리고(*true opening*] 금단의 실과로 열린 눈은 뱀의 간계에 의한 허위의 눈이었음을 함축하고 있음.—Cf.

---

* 이 어구 역시도 이삭의 아들로 해석하는 것은 잘못이다. 그 까닭은 이스라엘 자손을 가나안 땅으로 이끌었던 세 번째 인물과 동격이기 때문이다. 그리고 그 세 번째 인물인 여호수아의 계보(系譜)를 보면, 요셉의 차남 에브라임Ephraim(Cf. *Genesis*, 41: 51-52; 46: 20. 아브라함의 4세손이고 이삭의 3세손임. 이름의 뜻은 '창성(昌盛)함'이라고 함.) 지파의 눈Nun의 아들 호세아Oshea(이름의 뜻은 '구원'salvation이라고 함.)이다(*Numbers*, 13: 8). 호세아라는 이름을 모세가 여호수아Jehoshua; Joshua(이름의 뜻은 '여호와는 구원이시다'Jehovah is salvation라고 함.)로 개명하여 불렀다(Cf. *Numbers*, 13: 16). 여호수아는 110세를 향수(享壽)하고 가나안 땅의 에브라임 산지에in mount Ephraim 묻힘(Cf. *Joshua*, 24: 29-30). 이와 같은 계보에서 알 수 있듯이, 여호수아는 이삭의 아들이 아니라, 아브라함과 이삭과 이스라엘과 요셉의 자손으로 해석되어야 한다(Cf. *Numbers*, 26: 35-37).

Milton(1968, notes), 623), 나의 마음은 자못 편안해진 듯하나이다now first I find/Mine eyes true opening, and my heart much eased(XII, ll. 273-274). 나로서는 과분(過分)한 은혜이나이다Favour unmerited by me(XII, l. 278). 그런데, 지금도 이해가 안 되는 것은 황송하게도 지상에서 인간들과 같이 생활하실 하나님께서 그들에게 어째서 그렇게 많은 온갖 율법을 내리시는지요. 많은 율법은 그들의 많은 죄를 입증함인데So many laws argue so many sins/Among them, 하나님께서 어찌 그러한 자들과 사실 수 있는지요(XII, ll. 280-284)라고 아담은 미가엘에게 묻는다.

셋째 이야기3rd Story에서, 아담의 그러한 물음에 미가엘은 다음과 같은 이야기로 대답해준다. 그대의 자손인 고로(원죄의 자손이므로) 그들(인간) 사이에 죄가 득세할 것임이 틀림없노라(XII, ll. 285-286)고 율법의 필요성을 말함. 그런고로 그들에게 부여된 율법은 그들의 본질적인 사악(邪惡)their natural pravity(*pravity*; depravity—*Ibid*., 623. Cf. *Genesis*, 6: 5; *Psalms*, 51: 5)을 명증(明證)하기to evince 위함이니라. 율법은 죄와의 싸움임Sin against law to fight(XII, l. 289). (율법의 규례(規例)에 따른) 그림자와 같이 shadowy(Cf. *Hebrews*, 10: 1) 미약한 속죄물expiations(Cf. *Genesis*, 29: 10-18)인 소나 산양의 피보다 더 고귀한 피가 인간을 위하여, 정의가 불의를 위하여 바쳐져야 한다는 결론에 이르게 함이니라(Cf. *Hebrews*, 9: 12-14; 10: 4-5). 율법은 신앙으로써by faith 하나님을 향한 정의로움Justification towards God과 양심의 평화를 구하기 위함이다. 율법은 의전예식(儀典禮式)으로써by ceremonies 이행되는 것이 아니라, 율법의 과업으로부터 신앙의 과업으로 이루어져야 하니라(XII, ll. 291-306: 285행에서부터 306행까지는 "모든 개신교 신학자들all Protestant theologians의 공통적이면서도 중심적인 바탕을 망라하는, 이른바 신앙으로써 정의로움을 향한 것과 관련 있는 율법에 대한 진술이다."—*Op. cit*., 623. Cf. *Romans*, 3: 20; 4: 13, 21-24; 5:

1, 17, 21; 7: 7-9; 10: 4-6; *Galatians*, 3: 5-7; *Hebrews*, 7: 19). 모세는 율법의 교역자(敎役者)the minister / Of law에 불과했던 까닭으로 하나님의 백성을 가나안에 인도할 수 없게 되고, 이방인이 예수라고 부르는 여호수아만이 그의 이름과 임무를 맡았음But Joshua whom the gentiles Jesus call, / His name and office bearing(*Jesus*] The Greek equivalent of *Joshua*; appearing as such in *Acts* vii 45 etc.—*Op. cit.*, 624). 예수 그리스도의 출현을 예고(豫告)함(XII, ll. 307-314). 사사(士師)judges 시대('사사기'는 여호수아 사후부터 이스라엘의 왕정정치가 시작되기 이전, 이방 민족의 압제로부터 이스라엘 민족을 구했던 지도자의 명칭에서 유래된 것이라고 한다. 지도자의 명칭으로 주로 사용된 영어의 'judge'에 해당하는 히브리어의 'shopet'은 보다 광범위한 뜻을 지니고 있다. 고대의 문서에 의하면, 지방판사civil magistrates, 국가의 수뇌heads of state, 습틴shptn(우리의 재판자our judge), 그리고 믈큰mlkn(우리의 왕our king) 등의 동의어로 사용되었다고 한다.), 왕 중에서 두 번째 왕(이스라엘의 첫 번째 왕은 이스라엘의 막내 아들 베냐민 지파 아비아Aphiah의 현손(玄孫) 기스Kish의 아들 사울Saul(Cf. *1 Samuel*, 9: 1-2)이 40세에 왕위에 오름(Cf. *1 Samuel*, 13: 1). 두 번째 왕 다윗David(노아의 23세손, 아브라함의 13세손)은 이스라엘의 넷째 아들 유다 지파로서, 베들레헴 에브랏 사람 이새Jesse의 여덟 아들 중의 막내로(Cf. *1 Samuel*, 16: 1, 10-13; 17: 12-14) 30세에 왕위에 오름. Cf. *2 Samuel*, 5: 4-5) 왕위가 영원히 견고(堅固)하리라는 (하나님의) 변경 불가능한 성약을 받은a promise shall receive / Irrevocable(Cf. *2 Samuel*, 7: 8-16) 다윗 왕 시대, 다윗 왕의 혈통에서 그대에게 예언된 여자의 후손the woman's seed(Cf. *Genesis*, 3: 15; 24: 60), 아브라함(아담의 20세손, 노아의 10세손)에게는 만민이 그에게 의존하게 되리라고 예언된 바 있고(Cf. *Genesis*, 17: 4-6; 27: 17-18, "내가 네게 큰 복을 주고, 네 후손으로 크게 성(盛)하여 하늘의 별과 같고 바닷가의 모래와 같게 하리니, 네 후손이 대적의 문을 얻으리라"That in blessing I will bless thee, and in multiplying I will multiply thy seed as the stars of the heaven, and as the sand which *is* upon the sea-shore; and thy seed shall possess the gate of his enemies; "또 네 후손으로 말미암아 천하 만민이 복을 얻으리니, 이는 네가 나의 말을 준행(遵行)하였음이니라 하셨다 하느니라"And in thy seed shall all the nations of the earth be blessed; because thou hast obeyed my voice.), 열왕(列王)kings의 통치가 영원할 것이기에 마지막 왕으로 예언된 왕(다윗 왕의 위를 계승한 솔로몬Solomon 왕은 이스라엘 백성과 이방인과의 혼인을 금(禁)하라(Cf. *Exodus*, 34: 15-16; *Deuteronomy*, 7: 1-4)는 하나님의 율례(律例)를 무시하고, 그는 여러 이방 여인들과 상관(相關)하여 혼인함으로써 범죄하였고(Cf. *1 Kings*, 11: 1-3; *Nehemiah*, 13: 25-26), 또한 그가 늙었을 때에, 하나님께서 율법(계율; 계명)으로 엄격하게 금지한 우상숭배를 하였음으로(Cf. *1 Kings*, 11: 4-8) 통일된 하나의 이스라엘을 하나님은 솔로몬 왕의 아들 르호보암Rehoboam(41세에 유다Judah의 왕이 됨) 대에서 한 지파만으로 유다를 통치하는 왕이 되게 하고(Cf. *1 Kings*, 11: 11-13; 14: 21), 나머지 지파를 솔로몬의 심복(心服) 에브라임 지파 느밧Nebat의 아들 여로보암Jeroboam으로 하여금 통치하도록 하였음(Cf. *1 Kings*, 11: 11, 26, 31-35; 12: 15-24). 그러니까, 솔로몬은 하나의 이스라엘을 통치한 마지막 왕이 된 셈이다. 그러나 다윗의 왕통은 오래도록 계속된다. Cf. *1 Kings*, 11: 36), 부(富)와 지혜로 명성이 높은(Cf. *2 Chronicles*, 1: 11-12) 그의(다윗의) 다음 아들은(솔로몬을 가리킴.)* 그 때까지 성막에 방치되어 있던 하나님의 법궤the ark of God

* 참고로 다윗의 아들들을 보면, 첫 부인 사울의 딸 미갈Michal(Cf. *1 Samuel*, 18: 27; 25: 44; *2 Samuel*, 3: 13-16)은 잉태하지 못했고(Cf. *2 Samuel*, 6: 20-23), 다윗이 헤브론Hebron에서 칠년 육개월 동안 치리(治理)할 때, 그의 부인 아히노암Ahinoam의 암논Amnon이 첫째요, 나발Nabal의 아내 되었던 아비가일Abigail(Cf. *1 Samuel*, 25: 1-43)의 길르압Chileab (또는 다니엘Daniel. Cf. *1 Chronicles*, 3: 1)이 둘째요, 마아가Maacah의 압살롬Absalom이 셋째요, 학깃Haggith의 아도니야Adonijah가 넷째요, 아비달Abital의 스바댜Shephatiah가 다섯째이며, 그리고 에글라Eglah의 이드르암Ithream이 여섯째이다(Cf. *2 Samuel*, 3: 2-5; *1 Chronicles*, 3: 1-4). 다윗이 헤브론에서 올라온 후에 예루살렘Jerusalem에서 삼십 삼년 동안 치리할 때, 그가 얻은

를 찬란한 성전(聖殿)에 모시게 되니라(다윗 왕은 하나님께서 자신에게 내린 성약(Cf. *2 Samuel*, 7: 8-16)을 솔로몬에게 전하고(Cf. *1 Kings*, 2: 1-4), 또한 그의 유언(遺言)에서(Cf. *1 Chronicles*, 28: 1-21) 하나님의 성전을 반드시 건축할 것을 솔로몬에게 당부함(Cf. *1 Chronicles*, 28: 3, 6, 10-19). 이스라엘 자손이 애굽 땅에서 나온지 480년만에, 솔로몬이 왕위에 오른지 4년 2월에, 그는 하나님의 언약과 부왕의 유지(遺志)를 받들어 성전건축을 시작한지 7년만에 완성하였음.—Cf. *1 Kings*, 6: 1-38) 그러나 솔로몬 왕은 뒤이어Such follow him(솔로몬 왕 말년에서부터) 우상숭배(Cf. *1 Kings*, 11: 33; 14: 23; *Jeremiah*, 25: 6-7)와 기타 악행이(Cf. *1 Kings*, 14: 22, 24; 15: 1-3, 25-26; *2 Kings*, 24: 18-20; *2 Chronicles*, 36: 11-16; *Jeremiah*, 25: 1-5) 백성의 총체적인 악행으로 누적되니(*Heaped to the popular sum*] added to the sum of the people's fault.—*Op. cit.*, 625. Cf. *1 Kings*, 14: 16; 15: 27-30; 16: 1-2; *2 Kings*, 17: 21-22), 이에 매우 진노(震怒)하신so incense 하나님께서 저들을 버리고(Cf. *1 Kings*, 14: 15-16) 그 나라와 도시, 성전, 법궤, 그리고 모든 성물(聖物)과 더불어 그 교만의 도시를 조롱의 밥이 되게 하여 혼란 속에 버려짐을 보리라(Cf. *1 Kings*, 14: 25-26; *2*

처첩(妻妾)들에게서 낳은 아들들의 이름은 삼무아Shammuah (또는 시므아Shimea; cf. *1 Chronicles*, 3: 5), 소밥Shobab, 나단Nathan, 솔로몬Solomon과 입할Ibhar, 엘리수아Elishua, 노가Nogah(Cf. *1 Chronicles*, 3: 7; 14: 6), 네벡Nepheg, 야비아Japhia와 엘리사마Elishama, 엘야다Eliada, 엘리벨렛Eliphalet 등이다(Cf. *2 Samuel*, 5: 13-16; *1 Chronicles*, 3: 5-9; 14: 3-7). 다윗이 헷 사람the Hittite 우리아Uriah; Urias의 아내 밧세바Bath-sheba (또는 밧수아 Bath-shua. Cf. *1 Chronicles*, 3: 5)를 자신의 아내로 취하여(Cf. *2 Samuel*, 11: 2-5, 26-27) 얻은 아들이 솔로몬인데(Cf. *2 Samuel*, 12: 24; *Matthew*, 1: 6), 이와 같은 기록의 순서대로라면(Cf. *1 Chronicles*, 3: 1-9) 솔로몬은 다윗의 열 번째 아들이다. 솔로몬이 부왕(父王)의 왕위를 계승하였음(Cf. *1 Kings*, 1: 13, 17, 30, 43-46; *1 Chronicles*, 29: 22-25). 솔로몬이 왕이 되었을 때의 나이는 확실치 않으나, '대장부'가 되라shew thyself a man(*1 Kings*, 2: 2), '작은 아이'I *am but* a little child(*1 Kings*, 3: 7) 또는 '아직 어리고 연약하며'*yet* young and tender(*1 Chronicles*, 29: 1)라는 등의 표현에 나타나 있듯이, 그는 약관(弱冠)에 못 미치는 어린 나이에 등극(登極)했던 것으로 추정된다.

Kings, 24: 13; 25: 8-21; *2 Chronicles*, 36: 17-19; *Jeremiah*, 25: 8-10). 저들은 바벨론Babylon 이라는 도시에 (바벨론 왕 느부갓네살Nebuchadnezzar에 의하여) 포로로 잡혀가서(Cf. *2 Kings*, 17: 23-24; 24: 8-12, 14-17; 25: 6-7; *2 Chronicles*, 36: 5-6) 칠십 년간을 생활하게 되니라(Cf. *2 Chronicles*, 36: 20-21; *Jeremiah*, 25: 11)고 이스라엘 자손의 사사시대에서부터 바벨론에서의 70년간 포로생활까지를 미가엘은 아담에게 이야기해주었다(XII, ll. 320-345).

그러한 다음에, 하나님께서는 자비와 하늘의 낮과 같이as the days of heaven(Cf. *Psalms*, 89: 29) 분명해진 다윗과의 성약his Covenant sworn / To David을 기억하시고 그들을 데려오니라(하나님께서 바사(페르시아) 왕 코레스Cyrus king of Persia의 마음을 강하게 움직여서 그들을 돌아가게 함. Cf. *2 Chronicles*, 36: 22-23; *Jeremiah*, 33: 20-26). 바벨론에서 돌아온 그들은 먼저 성전을 다시 짓고, 한 동안 미천한 신분으로 온건하게 살았지만, 부(富)와 사람의 무리가 늘면서 분쟁(紛爭)이 일어나고, 사제들 간에 알력(軋轢)이 생기고, 그들의 싸움은 성전 자체를 더럽히며(기원전 3세기경에 "서로 반목하는 사제 야손Jason과 메네라우스Menelaus 간에, 메네라우스와 시몬Simon 간에 알력과 싸움이 있었는데, 그 싸움은 시리아 왕(223-187 B.C.) 안티오쿠스; 안티옥Antiochus(241?-187 B.C.)에게 예루살렘을 점령하여 성전을 더럽히는 빌미를 제공하였다."—*Op. cit.*, 626) 마침내 그들은 왕권The sceptre을 잡고 다윗의 자손들을 무시하니라(이 어구의 '그들'은 아스모네니아 가(家)Asmonean family의 사람을 일컬음이다. 아스모네니아는 대사제직(153-35 B.C.)에 있었다. 아스모네니아 가의 한 사람인 아리스토부루스 I세가Aristobulus I 왕권을 잡음으로써, 이스라엘 자손의 신권(神權)정치the Israelite theocracy는 막을 내렸다고 하는 사실을 밀턴은 언급해놓았다.—*Op. cit.*, 626). 그 뒤에 왕권을 이방인a stranger에게 빼앗겼느니라(기원전 47년에, 시저Julius Caesar(100-44 B.C.)는 헤롯 대왕Herod the Great(73?-4 B.C.)의 부친 에돔Edom 사람 안디바델Antipater the Idumean을 유대의 집정자Procurator of Judaea로 삼았다.—*Ibid.*, 626). 그것은 참다운 기름부음을 받은 신권(神權)의 왕 구세주(救世主)Messiah(예수 그리스도. Cf. *John*, 4: 25-26)가 그의 권리를 빼앗기고 태어나고자 함이니라(인간으로 화육(化肉)한 인자(人子) 그리스도의 아버지 요셉Joseph은 맛단Matthan의 손자이고 야곱Jacob의 아들임(Cf. *Matthew*, 1: 15). 요셉은 아담의 60세손이고 아브라함의 40세손이며, 그리스도는 아담의 61세손이고 아브라함의 41세손이 되는 셈이다. Cf. *Matthew*, 1: 16-17, "야곱은 마리아의 남편 요셉을 낳았으니, 마리아에게서 그리스도라 칭하는 예수가 나시니라. 그런즉, 모든 대수(代數)가 아브라함부터 다윗까지 14대요, 다윗부터 바벨론으로 이거(移居)할 때까지 14대요, 바벨론으로 이거한 후부터 그리스도까지가 14대러라"And Jacob begat Joseph the husband of Mary, of whom was born Jesus, who is called Christ. So all the generations from Abraham to David *are* fourteen generations; and from David until the carrying away into Babylon *are* fourteen generations; and from the carrying away into Babylon unto Christ *are* fourteen generations.). 그리스도의 탄생 당시와 장소(Cf. *Matthew*, 2: 1-23; *Luke*, 2: 1-52), 그리고 그의 왕위세습The throne hereditary과 그의 통치경계bound his reign(Cf. *Psalms*, 2: 7-8; *Isaiah*, 9: 6-7; *Daniel*, 7: 13-22; *Luke*, 1: 31-33) 등을 미가엘은 아담에게 이야기해주었다(XII, ll. 345-371). 미가엘이 이야기를 마치자, 아담은 우리의 큰 기대인 그가 '여자의 후손'The seed of woman이라고 불리우는 이유를 이제사 분명히 알겠나이다(XII, ll. 376-379). 지존이신 하나님의 아들, 신성(神性)과 인성(人性)을 겸전한(兼全; 神人一體)God with man unites(Cf. *Acts*, 13: 21-23; *Romans*, 1: 3-4) 그가 어디서, 언제 뱀과 싸워서 뱀의 머리에 치명적인 고통mortal pain의 상처를 입힐 것이며, 뱀의 어떠한 타격이 승리자의 발꿈치를 상할 것인지를 말해주시라(XII, ll. 381-385)고 아담은 미가엘에게 요청함.

넷째 이야기4th Story에서, 미가엘은 그에게 말하기를, 그들의 싸움을 결투와 같은 것으로their fight, / As of a duel, 또는 머리나 발꿈치의 국부(局部)적인 상처the local wounds와 같은 것으로 상상하지 말아라. 성자가 신성과 인성을 겸한 것은 보다 강한 힘으로 그대의 적을 격파하기 위함이 아니니라. 마왕Satan이 하늘에서의 추락은(Cf. *Luke*, 10: 18) 치명적인 상처였지만, 그대에게 죽음의 상처를 입힐 정도였노라. 그대의 구주(救主)thy saviour로 오시는 그가 그것을 치유하시니라. 그대와 그대의 후손에게 마왕이 행한 일을 멸함으로써(Cf. *1 John*, 3: 8), 그대가 이행치 못한 것, 이른바 하나님의 율법을 순종함으로써, 그대의 범죄에 적합하면서도 그대의 범죄에서 비롯된 그들(그대 자손들)의 범죄에 적합한 벌인 죽음의 고통suffering death을 받음으로써(Cf. *Matthew*, 20: 28; *Hebrews*, 2: 9; *1 Peter*, 3: 18) (그 치유를) 완수하시니라. 그렇게 함으로써만이 높은 정의는 충족될 수 있나니라 can rest apaid(*apaid*; satisfied.—*Op. cit.*, 628. Cf. *Jeremiah*, 23: 5-6; *Matthew*, 3: 15; *John*, 4: 34). 사랑만으로도 율법을 완성하지만(Cf. *Romans*, 13: 10) 성자는 오로지 순종과 사랑으로써 하나님의 율법을 완성하리라(Cf. *Galatians*, 2: 16, 19; *Hebrews*, 9: 22). 성자는 육(肉)으로 와서 비난의 생애와 저주받은 죽음cursed death(Cf. *Deuteronomy*, 21: 23; *Galatians*, 3: 13)으로, (하나님께서) 그대에게 내린 벌thy punishment을 감내(堪耐)하느니라(Cf. *Matthew*, 20: 28)고 그리스도의 죽음과 속죄(贖罪)의 의의(意義)를 말해줌(XII, ll. 386-406). 순종이 신앙으로 돌려져서 그들의 것이 됨을 믿고, 성자의 속죄his redemption가 그들을 구원하기 위한 그의 공덕his merits(Cf. *2 Corinthians*, 5: 21; *Ephesians*, 1: 7)임을 믿는 모든 이에게 영생을 선포하실 것임(Cf. *John*, 3: 16, 36; 11: 25-26; *Titus*, 1: 2; *1 John*, 2: 25). 성자는 증오와 모독을 당하는hated and blasphemed 수난생활 끝에, 십자가에 못박혀 영생을 가져오기 위하여 살해당하게 됨shall slain for bringing life(Cf. *Matthew*, 26: 57-27: 66; *Mark*, 14: 53-15: 47; *John*, 18: 1-19: 42). 그러나 성자는 그대의 적(Cf. *Hebrews*, 2: 14-15)과 그대에게 거슬리는 율법(Cf. *Romans*, 10: 4; *Galatians*, 4: 4-5; *Hebrews*, 7: 19, 28)과 모든 인류의 죄(Cf. *1 Corinthians*, 15: 3; *Hebrews*, 9: 28; *1 John*, 2: 2)를 그와 함께 십자가에 못박았느니라(Cf. *Colossians*, 2: 14-15). 이러한 성자의 대속(代贖)을(Cf. *Romans*, 4: 25; 6: 10-11) 올바르게 믿는rightly trust / in this his satisfaction(*satisfaction*] Another theological term, meaning generally payment of a penalty due to God on account of man's sin. Here Christ's vicarious satisfaction is meant.—*Op. cit*., 629) 자들을 결코 더 이상 해치지 못하도록 하기 위함이니라고 그리스도가 십자가에서 죽으신 취지(趣旨)와 그의 성업(聖業)을 말해줌(XII, ll. 407-419). 성자가 죽은지 사흘 만에 부활하심(XII, ll. 419-423: *Matthew*, 28: 1-10; *Mark*, 16: 1-9; *Luke*, 24: 36-43; *John*, 20: 1-20, 25-28; *1 Corinthians*, 15: 21). (성자의 부활로) 그대의 죄값thy ransom을 치르고(Cf. *Isaiah*, 53: 5; *1 Peter*, 2: 24; *Revelation*, 5: 9), 인간을 죽음Death에서 구원한, 인간을 대신한 그의 죽음, 그리고 (그 죽음에서의 부활이라는) 하나님의 이러한 행하심this Godlike act은 그대에게 내린 하나님의 선고thy doom, 즉 영원히 생명을 잃고 죄 가운데서(Cf. *1 Corinthians*, 15: 17) 죽어야만 하는 죽음을 취소하고(Cf. *Hosea*, 13: 14; *Acts,* 2: 24; *Romans*, 5: 17-18; *1 Corinthians*, 15: 21-22, 45, 55-57; *Ephesians*, 2: 4-5; *2 Timothy*, 1: 10; *Revelation*, 1: 18), 마왕Satan의 머리를 상하고, 마왕의 두 가지 주무기(主武器)인his two main arms 죄Sin와 죽음Death을 파괴하여 그 힘을 박살내게 되니라고 그리스도의 부활의 큰 성업 세 가지를 말해줌(XII, ll. 424-435). (부활하신 성자가 그

의 제자들에게To his disciples 현현(顯現)하여) 그는 지상에서 오래 머물지 않았음. 제자들에게 몇 번 나타나서(Cf. *John*, 21: 1-25) 그와 그의 구원his salvation에 대해서 배운 것을 만백성all nations에게 가르치게 하고, 믿는 자들에게는 세례(洗禮)를 줄 것을Baptising 그의 사도들에게 임무로 남겼느니라(XII, ll. 436-442: cf. *Matthew*, 28: 16-20; *Mark*, 16: 14-18; *Luke*, 24: 44-49; *John*, 20: 21-23). 세례란 죄의 가책(呵責)guilt of sin을 씻어서 순결한 생명으로, 구세주the redeemer와 같은 죽음에 임할 마음을 예비하는 표징(表徵)the sign임(*Matthew*, 28: 19; *Mark*, 1: 4; *Acts*, 2: 38; 22: 16; *Colossians*, 2: 12; *Galatians*, 3: 26-27). 구원Salvation은(Cf. *John*, 3: 17; *Acts*, 4: 11-12) 아브라함의 직계(直系)자손에게to the sons of Abraham's loins 뿐만 아니라(Cf. *Romans*, 4: 16; *Galatians*, 3: 7-14), 세상 어디든지 아브라함의 신앙의 자손들에게도 설교될 것이기에, 만백성이 그의 후손으로 말미암아in his seed(Cf. *Galatians*, 3: 15-16) 축복받게 될 것임(Cf. *Genesis*, 22: 17-18; 24: 60)을 한 번 더 상기시켜줌(XII, ll. 442-450). 성자가 승리로 개선하여 하늘 중의 하늘나라로 승천(*Mark*, 16: 19-20; *Luke*, 24: 50-51)하실 때, 그와 그대의 원수이자 공중의 왕인 뱀을 사슬로 결박하여 그의 모든 영역을 끌고 다니다가 기절시켜서 버리시니라(XII, ll. 451-455: cf. *Psalms*, 68: 18; *Luke*, 10: 19; *Romans*, 16: 20; *Ephesians*, 4: 8-10. Comp. X, ll. 182-191; X, ll. 509-528). 그런 다음에, 성부 하나님의 오른편 보좌로 돌아가 누구보다도 높이 추앙받다가(Cf. *Ephesians*, 1: 20-22), 이 세상이 말세(末世)로 무르익을 때에When this world's dissolution shall be ripe 오셔서(재림하여: *Matthew*, 16: 27; 24: 29-31; 25: 31; 26: 64; *Mark*, 8: 38; *Luke*, 21: 27; *Revelation*, 1: 7), (성자는 심판권자로 오셔서, cf. *John*, 5: 22, 25-29) 산 자와 죽은 자를

심판하고(Cf. *Acts*, 10: 42; *2 Timothy*, 4: 1; *1 Peter*, 4: 5) 믿지 않고 죽은 자를 심판하며, 믿는 자에게는 보답과 축복으로 받아들이실 것임(Cf. *Matthew*, 16: 27; *John*, 3: 36; *Romans*, 2: 6-16; *Revelation*, 20: 12-15). 하늘이든 땅이든 그 때에 지상은 에덴의 이것보다 훨씬 더 복된 곳과 한결 더 행복한 나날의 유일한 낙원이 되나니라(신천지의 도래(到來)를 예고함.)고 하고서 천사장archangel 미가엘은 이야기를 잠시 중단하였다(XII, ll. 456-466). 마치 세상의 대종말(大終末)에 임한 것처럼, 우리의 조상(아담)our sire은 기쁨과 경이로 가득차서 이렇게 응대하였다. 오, 무한의 선goodness 무한량(無限量)의 선! 악을 선으로 바꾸다니요, 하나님에게는 더 많은 영광, 인간에게는 더 많은 온정good will, 분노 뒤의 넘치는 은총grace을(Cf. *Romans*, 5: 20; *2 Corinthians*, 4: 15) 한층 더 기뻐하나이다(XII, ll. 467-478: 아담의 신앙적인 기쁨을 표현한 것임.)라고 하고서, 우리의 구원자our deliverer께서 다시 승천하시면, 진리의 적인The enemies of truth 불신자들 사이에 남겨진 그의 소수의 신자들에게 어떤 일이 생기며, 그 때엔 누가 그 백성을 인도하고 보호하게 되나이까? 그의 제자들은 그보다 더 나쁘게 취급되지는 않겠나이까?(XII, ll. 479-484: 그리스도가 승천한 이후에 남겨진 신자들을 염려함.)라는 말로 미가엘의 대답을 요청함.

다섯째 이야기5th Story에서, 아담의 의문에 미가엘은 틀림없이 그렇게 될 것이다. 그러나 성자는 그의 백성에게to his own 성부의 언약The promise of the Father인(Cf. *Luke*, 24: 49; *Acts*, 1: 4-5; *Ephesians*, 1: 13) 보혜사(保惠師; 聖靈; 聖神)a Comforter를 보내시리라(Cf. *John*, 14: 16-19, 26; 15: 26; 16: 7). 보혜사는 성부의 영His Spirit으로서 신자들의 마음 속에 살고, 사랑으로 역사(役事)하는 신앙의 율법을 신자들의 마음에 새기며(Cf. *Romans*, 3: 27; 5: 5; *2 Corinthians*, 1: 22; *Hebrews*, 8: 10), 온갖 진리에로

신자들을 인도하여(Cf. *John*, 14: 17; 16: 13; *1 John*, 5: 7) 성령의 갑옷으로with spiritual armour 무장시켜서 마왕의 공격과 불화살(火箭)his fiery darts을 소멸케 하시니라(Cf. *Ephesians*, 6: 11-17). 인간이 신자들에게 무슨 짓을 하건, 비록 죽음에 이르게 할지라도(성령께서는) 두려워하지 않느니라(Cf. *Psalms*, 56: 11; *2 Corinthians*, 4: 16-18; *Philippians*, 1: 19-21). 그러한 잔인한 행위에 대해서 신자들은 마음 속의 위로로써 보답 받고(Cf. *2 Corinthians*, 1: 4-6), 아울러 종종 그 위로에의 의지(依支)는 지극히 교만한 박해자들Their proudest persecutors을 대경실색(大驚失色)케 하니라(Cf. *Acts*, 12: 1-19; 16: 16-29)고 말해줌(XII, ll. 485-494). 성령은 사도들his apostles에게나 세례 받은 모든 자에게 먼저 임하시게 되고, 기이한 천부력(天賦力)wonderous gifts을 그들에게 주어서, 마치 이전에 그들의 주께서 행했던 것처럼, 갖가지 방언all tongues과 온갖 기적all miracles을 행하게 되나니라(XII, ll. 494-502: cf. *Matthew*, 10: 8; *Acts*, 2: 1-12; 38-43; 3: 2-10; 5: 12-16; 14: 8-11; *1 Corinthians*, 12: 8-10). 그리하여 그들은 각 백성들 중의 대다수가 하늘나라에서 전래(傳來)된 복음the tidings brought from heaven을 기쁘게 받아들이게 되나니. 드디어 그들은 목자의 임무Their ministry를 완수하고, 달음질을 잘 달려and race well(Cf. *1 Corinthians*, 9: 24; *2 Timothy*, 4: 7; *Hebrews*, 12: 1. 사도 바울St Paul은 굳건한 신앙과 굽힘 없는 인내로 일관해온 복음 전도(傳道)생활을 달음질에 비유하였음.) 교리와 전기(傳記)를 기록으로 (이른바 「신약성서」를) 남기고 생을 마감하니라(XII, ll. 502-507). 그러나 그들이 경고한 바와 같이 그들의 자리에 늑대들, 이른바 흉악한 늑대들이 교사로서 뒤를 이어Wolves shall succeed for teachers, grievous wolves(Cf. *Matthew*, 7: 15, "거짓 선지자들을 삼가하라, 양의 옷을 입고 너희에게 다가오나, 마음 속은 노략질하는 늑대이니라" Beware of false prophets, which come to you in sheep's clothing, but inwardly they are ravening wolves. *Acts*, 20: 29, ". . . . 흉악한 늑대가 너희에게로 들어와서 그 양 떼를 아끼지 아니하니라". . . . grievous wolves shall enter in among you, not sparing the flock.), 하늘나라의 모든 신성한 비밀을 늑대들 자신의 이득과 야망의Of lucre and ambition 더러운 이익으로 바꾸어(Cf. *1 Peter*, 5: 2, "너희 중에 있는 하나님의 양(羊) 떼를 치되, . . . 부당이득으로 하지 말고, 자원(自願)함으로 하며"Feed the flock of God which is among you, taking oversight thereof, . . . not for filthy lucre, but of a ready mind;), 오로지 순수한 기록으로 씌어져 남은 진리를, 성령에 의하지 않고서는 이해할 수 없는데도 불구하고, 미신과 전통With superstitions and traditions으로 더럽히니라(종교개혁과 영국청교도 혁명의 첫 번째 대상인 로마 가톨릭교회가 신자들을 착취하기 위한 수단으로 이용했던 면죄부(免罪符)indulgences, 미신적인 유물, 의식예전(儀式禮典), 비성서적인 전설 등을(Cf. III, ll. 489-493) 밀턴은 당시의 영국 국교회와 싸잡아서 신랄하게 힐난하였다.). (흉악한 늑대들인) 그들은 (구약시대나 신약시대의) 이름과 장소와 호칭의 이용을, 이러한 것들을 속된 권세(權勢)Secular power에 결합할 것을 모색하면서 여전히 성령의 힘으로 행한다고 날조(捏造)하니라(Cf. *Acts*, 20: 30). 모든 신자에게 한결같이 언약되고 부여된 하나님의 성령The Spirit of God(Cf. *Acts*, 2: 38; 15: 8-9)을 그들의 것으로 독점하고, 그 독점을 빌미로from that pretence 성령의 율법Spiritual laws(Cf. 계율(誡律); 계명(誡命)으로서는 *Exodus*, 20: 1-17; *Deuteronomy*, 4: 2; 5: 1-22. 율례(律例)와 규례(規例)로서는 *Exodus*, 22: 1-31: 18; *Deuteronomy*, 12: 1-26: 16)은 육욕(肉慾)의 권세에 의하여by carnal power(Cf. *Psalms,* 73: 12; *Habakkuk*, 2: 5-6; *1 Corinthians*, 2: 14; *1 John*, 2: 15-16) 모든 사람의 양심을 강요하게 되나니. 말하자면, 기록되어 남았다거나 아니면 내적인 성령이 마음에 새겨두었다고는(Cf. *Jeremiah*, 31: 33) 그 누구도 도통

생각되지 않는 율법이니라(밀턴은 성서에 기록된 하나님의 율법이나 율례나 규례마저도 로마 가톨릭교회나 영국 국교회에서는 그들의 절대권적인 권위의 목적에 맞게끔 조작하였음을 규탄하였다.). 그러하니, 그들의 짓거리는 '은총의 신령(神靈)'the spirit of grace 자체를 강요하여, 그 배필인 자유를His consort liberty(Cf. *2 Corinthians*, 3: 17) 구속하는 것 이외에 무엇이겠는가? 그들 자신의 신앙에 의하여 건축된 살아있는 신령의 성전을His living temples(Cf. *1 Corinthians*, 3: 16-17) 허무는 것 이외에 무엇이겠는가? 신앙과 양심을 배반한 그들을 누가 허물없다고 말하겠는가? 하지만, 많은 사람들이 그렇게 하리라. 그로 인하여, 꾸준히 신령과 진실로 예배(禮拜)드리는 모든 이에게On all who in the worship persevere / Of spirit and truth(Cf. *John*, 4: 23-24) 혹심(酷甚)한 박해heavy persecution가 일어나게 되니라(영국의 청교도 혁명 이전과 왕정복고 이후에 청교도들에게 가해진 영국 국교회의 박해를 말함.). 외적인 종교의식rites과 눈가림한 겉치레specious forms로써 종교가 충족된다고 생각하니라. 진리는 비방의 화살에 맞아 물러나고 신앙의 과업은 찾기 힘들게 되는, 그렇게 세상은 계속되니라(XII, ll. 507-537. 이 대목과 같이, 로마 가톨릭교회와 영국 국교회를 흉악한 늑대grievous wolves에 비유하여 질타(叱咤)한 밀턴의 청교도주의는 「리시더스」의 103-131행에서도 잘 드러나 있다. Comp. III, ll. 484-496). 착한 사람에겐 악의가, 악한 사람에겐 선의가 스스로 무거운 짐에Under her own weight 신음하면서(Cf. *Romans*, 8: 22-23), 마침내 의인에게는to the just 숨통이 열리고(*respiration*] opportunity for breathing again; rest(*OED* 3).—*Op. cit.*, 636. Cf. *Romans*, 1: 17; *Galatians*, 3: 11; *Hebrews*, 10: 38) 사악한 사람에게는to the wicked 응보(應報)가 나타나는 그 날까지(Cf. *Matthew*, 7: 16-17), 바로 앞에서so lately 넌지시 예고된 바 있는 언약된 여자의 후손The woman's seed이 돌아올 그 날이(그리스도가 재림할 때가) 바로 이 때이니라. 이제 그대의 구주thy saviour이자 주(主)thy Lord로서, 종말엔 하늘에서 구름을 타고(Cf. *Matthew*, 26: 64; *Luke*, 21: 27; *Revelation*, 1: 7) 성부의 영광을 입고 나타나서(Cf. *Matthew*, 16; 27; 24: 29-30; 25: 31; *Mark*, 8: 38), 마왕을 그의 타락한 세계와 멸망시키면(*dissolve*; annihilate, destroy(*OED* 6, 7).—*Ibid.*, 636) / Satan with his perverted world(Cf. *Matthew*, 3: 12; 13: 40-42, 49-50; 25: 41; *1 John*, 3: 8; *Revelation*, 19: 20; 20: 10), 그 때엔 커다란 불덩어리에서(Cf. *Psalms*, 50: 3; *Isaiah*, 34: 4; *Acts*, 2: 19-20; *2 Peter*, 3: 10, 12) 정화되고 단련된 새로운 하늘(新天), 새로운 땅(新地)이 솟아나서(Cf. *Psalms*, 102: 26; *Isaiah*, 65: 17; *2 Peter*, 3: 13; *Revelation*, 21: 1), 정의와 평화와 사랑에 뿌리내린 무한한 날의 시대에서 기쁨과 영원한 축복의 결실을(Cf. *Isaiah*, 51: 11; *Matthew*, 13: 43; 25: 34, 46; *John*, 10: 28; *1 Peter*, 3: 9; *Revelation*, 7: 16-17; 21: 2-4) 맺게 될 것이니라(XII, ll. 538-551)고 미가엘은 아담에게 들려주었다.

미가엘이 말을 마치자, 아담은 최종적으로 다음과 같이 대답하였다. 그대의 예언은 이 덧없는 세상의this transient world 유수 같은 세월의 흐름을the race of time 광음(光陰)이 멈춰서는 지점에까지Till time stand fixed(Comp. the vision of *Rev*, x 6, in which an angel swore 'that there should be time no longer'.—*Op. cit.*, 636. 이를테면, '세상의 종말의 순간까지'를 의미함.) 정말 순식간에 훑어주셨나이다. 큰 교훈 받고 나는 여기(낙원)에서 떠나겠나이다Greatly instructed I shall hence depart. 대단히 차분한 생각으로 인하여 Greatly in peace of thought, 나는 이 그릇이(*vessel*] 이 낱말은 「신약성서」의 데살로니가전서*1 Thessalonians* 4장 4절에서처럼, 바울의 비유적 표현인 '몸'을 뜻하는 것이 아니라, 오히려 피조물의 실체로서 인성(人性)의 도량(度量)the limitations of human nature이라는 의미를 함축한 '그릇'인 것이다. Comp. *Jeremiah*, 18: 4; 48: 38; *Revelation*, 2: 27 등.—*Ibid.*, 637.) 담을 수 있는 온갖 지식을 채웠나이다. 지

금에서야 나는 순종이 최선임을to obey is best(Cf. *1 Samuel*, 15: 22, ". . . 순종이 제사보다 더 낫고. . ." . . . to obey *is* better than sacrifice, . . .) 알았나이다. 유일하신 하나님the only God의 섭리를His providence 항상 준수하고, 아울러 모든 성업에over all his works 자비로우신Merciful(Cf. *Psalms*, 145: 9, ". . . . 모든 그의 성업에 긍휼(矜恤)을 베푸시도다" . . . . his tender mercies *are* over all his works.) 그 분께만 의지하고(Cf. *1 Peter*, 5: 7), 언제나 선으로써 악을 이기고(Cf. *Romans*, 12: 21, ". . . . 선으로 악을 이기라" . . . . but overcome evil with good.), 작은 일로써 큰 일을 성취하고(Cf. *Luke*, 16: 10), 약하게 보이는 것으로써by things deemed weak 세상의 강한 것을, 천진난만한 유순(柔順)으로써 세상의 지혜를 파멸시킬 것을(Cf. *1 Corinthians*, 1: 27), 진리를 위한 고난은 최고의 승리에로 가는to highest victory 불굴(不屈)의 정신임을, 그리고 믿는 사람에게는 죽음이 생명의 문the gate of life임을(Cf. *Matthew*, 13-14; *Luke*, 13: 24) 나의 구세주my redeemer로 이제사 내가 인정하는 성자의 모범에서 배웠나이다(XII, ll. 552-573). 아담의 말에 천사(미가엘)도 마지막으로 다음과 같이 응대(應對)하였다. 그대는 지혜wisdom(Cf. *Job*, 28: 28, "또 사람에게 이르시기를 주를 경외(敬畏)함이 곧 지혜요, 악을 떠남이 명철(明哲)이라 하셨느니라"And unto man he said, Behold, the fear of the LORD, that is wisdom; and to depart from evil *is* understanding.)의 정점에 도달했노라. 그보다 더 위의 것을 바라지 말지어다. 갖가지 별의 이름과 천상의 권력자 모두를all the ethereal powers 알고, 영원의 온갖 비밀을All secrets of the deep(Cf. *Op. cit.*, 637.) 알고, 삼라만상(森羅萬象)에서의 하나님의 성업works of God을 알고, 그리고 이 세상의 모든 부(富)를 즐기고, 모든 통치권, 즉 하나의 제국을 얻는다고 할지라도(XII, ll. 574-581), 오로지 지식에 합당한 행동(Cf. *1 Corinthians*, 8: 1, ". . . . 지식은 교만하게 하며, 자애(慈愛)는 덕을 세우나

니". . . . Knowledge puffeth up, but charity edifieth.)과 덕과 인내와 절제를 보탤지어다. 거기에 그 이외 모든 것의 진수(眞髓)인the soul 자애Charity라는 이름으로 불려지는 사랑을love(Cf. *Matthew*, 22: 37-40; *Romans*, 13: 10; *1 Corinthians*, 13: 13; *1 Peter*, 4; 8) 보탤지어다. 그렇게 하면, 이 낙원에서의 떠남을 싫어하지 않고, 훨씬 더 행복한 낙원을 그대 마음 속에 간직하게 되리라(XII, ll. 581-587: cf. *2 Peter*, 1: 4-8). 자, 그러니 우리는 이 전망대에서 from this top / Of speculation(*top of speculation*] vantage-point(*OED* s.v. *Speculation* I 2 c); but also 'height of theological speculation'.—*Op. cit*., 638.) 내려가자(XII, ll. 588-589). 더 이상 머물 수 없노라. 가서 이브를 깨워라(XII, l. 594: 미가엘이 아담을 데리고 산에 오르기 전에, 그는 이브를 잠재웠음. Cf. XI, ll. 366-369). 그대들은 비록 슬플지라도, 하나의 꼭같은 신앙으로in one faith unanimous 많은 세월을many days(Cf. *Genesis*, 5: 5, "아담은 구백 삼십 세를 향수(享壽)하고 죽었더라"And all the days that Adam lived were nine hundred and thirty years: and he died.) 함께 살리라. 행복한 종말을 묵상(默想)하면서 더욱더 기뻐할지어다. 둘이서(미가엘과 아담은) 산을 내려온다(XII, ll. 602-606). 하산하여, 아담이 이브가 잠자고 있는 정자로 먼저 달려가 보니, 이브가 깨어나 있었다. 이브는 슬프지 않는 말로써 아담을 맞이했다. 어디서 돌아왔고 어디에 가셨는지를 알고 있음을, 하나님께서 꿈속에서 가르쳐 주시고 어떤 위대한 선을some great good 예시(豫示)하였음을 말하고서, 님과의 동행은 낙원에 머무는 것이고, 님 없는 이곳은 어차피 마음에서 떠난 낙원이요. 님은 나의 만물이시고 온갖 처소(處所)이십니다. 님은 나의 임의의 죄로for my wilful crime 여기서 추방당하십니다. 그러나 나에게 언약된 후손에 의하여By me the promised seed (그리스도에 의하여) 모든 것이 회복되리라는 그러한 은혜Such favour가 황송하게도 나에게 값없이 주어졌으니, 이러한 미구의 위안을 확실히 믿고 여기에서 나가겠나이다. 인도하옵소서(XII, ll. 607-623)라고 이브가 말했으나, 즐거운 마음으로 잘 들었던 아담은 아주 가까이에 천사장이 있었으므로 대꾸하지 않는다(XII, ll. 624-626). 휘둘리는 하나님의 검the brandished sword of God이 그들 앞에 빛났다. 그 검은 작열(灼熱)하는 열과 불에 바싹바싹 타는 리비아의 대기와 같은 증기로vapour as the Lybian air adust(*adust*] scorched, burnt up; dried up with heat; parched. . . . The *Lybian air*는 창세기*Genesis* 3장 24절의 '화염검(火焰劍)'flaming sword이 가진 공통의 광채a common gloss를 직유simile한 것이다.―*Op. cit.*, 641.) 그 온화한 풍토를 찌기 시작하였다. 거기에서 급히 달려온 천사가 머뭇거리고 있는 인류의 어버이를 양쪽의 손으로 잡고, 곧장 동쪽 문 the eastern gate(Cf. IV, ll. 542-548; XI, ll. 118-119)으로 데려가서 벼랑을 빨리 내려가, 그 아래에 있는 들판에To the subjected plain(*subjected*] underlying, placed underneath(*OED* s.v. *Subjected* I).―*Ibid.*, 641.) 이르렀을 때에 천사는 사라졌다. 아담과 이브는 고개를 돌려서 낙원의 동쪽을 바라보았다(XII, ll. 633-642). 몇 방울의 눈물이 저절로 흘렀으나, 이내 닦았다. 세상의 만물이 그들 앞에 있었다. 그 곳에서 그들의 안식처Their place of rest를 선택해야만 했다. 하나님의 섭리providence를 안내자로 하여(Cf. *Psalms*, 23: 6, "나의 평생에 선하심과 인자하심이 정녕 나를 따르리니, 내가 여호와의 집에 영원히 거하리로다"Surely goodness and mercy shall follow me all the days of my life: and I will dwell in the house of the LORD for ever.) 손에 손을 잡고, 방황(彷徨)의 발걸음 맥없이 에덴을 통과하여(Cf. *Psalms*, 107: 4, "저희가 광야의 쓸쓸한 길에서 방황하며, 거할 성읍을 찾지 못하고"They wandered in the wilderness in a solitary way; they found no city to dwell in.) 그들의 길을 쓸쓸히 걸었다(XII, ll. 645-649). 이리하여, '인간에게 하나님의 길(法道)을 정당화하도록 하옵소서'를 주제로 한 밀턴의 방대하고 장중한 장편 무운 서사시로 된 비극서사시 『실락원』은 그 끝을 맺었다.

구성구조별로 그 요점을 분석하고 해설하면서 드러난 것을 **종합정리**하면, 『실락원』에는 『성서』는 물론이거니와 고전적인 설화, 신화, 역사, 우주물리학, 전설, 지리, 천문, 그리고 철학 등을 망라한 밀턴의 심오하면서도 해박한 지식이 집대성(集大成)되어 있었다. 밀턴은 그러한 지식을 그의 풍부한 상상력과 결합시켜서 난삽(難澁)하지 않는 적절한 배합으로 『실락원』의 내용에 적용하였다. 『실락원』의 전체적인 내용을 훑어볼 때, 사건이나 등장인물 상호간의 내용구성이 대위개념(對位概念)의 균형(均衡)과 평행(平行)을 유지하게끔 짜임새있게 꾸며졌다라고 말할 수 있겠다. 그러한 내용구성 가운데 사건의 내용면에서, I-III권까지의 마왕의 모험은 X-XII권까지의 인류의 역사와, II권의 지옥에서의 회의는 III권의 천국에서의 회의와, 마왕이 낙원을 침범한 과정의 IV권은 낙원을 상실한 과정의 IX권과, 천국에서의 파괴적인 전쟁의 V-VI권은 천지창조 과정의 일을 담고 있는 VII-VIII권과 각각 대위개념의 균형을 유지한다. 그리고 등장인물의 내용면에서, 천국의 삼위일체인 성부와 성자와 성령은 악마의 삼위일체인 마왕과 '죄'와 '죽음'(Cf. II, ll. 648-870)과, 전쟁론의 몰록은 평화론의 맘몬과, 라파엘Raphael의 상냥함은 미가엘Michael의 엄격함과, 타락한 마왕은 타락한 아담과, 마왕의 12종자(從者)는(마왕의 12종자는 몰록Moloch(I, l. 392), 그모스Chemos(I, l. 406), 바알림Baalim; Baal(I, l. 422), 아스다롯Ashtaroth(I, l. 422), 아스토렛Astoreth(I, l. 438), 담무스Thammuz(I, l. 446), 다곤Dagon(I, l. 462), 림몬Rimmon(I, l. 467), 오시리스Osiris(I, l. 478), 이시스Isis(I, l. 478), 오루스Orus; Horus(I, l. 478), 베리알Berial(I, l. 490)이다. Cf. I, ll. 392-496) 그리스도의 12사도(使徒)와(그리스도의 12사도는 시몬 베드로Simon Peter, 안드레Andrew, 야고보James, 요한John, 빌립Philip, 바돌로매Bartholomew, 도마Thomas, 마태Matthew, 알패오 야고보Alpheus

James, 다대오Thaddeus, 가나안인 시몬Simon the Canaanite, 그리고 가롯 유다Judas Iscariot이다. Cf. *Matthew*, 10: 1-4; *Mark*, 3: 14-19) 각기 대위개념의 평행을 이룬다. 『실락원』에서 드러난 이러한 균형과 평행은 인간의 발전과 변천의 역사에서 선과 악, 사랑과 미움, 정의와 불의, 그리고 진리와 비진리와의 대칭적인 공존관계를 의미할 뿐만 아니라, 또한 그러한 관계 속에 되풀이해서 전개될 인간의 사상적이면서도 이념적인 갈등과 투쟁의 두 갈래를 포괄한 것이다. 요컨대, 그러한 것은 궁극적으로 태어나고 죽는, 죽고 태어나는 가운데 창조는 파괴를, 파괴는 창조를 반복해서 이어가는 인간세계의 역사적 사실을 변증법적dialectic 원리의 개념으로 상정(上程)한 것이기도 하다.

밀턴이 『실락원』에서 보여준 문체는 삽입구나 삽입절의 복잡한 가지들로 인하여 길게 늘어진 느낌을 줄 정도로 섬세하고, 그 어조는 묵중하고 힘차다. 밀턴의 『실락원』은 철저하게 전통적인 서사시이기도 하고, 또한 뛰어난 상상력에 의하여 짜임새있게 꾸며진 독창성이 돋보이는 그의 창작품이기도 하다. 밀턴이 『실락원』의 서사(序詞)에서 밝힌 바와 같이, 서사시의 운율규칙과 형식을 전통적인 것으로 일관하려고 노력하였으며, 서사시의 장치로서 갖추어야 될 전통적인 모든 요목들, 이른바 사랑, 전쟁, 전쟁에서의 승리, 지옥, 지옥에로의 추락, 전사의 용맹, 천국, 초자연적인 인물, 초자연적인 힘 등이 다 포함되어 있다. 이와 같이 웅장하면서도 장려(壯麗)한 『실락원』의 협화음 속에서, 밀턴이 드러낸 그의 **청교도주의**Miltonic Puritanism 내지는 **종교사상**Miltonic Religious Thoughts의 주된 특징을 요약하라고 한다면 다음과 같이 말할 수 있을 것이다. 밀턴은 인간의 원죄와 타락과 구원 등에 관하여 엄격한 칼뱅주의Calvininsm를 수정한 아르미니우스주의Arminianism에서 교리로 주장하는 개인의 도덕적인 책임을 중시하여, (1) 인간의 타락은 자유의지이고 인간 자신의 책임이며, (2) 인간이 지은 모든 종류의 죄는 인간 자신의 책임, 이른바 인간 개인의 자기책임(自己責任)의 원칙론을 견지하였다. 아울러 인간의 구원에 대해서도 (3) 하나님의 구원은 전 인류에게 행해지며 구원을 수용하거나 거부하는 것은 인간의 자유의지이다라고 하는 것과 (4) 인간의 자유의지에 의하여 구원에 관한 인간의 판단과 선택을 하나님이 미리 알고, 구원받을 자와 구원받지 못할 자의 운명을 하나님께서 예정한다는 아르미니우스Arminius의 교리를 지지하였다. 그리고 밀턴 자신의 영감의 정확성에 투철한 신념을 둔다는 의미에서, (5) 인간이 갖는 사상이나 이념은 자유의지와 이성과의 조화의 원리이다라고 하였다. (6) 인간은 생명과 감각, 상상과 오성(悟性)에 따른 이성이 있으며, 이성은 추론적Discursive이거나 직관적intuitive이거나 간에 영혼 그 자체이다라고 하였다. (7) 역사적이고 전통적인 로마 가톨릭교회의 사상체계를 개혁신학 사상가들이 수정한 인간의 특수한 창조, 하나님의 은총에서 인간의 타락, 대속자(代贖者)인 그리스도의 희생을 통해서 행하여진 구원의 기본적인 교리를 포함하였다. 아울러 (8) 마왕Satan의 유혹의 역할, 하나님의 독생자 그리스도의 인성화된 수육(受肉)과 부활과 승천의 사실, 최후의 심판날에 있을 구원자와 죄인의 분리 등의 교리를 수용하였다. 그리고 (9) 정통신학에서 말하고 있는 하나님과 인간 사이의 중개자 내지는 중재자로서, 또는 인간 번영의 수호자로서의 천사관(天使觀)을 받아들였다. 밀턴은 개혁신학 사상가들의 입장에서, (10) 절대자인 하나님과 인간의 직접적인 교통communion을 주장함으로써, 로마 가톨릭교회나 영국 국교회Anglican Church에서 하나님의 세계를 왜곡(歪曲)하여 행해지고 있는 인위적이면서도 타율적이고 강제적인 권위와 모든 의식예전(儀式禮典)을 배척하였다. 또한 (11) 로마 가톨릭교회의 독특한 교리인 연옥

(煉獄)purgatory, 교황의 신위(神威)적인 권세, 신부를 통한 성자의 개입, 교부(敎父)사상, 고해성사the sacrament of confession, 성례(聖禮)의식 등의 비성서적인 허례허식(虛禮虛飾)의 모든 관례를 배척하였다. 또한 밀턴은 만물진화론 곧 그의 물질관에서, (12) 인간의 육체는 살(肉)이 있는 영체로서의 몸이요 실체이며, 활기 있는 감성과 이성을 가진 개인 그 자체이다라는 견해로써 밀턴은 육체와 영체, 이른바 육(肉)과 영(靈)의 분리를 거부하였다. (13) 육체와 영체, 육과 영의 합일론에서 죽음은 육체와 영체 모두가 절멸(絶滅)하는 것이므로 죽음 이후의 심판이나 영체의 세계(하나님의 세계)를 수용하지 않는다는 뜻이다. 그러므로 밀턴이 그의 물질관에서 주장한 육체와 영체의 합일론은 정통 삼위일체 교리, 로마 가톨릭교회 교리, 그리고 개혁신학의 칼뱅주의나 아르미니우스주의 입장에서도 받아들일 수 없는 이단적인 종교사상을 나타내었다. 그리고 밀턴은 자신의 상상력과 통찰력에서 말미암은 신념의 판단을 근거로 (14) 자연법칙을 하나님의 섭리로 보지 않고 하나님의 율법(계율; 계명)과 동일시하였다. (15) 밀턴은 고대문학, 고대철학, 『성서』, 모든 개혁신학, 당시대의 철학사조, 종교적인 이설(異說) 등을 그 자신의 광범위한 청교도 사상체계의 요소로 삼았다. 이러한 특징에서 드러난 것 이외에도 『실락원』 군데군데에서 나타난 몇몇 내용을 신학사상이나 신학정신에 비춰서 고찰한다면, 모든 기독교도들이 당연히 이단시해야 될 것을 더러 가려낼 수 있을 것이다. 그렇다고 할지라도, 밀턴의 『실락원』은 어디까지나 그의 청교도적인 이상주의에 역점을 두고 나름대로의 교리사상을 개진한 독창적이고 문예미학적인 창작품이었다는 점에서, 아울러 왕정복고 이후 영국 국교회가 청교도들을 몹시 박해하던 그러한 시대에, 『실락원』은 밀턴의 굽힘 없는 청교도적인 신앙과 열정을 결집시킨 그 자신의 청교도 사상 내지는 청교도 정신을 세

상에 널리 알렸던 방대하고 장엄한 서사시였다는 점에서, 오늘날까지 밀턴의 『실락원』이 세계문학사에서 불후의 명작이자 청교도 문학의 전무후무한 금자탑으로 평가되고 있는 까닭을 우리는 예사롭게 수용해서는 안 될 것이다.

Ⅳ.
시선편
Selected Poems

IV. 시선편
Selected Poems

SONG. ON MAY MORNING

Now the bright morning Star, Day's harbinger,
Comes dancing from the east, and leads with her
The flowery May, who from her green lap throws
The yellow cowslip, and the pale primrose.
  Hail bounteous May that dost inspire
  Mirth and youth and warm desire,
  Woods and groves are of thy dressing,
  Hill and dale doth boast thy blessing.
Thus we salute thee with our early song,
And welcome thee, and with thee long.
Spring 1629? May 1630 1645, 1673

Notes. The source of this poem is originated from Milton(1971), and the notes of it are from Milton(1929) and Milton(1971). Refer to the following for the headnotes of it.

This piece is generally assigned to the first of May, 1630. In the edition of 1645 Milton placed it before the lines *On Shakespeare*, and its bright allusions to the spring-time of external nature and of human life come fitly from the young Cambridge student. The varied rhythm of the song gives sure evidence of Milton's "divine ear" for metrical art. The trochaic effect prevails in the lines in which May is welcomed; compare the welcome to Mirth and Melancholy in *L'Allegro* and *Il Penseroso* respectively. The contemplative side of Milton's youth does not here reveal itself; we see rather the spirit of those days

"When the fresh blood grows lively, and returns
  Brisk as the April buds in primrose season."—*Comus*, 669-670.
—Milton(1929, notes), 77.

Date. Spring 1629? There is no firm evidence for dating. *Song. On May Morning* has obvious similarities with *Elegia V* and may, like it, belong to spring 1629. If the order of poems in *1673* is chronologically significant (as the transference of *At a Vacation Exercise* to a position after *On the Death of a Fair Infant Dying of a Cough* in the *1673 Errata* implies), it is worth noting that *Song. On May Morning* is placed after the *An Epitaph on the Marchioness of Winchester* (Apr.-May 1631) and before *On Shakespeare* (of which the date, '1630', means strictly before 25 Mar. 1631). This suggests May 1631 as a possible date. *Publication. 1645* (*6.* youth]youth, *7.* groves]groves, *8.* dale]dale,) and *1673* (the text followed here).—Milton(1971), 90.

1 morning star The planet Venus, as the morning-star, was called Phosphorus or Lucifer (the light-bringer), and, as the evening-star, Hesperus. Hence Lord Alfred Tennyson's(1809-1892) allusion—"Bright Phosphor, fresher for the night, / · · · · / Sweet Hesper-Phosphor, double name"(*In Memoriam*, cxx. 9, 17). In *Comus* 93, it is "The star that bids the shepherd's fold," and in *Lyc.*(*Lycidas*) 30, " · · · the star that rose at evening bright." In the last of these passages the pronoun *his* is applied to the star; in this poem (line 2) *her* is used. This is in allusion to the planet as Venus, fit companion for the flowery May.—Milton(1929, notes), 77. **harbinger** *i.e.* forerunner. This is the current sense of the word; radically, it means 'harbourer', one who goes before another and prepares a 'harbour' or lodging for him (M.E. herbergeour). The origin of the word is disguised by the intrusion of the letter *n*, as in *messenger* from 'message', *porringer* from 'porridge', etc.—*Ibid.*, 77. **Day's harbinger.** Comp. Shakespeare, *A Midsummer Night's Dream,* iii. 2. 380 'Aurora's harbinger'; but the exact phrase is found in Richard Niccolls(1624-1672), *The Cuckow*(1607), p. 13: 'Daies herbinger, the bloody crested cocke'.—Milton(1971, notes), 90. **2 Comes dancing from the east** In Edmund Spenser's(1552-1599) dawn sense *F.Q.*(*Faerie Queene*) i. 5. 2, Phoebus 'came dauncing forth', and in Niccolls's *The Cuckow* p. 12: 'Daies bright king came dauncing out.' Compare Sir Philip Sidney's(1554-1586) *Astrophel and Stella,* iv.: 'The dancing day, forthcoming from the east.' *Dancing* is in adverbial relation to *comes.*—Cf. Milton(1929, notes), 77; Milton(1971, notes), 90. **leads with her** compare the language of *L'Allegro,* 35. **3 The flowery May…throws** Compare Milton's *Son.*(*Sonnet*) i. 4; also Spenser's *Faerie Queene*, '*On Mutability*,' vii. 34: "Then came faire May, the fayrest mayd on ground, / · · · · / And throwing flowers out of her lap around" and of Shakespeare, *Richard II,* iii. 3. 47 where England has a 'green lap'.—Cf. Milton(1929, notes), 77; Milton(1971, notes), 91. **4 yellow cowslip** In *Lyc.* 147, it is the "cowslip wan", where the epithet is suited to the context. In *Comus* (*Com.*), 897, we have "the cowslip's velvet head". **pale primrose** In *Comus* 670 (see above) Spring is called "the primrose season". For the explanation of the epithet *pale*, see *Lyc.* 142 and note. Comp. Shakespeare, *The Winter's Tale,* iv. 4. 122: 'pale primroses'.—Cf. Milton(1929, notes),

78; Milton(1971, notes), 91. **5-6 that does inspire / Mirth,** etc., *i.e.* that fillest us with mirth, etc. Compare Spenser, *Faerie Queene, On Mutability*, vii. (in allusion to May): "Lord! how all creatures laughed when her they spied / And leapt and danced as they had ravished been! / And Cupid's self about her fluttered all in green.".— Milton(1929, notes), 78. **inspire**=breathe in: comp. *Son.* xx. 6, note. **7 of thy dressing** *i.e.* dressed by thee. Compare such phrases as 'of thy doing'=done by thee. **8 Hill and dale doth boast thy blessing,** *i.e.* the hills and the dales rejoice because you have blessed them. *Hill* and *dale* are used generically, and the verb is singular because it is to be supplied with each of the nouns: but see also note on *Son.* xiii. 5. *Boast* is here used transitively. **9 Thus** *i.e.* in these words: "this is the form which our early song of salutation takes." **10 And welcome thee**: compare Chaucer, *Knights Tale*— "O May, with all thy flowers and thy green, / Right welcome be thou, fair fresh May." **wish thee long** *i.e.* wish thee to be long or remain long with us.—*Ibid.*, 78.

ON THE MORNING OF CHRIST'S NATIVITY

I

This is the month, and this the happy morn
Wherein the Son of heaven's eternal King,
Of wedded maid, and virgin mother born,
Our great redemption from above did bring;
For so the holy sages once did sing,
  That he our deadly forefeit should release,
And with his Father work us a perpetual peace.

II

That glorious form, that light unsufferable,
And that far-beaming blaze of majesty,
Wherewith he wont at heaven's high council-table,
To sit the midst of trinal unity,
He laid aside; and here with us to be,
  Forsook the courts of everlasting day,
And chose with us a darksome house of mortal clay.

III

Say heavenly Muse, shall not thy sacred vein
Afford a present to the infant God?
Hast thou no verse, no hymn, or solemn strain,
To welcome him to this his new abode,
Now while the heaven by the sun's team untrod,
  Hath took no print of the approaching light,
And all the spangled host keep watch in squadrons bright?

IV

See how from far upon the eastern road
The star-led wizards haste with odours sweet,
O run, prevent them with thy humble ode,
And lay it lowly at his blessed feet;
Have thou the honour first, thy Lord to greet,
  And join thy voice unto the angel quire,
From out his secret altar touched with hallowed fire.

The Hymn

I

It was the winter wild,
While the heaven-born-child
  All meanly wrapped in the rude manger lies;
Nature in awe to him
Had doffed her gaudy trim,
  With her great master so to sympathize:
It was no season then for her
To wanton with the sun her lusty paramour.

II

Only with speeches fair
She woos the gentle air
  To hide her guilty front with innocent snow,

And on her naked shame,
Pollute with sinful blame,
The saintly veil of maiden white to throw,
Confounded, that her maker's eyes
Should look so near upon her foul deformities.

Ⅲ

But he her fears to cease,
Sent down the meek-eyed Peace,
She crowned with olive green, came softly sliding
Down through the turning sphere
His ready harbinger,
With turtle wing the amorous clouds dividing,
And waving wide her myrtle wand,
She strikes a universal peace through sea and land.

Ⅳ

No war, or battle's sound
Was heard the world around
The idle spear and shield were high up hung,
The hooked chariot stood
Unstained with hostile blood,
The trumpet spake not to the armed throng,
And kings sat still with awful eye,
As if they surely knew their sovran Lord was by.

V

But peaceful was the night
Wherein the Prince of Light
His reign of peace upon the earth began:
The winds with wonder whist,
Smoothly the waters kissed,
Whispering new joys to the mild ocean,
Who now hath quite forgot to rave,
While birds of calm sit brooding on the charmed wave.

VI

The stars with deep amaze
Stand fixed in steadfast gaze,
  Bending one way their precious influence,
And will not take their flight,
For all the morning light,
  Or Lucifer that often warned them thence;
But in their glimmering orbs did glow,
Until their Lord himself bespake, and bid them go.

VII

And though the shady gloom
Had given day her room,
  The sun himself withheld his wonted speed,
And hid his head for shame,
As his inferior flame,
  The new enlightened world no more should need;
He saw a greater sun appear
Than his bright throne, or burning axle-tree could bear.

VIII

The shepherds on the lawn,
Or ere the point of dawn,
  Sat simply chatting in a rustic row;
Full little thought they then,
That the mighty Pan
  Was kindly come to live with them below;
Perhaps their loves, or else their sheep,
Was all that did their silly thoughts so busy keep.

IX

When such music sweet
Their hearts and ears did greet,

  As never was by mortal finger strook,
Divinely-warbled voice
Answering the stringed noise,
  As all their souls in blissful rapture took:
The air such pleasure loth to lose,
With thousand echoes still prolongs each heavenly close.

X

Nature that heard such sound
Beneath the hollow round
  Of Cynthia's seat, the airy region thrilling,
Now was almost won
To think her part was done,
  And that her reign had here its last fulfilling;
She knew such harmony alone
Could hold all heaven and earth in happier union.

XI

At last surrounds their sight
A globe of circular light,
  That with long beams the shame-faced night arrayed,
The helmed cherubim
And sworded seraphim,
  Are seen in glittering ranks with wings displayed,
Harping in loud and solemn quire,
With unexpressive notes to heaven's new-born heir.

XII

Such music (as 'tis said)
Before was never made,
  But when of old the sons of morning sung,
While the creator great
His constellations set,
  And the well-balanced world on hinges hung,
And cast the dark foundations deep,

And bid the welt'ring waves their oozy channel keep.

XIII

Ring out, ye crystal spheres,
Once bless our human ears,
  (If ye have power to touch our senses so)
And let your silver chime
Move in melodious time;
  And let the base of heaven's deep organ blow,
And with your ninefold harmony
Make up full consort to the angelic symphony.

XIV

For if such holy song
Enwrap our fancy long,
  Time will run back, and fetch the age of gold,
And speckled vanity
Will sicken soon and die,
  And lep'rous sin will melt from earthly mould,
And hell itself will pass away,
And leave her dolorous mansions to the peering day.

XV

Yea Truth, and Justice then
Will down return to men,
  Orbed in a rainbow; and like glories wearing
Mercy will sit between,
Throned in celestial sheen,
  With radiant feet the tissued clouds down steering,
And heaven as at some festival,
Will open wide the gates of her high palace hall.

XVI

But wisest fate says no,

This must not yet be so,
  The babe lies yet in smiling infancy,
That on the bitter cross
Must redeem our loss;
  So both himself and us to glorify:
Yet first to those ychained in sleep,
The wakeful trump of doom must thunder through the deep.

XVII

With such a horrid clang
As on Mount Sinai rang
  While the red fire, and smould'ring clouds out brake:
The aged earth aghast
With terror of that blast,
  Shall from the surface to the centre shake;
When at the world's last session,
The dreadful judge in middle air shall spread his throne.

XVIII

And then at last our bliss
Full and perfect is,
  But now begins; for from this happy day
The old dragon under ground
In straiter limits bound,
  Not half so far casts his usurped sway,
And wroth to see his kingdom fail,
Swinges the scaly horror of his folded tail.

XIX

The oracles are dumb,
No voice or hideous hum
  Runs through the arched roof in words deceiving.
Apollo from his shrine
Can no more divine,
  With hollow shriek the steep of Delphos leaving.

No nightly trance, or breathed spell,
Inspires the pale-eyed priest from the prophetic cell.

XX

The lonely mountains o'er,
And the resounding shore,
  A voice of weeping heard, and loud lament;
From haunted spring, and dale
Edged with poplar pale,
  The parting genius is with sighting sent,
With flower-inwoven tresses torn
The nymphs in twilight shade of tangled thickets mourn.

XXI

In consecrated earth,
And on the holy hearth,
  The lars, and lemures moan with midnight plaint,
In urns, and altars round,
A drear and dying sound
  Affrights the flamens at their service quaint;
And the chill marble seems to sweat,
While each peculiar power forgoes his wonted seat.

XXII

Peor, and Baalim,
Forsake their temples dim,
  With that twice battered god of Palestine,
And mooned Ashtaroth,
Heaven's queen and mother both,
  Now sits not girt with tapers' holy shine,
The Libyc Hammon shrinks his horn,
In vain the Tyrian maids their wounded Thammuz mourn.

XXIII

And sullen Moloch fled,
Hath left in shadows dread,
  His burning idol all of blackest hue;
In vain with cymbals' ring,
They call the grisly king,
  In dismal dance about the furnace blue;
The brutish gods of Nile as fast,
Isis and Orus, and the dog Anubis haste.

XXIV

Nor is Osiris seen
In Memphian grove, or green,
  Trampling the unshowered grass with lowings loud:
Nor can he be at rest
Within his sacred chest,
  Nought but profoundest hell can be his shroud,
In vain with timbrelled anthems dark
The sable-stoled sorcerers bear his worshipped ark.

XXV

He feels from Juda's land
The dreaded infant's hand,
  The rays of Bethlehem blind his dusky eyn;
Nor all the gods beside,
Longer dare abide,
  Nor Typhon huge ending in snaky twine:
Our babe to show his Godhead true,
Can in his swaddling bands control the damned crew.

XXVI

So when the sun in bed,
Curtained with cloudy red,
  Pillows his chin upon an orient wave,

The flocking shadows pale,
Troop to the infernal jail,
  Each fettered ghost slips to his several grave,
And the yellow-skirted fays,
Fly after the night-steeds, leaving their moon-loved maze.

XXVII

But see the virgin blest,
Hath laid her babe to rest.
  Time is our tedious song should here have ending:
Heaven's youngest teemed star,
Hath fixed her polished car,
  Her sleeping Lord with handmaid lamp attending:
And all about the courtly stable,
Bright-harnessed angels sit in order serviceable.
Dec. 1629 1645, 1673

Notes. The source of this poem is originated from Milton(1971), and the notes of it are from Milton(1929), Verity, and Milton(1971). The headnotes of it are as follows.

This Ode was begun very early in the morning of Christmas Day, 1629, when Milton had lately passed his twenty-first year, and was in his sixth academic year at Cambridge. In his sixth elegy(*Elegia sexta*), addressed to his friend Charles Diodati, the poet thus alludes to the composition of the Ode: . . . . (Milton's allusion to the composition of the Ode was like this: "But if you want to know what I am doing—if, that is, you think it worth while to know whether I am doing anything at all—I am writing a poem about the king who was born of heavenly seed, and who brought peace to men. I am writing about the blessed ages promised in Holy Scripture, about the infant cries of God, about the stabling under a poor roof of Him who dwells with His Father in the highest heavens, about the sky's giving birth to a new star, about the hosts who sang in the air, and about the pagan gods suddenly shattered in their own shrines. These are the gifts I have given for Christ's birthday: the first light of the dawn brought them to me."—Quoted in Milton(1971), 119.) Christ's nativity was that 'graver subject', which suited the character of his muse so well that the result was what Hallam; Arthur Henry Hallam(1811-1833) considered to be perhaps the finest ode in the English language. "A grandeur, a simplicity, a breadth of manner, an imagination at once elevated and restrained by the subject, reign throughout it. If Pindar is a model of lyric poetry, it would be hard to name any other ode so truly Pindaric; but more has naturally been derived from the Scriptures." The mixture of classical and Biblical influences is illustrated in the accompanying notes; the key-note of the poem is struck when Nature, with all the religions of antiquity, is treated as guilty—as representing a fallen world which is to be redeemed by "the mighty Pan".

ANALYSIS

I. *Introduction.*
 1. Occasion of the poem: (lines)
  (*a*) Time and Purpose of the Nativity, -------------------- 1-7
  (*b*) The manner of it, --------------------------------- 8-14
 2. Poet's address to his Muse:
  The Wise Men of the East come to worship Christ, angels praise him, and hast thou no offering? -------------------------- 15-28
II. *The Hymn.*
 1. Guilty Nature fears his coming, ---------------------- 29-44
 2. But Peace is his harbinger, -------------------------- 45-52
  (*a*) Wars have ceased, -------------------------------- 53-60
  (*b*) The winds and waters are at rest, ----------------- 61-68
  (*c*) The stars are fixed "with deep amaze", ------------ 69-76
  (*d*) The sun withholds "his wonted speed", ------------ 77-84
  (*e*) The shepherds sit "simply chatting", -------------- 85-92
 3. Heavenly Music announces him:
  (*a*) The music described, ----------------------------- 93-100
  (*b*) Its effects on Nature, ---------------------------- 101-108
  (*c*) Its accompaniments, -------------------------- 109-116
  (*d*) Such music never before heard, except at the Creation of the Universe, ------------------------------------- 117-124
(There is here a skilful transition from the heavenly music to the thought of "the music of the spheres".)
 4. What would follow if "the Music of the Spheres" could be heard now, -- 125-148
  (*a*) The Age of Gold would return.
  (*b*) Vanity would die.
  (*c*) Sin would melt away.
  (*d*) Hell itself would pass away.
 5. Why this is at present impossible:
  (*a*) Christ must die on the Cross, ------------------- 149-154
  (*b*) The trump of doom must sound, ----------------- 155-162

(*c*) The Last Judgment must be held, when our bliss will be perfect, -- 163-166

6. What has actually occurred:
   (*a*) The old Dragon is bound, ---------------------- 167-172
   (*b*) The heathen Oracles are dumb, and the gods routed, like ghosts at sunrise:—
      i. Those of Greece and Rome, ------------------- 173-196
      ii. Those of Syria, --------------------------- 197-210
      iii. Those of Egypt, ----------------------------- 211-236
   (*c*) The Heavenly Babe sleeps attended by angels, ------ 237-244

In 1630 Milton wrote a fragment on *The Passion*, in the opening stanza of which he thus alludes to the *Nativity Ode*:

"Erewhile of music, and ethereal mirth,
Wherewith the stage of Air and Earth did ring,
And joyous news of Heavenly Infant's birth,
My muse with Angels did divide to sing."

From this poem and from the lines *Upon the Circumcision* it has been thought that the poet intended to write a series of Odes on the great festivals of the Christian Church. The rason he gives for having failed to complete that on *The Passion* is as follows: "This subject the author finding to be above the years he had when he wrote it, and nothing satisfied with what was begun, left it unfinished."

The Verse. The Introduction consists of four stanzas of seven lines— the first six decasyllabic (5 *x a*), the seventh an Alexandrine (6 *x a*). The same stanza had already been used by Milton in his poem *On the Death of a Fair Infant Dying of a Cough*(1626), and it is similar to that in which Spenser wrote his *Four Hymns, Ruins of Time*, etc., and Shakespeare his *Lucrece*. But Spenser's form is decasyllabic throughout, the break between the stanzas being therefore less distinctly marked than in Milton's poem. The rhyme formula, however, is the same in both, viz. *ababbcc*. The earlier form was used by Chaucer, (see *Clerk's Tale*, *Troilus and Cresseide*, etc.), and was the favourite measure of the English poets down to the time of Queen Elizabeth; but it cannot be positively asserted that Chaucer invented it, as it is said to have been used prior to his time by the French poet Machault (or Machaut); Guillaume de Machaut(*ca.* 1300-1377). In his essay on the language and versification of Chaucer, Thomas Tyrwhitt(1730-1786) states that "in the time of George Gascoigne(1525?-1577) it had acquired the name of '*rhythme royall*' or ['Rhyme Royal']; 'and surely', says he, 'it is a royall kinde of verse, serving best for grave discourses.'" It will be noted that by the arrangement of the rhymes the stanza is made to turn, as on a pivot, on the fourth line, which has three lines on each side of it: this line is "the last of a quatrain of alternate rhymes and first of a quatrain of couplets"; thus—

$$\overline{aba\underline{b}}\underline{bcc}$$

This stanza is evidently adapted from an eight-lined decasyllabic stave; it is, in fact, a modification of the *ottava rima* of the Italians (in which Boccaccio; Giovanni Boccaccio(1313-1374), Ariosto; Ludovico Ariosto(1474-1533) and Tasso; Torquato Tasso(1544-1595) wrote), the rhyme formula of which was *abababcc*. By the excision of the fifth line we get the seven-line stanza of Chaucer and early French poetry, and if the last line be changed into an Alexandrine we get the introductory stanza of Milton's Ode. It is interesting to compare this with the stanza—usually known as "the Spenserian stanza"—of the *Faerie Queene*, which has nine lines, the last being an Alexandrine. This was evolved out of another eight-line stanza (used by Chaucer in his *Monk's Tale*), very different in structure from that referred to above, the rhyme formula being *ababbcbc*. Spenser added an Alexandrine, the rhymes being *ababbcbcc*. It will be seen, therefore, that, looking only to metrical structure, Milton's introductory stanzas correspond to the stanza of the *Faerie Queene* with the sixth and seventh lines omitted, or to that of the *Four Hymns* with the last line changed into an Alexandrine.

The remainder of the poem, *i.e.* the Ode proper, is in eight-lined stanzas, the structure of which may be thus indicated:

No. of line	(1).	(2).	(3).	(4).	(5).	(6).	(7).	(8).
No. of feet	3.	3.	5.	3.	3.	5.	4.	6.
Rhymes	*a.*	*a.*	*b.*	*c.*	*c.*	*b.*	*d.*	*d.*

Wherever in lines (3) and (6) the final syllable is *-ing*, that syllable is supernumerary; see the third stanza of the Ode proper for an example. And "as an Alexandrine itself is susceptible of internal trisyllabic variation as well as disyllabic, and as it may also have a supernumerary final syllable . . . we may have Alexandrines of *thirteen* syllables": this remark of Professor Masson's is illustrated by lines 140 and 244.

—Milton(1929, notes), 45-48.

This poem is not among the Milton MSS. at Cambridge. It was first printed in the 1645 edition of his poems, with the heading, "Compos'd 1629." From an allusion in the sixth *Elegy* (. . .) we learn that the exact day on which Milton commenced it was Christmas-day, 1629. He was then in his twenty-second year and had not yet left Cambridge.

In the 1645 edition the *Hymn* is given the place of honour; the publisher evidently thought that it would make a good prelude to the volume, and we can but admire his taste. Between the first edition and the second published in 1673 there is only one difference of reading, viz. in lines 143-144: the change is manifestly for the better.

Milton refers to the *Nativity Hymn* in two passages of his other works. The more interesting of these is the close of the sixth of his Latin *Elegies*, addressed to Charles Diodati. Diodati had written on Dec. 13, 1629, to excuse himself for having, amid the festivities of the season, neglected the Muses; Milton in his reply showed that unlike his friend he had not been distracted from poetry: . . . .

Valuable in itself the reference is doubly so from its context. It follows a long statement of Milton's view of the poet's calling—that only those who live a life of self-discipline should attempt to handle great themes in a great style; and then he passes on to mention the magnificent subject which was occupying his own thoughts. Diodati might draw the obvious inference. . . .

The metre of the four introductory stanzas of the *Nativity Ode* differs from that of the *Hymn* itself. In them Milton has used, with one significant variation, the stanza of seven lines, each line having five accents, in which Chaucer wrote *Troilus and Cresside* and several of the *Canterbury Tales*. Spenser had cast his *Fowre Hymnes* in the same stanza. The variation introduced by Milton is an Alexandrine in the seventh line instead of heroic verse. Here he was probably influenced by the *Faerie Queene*. In fact, if we take a stanza of that poem (in which the stave is of nine lines), and cancel verses six and seven, we find that what remains is practically identical with the seven-line stanza employed by Milton.

In the *Hymn* the metrical arrangement, so far as we know, is entirely Milton's invention. It is an eight-line stanza composed of verses of four different lengths. Lines 1 and 2, 4 and 5, are rhymed couplets of three feet: lines 3 and 6 have five accents and are rhymed: lines 7 and 8 rhyme, 7 being a verse of four feet, and 8 an Alexandrine.—Verity, xxiv-xxvi.

Date. 25 Dec. 1629. Headed 'Compos'd 1629' in 1645. M. tells Diodati (*Elegia VI* 88) that he began the poem before dawn on Christmas Day. *Publication. 1645* (*23.* sweet,]sweet: *55.* hung,]hung; *82.* new enlightened] new-enlightened *143-4.* Orbed in a rainbow; and like glories wearing /Mercy will sit]Th' enamelled arras of the rainbow wearing, / And Mercy set *156.* deep.]deep, *185.* pale,]pale. *193.* drear]drear, *207.* hue;]hue, *210.* blue;]blue, *231.* wave,]wave. *239.* ending:]ending, *241.* car,]car. *242.* attending:] attending.) and *1673* (the text followed here).

Sources, style, versification. Christian literature before M. contains innumerable examples of nativity poems, in both neo-Latin and the various vernaculars, and the combination of babe-in-the-manger and hymning angels with the flight of the pagan gods and the cessation of oracles was not uncommon. M.'s poem in more distinctive for the elements of the traditional story which it omits than for those it includes (. . . .). However since M.'s interest in Italian poetry towards the end of 1629, and in the development of a particular style through Pietro Bembo(1470-1547), Giovanni Della Casa(1503-1556) and Tasso, is well attested (. . . .), it seems likely that what appeared to him as inspiration on Christmas morning 1629 (see *Elegia VI* 87-8) was in some part a memory of Tasso's *Nel giorno della Natività* (*Rime* (Venice 1621) viii 63-7)). Tasso, like M., contrasts the 'courts of everlasting day' and their 'harmony' with the 'darksome house' to which Christ comes (*mille, e mille / Corone, e fiamme, e lampi / D' angelico splendor l'han fatto adorno. / Mà da le parti lucide, e tranquille, / Di quei celesti campi / Sparsi d'um bel candor, che vince il giorno / E da quell'armonia, che gira intorno, / La rozza turba a contemplare inchina, /* · · · *E quell'humile albergo, ov'è nascosa* · · · *ne la notte ombrosa*: thousands and thousands of crowns and flames and lights of angelic splendour adorned him. But from the bright and tranquil regions of those celestial fields, spread with a lovely whiteness that outshines the day, and from that wheeling harmony, he bowed down to look at the rough crowd, . . . And that lowly inn where he was born. . . in the dark night). He also mentions Nature's awe, the world-wide peace, Apollo and the dumb oracles (*Già divien muto Apollo e l'antro, e l'onde, / E gli Dei falsi, e vani /* · · · *Ne Dafne ne la quercia altrui risponde / Più con accenti humani*: Already Apollo is mute, and cave and fountain, and the false, vain gods . . . No longer do the laurel or oak give replies in human voices), Libyc Hammon (*giace Amon ne la deserta arena*: Ammon lies in the desert sand), Osiris's 'lowings' and the barking Anubis (*E da gli altari suoi dolente fugge/Api, ed Anubi, e più non latra, o mugge*: Apis and Anubis flee lamenting from their altars, and bark and bellow no more), and concludes his *canzone*, as M. concludes his introductory stanzas, by offering his 'humble' (*humil*) poem, comparing it with the 'odours sweet' (*odori*) that the wise men bring. The similarities between M.'s poem and some passages in the *Apotheosis* of Prudentius; Aurelius Clemens Prudentius(348-405)-the most remarkable of the early-Christian Latin poets-are hardly less striking, though there is no definite evidence that Prudentius was a set author at St Paul's (Clark, Donald L. *John Milton at St Paul's School* (New York: Columbia University Press, 1948), 125).

No exact precedent for M.'s stanza-form in the *Hymn* (*a*6*a*6*b*10*c*6*c*6 *b*10*d*8*d*12) has been found, but its pattern and movement, and the idea of using such a stanza for a solemn ode, derive from the tradition of the *canzone*. No doubt, as Prince (Prince, F. T. *The Italian Element in Milton's Verse.* Oxford: The Clarendon Press, 1954) 60 suggests, M. found the liberties taken with the *canzone* by Spenser in *Epithalamion* and *Prothalamion* instructive-his final alexandrine has a Spenserian ring. It seems likely that Drummond's [William Drummond of Hawthornden(1585-1649)] experiments in Italian verse forms were useful to M. too. Of his predecessors Drummond was the most widely read in Italian literature, and his madrigal 'To the delightful green' (*Works,* ed. L. E. Kastner (Manchester 1913) i 22) starts with a verse pattern (*a*6*a*6*b*10*c*6*c*6*b*10) identical with that of the *Hymn,* which is more than can be said for Gabriello Chiabrera's(1552-1638) *Per S. Agata* (*a*7*b*7*c*11*a*7*b*7*c*11*d*7*d*11)-see Fletcher (Fletcher, Harris F. *The Intellectual Development of John Milton,* 2 vols. Urbana: University of Illinois Press, 1956, 1971), below.

The introductory stanzas are in a form M. had used before in *On the Death of a Fair Infant Dying of a Cough*-decasyllables with a final alexandrine, rhyming *ababbcc*. It is a modification of the Spenserian stanza which Phineas Fletcher(1582-1650), who certainly influenced the young M. elsewhere, had used twice in his *Poetical Miscellanies* and again in *Elisa,* but since neither was published until 1633 one cannot be sure that this stanza form was not M.'s own idea too.

Although there is one striking debt to Petrarch (see *32-34n*), the most potent stylistic influences are not Italian but Elizabethan. Forms like 'wont' (l. *10*) and 'ychained' (l. *155*) give a Spenserian flavour, and the elaborate prosopopoeias, culminating in the beautiful baroque image of the sun in bed, which Tillyard (Tillyard, E. M. W. *Milton.* London: Chatto & Windus, 1930, repr. 1956) 36 finds 'grotesque', are reminiscent of Sidney's rhetorical habits in the *Arcadia.* Even when doubtful likenesses have been discarded, five echoes of the *Faerie Queene* and two of the *Shepheards Calender* remain, contributing to the poem's ringing first line, and becoming particularly distinct in the Elizabethan pastoral scene of Pan and the shepherds (ll. *85-92*). Shakespeare comes close behind with six apparent echoes, three of them from *A Midsummer Night's Dream* which provides the spirits and fays of lines *232-6,* as well as the moonlight for them. Sylvester's; Joshua (Josuah in *The New Encyclopaedia Britannica*(1982), vol. IX, 731) Sylvester's(1563-1618) translation of Du Bartas; Guillaume de Salluste seigneur du Bartas(1544-1590), M.'s earliest English literary model (. . . .), still accounts for two or three oddly vivid touches, like the 'lep'rous sin' of line *138*; the leading Spenserian, Giles Fletcher(1588-1623), makes one probable donation to the diction (l. *110*); George Chapman's(1559-1634) 'burning axletree' (l. *84*) sticks in M.'s mind, as later in Eliot's; and M.'s mourning wood-nymphs (l. *188*) may come from Edward Fairfax's(1575-1635) translation (1600, second edition 1624) of Tasso's epic-they are not in the original. George Sandys'(1578-1664) imaginative account of human sacrifice, with its shrieks and searing flesh, and his illustrations of the 'brutish gods of Nile', supply local colour (see notes to lines *205-10, 211, 212* etc.); so does John Selden's(1584-1654) treatise on comparative religion (republished in the year the poem was written). Classical influence is, by contrast, scant. Possibly line *84* recalls the description of the sun's throne in M.'s favourite, Ovid [Ovid; Ovidius; Publius Ovidius Naso(B.C. 43-A.D. 17)]; and the light flooding into Virgil's [Virgil or Vergil; Publius Vergilius Maro(70-19 B.C.)] hell probably accounted for lines *139-40*. Twice there are faint echoes of Horatian phrases (l. *136*, l. *185*). But in the main M. hails his native language and its authors. —Milton(1971), 97-99.

1 the month See above, on the date of composition of the Ode. **the happy morn** comp. Spenser, *F.Q.*(*Faerie Queene*) iv. 2. 41: 'Borne. . .in one happie morne.' In this Ode it means on the morning of Christmas Day; *the happy morn, i.e.* the blessed morning.—Cf. Milton(1971, notes), 101. **2 Wherein** *i.e.* on which. Modern prose usage requires *in* with reference to space of time ('the month *in* which') and *on* with reference to a point of time ('the morning *on* which'). In the latter case *in* was once common, but the change to the use of *on* took place as early as the sixteenth century: comp. Wickliffe; John Wycliffe(1320?-1384), *Acts*, xiii. 14, "*In* the day of Sabbath," and see Abbott's; Edwin Abbott's(1838-1926) *A Shakespearian Grammar*(1869), sect. 161. **heaven's eternal King** comp. *Par. Reg.*(*P. R.*; *Paradise Regained*) i. 236-237: "Thy Father is the eternal King who rules / All heaven and earth, · · · "(Milton(1971), 440).—Milton(1929, notes), 48. **3 virgin mother** comp. Andrewes'; Lancelot Andrewes'(1555-1626) 9th Sermon on the Nativity, "And where they (*i.e.* faith and reason) meet, they make no less a miracle than *Mater* and *Virgo*, or *Deus* and *Homo*." Richard Crashaw(*ca.* 1613-1649) calls the Virgin Mary 'maiden wife and maiden mother too.' **4 redemption** ransom, buying back. . . . Comp. *P.L.*(*Paradise Lost*) xii. 421-425: " · · · · .ere the third dawning light / Return, the stars of morn shall see him rise / · · · / Thy *ransom* paid, which man from Death *redeems*, / His death for man, · · · ": also *Galatians,* iv. 4-5. **5 the holy sages** *i.e.* the Hebrew Prophets. The sages referred to are the Old Testament writers. Comp. *L'Alleg.*(*L'Allegro*) 17 and note. **6 deadly forfeit** the penalty of death. 'Forfeit', that which is imposed as a punishment, and hence the punishment itself: comp. *Sams. Agon.*(*Samson Agonistes*) 507-508, "And let another hand, not shine exact / Thy *penal forfeit* from thyself ; · · · " Cf. *P.L.* iii. 218-221. The word is radically a participle (comp. 'perfect', etc.), and is from Low Latin *forisfactum*, a trespass, something done amiss or beyond limits (*foris*, out of doors, seen in the word *foreign*; and *facere*, to do). **release** remit, secure the remission of. . . .**7 with** As the Father demands the penalty, the Son has to covenant *with* Him: see *Par. Lost*(*P.L.*), iii. 144, 227. So that 'with' here denotes not 'along with', but is used as in the phrase, "I will use my interest *with* him": comp. Lat. *apud* or *inter*. **work us** *i.e.* produce, bring about on our behalf. Comp. *Par. Lost*, i. 642, "*wrought* our fall"; *ib.* iv. 48-49, "・・・Yet all his good proved ill in me, / And *wrought* but malice;・・・" Cf. Shakespeare, *The Tempest*, i. 1. 23-24, "・・・if you can・・・・*work* the *peace* of the present." **peace** comp. *Isaiah,* ix. 6, "the Prince of Peace"; cf. also *Luke*, ii. 14. . . .**8 unsufferable** We now say 'insufferable': see notes on 'uncessant', *Lyc.*(*Lycidas*) 64; and 'unexpressive', *Lyc.* 176. **9 far-beaming blaze of majesty** cf. the *Epitaph on the Marchioness of Winchester*, 69-70: "Far within the bosom bright / Of blazing Majesty and Light;" with *Arc.*(*Arcades*) 2, 'blaze of majesty.' Milton's poetry, especially the early lyric work, is curiously full of repetition. Lighting on some beautiful phrase he seems loth not to employ it again, perhaps in a slightly varied form. . . .Comp. *Par. Lost*, iii. 1-6. . . .*Beam* is here intransitive, but in South's *Sermons*, i. 8, we find "God *beams* this light into man's understanding." The phrase 'blaze of majesty' occurs in *Arcades*, 2.—Cf. Milton(1929, notes), 49-50; Verity(notes), 33. **10 wont** *i.e.* was wont; a past tense; used, was accustomed. See notes, *Lyc.* 67 and *Il Pens.*(*Il Penseroso*) 37. Spenser has 'wonned' (*Shep. Cal.*(*The Shepheardes Calender*) Feb. 119) and 'did won' *F.Q.* iii. 9. 21) in this sense. Cf. *F.Q.* iii. 5. 27.—Cf. Milton(1929, notes), 50; Verity(notes), 33; Milton(1971, notes), 101. **11 sit the midst** comp. *Par. Lost*, iii. 62. 'The midst' may here be used attributively=midmost (comp. *Par. Lost*, v. 165, "Him first, Him least, Him *midst*"); but more probably=in the midst, as the omission of the preposition in adverbial phrases was common in Elizabethan English. . . .**trinal unity** *i.e.* Trinity. Comp. Spenser's *Hymn of Heavenly Love*, 64, "*trinal* triplicities". **12 to be** in order to be.—Milton(1929, notes), 50. **13 courts** A favourite word with Milton in this connection (cf. *P.L.* vi. 889); due, no doubt, to Scripture, where it is so often used of the Temple of the Jews. Cf. *Psalms*, xcvi. 8, c. 4, cxvi. 19.—Verity(notes), 34. **14 darksome house** comp. *Il Pens.* 92 and note, "Her mansion in this fleshly nook": also the Platonic doctrine that the body is the soul's prison (Plato's *Phaedo*, vi.). and Virgil's *Aen.*(*Aeneid*) vi. 724, *Clausae tenebris et carcere caeco*, "(Souls) shut up in darkness and a blind prison." Many adjectives ending in *-some* are now obsolete; on this point see Trench's *English Past and Present*, v.; *-some* is the A.S.(Anglo-Saxon) and early English *sum*, German *sam*: and reappears as an independent word in *same*. Trench gives a list: wansum, lovesum, healthsome, heedsome, etc. **mortal clay** On Milton's uses of 'mortal' see *Lyc.* 78, note. John Locke(1632-1704) calls the body "the clay cottage". Comp. John Marston(1575?-1634), *Scourage of Villany,* viii. 194, where the body which the soul leaves is called a 'smoakie house of mortall clay', viz. **darksome house of mortal clay**=darksome house of mortal body. —Cf. Milton(1929, notes), 50; Milton(1971, notes), 101. **15 heavenly Muse** cf. *P.L.* i. 6-8: "Sing heavenly Muse, that on the secret top/Of Oreb, or of Sinai, didst inspire/That shepherd, who first taught the chosen seed,"—Milton(1968), 41-42. Cf. *P.L.* iii. 19. The manner of the invocation is borrowed from the classical poets; like Dante; Alighieri Dante(1265-1321) and Tasso, Milton follows therein Homer; Homeros(*ca.* 800 B.C.) and Virgil. And in *Lycidas* where the style is mainly classical Milton rightly appeals (ll. 15 *et seq.*) to the Muses of Greek mythology. But here, as in his sacred epic, he does not address one of the Nine Muses to whom a Greek or Roman poet would have appeared, but he addresses the Muse of sacred song, the Heavenly power which inspired Moses on Sinai, and David on Zion, and the other prophets of Israel. Twice he speaks of great singers as "Taught by the Heavenly Muse · · · "(*P.L.* iii. 19, *Com.* 514), and in *P.L.* vii. 1-4, he gives her name "Urania", 'the Heavenly': . . . .—Cf. Verity(notes), 34; Milton(1934, notes), 74-75. The *heavenly Muse,* later addressed as *Urania* (*P.L.* vii. 1), is here apparently identified as the divine Logos, the second person of the Trinity, who inspires both the prophetic vision of a Moses on Mount *Oreb* and the sacerdotal wisdom and Temple ritual of *Sion hill*, ...He refers the **heavenly Muse** or **Urania** to the Holy Ghost (Holy Spirit) in his poetry as 'saucy familiarity with a true God'.—Cf. Milton(1968, notes), 41. *Heavenly Muse, i.e.* Urania, originally the Muse of astronomy, but elevated by Du Bartas in *La Muse Chré tienne*(1574) to the position of Muse of Christian poetry. . . .—Milton(1971, notes), 101. **vein**=humour, disposition; "I am not in the giving vein to-day."—Shakespeare's *Richard III*, iv. 2. 119. Lat. *vena*=conveyer, viz. of the blood; connected with *veho*. Hence the metaphor of being carried in the direction of a thing =inclination— Verity(notes), 34. **vein** strain, mood. The figurative uses of this word are remarkable. Comp. Shakespeare, *Richard III*. iv. 2. 119, 'the giving vein'; satirical vein; vein of metal; improve my vein (*i.e.* natural disposition).—Milton(1929, notes), 50. **16 Afford a present** bestow or yield a gift. . . .Comp. *Sams. Agon.* 910, "*Afford* me place"; Shakespeare, *The Winter's Tale*, iv. 4. 16; *Henry VIII*, i. 4. 17; etc. **17 strain** utterance, *i.e.* music or song. See note, *Il Pens.* 174. In the edition of 1645 it is spelt *strein* (Fr. *estreidre*, to stretch or press). **19 untrod** In Shakespeare *untread*=retrace, *e.g.* in *The Merchant of Venice*, ii. 6. 10; *un-* being in that case the *verbal* prefix expressing reversal of an action or motion (cognate with Gk. *ἀντί*), and not *negative* prefix (cognate with Gk. ἀν-, *ἀ-*, Lat. *in-*). Cf. the difference between *unsaid* and *unsay*.—Verity(notes), 34. **20 print** *i.e.* footprint, the metaphor suggested by *untrod*. Cf. *Arc.*(*Arcades*) 85 ("・・・no print of step hath been,"), and *printless* (borrowed from Shakespeare's *The Tempest*, v. 1. 35, "・・・with printless foot") in *Com.*(*Comus*) 896, "・・・my printless feet". **21 spangled…bright** On the watchfulness of the stars comp. *Comus*, 112-113, "・・・the starry quire / Who, in their nightly *watchful* spheres," etc.: comp. also *Comus*, 1002, "・・・far above in *spangled* sheen". . . . **Spangled** *i.e.* bright as though with spangles, or *spangs;* see Milton's *Psalm cxxxvi* 33-4*n* (Milton(1971), 8); Spenser, *F.Q.* iv. 2. 45, and Francis Bacon's(1561-1626) directions for the costumes in Masque-entertainments, "Spangs, as they are of no great Cost, so they are of most Glory," *Essays*, p. 157, ...A favourite word with writers of this period; applied especially to dewdrops (. . .), and the stars, as in *P.L.* vii. 384, and *Com.* 1002, where "spangled sheen" is from Shakespeare, *A Midsummer Night's Dream,* ii. 1. 29. See note on *Lyc.* 170, "new-spangled ore". A.S. *spang*=a metal clasp; *spangle* was used of any flashing ornament, *e.g.* of the material now called tinsel. **Keep watch** Cf. "the spheres of watchful fire", *At a Vacation Exercise*, 40, *Com.* 113, and the fifth *Elegy*, 38. **Squadrons bright** cf. Sylvester (Grosart's ed. I. 24), "Heav'n's glorious hoast in nimble squadrons flyes." Repeated in *P.L.* vi. 16. *Squadron*=O.F. *esquadron,* Ital. *squadrone*, one of the military terms introduced into France from Italy during the early year of the xvith cent. From late Lat. *exquadrare.*—Cf. Milton(1929, notes), 51; Milton(1971, notes), 101; Verity(notes), 34-35. **23 star-led**=star guided. See *Matthew,* ii. 2, *P.L.* xii. 360-363, and marginal reference: also *Par. Reg.* i. 249-250, "A star, ・・・/ Guided the wise men thither from the east, ・・・" **wizards** *i.e.* the 'wise men' of *Matthew,* ii. 1: there is no reference to magical powers. Comp. *F.Q.* iv. 12. 2, where the ancient philosophers are called "antique wizards"; also *Lyc.* 55, "・・・ Deva spreads her *wizard* stream." And its note; also *Com.* 570, 871.—Cf. Milton(1929, notes), 51; Verity(notes), 35. **24 prevent** anticipate, forestall . . . .Comp. *Com.* 284, "Perhaps forestalling night *prevented* them," where the word seems to have something of both earlier and later meanings; *Par. Lost,* vi. 129, "At this *prevention* more incensed"; *ib.* ii. 467, iii. 231. **25 lowly** used adverbially. . . .Comp. *Par. Lost,* viii. 173, "Be lowly wise"; Shakespeare's *All's Well That Ends Well,* ii. 2. 3, "I will show myself highly fed and *lowly* taught: ・・・・—Milton(1929, notes), 51. **his blessed feet** *i.e.* his holy feet. Comp. Shakespeare, the First Part of *Henry IV*, i. 1. 25-27: "・・・those blessed feet / Which fourteen hundred years ago were nail'd / For our advantage on the bitter cross".—Milton(1971, notes), 102. **27 the angel quire**=the choir of angels. See note *Il Pens.* 162, and comp. *Par. Reg.* i. 242-243, "At thy nativity a glorious *choir / Of angels* · · · sung". **28 secret altar,** etc. An allusion, as Newton points out, to *Isaiah*, vi. 6-7, "Then flew one of the seraphim unto me, having a live coal. . . . from off the altar; / And he touched my mouth with it, and said, Lo, . . . thine iniquity is taken away, . . ." Comp. also a passage in Milton's *Reason of Church Government*(1642), ". . . .that eternal spirit who can enrich with all utterance and knowledge, and sends out His seraphim with the hallowed fire of His altar, to touch and purify the lips of whom He pleases." 'Secret': for this use of 'secret' in the sense of 'set apart' comp. *Par. Lost*, i. 6-7, " · · · the secret top / Of Oreb · · · "; Milton has 'separate' in the same sense in *Sams. Agon.* 31. **30 While** up to the time when (in Elizabethan English), during the time when (in modern English). In line 19 *while* denotes a space of time, and here a point of time. . . . **31 All · · · lies.** 'All' see note, *Il Pens.* 33. And cf. *Luke* ii. 8, 12..—Milton(1929, notes), 51-52. **32-34** Echoing Petrarch, *Sonnet* 3, of the eclipse on Good Friday: *Era il giorno ch'al sol si scoloraro / per la pietà del suo fattore i rai* (It was the day when the rays of the sun / Darkened in pity for their creator).—Milton(1971, notes), 102. **32 in awe to him** *i.e.* standing in awe *of* him. . . . **33 doffed** put off. *Doff* is a contraction of 'do off', as *don* of 'do on', and *dup* (to undo a door) of 'do up': . . . **35 no season** unseasonable, out of place. **paramour,** *i.e.* lover, is the French *par amour*, by love, . . . Comp. the origin of 'debonair', *L'Alleg.* 24, and 'demure', *Il Pens.* 32. **36 wanton** see *Lyc.* 137 and note.—Verity(notes), 36. **Lines 35-36** Comp. *Elegia V*, ll. 55-95 (Milton(1971), 83-84).—Milton(1971, notes), 102. **41 Pollute** polluted, *i.e.* soiled, tainted. Formed directly from Lat. participle *pollutus*=polluted. Such verb as 'to pollute', 'to instruct', 'to accept', 'to exhaust', 'to devote', etc., are all formed from Latin participles, and this fact frequently led to the employment of these verbs as if they were participles: hence in Milton we find 'pollute'=polluted, 'instruct'=instructed, 'elevate'=elevated, etc. When the participial force of these words was entirely forgotten a second participial sign was added, and hence the current forms 'polluted', etc . . . . **sinful blame** the crime (or the sin) of the Fall (comp. *P.L.* x. 649-719). 'Blame'=crime, fault (comp. Shakespeare's *Macbeth,* iv. 3. 124, *Richard III,* v. 1. 29); as 'blameful'=guilty, and 'blameless'=innocent . . . .—Cf. Milton(1929, notes), 53; Verity(notes), 37. **42 saintly veil** holy veil. Comp. *Par. Lost,* ix. 1053-1054, " · · · innocence, that as a veil / Had shadowed them from knowing ill, was gone," etc. **maiden white** unsullied purity, *i.e.* innocent or pure maiden. **44 so near** so closely. . . . **45 cease** put an end to, cause to cease, to make cease. **46**

meek-eyed clear and mild eyed, *i.e.* pure-eyed. Comp. "O welcome pure-eyed Faith, white-handed Hope,"—*Com,* 212. The use of these personified abstractions is characteristic of Milton's early style; cf. *Il Pens.* and *L'Alleg. passim.* In xviiith century poetry this rather tricky artifice became a mannerism. . . .—Cf. Milton(1929, notes), 53; Verity(notes), 37. **48 the turning sphere** *i.e.* spheres revolving round the earth. The Ptolemaic spheres revolving round the earth. Sylvester has 'turning Spheres' (*Du Bartas*, 95). What Spenser (*Hymn of Heavenly Love*, 25) calls "that mighty bound which doth embrace the rolling spheres," the allusion being to the old cosmology which regarded the universe as a frame-work of sphere within sphere, the Earth being at the centre. See note, line 125.—Cf. Milton(1929, notes), 53; Milton(1971, notes), 103. **49 harbinger** *i.e.* forerunner, precursor (or messenger sent in advance, herald). Here used in its radical sense=one preparing a lodging or 'harbour' for another: its current meaning is 'forerunner', in which the essence of the original signification is lost. The M.E. is *herbergeour* (A.S. *here*, an army, and *beorgan*, to shelter)=one who prepares lodgings for an army; comp. Bacon's *Apophthegms*, 54, "There was a *harbinger* who had lodged a gentleman in a very ill room." The origin of the word is disguised by the intrusion of the letter *n,* as in 'messenger' from *message*, 'porringer' from *porridge*, etc. . .Comp. Milton's *Song. On May Morning*, 1; Shakespeare's *Macbeth*, i. 4. 46; *Hamlet*, i. 1. 12; William Morris(1834-1896), *Outlines*, p. 72; etc. **50 turtle.** The name 'turtle' belongs originally to a species of dove, *i.e.* turtledove. It is the symbol of harmlessness in *Matthew*, x. 16, and the emblem of faithful love, or a type of true love in Shakespeare's *Phoenix and the Turtle.* Turtle was commonly used so; cf. the *Song of Solomon*, ii. 12.—Cf. Milton(1929, notes), 53; Verity(notes), 38; Milton(1971, notes), 103. **51 waving wide**=wide waving. **myrtle** the tree of Venus, as Virgil says (*Eclogae*, vii. 62), hence of love. According to Dr. Johnson, the 'emblem of supreme command'. At this time there was peace throughout the Roman dominions; hence the plant may here be the symbol of peace.—Cf. Milton(1929, notes), 54; Milton(1971, notes), 103. **Lines 52-60** Thomas Aquinas(1225?-1274), *Summa(Superlatives)*, III xxxv 8, points out that it was fitting for Christ to be born in the *pax Romana* (the peace of Rome), as this fulfilled the prophecy in *Isaiah*, ii. 4.—Milton(1971, notes), 103. **52 strikes** causes by striking, *i.e.* produces suddenly and as if by enchantment. . . .**53 No war.** Of lines 53-84 Landor; Walter Savage Landor (1775-1864) says that they form "the noblest piece of lyric poetry in any modern language that I am conversant with." **55 idle** dull, *i.e.* useless. **56 hooked chariot** the chariots armed with hooks. The wheels or axle-tress were armed with cutting instrument or hooks: comp. the chariots 'armed with hooks' in *2 Maccabees*, xiii. 2, taken over by Spenser, *F.Q.* v. 8. 28, "With iron wheels and hooks armed dreadfully." —Cf. Milton(1929, notes), 54; Milton(1971, notes), 103. **59 awful** awe-struck. Here used subjectively: comp. Shakespeare's *Richard II*, iii. 3. 76, "・・・・/To pay their *awful* duty to our presence?" **60 sovran**=sovereign. Milton's spelling of the word 'sovereign', in which the *g* is due to a mistaken notion that the last syllable is cognate with *reign*. It is from Lat. *superanum*=chief (Ital. *sovrano,* O.F. *souverain*). Comp. *Comus*, 41, 638. Milton only once has 'sov'raign'(*Par. Reg.* i. 84) while 'sovran' occurs nineteen times. **64 whist** hushed, *i.e.* silent: see note, *Il Pens.* 55. Cf. Shakespeare's *The Tempest*, i. 2. 379-380, "・・・.and kiss'd/The wild waves *whist*";. . . . **65 kissed**=kist in Milton(1929), p. 3. Comp. Shakespeare's *The Merchant of Venice*, v. 1. 2, "When the sweet wind did gently *kiss* the trees/・・・" The spelling *kist* is due to the final sharp consonant: when this is doubled, as in *pass, kiss, smell,* etc., one of the letters is dropped before *t;* hence *past, kist, smelt.* **67 Who.** Here used of an irrational thing, which, by pathetic fallacy, is endowed with forgetfulness; comp. Shakespeare's *The Rape of Lucrece,* 1805, "The dispers'd air *who* answered"; Abbott, *A Shakespearian Grammar*, sect. 264. **forgot**=forgotten. This use of the past tense for the past participle was common in Elizabethan English; Abbott, *ibid.,* sect. 343. . . . **68 birds of calm** kingfishers, *i.e.* halcyons; the fable being that the sea was always calm while these birds were breeding—during the seven days preceding and the seven succeeding the shortest day of the year. In classical mythology Alcўŏnē or Halcўŏnē was the daughter of Aeolus and wife of Ceȳx: husband and wife having called themselves Zeus and Hera, they were for their presumption metamorphosed into birds. . . .Cf. Shakespeare's the First Part of *Henry VI*, i. 2. 131; *Love's Labour's Lost*, v. 2. 933; *King Lear*, ii. 2. 84. **brooding** comp. *Par. Lost*, vii. 234-235, "・・・on the watery calm/His *brooding* wings the spirit of God outspread," also *L'Alleg.* 6, and note there. There is no doubt that in the present case 'brooding' is to be taken literally—.Milton(1929, notes), 54-56. **charmed** *i.e.* laid under a spell. *Charm* in the English of this period nearly always implies 'working with a charm'. So in *Othello*, iii. 4. 57, *charmer* means 'enchantress'. *Charming*=delightful, pleasing, is a later use; the word weakened as the belief in magic declined. See note on *enchanting* in *Lyc.* 59.—Verity(notes), 40. Note on *Lyc.* 59 in Verity(notes), 131-132. **enchanting** *i.e.* who worked by enchantment, viz. of music. *Enchant* in Shakespeare has the two meanings, to bewitch, and to delight (as in Mod. E.). *Enchant* and *charm* are very similar in derivation —one from *cantus*, the other from *carmen*—and in the weakening of their respective meanings; see *Nativity Ode*(*Nat. Ode*), 68, note. **71 one way** *i.e.* to the birthplace of the "heaven-born child". **influence** Late Lat. *influentia*, was applied to the power exerted by celestial bodies upon the earth, and upon men's lives, fortunes, characters, viz. *the responsive power* of men accepted from celestial bodies; it was in fact a term borrowed from the terminology of astrologers, and occurs very frequently in XVIIIth century writers. Cf. *Job*, xxxviii, 31; *P.L.* vii. 374-375; *L'Alleg.* 122; Shakespeare's *King Lear*, i. 2. 135; *Measure for Measure*, iii. 1. 9.—Cf. Milton(1929, notes), 56; Verity(notes), 40-41. **74 Lucifer** *i.e.* the planet Venus, as the morning-star or light-bringer (*lux*, light; *fero*, to bear): Milton's conceit is that day-break is warning for the stars to disappear. See further in the *Song. On May Morning,* 1 and note. Grammatically 'for all' (l. 73) governs 'Lucifer'. **75 orbs** Either denoting the stars themselves as in Shakespeare's *The Merchant of Venice*, v. 1. 60, "There's not the smallest *orb*," etc., or their orbits, as in *Par. Lost*, v. 861-862, "・・・when fatal course/Had circled his full *orb*,・・・" Milton also has 'orb' in the sense of 'wheel' (*Par. Lost*, vi. 828-829), and 'eye' (*Par. Lost*, iii. 25). Comp. Shakespeare, *A Midsummer Night's Dream,* iii. 2. 61, "・・・Venus in her *glimmering sphere*." **78 Had given**, etc.; Had given place to day. . . . **79 wonted** see note, l. 10. **81 As**=As if, As though. **82 new-enlighten'd** adj. compounded of a participle and a simple adverb. Comp. *Comus*, 36, "new-intrusted"; *ib.* 227, "new-enlivened"; *Lyc.* 170, "new-spangled"; *Par. Lost,* iii. 89, "new-created", etc. **83 a greater sun** comp. the prophesied rising of the 'Sun of righteousness' in *Malachi*, iv. 2.—Milton(1971, notes), 104. **84 burning axle-tree;** glowing axle or axle-tree (of the sun's chariot). Comp. *Comus*, 95-96, "And the gilded car of day/His *glowing axle* doth allay":. . . .; George Sandys(1578-1664), Ovid's *Metamorphoses,* i. 7, "And burn heaven's axletree"; Shakespeare's *Troilus and Cressida*, i. 3. 66-67, "・・・strong as the axletree/On which heaven rides,・・・" 'Axletree'=axis, M.E. *axletre*, was in earlier use than the simple word *axle*, and included all the senses of that word as well as of *axis*. The only surviving sense of the word is that of 'the fixed bar on the rounded ends of which the wheels of carriage revolve', being replaced in its other significations by 'axle' or 'axis', *Axle* does not occur in Old English at all, but has been taken from the 13th cent. compound *axle-tree*=*ax-tree* (O.E. *eax*, axle; *treow*=beam, as in roof-*tree*, saddle-*tree*, door-*tree*, boot-*tree*, etc.).—Milton(1929, notes), 57-58; Verity(notes), 42. **Lines 85-92** I. L. Myhr, *Explicator* iv(1945) 16, sees viii as a link between the images of light(v-vii) and music(ix-xiv) and explains that Pan is an appropriate link because Renaissance tradition associated him with Christ, giver of spiritual light, as well as with music.—Milton(1971, notes), 105. **86 Or ere** 'Or'=ere=before: about this there is no dispute, the use of *or* for *ere* (A.S. aer) being common enough; comp. *Psalms,* xc. 2; *Hamlet*, i. 2. 183; *The Tempest*, i. 2. 11, etc. . . . **88 Full** Fully. **then** For the sake of rhyme *1645* and *1673* have 'than': the two forms were interchangeable throughout most of the seventeenth century.—*Op. cit.,* 105. **89 mighty Pan** *i.e.* great Pan. Pan being the god of flocks and shepherds among the Greeks, and Christ being spoken of in Scripture as 'the Good Shepherd' (*John*, x. 11, *Hebrews*, xiii. 20), Milton here follows Spenser in speaking of Christ as the true Pan—the true God of shepherds. See Spenser's *The Shepheardes Calender, May*, 54: "When great Pan account of shepherds shall ask," with the Gloss: "Great Pan is Christ, the very God of all shepheards which calleth himselfe the greate, and good shepheard. The name is most rightly (methinkes) applyed to Him; for Pan signifieth all, or omnipotent, which is onely the Lord Jesus . . . . By whych Pan, though of some be understoode the great Satanas, whose kingdome at that time was by Christ conquered, the gates of hell broken up, and death by death delivered to eternal death (for at that time, as he sayth, all Oracles surceased, and enchaunted spirits, that were wont to delude the people, thenceforth held theyr peace:) and also at the demaund of the Emperoure Tiberius(B.C. 42-A.D. 37), who that Pan should be, answere was made him by the wisest and best learned, that it was the sonne of Mercurie and Penelope; yet I thinke it more properly meant of the death of Christ, the onely and very Pan then suffering for his flock." Mrs. Browning has a poem entitled "The Dead Pan", which is founded on the same tradition . . . .Comp. *Arc.* 106. **90 Was · · · come** see note, *Lycidas*, 97. With some intransitive verbs of motion (*e.g.* to go, come, arrive, enter), either of the auxiliaries *be* and *have* is used; in Elizabethan writers both forms are common: thus 'I *am* arrived' expresses my present state, while 'I *have* arrived' expresses the activity which preceded the present state. This distinction of meaning is not now strictly observed, and the auxiliary *have* is in general use. **kindly** benevolently. **92 silly** at this time the word still meant not foolish or stupid but *unsophisticated, innocent, or simple*. **95 strook** produced. Milton uses three forms of the participle —*strook* (*Com*, 300; *Par. Lost*, ii. 165; *ib.* vi. 863, x. 413, xi, 264; *Par. Reg.* iv. 576), *struck* (*Sams. Agon.* 1686), *strucken* (*Par. Lost,* ix. 1064), his choice being determined by the demands of rhyme and rhythm. There is also a form *stricken* . . . .—Milton(1929, notes), 58-60. **97 stringed noise,** *i.e.* the music of the string-instruments, or the music of the heavenly harps. This couplet (ll. 96-97) reads like a variation on Spenser's lines: "Whilst all the way most heavenly *noyse* was heard / Of the *strings*, stirred with the *warbling* wind,"—*Ruines of Time*, 613-614. For *noise* applied in a complimentary sense to musical sounds, cf. *The Tempest*, iii. 2. 144-145, "· · · the isle is full of noises, / Sounds, and sweet airs, that give delight · · · " Cf. also the ode *At a Solemn Music*, where "melodious noise"(l. 18) is said of the songs of the Cherubim. A secondary meaning of *noise* was 'a company of musicians'; cf. the Second Part of *Henry IV*, ii. 4. 13. . . . *Noise* comes from either *nausea* or *noxia=noxa* in Latin.—Verity(notes), 44. **98 took** *i.e.* captivated, charmed.—Cf. Verity(notes), 44; Milton(1971, notes), 105. **99 loth** reluctant. The same as 'loath' (M.E. *loth*: A.S. *lath*, hateful). That which we are loath to do is *loathsome* or *loathly* (Shakespeare's *The Tempest*, iv. 1. 21; the Second Part of *Henry IV*, iv. 4. 22). **100 close** Here used in its technical sense=*the final cadence* of a piece of music, or the conclusion of a musical phrase; a cadence. Cf. Shakespeare's *Richard II*, ii. 1. 12, and *Com.* 547. . . . **102-103 the hollow round / Of Cynthia's seat** Cynthia's seat of the hollow round; the sphere of the moon. **Round** *i.e.* sphere. In Shakespeare's *Venus and Adonis*, 368, "mortal round"=the sphere of the world; so in *P.L.* vii. 267. **Cynthia's** see Ben Jonson (1572-1637), *Hymn to Diana* (or *Hymn to Cynthia*); and *Il Pens.* 59. Here Cynthia means the moon.—Cf. Milton(1929, notes), 60; Verity(notes), 44; Milton(1971, notes), 105. **103 airy region:** comp. *Com.* 230, "thy airy shell"=the atmosphere. **104 won** *i.e.* persuaded. In this sense followed by an infinitive: comp. *P.L.* xii. 502-504, "· · · · Thus they *win* / Great numbers of each nation *to receive* / With joy the tidings · · · " **106 its** One of the three instances of the occurrence of the word *its* in Milton's poetry (the other two being in *Par. Lost*, i. 254, iv. 813): see notes, *Il Pens.* 128, and line 139 of this poem. **107 alone** by itself. Nature was therefore no longer required. The meaning is not 'and no other', for Nature had hitherto done so. **108 in happier union** The sense is compressed: in lines 107-108, "She knew such harmony alone / Could hold all heaven and earth in happier union"="She knew that such harmony as was now heard could *by itself* hold all heaven and earth in union"; and further, "She knew that this union would be *happier* than that produced by Nature", viz. the harmony of the spheres. Comp. *Arcades,* 70-72. **109 surrounds** encompasses. Milton is said to be the first author of note who used the word in this current sense, which it has acquired through a supposed connection with *round.* Shakespeare does not use it. Its original sense is 'to overflow' (Lat. *super-undare*). **their sight**=them seeing: see note, *Lyc.* 184; and comp. *Hamlet*, v. 1. 286.—Milton(1929, notes), 60-61. **110 globe** Latin *globus* can mean 'troop', and 'globe' has this sense in *P.L.* ii. 512, "A globe of fiery seraphim · · · " and *P.R.* iv. 581-582, "· · · a fiery globe / Of angels · · · "-a meaning first recorded in Giles Fletcher's(1588-1623) *Christ's*

Victory and Triumph in Heaven and Earth(1610).—Milton(1971, notes), 106. **globe of circular light** Put, by hypallage, for 'a circular globe (or body) of light'. For this use of globe comp. *Par. Lost,* ii. 512, "A globe of fiery seraphim · · · "; so that the phrase 'circular globe' is not necessarily redundant. Milton's language regarding figures, *e.g.* circle, wheel, globe, orb, cube, sphere, etc., is somewhat confusing: see *Sams. Agon.* 172 ('sphere'=circle); *Par. Lost,* v. 594 ('orbs'=circles); *ib.* vi. 552 ('cube'=square); etc. Comp. George Perkins Marsh's(1801-1882) *Lectures on English Language* xxvi. **111 with long beams · · · arrayed:** clothed the modest night with its long rays. Comp. *Comus*, 339, "long levelled rule of streaming light"; *Sams. Agon.* 549, "heaven's fiery *rod*". **112 helmed** helmeted (A.S. *helm,* that which protects: *helmet* is a diminutive.). **cherubim · · · seraphim** Hebrew plurals; the English Bible has the irregular double plural *cherubims* (*Genesis*, iii. 24; *Exodus*, xxv. 18). Shakespeare has *cherubin* as a singular (*Othello*, iv. 2. 63) . . . When the word *cherub* is applied to a beautiful child, the plural now current is *cherubs*: cherubim or cherubims being used of celestial spirits only. For other words with their original plural and an English plural both in use, see William Morris, *English Accidence*, sect. 84; beau, focus, appendix, formula, etc. Comp. *At a Solemn Music*, 10, 12. **116 unexpressive** inexpressible, indescribable: see note, *Lyc.* 176; and comp. Shakespeare's *As You Like It,* iii. 2. 28, "The fair, the chaste and *unexpressive* she." **Lines 119-124** The allusion to the 'sons of the morning' and the creation of earth, sea, and sky are explained by *Job*, xxxviii. 4-8. See also *Isaiah,* xiv. 12: ". . . . O Lucifer, son of the morning!"—Milton(1929, notes), 60-61. **119 sung**=sang. See note on 'sunk', *Lyc.* 102. **122 well-balanced world** comp. *Par. Lost,* iv. 1000-1001, "The pendulous round earth with *balanced* air / In counterpoise , · · · " **hinges** *i.e.* supports, *hinge* being cognate with *hang*, and signifying something whereon to suspend; cf. the verb in Geoffrey Chaucer's *The Prologue*, 677. . . .Comp. *F.Q.* i. 11. 21, "To move the world from off his stedfast *henge,*" and in *P.R.* iv. 415, "From the four *hinges* of the world, · · · " A hinge is strictly that upon which anything *hangs*. The sense is 'quarters'.—Cf. Milton(1929, notes), 62; Verity(notes), 48; Milton(1971, notes), 106. **123 cast** laid (Lat. *jacere*): comp. *2 Kings*, xix. 32, and *P.L.* vi, 869. **124 weltering** see note, *Lyc.* 13. **oozy** see note, *Lyc.* 175; and comp. *P.L.* vii. 303, *Vac. Ex.*, (*At a Vacation Exercise*) 92, *The Tempest*, i. 2. 252.—Milton(1929, notes), 62. **Lines 125-135** The lines are ones of Milton's music of the spheres. The idea that each sphere of the universe produced a note as it revolved (making up M.'s 'ninefold harmony') was Pythagorean in origin. See *Arcades* 63-72*n* (Milton(1971, notes), 159). *The Music of the Spheres* was the topic of M.'s second *Prolusion* (*The Works of John Milton*, ed. F. A. Patterson *et al.* (New York 1931-1938), xii 149-57; *The Complete Prose Works of John Milton*, ed. Douglas Bush *et al.* (New Haven 1953-), i 234-9), in which he subscribes to the idea that 'Pythagoras alone among mortal men' was able to hear this music. The rest of mankind cannot, he explains, because of the Fall, as a result of which we are 'buried in sin and degraded by brutish desires'. If our souls were pure, our ears would 'be filled with that exquisite music of the stars in their orbits; then would all things turn back to the Age of Gold'.—Milton(1971, notes), 106-107. **125 Ring out, ye crystal spheres,** Milton's references to the music of the spheres are numerous: comp. *Arc.* 62-64, " · · · then listen I / To the celestial sirens' harmony, / That sit upon the nine enfolded spheres," etc. Also *Com.* 112, " · · · the *starry quire*,"; *ib.* 242, "And give resounding grace to all *heaven's harmonies.*"; *ib.* 1020, "Higher than *the sphery chime*"; *P.L.* v. 620-627 ("Mystical dance, · · · · Listens delighted."). Also the line, "*Sphere-born* harmonious Sisters, Voice and Verse." In the present case, as in the lines quoted from *Arcades* Milton refers (1) to the Pythagorean doctrine of the music of the spheres; and (2) to that system of astronomy developed by Eudoxus; Eudoxos(408-355 B.C.), Plato(*ca.* 427-347 B.C.), Aristotle(384?-322? B.C.), Hipparchus(160?-125? B.C.), and others, which is usually called the Ptolemaic system.

(1) Pythagoras(582?-500? B.C.), having remarked that the pitch of notes depends on the rate of vibration, and also that the planets move with different velocities, was led to extend the same relation to the planets and to suppose that they emit sounds proportional to their respective distances from the Earth, thus forming a celestial concert too melodious to affect the gross ears of mankind. This is what is meant by the music or harmony of the spheres. Plato supposes this harmony to be produced by Sirens.

(2) According to the Ptolemaic system of astronomy the Earth was the centre of our universe, and the apparent motions of the other heavenly bodies were due to the fact that they were fixed in transparent or crystal spheres enclosing the central Earth at different distances. Plato recognized only eight of such spheres, the outermost being that of the Fixed Stars. Later, two more spheres were added—the crystalline sphere outside of that of the fixed stars, and, beyond all, the Tenth Sphere, called the Primum Mobile or 'first moved', which contained all the others. In the above passage from *Arcades* Milton speaks of *the music of the spheres* as being produced by the nine Muses that sit upon the nine inner spheres.

Shakespeare alludes to the music of the spheres in a beautiful passage (*The Merchant of Venice*, v. 1. 60-62): "There's not the smallest orb which thou behold'st / But in his motion like an angel sings, / Still quiring to the young-eyed cherubins;" etc. Comp. also Shakespeare's *Pericles*, v. 1. 230;

Antony and Cleopatra, v. 2. 84; etc. For a detailed account see Plato's *Republic* (Bk. x.), where a theory is given of the relation of the Fates to the Pythagorean system. Fate or Necessity has on her knees a spindle of adamant, and the turning of this spindle directs the motions of the heavenly bodies. "The spindle turns on the knees of Necessity; and on the upper surface of each circle is a siren who goes round with it, hymning a single sound and note. The eight together form one harmony, and round about at equal intervals there is another band, three in number, each sitting upon her throne: these are the Fates, daughters of Necessity, who are clothed in white raiment and have crowns of wool upon their heads, Lachesis and Clotho and Atropos, who accompany with their voices the harmony of the sirens."—Milton(1929, notes), 62-63.
126 Once bless our human ears For once make our human ears purify, *i.e.* for once, the harmony of the spheres being imperceptible by men, the heavenly harmony is inaudible to men's impure ears: comp. *Arc.* 72-73, "・・・the heavenly tune, which none can hear / Of human mould with gross unpurged ear;" also *Com.* 457, 996. Cf. Shakespeare, *The Merchant of Venice*, v. 1. 60-65. **Once** at once, once for all, for once. *The Music of the Spheres* was the topic of Milton's second *Prolusion* (. . . .), in which he subscribes to the idea that 'Pythagoras alone among mortal men' was able to hear this music. The rest of mankind cannot, he explains, because of the Fall, as a result of which we are 'buried in sin and degraded by brutish desires'. If our souls were pure, our ears would 'be filled with that exquisite music of the stars in their orbits; then would all things turn back to the Age of Gold'.—Cf. Milton(1929, notes), 63; Verity(notes), 50; Milton(1971, notes), 107. **127 touch our senses** comp. *Il Pens.* 13-14, "・・・too bright / To *hit the sense* of human sight;"; Shakespeare's *The Merchant of Venice*, v. 1. 76, "・・・ any air of music touch their ears," and *Coriolanus*, v. 2. 11. **128 silver chime** comp. *Com.* 1020, "sphery chime." 'Chime' is strictly 'harmony': the word is cognate with *cymbal* (l. 208). **130・・・base・・・organ** bass, *i.e.* the fundamental note of harmony. The Earth, which has not, since the Fall, shared in the ninefold harmony. **Organ** This instrument was thought of as including all others, and therefore as representing universal harmony ,・・・ On this line Warton; Thomas Warton(1728-1790) says: "Milton was not yet a Puritan. Afterwards, he and his friends, the fanatics, would not have allowed of so papistical an establishment as an organ and a choir, even in Heaven."—Cf. Milton(1929, notes), 64; Milton(1971, notes), 107. **131 ninefold** Milton allows nine spheres, as in *Arc.* 64, "・・・the nine enfolded spheres,". . . .—Verity(notes), 50. **132 consort** harmony. The word is sometimes mistakenly written *concert:* see note *Il Pens.* 145, and *S.M.* (*At a Solemn Music*) 27. **135 the age of gold** the reign of

Saturn, a time of peace and happiness: see note, *Il Pens.* 24. Comp Ovid's; Ovidius'(B.C. 43–A.D. 17), *Meta.(Metamorphoses)* i. 89 *et seq.*: *Aurea prima sata est aetas*, etc.; and Shakespeare's *As You Like It,* i. 1. 124–125, "・・・fleet the time carelessly, / as they did in the *golden world.*" **136 speckled vanity** variegated vanity *i.e.* corrupt and showy vanity. Why should vanity be so described? Either (as Warton thinks) because Milton had in mind the *maculosum*(foul)・・・*nefas*(crime) of Horace, *Odes*, iv. 5. 22, 'specked' being equivalent to 'corrupt'; or because 'speckled'=spotted, variegated, and therefore 'showy', It would almost seem that Milton had in view Spenser's description of the vain serpent, (Virgil's *Gnat*, 250–252): "An huge great Serpent, all *with speckles pied*・・・/ And with proud vaunt his head aloft doth hold; / His crest above, *spotted* with purple dye." Comp. *P.L.* ix. 429, "*specked* with gold"; Shakespeare's *A Midsummer Night's Dream,* i. 1. 110, *Richard II*, iii. 2. 134. **138 lep'rous sin・・・mould** The 'leprosy of sin' is a common metaphor. The same meaning of this metaphor is 'the sin of a leprosy'. The 'earthly mould' is the Earth itself (see Henry Mayhew (1812–1887) and Walter William Skeat's (1835–1912) *Middle English Dictionary,*; *on molde*=in the earth, in the world). . . . **139–140** An echo either of Homer, *Iliad*, xx. 62–65, or Virgil, *Aeneid*, viii. 243–246, where the light of day is imagined flooding into hell. **hell itself…her** Here *her* and *itself* are both used of Hell, an instance of the unsettled usage of the pronouns in Milton's time: . . . . Milton's use of *her* in this case may be due either to his fondness for the feminine personification or to the fact that A.S. *hel* is feminine: . . . Comp. *Com.* 221, where *her* is used of a cloud, the Lat. *nubes* being feminine. See further, notes on *Il Pens.* 92, 143.—Cf. Milton(1929, notes), 64; Milton(1971, notes), 107. **140 the peering day** the first dawn of Gospel, by the birth of the Redeemer, *i.e.* the day breaking . . . . Comp. Shakespeare's *The Taming and the Shrew*, iv. 3. 76, "So honour *peereth* through the meanest habit." But Dunster probably exaggerates the significance of the word when he says: "The peering day here is the first dawn of the Gospel, by the birth of the Redeemer." **Lines 141–144** are referring to the story of Astraea, who left the world (*ad superos Astraea reccessit, Juvenal,* VI. 19) when the golden age ceased. And we can associate these lines with *Psalms*, lxxxv. 10, "Mercy and truth are met together, righteousness and peace have kissed *each other*." For the departure of Astraea (Justice) from the earth see Milton's *Elegia IV*, 81*n* (Milton(1971), 57).—Cf. Verity(notes), 51–52; Milton(1971, notes), 107. **142 return to men** An allusion to Astraea, the goddess of Justice, who during the golden age lived among men; but when that age passed away, withdrew with her sister Pudicitia (Purity). In the lines *On the Death of a Fair Infant Dying of a Cough*, 50–51,

Milton calls her "・・・that just maid who once before / Forsook the hated earth,・・・・Comp. Ben Jonson's *Masques*(1615), *Golden Age Restored*. **143-144 Orbed・・・between** This is the reading of the second edition(1673); the first edition(1645) had: "Th' enameld Arras of the Rainbow wearing, / And Mercy sat between." 'Orbed in'=encircled by, surrounded by, either partially or totally (in which case we may suppose a double rainbow, as suggested by Dunster). **like glories** *i.e.* similar to (equal to, or well matched for) the glorious tints of the rainbow. **145 sheen** brightness. Comp. *Com.* 892, 'azurn sheen'; *ib.* 1002, 'spangled sheen' *An Epitaph on the Marchioness of Winchester*, 73, 'clad in radiant sheen'; *F.Q.* ii. 1. 10, 'so faire and sheene' (adj.); *On the Death of a Fair Infant Dying of a Cough,* 48, 'sheeny heaven' (adj.). *Sheen* is cognate with *show*. **146 radiant feet** *i.e* the most beautiful (or dazzling) feet of him. Comp. *Isaiah,* lii. 7, "How beautiful upon the mountains are the feet of him . . . that publisheth peace, that bringeth good tidings of good, that publisheth salvation; that said unto Zion, Thy God reigneth!" **tissued** either 'variegated' or 'interwoven', *i.e.* massed together, woven together. Comp. *Par. Lost*, v. 592, 'glittering tissues'. **steering** Contrast the intrans. use of verb 'steer' (=move) in *Sams. Agon.* 111, "The tread of many feet steering this way." **149 But wisest fate says no** Comp. *P.L.* vii. 173, where the almighty (God) spake "・・・and what I will is fate."—Milton(1971, notes), 108. **150 yet** as yet, up to at that time see note. *Il Pens.* 30. **152 bitter cross** Comp. Shakespeare, the First Part of *Henry IV*, i. 1. 25-27, "・・・those blessed feet / Which fourteen hundred years ago were nail'd / For our advantage on the *bitter cross*.." **153 loss** what we have lost; eternal life or immortality; the *destruction* of mankind *i.e. death*. Cf. *Par. Lost*, iii. 280-302. **155 ychained** See note on 'yclept', *L'Alleg.* 12. Spenser has yclad, ybent, ygo, ypent, yrapt, ytost, ywrake, etc. Milton's retention of the O.E. prefix 'ge-' (M.E. 'y-') is a Spenserian affectation. In M.E. the prefix *ge-* was weakened to *i-* or *y-* and disappeared altogether in the northern dialect.—Cf. Milton(1929, notes), 65; Milton(1971, notes), 108. **156 wakeful**=awakening. Here used objectively. . . . —Cf. Milton(1929, notes), 65; Verity(notes), 53. **trump of doom** the trumpet of the doomsday, *i.e.* the trumpet of the last judgement day. Comp. *1 Corinthians*, xv. 52, ". . . at the last trump: for the trumpet shall sound, and the dead shall be raised incorruptible, ..." **the deep** the vast abyss of the heaven, *i.e.* the heaven. We can think that Milton figures the deep to the vast abyss of the heaven by metaphor. **Lines 157-161** are to be associated with *Exodus*, xix. 16, where God descends upon Sinai with ". . . .thunders and lightnings, and a thick cloud upon the mount, and the voice of the trumpet exceeding loud; so that all the people that *was* in the camp trembled."—Cf. Milton(1971, notes), 108. **158 on Mount Sinai rang** The references are to the giving of the Mosaic Law: see *Exodus*, xix.—Milton(1929, notes), 66. **160 aged earth** comp. Shakespeare's *Romeo and Juliet*, ii. 3. 9, "The earth that's nature's mother is her tomb;" (a classical notion); the First Part of *Henry IV*, iii. 1. 32, "・・・the old beldam earth・・・" **aghast** Milton wrote 'agast', for which 'aghast' has been erroneously substituted and is still employed. It is the participle of an old verb *agasten* (a- intensive; O.E. *gaestan*, to terrify); comp. Geoffrey Chaucer's *The Legend of Good Woman*, 1171-1172, "・・・What may it be / That me *agasteth* in myn slep"; Spenser, *F.Q.* i. 9. 21, "Or other griesly thing, that him *aghast*." The fuller form of the past participle='agasted', and the present participle='agasting', are both obsolete;. . . . **161 terrour**(Milton(1929), 6); **terror**(Milton(1971), 108) Fr. *terreur*. The spelling (terrour) points to the fact that the word came into English from the Lat. *terror*, indirectly through French; but (see note on *horrour*, 172) the spelling alone is not conclusive evidence of this. Comp. Shakespeare's *All's Well That Ends Well*, ii. 3. 4, "・・・we make trifles of terrors,・・・" **162 Shall from the surface to the centre shake** Comp. *Par. Lost*, vi. 217-219: "・・・all heaven / Resounded, and had earth been then, all earth / Had to her centre shook.. . . **centre** So in *Com.* 381, 'centre'=centre of the Earth, and in *Par. Lost*, i. 685-686, "Men also,・・・/ Ransacked the *centre*,・・・" Sometimes the word was used of the Earth itself, as the fixed centre of the whole universe according to the Ptolemaic astronomy (*Par. Reg.* iv. 534-535, "・・・as *a centre, firm* / To the utmost・・・"). Comp. *Hamlet*, ii. 2. 158. **163-164 In these lines,** Milton's concept of the Last Judgement is drawn from *Matthew*, xxiv. 30, "And then (=at the Last Judgement) shall appear the sign of the Son of man in heaven:. . . and they shall see the Son of man coming in the clouds of heaven. . ."—Milton(1971, notes), 108. **163 last session** the Last Judgement. 'Session' and 'assize' (a cognate word through the French; Lat. *sedere*, to sit) are both commonly applied in our literature, with such adjs. as *great, last,* etc., to the Day of Judgement: comp. . . . Sylvester's *Du Bartas*, i. 2: "When God his Sizes holds." *Session, assessment, assize, excise* (a corruption of assize), *size*, etc., are cognate. Comp. *Par. Lost,* ii. 514. **164 spread** displayed: comp. *Par. Lost,* ii. 960. **167 But now** And only now. **168 old dragon** "And he(an angel) laid hold on the dragon, the old serpent, which is the Devil, and Satan, and bound him a thousand years,"—*Revelation*, xx. 2. So in *Sams. Agon.* 1692, and in *Par. Lost,* x. 529, dragon=serpent. Comp. *Com.* 394, 'dragon-watch', and Tennyson's *Dream of Fair Women*, 255, 'dragon eyes', where the reference is to the dragon's keenness of vision, an idea contained in the name (Gr. *δέρχομαι*, to see). Comp. further, *Il Pens.* 59, 'dragon yoke', and Shakespeare's *A Midsummer Night's Dream,* iii. 2. 379, 'night's swift dragons' where the allusion is to its swiftness. **169 straiter** cf. *Matthew*, vii. 13-14, "Enter ye in at the *strait* gate:. . . . / Because, *strait* is the gate, and narrow *is* the way, ..." In some cases 'strait' can be a doublet of *strict*. Comp. *F.Q.* i. 11. 23, " · · · in *straighter* bandes · · · ," where 'strait' is confused with 'straight'.—Milton(1929, notes), 66-67. **170 casts** leaves with regret, whisks away. The metaphor of casting a net.—Cf. Verity(notes), 54. **171 wroth**=wrath. Milton first wrote *wrath*, the older form (A.S. *wrath*, angry). *Wrath* is not found as a subst. in A.S. Cf. Shakespeare's *The Merchant of Venice*, ii. 9. 78, "Patiently to bear my *wroth*."—Cf. Milton(1929, notes), 67; Verity(notes), 54. **172 Swinges · · · tail.** Comp. *Revelation*, xii. 3-4, ". . . .and behold, a great red dragon, having seven heads and ten horns, and seven crowns upon his heads. / And his tail drew the third part of the stars of heaven, and did cast them to the earth: . . . ." And the account of the Great Dragon in *F.Q.* i. 11. 11: "His huge long tayle, wound up in hundred foldes, / Does overspread his long bras-scaly back, / · · · · / It sweepeth all the land behind him farre,": also *ib.* 23, "His hideous tayle then hurled he about." Sir Thomas Browne(1605-1682) refers also to a passage of Andrew Marvell's(1621-1678) *First Anniversary* which seems to have been suggested by Milton's lines: "And stars still fall, and still the dragon's tail / *Swinges the volumes of its horrid flail.*" So Edmund Waller(1606-1687), with reference to the whale, speaks of its "tail's impetuous *swinge*". 'Swinges'=brandishes, beats about: this is the only case in which Milton uses the word, which is really the casual form of *swing*. Comp. *drink* and *drench, methink* and *think, sit* and *set, fall* and *fell*, etc. The intrusive *d* in the form *swindges* (used in the original editions) is due to the soft *g*.—Milton(1929, notes), 67. **horror** see note on 'terrour', l. 161; this word comes directly from Latin, the spelling being due to force of analogy. Comp. *Com.* 38, "The nodding *horror* of whose shady brows", where the word has its radical sense of shagginess (Lat. *horrere*, to bristle), as it may have here. . . . **folded** see description of Spenser's dragon, quoted above. **Lines 173-180** The passage on the cessation of the oracles at the birth of Christ in Prudentius *Apotheosis* 438-443 mentions the silence of the caves at Delphi (M.'s 'Delphos', where Apollo had an oracle on the steep slope of Parnassus), the fanatic priest panting and foaming at the mouth, and the silencing of Hammon in Libya (l. 203). In the same poem Apollo is tormented with pain by the words of exorcism, and shrieks (*heiulat*) (11. 402-3, 412-13); at the heathen sacrifice (ll. 460-502) the priest breaks off because he senses that a Christian is present, and he sees Persephone fleeing in dread; his spells (*carmina*) are of no effect; the flames go out and the laurel falls from the flamen's head.—Milton(1971, notes), 109. **Lines 173-227** The poet shows how the coming of Christ brought destruction on the pagan divinities of Greece and Rome (stanzas, xix-xxi); as also on the idolatrous religions of the East (stanzas, xxii-xxv). With the enumeration of these deities, cf. the parallel but more elaborate passage in *P.L.* i. 376-521, where he says (374-375) that they were originally the rebellious angels who shared Satan's fall(Verity(notes), 55). **173 The oracles are dumb** "The idea, from this point to line 236, is that of the sudden paralysis of the gods and enchantments of the Pagan religions at the birth of Christ" (David Masson). So François Rabelais(1494?-1553) in *Pantagruel*(1532), iii. 24, says: "You must know that the oracles are all of them become as dumb as so many fishes since the advent of that Saviour King, whose coming into the world has made all oracles and prophecies to cease." See also *Gloss* on Spenser's *The Shepheardes Calender, May* quoted in the note on 89. The period at which oracles ceased to give forth their deliverances has been the subject of controversy. Eusebius; Eusebios(260/265-338/340) and many Christian writers held the view here adopted by Milton, that they became silent at the birth of Christ, and doubtless superstition, which had long lost its hold on the public mind, gradually disappeared before the light of Christianity. Nevertheless, there is abundant evidence that the oracles were consulted during several centuries of the Christian era, and edicts against them were issued by various emperors. Many of the Christian fathers regarded them, somewhat inconsistently, as due to the inspiration of the devil; and this might be the view held by Milton (see lines 167-170 and *Par. Reg.* i. 455-456, where Christ is made to say to Satan: "No more shalt thou by oracling abuse / The Gentiles; henceforth oracles are ceased,"). See further in notes, ll. 176, 177, 178. 'Oracle' (Lat. *oraculum*, a double diminutive from *orare*, to speak) is a term applied to the utterances or responses of a deity, to the deity responding, or to the place where the response is uttered.—Milton(1929, notes), 67-68. **174 hideous hum** hideously rounding and echoing sound. **175 deceiving** deceitful, or (at least) ambiguous. **176 Apollo · · · shrine** The most famous oracles of antiquity were those of Apollo: he was consulted at over twenty of these, *e.g.* Delphi, Abdera, Delos, Lesbos, etc. A 'shrine' is a place sacred to a divinity: see note on 'cell', l. 180. Comp. Virgil's *Aeneid,* ii. 351: *Excessere omnes, adytis arisque relictis*. **177 divine** *i.e.* utter presages or cause them to be uttered. In his essay on the Pagan Oracles Thomas de Quincey(1785-1859) says: "The fathers regarded it as a duty of Christianity to destroy Oracles; and holding that baseless creed, some of them went on to affirm, in mere defiance of history, that Christianity *had* destroyed Oracles. But *why* did the fathers fancy it so special a duty of the Christian faith to destroy

Oracles? Simply for these two reasons, viz., that (1) Most falsely they supposed *prophecy* to be the main function of an Oracle; whereas it did not enter into the main business of an Oracle by so much as once in a thousand responses. (2) Not less erroneously they assumed this to be the inevitable parent of a collision with Christianity, for all prophecy, and the spirit of prophecy, they supposed to be a regular prerogative of Christianity, sacred, in fact, to the true faith by some inalienable right. But no such claim is anywhere advanced in Scripture." **178 steep of Delphos** 'Delphos' is the mediaeval form of 'Delphi', the name of a small town in Phocis, situated on the Southwest extremity of Mt. Parnassus in Greece. Here was the most celebrated oracle of Apollo, the oracular divinations being uttered by a priestess called Pythea or the Pythoness in the temple of that god. From a chasm in the centre of the building rose a mephitic vapour, and the priestess sat on a tripod over the chasm, so that she might be readily intoxicated by the exhalations. The words she uttered while in this frenzied state were believed to be the revelations of Apollo. The Delphic oracle was finally suppressed by Theodosius(346?-395). The name Delphos (applied to Delphi) is used by Milton, *Par. Reg.* i. 458, and by Shakespeare, *The Winter's Tale*, ii. 1. 183. Comp. *On Shakespeare*, 12, "Delphic lines"=oracular lines: Thomas Gray's(1716-1771) *The Progress of Poesy*, 66, "Woods, that wave o'er Delphi's steep." **179 nightly** nocturnal, pertaining to night. It is an adj., though its force is that of an adverb. Comp. *Il Pens.* 84, *Arc.* 48. . . . **breathed spell** *i.e.* recited spell, spell due to the exhalations from beneath the tripod: on 'spell' see note, *Il Pens.* 170; the word was first used in a good sense, but occurs in the bad sense of 'magic' as early as John Gower's(1325/1330-1408) *Confessio Amantis*(1390 or 1393). **180 pale-eyed** Afterwards used in Alexander Pope's *Eloisa to Abelard*, 21, "Shrines where their vigils *pale-eyed* virgins keep." Comp. Shakespeare's *Henry V*, iv. 2. 48, "· · · *pale-dead eyes*,": Shakespeare has also 'pale-visaged', 'pale-faced', 'pale-hearted', 'pale-hope', etc. **cell** *i.e.* the adytum or innermost shrine, accessible only to the priests and the initiated (Lat. *cella*). **183 voice of weeping** comp. the language of *Isaiah*, lxv. 19, and *Matthew*, ii. 18. The allusion is explained by the Gloss quoted in the notes on line 89. **184 haunted spring** comp. *L'Alleg.* 130, 'haunted stream'; *Il Pens.* 138, 'hallowed haunt' and 154, 'unseen Genius of the wood'; *Com.* 267; *Lyc.* 183, 'the Genius of the shore'; *Par. Lost*, i. 783, iii. 27. This 'spring' alludes to Mt. Helicon's Hippocrene. **185 poplar pale** the silver-poplar. **186 parting**=departing. Comp. *Par. Lost*, viii. 630, "· · · · the *parting* sun"; *ib.* xii. 589-590, "· · · the hour precise / Exacts our *parting* hence; · · · ·" **188** Comp. *Il Pens.* 133, 137, 154.—Milton(1929, notes), 69. Comp. Edward Fairfax's(1575-1635) translation of Tasso iii 75, where a wood is felled at Godfrey's [Godfrey of Fontaines(1250?-1305?)] command and 'The weeping Nymphes fled from their bowres exilde'. —Milton(1971, notes), 109. **189 consecrated** see note on 'sacred', *Lyc.* 102. **191 lars and lemures** Line 189 refers to the latter, and line 190 to the former. See Leigh Hunt's(1784-1859) *Essay on the Household Gods of the Ancients*: "The Lares or Lars were the lesser and most familiar household gods; and though their offices were afterwards extended a good deal, in the same way as those of the Penates (gods of the house and family), with whom they are often wrongly confounded, their principal sphere was the fireplace. This was in the middle of the room, and statues of the Lares generally stood about it in little niches. They are said to have been in the shapes of monkeys; more likely mannikins, or rude little human images. . . . Some writers make them the offspring of the goddess Mania, who presided over the spirits of the dead; and suppose that originally they were the same as those spirits; which is a very probable as well as agreeable superstition, the old nations of Italy having been accustomed to bury their dead in their houses. Upon this supposition, the good or benevolent spirits were called Familiar Lares and the evil or malignant ones, Larvae and Lemures." Milton seems here to refer to Lemures in the same sense as Ovid, viz., shades, ghosts of the dead, Lat. *manes*.—Milton(1929, notes), 70. **192 altars round** *i.e.* round altars. 'Round' is preposition governing 'altars'. **194 flamens** the masters of religious rites; priests. Roman priests devoted to the service of a particular deity. **quaint** precise, ceremonious, *i.e.* elaborate. In modern English it means odd or curious, and in Milton's poetry it usually conveys the idea of strangeness as well as of exactness or nicety. The word is from Lat. *cognitus*, known or remarkable, and Chaucer has it in the sense of 'famous'; hence 'skilful' and 'cunning' (in a good sense); hence 'cunning' (in a bad sense) as in *The Plowman's Crede*(1394), "the devell is full *queynte*." In French it became *coint*, which was treated as if from Lat. *comptus*, neat, ingenious, and hence acquired the sense of 'pretty' or 'neat', as in Shakespeare's *The Tempest,* i. 2. 317, "My *quaint* Ariel." Comp. *Arc.* 47, *Lyc.* 139, notes. **196 forgoes,** etc. In this line 'peculiar'=special. 'Forgoes'=gives up, abandons: it is often written 'forgoes', owing to confusion of the verbs. The prefix *for-* (seen in forbear, forbid, forget, forgive, forlorn, forsake, forswear) has the sense of *from* or is an intensive (cf. Ger. *ver*). **197 Peor** *i.e.* Baal-Peor, or the Baal of Peor (*Numbers*, xxiii. 28; xxv. 3, 18; *Joshua*, xxii. 17). Milton follows St. Jerome; Eusebius Sophronius Hieronymus(340?-420), who identifies Chemos (see *Par. Lost*, i. 406) with Baal-Peor and Greek Priapus. **Baalim** see *Judges*, viii. 33; *1 Samuel*, vii. 4; *2 Chronicles*, xxviii. 2, etc,; also *Par. Lost,* i. 422-423, "· · · Baalim and Ashtaroth, those male, / These feminine. · · · ·" The Baal of the Phoenicians here referred to is the Sungod, the Baal (Heb. ba'al, lord; plur. baalim) or lord of the heavens: the Baals of different tribes or sanctuaries were not necessarily regarded as identical, so that in the Bible we find frequent mention of "the Baalim". As the principle of life he was worshipped as Baal-Peor, and other aspects are marked by such names as Baal-zebub, Ish-bosheth (where bosheth='shameful thing', substituted for 'Baal'), etc. **199 twice battered god** *i.e.* Dagon, the Philistine god who is twice overturned during the night before the ark of God in *1 Samuel,* v. 3-4. See *P.L.* i. 462-463, "Dagon his name, sea monster, upward man / And downward fish: · · · ·" Cf. *P.L.* i. 457-466; *Sams. Agon.* 437-468.—Cf. Milton(1929, notes), 71; Milton(1971, notes), 110. **Palestine** Dagon was a national god of the Philistines, who have given their name to Palestine (comp. the transfer of the name 'Asia' from a small district of Lydia to a whole continent). **200 mooned Ashtaroth,** etc. Ashtoreth, Ashtaroth or Astarte, goddess of Sidonians and Philistines, whose worship was introduced among the Israelites during the period of the Judges (*Judges,* ii. 13, *1 Samuel,* vii. 4). The name is properly a plural, and in the Old Testament is sometimes associated with the plural Baalim. On this account some (including Milton, *Par. Lost,* i. 422) would identify Baal with the male principle of life and Ashtaroth with Ashera, the female principle among the Syrians and others, But Ashera was an impure deity, while Ashtaroth is not so represented. "The key to this difficulty is probably to be sought in the Assyrian mythology, where we find that the planet Venus was worshipped as the chaste goddess Istar, when she appeared as a morning star, and as the impure Bilit or Beltis, Mylitta of Herod (i. 199), when she was an evening star. These two goddesses, associated yet contrasted, seem to correspond respectively to the chaste Ashtoreth and the foul Ashera, though the distinction between the rising and setting planet was not kept up among the Western Semites, and the nobler deity came at length to be viewed as the goddess of the moon"(*Ency. Britannica,* iii.). Milton here regards her as goddess of the moon (see *Par. Lost,* iv. 978, "· · · mooned horns"), though the Greek goddess Astarte was identified with Aphrodite or Venus (see *Com.* 1002, "· · · the Assyrian queen;").—Milton(1929, notes), 71. **mooned**=crescent shaped. *i.e.* represented as the Moon: shaped like the crescent moon. Crescent-shaped formations were classic in warfare, and still often used in Milton's time;. . . (Cf. Milton(1968, notes), 251). **201 Heaven's queen and mother**=*regina coeli* (queen of heaven) and *mater Deum* (heaven's mother). Cf. She is so called in *Jeremiah,* xliv. 25, ". . . . we have vowed to burn incense to the *queen of heaven,* . . ." Newton says, "She was called *regina coeli* (queen of heaven) and *mater Deum* (heaven's mother)" (John Selden's(1584-1654) *De Dis Syris.* 1617). **202 tapers' holy shine** *i.e.* on her altars. On 'taper', see note *L'Alleg.* 125. 'Shine'=lustre, as in sun-shine, moon-shine: the use of 'shine' as a subst. is found in Spenser, Shakespeare, Jonson, Dryden, and others; comp. *F.Q.* i. 10. 67, " · · · passing brightness, / · · · · / and too exceeding *shyne.*"; Shakespeare's *Venus and Adonis*, 621, "His eyes, like glow-worm, *shine* when he doth fret;" *ib.* 728, "Cynthia for shame obscures her silver *shine,"*. . . . **203 Libyc Hammon** *i.e.* the Libyan or Aethiopian god Ammon, called by the Greeks Zeus Ammon and by the Romans Jupiter Ammon. See *Par. Lost*, iv. 276-277, "Old Cham, (=Ham, son of Noah) / Whom Gentiles Ammon call and Libyan Jove". The reference to his horn shows that Milton is thinking of that type of Ammon with which the later Greek and Roman writers were most familiar, which connected him with the ram-headed god Khnum or Chnoumis, the spirit of the waters; and perhaps the poet does not clearly distinguish him from Apis, the bull-god, whose name, like that of Ammon, means 'the hidden god'. The classical writers regarded the horns of Ammon as significant of his office as protector of the flocks, the Aethiopians being a nomadic people. It is probable that the worship of Ammon was introduced from Egypt into Aethiopia; he was worshipped at Meroë in Aethiopia, Thebes, and Ammonium. On his conquest of Egypt, Alexander the Great called himself the son of Ammon, and his portraits show him wearing the ram's horn. **shrinks** used transitively: see *Lyc.* 133, note. **204 Thammuz** comp. *Par. Lost*, i. 446-448, "*Thammuz* came next behind, / Whose annual wound in Lebanon allured / The *Syrian damsels* to lament his fate"; and *Com.* 998, "Where young Adonis oft reposes," etc. These two passages show that Thammuz (the lover of Astarte) was identified with Adonis, and Astarte with Venus. Keightley, in his *mythology*, says: "The tale of Adonis is evidently an eastern myth . . . He appears to be the same with the Thammuz mentioned by the prophet Ezekiel (*Ezekiel*, viii. 14, ". . .there sat women weeping for Thammuz."), and to be a Phoenician personification of the sun, who during part of the year is absent, or, as the legend expresses it, with the goddess of the under world: during the remainder with Astarte, the regent of heaven." The mourning of the Tyrian maids is an allusion to the anniversary ceremonies held in Syria and round the Mediterranean to perpetuate the memory of Venus's grief for Adonis, who died of a wound received from a wild boar. On the myths of Adonis and Ammon see Sir James George Frazer's(1854-1941) *The Golden Bough*(1890-1915), i. 3. 4; ii. 3. 12..—Milton(1929, notes), 72. **205 sullen Moloch** comp. *Par. Lost*, i. 392-396, " · · · Moloch, horrid king besmeared with blood / Of human sacrifice, and parents' tears,

/ Though for the noise of drums and timbrels loud / Their children's cries unheard, that passed through fire / To his grim idol. · · · " Moloch or Molech or Milchôm, the national god of the Ammonites, to whom children were offered up in sacrifice (see *Leviticus*, xx. 1-5, *2 Kings*, iii. 27, *Psalms*, cvi. 38, *Jeremiah*, vii. 31, *Ezekiel*, xvi. 20). In the Old Testament there seems to be some confusion between Moloch and Baal: see especially *Jeremiah*, xix. 5, and *ib.* xxxii. 35, where the names are used as if interchangeable, and human sacrifices are ascribed to both. Classical writers have identified Moloch with Saturn. Thomas Warton quotes from George Sandys'(1578-1664) *Relation of a Journey*(1615), a book popular in Milton's time. Sandys describes the idol of Moloch as hollow, filled with fire; and explains that "Wherein (the valley of Tophet) the Hebrews sacrificed their children to Moloch: an idol of brass, having the head of a calf, the rest of a kingly figure with arms extended to receive the miserable sacrifice, sacred to death with his burning embracements. For the idol was hollow within, and filled with fire. And lest their lamentable shrieks should sad the hearts of their parents, the priests of Moloch did deaf their ears with the continual clangs of trumpets and timbrels"(George Sandys, *Relation of a Journey*(1637 ed.), 186). Milton here pictures Moloch fleeing from his own altar at the moment of Christ's birth and while his worshippers were in the act of sacrificing to him. The priests danced round the fire, and endeavoured to recall their god. —Cf. Milton(1929, notes), 72-73; Milton(1968, notes), 67. **Lines 205-210 Moloch** was an idol worshipped by the Ammonites at Rabbah, their capital. Sandys, *Relation of a Journey*(1637 ed.), 186 tells how "the *Hebrews* sacrificed their children to *Moloch*, an Idoll of brasse, having the head of calfe, the rest of a kingly figure, with armes extended to receive the miserable sacrifice, seared to death with his burning embracements. For the Idoll was hollow within, and filled with fire. And lest their lamentable shrieks should sad the hearts of their parents, the Priests of *Moloch* did deafe their ears with the continuall clangs of trumpets and timbrels." John Selden (*De Dis Syris.* 1617) I vi gives these and other details. Comp. *2 Kings* xxiii 10: ". . . . that no man might make his son or his daughter pass through the fire to Moloch."—Milton(1971, notes), 111. **207 all** see note, *Il Pens.* 33. **208 cymbals' ring** the clash of the cymbals in which the cries of the victims were drowned: see note, l. 128. **211 brutish gods of Nile** gods disguised in brutish forms of Nile. Cf. *Par. Lost*, i. 477-482, "A crew who under names of old renown, / Osiris, Isis, Orus, and their train / With monstrous shapes, and sorceries abused / Fanatic Egypt and her priests, to seek / Their wandering *gods disguised in brutish forms* / Rather than human." In direct allusion to their forms, Sandys, *Relation of a Journey,* 133 in his section on Egypt illustrates several of these brutish gods, and describes others 'with the heads of sheepe, haukes, dogs etc. . . . cats, beetles, monkies, and such like', quoting Virgil, *Aeneid*, viii. 698: *omnigenum deum monstra et latrator Anubis.*—Cf. Milton(1929, notes), 73; Milton(1971, notes), 111. **212 Isis** the consort of Osiris and mother of Horus. Egyptian goddess of the earth. Herodotus; Herodotos(484?-420/430 B.C.), in his *Abstract of text biography,* ii. 41, says, "the statue of this goddess has the form of a woman but with horns like a cow, resembling thus the Greek representations of Io",—Rawlinson, II. 73. At first the goddess of the earth, and afterwards of the moon: then identified by the Greeks with Demeter and Argive Io. And so Io and Isis were identified. Cf. *P.L.* i. 476-480, and Milton's Latin poem *In Quintum Novembris* (*On the Fifth of November*), 185-186. Her worship prevailed extensively in Greece, and was introduced into Rome in the time of Sulla. In the public processions those initiated in her mysteries wore masks representing dogs' heads: see William Robertson Smith's(1846-1894) *Class. Dictionary* and *Ency. Britannica*, article 'Egypt'. Spenser, *F.Q.* v. 7. 4, says "They wore rich Mitres shaped like the Moone / To shew that *Isis* doth the Moone portend; / Like as *Osyris* signifies the Sunne." Frazer's *The Golden Bough*, i. 3. sect. 6, on Osiris and Isis.—Cf. Milton(1929, notes), 73; Verity(notes), 60-61; Milton(1971, notes), 111. **Orus · · · Anubis** The children of Osiris and Isis were Orus (=Horus or Har) and Anubis or Anup. The former was represented as 'hawk-headed', the latter as 'jackal-headed' or 'dog-headed'. Horus assisted his father Osiris in judging the dead, while Anubis had the duty of weighing the souls of the departed and of presiding over the funeral rites. Horus is also called Egyptian sun god: comp. Virgil's *Aeneid*, viii. 698. **213 Osiris** Chief Egyptian god, worshipped, as Herodotus describes *A.T.B.*(*Abstract of text biography,* iii. 27-29) in the shape of the Apis, a black bull with a white star on its forehead, (hence his 'lowings'). Milton here identifies Osiris, long regarded as the sun-god and the Nile-god and the most celebrated deity in the Egyptian Pantheon, with Apis the bull-god, respectfully following the classical writers, (*e.g.* Juvenal; Decimus Junius Juvenalis(ca. 60-140), *Satires*, viii. 29). This identification was due to the fact that the bull, worshipped at that time as a divinity, came to be regarded as a symbol. In ll. 216-217 Milton alludes to the legend that Osiris, originally king of Egypt, had been, on his return from travels in foreign lands, murdered by his brother Typhon, who cut his body into pieces and threw them into the Nile. After long search Isis discovered them, and defeated Typhon with the aid of her son Horus. . . .—Cf. Milton(1929, notes), 74; Milton(1971, notes), 111. **214 Memphian grove** After the fall of Thebes, Memphis became the capital of Egypt: it contained the splendid temple of the bull-god Apis. **217 chest** ark (as in line 220); a little wooden gilt casket. Comp. Herodotus, *A.T.B.* ii. 63: "The image of the god, in a little wooden gilt casket, is carried . . . from the temple by the priests." —Milton(1971, notes), 112. **218 shroud** see note, *Lyc.* 22, "· · · my sable *shroud.*" **219 timbrelled anthems** anthems sung to the accompaniment of the timbrel. 'Timbrel', a dimin. from M.E. *timbre*, cognate with Lat. *tympanum*, a drum. Comp. *Exodus*, xv. 20; and Pope's *Trans. of 1st Thebais* of Publius Papinius Statius(45?-96?) (or *The First Book of Statius His Thebais*), 376, "Let weeping Nilus hear the timbrel sound." On 'anthem,' see *Il Pens.* 163, note. **220 sable-stoled** On 'stole,' see note, *Il Pens.* 35, and comp. 'sable-vested' (Gk.. *κυανόστολος*) in *Par. Lost,* ii. 962. **221-222 Compare these lines** with *Isaiah*, xix. 1, "The burden of Egypt. Behold, the Lord rideth upon a swift cloud, and shall come into Egypt: and the idols of Egypt shall be moved at his presence, and the heart of Egypt shall melt in the mist of it." Cf. *Matthew,* ii. 6. **223 eyn** There were a large number of plurals in *en* in Old English, only one of which (oxen) is now in common use as a plural, though others are now used as singulars (welkin, chicken, etc.). Chaucer has the form *yë*, plur. *yën*, commonly written *eye, eyen*: Spencer frequently uses *eyen*=O.E. *eagan*, Prov. Eng. *een*; and *foen*=O.E. *fan, fon, foes* (see Morris, *Outlines*, sect. 80). Shakespeare (*Antony and Cleopatra*, ii. 7. 121) has *eyne*=eyes, and *shoon*=shoes (*Hamlet*, iv. 5. 26). Comp. *doughteren, sistren, assen, been,* etc., all found in old writers: *kine, children,* and *brethren* are double plurals. **224 beside** besides, other: see note, *Il Pens.* 116. **226 Typhon** the Egyptian god, Set, called by the Greeks Typhon, was a brother of Osiris: he is represented sometimes with the head of a fabulous monster, sometimes as a crocodile, etc. For the use of 'twine', comp. *Com.* 105. Typhon, or Typhoeus, is commonly represented as the son of Earth and Tartarus, below the waist was serpent, and a hundred-headed monster, who, trying to seize supreme sovereignty, was killed by Zeus with a thunderbolt. Later writers connect him with Egypt, and Milton perhaps followed this view, since he has just been mentioning the chief Egyptian deities. He may have borrowed something (as in stanza xxiii.) from Sandys' *Relation of a Journey*(1632 ed.), 103: "By *Osiris* they prefigured *Nilu*;. . . by *Typhon* the Sea." Cf. Spenser, *F.Q.* vii. 6. 29; *P.L.* i. 199, and ii. 539; Bacon in his *Wisdom of the Ancients* rationalizes the fable, making Typhon the Genius of Rebellion in States. In etymology, *Typhon*=Gk. *τυφῶν* or *τυφώς,* a whirlwind. *Typhoon,* better spelt *tyfoon,* is an entirely separate word, of Chinese origin, the spelling of which has been influenced by the other.— Cf. Milton(1929, notes), 75; Verity(notes), 62-63; Milton(1971, notes), 112. **227-228 Our babe · · · crew** The allusion is explained by the story of the infant Hercules (=Heracles; a son of Jupiter) strangling, in his cradle, the two serpents sent by Hera (Zeus' younger sister and wife) to destroy him. Hercules who, as D. C. Allen comments, *JEGP* (*Journal of English and Germanic Philology*) lx(1961) 619-621, was a common type of Christ, strangled snakes in his cradle. Theocritus(*ca.* 310-245 B.C.), *Idylls*, xxiv. 1-63 tells the story. For other Hercules-Christ references see M. Y. Hughes, *Ėtudes anglaises* vi(1953), 193-213.—Cf. Milton(1929, notes), 75; Milton(1971, notes), 112. **228 swaddling bands** swaddling-clothes for a (newborn) babe. To *swaddle* is to *swathe*; *swaddling-band=swatheling-bonde* in M.E. From A.S. *sweðian*, to enwrap: Miles Coverdale(1488-1569), who translated the Bible into English in 1535, has "nether rubbed with salt ner swedled in cloutes," *Ezekiel*, xvi. 4. See the A.V. (Authorized Version of the Bible) *St. Luke* ii. 7,. . . .—Verity(notes), 63. **crew** see note, *L'Alleg.* 38. **231 Pillows** places on, puts on. *OED* (*Old English Dictionary*) has no previous example of the use of 'pillow' as a verb.—Milton(1971, notes), 112. **orient** eastern, bright. The Lat. *oriens*=rising; hence (from being applied to the sun)=eastern (*Com.* 30); and hence generally 'bright' or 'shining': comp. *Com.* 65, *Par. Lost,* i. 546. **Lines 232-234** are referring to the superstition that evil spirits may not 'walk' after sunrise; cf. Shakespeare's *Hamlet*, i. 5. 89-91, and *A Midsummer Night's Dream,* iii. 2. 381-384, a passage from which Milton borrowed in his *On the Death of a Fair Infant dying of a Cough,* 31 ('wormy bed')..—Verity(notes), 63. **234 his several grave** *i.e.* his separate grave, his respective or particular grave. In modern E. *several* is usually an indefinite pronoun (='a few') joined with a plural noun; in Elizabethan E. it was commonly an adjective, as here. Radically 'several' is from the verb 'sever' (Lat. *separo*) and in this sense could be used with singular nouns: comp. Shakespeare's *Much Ado about Nothing,* v. 3. 29; *Sonnet* 137, 9; Milton's *Com.* 25. It was also used as a subst.=an individual, an enclosed place, etc.; and the adverb had the sense of 'separately' or 'privately': comp. Shakespeare, *Julius Caesar,* iii. 2. 10, "· · · *severally* we here them · · ·" In the modern sense of 'various', 'divers', 'sundry', the adj. is used only with plural nouns, and cannot stand as a subst. See Edwin Abbott, *A Shakespearian Grammar,* sect. 61; William Morris, *Outlines,* sect. 249; and *Nares' Glossary*. . . .—Cf. Milton(1929, notes), 75-76; Verity(notes), 63-64. **234 fettered** *i.e.* fettered to the body. Comp. *Com.* 464-474*n* (Milton(1971), 199).—Milton(1971, notes), 112. **235 fays** fairies. Strictly 'fay' (Fr. *fée,* an elf) is the personal name, while the derivative 'fairy' is an abstract noun=enchantment: the latter, though at first wrongly used, has now nearly displaced the former. . . . **236 night-steeds** *i.e.* the drowsy frighted steeds. Comp. *Com.* 552-553, "· · · the drowsy frighted steeds / That draw the litter of close-curtained sleep;" also *Par. Lost,* ii. 662. Shakespeare alludes frequently to the dragons that draw Night's chariot (*A*

Midsummer Night's Dream, iii. 2. 379, *Cymbeline,* ii. 2. 48, *Troilus and Cressida*, v. 8. 17) and to night as the time for fairies and ghosts (*Hamlet*, iii. 2. 80-88; *A Midsummer Night's Dream,* ii. 1. 7-31; *ib.* v. 2. 370-373). See also *Il Pens.* 59, note. **moon-loved maze** intricacies of their moon-light dance. Comp. Shakespeare's *A Midsummer Night's Dream,* ii. 1. 140-141, "If you will patiently dance in our round / And see our moonlight revels, go with us;" and *Par. Lost,* i. 781-185, "・・・faerie elves / Whose midnight revels, / ・・・some belated peasant sees, / ・・・while overhead the moon / Sit arbitress, ・・・" **maze** *i.e.* labyrinth. We can pay it a reminiscence probably of Shakespeare's *A Midsummer Night's Dream,* ii. 1. 99 "・・・quaint mazes in the wanton green". . . .—Verity(notes), 64. **239 Time is,** etc.=It is time that, etc. **240 youngest teemed**=latest born or newborn. **241 fixed · · car** the star remained fixed over the spot where Christ lay at Bethlehem. 'Polished'=bright or shining, 'car'=cart, chariot. **242 handmaid lamp** The allusion is to the parable of the Ten Virgins, *Matthew*, xxv. 1-13: comp. Milton's *Son.* ix; *To a Virtuous Young Lady*, 9-10, "Thy care is fixed and zealously attends / To fill thy odorous lamp with deeds of light," **243 courtly stable** The stable where the kings from the East did homage to the Prince of Peace. **244 Bright-harnessed** clad in shining (or bright) armour, *i.e.* bright-armoured. In old books 'harness' almost always means body-armour for soldiers: comp. *1 Kings*, xx. 11; Chaucer's *Canterbury Tales*, 1615, "・・・*harness* right enough for thee・・・" (said to a knight); Shakespeare's *Macbeth*, v. 5. 52, "At least we'll die with harness on our back." *King John*, v. 2. 132; *Par. Lost*, vii. 202, "・・・harnessed at hand," (applied to an equipage). The word has been revived by Tennyson, *Morte D'Arthur* (*Death of Arthur*), 188, "Dry clashed his *harness* in the icy caves". —Cf. Milton(1929, notes), 76; Verity(notes), 64. **serviceable** ready to serve. Comp. Shakespeare's *King Lear*, iv. 6. 257, "I know thee well: a *serviceable* villain;" and Milton's *Son.* xix; *On His Blindness*, "They also serve who only stand and wait."—Milton(1929, notes), 76.

ON SHAKESPEARE. 1630.

WHAT needs my Shakespeare for his honoured bones
The labour of an age in pilèd stones?
Or that his hallowed reliques should be hid
Under a star-ypointing pyramid?
Dear son of memory, great heir of Fame,
What need'st thou such weak witness of thy name?

Thou in our wonder and astonishment
Hast built thyself a livelong monument.
For whilst, to th' shame of slow-endeavouring art,
Thy easy numbers flow, and that each heart
Hath from the leaves of thy unvalued book
Those Delphic lines with deep impression took,
Then thou, our fancy of itself bereaving,
Dost make us marble with too much conceiving;
And so sepúlchred in such pomp dost lie
That kings for such a tomb would wish to die.
1630 1632, 1645, 1673

Notes. The source of this poem is originated from Milton(1929), and the notes of it are from Milton(1971). And see the pages 147-150 of this book for the translation, notes, and interpretation. The headnotes of it are as follows.

These lines were written in 1630, when Milton was twenty-two years of age. They were printed anonymously among the commendatory verses prefixed to the second folio of Shakespeare(1632) under the title "An Epitaph on the Admirable Dramatic Poet W. Shakespeare." The poem may have been occasioned by some proposal to erect a monument to Shakespeare; it is more probable, however, that it was specially written for the folio.—Milton(1929, notes), 78.

Date. 1630: added to title in *1645* and *1673*.

Publication. First printed 1632, anonymously, among prefatory material to the Shakespeare Second Folio, headed *An Epitaph on the admirable Dramatic Poet, W. Shakespeare*, with five verbal variants from *1673* (*1.* needs]need *6.* weak]dull *8.* live-long]lasting *10.* heart]part *13.* itself] herself). In one state of the Second Folio-surviving in eight examples, listed by R. M. Smith, *The Variant Issues of Shakespeare's Second Folio and M.'s First Published English Poem* (Lehigh University 1928)-there is an additional verbal variant (*4.* star-ypointing]star-ypointed). Printed for the second time, with the same heading as that in the Second Folio, in *Poems: Written by Wil. Shakespeare, Gent* (1640) with M.'s initials and four verbal variants from *1673* (*1.* needs]need *6.* need'st] needs *13.* itself]ourself *15.* dost]doth).

Next printed *1645* (no significant variants from *1673*, but in l. *9*, *1645* misprints 'toth shame' for 'to th' shame'). Next printed 1664 in Shakespeare Third Folio (heading and five verbal variants as in 1632). Next printed *1673* (the text followed here).—Milton(1971), 122.

The contrast between the edition of Milton(1929) and the edition of

Milton(1971) in the matter of letters and punctuations is as follows. Milton(1929)] Milton(1971), *1.* bones]bones, *2.* stones?]stones, *3.* reliques] relics *5.* Fame]fame *8.* livelong]live-long *9.* whilst,]whilst th' shame]the shame *11.* book]book, *13.* thou,]thou *15.* lie]lie,

L'ALLEGRO

Hence loathed Melancholy
  Of Cerberus, and blackest Midnight born,
In Stygian cave forlorn
  'Mongst horrid shapes, and shrieks, and sights unholy,
Find out some uncouth cell,
  Where brooding Darkness spreads his jealous wings,
And the night-raven sings;
  There under ebon shades, and low-browed rocks,
As ragged as thy locks,
  In dark Cimmerian desert ever dwell.
But come thou goddess fair and free,
In heaven yclept Euphrosyne,
And by men, heart-easing Mirth,
Whom lovely Venus at a birth
With two sister Graces more
To ivy-crowned Bacchus bore;
Or whether (as some sager sing)
The frolic wind that breathes the spring,
Zephyr with Aurora playing,
As he met her once a-Maying,
There on beds of violets blue,
And fresh-blown roses washed in dew,
Filled her with thee a daughter fair,
So buxom, blithe, and debonair.
Haste thee nymph, and bring with thee
Jest and youthful Jollity,
Quips and cranks, and wanton wiles,
Nods, and becks, and wreathed smiles,
Such as hang on Hebe's cheek,
And love to live in dimple sleek;

Sport that wrinkled Care derides,
And Laughter holding both his sides.
Come, and trip it as you go
On the light fantastic toe,
And in thy right hand lead with thee,
The mountain nymph, sweet Liberty;
And if I give thee honour due,
Mirth, admit me of thy crew
To live with her, and live with thee,
In unreproved pleasures free;
To hear the lark begin his flight,
And singing startle the dull night,
From his watch-tower in the skies,
Till the dappled dawn doth rise;
Then to come in spite of sorrow,
And at my window bid good morrow,
Through the sweet-briar, or the vine,
Or the twisted eglantine.
While the cock with lively din,
Scatters the rear of darkness thin,
And to the stack, or the barn door,
Stoutly struts his dames before,
Oft list'ning how the hounds and horn
Cheerly rouse the slumb'ring morn,
From the side of some hoar hill,
Through the high wood echoing shrill.
Sometime walking not unseen
By hedgerow elms, on hillocks green,
Right against the eastern gate,
Where the great sun begins his state,
Robed in flames, and amber light,
The clouds in thousand liveries dight,
While the ploughman near at hand,
Whistles o'er the furrowed land,
And the milkmaid singeth blithe,
And the mower whets his scythe,
And every shepherd tells his tale
Under the hawthorn in the dale.

Straight mine eye hath caught new pleasures
Whilst the landscape round it measures,
Russet lawns, and fallows grey,
Where the nibbling flocks do stray,
Mountains on whose barren breast
The labouring clouds do often rest:
Meadows trim with daisies pied,
Shallow brooks, and rivers wide.
Towers, and battlements it sees
Bosomed high in tufted trees,
Where perhaps some beauty lies,
The cynosure of neighbouring eyes.
Hard by, a cottage chimney smokes,
From betwixt two aged oaks,
Where Corydon and Thyrsis met,
Are at their savoury dinner set
Of herbs, and other country messes,
Which the neat-handed Phillis dresses;
And then in haste her bower she leaves,
With Thestylis to bind the sheaves;
Or if the earlier season lead
To the tanned haycock in the mead,
Sometimes with secure delight
The upland hamlets will invite,
When the merry bells ring round,
And the jocund rebecks sound
To many a youth, and many a maid,
Dancing in the chequered shade;
And young and old come forth to play
On a sunshine holiday,
Till the livelong daylight fail,
Then to the spicy nut-brown ale,
With stories told of many a feat,
How Faëry Mab the junkets eat,
She was pinched, and pulled she said,
And by the friar's lantern led
Tells how the drudging goblin sweat,
To earn his cream-bowl duly set,

When in one night, ere glimpse of morn,
His shadowy flail hath threshed the corn,
That ten day-labourers could not end;
Then lies him down the lubber fiend.
And stretched out all the chimney's length,
Basks at the fire his hairy strength;
And crop-full out of doors he flings,
Ere the first cock his matin rings.
Thus done the tales, to bed they creep,
By whispering winds soon lulled asleep.
Towered cities please us then,
And the busy hum of men,
Where throngs of knights and barons bold,
In weeds of peace high triumphs hold,
With store of ladies, whose bright eyes
Rain influence, and judge the prize,
Of wit, or arms, while both contend
To win her grace, whom all commend.
There let Hymen oft appear
In saffron robe, with taper clear,
And pomp, and feast, and revelry,
With mask, and antique pageantry,
Such sights as youthful poets dream
On summer eves by haunted stream.
Then to the well-trod stage anon,
If Jonson's learned sock be on,
Or sweetest Shakespeare fancy's child,
Warble his native wood-notes wild,
And ever against eating cares,
Lap me in soft Lydian airs,
Married to immortal verse
Such as the meeting soul may pierce
In notes, with many a winding bout
Of linked sweetness long drawn out,
With wanton heed, and giddy cunning,
The melting voice through mazes running;
Untwisting all the chains that tie
The hidden soul of harmony.

That Orpheus' self may heave his head
From golden slumber on a bed
Of heaped Elysian flowers, and hear
Such strains as would have won the ear
Of Pluto, to have quite set free
His half-regained Eurydice.
These delights, if thou canst give,
Mirth with thee, I mean to live.
Summer 1631? 1645, 1673

Notes. The source of this poem is originated from Milton(1971), and the notes of it are from Milton(1929), Verity, and Milton(1971). Refer to the following for the headnotes of it.

The titles of *L'Allegro* and *Il Penseroso* are Italian and may be translated 'the cheerful man' and 'the thoughtful man'. Milton probably chose the word not so much because they exactly expressed the characteristics of the two men represented as because they were less likely to lead to misconception of his meaning than the words 'Mirth' and 'Melancholy'. *Allegro* comes from Lat. *alacer*, from which we have the word 'alacrity', and there is an air of briskness pervading the whole poem so called; the movement never flags. We have, "*Haste* thee, nymph, · · · " etc. (l. 25); "Come, and *trip* it · · · · " (l. 33); " · · · *in* haste her bower she leaves,"(l. 87); " · · · out of doors he *flings*,"(l. 133); and in many other ways animation and buoyancy are indicated. The whole piece, too, is full of sound, from the morning song of the lark to the whispering winds of evening, and from the merry bells of the upland hamlets to the busy hum of men in towered cities. So far, at any late, the title *L'Allegro* is not at variance with the poet's meaning.

Penseroso, from the same root as *pensive*, avoids the association of ill-humour which belonged to the word 'Melancholy', though the Italian word *pensiero* means 'anxious' or 'full of care'. Il Penseroso, however, is not full of care; his mind is tranquil and contemplative, and, like the ancient Greek philosopher, he has learned to be able to endure his own company. Solitude is to him the nurse of Contemplation. There is therefore less rapidity and continuity of movement, and fewer sounds tin the *Penseroso* than in the *Allegro*: everything in it moves more slowly and quietly.

The two poems (*L'Allegro* and *Il Penseroso*) are companion pieces, and the student must study them together in order to observe how far the one is the complement, rather than the contrast, of the other. The subjoined analysis may serve to some extent as a guide; it cannot, however, obviate the necessity for careful study of the means by which the poet effects his purpose in each piece. The two pieces may be viewed as pictures of two moods of Milton's own mind—the mind of a young and high-souled student open to all the impressions of nature. They are described by Wordsworth (*Preface*, 1815) as idylls in which the appearances of external nature are given *in conjunction with* the character and sentiments of the observer. They are not mere descriptions of any scene or scenes that actually came under Milton's eye, though there is no doubt that the scenery round Horton has left its traces upon the pictures. Each records the events of an ideal day of twenty-four hours—beginning in *L'Allegro* with the song of the lark and in *Il Penseroso* with that of the nightingale. It is impossible to say with certainty which was written first; but there can be no hesitation in saying that Il Penseroso is a man much more after Milton' s own heart than L'Allegro, *i.e.* he represents a much more characteristic mood of Milton's mind, and the many ways in which this preference reveals itself should not fail to attract the student's notice.

ANALYSIS.

L'Allegro	IL Penseroso
1. 'Loathed Melancholy' banished from L'Allegro's presence: (*a*) Her parentage stated. (*b*) Her fit abode described. 1-10	1. 'Vain deluding joys' banished from Il Penseroso's presence: (*a*) Their parentage stated. (*b*) Their fit abode described. 1-10
2. Welcome to 'heart-easing Mirth': (*a*) Her description. (*b*) Her parentage. 11-24	2. Welcome to 'divinest Melancholy': (*a*) Her description. (*b*) Her parentage. 11-30
3. Mirth's companions. 25-40	3. Melancholy's companions. 31-55
4. Pleasures of the Morning: (*a*) The lark's song (*b*) Other sights and sounds of the glorious sunrise (Allegro being *not unseen* and *out-of-doors*). 41-68	4. Pleasures of the Evening: (*a*) The nightingale's song (*b*) Other sights and sounds of the moonlit evening (Penseroso being *unseen* and i. *out-of-doors*, then ii. *in-doors*. 56-84

5. Pleasures of the bright Noon-day and Afternoon: (*a*) The landscape. (*b*) Country employments and enjoyments. 69-99	5. Pleasures of the 'Midnight-hour': (*a*) The study of Philosophy. (*b*) The study of Tragedy and other serious literature. 85-120
6. Social pleasures of the Evening-tales told by the fireside. 100-116	6. Lonely pleasures of the stormy Morning. 121-130
7. Pleasures of the Midnight-hour, *while others sleep*: (*a*) The reading of old Romances. (*b*) The reading of Comedy. 117-134	7. Pleasures of the 'flaring' Noon-day (but only in the shade), *until sleep comes.* 131-150
8. Music lulls him to sleep: (a) The music suited to his mood; (b) Melting music associated with sweet thoughts. 135-150	8. Music wakes him from sleep: (a) The music suited to his mood. (b) The 'pealing organ' associated with the 'studious cloister'. 151-166
[9. L'Allegro does not look beyond these delights.]	9. Il Penseroso's aspirations. 167-174
10. Acceptance of Mirth. 151-152	10. Acceptance of Melancholy. 175-176

—Milton(1929, notes), 89-90.

Date. Summer 1631? There is no certain evidence for dating *L'Allegro* or *Il Penseroso.* F. W. Bateson, *English Poetry*(1950), 155 would place them in the late summer of 1629, and Fletcher (Harris F. Fletcher, *The Intellectual Development of John Milton.* Vol. ii of 2 vols: *The Cambridge University Period 1625-32.* Urbana: University of Illinois Press, 1956, 1971) 480-3 agrees, but Bateson's argument rests on a questionable interpretation of *Elegia VI* 89-90 (see note to these lines). Tillyard (E. M. W. Tillyard, *The Miltonic Setting, Past and Present.* Cambridge: Cambridge University Press, 1938) 1-28 contends that the twin poems grew out of the debate about night and day in M.'s first *Prolusion*, and were written for an academic audience at Cambridge in M.'s last long vacation(1631), thus the opening of *L'Allegro* is academic burlesque (a view opposed by George W. Whiting (*Milton's Literary Milieu*(1964), 136-41) who favours a dating in the Horton period). The absence of the poems from the Trinity MS is usually taken to indicate a date earlier than Horton, though Sir Herbert John Clifford Grierson, ed. *The Poems of John Milton*(1925), i xix points out that the art of the two poems is akin to that of the descriptive passages in *Comus*, than which they may therefore be later. The various attempts to locate the poems' scenery in Cambridge, Horton, Stanton St John or near London are all suspect (see, for example, A. H. J. Baines, *N & Q* (*Notes and Queries*) clxxxviii(1945) 68-71, who recognizes it as that of the Chiltern summits, about two hours' ride from Horton). Rather more trustworthy is A. Oras's argument that the prosody is later than that of *An Epitaph on the Marchioness of Winchester* (*N & Q* cxcviii(1935) 332-3). *Publication. 1645* (*33.* you]ye *53.* horn]horn, *62.* dight,]dight *104.* And by the]And he by *108.* corn,]corn *122.* prize,]prize), *1673* (the text followed here, except in *3,* where *1673* misprints a full stop after 'forlorn' (see note), in *18,* where it misprints a full stop after 'spring', and in *124,* where it misprints a comma after 'command').

Metre and style. L'Allegro and *Il Penseroso* are metrically almost identical. No precedent has been found in English for such a combination of intricate prelude with couplet continuation. Each poem begins with a prelude of ten lines rhyming *abbacddeec*, with the number of syllables per line, excluding feminine endings, alternately six and ten. This 6/10 pattern of line-lengths presumably derives from the seven and eleven syllable lines of the *canzone*, just as the rhyme scheme reflects the Italian sonnet. See also Fletcher (Fletcher, Harris F. *The Intellectual Development of John Milton*, 2 vols. Urbana: University of Illinois Press, 1956, 1971), below. From line *11* onwards both poems are in nominal octosyllabic (iambic) couplets, but vividly diversified with frequent trochaic (seven-syllable) lines (32 per cent of the lines in *L'Allegro* and 16 per cent in *Il Penseroso*) occurring indiscriminately among the octosyllables, which are themselves sometimes trochaic (*e.g. L'Allegro* lines *19-20, 69-70*) and have a scattering of extrametrical final syllables (*e.g. L'Allegro* lines *46, 85-6, 141-2; Il Penseroso* lines *21-2, 48-9*). Sprott (Sprott, S. Ernest. *Milton's Art of Prosody*. Oxford: Basil Blackwell, 1953) has noticed that the percentage of catalectic lines in *L'Allegro* lines *11-100* inclusive is line *50*, but in lines *101-152* it is only 15.4, and in *Il Penseroso* 16.9. This change in prosody may, he conjectures, mean that M. wrote the first two-thirds of *L'Allegro* at an earlier period than the rest of the poem and *Il Penseroso*. He may be right, but the accelerated pace of the catalectic lines is more evidently suited to the subject matter of *L'Allegro's* daylight scenes than to any others in the two poems, and this seems a likelier explanation for the change.

Stylistically, as the footnotes demonstrate, the principal model in *L'Allegro* is Shakespeare (fourteen echoes, four from *A Midsummer Night's Dream,* eight of the others from the early plays). Spenser and the Spenserians come next in importance (twelve instances, five from Joshua Sylvester). The long sentences differentiate the couplets from those of Ben Jonson(1572-1637) and his 'sons'. *Il Penseroso* has noticeably fewer literary echoes than *L'Allegro,* Shakespeare contributing only five (three from *Romeo and Juliet,* but none from *A Midsummer Night's Dream*), and Sylvester three. In both poems there are only two or three echoes of classical poetry, in spite of the parade of mythological figures.

—Milton(1971), 130-131.

1 Hence adverbs, when thus used to convey a command, have the meaning of a whole sentence, *e.g.* hence=go hence; compare the imperative use of away! up! down! etc. 'Hence' represents an A.S. word *heon-an,* where the suffix denotes 'from'; see notes on *Arcades,* 3. **loathed**=loathsome, hateful; the adjectival use of the past participle is frequent in Milton, and in Elizabethan English it conveyed meanings now generally expressed by adjectives with such terminations as *-able, -some, -ful,* etc.; see note on l. 40. Contrast the epithet here applied to Melancholy with that used in *Il Penseroso,* 12. **2 Having personified Melancholy,** Milton turns to ancient mythology to find a parentage for her. He makes her the daughter of Night, for 'melancholy' means literally 'black bile', that humour of the body which was formerly supposed to be the cause of low spirits; in Robert Burton's(1577-1640) *The Anatomy of Melancholy*(1621) we read: "The night and darkness makes men sad, the like do all subterranean vaults, dark houses in caves and rocks, desert places cause melancholy in an instant." Melancholy being thus associated with darkness, it was natural that Milton should make her the offspring of 'blackest Midnight'. But in classical mythology (Nyx) Night is the wife of Erebus; Erebos (a god of the low world, son of Chaos and brother of Nox) or Darkness, and their children are Æther (Sky) and Hemera (Day). Milton disregards this relationship, and rightly feels that he may alter the ancient tales to suit his own purpose; what can be more natural, therefore, than to justify the epithet 'loathed' by making Melancholy the offspring of the loathsome monster Cerberus? To have derived her from Night and Darkness would merely have intensified the notion of blackness, and would not have implied anything necessarily abhorrent. **Cerberus** was the dog that guarded the gates of Hell, usually described as a monster with three heads, with the tail of a serpent, and with serpents round his neck. **3 Stygian cave** the den of Cerberus, *i.e.* the den or cave of Hell. It was on the further bank of the river Styx, at the spot where the spirits of the dead were landed by Charon (Charon=the ferryman, who took the souls of the dead over the Styx). . . .—Milton(1929, notes), 91. **Styx** from *στυγεῖν*, to hate, to abhor; chief river of nether world, or one of the four rivers of Hades (a synonym of hell), "Abhorred Styx the flood of deadly hate"(*P.L.* ii. 577), round which it flowed "with nine (see *P.L.* ii. 645, 'thrice threefold') circling streams"=*noviens Styx interfusa* (Virgil's *Aeneid*, vi, 439).—Cf. Milton(1934, notes), 120; Verity(notes), 65. **forlorn**=desolate: now used only as an adjective. This is the past participle of the old verb *forleosen,* to lose utterly; the prefix *for* has an intensive force, as in *forswear.* **4 horrid shapes,** etc. Burton, in *The Anatomy of Melancholy,* associates 'terrors and affrights' with melancholy. 'Shape' may be used here in the sense of Lat. *umbra,* a mere shape or shadow, a departed spirit. Comp. *Il Pens.* 6. **unholy**=impure. **5 some uncouth cell** some unknown and horrible abode, *i.e.* some unknown ward. Radically, 'uncouth' means 'unknown': A.S. *un,* not; and *cuth,* the past participle of *cunnan,* to know. Its secondary meaning is 'ungraceful' or 'ugly', and in all the cases in which Milton uses this word it seems probable that he has taken advantage both of its primary and its later senses: see *Lyc.* 186, *Par. Lost,* ii. 827, *ib.* v. 98, vi. 362. In early English 'couth' occurs as a present, a past, and a participle, and it still survives in the word 'could' and in the Scotch 'unco'=strange. Similar changes of meaning have occurred to the words 'quaint', 'barbarous', 'outlandish', etc., because that which is unfamiliar is apt to be regarded unfavourably. The word 'cell' is used in a similar connection in *Il Pens.* 169. **6 Where brooding Darkness spreads his jealous wings**="Where Darkness covers the whole place as with its wings." Darkness is here personified, so that 'his' does not stand for 'its'; on the other hand, if the word 'brooding' is to be taken literally, we should have expected 'her' to be used instead of 'his'. The explanation probably is that Milton makes Darkness of the male sex, like the Lat. *Erebus,* and that 'brooding' is not used literally, but = covering. In the following passage the word seems to partake of both meanings: " · · · on the watery calm / His *brooding* wings the spirit of God outspread, / And vital virtue infused, · · · "—*Par. Lost,* vii. 234-236. . . . See also *Nat. Ode* (*Nativity Ode*), 68. **jealous wings** 'darkness is very properly associated with jealousy or suspicion', and there may be also an allusion to the watchful care of the brooding fowl. 'Jealous' and 'zealous' are radically the same. **7 night-raven** in *L'Allegro* night is associated with the raven, in *Il Pens.* with the nightingale. The name given, from Anglo-Saxon times on, to a bird heard to croak or cry in the night. The raven was formerly regarded as a bird of evil omen and of prophetic powers: Shelley, in *Adonais*, 245, speaks of "The obscene ravens, · · · " In Christopher Marlowe's(1564-1593) *The Jew of Malta, Actus Secundus* [*Scaena* I], 1-2 we read " · · · like the sad presaging raven that tolls / The sick man's passport in her hollow beak," and in Shakespeare's *Macbeth*, i. 4,. 39-41, "The raven himself is hoarse / That croaks the fatal entrance of Duncan / Under my battlements."—Cf. Milton(1929, notes), 92-93; Milton(1971, notes), 133. **8 There** *i.e.* in the "uncouth cell"; an adverb depending on *dwell*, line 10. **ebon shades** shades as black as *ebony*, *i.e.* darkness as ebony; total darkness. 'Ebon' is the adjectival form, spelt 'heben' in Spenser. Ebony is a kind of wood so called on account of its hardness (Heb. *eben*, a stone), and as it is usually black, the name has come to be used as a synonym both for hardness and blackness. **low-browed** overhanging, protruding, or threatening: comp. *Il Pens.* 58. A person with prominent brow is called 'beetle-browed', *i.e.* 'with biting brows', brows which project like an upper jaw. **9 ragged** rugged. Milton represents Melancholy with her hair dishevelled, and her fit abode amongst rugged and disordered rocks. In the English Bible 'ragged' occurs in the sense of 'rugged'; *Isaiah*, ii. 21. **10 In dark Cimmerian desert** *i.e.* in some desert shrouded in Cimmerian darkness. "In the *Odyssey* the Cimmerians are a people dwelling beyond the ocean-stream in a land of perpetual darkness; afterwards the name was given to a people in the region of the Black Sea (whence *Crimea*)."(David Masson). The Phrase "Cimmerian darkness" is common in English poetry, and Milton can hardly be accused of tautology in speaking of a "dark Cimmerian desert"; he intensifies the notion of darkness.

The student should note by what means, in the first ten lines of the poem, Milton creates so repugnant a picture of Melancholy that the reader turns with relief and delight to the representation of Mirth which follows: these means are:—

1. Accumulation of words conveying associations of horror, *e.g.* blackest Midnight, cave forlorn, shrieks, etc.
2. Imagery that intensifies the horror of the picture, *e.g.* Stygian cave, brooding Darkness, etc.
3. Irregular metre, the rest of the poem being in octosyllable couplets whose tripping sweetness pleases the ear after the rougher cadence of lines 1-10. The separateness of these lines is further marked (both in *L'Allegro* and *Il Penseroso*) by the peculiar arrangement of the rhymes: the formula is *abbacddeec*.—Milton(1929, notes), 93-94.

12 yclept called or named: past participle of the verb 'to clepe,' from A.S. *clipian*, to call. In English the past participle of all verbs of the strong conjugation was originally formed by the suffix *en* and the prefix *ge*. The suffix *en* has now disappeared in many cases and the prefix *ge* in all. The *y* in 'yclept' is a corruption of *ge*, as in yfallen, yfounde, ygo, ylent, yshape, ywritten, all of which are found in Chaucer. The *y* also took the form *i* in Early English, as imaked, ispoken, iknown, etc. Shakespeare has yclent, yclad, etc. Milton in one case prefixes *y* to a present participle. Cf. *Nat. Ode*, 155, and see note on *On Shakespeare*, 4. —*Ibid.,* 94. Note on *On Shakespeare*, 4: **star-ypointing** *i.e.,* rising far into the heavens. For the form *ypointing*, see note *L'Alleg.* 12; in the very earliest stages of the language the prefix *ge* was not confined to the past participle, being found along with the infinite and the past tense. But ordinarily it belonged to the past participle, and Milton's use of it with a present participle is peculiar, though not without precedent. Comp. 'ychained', *Nat. Ode*, 155.—*Op. cit.,* 79. **Euphrosyne** the light-hearted one; Mirth, one of the three Graces of classical mythology, the others being Aglaia (the bright one; Brightness) and Thalia (the blooming one; Bloom). They were usually considered to be daughters of Zeus and Hera or Eurynome, and to be the goddesses who purified and enhanced all the innocent pleasures of life. Milton desires to signify their service to man more clearly by giving them another genealogy; he suggests two alternatives, and himself prefers the latter:—(1) That they are the offspring of Venus (love) and Bacchus (good cheer), or (2) of Zephyr (the 'frolic' wind) and Aurora (the goddess of the morning). From these parents Euphrosyne is begotten in the month of May, *i.e.* "It is the early freshness of the summer morning that best produces Cheerfulness" (Masson).—Cf. Milton(1929, notes), 94; Milton(1971, notes), 133. **13 heart-easing Mirth** Burton, in *The Anatomy of Melancholy*, prescribes "Mirth and merry company" to ease the heart of the melancholy. With 'heart-easing' (compounded of participle preceded by its object) compare such adjectives as heart-rending, tale-bearing, soul-stirring, etc. **14 at a birth** at one birth, *i.e.* at one childbirth or parturition..—Milton(1929, notes), 94. **17-24 In these lines,** Euphrosyne may be the offspring of the West Wind (Zephyr) and the Dawn: in simpler language, "it is the early freshness of the summer morning that best produces cheerfulness" (Masson). Perhaps Milton followed Ben Jonson(1572-1637) who in *The Penates* makes Aurora the companion of Favonius or Zephyr. Cf. Robert Herrick's(1591-1674) poem *The Apron of Flowers*, Grosart's ed. ii. 249. Or the parentage may be Milton's own invention, though he attributes it to "some sager". In either case we may remember that mythology relates the loves of the winds and nymphs, *e.g.* of Boreas and Orithyia (Ovid; Ovidius(B.C. 43-A.D. 17), *Metamorphoses*, vi. 677).—Verity(notes), 68. **17 Or whether** · · · etc. There is a change in the construction here, there being no preceding 'whether' answering to 'whether' in this line: the meaning is, "*Whether* lovely Venus bore thee, or *whether* the frolic wind", etc. **some sager**

sing *i.e.* some poets have more wisely written. Poets are often called 'singers', but it is not known to what poets Milton can be referring: probably he merely chose this way of modestly recommending his own view. **18 frolic wind** *i.e.* frolicsome wind. The word 'frolic' is now used only as a noun and a verb, never as an adjective. Yet its original use in English is adjectival, and its form is that of an adjective: it is radically the same as the German *fröhlich,* so that *lic* in *frolic* corresponds exactly to the suffix *ly* in *cleanly*, *ghastly*, etc. By the end of the seventeenth century it came to be used as a noun, and its attributive sense being forgotten, a new adjective was formed—frolicsome, from which again came a new noun—frolicsomeness. In *Comus* 59 it is used as an adjective: "・・・ripe and frolic・・・". **breathes the spring** this transitive use of the verb is frequent in Milton, with such objects as 'odours', 'flowers', 'smell', etc. **19 Zephyr** the personification of the pleasant West wind: in *Par. Lost*, v. 15-16, he is represented as wooing Flora—"・・・then with voice / Mild, as when *Zephyrus* on Flora *breathes*." **20 a-Maying** on May Day *i.e.* on the May festival, enjoying the sports suitable to May. . . . See *Song: On May Morning*, 5. Even in ancient times there were May sports, when the Roman youth engaged in dancing and singing in honour of Flora, the goddess of fruits and flowers. Formerly throughout England the sports and customs connected with May-day were observed with the greatest zest. 'A-Maying'=on Maying: in O.E. writers after the Norman Conquest the verbal noun with the preposition 'on' was used after verbs of motion, *e.g.* 'he wente on hunting'; afterwards *on* corrupted into *a*. 'Maying' is, therefore, not a participle used as a noun, but the verbal noun or gerund. The participle originally ended in *ende* or *inde* and the noun in *ung*; but both now end in *ing*, and hence they are often confused. **21 There** *i.e.* where Zephyr met Aurora: an adverb modifying 'filled'. The nom. to 'filled' is 'wind', line 18. **22 fresh blown** is compounded of a participle and a simple adverb, 'fresh' being equal to 'freshly': the common adverbial suffix in Anglo-Saxon was *e*, the omission of which has reduced many adverbs to the same form as the adjectives from which they were derived. And so 'fresh blown'=freshly or newly blown. See note, *Il Pens*. 66. **roses washed in dew** a similar phrase occurs in Shakespeare's *The Taming of the Shrew*, ii. 1. 173-174, "・・・・I'll say she looks as clear / As morning roses newly washed in dew:". . . .—Milton(1929, notes), 94-96. **24 buxom** lively, brisk, *i.e.* plump and pretty (cf. Milton(1929, notes), 96; Verity(notes), 69); yielding, compliant (Milton(1971, notes), 133). The spelling of this word disguises its origin; it is *buck-some*, which arose out of the A.S. *bocsum* or *buhsum*='easily bowed', 'flexible' (A.S. *bugun*, to bow, and the suffix *sum*, 'like', as in 'darksome', etc.). So that the word first meant 'pliable', then 'obedient', then 'good-humoured' or 'lively', and finally 'handsome'. It is now used ordinarily of the handsomeness of stout persons. In its primary sense it was applied to unresisting substances, *e.g.* "· · · the buxom air · · · " (*Par. Lost*, ii. 842), and the transition to the sense of 'obedient' is a natural one: comp. Spenser's *F.Q.* iii. 4. 32, "For great compassion of their sorrow, bid / His mightie waters to them *buxome* be:" and in Shakespeare's *Pericles*, i. 1. 22-23 we find " · · · · a female hair / So buxom, blithe, and full of face"; and Milton seems to have recollected this passage.—Milton(1929, notes), 96. **debonair** *i.e. de bon air*=good looking; but *debonaire* was used rather of character than appearance. The meanings of debonair has elegant, courteous (of manner), affable, amiable, gentle, mild (of disposition); of a sweet, a fiendly, conversation: this word, when broken up, is seen to be an Old Fr. phrase—*de bon aire*, literally 'of a good mien (or looking) or manner': *de*=of, *bon* is from Lat. *bonus*, good, and *aire*=manner. Comp. the use of 'air' in the phrase 'to give one's self *airs*', *i.e.* to be vain. 'Debonair' has thus been formed out of three words by mere juxtaposition. See note, *Il Pens.* 32.—Cf. Milton(1929, notes), 96; Verity(notes), 69-70; Milton(1971, notes), 133. **25 nymph** In the Greek mythology, the goddesses haunting mountains, woods, and streams were called nymph; see line 36. And the word denotes literally 'a maiden', or 'a bride'. **26 Jollity** from the adjective 'jolly', light-hearted: its original sense is 'festivity'. . . . See note, *Son.* i. 4. **27 Quips** sharp sayings, witty jests, smart or witty sayings.—Cf. Milton(1929, notes), 97; Milton(1971, notes), 134. **cranks** *i.e.* turns of wit. 'Crank' is literally a crook or bend; hence the word is applied to an iron rod bent into a right angle as in machinery, and to a form of speech in which words are twisted away from their ordinary meaning. . . .—Milton(1929, notes), 97. Jokes which depend upon twisting or changing the form or meaning of a word.—Milton(1971, notes), 134. **wanton wiles** playful tricks. 'Wile' is really the same word as 'guile', which in Earlier English was written 'gile'. Compare ward and guard, wise and guise, warden and guardian; the forms in 'gu' were introduced into English by the Normans. **28 Nods, and becks** signs or expressions made with the head and the finger. . . . **wreathed smiles** so called because, in the act of smiling or laughing, the features are wreathed or puckered. . . . **29 This line and the next** are attributive to 'smiles'. 'Such' qualifies 'smiles', and the clause introduced by 'as' is relative. *As* after *such* is generally regarded as a relative pronoun. Milton is fond of this construction; see lines 129, 138, 148. **Hebe** In classical mythology, Hebe was a daughter of Zeus and Hera, the goddess of youth, who waited upon the gods and filled their cups with nectar. Later traditions represent her as divinity who had power to restore youth to the aged.

Compare *Com.* 289: "As smooth as Hebe's their unrazored lips."—Cf. Milton(1929), notes), 97; Milton(1971, notes), 134. **30 sleek** soft or smooth, *i.e.* glossy, lustrous. **32 Laughter holding both his sides**=side splitting Laughter. Here said to be holding his sides, just as, in popular language, excessive laughter is said to be 'side-splitting', 'Sport' and 'Laughter' are objects of the verb 'bring', l. 25. **33 trip it** with short and light steps, 'to trip' is to move with short, light steps as in dancing; 'it' is a cognate accusative, as if we said 'to trip a tripping', and adds nothing to the meaning of the verb. This use of 'it' is extremely common in Elizabethan writers; Shakespeare has to fight it, speak it, revel it, dance it, etc., ...—Milton(1929), notes), 98. A common idiom in the language of that time; now confined to slang phrases such as 'to fight it out'. The *it* seems to be a cognate accusative referring to the action which the speaker has in his mind's eye but does not verbally express: what that action is, the sense of the verb implies. Cf. Shakespeare's *A Midsummer Night's Dream*, v. 1. 403, "Sing, and dance it trippingly", where *it* must=*dance;* or the Third Part of *Henry VI*, iii.. 3. 225, "To revel *it* with him · · · " where *it* revelry. Dr Edwin Abbott (*A Shakespearian Grammar*, p. 150) notes that *it* is often added in this way to "nouns or words that are not generally used as verbs, in order to give them the force of verbs," as in "Foot it · · · "(*The Tempest*, i. 2. 380), " · · · · to queen it · · · · "(*Henry VIII*, ii. 3. 38).—Verity(notes), 71. **34 On the light fantastic toe** the toe (or foot) is called 'fantastic' because in dancing its movements are unrestrained or 'full of fancy'. 'Fantastic' is now used only in the sense of 'grotesque' or 'capricious', but in the time of Shakespeare and Milton *fancy* and *fantasy* (which are radically the same word) had not desynonymised: this explains why an event that had merely been imagined or 'fancied' is described by Shakespeare as 'fantastic'. 'To trip on the light fantastic toe' is a phrase now ordinarily used as='to dance' on the light fantastic toe . Comp. *Com.* 144, "In a light fantastic round."—Milton(1929, notes), 98. **Fantastic** According to *OED* M. is here using this word in a new sense: 'making fantastic or extravagantly conceived movements'; comp. Michael Drayton (1563-1631), *Nimphidia,* 29, 'light fantastick mayde'.—Milton(1971, notes), 134. **36 mountain nymph** Oread. In associating Liberty with mountainous districts Milton may be referring to Greece, Switzerland or Calvin's; John Calvin's(1509-1564) Geneva, which lies between the Jura and the Alps.—*Ibid.*, 134. **Liberty** is here naturally associated with Mirth: in Burton's *The Anatomy of Melancholy* there is a chapter on "Loss of liberty as a cause of Melancholy". She (=Liberty) is here called a *mountain*-nymph, because mountain fastnesses have always given to their possessors a certain amount of security against invasion and oppression, and because nowhere is the love of liberty more keen. . . . **38 (to) admit me of**=to make me a member of. **crew** formerly spelt *crue*, is common as a sea-term (being applied to the company of sailors on a ship); and, like many other sea-terms in English, is of Scandinavian origin. Its original sense is 'a company' and it is used here by Milton in this unrestricted sense. The word is common in his poems, but in every other case he uses it in a bad sense, applying it to evil spirits or hateful things. **39 her** *i.e.* Liberty. **40 unreproved pleasures free** free and innocent pleasures. This is a favourite arrangement of words in Milton—a noun between two adjectives: it generally implies that the final adjective qualifies the idea conveyed by the first adjective and noun together; comp. *Lyc.* 42, "· · · hazel copses green,". . . . **Unreproved**=unreprovable; comp. 'unvalued' for 'invaluable' in Milton's *On Shakespeare,* 11. In Shakespeare we find 'unavoided' for 'unavoidable', 'imagined' for 'imaginable', 'unnumbered' for 'innumerable', etc. (see Abbott's *A Shakespearian Grammar*, sect. 375). . . . **41 To hear** like 'To live' in l. 38, is an infinitive of purpose dependent upon the verb 'admit'. **42 startle** is an infinitive dependent, along with 'begin', upon 'to hear'. Thomas Warton notes that there is a peculiar propriety in 'startle'; the lark's is a sudden shrill burst of song, which is often heard just before sunrise and may therefore be said to scare away the darkness. Comp. *Par. Reg.* ii. 279.—Milton(1929, notes), 98-99. **dull** inert, slow to pass away; cf. Shakespeare's *Richard III*, i. 3. 196, "· · · give way, dull clouds, to my quick curses!"—Verity(notes), 73. **44 dappled** *i.e.* having the sky covered with small grey clouds: literally, it means 'marked with small *dips*' or hollows; it has no connection with *dab.* Echoes Shakespeare's *Much Ado about Nothing,* v. 3. 25-27, "· · · the gentle day · · · · / Dapples the drowsy east with spots of grey."—Cf. Milton(1929, notes), 99; Milton(1971, notes), 134. **45 Then to come,** etc.: dependent, like 'startle', upon the verb 'to hear' in l. 41. It refers to the lark which is, at daybreak, to appear at L'Allegro's window to bid him good morning. This is a fancy frequent in poetry—that the morning song of birds is a friendly greeting to those who hear them. The only difficulties connected with this interpretation are (1) that in making the lark alight at the window of a human dwelling Milton seems to be forgetful of lark's habits; the ordinary poetical conceit does not apply to this bird, which does not seek man's company, and is a "bird of the wilderness": (2) that the verb 'hear' is usually followed by an infinitive without 'to', whereas in this case '*to* come' is used. These difficulties disappear if we remember that Milton's references to nature are not always strictly accurate (see notes *passim*); and that 'to come' follows at some distance from 'hear', thus rendering the introduction of 'to' necessary as a sign of the infinitive.

Prof. David Masson, however, rejects this view as nonsense: he says: "The words '*Then to come*' in line 45 refer back to, and depend upon, the previous words '*Mirth, admit me*' of line 38." And so we can consider the phrase

'Then to come' to be 'Then admit me to come'. On this view, it is not the lark, but *L'Allegro* himself, that comes to his own window and bids his friends good morning. Other suggestions are that the dawn comes to the window; also that 'to come' is not syntactically dependent on 'admit', but introduces the new idea of the dawn rising in order to come and wake *L'Allegro*.—Milton(1929, notes), 99-100.
45 in spite of sorrow *i.e.* in order to *spite* or defy sorrow. 'Spite' is contracted form of 'despite', and is cognate with 'despise'. This is a peculiar use of the phrase 'in spite of'; ordinarily, when a person is said to do something in spite of sorrow, it is implied that he did it *although he was sorrowful.* This is obviously not the meaning in this passage, for there is no sorrow in the heart of the lark (or of L'Allegro himself). **46 bid** see note on *Lyc.* 22. **47 sweet-briar** (also spelt brier), a prickly and fragrant shrub, the wild-rose or eglantine. **48 twisted** may properly be applied to creeping or climbing plants. **49 cock** The crowing of the cock is universally associated with the dawn; hence Milton speaks of this bird as scattering the last remnants of darkness by his crowing. . . . **52 Stoutly struts his dames before** walks with conscious pride in front of the hens. In Latin we find the cock described as the *gallus rixosus* pugnacious fowl. William Cowper(1731-1800) speaks of the 'wonted strut' of the cock. 'Before', in this line, is a preposition governing 'dames': 'dame' is from Lat. *domina*, a lady. The bold step of the cock is well expressed by the rhythm of this line in contrast with that of the preceding one. **53 list'ning** this word refers to *L'Allegro* himself: it introduces another of his 'unreproved pleasures' of the morning. The word 'oft' shows that the poet is not recounting the pleasures of one particular morning, but morning pleasures in general. **54 Cheerly rouse the slumb'ring morn** "The sounds made by the barking hounds and the huntsman's horn joyfully awaken the morning." Similarly in Thomas Gray's(1716-1771) *Elegy Written a Country Churchyard*, line 19, the cock-crow and the "・・・echoing horn" are both referred to as morning sounds. Gray was (as Lowell notes) greatly influenced by a study of Milton's poetry. **Cheerly** cheerily or cheerfully. . . . **55 hoar** This may imply that the hill appears gray through the haze of distance, or more literally, that it is white with frost or rime, the hunters being astir before the rising sun has melted the frozen dew (*hoar-frost*). In *Arc.* 98 Milton applies 'hoar' to a mountain in the more usual sense of 'old': comp. 'hoary-headed'.—Milton(1929, notes), 100-101. M. H. Hoeltje, *PMLA* (*Publications of the Modern Language Association of America*) xlv(1930), 201-203, points out that in seventeenth century England hunting was common in the summer and that 'hoar' has no connection with hoar frost here but is used to designate colour, referring to the mist-covered hills of a dewy summer morning.—Milton(1971, notes), 135.

57 Sometime 'for some time', or 'at one time or other'. The genitive form 'sometimes' has a different meaning=occasionally. **not unseen** see ANALYSIS in the headnote and note *Il Pens.* 65. **58 elms** Warton notes that the elm seems to have been Milton's favourite tree, judging from its frequent mention both in his Latin and English poems. . . . **59 This line is** dependent on 'walking': 'right' is an adverb modifying the preposition 'against'. . . . **the eastern gate** a favourite image in poetry for that part of the sky from which the sun seems to issue. In classical mythology the god of the sun was represented as riding in a chariot through the heavens from East to West, ... **60 begins his state** 'begins his stately march (or procession)' towards his 'other goal' in the west. . . **62 The clouds in thousand liveries dight** The clouds(being) arrayed in numerous colours. Grammatically, 'clouds' is here used absolutely. In Latin a noun or pronoun in the ablative along with a participle was often used as a substitute for a subordinate clause, and Milton is fond of this construction. Here, line 62 is an adverbial clause modifying 'begins'. In English, the noun is generally said to be the nominative absolute, but in the case of pronouns, the form shows whether the nom. or obj. is used. Milton uses both; comp. "*Him* destroyed, for whom all this was made." and "Adam shall live with her, *I* extinct." Modern writers prefer the nom. case both for nouns and pronouns. In Anglo-Saxon the dative was used. **liveries** here refers to dress, as when we speak of servant's livery. Its primary sense was more general—anything *delivered* or served out, whether clothes, food, or money: a peer was even said to have *livery* of his feudal holdings from the king. As the livery of a servant is generally of some distinctive colour, Milton applies the word to the many-hued clouds. It may also imply that the clouds, as servants, attend their master, the Sun, in his stately march. **dight** a nearly obsolete word=arrayed, ornamented, or dressed: comp *Il Pens.* 159. It is a short form of *dighted*, from the verb 'to dight' (A.S. *dihtan*, to set in order), which, as Masson remarks, still survives in the Scottish word *dicht*, to wipe or clean. **67 tells his tale**=counts his sheep, in order to find if any have gone amissing during the night. 'Tale' is thus used in the sense of 'that which is *told* or counted', which was one of its meanings in Early English: A.S. *talu*, a number. In the Bible 'tell' and 'tale' are frequently used in this sense, *Genesis*, xv. 5, *Psalms* xxii. 17, *Exodus*, v. 18; and in the works of writers nearly contemporary with Milton the works are used of the counting of sheep.

'To tell a tale' may also mean 'to relate a story', and the shepherds may be supposed to sit and amuse themselves with simple narratives. But, as Milton in the previous lines refers to such rural occupations as are suited to the early morning, and represents each person as engaged in some ordinary duty, it seems likely that in this line also piece of business is meant, and not a pastime. The morning hours are not usually those devoted to story-telling.—Milton(1929, notes), 101-103.

The argument about whether this means 'counts the tally of his sheep' or 'tells his story (of love)' goes back to Warton and beyond. The former seems more likely in a catalogue of early morning phenomena, but J. W. Rankin, *MLN* (*Modern Language Notes*) xxvii(1912), 230, argues that in *Nativity Ode*, 85-92, the shepherds in the early morning are 'simply chatting'. J. M. Hart, *MLN* xxviii(1913), 159-160, replies that the shepherds are abnormal there because biblical. Comp. the Third Part of *Henry VI*, ii. 5. 42-43: "Gives not the hawthorn-bush a sweeter shade / To shepherds looking on their silly sheep,"—Milton(1971, notes), 136.
69 Straight straightway, immediately. . . . **Lines 71-72** Bateson, *English Poetry*, 159 calls this couplet "a masterpiece of concentrated observation. The sheep have broken through the temporary fence round the parish's fallow field, no doubt because the common pastures are 'russet'(=brown), the short-rooted grass having been 'burned', as farmers say, in the hot dry weather. 'Russet' is decidedly not the epithet one would have expected for 'lawns'. . . nor is 'grey' what one would have expected for 'fallows'. Milton must have had his eye on a real field. Most fallows after the summer ploughing are brown, but this field, perhaps because the subsoil was chalk, was grey."—Milton(1971, notes), 136. **71 lawns** or lawn is always used by Milton to denote an open stretch of grassy ground, whereas in modern usage it is applied to a smooth piece of grass-grown land in front of a house. . . . **Fallows** or fallow literally denotes 'pale-coloured', *e.g.* tawny or yellow: hence applied to land ploughed but not bearing a crop, as it is generally of a tawny colour; and finally to all land that has been long left unsown and is therefore grass-grown. It is in this last sense that Milton uses it, and as the word has lost all significance of colour (when applied to land) he adds the adjective 'grey' to distinguish it from those fields that are 'russet' or reddish-brown: the former are more distant, the latter nearer at hand. See note on l. 55. **72 stray** comp. Lat. *errare,* to wander. **73 Mountains** along with 'lawns', 'fallows', 'meadows', 'brooks', and 'rivers', are in apposition to 'new pleasures', l. 69. **74 labouring clouds**=travailing clouds, so called because they bring forth rain and storms. The image of clouds resting on the mountain-top is well expressed by P. B. Shelley:—

"I sift the snow on the mountains below,
    And their great pines groan aghast;
And all the night *'tis my pillow white*,

While I sleep in the arms of the blast."
(*The Cloud,* ll. 13-16)

75 trim comp. *Il Pens.* 50, 'trim gardens', *Com.* 120, 'daisies trim'. The student should note the prevailing position of the adjectives in lines 71, 75, 76, 126, etc. Where contrast is intended, as in line 76, the two nouns are placed together and the adjectives apart; so in Latin frequently. **pied** variegated (or dappled). The word literally means 'variegated like a mag*pie*'; it is a common epithet in poetry and is applied by Shakespeare to daises (*Love's Labour's Lost*, v. 2. 904, 'daisies pied'). . . . **77 Towers, and battlements it** (*i.e.* the eye) **sees** This thought may have been suggested to Milton by the fact that his eye, in taking in the landscape around Horton, would often light on the towers of Windsor Castle in the distance: comp. *Com.* 933-935. **78 Bosomed** embosomed. **79 Where perhaps some beauty lies**=Where perhaps some beautiful lady dwells, a centre of attraction. Lines 79 and 80 form an attributive adjunct to 'towers and battlements'. **lies**=dwells; comp. *Lyc.* 53, and Shakespeare's *The Merry Wives of Windsor*, ii. 2. 63, "when the court *lay* at Windsor, ..."—Milton(1929, notes), 103-104. **80 cynosure** now applied generally to as an object of great interest: so called because the Cynosura, the stars composing the tail of the constellation of the Lesser Bear, was the mark by which Phoenician sailors steered their course at sea. 'Cynosure' is from the Greek *kynos oura,* a dog's tail: comp. *Com.* 341, " · · · Tyrian Cynosure." A star by which sailors steer is also called a 'lode-star', a word which is used metaphorically in the same way as 'cynosure'; comp. Shakespeare's *A Midsummer Night's Dream,* i. 1. 183, "Your eyes are *lode-stars*".—Milton(1929, notes), 104-105. The constellation of the Lesser Bear, containing the Pole Star, hence, as here, an object of special attention.—Milton(1971, notes), 136. **neighbouring** near-dweller (A.S. *nea-búr*). **83 Where · · · ·** etc. Where, in which cottage. Corydon, Thyrsis, Thestylis occur frequently in pastoral poetry as the names of shepherds, and Phyllis (or Phillis), Thestylis as the name of a female. See Virgil's *Bucolica* and *Eclogues*, Theocritus(*ca.* 310-245 B.C.), Spenser, etc.—Milton(1929, notes), 105. Since the days of Theocritus, the names Corydon, Thyrsis, Phyllis, and Thestylis have been traditional shepherds' names. Milton uses names which suggest the *Idylls* of Theocritus or the *Eclogues* of Virgil, and which have been treated by the imitators of those poets as peculiar to the pastoral style. Here, in a poem descriptive of *English* scenery and country-life, they are to some extent incongruous. Thyrsis (from *Theocritus* I.) is the name of the Attendant Spirit in *Comus* and of Milton himself in the *Epitaphium Damonis; Damon's Epitaph,* l. 4, *quas miser effudit voces, quae murmura Thyrsis,. . . .*

—Verity(notes), 80. **85 messes** dishes of food. 'Mess' originally meant something *placed* on a table (Lat. *missum*): the word here has no connection with 'mess' a disordered mixture, a usage not found in Elizabethan writers. **86 neat-handed** 'neat' is a kind of transferred epithet, referring not to the woman's hands but to the appearance of the food prepared by her. So a skillful carpenter may be called 'neat-handed', a good needlewoman 'neat-fingered', etc. **dresses**=*v.t.* cooks. **87 bower** here refers to the cottage. A 'bower' is strictly something *built*, a dwelling place: it came to be applied to the inner chamber occupied by a lady. **89 earlier season** because the hey-harvest is earlier than the grain-harvest. **90 tanned haycock** a pile of dried hay. The word 'cock' (by itself) means a 'small pile of hay': it is radically distinct from the word 'cock' in any other sense. **mead** meadow. The form in *-ow* (comp. arrow, sparrow, marrow, sorrow) is due to an A.S. suffix *-we*. **91 secure** free from care, not fearing harm, carefree. This is the primary sense of the word [Lat. *se* (for *sine*)=free from, *cura*=care]: it therefore corresponds exactly to the English word 'careless'. . . .**In line 92,** "Milton again notes a paragraph in the poem, changing the sense. It is now past mid-day and into the afternoon; and we are invited to a rustic holiday among the 'upland hamlets' or little villages among the slopes"(Masson). **upland** to mean 'far removed from large cities'. The word 'uplandish' was formerly used in the sense of 'rude' or 'unrefined', because, in the uplands, the refinements of town-life were unknown. . . . **invite** the object of this verb is not expressed, but is denoted 'us'. **94 jocund** merry, cheerful: from the Lat. *jucundus*, pleasant. (It has no radical connection with the words *joke*, *jocular*, as is sometimes stated.) **rebecks** fiddles. The rebeck was a three-stringed fiddle, played with a bow. The name is the same as the Persian *rabáb*, applied to a two-stringed instrument said to have been introduced into Europe by the Moors. The modern violin has four strings. **96 chequered shade** The meaning may be illustrated by a passage from Shakespeare's *Titus Andronicus*, ii. 4. 14-15, "The green leaves quiver with the cooling wind / And make a chequer'd shadow on the ground:" comp. Tennyson's *Recollections of the Arabian Nights*, 113, "・・・a shadow-chequer'd lawn". The radical meaning of 'chequered' or 'checkered' is 'marked with squares' (like a chess-board); hence it is here applied to the ground marked in dark and light. The game of draughts which is played on a chess-board is sometimes called 'checkers'. The word 'check' is derived, through the French, from the Persian *sháh*, a king, the name given to the principal piece on the chess-board: 'chess' is merely a corruption of the plural 'checks'. **shade**=the shade of foliage or trees. And so chequered shade=chequered shade (or shadow) of foliage or trees. **98**

sunshine holiday comp. *Com.* 958. "Sunshine' is a noun used as an adjective. Milton wrote 'holyday', which shows the origin of the word. The accent in such compounds (comp. bluebell, blackbird, etc.) falls on the adjective; it is only in this way that the ear can tell whether the compounds (*e.g.* hóliday) or the separate words (*e.g.* hóly dáy) are being used. **99 livelong**=longlasting. **100 We have here** to supply a verb of motion before 'to', *e.g.* 'they proceed': comp. lines 90 and 131. **spicy nut-brown ale** a drink composed of hot ale, nutmeg, sugar, toast, and roasted crabs or apples. It was called *Lamb's wool* from its frothy appearance, and Shakespeare refers to it as "gossip's bowl", while another Elizabethan writer calls it "the spiced wassel (wassail) bowl". See Shakespeare's *A Midsummer Night's Dream*, ii. 1. 47-50, *Romeo and Juliet*, iii. 5. 175.—Cf. Milton(1929, notes), 105-107; Verity(notes), 83. **101 feat** exploit, wonderful deed or performance. . . . **102 Faëry Mab** Mab was Fairy who sent dreams, and hence a person subject to dreams is said to be 'favoured with the visits of queen Mab'. See an account of her powers in this respect in Shakespeare's *Romeo and Juliet*, i. 4. 54-95. . . . Milton's spelling 'faëry' comes nearer to the early English word 'faerie', which meant 'enchantment'.—Milton(1929, notes), 107-108. **junkets** *i.e.* dainties. *junket*=Ital. *guincata*, a cream cheese, so-called because served on rushes: Ital. *guinco*, a rush=Lat. *juncus*, Cf. Cotgrave's explanation of French *jonchée*, "greene cheese or fresh cheese made of milke that's curdled without any runnet, and served in a paile of green rushes.". . .—Verity(notes), 84. **eat** here past tense=ate. **104 The construction** is awkward: we may read either (1) 'And he (was) led by friar's lantern; (he) tells how' etc., or (2) 'And he, (having been) led by friar's lantern, tells how' etc. The former reading is preferable as it separates the two stories regarding the 'friar's lantern' and 'drudging goblin,' but it leaves the verb 'tells' without a subject. This, however, occasionally happens in Milton. The other reading is grammatically easy, but confuses the two stories. A third suggestion is to read *Tales* for *Tells* in line 105, putting a colon at *led*..—Milton(1929, notes), 108. **friar's** Perhaps a reference to the house-spirit Friar Rush, but M. is probably influenced by the apparent identification of 'Robin good-fellow' and 'the Frier' in Samuel Harsnet's *Declaration of Popish Impostures* 134, where the 'bowle of curds, & creame' is 'duly set' as in l. 106. Robin Goodfellow tells how he leads travellers astray disguised as a fire in *A Midsummer Night's Dream* iii. 1. 11-12.—Milton(1971, notes), 137. **friar's lantern** This refers to the flickering light often seen above marshy ground and liable to be mistaken by the belated traveller for the light of a lamp. It is popularly called Jack o' lantern or Will o' the Wisp. This explains Milton's use of the word 'lantern', but it does not explain why he should call it 'friar's' lantern. He may refer to a spirit popularly called Friar Rush, who, however, neither haunted fields nor carried a lantern, but played pranks in houses during the night; he is therefore distinct from Jack o' lantern. 'Friar' is a member of a religious order (Lat. *frater*, Fr. *frère*, a brother)..—Milton(1929, notes), 108. **105 drudging goblin** sometimes called Robin Goodfellow or Hobgoblin (or Puck as in Shakespeare's *A Midsummer Night's Dream*, ii. 1-v. 1 *passim*). Comp. Burton's *The Anatomy of Melancholy,* I. ii.: "A bigger kind there is of them (*i.e.* terrestrial demons) called with us *hobgoblins* and Robin Goodfellows, that would in those superstitions times grind corn *for a mess of milk*, cut wood, or do any manner of *drudgery* work, . . . to draw water, dress meat, or any such thing.". . . 'To drudge' is to perform hard and humble work. 'Goblin', a supernatural being generally represented as of small size but great strength; sometimes mischievous, sometimes kindly disposed. In the form *hob-goblin* 'hob' is a corruption of Robin; hence Robin Goodfellow and Hobgoblin are the same. **sweat** here past tense of a strong verb (O.E. *swat* or *swot*); it is now treated as a weak verb, and the past tense is *sweated*. Comp. such weak verbs as creep, leap, quake, swell, wash, weep, of which the old preterites were crop, leep, quoke, swal, wesh, wep. **106 duly set** properly congealed or solidified. **108 shadowy flail** being wielded by a spirit, the flail is here called 'shadowy'=invisible. 'Flail' is from Lat. *flagellum*, a scourge.—*Op. cit.*, 108-109. **110 lubber** Robin Goodfellow (=Puck) is called 'lob of spirits' in Shakespeare's *A Midsummer Night's Dream*, ii. 1. 16.—Milton(1971, notes), 138. **111 chimney** fireplace or hearth. . . . **112 Basks · · · strength** 'To bask' is 'to lie exposed to a pleasant warmth'. The word is here used transitively, its object being 'strength', and its meaning 'to expose to warmth', 'strength'=strong body. **113 crop-full** with well-filled stomach. The 'crop' is the first stomach of fowls. **114 first cock** because one cock sets the others a-crowing. **matin** morning call (Fr. *matin*, morning), *i.e.* morning song (of the first cock); comp. *Par. Lost*, v. 7, " · · · the shrill matin song / Of birds on every bough; · · · " In *Par. Lost*, vi. 526, it occurs as an adjective, and in *Hamlet*, i. 5. 89, Shakespeare uses it as a noun=morning: "The glow-worm shows the *matin* to be near". The word *matins* is now used for morning prayers. **115 Thus done · · · · they creep**=The tales (being) thus done, they (*i.e.* the villagers) creep to bed. **116 lulled**=being lulled, attributive to 'they'. **117 Towered cities · · · then** 'Then' does not here denote 'afterwards' as it does in line 100; it marks a transition from mirth in the country to mirth in the city, and the poet now recounts the entertainments of city life, as L'Allegro might read of them in romances and tales of chivalry. This explains the allusions to 'throngs of knights', contests of 'wit or arms', 'antique pageantry', etc. These are not the events of one day except in the sense that L'Allegro might, on his return from the village rejoicings, retire to his own room to read about them. 'Towered', having towers (Lat. *turrita*, an epithet which Milton himself applied to London in one of his Latin Elegies). Comp. *Arc.* 21. There is not doubt that the poet, during his stay at Horton, paid occasional visits to London, and Thomas Warton infers from expressions in the first Elegy that he had in his youth enjoyed the theatre. **118 busy hum** busy motions or activities. 'Hum' is nominative, along with 'cities', to 'please'. **119 knights and barons** it is interesting to note the original meaning of these and other words that are now titles of rank. 'Knight'= A.S. *cniht*, a youth; 'baron' meant at first no more than 'man' or 'husband'; 'duke'=Lat. *dux*, a 'leader'; 'count' is really Lat. *comes*, a companion; and 'earl' is Old Saxon *erl,* a man. **120 weeds** clothes or garments. Comp. the use of the word by Shakespeare: "・・・・I have a woman's longing, /・・・・/ To see great Hector in his *weeds of peace*,"—*Troilus and Cressida*, iii. 3. 237-239. 'Weeds of peace' denotes the ordinary dress as opposed to 'weeds of war', *i.e.* armour, etc. The use of the word is now generally confined to the phrase 'a widow's weeds', *i.e.* a widow's mourning dress. Comp. *Com.* 16, 188, 389. **high triumphs** grand public entertainments or performances, such as masques, pageants, processions, tournaments, etc. Comp. *Sams. Agon.* 1312 and Bacon's Essay *Of Masques and Triumphs*. Such exhibitions were extremely popular from the time of Henry VIII to Charles I. See *Arcades*, introductory note. **121 store of ladies**=many ladies. The word 'store' is found in this sense in Sidney, Spenser, and others. It is now applied only to inanimate objects to denote abundance. **122 Rain** pour forth. 'To rain' in the sense of 'to pour forth in abundance' is a common expression: comp. 'to stream', 'to shower', 'to overflow'. **influence** This word is now chiefly used in the sense of 'power' or 'authority', but a trace of its original meaning still remains in such phrases as 'magnetic influence', 'the influence (*i.e.* inspiration) of the Spirit'. Its literal meaning is *a flowing in* (Lat. *in*, and *fluere*, to flow), and in this sense it was used in astrology to denote "a flowing in, an *influent* course of the planets, their virtue being infused into, or their course working on, inferior creatures." This was originally the only meaning of the word, and in this sense Milton and Shakespeare employ it: in this passage it implies that the bright eyes of the ladies were like the stars in 'working on' those upon whom their glances fell. In this meaning "・・・bright eyes / Rain influence・・・"="・・・bright eyes influence them to pour forth like rain". Burton, in *The Anatomy of Melancholy*, says: "Primary causes are the heavens, planets, stars, etc., by their *influence* (as our astrologers hold) producing this and such like effects." It is well to remember how strong a hold the belief in astrology had (and still has) on the human mind; up to the end of the eighteenth century the almanacs in common use in England were full of astrological rules and theories, and even an astronomer like Johann Kepler(1571-1630) was not entirely free from belief in such matters. It is not surprising, therefore, that the science of astrology has left its traces on the language in such words as 'influence', 'disastrous', 'ill-starred', 'ascendency', etc. Comp. notes on *Arc.* 52. *Il Pens.* 24, and *Nat. Ode*, 71. **judge the prize** adjudge or award the prize. We may take 'eyes' as nominative to both of the verbs 'rain' and 'judge', the ladies showing by their eyes whom they regard as the victor. But Milton occasionally connects two verbs rather loosely with one noun, just as he, on the other hand, makes one verb refer by zeugma to two nouns in different senses. We may therefore read, '*who* judge', the relative being implied in 'whose', l. 121. Comp. *Il Pens.* 155. *Lyc.* 89. **123 Of wit or arms** comp. *Son.* xvii. 3, "· · · gowns, not arms, · · ·" The contests of *wit* in which ladies were the judges may be those 'Courts of Love' which were so popular in France until the end of fourteenth century and had so great an influence on the poetical literature both of France and England. The contests of *arms* may refer to those tournaments in which mounted knights fought to show their skill in arms, the victor generally receiving his prize at the hands of some fair lady. Comp. *Il Pens.* 118. **124 her grace whom** *i.e.* the grace of her whom. The relative pronoun here relates, not to the noun preceding it, but to the substantive implied in the possessive pronoun. His, her, etc. being genitives=of him, of her, etc., they have here their full force as pronouns, and are not pronominal adjectives (as they are sometimes called). . . .**125-126 Hymen · · · / In saffron robe** Hymen, being the god of marriage in the Greek mythology (comp. Spenser's *Epithalamion*, 140, "*Hymen iô Hymen, Hymen* they do shout," *ib.* 146, "And evermore they *Hymen Hymen* sing,"), Milton here refers to elaborate marriage festivities which often included masques and other spectacles: comp. Ben Jonson's *Hymenaei* (*Masque of Hymen*), where Hymen enters upon the stage "· · · in a *saffron-coloured* robe, his under vestures white, his socks *yellow*, a *yellow* veil of silk on his left arm, his head crowned with roses and marjoram, in his right hand *a torch* of pine-tree." Comp. Milton's fifth *Elegy*, 105-108, "Exulting youths the Hymeneal sing, / With Hymen's name, roofs, rocks, and valleys ring; / He, new attired, and by the season drest / Proceeds, all fragrant, *in his saffron vest.*"—William Cowper's translation. In works of art, Hymen is represented as a youth bearing a torch. **125** Milton uses **'taper'**, now restricted to a small wax-candle; from this use we get the adjectives 'taper'=taper like, long and slender, and 'tapering'. The radical sense of 'taper' is 'that which glows or shines'. **127 pomp and feast and revelry** those words depend upon the verb 'let'. Milton here used the word 'pomp' in its classical sense(Greek *pompé*)=an imposing procession. Comp. *Sams. Agon.* 1312, and note on l. 120. —Milton(1929, notes), 109-113. Milton here is thinking of 'revelry' as the *Revels* or theatrical entertainments held at the Court, at the lawyers' Inns of Court, and the houses of great nobles. In Charles I.'s reign plays written for private representation were *Entertainments* or *Masques*.—Verity(notes), 90. **128 antique pageantry** representations or emblematic spectacles in which mythological characters were largely introduced. 'Pageantry' is an interesting word. The suffix *-ry* has a collective or comprehensive force (which has gained in some cases an abstract sense) as in cavalry, infantry, poetry, etc. *Pageant* meant (1) a moveable platform; then (2) a platform on which plays were exhibited; hence (3) the play itself; and (as the plays first exhibited in this way made large use of spectacular effect) (4) a spectacle or show. 'Antique,' belonging to earlier times (Lat. *antiquus*, also spelt *anticus*). This word has gone through changes of meaning similar to those of the word 'uncouth' (see l. 5), viz. (1) old, (2) old-fashioned or out of date, and hence (3) fantastic: there is, however, this difference—that while 'uncouth' has had all three senses, 'antique' has had only the two first, the third being taken by the form 'antic'. **131 Then to the well-trod stage,** *sc.* 'let me go': this means that L'Allegro turns from the stories of chivalry to the comedies of Shakespeare and Jonson: comp. note l. 117. By calling the stage 'well-trod' (=famous or popular) Milton may hint at the abundance of dramatic literature. **anon** soon after (A.S. *on án,* in one moment): an adverb modifying the verb of motion understood. **132 Jonson's learned sock** Ben Jonson(1572-1637) was alive when Milton paid him this compliment. There is no doubt that Milton must have admired Jonson for his classical learning and for his lofty sense of the poet's task. He calls him 'learned' on account of the profuse display of classical knowledge and dramatic art in his comedies and masques. On this point he is often contrasted with Shakespeare. Hazlitt says: "Shakespeare gives fair play to nature and his own genius, while the other trusts almost entirely to imitation and custom. Shakespeare takes his groundwork in individual character and the manners of his age, and raises from them a fantastical and delightful superstructure of his own; the other takes the same groundwork in matter-of-fact, but hardly ever rises above it." Thomas Fuller(1608-1661) compares Jonson to a Spanish galleon and Shakespeare to an English man-of-war: "Master Jonson, like the former, was built far higher in learning; solid but slow in his performances. Shakespeare, like the latter, lesser in bulk, but lighter in sailing, could turn with all tides, and take advantage of all winds, by the quickness of his wit and invention." **sock** here used as emblematic of 'comedy' in general as 'buskin' is used of tragedy (comp. *Il Pens.* 102). The sock (Lat. *soccus*) was a kind of low slipper worn by actors in the comedies of ancient Rome. 'Sock' here cleverly refers to Jonson's liking for the classical drama: it was, less fittingly, used by Jonson himself of Shakespeare. **133 Or** (if) **sweetest Shakespeare fancy's child,** etc. Milton speaks of Shakespeare with reference only to his comedies and to that aspect of them that would appeal most readily to the cheerful man, A comedy like *Measure for Measure* could hardly be adequately characterised as native 'wood-notes wild', but such a comedy would no more accord with the mood of L'Allegro than the tragedy of *Hamlet*. Milton's language here is sufficiently accounted for by the fact that he is contrasting Shakespeare as master of the romantic drama with Jonson as master of the classical drama, that he is paying a tribute to his striking natural genius ('native wood-notes'), and that he regards him as indeed a poet, being 'of imagination all compact' ('Fancy's child'). L'Allegro cannot be expected to use the language of the lines *On Shakespeare:* he represents a special mood of the human spirit, a mood with which Milton is not so fully in sympathy as that of *Il Penseroso*. 'Fancy' (Phantasy) is here used in a less restricted sense than now: we would now use 'Imagination'. The student should note the pleasing rhythm and alliteration of lines 133, 134. **135 against eating cares** to ward off gnawing anxiety. It is a common figure to speak of care or sorrow eating in to the heart as rust corrodes iron. . . . **136 Milton now refers to** the delights of music, and it is well to notice how he 'marries' the sound to the sense by the recurrence of the *liquid* or smooth-flowing consonants (l, m, n, r) in lines 136-144. **Lap me** let me be wrapped or folded: 'lap' is a mere corruption of 'wrap'. . . . **Lydian airs** soft and sweet music. "Of the three chief musical modes or measures among the ancients, the Dorian, Phrygian, and Lydian, the first was majestic (*Par. Lost*, i. 550), the second sprightly, the third amorous or tender." Comp. *Lyc.* 189.—Milton(1929, notes), 113-115. Plato, *Republic,* iii 398-399, condemns the 'lax' Lydian mode, though as James Hutton points out, *EM* (*English Miscellany*) ii(1951) 45-46, Cassiodorus; Flaius Mognus Aurelius Cassiodorus(490?-575) in his letter to Boethius; Anicius Manlius Severinus Boethius(470/480-524/525) (*Variae; Variety* ii 40), speaks of it approvingly as providing 'relaxation and delight, being invented against excessive cares and worries'. Plato's attitude survived in the English Renaissance, *e.g.* Guilpin, *Skialetheia* Satyre Preludium 1-2: 'Fie on these *Lydian* tunes which blunt our sprights / And turne our gallants to *Hermaphrodites*.'—Milton(1971, notes), 139. **137 Married to** associated or matched with, *i.e.* closely united to. Comp. Wordsworth—"And wisdom *married* to immortal verse?"—*The Excursion*,

vii. 536. Shakespeare (*Sonnet* cxvi, 1) speaks of '· · · the *marriage* of true minds'. By a similar metaphor we say that a person is *wedded* to a habit or a theory. "Immortal verse" is poetry which, like that of Milton himself, "the world should not willingly let die"; see *Comus*, 515. **138 Such as the meeting soul may pierce** ="Such as may penetrate the soul that meets it or sympathies with it.". . . In this line 'pierce' rhymes with 'verse'. **meeting soul** resonating soul. **139 bout** a turn or bend, referring here to the melody. 'Bout' is another form of 'bight', and is cognate with 'bow'.—Milton(1929, notes), 115. **Bout** circuit, orbit. Nan C. Carpenter, *UTQ* (*University of Toronto Quarterly*) xxii(1953) 354-367, suggests that in ll. 139-144 Milton has in mind the Italian aria as it was developing in the early seventeenth century. She points out that his father associated for some years with a London colony of Italian musicians, headed by Ferrabosco and Coperario.—Milton(1971, notes), 139. **140 long drawn out** the scansion of this line will show its appropriateness to the sense. 'Long,' an adverb modifying 'drawn out'. **141 wanton heed and giddy cunning** the music, in order to be expressive, must be free or unrestrained, yet correctly and skilfully rendered. 'Wanton heed' and 'giddy cunning' are examples of oxymoron. 'Cunning'=skill (A.S. *cunnan*, to know, be able), now used in restricted sense of 'wiliness'. . . . **142 voice** here absolute case along with the participle 'running': comp. l. 62, note. For the sense of 'melting' comp. *Il Pens.* 165. **mazes** the intricate or difficult parts of the music.—Milton(1929, notes), 115. **143-144 Thomas Warton explains:** "Milton's meaning is, that as the voice of the singer runs through the manifold mazes or intricacies of sound, all the chains are untwisted which imprison and entangle the hidden soul, the essence or perfection of harmony. In common sense, let music be made to show all, even her most hidden powers." Milton, in fact, has personified harmony: she is a divine power whose essential being (soul) is held in bondage until the singer's voice has penetrated to her prison and released her. For the same treatment of music as an abstract personification cf. *P.L.* v. 625-627: "And in their motions harmony divine / So smooths her charming tones, that God's own ear / Listens delighted." Richard Crashaw(*ca.* 1613-1649) in his *Musicks Duell* speaks of the "precious mysteries that dwell / In Music's ravished soul."—Verity(notes), 94. **145 That,** *sc.* So that; the use of 'that' instead of 'so that' to introduce a clause of consequence, is common in Elizabethan writers and in Milton himself. **Orpheus' self** 'Orpheus himself' we should now say. 'Self' was originally an adjective='same', in which sense it is still used with pronouns of the third person (as *himself, herself*). Then it came to be regarded as a substantive, and was preceded by the possessive pronouns or by a noun in the possessive case (as *myself, ourselves, Orpheus' self*). In the latter sense it is not used with pronouns of the third person; we cannot say *his-self*, but *him-self*. **Orpheus,** "in the Greek mythology, was the unparalleled singer and musician, the power of whose harp or lyre drew wild beasts, and even rocks and trees, to follow him. His wife Eurydice having died, he descended into Hades to recover her if possible. His music, charming even the damned, prevailed with Pluto (the god of the lower world), who granted his prayer on condition that he should not look on Eurydice till he had led her completely out of Hades and into the upper world. Unfortunately, on their way upwards, he turned to see if she was following him; and she was caught back" (Masson). Comp. *Il Pens.* 105, *Lyc.* 58. **heave** raise, lift up: comp. *Com.* 884: "· · · heave thy rosy head". **146 golden slumber** 'Golden' may here mean simply 'happy', or it may be used because Orpheus is amongst the gods. Homer often applies 'golden' to that which belongs to the gods. Comp. "· · · *aurea* · · · *quies*", in Milton's *Elegy* iii, 66. **147 Elysian flowers** Elysium was the abode of the spirits of the blessed, where they wandered amidst flowers and beauties of every kind. Comp. *Com.* 256, 995. **149 to have quite set free** 'to have set' is here infinitive of result, and the perfect tense denotes something that had not been accomplished and is no longer possible: comp. the meanings of "he hoped *to be* present" and "he hoped *to have been* present". *Quite*=unconditionally or completely. **150 Eurydice** see note on l. 145 above. **151 These delights,** etc.: the last two lines of the poem recall the closing lines of Marlowe's *The Passionate Shepherd to His Love*: "If these delights thy mind may move, / Then live with me and be my love." Milton here accepts the mood of Mirth, but only on the condition that its pleasures are such as he has enumerated.—Milton(1929, notes), 116.

IL PENSEROSO

Hence vain deluding Joys,
  The brood of Folly without father bred,
How little you bestead,
  Or fill the fixed mind with all your toys;
Dwell in some idle brain,
  And fancies fond with gaudy shapes possess,
As thick and numberless
  As the gay motes that people the sunbeams,
Or likest hovering dreams

The fickle pensioners of Morpheus' train.
But hail thou goddess, sage and holy,
Hail divinest Melancholy,
Whose saintly visage is too bright
To hit the sense of human sight;
And therefore to our weaker view,
O'erlaid with black staid wisdom's hue.
Black, but such as in esteem,
Prince Memnon's sister might beseem,
Or that starred Ethiop queen that strove
To set her beauty's praise above
The sea-nymphs, and their powers offended,
Yet thou art higher far descended,
Thee bright-haired Vesta long of yore,
To solitary Saturn bore;
His daughter she (in Saturn's reign,
Such mixture was not held a stain)
Oft in glimmering bowers, and glades
He met her, and in secret shades
Of woody Ida's inmost grove,
Whilst yet there was no fear of Jove.
Come pensive nun, devout and pure,
Sober, steadfast, and demure,
All in a robe of darkest grain,
Flowing with majestic train,
And sable stole of cypress lawn,
Over thy decent shoulders drawn.
Come, but keep thy wonted state,
With even step, and musing gait,
And looks commercing with the skies,
Thy rapt soul sitting in thine eyes:
There held in holy passion still,
Forget thyself to marble, till
With a sad leaden downward cast,
Thou fix them on the earth as fast.
And join with thee calm Peace, and Quiet,
Spare Fast, that oft with gods doth diet,
And hears the Muses in a ring,

Ay round about Jove's altar sing.
And add to these retired Leisure,
That in trim gardens takes his pleasure;
But first, and chiefest, with thee bring,
Him that yon soars on golden wing,
Guiding the fiery-wheeled throne,
The cherub Contemplation,
And the mute Silence hist along,
'Less Philomel will deign a song,
In her sweetest, saddest plight,
Smoothing the rugged brow of night,
While Cynthia checks her dragon yoke,
Gently o'er the accustomed oak;
Sweet bird that shunn'st the noise of folly,
Most musical, most melancholy!
Thee chauntress oft the woods among,
I woo to hear thy even-song;
And missing thee, I walk unseen
On the dry smooth-shaven green,
To behold the wandering moon,
Riding near her highest noon,
Like one that had been led astray
Through the heaven's wide pathless way;
And oft, as if her head she bowed,
Stooping through a fleecy cloud.
Oft on a plat of rising ground,
I hear the far-off curfew sound,
Over some wide-watered shore,
Swinging slow with sullen roar;
Or if the air will not permit,
Some still removed place will fit,
Where glowing embers through the room
Teach light to counterfeit a gloom,
Far from all resort of mirth,
Save the cricket on the hearth,
Or the bellman's drowsy charm,
To bless the doors from nightly harm:
Or let my lamp at midnight hour,

Be seen in some high lonely tower,
Where I may oft outwatch the Bear,
With thrice great Hermes, or unsphere
The spirit of Plato to unfold
What worlds, or what vast regions hold
The immortal mind that hath forsook
Her mansion in this fleshly nook:
And of those demons that are found
In fire, air, flood, or under ground,
Whose power hath a true consent
With planet, or with element.
Sometime let gorgeous Tragedy
In sceptred pall come sweeping by,
Presenting Thebes, or Pelops' line,
Or the tale of Troy divine.
Or what (though rare) of later age,
Ennobled hath the buskined stage.
But, O sad virgin, that thy power
Might raise Musaeus from his bower,
Or bid the soul of Orpheus sing
Such notes as warbled to the string,
Drew iron tears down Pluto's cheek,
And made hell grant what love did seek.
Or call up him that left half-told
The story of Cambuscan bold,
Of Camball, and of Algarsife,
And who had Canace to wife,
That owned the virtuous ring and glass,
And of the wondrous horse of brass,
On which the Tartar king did ride;
And if aught else, great bards beside,
In sage and solemn tunes have sung,
Of tourneys and of trophies hung;
Of forests, and enchantments drear,
Where more is meant than meets the ear,
Thus Night oft see me in thy pale career,
Till civil-suited Morn appear,
Not tricked and frounced as she was wont,

With the Attic boy to hunt,
But kerchieft in a comely cloud,
While rocking winds are piping loud,
Or ushered with a shower still,
When the gust hath blown his fill,
Ending on the rustling leaves,
With minute drops from off the eaves.
And when the sun begins to fling
His flaring beams, me goddess bring
To arched walks of twilight groves,
And shadows brown that Sylvan loves
Of pine, or monumental oak,
Where the rude axe with heaved stroke,
Was never heard the nymphs to daunt,
Or fright them from their hallowed haunt.
There in close covert by some brook,
Where no profaner eye may look,
Hide me from day's garish eye,
While the bee with honied thigh,
That at her flowery work doth sing,
And the waters murmuring
With such consort as they keep,
Entice the dewy-feathered Sleep;
And let some strange mysterious dream,
Wave at his wings in airy stream,
Of lively portraiture displayed,
Softly on my eyelids laid.
And as I wake, sweet music breathe
Above, about, or underneath,
Sent by some spirit to mortals good,
Or the unseen genius of the wood.
But let my due feet never fail,
To walk the studious cloister's pale,
And love the high embowed roof,
With antique pillars' massy proof,
And storied windows richly dight,
Casting a dim religious light.
There let the pealing organ blow,

To the full-voiced choir below,
In service high, and anthems clear,
As may with sweetness, through mine ear,
Dissolve me into ecstasies,
And bring all heaven before mine eyes.
And may at last my weary age
Find out the peaceful hermitage,
The hairy gown and mossy cell,
Where I may sit and rightly spell
Of every star that heaven doth shew,
And every herb that sips the dew;
Till old experience do attain
To something like prophetic strain.
These pleasures Melancholy give,
And I with thee will choose to live.
Summer 1631? 1645, 1673

Notes. The source of this poem is originated from Milton(1971), and the notes of it are from Milton(1929) and Milton(1971). See the headnotes of it to previous poem.

Milton's *Penseroso* ('Pensive') is not the modern spelling, but W. H. David, *N & Q* (*Notes and Queries*) 7th ser. viii(1889) 326, justifies it by reference to a French-Italian dictionary published by Chouet at Geneva in 1644. *Date.* Summer 1631? . . . . *Publication. 1645* (*21.* offended,]offended. *170.* spell]spell,), *1673* (the text followed here, except in *49,* where *1673* misprints a semi-colon after 'Leisure', and in *81, 88, 143* and *156,* where it misprints full stops after 'mirth', 'unsphere', 'sing' and 'pale').—Milton(1971), 139. **1-2** Perhaps an echo of Sylvester (Du Bartas; Guillaume de Salluste seigneur du Bartas, *Devine Weekes and Workes,* trans(1621). Joshua Sylvester, 1084): "Hence, hence false Pleasures, momentary Joyes; / Mock us no more with your illuding Toyes."—Milton(1971, notes), 140. **1 Hence** comp. note on *L'Allegro* 1. **vain deluding Joys** 'vain' is the Lat. *vanus*, empty, which is always opposed to *vera*, true. In *L'Allegro* the poet has described true mirth; and now 'to commendation of the true, he joins condemnation of the false'. 'Deluding' is deceitful, not what it appears to be. **2 These 'Joys' are** said to be the brood (*i.e.* breed or offspring) of Folly by no father, in order to imply that they are the product of pure or absolute foolishness; they are by nature essentially and altogether foolish. So the goddess Night, one of the first of created beings, is said by Greek poets to have given birth without a husband to Death, Dreams, Sleep, etc. Notice the use of the cognate words 'brood' and 'bred' in the same line.—Milton(1929, notes), 117. **brood of Folly** The same phrase occurs in Ben Jonson's Masque of *Love Freed from Ignorance* (*Folly*), 274-277: "Gentle Love, be not dismayed. / See the Muses pure and holy, / By their priests have sent thee aid / Against this brood of Folly;" or Shelley's *Ode to Liberty*, 173, "Destruction's sceptred slaves, and Folly's mitred brood!" *Brood* is almost always depreciatory:. . . . See *Nat. Ode*, 68.—Cf. Verity(notes), 96; Milton(1971, notes), 140. **3 How little you bestead** of how little avail you are. 'Bestead' ('bested' in Milton(1929), 20) is the present indicative, but the past participle is the only part of the verb now in common use, as in the phrase 'to be hard bestead', *i.e.* to be in sore need of help. Consequently the meaning of bestead is 'avail' or 'help'. 'To stead' occurs frequently in Shakespeare in a transitive sense=to profit, to assist, but the word 'stead' now occurs only in phrases, *e.g.* 'to stand in good stead', and in compounds, *e.g. stead*fast, *steady*, home*stead*, bed*stead*, in*stead*, etc.: comp. names of places, *e.g.* Hampstead, Kronstadt, etc. Its root is the verb 'stand', and its literal sense is 'place'. **4 fill the fixed mind** satisfy the thoughtful or sober mind; comp. Spenser's *F.Q.* iv. 7. 16, "Yet nothing could my *fixed mind* remoue". **toys** trifles. **5 idle brain** foolish mind. The Old Eng. *idel* means 'empty or vain'; in this sense we speak of 'an *idle* dream'. 'Brain' may be used here for mind, but it may be noted that, just as melancholy was supposed to be due to a certain humour of the body, so 'a cold and moist brain' was believed to be an inseparable of folly. **6 fancies fond** foolish imaginations. 'Fond' has here its primary sense of 'foolish', *fonned* being the past participle of an old verb *fonnen*, to be foolish. It is now used to express great liking or affection, the idea of folly having been almost lost, except in certain uses of the word in the north of England and in Scotland. Chaucer uses *fonne*=a fool, and *fondling* is still used either as a term of endearment or to denote a fool. It may be noted that in a similar way the word *dote* originally meant 'to be silly' and now 'to love excessively'. Comp. *Lyc.* 56, *Son.* xix. 8, *Sams. Agon.* 1682. **shapes** comp. *L'Alleg.* 4. **possess** occupy, fill: 'occupy the imaginations of the foolish with gaudy shapes or appearances.'. . . **8 motes** particles of dust: here called 'gay' because dancing in the sunbeam. See *Matthew*, vii. 3, "And why beholdest thou the mote that is in thy brother's eye, but considerest not the beam that is in thine own eye?" *ib.* vii. 5. and also *Luke*, vi. 41-42. **people the sunbeams** The specks of dust are said to people or occupy the sunbeams because it is chiefly in the direct rays of the sun that they become visible. By using the verb 'to people' Milton strengthens the comparison between them and the shapes or images that occupy the idle imagination. **9 likest** adj. superlative degree, qualifying 'shapes'. . . .**10 fickle pensioners of Morpheus' train** inconstant attendants of sleep. Morpheus (in the Greek mythology), the son of Sleep and the god of Dreams: the name means literally 'the shaper', he who creates those shapes or images seen in dreams. Morpheus was generally represented with a cup in one hand and in the other a bunch of poppies, from which opium is prepared: hence the word 'morphia'. **Pensioners** followers. Queen Elizabeth had a bodyguard of handsome young men of noble birth, whom she styled her *Pensioners*. A 'pensioners' is strictly one who receives a pension, and hence a dependent. 'Train', something *drawn* along (Lat. *traho*, to *draw*); hence train of a dress (line 34), of carriages, of followers. See note on *L'Allegro,* 10, regarding the imagery and metre of the first ten lines of this poem. **12 divinest** The superlative degree of adjectives is often used in Latin to mark a high degree of a quality, when the thing spoken of is not compared with the rest of a class. This is the *absolute* use of the superlative, as here. **13 visage** face, mien (Lat. *visum,* 'that which is seen'). The word is now mostly used to express contempt. **14 To hit · · · human sight** to be distinguishable by human eyes. It is a fact that light may be of such intensity that the sense of sight loses all discriminative power. So we speak of a 'blinding' flash of light. For the use of the verb 'hit' (=suit, fit) compare *Arcades*, 77; Shakespeare's *Antony and Cleopatra*, ii. 2. 217-218, "A strange invisible perfume *hits* the sense / Of adjacent wharfs." Shakespeare speaks of a perfume *hitting* the sense of smell. The expression is obsolete. **15 weaker view** feeble power of vision. 'Weaker' is used absolutely: comp. 'divinest', l. 12, and 'profaner', l. 140. This is also Latin usage. **16 O'erlaid** overlaid, covered, in order to reduce the intensity of the brightness of Melancholy's face. Milton thus skillfully converts the association of blackness and melancholy, which in *L'Allegro* makes her repulsive, into an expression of praise, and at the same time connects Melancholy with Wisdom—one of the purposes of the poem. In Burton's *The Anatomy of Melancholy* there is a reference to the disputed question whether "all learned men, famous philosophers, and lawgivers have been melancholy.". . . **staid** steady, sober, grave: the root is 'stay'. **17 Black, but,** etc. There is an ellipsis here, the construction being: (It is true that she is) black, but (it is) such black as might become a beautiful princess like Prince Memnon's sister. **such as** see note on *L'Alleg.* 29: comp. lines 106, 145. **in esteem** in our estimation. 'Esteem' as a verb is now used only to express high regard for a person; but the noun, though chiefly used in the same sense, may be used along with adjectives which convey a contrary meaning, *e.g.* poor esteem, low esteem, etc. 'Esteem', 'aim', and 'estimate' are cognate (Lat. *aestimo*).—Milton(1929, notes), 117-119. **18 Prince Memnon's sister** Memnon (in the Greek legend), the son of Tithonus and Eos (Aurora), was the king of the Ethiopians, and fought in aid of Priam in the Trojan war; he was killed by

Achilles. Though dark-skinned, he was famous for his beauty (cf. *Odyssey* xi. 552), and his sister (Hemera) would presumably be even more beautiful. The morning dew-drops were said by the ancient Greeks to be the tears of Aurora for her dead son, Memnon. Memnon's sister was named Himera or Hemera in the mediaeval romances dealing with the Destruction of Troy, and she too was celebrated for marvellous beauty (*miroe pulcritudinis soror*).—Cf. Milton(1929, notes), 119-120; Verity(notes), 97. **19 starred Ethiop queen** Cassiopea (in the Greek mythology), wife of Cepheus, king of Ethiopia. According to one version of her story, she boasted that the beauty of her daughter Andromeda exceeded that of the Nereids; according to another version (adopted by Milton) it was her own beauty of which she boasted. For her presumption Ethiopia was ravaged by a sea-monster, from whose jaws Andromeda was saved by her lover Perseus. After death both mother and daughter were *starred, i.e.* changed into stars or constellations. This is probably why Milton calls the former 'starred': it might, however, mean 'placed amongst the stars', or even 'adorned with stars', as she was so represented in old charts of the heavens. **21 and their powers offended** and (by so doing) offended their powers. 'Powers'=divinities (Lat. *numina*) or deities. **22 higher far descended** far more highly descended. 'Higher' is an adverb modifying 'descended'. 'To be of high descent'='to be of noble birth'. **23 Vesta** As in the case of Mirth, Milton gives Melancholy that genealogy which he thinks best suited to his purpose. Vesta, among the Romans, was the goddess of the domestic hearth; every dwelling was, therefore, in a sense a temple of Vesta. Her symbol was a fire kept burning on her altar by the Vestals, her virgin priestesses; and by making her the mother of Melancholy, Milton signifies that the melancholy of Il Penseroso is not the gloominess of the misanthrope nor the unhappiness of the man of impure heart, but the contemplative disposition of a pure and sympathetic soul.—Milton(1929, notes), 120. Vesta's motherhood is Milton's invention: she was virgin daughter of Saturn, goddess of flocks and herds and of the household; comp. Hesiod; Hesiodos(*ca. fl.* 700 B.C.), *Theogony*, 454.—Milton(1971, notes), 141. **long of yore** long years ago. 'Of yore' is an adverbial phrase like 'of old' and is modified by 'long'. The original sense of 'yore' is 'of years', *i.e.* in years past. **24 solitary Saturn** The Romans attributed the introduction of the habits of civilized life to Saturn, the son of Uranus and Terra, and it seems to be for this reason that Milton makes Vesta, the pure goddess of the hearth, his daughter. He is called 'solitary' either because he devoured his own offspring or because he was dethroned by his sons; in either case it is clear that Milton signifies that Melancholy comes from Solitude or Retirement. In astrology the planet Saturn was supposed, by its influence, to cause melancholy, and persons of a gloomy temperament are said to be *Saturnine;* in the old science of palmistry also, there was a line on the palm of the hand called the Saturnine line, which was believed to indicate melancholy.—Milton(1929, notes), 120-121. **25-26 It was common for** both classical and Renaissance authors to present the Golden Age, when Saturn reigned on Mount Ida, as a time of sexual licence. See Propertius; Sextus Propertius(50?-15? B.C.) III xiii 25-46, Tibullus; Albius Tibullus(55?-19? B.C.) II iii 69-74.—Milton(1971, notes), 141. **25 His daughter she** She was his daughter. . . . **26 was not held a stain;** was not considered to be a reproach. Mythological genealogies are apparently governed by no law. 'Held' is here a verb of incomplete predication. **27 glimmering· · ·glades** 'Glimmer' is a frequentative of 'gleam', *i.e.* gleaming at intervals. 'Glade' is an open space in a wood. **29 woody Ida** This probably refers to Mt. Ida in the island of Crete; Zeus and Jupiter was said to have been brought up in a cave in that mountain, though some traditions connect his name with Mt. Ida in Asia Minor. Here Saturn met Vesta before Jove (*i.e.* Jupiter) was born. Saturn's reign was called the Golden Age of Italy. **30 yet** as yet, up to that time. In modern English we cannot omit 'as' before 'yet' when 'yet' precedes the verb; if we do, the meaning of 'yet' would be changed to 'nevertheless'. . . . **fear of Jove** Saturn was dethroned by his sons, and his realm distributed by lot between Jupiter, Neptune, and Pluto. See *Com.* 20-45, and Keats' *Hyperion, passim.* **31 pensive** meditative, thoughtful. Comp. *Lyc.* 147. It is from Lat. *pendo*, to weigh: so we speak of a person *weighing* his words. **nun** a woman who devotes herself to celibacy and seclusion; hence the word is well applied to the daughter of pure Vesta and solitary Saturn: comp. l. 103. **devout** radically the same word as 'devoted'; the former is used in the general sense of 'pious', applied to those given up or *vowed* to religious exercises; while the latter is used of strong attachment of any kind,—to God, to any sacred purpose, to friends, etc. **32 demure** modest. . . . this is the primary meaning of the word, though it now implies that the modesty is assumed. It is from the French *de* (*bons*) *meurs*, *i.e.* of good manners. The Latin word *mores* (manners) was used in the sense of 'character'; hence our word *moral*. For the form of the word, comp. 'debonair', *L'Alleg.* 24. **33 All** this may be taken as an adverb modifying the phrase 'in a robe of darkest grain'. Comp. 'all in white' (*Son.* xxiii. 9); all=from head to foot. **grain** purple colour ('dye' in Milton(1971, notes), 141). It is interesting to trace the various uses of this word to its primary sense 'a small seed'. It came to be applied to any small seed-like object, then to any minute particle (*e.g. grains* of sand); it was thus used of the small cochineal insects, whose bodies yield a variety of red dyes, and finally to the dyes so obtained. Hence 'grain', as used here, denotes a dark purple, sometimes called Tyrian purple. But, as these dyes were very durable, 'to dye *in grain*' came to mean 'to dye deeply' or 'to dye in fast colours'; and, more generally still, we speak of a habit or a vice being 'ingrained' in a person's character. Comp. *Com.* 749; *Par. Lost,* v. 285, xi. 242, ... **34 train**=hem. **35 And** (in) **sable stole of cypress lawn** in a black scarf of fine linen crape. 'Sable', here used in the sense of 'black', this being the colour of the best sable fur. The stole (Lat. *stola*) worn by Roman ladies was a long flounced robe, reaching to the feet, short-sleeved, and girded round the waist. Milton, however, means a hood or veil, which was first passed round the neck and then over the face: such a stole was worn to denote mourning. The word is now used only of a long narrow scarf, fringed at both ends, and worn by ecclesiastics. 'Cypress' (often spelt *cyprus*) by itself denotes 'crape', a word which is probably from the same root (Lat. *crispus*, curled); when combined with 'lawn', it denotes crape of the finest kind. The spelling gave rise to the theory that 'cypress' (=dark, gloomy. See *An Epitaph on the Marchioness of Winchester*, *22n,* Milton(1971), 128.—Milton(1971, notes), 141) was so called because first made in the island of Cypress (which has given a name to *copper*), but this is doubtful. 'Lawn' (=fine linen.—Milton(1971, notes), 141) is really a sort of fine linen: a bishop's surplice is made of it. . . . **36 decent shoulders** The Latin *decens* meant either 'graceful' or 'becoming'. Milton uses the word in the former sense elsewhere, and may also do so here. If it is used in the latter sense it is proleptic, the stole being drawn over the shoulders so as to be becoming.—Milton(1929, notes), 121-123. **descent** *i.e.* "comely, handsome", Minsheu(1617); the Latin *decens*, as in Horace's *decentes malas*, *Odes* iii. 27. 53. Cf. *P.L.* iii. 644, and William Cowper's rendering of the *Epitaphium Damonis*, 122-123: "Else had I grasped thy feeble hand, composed / Thy decent limbs;" a reminiscence of Pope's *Elegy to the Memory of an Unfortunate Lady*, 51-52: "By foreign hands thy dying eyes were clos'd, / By foreign hands thy decent little compos'd."—Verity(notes), 100. **37 wonted state** usual stately manner, *i.e.* usual dignity. Here 'state' refers to the dignified approach of the goddess: in *Arc.* 81 it has its older more restricted sense=seat of honour. 'To keep state' was to occupy the seat of honour. 'State'=stately manner or dignity. 'Wonted'=accustomed, ordinary, or usually. This is apparently the past participle of a verb *to wont* (see *Com.* 331); but the old verb *wonen*, to dwell or to be accustomed, had *woned* or *wont* for its participle. The fact that 'wont' was a participle was forgotten, and a new form was introduced—'wonted' (=won-ed-ed). The two forms have now distinct uses: 'wont' is used as a noun=custom, or as a participial adjective with the verb to be (see line 123); 'wonted' is used only as an adjective, never predicatively. **38 musing gait** contemplative manner of walking, *sc.* contemplative walking. **39 And** (with) **looks commercing,** etc. Milton may mean not only that the looks of the goddess were turned to heaven, but also that she was communing with heaven: this would give additional significance to l. 40. The use of the word 'commerce' has been restricted in two ways—(1) by being applied only to trade, whereas Shakespeare, Milton, and others use it of any kind of intercourse, and (2) by being used only as a noun, whereas Milton used it as verb and noun. He also accents it here on the second syllable. The Latin *commercium* was of general application: comp. Ovid's *Tristia,* v. 10, "Exercent illi-sociae *commercia* linguae." **40 rapt** enraptured: to be rapt in thought is to be so occupied with one's thoughts as to become oblivious to what is around, as if the mind or soul had been *carried away* (Lat. *raptus*, seized): comp. 'ecstasies', l. 165 and note, and *Com.* 793. . . . **41 held in holy passion still** held motionless through holy emotion. 'Passion' (Lat. *patior*) is here used in its primary sense of 'feeling or emotion': it is used in this sense in the Bible (*Acts*, xiv. 15, *James*, v. 17). It was then applied to pain or suffering, as in the phrase 'Passion week'. The word is now used chiefly of anger or eager desire. There are two cognate adjectives, *patient* and *passive*. **42 Forget thyself to marble** become as insensible as a marble statue to all around. Comp. *On Shakespeare*, 14. The same idea occurs in the phrase 'to be *petrified* with astonishment'.—Milton(1929, notes), 123-124. **43 With a sad leaden,** etc.: with the eyes cast down towards the earth as if in sadness or deep thought. "Leaden-coloured eye-sockets betoken melancholy, or excess of thoughtfulness" (Masson). . . .—Milton(1929, notes), 124. 'Sad' *i.e.* serious, without exactly the notion of sorrow; cf. "sad votarist" in *Com.* 188. The original sense was 'sated', A.S. *saed* being akin to Lat. *satis*. Then the idea 'satisfied' passed to that of "serious, firm, sober, discreet, grave"(Henry Mayhew(1812-1887) and Walter William Skeat(1835-1912), s.v.). . . .—Verity(notes), 101. **44 as fast** as steadfastly (as they were before fixed on the skies): . . . . **46 Spare Fast** Frugality of life is here personified and represented as lean. Milton, in his writings, frequently associates plain living with high thinking, and in his own habits he was extremely frugal and abstemious. In his sixth *Elegy* he declares that, though the elegiac poets may be inspired by good cheer, the poet who wishes to sing of noble and elevated themes (to 'diet with the gods') must follow the frugal precepts of Pythagoras: "the poet is sacred; he is the priest of heaven, and his bosom conceives, and his mouth utters, the hidden god." This is the idea conveyed in lines 47-48. See *Com.* 764 for the praises of temperance, and also *Son.* xx. **46-47 doth diet, / And hears** There is here a change of grammatical construction due to change of thought: we should say either 'doth diet and (doth) hear' or 'diets and hears'. **47 Muses** the goddesses who presided over the different kinds of poetry and the arts and sciences were daughters of Jupiter, and lived on Mount Olympus. **48 Ay or Aye** ever, always. 'Sing', infinitive after 'hears'. **50 trim** well-kept, and pleasing to the eye: comp. *L'Alleg.* 75. In Milton's time the style of gardening was extremely artificial. Shakespeare and

Milton both have the word 'trim' in the sense of 'adornment'. **51 first, and chiefest** above all. . . . **52 yon** yonder, an adverb; in Milton it is generally an adjective: comp. *Arc.* 36. It is now used only as an adjective, and 'yonder' as an adjective or adverb. **soars on golden wing,** etc. "A daring use of the great vision, in *Ezekiel*, chap. x., of the sapphire throne, the wheels of which were four cherubs, each wheel or cherub full of eyes all over, while in the midst of them, and underneath the throne, was a burning fire. Milton, whether on any hint from previous Biblical commentators I know not, ventures to *name* one of these cherubs who guide the fiery wheelings of visionary throne. He is the Cherub Contemplation. It was by the serene faculty named Contemplation that one attained the clearest notion of divine things,—mounted, as it were, into the very blaze of the Eternal" (Masson). In *Com.* 374-377 Milton makes Contemplation the nurse of Wisdom. **54 In this line** 'cherub' and 'Contemplation' are in apposition to 'him', l. 52. 'Contemplation' is to be pronounced here as a word of five syllables.—Milton(1929, notes), 124-125. **It is well** to remember two things: (i) *Cherub*, used by Milton and scholars of that time as the singular of *Cherubim*, means a single member of the Cherubim, *i.e.* it has nothing to do with the sense which *cherub* bears in modern E. (ii) When Milton applies to the Cherub the title Contemplation (Newton contrasts the picture in the Spenser's *F.Q.* i. 10. 46), he is referring to the mediaeval conception of the Hierarchies already mentioned in the note on *Nat. Ode*, III. According to it each of the Orders or Choirs into which the heavenly beings were divided had a special power, and the faculty peculiar to the Cherubim was that of "Knowledge and *Contemplation* of divine things". In the words of the treatise attributed to Dionysius, they were celebrated. . . . We now see the significance of the name *Contemplation* in this verse: Milton took the mediaeval belief and grafted it on to the narrative of Ezekiel. . . .—Verity(notes), 102. **cherub Contemplation** C. B. Mount, *N & Q* (*Notes and Queries*) 7th ser, ii(1886) 323-324, notes that in pseudo-Dionysian *Celestial Hierarchy* VII i 31-37 the cherubim are distinguished by their 'faculty of seeing God, and of contemplating the beauty of Supreme Being'. —Milton(1971, notes), 142. **55 hist along** imperative of the verb 'to hist'=to bring silently along, or to call to in a whisper. The word is here very expressive; Silence is summoned by the word which is used to command silence. There is no doubt that 'hist', 'hush', and 'whist' are imitative sounds all used originally as interjections; they were afterwards used as verbs, their past participles being *hist, hushed,* and *whist.* Hence Walter William Skeat(1835-1912) thinks that 'hist' in the above line is a past participle=hushed, *i.e.* "bring along with thee the mute, hushed Silence." This is an improbable rendering. 'Hist' is now used only as an interjection, and 'whist' only as an interjection and the name of a game at cards. It may be noted that as Silence is here personified, there is no tautology in describing her as 'mute'. **56**

'Less' Unless. 'Un' in the word 'unless' is not the negative prefix, but the preposition 'on'. **deign a song** be pleased to sing (Lat. *dignor*=to think worthy). **58 Smoothing the rugged brow of night,** *i.e.* softening the stern aspect of night. See the same idea of the power of music repeated in *Com.* 250-251, "・・・smoothing the raven down / Of darkness till it smiled:・・・・" 'Smoothing' qualifies 'Philomel'. **59 While Cynthia,** etc.: the nightingale's song being so sweet that the moon in rapture checks herself in her course in order to listen. Cynthia, a surname of the Greek Artemis, the goddess of the moon, as Cynthius was of her brother Apollo, the god of the sun; both were born on Mount Cynthus in the isle of Delos. The Romans identified their goddess Diana with Artemis, and in this character she rode in a chariot drawn by four stags. Milton, however, here and elsewhere, speaks of dragons being-yoked to her chariot: this applies rather to Ceres, the goddess of plenty. Shakespeare refers frequently to the "dragons of the Night". On 'check', see note on *L'Alleg.* 96. **60 the accustomed oak** the oak where the nightingale was accustomed to sing, and where the poet perhaps had often listened to it. He may refer (as Masson suggests) to some particular oak over which he had himself often watched the moon, thus giving a personal touch to his bold fancy. The use of the definite article 'the' favours this view. **61 shunn'st the noise of folly** avoidest the revels of the foolish. 'Noise', in Elizabethan writers, has often the sense of 'music', and it is used by Ben Jonson and Shakespeare to denote 'a company of musicians'. The 'noise of folly' might thus mean 'a company of foolish singers or revellers'. **62 Most musical, most melancholy!** As in l. 57 the poet associated sweetness and sadness, so also in this line, almost as if music and melancholy were casually related. Comp. Shelley's *To a Skylark,* 88-90, "Our sincerest laughter / With some pain is fraught; / Our *sweetest* songs are those that tell of *saddest* thought." **63-64**= I often woo thee, chauntress, among the woods in order to hear thy even-song. 'Chauntress', the feminine of 'chaunter', one who chants or sings. 'To enchant' is to charm by song. **65 missing thee** if I miss thee, *i.e.* if I do not hear thy song. **unseen** see note on 'not unseen', *L'Alleg.* 57. It has been argued from these words that *Il Penseroso* must have been written before *L'Allegro.* **66 smooth-shaven green** where the grass has been newly cut. 'Green' as a noun applies to 'a flat stretch of grass-grown land'. For the form of the compound adjective see note on *L'Alleg.* 22, and comp. 'wide-watered', 'civil-suited', 'high-embowed', etc. **68 noon** here used in its general sense=highest position; comp. the general use of the word 'zenith'. . . . Some interpret 'highest noon' as implying that the moon is nearly full. **73 plat of rising ground** 'level top of some hillock'. 'Plat' is a *plot* or small piece of level ground: *plot* is the A.S. form of the word. Its relation etymologically with *flat, plate,* etc., is doubtful, though commonly taken for granted. **74 curfew sound** 'Curfew' (Fr. *couvre-feu*=fire-cover), the bell that was rung at eight or nne o'clock in the evening as a signal that all fires and lights were to be extinguished. As this custom was still in force of in Milton's time the sound would be familiar to him, though he is not here closely detailing his own experiences. It must be remembered also that 'curfew' or 'curfew bell' was sometimes used in the more general sense of 'a bell that sounded the hours'. 'Sound,' infinitive after 'hear'; 'to' (the so-called sign of the infinitive) being omitted after such verbs as make, see, hear, feel, bid, etc. **75 some wide watered shore** the shore of some wide 'water'. These words do not show whether the poet refers to a lake, a river (*e.g.* the Thames), or even the sea-shore, for the word *water* may be used of any of these, and *shore* may be employed in its primary sense of 'boundary' or 'edge'. It is pointed out by Masson that in every other case in which Milton uses the word 'shore' he refers to the sea or to some vast expanse of water. 'Some' shows that the poet is describing an ideal sense, not an actual one. **76 Swinging slow** this would be an apt description of the sound of the distant sea, but it more probably refers to the curfew. Shakespeare has 'sullen bell' (The Second Part of *Henry IV*, i. 1. 102). Notice the effect of the rhythm and alliteration of this line in bringing out the meaning. **77 air** weather, state of the atmosphere. **78 Some still removed place** some quiet and retired spot (comp. l. 81). . . . **will fit** will be suited to my mood. In lines 77, 78, we find a future tense both in the principal and conditional clauses. This sequence of tenses is allowable in English, but the tense of the conditional clause may be varied, *e.g.*: (1) Fut. Indicative "If the air *will not permit,*" etc. (2) Pres. Indicative "If the air *does not permit,*" etc. (3) Pres. Subjunctive "If the air *do not permit,*" etc. The first form is the least common, though many Indian students use it invariably: it is a good rule to avoid it. **80 Teach light,** etc. the red-hot ashes merely serve to make the darkness visible. It will be observed that the poet has now shifted the scene from the country to the town, or at least from out-of-doors to indoors. **81 This line** qualifies 'place', line 78. **82 Save**=Except . . . . **83 bellman's drowsy charm** The watchman who, before the introduction of the modern police system, patrolled the streets at night, calling the hours, looking out for fires, thieves, and other nocturnal evils. He was accustomed to drawl forth scraps of pious poetry to 'charm' away danger. The word 'drowsy' may imply that these guardians of the night were of little use, being often half or wholly asleep. **84 nightly**=nocturnal, pertaining to night, during the night. Comp. *Nat. Ode*, 179, *Arc.* 48. **87 outwatch the Bear** 'Out' as a prefix here means *beyond* or *over*, as in outweigh, outvote, outwit, outturn, etc.; and 'watch'=wake. "To outwatch the Bear" is therefore to remain awake till daybreak, for the constellation of the Great Bear does not set below the horizon in northern latitudes, and only vanishes on account of the daylight. *Watch* and *wake* are cognate with *wait*: hence Chaucer's allusion in the *Squire's Tale*, where the maker of the wonderful brass horse is said to "have *waited* many a constellation / Ere he had done this operation." **88 With thrice great Hermes** *i.e.* reading the books attributed to Hermes Trismegistus (*i.e.* 'thrice-great'). He was an ancient Egyptian philosopher named Thot or Theut, whom the Greeks identified with their god Hermes (in the Greek mythology, son of Zeus and Maia, the Latin Mercury); the new Platonists regarded him as the source of all knowledge, even Pythagoras and Plato having (it was pretended) derived their philosophy from him. A large number of works, really composed in the fourth century A.D., were ascribed to him, the most important being the *Poemander*, a dialogue treating of nature, the creation of the world, the deity, the human soul, etc. **88-89 or unsphere / The spirit of Plato** "or may bring back the spirit of Plato from heaven", *i.e.* may search out the doctrines of Plato by a careful study of his writings. 'Unsphere' is a hybrid (English and Greek); the verbal prefix denotes the reversal of an action as in *un*lock, *un*load, etc., and is distinct from the negative prefix in *un*true, *un*couth, etc. 'Unsphered' is obsolete, so is 'insphered' (*Com.* 3-6) we still speak, however, of a person's sphere or rank, but without the literal reference which the word always has in Milton's writings. **89-90 to unfold / What worlds** infinitive of purpose=to unfold those worlds which, etc. The allusion is to one of Plato's dialogues, the *Phaedo*, in which he discusses the state of the soul after the death of the body. Comp. *Com.* 463-475. **91 forsook** forsaken. . . . **92 Her mansion in this fleshly nook** her temporary abode in the body. Trench points out that 'mansion' in our early literature is frequently used to denote 'a place of tarrying', which might be for a longer or a shorter time: this is evidently the sense here: comp. *Com.* 2. The 'fleshly nook' is the body, so called in order to contrast it with the 'immortal mind'. John Locke(1632-1704) calls the body the 'clay cottage' of the mind, and in the Bible it is sometimes compared to a temple or tabernacle (*2 Corinthians*, v. 1, *2 Peter*, i. 13): comp. 'earthy', *Son.* xiv. 3. The use of possessive 'her' in this line may be explained by the fact that the Lat. *mens* (the mind) is feminine: it must be remembered also that *its* was not yet in general use and that Milton is fond of the feminine personification: comp. l. 143. **93 And of those demons** This, like 'worlds', depends grammatically upon 'unfold', but as 'to unfold of' is an awkward construction we may here supply some verb like 'tell'. This is an instance of zeugma. In Plato's *Timaeus, Phaedo, Critias,* etc., we find references to the Greek *daimona*=spirits, who were not necessarily bad: in fact it was a subject of discussion with some of the Platonists whether there were bad, as well as good, spirits. During the Middle Ages the different orders and powers of demons or spirits were very variously stated: one writer (quoted in Burton's *The Anatomy of Melancholy*) gives six kinds of sublunary spirits—"fiery, aerial, terrestrial, watery, and subterranean, besides fairies, satyrs, nymphs, etc." Milton here refers to four of these classes, each being conversant with one of the four elements—fire, air, water, earth. This division of the elements or elemental forms of matter dates from the time of the Greek philosopher Empedocles; Empedokles(*ca.* 493/490–433/430 B.C.).—Milton(1929, notes), 125–130. **Those demons,** *i.e.* Salamanders (spirits of fire), Sylphs (of air), Nymphs (of water), and Gnomes (of underground). Cf. *P.R.* ii. 124, "Powers of fire, air, water, and earth beneath," so *P.R.* iv. 201, and *Com.* 207–208, 435–436. If Milton accepted popular beliefs in this matter he found himself in the excellent company of Sir Thomas Browne(1602–1682); cf. the *Religio Medici*, sect. xxx.: "It is a riddle to me, how. . .so many learned heads should so far forget their metaphysicks, and destroy the ladder and scale of creatures, as to question the existence of spirits; for my part, I have ever believed, and do now know, that there are witches. They that doubt of these do not only deny them, but spirits; and are obliquely, and upon consequence, a sort, not of infidels, but atheists."—Verity(notes), 107. **95 consent** This is here used in its radical sense (Lat. *con*, with, and *sentire*, to feel), an exact rendering of the Greek *sym-pathy*. Consent, *i.e.* agreement, or sympathy with, *sc.* harmony. The word may have been influenced by *concent*=harmony, Lat. *concentus*, used in the Ode *At a Solemn Music*, 6; cf. the doubtful line in Shakespeare's *Henry V*, i. 2. 181. —Cf. Milton(1929, notes), 131; Verity(notes), 107. **98 sceptred pall** kingly robe. Both the pall and the sceptre were insignia of royalty, and in ancient Greek tragedies the kings and queens wore a sleeved tunic (*chiton*) falling to the feet, and over this a shawl-like garment called by the Romans *palla*. . . . **101–102 In these lines,** we do not know to what tragedies Milton refers; we cannot assert, though we may hope, that he includes some of Shakespeare's. He admired Shakespeare, but had a poor opinion of Elizabethan tragic drama as a whole. From first to last he took the classical tragedy as the proper model. Yet he had studied Shakespeare deeply, with traceable effects upon his own style. **102 buskined stage** the tragic drama. 'Buskin' (Lat. *cothurnus*) was a high-heeled boot worn by Greek tragic actors in order to add to their stature, and so to their dignity: comp. *L'Alleg.* 132. The words 'buskin' and 'sock' came to denote the kinds of drama to which they belonged; and even to express certain styles of composition: thus Quintilian; Marcus Fabius Quintilianus(35?–95/100?) says, "Comedy does not strut in tragic buskins, nor does tragedy step along in the slipper of comedy." Grammatically, 'what' is nom. to 'hath ennobled', its suppressed antecedent being obj. of 'presenting'. **103 sad virgin** *i.e.* Melancholy: comp. l. 31. **that thy power,** etc.: 'would that thy power', or 'I would that thy power'. This construction (which has all the force of an interjection) is often used to express a wish that cannot be realized. . . .**104 Musaeus** like Orpheus, a semi-mythological personage, represented as one of the earliest Greek poets. Milton here expresses a wish that his sacred hymns could be recovered. For 'bower', comp. *Son.* viii. 9. **105 For the story of Orpheus,** see note on *L'Allegro,* 145. **106 warbled to the string** sung to the accompaniment of a stringed instrument: see note on *Arc.* 87. **warbled string** 'Warbled' may be taken either in an active sense (=warbling), or in a passive sense (=made to warble or trill). The participle would, in the latter case, be used proleptically, denoting the result of the action implied in the verb 'touch'. Comp. *Com.* 853: "· · · · warbled song," in note on *Arc.* 87 (Milton(1929, notes), 151). **107 Drew iron tears** This expresses the inflexible nature of Pluto, the god of the lower world. In the same way we speak of an '*iron* will', '*iron* rule', etc. **109 him that,** etc.: Chaucer, who left his *Squire's Tale* unfinished. In this tale (one of the richest of the Canterbury Tales) we read of the Tartar king, Cambus Khán. Chaucer, like Milton, writes the name as one word, but, unlike Milton, and more correctly, he does not accent the penult. The following extracts (from Thomas Tyrwhitt's(1730-1786) edition of Chaucer) explain the allusions—"This noble king, this Tartar Cambuscan, / Had two sonnës by Elfeta his wife, / Of which the eldest son hight Algarsife, / That other was ycleped Camballo / A daughter had this worthy king also, ..." The king of 'Araby and Ind' had sent the horse as a present to Cambuscan, and the mirror and ring to Canacè. Milton may have included Chaucer amongst the 'great bards' in whom Il Penseroso delighted, because the thought of the earliest Greek poets suggested Chaucer, "the well of English undefiled", or (as Masson thinks) because the reference to the lost poems of Greece suggested the unfinished poem of Chaucer. Milton was well acquainted with the *Squire's Tale* and with subsequent continuations of it (*e.g.* by Spenser). **112 who had Canacè to wife**: (of him) who was Canacè's husband. Chaucer does not mention his name (except where he mistakenly calls him Camballo): Spenser makes her the wife of Triamond. 'To wife'; in such phrases 'to' seems to denote the end or purpose.—Milton(1929, notes), 131-133. **113 virtuous** full of power or efficacy. . . .(Milton(1929, notes), 133), endowed with magical power. . . . (Milton(1971, notes), 144). **114 of the wondrous horse of brass,** *sc.* the story. Readers of the *Arabian Nights Entertainment* will remember the story of the enchanted horse, regarding which Thomas Warton says: "The imagination of this story consists in Arabian fiction, engrafted on Gothic chivalry. Nor is this Arabian fiction purely the sport of arbitrary fancy; it is, in a great measure, founded on Arabian learning. The idea of a horse of brass took its rise from the mechanical knowledge of the Arabians, and their experiments in metals." **116 if aught else** whatever else. . . . **great bards beside** other great bards. The poets referred to are such as Ariosto; Ludovico Ariosto(1474-1533), Tasso; Torquato Tasso(1544-1595), and Spenser, in whose romances Milton was well read. In one of his prose works he says: "I may tell you whither my younger feet wandered. I betook me among those lofty fables and romances which recount in solemn cantos the deeds of knighthood." 'Beside' as an adverb is now almost displaced by the later form 'besides'. **117 sage and solemn tunes** wise and dignified verse, as that of the Spenserian stanza. For 'solemn' see *Arc.* 7, note. **solemn** devout. The word is from Lat. *sollus*, complete; and *annus*, a year; hence its primary sense is 'recurring at the end of a completed year'. Hence it came to mean 'usual', and (as religious festivals recur at stated periods) 'religious'; finally, it was applied to anything that was not to be lightly or hastily undertaken, *i.e.* serious or grave. In note on *Arc.* 7 (Milton(1929, notes), 142).—Milton(1929, notes), 131-133. **118 tourneys** (Milton(1971), 144); **turneys** (Milton(1929), 23). 'Turney', a form of 'tourney' (Fr. *tournay*), a mock-fight, so called from the swift *turning* of the horses in the combat. 'Tournament' is merely a Latinised from of the word; comp. *L'Alleg.* 123. **trophies hung** These were arms or banners taken from a defeated enemy and *hung* up as memorials. The word is from the Greek *tropé*, a turning, *i.e.* causing the enemy to *turn*. **119 enchantments** use of magic arts. Radically, 'enchantment'=magic verses sung when it was desired to place a person under some spell (Lat. *incantare*, to repeat a chant): comp. lines 63, 83, and *Lyc.* 59. **120 Where more is meant,** etc.: in which poetry there is a deeper meaning than is apparent on the surface. The poets referred to in line 116 had generally a high moral purpose in their writings; *e.g.* Spenser's *Faerie Queene* is a noble spiritual allegory, the particular references in it being "secondary senses lying only on the surface of the main design." The same is true of Tasso's *Enchanted Forest*. **121 Thus Night,** etc.: "thus let me be often seen by thee, O Night, in thy pale course." **pale career** Contrast 'pale' with the epithets applied by poets to the dawn, *e.g.* 'ruddy', 'rosy-fingered', etc.—Milton(1929, notes), 133-134. **Career** was specially applied to the course of the sun, or moon, or planets. Cf. *P.L.* i. 766. Joshua (or Josuah) Sylvester has it in this sense very often. O.F. *charriere*, is from Late Lat. *carraria*, *i.e. carraria via*—Verity(notes), 112. **122 civil-suited Morn** In *L'Allegro* the Sun appears in royal robes and surrounded by his liveried servants; in *Il Penseroso* Morning comes clad in the garb of a simple citizen and attended by wind and rain. 'Civil', from Lat. *civis*, a citizen, is here used in its primary sense. It is opposed to military or ecclesiastical, as in 'civil engineer', 'civil service'. It has also the meaning of 'polite' or 'well-mannered', as contrasted with boorish or rustic manners; but it has lost (as Trench points out) all its deeper significance: "a *civil* man once was one who fulfilled all the duties and obligations flowing from his position as a *civis*." **123 tricked and frounced** literally, 'adorned with fine clothes and having the hair frizzled or curled.' In *Lyc.* 170, the sun is said to *trick* his beams: the verb is cognate with the noun 'trick', something neatly contrived. 'Frounced': the word originally meant 'to wrinkle the brow', and there is an old French phrase, *fronser le front*, with this meaning. The present form of the word is 'flounce'.—Milton(1929, notes), 134. **tricked and frounced** decked out and with curled hair (Milton(1971, notes), 144). **as** in the manner in which. For 'wont' see note on line 37. **124 Attic boy** the Athenian youth Cephalus, beloved by Eos (Aurora), the goddess of the dawn. It was while he was stag-hunting on Mount Hymettus in Attica that she fell in love with him. **125 kerchieft** kerchiefed, having the head covered. 'Kerchief' is exactly similar in form to 'cur-few'(*q.v.* line 74); it is from Fr. *couvrechef,* head-cover. The original meaning being overlooked we have now such compounds as 'hand-kerchief', 'neckerchief', 'pocket-handkerchief'. **comely** becoming. . . . **127 still** quiet. **128 hath blown his fill** has exhausted itself, has ceased. As there in no personification here, *his=its*. See *Nat. Ode*, 106, note on Milton's use of *its*. The word is almost entirely ignored by Milton, being used only three times in the whole of his poetry; this arose from the fact that *its* was then a new word, and also because he did not seem to feel the need for it, its place being taken in his involved syntax by the relative pronoun and other connectives, or by *his, her, thereof,* etc. The word *its* does not occur in the language till the end of the sixteenth century, the possessive case of the neuter pronoun *it* and of the masculine *he* being *his*. This gave rise to confusion when the old gender system decayed, and the form *its* gradually came into use until, by the end of the seventeenth century, it was generally adopted. Grammatically 'his fill' denotes the extent to which 'the gust hath blown', and is therefore an adverbial adjunct. Some, however, would explain it as a cognate objective. **129-130 Ending · · · /With minute drops** the end of the shower being marked by drops falling at intervals. 'Mínute' (accent on first syllable) is applied as an adjective to something occurring at short intervals, once a minute or so, *e.g.* 'minute-guns', 'minute-bells', etc. Minúte (accent on second syllable)=very small.—Milton(1929, notes), 134-135. **minute** Falling at intervals of a minute; Milton is first use the word in this sense.—Milton(1971, notes), 145. **132 flaring** glittering or flashing; generally applied to a light whose brightness is offensive to the eye, and is so used here to suit the mood of Il Penseroso. 'Flare' is cognate with 'flash'. **me goddess,** etc.; *i.e.* Melancholy, bring me, etc. **133-134 twilight groves, /And shadows brown** groves with such half-light as there is in the twilight, when the shadows cast on the ground are not deep black, but (as Milton says) 'brown'. Comp. *Par. Lost*, iv. 245-246, "· · · where the unpierced shade / *Imbrowned* the noontide bowers : · · · " Also *Par. Lost*, ix. 1086-1088, "· · · where highest woods impenetrable / To star or sunlight, spread their umbrage broad / And *brown* as evening: · · · " The Italians express the approach of evening by a word meaning to 'embrown'. **134 Sylvan** Sylvanus, the god of fields and forests. 'Sylvan' is a misspelling of 'silvan' (Lat. *silva*, a wood); the spelling in *y* was made in order to assimilate *silva* to the Greek *hylê*, a wood, but the radical connection is doubtful. **135 monumental oak** The obvious meaning of 'monumental' is, as Masson suggests, 'memorial', 'old', 'telling of bygone years'. An aged oak is a memorial of the flight time; it suggests also massiveness. **136 rude axe with heaved stroke** This is an example of chiasmus, the epithet 'rude' belonging to 'stroke', and 'heaved' to 'axe'. 'Heaved'=uplifted. **137 daunt** to frighten (from Lat. *domitare*, to subdue; hence 'indomitable'=not able to be daunted). **138 hallowed haunt** abode sacred to them. **139 covert** sheltered spot, thicket: a 'covert' is strictly a '*covered* place'. **140 no profaner eye** no unsympathetic eye. 'Profaner'=somewhat profane; on this Latin use of the comparative see line 15, note. 'Profane' (Lat. *pro*, before, and *fanum*, a temple) was applied to those who, not being initiated into the sacred rites, were compelled to wait outside the temple during the sacrifices; hence it came to mean (1) 'not sacred', as in the phrase '*profane* history', and (2) 'impure', as in *profane* language. Il Penseroso applies it to those not in sympathy with his mood.—Milton(1929, notes), 135-136. **141 garish eye** glaring sun. Echoes Shakespeare's *Romeo and Juliet*, iii. 2. 25: "· · · the garish sun."—Milton(1971, notes), 145. **143 her** see notes on lines 92 and 128. **145 consort** harmony, *i.e.* musical harmony, by old writers often confused with *concert* (a word not found in Milton's poems). He used the noun *consort* in various senses, *e.g.* a companion, a wife, agreement of sounds, harmony of musical instruments (see note, *Nat. Ode*, 132), a company of musicians (*At a Solemn Music*, 27). **146 Entice** the nominatives of this verb are 'bee' and 'waters'. Its meaning is 'to induce to come'; by a common metaphor sleep is represented as shy, as easily frighted, as requiring to be wooed or enticed. . . . **dewy-feathered Sleep** We have here one of those compound epithets (so frequent in Milton) which have been described as poems in miniature. In most of these the first word qualifies the sound, so that 'dewy-feathered sleep' may mean 'Sleep with dewy feathers'. The god of Sleep (l. 10) was represented as winged, and he may be supposed to shake dew from his wings as the Archangel in *Par. Lost,* v. 285-287 diffused fragrance by shaking his plumes. It is common, however, for poets to speak of the dew of sleep (comp. *Par. Lost,* iv. 614, "· · · the timely dew of sleep", Shakespeare's *Richard III,* iv. 1. 84,

"· · · the golden dew of sleep," and *Julius Caesar,* ii. 1. 230, "· · · the honey-heavy dew of slumber:") without any reference to its being winged: we might therefore take 'dewy-feathered' to have the force of two co-ordinate adjectives 'dewy' and 'feathered': see note on line 98. **147-150 This passage** is a difficult one: Prof. Masson reads it thus, "Let some strange mysterious dream wave (*i.e.* move to and fro) at his (*i.e.* Sleep's) wings in airy stream," etc. It is customary for poets to speak of Dreams as the messengers of Sleep (see l. 10); here a dream is borne on the wings of Sleep and hovers over the poet in an airy stream of vivid images portrayed upon his mental eye. Some, however, take 'his wings' to denote the Dream's wings, in which case *at* is difficult of explanation: one editor therefore suggests that it be struck out, and that 'wave' be regarded as a transitive verb! See John Drinkwater's(1882-1937) *A Book for Bookmen* for Samuel Taylor Coleridge's(1772-1834) construction: "And at his wings (dewy-feathered) softly laid on my eyelids let some strange Dream flow waveringly in aery stream of lively portraiture."—Milton(1929, notes), 136-137. **The meaning of this much-discussed passage seems to be:** "let some dream float with undulating motion (*i.e. wave*) at the wings of Sleep, amid a stream of vivid pictures which rest lightly on the eyelids." The *wings* are those of Sleep, *i.e.* the word echoes *dewy-feathered.* The dream attends on Sleep because it is the part of Morpheus (in the Greek mythology, the god of sleep or the god of dream) to bring visions and dreams; cf. ll. 9, 10. The dream is personified, as in *P.L.* viii. 292-294, "When suddenly stood at my head a dream, / Whose inward apparition gently moved / My fancy · · · · " *Wave* is intransitive. By "stream of portraiture" is meant the imagery which comes with the dream, and through the eyelids penetrates to the imagination of the sleeper. The difficulty of the passage arises, I think, from the strain of personification (first of Sleep, then of the dream) which is strange to modern taste. . . .—Verity(notes), 115. **149 lively portraiture** . . . .a *vivid* picture (Lat. *vivus,* living). **151 breathe** a verb in the imperative addressed to the goddess Melancholy, as 'bring', 'hide', and 'let' in the preceding lines. (Some would take it as an infinitive depending on 'let'.) **153 to mortals good** good to mortals. 'Good'=propitious; comp. *Lyc.* 184. In this line 'spirit' is to be pronounced as a monosyllable. **154 genius** guardian spirit or guardian god: see *Arcades* and *Comus* regarding the duties of such spirits. **155 due feet** my feet that are *due* at the places of worship and learning. *Due, duty,* and *debt* are all from the Lat. *debitus,* owed; the last directly, the others through French. **156 To walk** is here a transitive verb=to frequent, to traverse. **studious cloister's pale** the precincts or enclosure of some building devoted to learning and (as the next line shows) to religious services. 'Cloister' is a covered arcade forming part of a church or college: Milton may have been thinking of his life at Cambridge, though the details of the description do not apply to any particular building. The radical sense of the word is a *closed-in* place (Lat. *clausus*, shut). 'Pale' is a noun=enclosure; etymologically, a place shut in by pales or wooden stakes; hence our words *paling, impale,* and *palisade*. We still speak of the *pale* of the Church, the *English pale* in Ireland, the *pale* of a subject, etc. **157 love the high embowèd roof** The poet here passes from the cloister to the inside of some church: (it may be the college-chapel that is in Milton's thoughts, or even St. Paul's Cathedral or Westminster Abbey). 'High embowed', *i.e.* arched or vaulted, as in the Gothic style of architecture, which Milton, with all his Puritanism, never ceased to love. "Observe that only at this point of this poem is Penseroso in contact with his fellow-creatures. Throughout the rest he is solitary"(Masson). The grammatical construction is peculiar: we cannot say, "let my due feet never fail to love"; it is better therefore to read, 'let (me) love', etc., *me* being implied in '*my* feet'. See note on *L'Alleg.* 122. **158 antique** see *L'Alleg.* 128, note. **massy proof** proof against the great weight of the stone roof, because they are massive. Shakespeare and Milton use 'proof' in the sense of 'strong', and 'massy' is an older form of the adjective than 'massive', occurring in Spenser and Shakespeare as well as here. Similar examples are 'adamantean proof' applied to a coat of mail, not because it is proof against adamant, but because, being made of adamant, it is proof against assailants (*Sams. Agon.* 134); also virtue-proof=strong against temptation, because virtuous (*Par. Lost*, v. 384). The introduction of a hyphen ('massy-proof'), which does not occur in the first and second editions, has caused some editors to interpret the words as 'proof against the mass they bear': in those cases, however, in which that against which the object is proof is mentioned, the first part of the compound is a noun, *e.g.* star-proof, shame-proof, sunbeam-proof (*Arc.* 89). The first interpretation is therefore more probably correct. **159 storied windows** windows of stained glass with stories from Scripture history represented on them. 'Story' is an abbreviated form of 'history', the latter being directly from Lat. *historia*, the other through the French. It has no connection with 'story' (=part of a house), which means something built (comp. *store*). **richly dight** 'richly'=floridly or gorgeously, 'dight': see *L'Alleg.* 62, note. **160 religious light** such a light as is suited to a place of worship, and tending to prevent one's thoughts from being distracted. 'Religious', like 'studious' (line 156), is a transferred epithet. **161 pealing organ** loud-sounding organ. . . . **Blow** used in a semi-passive sense, and applied to wind-instruments (such as the organ). Line 163 depend on 'blow', giving the circumstances of the action. **162 quire** band of singers or choristers. 'Quire' is another spelling of 'choir' (Lat. *chorus*, a band of singers, Greek *choros*, a band of singers and dancers). A 'choir' is now a body of trained singers who lead the voices of a congregation: the name is also applied to the part of the church in which they are seated. The 'quire below' here means 'the choir below the organ-gallery'. . . . **163 high**=solemn. **anthems** sacred music, *i.e.* hymn. 'Anthem' is a contraction of the A.S. *antefn*, which is corrupted from the Lat. *antiphona* (Greek *anti*, in return, and *phóne*, the voice); it is therefore radically the same as the English word *antiphon*, which denotes music sung by choristers alternately, one half of the choir responding to the other. **164 As** relative pronoun, the antecedent 'such' being omitted, as is usual in Chaucer and other old writers. **165-166** The meaning of these beautiful lines cannot be adequately expressed in prose. The poet desires to hear music that will so melt his soul, so carry him out of himself, that he may almost learn the secrets of divine things. With 'dissolve' comp. 'melting voice' (*L'Alleg.* 142), and with 'ecstasies' comp. 'rapt soul' (line 40, note). 'Ecstasy' is the Greek *ekstasis*, standing or being taken out of one's self, as in a trance. It came afterwards to denote madness, as we say of madmen that they are 'beside themselves'; but its present meaning is enthusiasm or very strong feeling. See note on *At a Solemn Music*, 5. **168 peaceful hermitage** This is a fitting conclusion to the life Il Penseroso, thus alluded to by Sir Walter Scott (*Marmion: Introduction to Canto Second*, ll. 184-187): "Here have I thought, 'twere sweet to dwell, / And rear again the chaplain's cell, / Like that same *peaceful hermitage,* / Where Milton long'd to spend his age." In old romances there is constant mention of hermits, men who had retired from society and were supposed to devote their lives to philosophic thought or religious contemplation. Burton, in *The Anatomy of Melancholy,* says: "Voluntary solitariness is that which is familiar with melancholy." 'Hermitage': in this word the suffix *-age* denotes place, as in 'personage'; 'her-mit', formerly written 'eremite', is derived, through French and Latin, from Greek *erémos*, solitary, desert. In line 167 we have an example of the jussive subjunctive, *i.e.* the subjunctive expressing a wish or desire, "And may. . . find," etc.: this corresponds to a Latin subjunctive introduced by *quod* or *quod utinam*. **169 hairy gown** garment of coarse shaggy cloth. In the English Bible we read of raiment of camel's hair worn by Elijah and John the Baptist. 'Gown' and 'cell' are objects of the verb 'find'. **170 spell** study carefully. We talk of 'spelling out' the meaning of a difficult passage, as a child names the letters of a word, giving each its proper power. In the same way the poet would learn the nature and powers of the stars and herbs (comp. *Son.* xvii. 6): A.S. *spel*, a story, as in *gospel*. Milton refers to this knowledge of the virtues of herbs in *Com.* 620-640, and *Epitaphium Damonis*, 150-154. **171 Of** concerning. In this line 'shew' rhymes with 'dew': this points to the fact that, though the pronunciation *show* was familiar, it was not universal; the word is to be pronounced here like *shoe*: comp. *Son.* ii. 4, where 'shew'th' rhymes with 'youth'. **173 There may be** a reference here to the old astrologers who claimed the power of predicting events from the study of the stars, but such a power was not the ambition of Milton: he rather means that wise experience of the aged, which enables them, through their knowledge of the past, to judge the probable results of different lines of action. **do attain** subjunctive after 'till': comp. line 44. **174 strain** utterance: we speak of a cheerful or a sad *strain* of speech or music, probably with a metaphorical allusion to the notes of a stringed instrument: 'strain' is literally something *stretched*; comp. note, *Nat. Ode*, 17. **175 These pleasures,** etc.: comp. note on *L'Alleg.* 151. It will be noticed that the *conditional* nature of Milton's acceptance of Melancholy is not so distinctly expressed as that of Mirth.—Milton(1929, notes), 137-141.

AT A SOLEMN MUSIC

Blest pair of sirens, pledges of heaven's joy,
Sphere-borne harmonious sisters, Voice, and Verse,
Wed your divine sounds, and mixed power employ
Dead things with inbreathed sense able to pierce,
And to our high-raised phantasy present,
That undisturbed song of pure concent,
Ay sung before the sapphire-coloured throne
To him that sits thereon
With saintly shout, and solemn jubilee,
Where the bright seraphim, in burning row
Their loud uplifted angel trumpets blow,
And the cherubic host in thousand choirs
Touch their immortal harps of golden wires,
With those just spirits that wear victorious palms,
Hymns devout and holy psalms
Singing everlastingly;
That we on earth with undiscording voice
May rightly answer that melodious noise;
As once we did, till disproportioned sin
Jarred against nature's chime, and with harsh din
Broke the fair music that all creatures made
To their great Lord, whose love their motion swayed
In perfect diapason, whilst they stood
In first obedience, and their state of good.

O may we soon again renew that song,
And keep in tune with heaven, till God ere long
To his celestial consort us unite,
To live with him, and sing in endless morn of light.
1633? 1645, 1673

Notes. The source of this poem is originated from Milton(1971), and the notes of it are from Milton(1929) and Milton(1971). The headnotes of it are as follows.

This ode was probably written by Milton before he left Cambridge.—Milton(1929, notes), 88.

Date. 1633? There is no firm evidence for dating. The Trinity MS has two heavily corrected preliminary drafts, followed by a separate draft of *17-28*, followed by a fair copy of the whole (these four drafts are referred to in the notes as (*a*), (*b*), (*c*) and (*d*) respectively). The drafts begin on the reverse of the leaf containing the end of *Arcades*, *Solemn Music* can therefore be dated after, probably soon after, *Arcades* (itself not precisely dateable). The drafts are followed by the first draft of the letter to a friend (see headnote to *Sonnet VII* (*Sonnet II* in Milton(1929), 35) p. 146 above) which is undated but perhaps as late as 1633 (W. R. Parker, *RES* (*Review of English Studies*) xi(1935) 278-9). *Time* (*On Time*) and *Circumcision* (*Upon the Circumcision*) do not appear until after the second draft of this letter: they appear, however, as fair copies, so no conclusions about their date of composition relative to that of *Solemn Music* can be drawn from this position. In *1645 Time* and *Circumcision* precede *Solemn Music,* but it cannot be proved that the oder of poems in *1645* is strictly chronological. *Publication. 1645* (*6.* concent,]content,), *1673* (the text followed here). . . .

Versification in M.'s 'canzone poems', A. Oras, *N & Q* (*Notes and Queries*) cxcvii(1952) 314-5, suggested that the model for the stanza form of *Circumcision* (*a*10*b*10*c*10*b*10*a*10*c*10*c*10*d*7*d*7*c*10*e*10*f*7*f*4*e*6) was Tasso's *canzone* to the Virgin of Loreto. Tasso's rhyme scheme, however, differs slightly from M.'s (his first six lines rhyme *abcabc*). As Prince (Prince, F. T. *The Italian Element in Milton's Verse.* Oxford: The Clarendon Press, 1954.) 62 demonstrates, M.'s actual model was Petrarch's *canzone* to the Blessed Virgin (*Vergine bella, che di Sol vestita*). M.'s only modification to the scheme of this poem is to make two separate lines out of the two sections into which Petrarch's last line falls. Even this modification, which is merely typographical, was an afterthought (. . . .). Petrarch's *canzone* is 137 lines long: M. stops after 28, and does not again attempt the exact repetition of a complex stanza, which is the basis of the *canzone.*

In the internal architecture of his stanza he swerves from his Petrarchan model, ignoring the syntactical break at the end of *6* which in Petrarch marks off the *fronte* from the *coda* (M.'s first stanza is a single sentence). For this, however, he had ample precedent in sixteenth-century Italian poetry.

Time and *Solemn Music* (which may have been written either before or after *Circumcision*) adopt the less taxing form of the madrigal-a single, unrepeated stanza of the *canzone* type. Tasso and his Italian followers had used this for epigrammatic effects. Previous to M., William Drummond of Hawthornden(1585-1649) was the only English poet to imitate their madrigals closely. Both M.'s madrigals are less intricately rhymed and make heavier use of the couplet-rhyme (over half of *Solemn Music* is decasyllabic couplets) than would be usual in Italian, but M. avoids the regularity of couplets by diversifying his syntax and its relation to the line. His closing alexandrine inserts a Spenserian flavour into each poem.—Milton(1971), 161-162.

1 sirens see note, *Arcades*, 63. The note of *Arcades*, 63 is as follows: **celestial sirens' harmony,** etc. In these lines Milton refers (1) to the Pythagorean doctrine of the music of the spheres; (2) to that system of astronomy developed by Eudoxus; Eudoxos(408-355 B.C.), Plato(ca. 427-347 B.C.), Aristotle(384?-322? B.C.), Hipparchus(160?-125? B.C.), Ptolemy; Claudius Ptolemaeus(*fl.* 127-151), and others, which is usually called the Ptolemaic system; and (3) to Plato's theory of the relation of the Fates or "daughters of Necessity" to that system.

(1) Pythagoras(582?-500? B.C.), having remarked that the pitch of notes depends on the rate of vibration, and also that the planets move with different velocities, was led to extend the same relation to the planets and to suppose that they emit sounds proportional to their respective distances from the Earth, thus forming a celestial concert too melodious to affect the gross ears of mankind. This is what is meant by the music or harmony of the spheres. Plato supposes this harmony to be produced by Sirens.

(2) According to the Ptolemaic system of astronomy the Earth was the centre of our universe, and the apparent motions of the other heavenly bodies were due to the fact that they were fixed in transparent spheres enclosing the central Earth at different distances. Plato recognised only eight of such spheres, the outermost being that of the Fixed Stars. Later, two more spheres were added—the crystalline sphere outside of that of the fixed stars, and, beyond all, the Tenth Sphere, called the Primum Mobile or 'first moved', which contained all the others. In the above passage Milton speaks of the music of the spheres as being produced by the nine Muses that sit upon the nine inner spheres.

(3) Milton seems to have had in view a passage in Plato's *Republic*

(Bk. x.). Fate or Necessity has on her knees a spindle of adamant, and the turning of this spindle directs the motions of the heavenly bodies. "The spindle turns on the knees of Necessity; and on the upper surface of each circle is a siren who goes round with it, hymning a single sound and note. The eight together form one harmony, and round about at equal intervals there is another band, three in number, each sitting upon her throne: these are the Fates, daughters of Necessity, who are clothed in white raiment and have crowns of wool upon their heads, Lachesis and Clotho and Atropos (three goddesses of Fates in the Greek mythology), who accompany with their voices the harmony of the sirens." In Hesiod; Hesiodos(*fl. ca.* 700 B.C.) the three Fates are thus distinguished: Clotho spins the thread of human life; Lachesis guides it and thus assigns his fate to every man; and Atropos is the fate that cannot be avoided. The last is usually represented with some cutting instrument.—Milton(1929, notes), 148-149.

1 pledges children; see note, *Lyc.* 107. Note on *Lyc.* 107: **pledge** child: comp. Lat. *pignus*, a pledge or security, also applied (generally in the plural) to children or relations.—Milton(1929, notes), 170. **2 Sphere-borne** see note, *Nat. Ode*, l. 125, and compare note on *Arcades*, 63 above. The allusion is to the Pythagorean notion of the music or harmony of the spheres, called by Tennyson, in *Parnassus*, "the great sphere-music of stars and constellations"; comp. *The Merchant of Venice*, v. 1. 60-65; *Twelfth Night*, iii. 1. 121; *Comus*, 976-978; *Lyc.* 180. **Voice and Verse** comp. *Par. Lost*, ii. 556, "For eloquence the soul, song charms the sense". *Verse* rhymes with *pierce* as in *L'Alleg.* 138. **3 Wed,** etc.: comp. *L'Alleg.* 137 and note, "・・・soft Lydian airs / Married to immortal verse"(*L'Alleg.* 136-137). **5 high-raised phantasy** Here 'phantasy' is used in the wide sense of *Imagination*, and the effect of the music upon the exalted imagination is to "bring all Heaven before our eyes". **6 concent** harmony, Lat. *concentus*. This is to be distinguished from *consent, i.e.* agreement, used in *Il Pens.* 95; see note there. **7 sapphire-coloured throne** comp. the account of "・・・the empyreal Heaven,・・・/・・・・/ With opal towers and battlements adorned / Of living *sapphire*,・・・" in *Par. Lost*, ii. 1047-1050; *Par. Lost*, vi. 758-759, "Whereon a *sapphire throne*, inlaid with pure / Amber, and colours of the showery arch."; *ib.* 772, "On the crystalline sky, in *sapphire throned.*" And *Ezekiel*, i. 26, ". . . .the likeness of a throne, as the appearance of a sapphire stone: . . . ." **10 seraphim** The word is from Hebrew *seraph*, to burn; hence the epithets 'bright', 'burning'. **12 cherubic** see note, *Nat. Ode*, 112. Milton uses this epithet six times in his poems, and habitually distinguishes *cherubs* from *seraphs*: see *Par. Lost*, i. 324; vii. 198. **18 noise** see notes, *Nat. Ode*, 97, *Il Pens.* 61. In our sinful state we cannot 'answer' to the heavenly music, "which none can hear Of human mould with gross unpurgéd ear." **20 chime** harmony: compare note, *Nat. Ode*, 128, and *Comus* 1020. *Chime* is from Lat. *cymbalum*. **22 motion** comp. *Arc.* 71-72, "And the low world in measured *motion* draw / After the heavenly tune, · · · · " **23 diapason** octave or compass, "the *diapason* closing full in man."— John Dryden's *A Song for St. Cecilia's Day*, l. 15.—Milton(1929, notes), 88. **diapason** concord, harmony: literally, the concord through all the notes of the musical scale.—Milton(1971, notes), 164. **27 consort** harmony: see notes, *Nat. Ode*, 132; *Il Pens*. 145..—Milton(1929, notes), 88.

ON TIME

Fly envious Time, till thou run out thy race,
Call on the lazy leaden-stepping hours,
Whose speed is but the heavy plummet's pace;
And glut thyself with what thy womb devours,
Which is no more than what is false and vain,
And merely mortal dross,
So little is our loss,
So little is thy gain.
For when as each thing bad thou hast entombed,
And last of all thy greedy self consumed,
Then long eternity shall greet our bliss
With an individual kiss;
And joy shall overtake us as a flood,
When every thing that is sincerely good
And perfectly divine,
With truth, and peace, and love shall ever shine
About the supreme throne
Of him, to whose happy-making sight alone,
When once our heavenly-guided soul shall climb,
Then all this earthy grossness quit,
Attired with stars, we shall for ever sit,
  Triumphing over Death, and Chance, and thee
  O Time.

1633? 1645, 1673

Notes. The source of this poem is originated from Milton(1971), and the notes of it are from Milton(1929) and Milton(1971). Refer to the following for the headnotes of it.

This piece, probably written about the beginning of 1633, bears in Milton's draft the following title—*On Time: to be set on a Clock-case.* It was formerly a common practice to print on the faces of clocks such sentiments as *Tempus fugit* (time flies).—Milton(1929, notes), 87.

Date. 1633? There is no certain evidence for dating. For *Time's* position in the Trinity MS and *1645* see headnote to *Solemn Music* above. Fletcher (Fletcher, Harris F. *The Intellectual Development of John Milton,* 2 vols. Vol. ii: *The Cambridge University Period 1652-32.* Urbana: University of Illinois Press, 1956-61) ii 174, 417-23 dates *Time* 1627-8 on the grounds that its metrics reflect the influence of Pindar and its content that of M.'s study of physics, begun some time during the academic year 1626-7. These reasons are clearly insufficient in themselves, and the appearance of even a fair copy of *Time* in the Trinity MS suggests a date later than Fletcher's. In MS the poem was originally headed '[. . .] set on a clock case'. Later this was deleted and 'On Time' substituted. *Publication. 1645* (*10.* all]all,), *1673* (the text followed here).—Milton(1971), 165.

1 envious Time comp. *Son.* ii. 1, "・・・Time, the subtle thief of youth." **2 leaden-stepping** tedious. An adjective formed, as it were, from a previous compound noun "leaden step". Comp. the form of the adjective "rushy-fringed". *Com.* 890.—Milton(1929, notes), 87. Controlled by the movement of the lead plummet and moving in regular jerks or steps as the result of the functioning of the clock's escapement.—Milton(1971, notes), 165. **3 the heavy plummet's pace** A 'plummet' is a leaden weight: the word is cognate with 'plumb' (Fr. *plomb*, lead). The poet refers to the weights in a clock which descend very slowly. **4 And glut thyself,** etc. As in line 9, Time is represented as devouring all the transitory vanities of this world; afterwards, only Eternity and all things truly good will remain. **9 when as** *as* is a conjunctional suffix. See note, *On Shakespeare*, 10. Cf. note on *On Shakespeare*, 10: **that each heart** the construction is, '*whilst that* each heart', etc. In Elizabethan English the use of that as a conjunctional suffix is very common; we find 'when that', 'why that', 'whilst that', 'though that', 'since that', in all of which cases we should now omit *that.*—Milton(1929, notes), 80. **12 individual** indivisible, inseparable. This is the sense of the Latin *individuus:* it is frequent in Milton. See *Par. Lost,* iv. 486, "・・・an *individual* solace・・・". **14 sincerely** perfectly (Milton(1929, notes), 87), purely (Milton(1971, notes), 166); see *Com.* 453, "That when a soul is found *sincerely* so," etc.; also *An Epitaph on the Marchioness* *of Winchester*, 55. **18 happy-making sight** "the plain English of *beatific vision*"(Newton). The phrase 'to whose happy-making sight' depends on 'climb'. Comp. *Par. Lost*, i. 684.—Milton(1929, notes), 87. An anglicization of the term 'beatific vision'. Bodleian MS Ashmole 36, 37f. 22r. has a version of *Time* in a seventeenth-century hand which omits ll. 18-22 and reads instead 'Of him whose happy-making sight alone / Shall heap our days with everlasting store / When death and chance and thou, O time, shall be no more'.—Milton(1971, notes), 166. **20 quit** freed from all this earthly grossness. The word is originally an adjective and is so used here: from it comes the verb 'to quit'=to be *quit* or freed. **21 Attired** crowned. The head-dresses of Elizabethan ladies were called 'attires', and to *attire* oneself was to put on the headdress: see note, *Lyc.* 146. **22 Those who gain eternal life are said** to triumph over Death, Chance, and Time. Compare *Par. Lost*, iii. 336-338, "And after all their tribulations long / See golden days, fruitful of golden deeds, / With joy and love triumphing, and fair truth."—Milton(1929, notes), 87.

UPON THE CIRCUMCISION

Ye flaming powers and winged warriors bright,
That erst with music, and triumphant song
First heard by happy watchful shepherds' ear,
So sweetly sung your joy the clouds along
Through the soft silence of the listening night;
Now mourn, and if sad share with us to bear
Your fiery essence can distil no tear,
Burn in your sighs, and borrow
Seas wept from our deep sorrow,
He who with all heaven's heraldry whilere
Entered the world, now bleeds to give us ease;
Alas, how soon our sin
  Sore doth begin
    His infancy to seize!
O more exceeding love or law more just?
Just law indeed, but more exceeding love!
For we by rightful doom remediless
Were lost in death, till he that dwelt above
High-throned in secret bliss, for us frail dust

Emptied his glory, even to nakedness;
And that great covenant which we still transgress
Entirely satisfied,
And the full wrath beside
Of vengeful justice bore for our excess,
And seals obedience first with wounding smart
This day, but O ere long
Huge pangs and strong
    Will pierce more near his heart.
1633? 1645, 1673

Notes. The source of this poem is originated from Milton(1971), and the notes of it are from Milton(1971) and Shawcross. The headnotes of it are as follows.

Date. 1633? There is no certain evidence for dating. The feast of the Circumcision is 1 Jan., which may be relevant. For position in the Trinity MS and *1645* see headnote to *Solemn Music* and *Time* above. *Publication. 1645, 1673* (no significant variants).—Milton(1971), 166.

This poem of two fourteen-line verses, with single original lines 13-14 and 27-28, "reproduces as closely as possible the stanza used by Petrarch in his *canzone* to the Blessed Virgin" (Prince, F. T. *The Italian Element in Milton's Verse* (Oxford: The Clarendon Press, 1954), p. 61). The Feast of the Circumcision of Christ, eight days after birth in accord with Mosaic law, is Jan. 1.—Shawcross(notes), 156.

1 powers the sixth order of angels in the pseudo-Dionysian nine. M. seems, however, to use the word loosely: it was the seraphim that were 'flaming'.—Milton(1971, notes), 166. The Powers were sixth in the celestial hierarchy, and the "winged Warriors" are the "helmed Cherubim" and "sworded Seraphim" of the *Nativity Ode*, 112-113; but Milton uses the terms to represent all the angels whose song *Luke* (ii. 13-14) quotes.—Shawcross(notes), 156. **winged warriors** Comp. Torquato Tasso, *Gerusalemme liberata* (pirated ed. pub. as *Il Goffredo*, 1580; 1st authorized ed., 1581) IX lx I: *guerrieri alati*. **2 erst** formerly. **6-9 If the angels cannot weep,** M. advises them to burn and so, like the sun, draw up water (seas of tears) from the earth. **7 Besides the conceit of opposites,** the line refers to the opinion that angels were incapable of performing such bodily functions.—Shawcross(notes), 156. **10 heraldry** heraldic pomp (the first recorded instance of the word in this sense). **whilere** some time ago. **13-14 These two lines are** first written as one in *Trin. MS* (The Trinity Manuscript) and then rewritten as two in the margin.—

Milton(1971, notes), 166-167. **15 This second stanza is** an early statement of the high justice of God the Father and the mercy of the Son, who became man for man's salvation (see *P.L.* iii, 80-344; xii, 393-419).—Shawcross(notes), 156. **15-16 For the rhetorical pattern,** comp. Virgil or Vergil; Publius Vergilius Maro(70-19 B.C.), *Eclogae* (42-37 B.C.; *Eclogues*), viii 49-50: *Crudlis mater magis, an puer improbus ille?/improbus ille puer: crudelis tu quoque, mater.*—Milton(1971, notes), 167. **17 doom** judgment. **19 secret** hidden. **20 Emptied his glory** Comp. *Philippians*, ii. 7: '· · · made himself of no reputation · · ·', where the Vulgate reads *semetipsum exinanivit*, and M. in *De doctrina* I xvi gives *ipse sese inanivit* (*The Works of John Milton*, ed. F. A. Patterson *et al.* (New York 1931-8), xv 302).—*Op. cit.*, 167. This means Christ's *kenosis*; see *Philippians*, ii. 6-8.—Shawcross(notes), 156. **21 covenant** the Mosaic law; comp. *Matthew*, v. 17: "Think not that I am come to destroy the law · · · I am not come to destroy, but to fulfil." M. argues the point in *De doctrina* I xvi (*The Works of John Milton*, ed. F. A. Patterson *et al.* (New York 1931-8), xv 316).—Milton(1971, notes), 167. That everlasting covenant made with Abraham when the rite of circumcision was instituted (*Genesis*, xvii. 7, 10); it implies obedience to God's will.—Shawcross(notes), 156. **27-28 These two lines were** first written as one in *Trin. MS*, and then rewritten as two in the margin. **28 Will** *Trin. MS*(margin): *Shall* Will.—Milton(1971, notes), 167.

LYCIDAS

IN THIS MONODY THE AUTHOR BEWAILS A LEARNED FRIEND,
UNFORTUNATELY DROWNED IN HIS PASSAGE FROM CHESTER
ON THE IRISH SEAS, 1637; AND, BY OCCASION, FORETELLS
THE RUIN OF OUR CORRUPTED CLERGY,
THEN IN THEIR HEIGHT.

YET once more, O ye laurels, and once more,
Ye myrtles brown, with ivy never sere,
I come to pluck your berries harsh and crude,
And with forced fingers rude
Shatter your leaves before the mellowing year.
Bitter constraint and sad occasion dear
Compels me to disturb your season due;
For Lycidas is dead, dead ere his prime,

Young Lycidas, and hath not left his peer.
Who would not sing for Lycidas? he knew
Himself to sing, and build the lofty rhyme.
He must not float upon his watery bier
Unwept, and welter to the parching wind,
Without the meed of some melodious tear.
  Begin, then, Sisters of the sacred well
That from beneath the seat of Jove doth spring;
Begin, and somewhat loudly sweep the string.
Hence with denial vain and coy excuse:
So may some gentle Muse
With lucky words favour my destined urn,
And as he passes turn,
And bid fair peace be to my sable shroud.
For we were nursed upon the self-same hill,
Fed the same flock, by fountain, shade, and rill.
  Together both, ere the high lawns appeared
Under the opening eyelids of the Morn,
We drove a-field, and both together heard
What time the gray-fly winds her sultry horn,
Battening our flocks with the fresh dews of night,
Oft till the star that rose at evening bright
Toward heaven's descent had sloped his westering wheel.
Meanwhile the rural ditties were not mute,
Tempered to the oaten flute;
Rough Satyrs danced, and Fauns with cloven heel
From the glad sound would not be absent long;
And old Damœtas loved to hear our song.
  But, oh! the heavy change, now thou art gone,
Now thou art gone and never must return!
Thee, Shepherd, thee the woods and desert caves,
With wild thyme and the gadding vine o'ergrown,
And all their echoes, mourn.
The willows, and the hazel copses green,
Shall now no more be seen
Fanning their joyous leaves to thy soft lays.
As killing as the canker to the rose,
Or taint-worm to the weanling herds that graze,

Or frost to flowers, that their gay wardrobe wear,
When first the white-thorn blows;
Such, Lycidas, thy loss to shepherd's ear.
  Where were ye, Nymphs, when the remorseless deep
Closed o'er the head of your loved Lycidas?
For neither were ye playing on the steep
Where your old bards, the famous Druids, lie,
Nor on the shaggy top of Mona high,
Nor yet where Deva spreads her wizard stream.
Ay me! I fondly dream
"Had ye been there," · · · for what could that have done?
What could the Muse herself that Orpheus bore,
The Muse herself, for her enchanting son,
Whom universal nature did lament,
When, by the rout that made the hideous roar,
His gory visage down the stream was sent,
Down the swift Hebrus to the Lesbian shore?
  Alas! what boots it with uncessant care
To tend the homely, slighted, shepherd's trade,
And strictly meditate the thankless Muse?
Were it not better done, as others use,
To sport with Amaryllis in the shade,
Or with the tangles of Neæra's hair?
Fame is the spur that the clear spirit doth raise
(That last infirmity of noble mind)
To scorn delights and live laborious days;
But the fair guerdon when we hope to find,
And think to burst out into sudden blaze,
Comes the blind Fury with the abhorred shears,
And slits the thin-spun life. "But not the praise."
Phoebus replied, and touched my trembling ears:
"Fame is no plant that grows on mortal soil,
Nor in the glistering foil
Set off to the world, nor in broad rumour lies,
But lives and spreads aloft by those pure eyes
And perfect witness of all-judging Jove;
As he pronounces lastly on each deed,
Of so much fame in heaven expect thy meed."

O fountain Arethuse, and thou honoured flood,
Smooth-sliding Mincius, crowned with vocal reeds,
That strain I heard was of a higher mood.
But now my oat proceeds,
And listens to the herald of the sea,
That came in Neptune's plea.
He asked the waves, and asked the felon winds,
What hard mishap hath doomed this gentle swain?
And questioned every gust of rugged wings
That blows off from each beakèd promontory.
They knew not of his story;
And sage Hippotadès their answer brings,
That not a blast was from his dungeon strayed:
The air was calm, and on the level brine
Sleek Panopè with all her sisters played.
It was that fatal and perfidious bark,
Built in the eclipse, and rigged with curses dark,
That sunk so low that sacred head of thine.
Next, Camus, reverend sire, went footing slow,
His mantle hairy, and his bonnet sedge,
Inwrought with figures dim, and on the edge
Like to that sanguine flower inscribed with woe.
"Ah! who hath reft," quoth he, "my dearest pledge?"
Last came, and last did go,
The Pilot of the Galilean Lake;
Two massy keys he bore of metals twain
(The golden opes, the iron shuts amain);
He shook his mitred locks, and stern bespake:—
"How well could I have spared for thee, young swain,
Enow of such as, for their bellies' sake,
Creep, and intrude, and climb into the fold!
Of other care they little reckoning make
Than how to scramble at the shearer's feast,
And shove away the worthy bidden guest.
Blind mouths! that scarce themselves know how to hold
A sheep-hook, or have learnt aught else the least
That to the faithful herdman's art belongs!
What recks it them? What need they? They are sped;

And, when they list, their lean and flashy songs
Grate on their scrannel pipes of wretched straw;
The hungry sheep look up, and are not fed,
But, swoln with wind and the rank mist they draw,
Rot inwardly, and foul contagion spread;
Besides what the grim wolf with privy paw
Daily devours apace, and nothing said.
But that two-handed engine at the door
Stands ready to smite once, and smite no more."
  Return, Alpheus; the dread voice is past
That shrunk thy streams; return Sicilian Muse,
And call the vales, and bid them hither cast
Their bells, and flowerets of a thousand hues.
Ye valleys low, where the mild whispers use
Of shades, and wanton winds, and gushing brooks,
On whose fresh lap the swart star sparely looks,
Throw hither all your quaint enamelled eyes,
That on the green turf suck the honeyed showers,
And purple all the ground with vernal flowers.
Bring the rathe primrose that forsaken dies,
The tufted crow-toe, and pale jessamine,
The white pink, and the pansy freaked with jet,
The glowing violet,
The musk-rose, and the well-attired woodbine,
With cowslips wan that hang the pensive head,
And every flower that sad embroidery wears;
Bid amaranthus all his beauty shed,
And daffadillies fill their cups with tears,
To strew the laureate hearse where Lycid lies.
For so, to interpose a little ease,
Let our frail thoughts dally with false surmise,
Ay me! whilst thee the shores and sounding seas
Wash far away, where'er thy bones are hurled;
Whether beyond the stormy Hebrides,
Where thou perhaps under the whelming tide
Visit'st the bottom of the monstrous world;
Or whether thou, to our moist vows denied,
Sleep'st by the fable of Bellerus old,

Where the great Vision of the guarded mount
Looks towards Namancos and Bayona's hold.
Look homeward, Angel, now, and melt with ruth:
And, O ye dolphins, waft the hapless youth.
  Weep no more, woful shepherds, weep no more,
For Lycidas, your sorrow, is not dead,
Sunk though he be beneath the watery floor.
So sinks the day-star in the ocean bed,
And yet anon repairs his drooping head,
And tricks his beams, and with new-spangled ore
Flames in the forehead of the morning sky:
So Lycidas sunk low, but mounted high,
Through the dear might of Him that walked the waves,
Where, other groves and other streams along,
With nectar pure his oozy locks he laves,
And hears the unexpressive nuptial song,
In the blest kingdoms meek of joy and love.
There entertain him all the Saints above,
In solemn troops, and sweet societies,
That sing, and singing in their glory move,
And wipe the tears for ever from his eyes.
Now, Lycidas, the shepherds weep no more;
Henceforth thou art the Genius of the shore,
In thy large recompense, and shalt be good
To all that wander in that perilous flood.

  Thus sang the uncouth swain to the oaks and rills,
While the still morn went out with sandals gray:
He touched the tender stops of various quills,
With eager thought warbling his Doric lay:
And now the sun had stretched out all the hills,
And now was dropt into the western bay;
At last he rose, and twitched his mantle blue:
To-morrow to fresh woods, and pastures new.
Nov. 1637 1638, 1645, 1673

Notes. The source of *Lycidas* are originated from Milton(1929), and the notes of it are from Milton(1929) and Verity. Refer to the following for the headnotes of *Lycidas.*

This poem was written in November, 1637, and appeared in a volume of memorial verses published at Cambridge in 1638 as a tribute to Mr. Edward King. King, a son of Sir John King, Secretary for Ireland, had been admitted to Christ's College, Cambridge in 1626, so that he was a fellow-student of Milton's. He was made a Fellow in 1630, and seems to have become extremely popular. He was a young man of 'hopeful parts', and had shown some skill in poetical composition. In 1633 he took his degree of M.A., and remained at Cambridge to study for the Church. In the vacation of 1637 he sailed from Chester on a visit to his friends in Ireland: the ship was wrecked off the Welsh coast and King went down with it. His death was much lamented by his college friends and they got together a collection of tributary verses to which Milton contributed *Lycidas.*

Lycidas is a pastoral elegy, *i.e.* the poet speaks as a shepherd bewailing the loss of a fellow-shepherd. The subjoined analysis will guide the student in reading it. We do not look in the poem for the keen sense of personal loss that we find in Tennyson's *In Memoriam* or in Milton's own *Epitaphium Damonis; Damon's Epitaph*, nor for the sustained scorn that animates Shelley's *Adonais*; but in its tender regret for a dead friend, in its sweet "touches of idealised rural life", in its glimpses of a suppressed passion that was soon to break forth, and in its mingling of a truly religious spirit with all its classical imagery, it reveals to us the greatness of the poetical genius of Milton. It "marks the point of transition from the early Milton, the Milton of mask, pastoral, and idyll, to the quite other Milton, who, after twenty years of hot party struggle, returned to poetry in another vein, never to the 'woods and pastures' of which he took a final leave in *Lycidas.*"—Mark Pattison.

ANALYSIS.

I. The pastoral proper (the poet sings as shepherd): (lines)

1. Occasion of the poem, -------------------------------- 1-14
2. Invocation of the Muses,------------------------------ 15-22
3. Poet's personal relations with Lycidas, ----------------- 23-36
4. Strain of sorrow and indignation; the loss great and inexplicable:—
   (1) Poet's own sense of loss,-------------------------- 37-49
   (2) The guardian Nymphs could not prevent it, ---------- 50-57
   (3) The Muse herself could not prevent it, though he was her true son, --------------------- 58-63

[*First rise to a higher mood:* the true poet and the nature of his reward]- --- 64-84

(4) Neptune was not to blame for the loss, ------------ 85-102
(5) Camus, representing Cambridge, bewails his loss, ---- 103-107
(6) St. Peter, the guardian of the Church, sorely misses Lycidas as a true son,- -------------------------------- 108-112

[*Second rise to a higher mood:* the false sons of the Church and their coming ruin,] -- 113-131

(7) All nature may well mourn his loss, ----------- 132-151
(8) Sorrow loses itself in "false surmise", and Hope arises,---152-164

5. Strains of joy and hope; Lycidas is not dead, -------- 165-185

II. The Epilogue (the poet reviews the shepherd's song), ------- 186-193

—Milton(1929, notes), 153-154.

Date. Nov. 1637. Edward King, a Fellow of Christ's, was drowned 10 Aug.1637. In the Trinity MS *Lycidas* is headed 'Novemb: 1637'. A volume of memorial verses by King's Cambridge acquintances appeared in 1638, of which the first part is entitled *Justa Eduardo King naufrago, ab Amicis moerentibus amoris & μνεíας Χáρıν* (Obsequies for Edward King, lost at sea, written by his sorrowful friends in love and remembrance) and contains twenty-three pieces of Greek and Latin verse: the second part, *Obsequies to the memory of Mr Edward King*, contains thirteen English poems, of which M.'s(signed J.M.) is the last and longest. The motto for the volume, from Petronius; Gaius Petronius(?-66), reads *Si recte calculum ponas, ubique naufragium est* (If you reckon rightly, shipwreck is everywhere). The Latin preface explains that (on 10 August) King's ship struck a rock not far from the British coast and that, while other passengers endeavoured to save their lives, King knelt in prayer on the deck and went down with the ship. According to Edward Phillips 'a particular friendship and intimacy' existed between M. and King (Darbishire, Helen. Ed. *The Early Lives of Milton* (Oxford: The Clarendon Press, 1932), 54). *Publication.* In *Obsequies to the memory of Mr Edward King*(1638). This text differs from *1645* and *1673* chiefly in its placing of commas. . . .

Title. The name Lycidas appears in Theocritus(*ca.* 310-245 B.C.) vii (where he is 'best of pipers') and xxvii, Bion(*ca.* 290-100 B.C.) ii and vi and Virgil or Vergil; Publius Vergilius Maro(70-19 B.C.), *Eclogae* (42-37 B.C.; *Eclogues*) vii and ix. E. A. Strathmann, *MLN* (*Modern Language Notes*) lii(1937) 398-400 points out that in Bathurst's; 1st Earl Bathurst's; 1st Earl Allen Bathurst's(1684-1775) translation of the *Shepheardes Calender* Piers, the Protestant pastor of the May eclogue, is called Lycidas. E. E. Duncan-Jones, *N & Q* (*Notes and Queries*) cci(1956) 249, suggests that in choosing the name M. was influenced by Lucan; Marcus Annaeus Lucanus(39-65), *Pharsalia* iii 638-9, *Mersus foret ille profundo / sed prohibent socii* (He would sink in the sea, but his friends prevent it) which refers to a character called Lycidas. There is another Lycidas, significantly described as not widely known (*vix urbe sua, vix colle propinquo / cognitus:* known hardly by his own city, hardly by the neighbouring hill) among the shepherds who bring gifts to Mary and her child in Sannazaro; Jacopo Sannazaro(1456-1530), *De Partu Virginis* iii 185-93.

Versification and style. Lycidas is made up of eleven verse paragraphs of varying length and differing rhyme pattern. It includes ten unrhymed lines (*1, 13, 15, 22, 39, 51, 82, 91, 118, 161*) and has fourteen six-syllable lines mingled with its decasyllables, each usually rhyming with the decasyllable immediately before it. The paragraph-lengths run: 14, 10, 12, 13, 14, 21, 18, 29, 33, 21, 8. It will be seen that only twice does a paragraph exceed its predecessor by more than three or four lines. In the first instance the reply of Phoebus (*76-84*) and in the second the denunciation of the clergy by St Peter (*113-131*) is responsible for the elongation. These two preliminary resolutions are thus thrown into relief.

Though the structure of *Lycidas* cannot be exactly paralleled in Italian literature, it is clearly an extension of M.'s experimentation with Italian verse forms in *Time* and *Solemn Music*. Prince (Prince, F. T. *The Italian Element in Milton's Verse*. Oxford: The Clarendon Press, 1954) 71-81 has drawn attention to the similarities with the *canzone:* the mixture of long and short lines, the conclusion of each paragraph with a couplet (as recommended by Dante; Alighieri Dante(1265-1321) in the *De Vulgari Eloquentia*), and the *ottava rima* of the final paragraph corresponding to the *commiato* of the *canzone*. He considers that M.'s adaptation of *canzone* features was influenced by the irregularly rhymed passages of lyric and dialogue in Tasso's; Torquato Tasso's(1544-1595) *Aminta* and Guarini's; Battista Guarini's(1538-1612) *Pastor Fido;* also that *Lycidas* shares the technical aims of sixteenth-century Italian pastoral verse (as represented by the eclogues of Sannazaro and Berardino Rota), in attempting to evolve a poetic diction equivalent to that of Virgil, and to combine the tradition of the *canzone* with that of the classical eclogue. *Lycidas* has ten echoes of Virgil's *Eclogues*, ranging from scraps of phrasing to major associations of ideas. Though the *Lycidas* verse paragraph does not, like the *canzone* stanza, have a key line (*chiave*) which links the stanza's two halves by both introducing a new set of rhymes and rhyming with the last line of the first half, M. does use the *chiave* principle at several poits (*e.g. 17, 108, 136*) where a line which looks backwards for its rhyme looks forward, from the viewpoint of meaning, to a new set of ideas.

M.'s Spenserian pastoralism in *Lycidas* contrasts markedly with the 'metaphysical' diction and imagery of the other contributors to the 1638 volume. All but one of the poem's seven or eight echoes of Spenser are from *The Shepheardes Calender.* M. gives pastoral colour by dialect words like 'rathe' (used twice in the *Calender*) and 'scrannel' (not recorded in literature before, and by the colloquial, rustic-sounding 'daffadillies' (akin to the *Calender*'s 'daffadowndillies'). The 'quills' and the 'oaten' shepherd's pipe are both *Calender* properties. 'Guerdon'-a word found nowhere else in M.'s poetry-is used twenty-three times by Spenser, who was also the first to use 'pledge'(*10*) in the sense 'child'. M.'s own coinages are 'inwrought'(*105*) and 'freaked'(*144*). . . .

The vocabulary of M.'s elegy is examined by G. C. Taylor, *N & Q* clxxvii(1940) 56-7, who estimates that only forty-six of its 1,500 words entered the language after 1500, and that eighty per cent of the total are Anglo-Saxon in derivation; ,also by Josephine Miles (in Patrides, C. A. Ed. *Milton's 'Lycidas': The Tradition and the Poem.* New York 1961, 95-100), who analyses *Lycidas* in term of its repeated use of certain words, commenting on the high proportion of these that refer to the natural world, and concluding that the poem's essential motion is from low to high and past to future, with 'fresh', 'high', 'new', 'pure' and 'sacred' as the especial value terms.

The rhyme schemes of the verse paragraphs are scrutinized by Ants Oras, *MP* (*Modern Poetry*) lii(1954) 12-22, who demonstrates that within each paragraph the complexity of rhyme arrangement first increases and then decreases, so that the design of each paragraph mirrors the broader architectonics of the whole poem. On the evidence of the Trinity MS Oras reconstructs the process by which M. added complexity to the rhyme structure of paragraph nine-in its final form the highest point in rhyme organization reached in *Lycidas.* He shows that the poem's rhyme structure has been largely influenced by the Italian madrigal, especially the madrigals of Bembo; Pietro Bembo(1470-1547), and those which go to make up Tasso's *Il Rego di Corinna.*—Milton(1971), 232-238.

The contrast between the edition of Milton(1929) and the edition of Milton(1971) in the matter of letters and punctuations is as follows. Milton(1929)] Milton(1971), *1.* more,]more *4.* rude]rude, *6.* constraint]constraint, dear]dear, *7.* due;]due: *9.* peer.]peer: *15.* Begin, then, Sisters · · · well]Begin then, sisters · · · well, *16.* spring;]spring, *18.* vain · · · excuse:]vain, · · · excuse, *19.* Muse]muse *24.* flock,]flock; *26.* eyelids · · · Morn]eye-lids · · · morn *28.* gray-fly]grey-fly *30.* rose at evening bright]rose, at evening, bright, *33.* flute;]flute, *34.* Satyrs · · · Fauns · · · heel]satyrs · · · fauns · · · heel, *35.* long;] long, *36.* Damoetas]Damaetas *37.* But, oh!]But O *38.* gone]gone, *39.* Thee, Shepherd, · · · woods]Thee shepherd, · · · woods, *41.* echoes,]echoes *43.* seen]seen, *50.* ye, Nymphs,]ye nymphs *52.* steep] steep, *55.* stream.]stream: *56.* Ah me! · · · dream]Ah me, · · · dream! *57.*

"Had · · · there."]Had · · · there *58.* Muse]muse *59.* Muse herself, · · · son,]muse herself · · · son *61.* When,]When *63.* shore?]shore. *64.* what]What *65.* homely, slighted,] homely slighted *66.* Muse?]muse, *67.* done,]done *72.* delights]delights, *75.* the abhorred]th' abhorred *76.* "But · · · praise."]But · · · praise, *77.* ears:]ears; *78-84.* "Fame · · · · thy meed."]Fame · · · · thy meed. *81.* eyes]eyes, *87.* mood.]mood: *89.* sea,]sea *90.* plea.]plea, *94.* off from · · · promontory.] from off · · · promontory; *95.* story;]story, *96.* Hippotadès]Hippotades *97.* strayed:] strayed, *98.* brine] brine, *99.* Panopè]Panope *100.* bark,]bark *103.* Next,] Next *107.* "Ah! who hath reft," quoth he, "my dearest pledge?"]Ah; who hath reft (quoth he) my dearest pledge? *109.* Pilot · · · Lake;]pilot · · · lake, *110.* twain] twain, *111.* amain);]amain) *112.* bespake:—]bespake, *113-131.* "How well · · · · no more."]How well · · · · no more. *114.* as,]as *115.* Creep, · · · · fold!]Creep · · · · fold? *116.* make]make, *117.* shearer's]shearers' *118.* guest.]guest; *120.* learnt]learned *123.* And,]And *124.* straw;]straw, *126.* But, swoln · · · wind]But swoll'n · · · wind, *127.* spread;]spread: *129.* said.]said, *130.* door]door, *132.* Return, Alpheus; · · · past]Return Alpheus · · · past, *133.* Muse]muse *136.* low, · · · use]low · · · use, *137.* shades,]shades *145.* violet,]violet *148.* wears;] wears: *152.* so,]so *153.* surmise,]surmise. *154.* whilst · · · shores]Whilst · · · shores, *155.* hurled;] hurled, *156.* Hebrides,]Hebrides *159.* thou,]thou *161.* Vision]vision *162.* hold.]hold; *163.* Angel, · · · ruth:]angel · · · ruth. *165.* woful]woeful *166.* Lycidas, your sorrow,]Lycidas your sorrow *167.* floor.]floor, *170.* new-spangled ore]new spangled ore, *173.* Him · · · waves,]him · · · waves; *174.* Where, other groves]Where other groves, *178.* Saints]saints *179.* societies,]societies *182.* Now, Lycidas,]Now Lycidas *183.* Genius]genius *187.* gray:]grey, *191.* dropt]dropped *193.* To-morrow]Tomorrow

Monody an ode in which a single mourner bewails (Greek *monos*, single: *ōdē*, a song or ode). *Lycidas* is a typical example of the Elegy, with much of the intense feeling peculiar to the less sustained Ode proper; but its form is that of the Pastoral, and its varied metrical structure is totally unlike that of the modern elegiac stanza. **height** so spelt in both the editions published in Milton's lifetime, though his usual spelling is 'highth'.—Milton(1929, notes), 154. **Lines 1-14** The laurel, myrtle and ivy are associated with poetry: of them is the poet's crown or garland woven: by plucking them Milton symbolises his return to verse-writing. Another explanation may be mentioned—that Milton gathers the laurels, etc. (as in the *An Epitaph on the Marchioness of Winchester,* 57, 58) to lay them on the tomb of Lycidas, in fact to strew "the laureate hearse" (l. 151); and that the premature plucking of them figures the premature death of his friend. But the drift of the passage shows that Milton is thinking less of Edward King than of himself. He had not published any poetry for some years; he had intended to keep silence: the period of preparation for the poet's office of which he often speaks was not completed: but the death of his fellow-student forces him to break through this reserve, and here is his apology for doing so. Most editors explain thus.—Verity(notes), 119. **1 Yet once more** These words have reference to the fact that Milton had written no English verse for three years, and that he did not yet consider himself sufficiently matured for the poet's task. The words do not imply that he is once more to write an elegiac poem, as if he were referring back to his poems, *On the death of a Fair Infant Dying of a Cough* and *Epitaph on the Marchioness of Winchester:* he is thinking of *Comus* (written in 1634). **laurels,** etc. Laurels, myrtles and ivy are here addressed because they are, in classical poetry, associated with the Muses, and not because the poet thinks them to be specially suggestive of mourning. The laurel has been associated with poetry since the time of the Greeks, who believed that it communicated the poetic spirit: the Romans regarded it as sacred to Apollo. Comp. *Son.* xvi. 9. **2 myrtles brown** 'Brown' is a classical epithet of the myrtle; in one of his Odes Horace contrasts the brown myrtle with the evergreen ivy. It was sacred to Venus, and at Greek banquets each singer held a myrtle bough. **ivy never sere** evergreen ivy: it was sacred to Bacchus, and in Virgil we read of the laurel of victory being twined with the ivy. Horace also speaks of ivy as being used to deck the brows of the learned: in Christian art it is the symbol of everlasting life. **sere**=dry, withered; the same word as *sear* (A.S. *seárian*, to dry up), and cognate with the verb 'to sear', *i.e.* to burn up. **3 I come,** etc. "I come to make a poet's garland for myself", *i.e.* to write a poem. **harsh and crude** bitter and unripe, because plucked before their due time! this refers to the poet's own unripeness, not to that of Lycidas. . . . **Crude** is literally raw, hence 'unprepared', as 'crude salt'; and hence 'undeveloped', *e.g.*—"Deep-versed in books and shallow in himself, / Crude or intoxicate, collecting toys,"—*Par. Reg.* iv. 327-328. **4 forced fingers rude** On the order of the words compare note on *L' Alleg.* 40. **Forced** unwilling, not because the poet was unwilling to mourn his friend's loss, but unwilling yet to turn again to poetry. **Rude** stroke and heaved to axe. Comp. *Il Pens.* 136. **5 Shatter your leaves** 'Shatter' is a doublet of *scatter*, and here (as in *Par. Lost*, x. 1066) the former is used where we should now use the latter. 'Shatter' suggests the employment of force, and therefore agrees with the sense of the preceding line. **mellowing year** time of maturity. 'Mellow' has here an active sense, *i.e.* 'making mellow'. The word originally means 'soft' like ripe fruit, and hence its present use: it is cognate with *melt* and *mild.* Warton; Thomas Warton(1728-1790) objects to the phrase here used as inaccurate, because the leaves of the laurel, myrtle, and ivy are not affected by the mellowing year: the poet, however, is thinking of the berries, which symbolise the poetical fruit he was himself to produce. **6 sad occasion dear** see note on l. 4. The original sense of 'dear' is 'precious' (A.S. *deore*), and hence its present meanings in English, viz. 'costly' and 'beloved'. But it is used by Spenser, Shakespeare, and Milton in an entirely different sense: comp. 'my *dearest* foe', 'hated his father *dearly*', '*dear* peril', etc. Some would say that 'dear' is here a corruption of *dire*, but this is a mere assumption, though the sense is similar. . . . The fact seems to be that 'dear' as 'precious' came to denote close relation, and hence was applied generally to whatever intimately concerned a person. **7 Compels:** the verb is singular, though there are two nominatives, for both together convey the one idea that, but for the occasion of Lycidas' death, the poet would not have been constrained to write. **to disturb your season due** to pluck you before your proper season. On 'due' see on *Il Pens.* 155. 'Season' is often used to denote 'the usual or proper time'; *e.g.* we speak of fruit as being 'in season', when it is fit for use, and the adjective 'seasonable'=occurring in good time: comp. *Son.* ii. 7. **8 ere his prime** see note on *L'Alleg.* 107. 'Prime' here denotes 'the best part of time': contrast its meaning in *Son.* ix. 1. **10 Who would not sing,** etc. a rhetorical question, equivalent to 'No one could refuse to sing', etc.: comp. '*Neget quis carmina Gallo?*' Virgil, *Ecl.(Eclogue)* x. 3. The name *Lycidas* occurs in the pastorals of Theocritus and in Virgil's ninth *Eclogue*. **knew Himself to sing** was himself able to sing, *i.e.* was a poet. . . . **11 build the lofty rhyme:** comp. the Lat. phrase "condere carmen", to build up a song (Horace. *Epistles.* i. 3). 'Build' has reference to the regular structure of the verse: it may also allude to the fact that King had written several short poetical pieces in Latin. 'Rhyme' is here used for 'verse'; the original spelling was 'rime', and 'rhyme' does not occur in English before 1550: there is now a tendency to revert to the older and more correct spelling. The A.S. *rim* meant 'number', and *rimcraft*, arithmetic; then the word was applied in a secondary sense to verse having regularity in the number of its syllables and accents, and finally to verse having final syllables of like sound. The change of *i* to *y*, and the insertion of *h* is due to confusion with the Greek word *rhythmos*, measured motion. Shakespeare has 'rime'; and Milton in his prefatory remarks on the verse of *Par. Lost* uses the spelling 'rime', and speaks of it as the "jingling sound of like endings". **13 welter** roll about: in *Par. Lost*, i. 78, Milton speaks of Satan as *weltering* in Hell, in which case the use of the word more nearly accords with modern usage. **to** (in this line) here seems to have the sense of 'in accordance with': comp. lines 33, 34. The use of the prepositions in Elizabethan writers is extremely varied.

It will be noticed that there is no rhyme to this line; so with lines 1, 15, 22, 39, 51, 82, 91, 92, 161. But though these lines have no rhymes adjacent to them, they do not detract from the music of the verse: there are only about sixty different endings in the whole poem, and if assonantal rhymes be admitted the number is still further reduced. Besides, though line 1 has no adjacent rhyme, similar final sounds occur in lines 61, 63, 165, 167, 182, 183, just as lines 2, 5, 6, 9, 12, 14 rhyme together. This partly explains the resonance and beauty of the verse.
14 meed recompense: comp. Shakespeare's *Titus Andronicus,* i. 1. 215-216, "· · · · ·and thanks to men / Of noble minds is honourable meed." **melodious tear** tearful melody, an elegiac poem. . . . **15 Sisters of the sacred well** the nine Muses, daughters of Jove: they are often mentioned in Greek poetry as the nymphs of Helicon, because Mount Helicon in Boeotia was one of their favourite haunts; on this mountain were two fountains sacred to the Muses; hence Milton's allusion to 'the sacred well'. Hesiod; Hesiodos(*fl. ca.* 700 B,C.), in his *Theogony*, speaks of the Muses of Helicon dancing round "the altar of the mighty son of Kronos; Cronos", *i.e.* Jupiter: this explains the allusion to "the seat of Jove"(Hales). A simpler explanation is that the sacred well is the Pierian fountain at the foot of Mount Olympus, where the Muses were born, and that the 'seat of Jove' is Mount Olympus. **17 somewhat loudly** not too softly. **sweep the string** strike the lyre. Elsewhere Milton calls music "stringed noise". **18 coy** hesitating: the word is generally applied only to persons in the sense of 'shy'; it is the same word as 'quiet', both being from Lat. *quietus*. . . . **19 Muse** poet inspired by the Muse: hence the pronoun 'he' in l. 21: see *Son.* i. 13, note. Lines 19 to 22 form a parenthesis: l. 23 resumes the main theme. Comp. *Ode on Nativity* (*or Nat. Ode; Nativity Ode*), 15. Cf. *P.L.* i. 6-8; *ib.* iii. 19. **20 lucky words** words of good luck, words expressing a good wish. . . . **destined urn** the death that I am destined to die: 'urn' is the vessel in which the Romans deposited the ashes of their dead, sometimes inscribed with the name and history of the dead. **21 as he passes,** in passing. **turn** *i.e.* may turn, co-ordinate with 'may favour' and (may) 'bid', optative mood. **22 bid fair peace,** etc.: 'pray that sweet peace may rest upon me in death'. 'Bid', in the sense of 'pray', has probably no radical connection with 'bid' = to command, and is nearly obsolete. . . . **sable shroud** 'the darkness in which I am shrouded', previously referred to figuratively as 'my destined urn'. Some interpret the words literally = 'my black coffin'. Etymologically 'shroud' is something cut off, and is allied to 'shred'; hence used of a garment. In *Par. Lost,* x. 1068, Milton uses it in this sense, and in *Com.*(*Comus*) 147, in the general sense of a covering or shelter. Its present uses as a noun are chiefly restricted to 'a dress for the dead'

and (in the plural) to part of the rigging of a vessel.—Milton(1929, notes), 154-158. **Lines 23-36** The passage descrbes, under pastoral imagery, Milton's life at the University in company with Edward King; he is thinking of Christ's College, Cambridge ("the selfsame hill"), of the studies and pursuits they had in common ("we drove afield" etc.). But part of the picture is conventional: we must not between all the lines for a hidden meaning. Otherwise the Satyrs and Fauns will be the undergraduates of Christ's; the "rural ditties", the college exercises; and "old Damoetas", Milton's tutor, Mr Chappell, delighting to correct those exercises ("hear our song"): much of which seems to us ridiculous. A writer of pastoral verse is bound by usage to say certain things, and Milton says them. He introduces "Fauns" because Virgil had supplied a precedent, *Eclogae; Eclogues,* vi. 27. There are "ditties" because a shepherd without his "oaten flute" would be an anomaly. Damoetas looks on because Meliboeus does so in Virgil's seventh *Eclogue*. Poetry of this type is too artificial to bear literal interpretation.—Verity(notes), 124-125. **23 nursed,** etc. a pastoral way of saying that they had been members of the same college at Cambridge, viz. Christ's. **24 Fed the same flock** employed ourselves in the same pursuits. **25 lawns** open spaces between woods, glades. Comp. *L'Alleg.* 71. **26 under the opening eyelids,** etc., *i.e.* at dawn. Morn is here personified: comp. *Job,* iii. 9,. " · · · neither let it behold the eyelids of the morning"; Shakespeare's *Romeo and Juliet*, ii. 3. 1, "The grey-eyed morn smiles on the frowning night,"; see also *Son.* i. 5. The poet represents himself and Lycidas as spending the whole day together, from dawn to sultry noon, and from noon to dewy eve. As Warton points out, Milton was a very early riser, both in winter and summer, and the sunrise had great charm for him. In this poem, however, he may refer to the fixed hours of college duty. **27-28 heard / What time,** etc. There are two possible renderings of this passage: (1) 'heard at what time the gray-fly', etc., the object of 'heard' being the whole of line 28; or (2) 'heard the gray-fly at what time (she) winds', etc. The latter, though it makes the object of the principal verb also the subject of the dependent verb, is preferable, for in Latin it frequently happens that words belonging to the principal clause and drawn into the relative clause. **28 gray-fly** the trumpet-fly, so called from the sharp humming sound produced by it, generally in the heat of the day; hence the allusion to its "sultry horn". **29 Battening,** *sc.* 'and afterwards'. Battening = feeding, making fat: here used transitively, though generally intransitive =to grow fat. The same root is seen in *better*. In this line *with*=along with, at the time of. **30 Oft till the star,** etc. Keightley notes that "the evening star *appears*, not *rises,* and it is never anywhere but *on* heaven's descent"; nevertheless Milton refers to Venus (see *Song. On May Morning*, 1. note). In *P.L.* ix. 48-50 its office is " · · · the star /

Of Hesperus, whose office is *to bring / Twilight* upon the earth, · · ·" **31 sloped his westering wheel** similarly in *Comus*, 98, the setting sun is called 'the *slope* sun', and we read of 'his glowing axle' just as here we read of the star's 'wheel' or course in the heavens. 'Westering'=passing towards the west: now obsolete. **32 rural ditties** pastoral language for the early poetic efforts of Milton and King. 'Ditty' (Lat. *dictatum*, something dictated) originally meant the words of a song as distinct from the musical accompaniment; now applied to any little poem intended to be sung: comp. "amorous ditties", *Par. Lost*, i. 449. **33 Tempered** attuned, timed (Lat. *temperate*, to regulate). . . . **the oaten flute** The oaten flute is the flute or pipe made of reeds, and the favourite instrument in pastoral poetry: in Latin it is *avena* (= oats, a straw, and hence a shepherd's pipe): comp. lines 80, 88. 'Oaten'; the termination 'en' denotes 'made of': modern English has a tendency to use the noun as an adjective in such cases, *e.g.* a *gold* ring. Most of the adjectives in 'en' that still survive do not now denote the material, but simply resemblance, *e.g.* 'golden hair' = hair of the colour of gold. Such adjectives as birchen, beechen, firen, glassen, hornen, treen, thornen, etc., are now obsolete. **34 Satyrs · · · Fauns** pastoral language for the men attending Cambridge at the same time as Milton and King. The Satyrs of Greek mythology were the representatives of the luxuriance of nature, and were always described as engaged in light pleasures, such as dancing, playing on the lute, or syrinx (see *Arc.; Arcades*, 106), etc. The Romans confounded them with their Fauni, represented as half men, half goats (Lat. *semicaper*), with cloven feet and horns; the chief was Faunus, whom the Romans identified with Pan (see *Arc.* 106). Note on *Arc.* 106 is as follows. **Syrinx:** an Arcadian nymph, who, being pursued by Pan, fled into the river Ladon, and at her own request was changed into a reed, of which Pan then made his flute (or syrinx). Milton implies that even Syrinx might serve this "rural Queen",—a great compliment to the Countess of Derby, seeing that Ben Jonson in *The Satyr* had likened Queen Anne to Syrinx, and that Edmund Spenser had addressed Queen Elizabeth as the daughter of Syrinx. Jonson's masque had been "presented" by the father of the Countess, so that she may possibly have seen it. **Pan's mistress** Pan was the god of flocks and shepherds among the Greeks: as the god of every thing connected with pastoral life he was fond of music, and the inventor of the shepherd's flute. He was dreaded by travellers to whom he appeared, startling them with sudden terror. Hence extreme fright was ascribed to Pan, and called a Panic fear; this is the origin of the word *panic* (Milton(1929, notes), 152). **36 old Damoetas** this pastoral name occurs in Virgil, Theocritus, and Sidney: it here probably refers to Dr. W. Chappell, the tutor of Christ's College in Milton's time. . .—Milton(1929, notes), 158-159. **Lines 37-49** are the most direct expression of personal grief which

Lycidas contains. The paucity of rhyme in ll. 37-41 is noticeable.—Verity(notes), 127. **38 Now thou,** etc., *i.e.* now that thou art gone = seeing that thou art gone: comp. *Son.* xx. l. 2, and Wordsworth's *Simon Lee*, l. 25. **must return** 'must' here expresses certainty with regard to the future = thou wilt certainly never return. . . . **39 Thee** object of 'mourn', l. 41. Ovid (*Metamorphoses*, xi.) similarly represents birds, beasts, and trees as lamenting the death of Orpheus. **40 gadding** straggling. . . .—Milton(1929, notes), 159. **41 their echoes** Remembering the classical story of Echo (one of the Oreads or mountain nymphs), Milton here personifies the echoes (cf. *Com.* 230-243) and represents them as dwelling in woods and caves; cf. Shakespeare's *Romeo and Juliet,* ii. 2. 162, and Milton's Ode on *The Passion,* 52-53: "The gentle neighbourhood of grove and spring / Would soon unbosom all their echoes mild,". The device of making them lament for Lycidas was borrowed from his Greek models. . . .—Verity(notes), 128. **44 Fanning** moving their leaves in unison with the music: with 'to' in this line, comp. 'to' in line, 13 and 33. **Lines 45 to 48** are in apposition to 'such', line 49: thus 'Thy loss to shepherd's ear was such' = 'Thy loss to shepherd's ear was as killing as', etc. The word 'such' is redundant, being rendered necessary by the separation of the words 'as killing' from the rest of the principal clause. **45 killing** deadly, terrible. **canker** the more definite form 'canker-worm' is often used, just as 'taint-worm' is used in the next line. . . . **46 taint-worm** also called the 'taint'. "There is found in summer a spider called a *taint*, of a red colour, and so little that ten of the largest will hardly outweigh a grain.". . . **weanling herds** young animals that have just been weaned from the mother's milk. . . .**47 gay wardrobe** bright and varied colours. By metonymy 'wardrobe', in which clothes are kept, is applied to its contents: the flowers are here said to clothe themselves in gay colours. 'Wardrobe'=guard-robe (Fr. *garde-robe*);. . . . **48 white-thorn** hawthorn: the flower is sometimes called "May blossom". **49 to shepherd's ear,** *sc.* 'when heard by him.' The use of 'killing' is here an instance of syllepsis: as applied to the herds, etc., it means literally 'deadly'; as used in this line it means 'dreadful'. **50 Where were ye,** etc. This is imitated from the first *Idyll* of Theocritus(*ca.* 310-245 B.C.), and the tenth *Eclogue* of Virgil, "but with the substitution of West British haunts of the Muses for their Greek haunts in those classic passages." **remorseless deep** unpitying or cruel sea. . . . **52 neither** This answers to 'nor' in line 55, so that the sense is "You were playing *neither* on the steep · · · *nor* on the shaggy top." **the steep** "the mountain where the Druidic bards are buried." Milton probably refers to a mountain in Carnarvon, called Penmaenmawr, or to Kerig-i-Druidion in Denbigh, where there was a burying-place of the Druids. . . . **54 shaggy top of Mona high** the high interior of the island of Anglesey (known by the Romans as Mona), once the chief haunt of the Welsh Druids. The island was once thickly wooded: John Selden(1584-1654) says, "The British Druids took this isle of Anglesey, then well-stored with thick wood and religious groves; in so much that it was called *Inis Dowil*, 'The Dark Isle', for their chief residence." This explains the allusion in the words 'shaggy top'. **55 Deva · · · wizard stream** the river Dee, on which stands Chester, the port from which King sailed on his ill-fated voyage. In his poem *At a Vacation Exercise* Milton calls it "ancient hallowed Dee". Spenser also speaks of it as haunted by magicians, and Drayton; Michael Drayton(1563-1631) tells how, being the ancient boundary between England and Wales, it foreboded evil fortune to that country towards which it changed its course and good to the other. The word 'wizard' is therefore very appropriately used here, In fact these lines (52-55) are interesting for two reasons: (1) their appropriateness to the subject, seeing that King was drowned off the Welsh coast; (2) their evidence that Milton had already been engaged in careful reading of British legendary history with a view to the composition of an epic poem on some British subject—the first hints of which are conveyed in the Latin poems *Mansus*(1638) and *Epitaphium Damonis; Damon's Epitaph*(1639). In the former of these we find reference to the Druids, and in the latter to King Arthur. **Wizard** is one of the few survivals in English of words with the termination *ard* or *art, e.g.* sluggard, braggart: the suffix had an intensive, and also a somewhat contemptuous force, though here 'wizard' merely denotes 'magical'. **56 Ay me!** this exclamatory phrase=ah me! Its form is due to the French *aymi* = 'ah, for me!' and has no connection with 'ay' or 'aye' = yes. **fondly** foolishly: comp. *Il Pens.* 6 and *Son.* xix, 8. **57 There is** an anacolouthon or break in the construction **in the middle of this line.** The poet, in addressing the nymphs, is about to say, 'Had you been there, you might have saved Lycidas'; but, recollecting that their presence could have done no good, he adds, 'for what could that have done?' **58 the Muse herself** Calliope, the Muse of epic poetry, and mother of Orpheus, who is here called 'her enchanting son' (see *L'Alleg.* 145, note) His grief for the loss of Eurydice led him to treat the Thracian women with contempt, and in revenge they tore him in pieces in the excitement of their Bacchanalian festivals (here called 'the hideous roar'). His head was thrown into the river Hebrus, and, being carried to the sea, was washed across to Lesbos, an island in the *A*Egean Sea. His lyre was also swept ashore there. Both traditions simply express the fact that Lesbos was the first great seat of the music of the lyre. **60 universal nature** all nature, animate and inanimate: see note on line 39. **61 rout** a disorderly crowd (as explained above). The word is also used in the sense of 'a defeat'; and is cognate with *route, rote, and rut*. . . .

62 visage face, mien. See note on *Il Pens.* 13.—Milton(1929, notes), 160-162. **Lines 64-84** This passage interrupts the narrative. It is one of two long digressions in *Lycidas*, the other being ll. 113-131. The interest centres in Milton himself. The opinions are those which find frequent vent in his prose writings, concerning the high office of the poet (which his contemporaries regarded so lightly), the dignity of learning and study, and the worth of true fame.—Verity(notes), 133. **64 what boots it,** etc,: "Of what is it to be a poet in these days when true poetry is slighted? Would it not be better, as many do, to give one's self up to trifling." The passage is of interest, because (1) it illustrates Milton's high aspirations, and (2) it directs our attention to the historical fact that the literary outburst which began in 1580 was over. The poets who were alive in 1637 were such as Wither, Herrick, Shirley, May, Davenant, Suckling, Crashaw, etc.: they could not be compared with Spenser, Shakespeare, Marlowe, Ben Jonson, Beaumont, Fletcher, and others. But Milton also uses the 'shepherd's trade' in the sense of Church work (see below). In ll. 64-84 he is thinking of Ed. King as poet, in ll. 113-129 as intended for the Church. The two aspects are deftly fused together at l. 123, where Church teaching becomes "lean and flashy songs". **boots** profits, avails. **uncessant** incessant. The tendency of modern English is to use a prefix belonging to the same language as the body of the word, so that 'cessant', which is of Latin origin, takes the Lat. negative prefix *in.* This rule was not recognised in older English; hence in Milton we find such forms as 'unactive', 'uncessant', and in other writers, 'unpossible', 'unglorious', 'unpatient', 'unhonest', etc. On the other hand, there are anomalies in our present English that did not exist in the Elizabethan literature, *e.g.* 'uncertain' (formerly and more regularly 'incertain'), 'unfortunate', etc.: comp. l. 176. **65 tend** the trans. verb (as here) is a short form of 'attend'. 'Tend', to move in a certain direction, is intransitive. **homely, slighted,** etc. These adjectives qualify 'trade', not 'shepherd'. 'Trade' here denotes the practice of poetry. In lines 113-120 the shepherd's trade is not poetry, but the work of the Church. The former application of the words is found in all pastoral poetry, the latter in the Scriptures. In *Com.* 747, Milton gives the derivation of 'homely'; "It is for homely features to keep home,"; comp. *Son.* xii a. 20, note. Spenser, in his *The Shepheardes Calender; The Shepherd's Calendar*, speaks of the 'homely shepherd's quill'. **66 strictly** rigorously, devotedly. **meditate the thankless Muse** apply one's self to the thankless task of writing poetry. 'Meditate' is here used transitively like the Lat. *meditari*, which does not mean merely to ponder or think upon, but to apply one's self with close attention to a subject. The phrase occurs in Virgil (*Eclogae; Eclogues*, i. 2; vi. 8). As a transitive verb, 'meditate' has now the meaning of 'purpose'; *e.g.* meditated revenge. 'Thankless', as applied to the Muse, is 'ungrateful': comp. Virgil, *Aeneid,* vii. 425. **67 Were it not,** etc. subjunctive mood. **use** are accustomed (to do). The present tense of the verb 'to use' is obsolete in this sense: we can say 'he used to do this', but not 'he uses to do this'. . . .Compare such words as *ought, must, durst, wot, wont,* etc., all originally past tenses: see note, *Il. Pens.* 37. **68 Amaryllis · · · Neaera's hair** These are the names of imaginary shepherdesses from the Greek and Latin pastorals. . . .**69 tangles** locks or curls. . . . **70 Fame is the spur that the clear spirit doth raise**=Fame is the spur that incites the noble mind to high efforts: comp. *Par. Reg.* iii. 25-30—

> "The fame and glory, glory the reward
> That sole excites to high attempts the flame
> Of most erected spirits, most tempered pure
> Ethereal, who all pleasures else despise,
> All treasures and all gain esteem as dross,
> And dignities and powers all but the highest?"

70 clear in the sense of Lat. *clarus,* noble, pure. 'Spirit' is the object of 'doth raise'. **72 This line states** the high efforts to which the love of fame will incite men, viz., "to scorn delights and live laborious days." **73 guerdon** reward: grammatically, object of 'find'. . . . **75 blind Fury** nomin. to verb 'comes'. The three goddesses of vengeance were called Furies by the Romans, but Milton's reference to 'the abhorred shears' shows that he is thinking of one of the Fates (see *Arc.* 65, note. Cf. note on *Arc.* 65: **vital shears** the shears held by Atropos, who cuts the thread *of life.* Comp. *Lyc.* 75, where they are called "abhorred shears": see also *An Epitaph on the Marchioness of Winchester,* 28.), viz. Atropos. She is here said to be blind because she is no respecter of persons. Milton probably used the word *Fury* in a general sense as signifying the cruelty of Fate, or he may mean to denote Destiny: comp. Shakespeare's *King John,* iv. 2. 91, "Think you I bear the shears of destiny?" **76 thin-spun life** *i.e.* the thin-spun or fragile thread of life, in allusion to the uncertainty of human life as shown in the case of Edward King. . . . **76-77 But not the praise / Phoebus · · ·** Phoebus (*i.e.* Apollo), as the god of song, here checks the poet, reminding him that though Fate may deprive the poet of life it cannot deprive him of his due meed of true praise. The construction is, "Fate slits the thin-spun life, but does not slit the praise": there is therefore a zeugma in 'slits'; it is applied to life in its literal sense 'to cut', and to praise in the sense of 'to intercept'. **77 touched my trembling ears** *i.e.* touched the ears of me trembling: comp. note on *L'Alleg.* 124. David Masson's acute note on this is: "A fine poetical appropriation of the popular superstition that the tingling of a person's ears is a sign that people are talking of him. What Milton had been saying about poetic fame might be understood, he saw, as applicable to himself." Comp. Virgil's *Eclogae*, vi. 3. The rhymes of lines 70-77 are *ababacac*. **78-80**="Fame is not found in this life, and dwells *neither* in the glittering leaf displayed in the world, *nor* in the wide-spread rumour." **78 mortal soil** this earth. The epithet *mortal* is transferred from life to the scene of life. 'Mortal' here denotes 'associated with death'; Milton also uses it in the senses of 'causing death' = fatal, and 'human'. **79 Nor · · · · nor,** neither · · · · nor: common in poetry. **glistering** from the same base as *glisten, glitter, glint, gleam, glow.* **80 lies** dwells; as often in Old English. . . . **81 by** by means of, *i.e.* because it is perceived by. . . . **83 pronounces lastly** decides finally. **85 Arethuse** see *Arc.* 30. The poet invokes the fountain of Arethusa in the island of Ortygia, off Sicily, because Theocritus was a Silcilian; hence the words "Sicilian Muse", l. 133. He also invokes the Mincius, which falls into the river Po, below Mantua in North Italy, because Virgil was a native of Mantua. Hence the significance of the words 'honoured flood' and 'vocal reeds'. **88 my oat** my pastoral muse. The construction is peculiar, 'oat' being apparently nominative to 'proceeds' and 'listens'. . . . **89 the herald of the sea** Triton, represented by the Romans as bearing a 'wreathed horn' or shell, which he blew at the command of Neptune in order to still the waves of the sea. He is here supposed by Milton to appear **in Neptune's plea** (l. 90), *i.e.* to defend him from the suspicion of having caused Lycidas death by a storm, and to discover the real cause of the shipwreck. 'Plea' and 'plead' are cognate words. **91 felon** fierce, wild; here used attributively. . . .**93 of rugged wings** 'rugged-winged', having rugged wings, *i.e.* tempestuous. **94 each beaked promontory** each pointed cape. . . .**95 They** (*i.e.* the waves and winds) knew nothing of the fate of Lycidas. Observe the double or feminine rhymes,—*promontory, story.* **96 sage Hippotadès** the wise ruler of the winds, Æolus, son of Hippotès: he brings the answer of the winds to the effect "that not a blast was from its dungeon strayed." 'Hippotadés' is a Greek patronymic, formed by the suffix *-des*, seen in Boreades, son of Boreas; Priamides, son of Priam, etc. Comp. Homer's *Odyssey*, x. 2. **97 was · · · strayed** in modern English we say 'had strayed'; the auxiliary 'have' being now more common than 'be'. See note *Son.* ii. 6, and comp. 'was dropt', l. 191. **his dungeon** the winds are probably here personified, hence the pronoun 'his'. . . .**Dungeon** prison, literally 'the chief tower': it is another form of the old French word *donjon,* from Lat. *dominionem*, and therefore cognate with 'dominion,' 'domain', etc. **98 level brine** the placid sea. 'Brine' denotes salt water, and by a figure of speech is applied to the ocean whose waters are salt. **99 Panopè and her sister** the daughters of Nereus, hence called Nereids: in classical mythology they were the nymphs who dwelt in the Mediterranean Sea, distinct from the freshwater nymphs, and the nymphs of the great Ocean. Their names and duties are given in the *Faerie Queene*, iv. 11. 49; see also Virgil, *Georgica; Georgics*, i. 437. **100 fatal and perfidious bark** the ill-fated and treacherous ship in which King sailed: it went down in perfectly calm weather, and hence the force of Triton's plea on Neptune's behalf. **Bark** also spelt 'barque', is etymologically the same as 'barge'; but the latter is now only used of a kind of boat. **Fatal** appointed by fate; **perfidious** faithless (Lat. *per,* away; and *fides*, faith). **101 Built in the eclipse** this circumstance is imagined by the poet in order to account for the wreck of the ship, eclipses being popularly supposed to bring misfortune upon all undertakings begun or carried on while they lasted. The moon's eclipse was specially unlucky, but in Shakespeare's *Hamlet* we read also of "disasters in the sun", and similarly in *Par. Lost*, i. 597. An eclipse was supposed to be a favourite occasion for the machinations of witches: in *Macbeth,* iv. l. 27-28 we read that "・・・slips of yew/slivered in the moon's eclipse," formed one of the ingredients in the witches' cauldron. **rigged with curses dark** To rig a ship is to fit it with the necessary sails, ropes, etc.; and by a bold figure the poet says that King's vessel was fitted out with curses; at least this is the sense if 'with' be taken to mean 'by means of', Some prefer to interpret 'with' as 'in the midst of', the sense being that the ship was cursed by the witches while it was being rigged. **102 That sunk** 'that', relative pronoun, antecedent 'bark', **Sunk**=sank; for the explanation compare William Morris's(1834-1896) *English Accidence*—"The verbs *swim, begin, run, drink, shrink, sink, ring, sing, spring,* have for their proper past tenses *swam, began, ran,* etc., preserving the original *a;* but in older writers (sixteenth and seventeenth centuries) and in colloquial English we find forms with *u,* which have come from the passive participles." **Sacred** etymologically signifies the same as 'consecrated', 'set apart', and hence 'devoted': it may be used here of Lycidas as devoted to death: comp. *Par. Lost,* iii .208—"To destruction *sacred* and devote." ***Notes on lines 103-131: see the pages 151-159 of this book.***— Milton(1929, notes), 162-173. **Lines 113-131.** We are not justified in assuming that this passages directed against the established Church as a whole. A few years later Milton would have said that the charges were true of all the Clergy: here he limits them to a certain section ("enow of *such*"), though possibly a large section, whom he condemns because: (i) They enter the Church by unworthy means, for unworthy ends, to gain preferment, to enjoy wellbeing: it is no love of religion that brings them there, ll. 114-118. (ii) They are ignorant, blind leaders of the blind, ll. 119-124. (iii) They are indifferent about their duties, and incompetent to fulfil them, and leave the people without due teaching, ll. 122-125. (iv) They allow false doctrines to spread, ll. 126-127. (v) They do not check perversions to the Roman Catholic Church, 128-129. All these charges are put far more strongly in his prose-tracts; and the imagery of the lines, even the language, might be illustrated by endless quotations.—Verity(notes), 142.

130 two-handed engine The sense is "But the instrument of retribution is ready and punishment will swiftly fall upon the corrupt Church." 'Engine'=instrument, its literal sense being 'something skilful' (Lat. *ingenium,* skill). 'Two-handed' denotes some formidable instrument: cf. *Par. Lost,* vi. 251, "・・・with huge two-handed sway"; also the two-handed flail of Talus (*F.Q.* v. 1). Milton's vague prophecy has opened a way for endless conjecture regarding the 'engine' he had in view. Among the suggested interpretations are:—

(1) That it denotes the axe by which Archbishop (of Canterbury) William Laud(1573-1645) was afterwards to be beheaded in 1645, Milton's words being thus prophetic. This view may be set aside: it certainly did not occur to any one at the time of the publication of *Lycidas*, when the power of Laud was at its height.

(2) That the axe is that alluded to metaphorically in the Scriptures as the instrument of reformation: see *Matthew*, iii. 10, "And now the axe is laid unto the root of the trees: therefore every tree which bringeth not forth good fruit is hewn down, and cast into the fire." In Milton's treatise *Of Reformation in England* he speaks of "the axe of God's reformation hewing at the old and hollow trunk of Papacy." This view is both the most obvious and the most probable. That Milton alludes to the two-doored temple of Janus or to coming war with two Catholic Powers (France and Spain) is very unlikely.

(3) That there is an allusion to the "two-edged sword" which proceedeth out of the mouth of the Living One (see *Revelation*, i. 16).

(4) That the poet refers to the powers of the pure Gospel as contained in the Old and New Testaments.

(5) That the English Parliament with its two House is meant, "the agency by which, three or four years afterwards, the doors of the Church of England *were* dashed in."

(6) That it denotes *civil* and *ecclesiastical* power. See note on *Son.* xvii. 12..—Milton(1929, notes), 173-174. Note on *Son.* xvii. 12 is as follows: **bounds of either sword,** *i.e.* the limits of the power of the Church (=the sword spiritual), and of the State (the sword temporal). Some would identify these with the "two-handed engine", *Lyc.* 130 (Milton(1929, notes), 211).

132 The poet again descends to the level of the ordinary pastoral, though it should be observed that in lines 113-131 he has skillfully adapted pastoral language to an unusual theme. The "dead voice" is the voice of St. Peter, and it is to this passage that Milton refers in the sub-title to the poem prefixed on its republication in 1645. "In 1638 it had been hold enough to let the passage stand in the poem, as published in the Cambridge memorial volume, without calling attention to it in the title"(Masson). **Alpheus** see *Arc.* 30, note. A river of Arcadia. Note on *Arc.* 30: **Alpheus,** pronounced Al-phé-us. A river-god who pursued the nymph Arethusa; she was changed by Diana into the fountain of Arethusa in the island of Ortygia at Syracuse, but the god continued to pursue her under the sea, and attempted to mingle his stream with the Ortygian fountain. This story arises from the fact that the Alpheus, a river which rises in Arcadia, flows for some distance underground before falling into the Ionian Sea. The Arcadians believed that an object thrown into the Alpheus would reappear in the fountain of Arethusa. See *Lyc.* 85, 132 (Milton(1929, notes), 145). **133 That shrunk thy streams** *i.e.* which silenced my pastoral muse. The figure is a Scriptural one: "The waters stood above the mountains; at thy rebuke they fled; at the voice of thy thunder they hasted away,"—*Psalms*, civ. 7. 'Shrunk' is here used in an active or causal sense=made to shrink, as in the phrase 'to shrink cloth.' **Sicilian Muse** the muse of pastoral poetry: see note on 85. **134 hither cast** *i.e.* come hither and cast. . . . **135 bells** bell-shaped blossoms. . . . **flowerets** floweret is diminutive of 'flower'. **136 use** dwell, go frequently, haunt. The verb is quite obsolete in this sense: comp. note, l. 67. . . . **136-137 · · · where the mild · · · / · · · and gushing brooks** The construction is, "Where the mild whispers of shades, and wanton winds, and gushing brooks, dwell."—Milton(1929, notes), 174. **137 wanton** The radical meaning of wanton is 'unrestrained'. It is a favourite word with Milton, implying non-restraint of various kinds; of conduct, *i.e.* 'loose', 'light', and then 'lascivious'; of growth, *i.e.* 'luxuriant', cf. "wanton growth", in *P.L.* iv. 629, ix. 211; of movement, *i.e.* 'tossing about', cf. *P.L.* iv. 306, or 'roving at will'. The last seems the sense here: it is the idea of the wind blowing where it lists. Cf. "wanton air" in Shakespeare's *Love's Labour's Lost,* iv. 3. 104. Shakespeare uses "wanton wind" in *A Midsummer Night's Dream,* ii. 1. 129, but there *wanton*='lustful'. The full form is *wantowen*; cf. *wantowe* in the *Promptorium*; *wan* (cf. Dutch prefix, *wan-*) being a negative prefix, expressing lack, deficiency; and *towen=togen,* the past part. of A.S. *téon,* to draw, or educate (akin to Lat. *ducere*). *Wanton* therefore naturally got the meaning 'untrained' or 'ill-restrained'. Similar compounds quoted by Henry Mayhew(1812-1887) and Walter William Skeat(1835-1912) are *wan-beleue=perfidia*, in the *Promptorium; wan-hope=*

despair; *wan-trust*=dis-trust, Chaucer, *Maunciples Tale,* 177.—Verity(notes), 149. **138 lap** by a common figure we speak of 'the lap of earth', 'the earth's bosom', etc. . . . The word is connected with 'lap'='wrap' (*L'Alleg.* 136). **the swart star sparely looks,** *i.e.* "where the influence of the burning dog-star is scarcely felt," the flowers being therefore fresh and bright. The swart star is Sirius or Canicula, a star just in the mouth of the constellation Canis, hence called the dog-star (Lat. *canis*, a dog). Hence also the term "dog days". To the Greeks and Romans this star appeared at the hottest time of the year, and was by them regarded as the cause of the great heat. It is therefore here called **swart,** *i.e.* swart-making, because by exposure to heat the face becomes *swarthy* or brown. Milton frequently transfers an epithet from the object of an action to the agent: comp. "oblivious pool"= pool that makes one oblivious (*Par. Lost,* i. 266), "forgetful lake", etc. There are four forms of the adjective: the earliest is *swart*, then *swarty*, *swarth*, and finally *swarthy*: all four forms occur in Shakespeare. . . .**139 quaint enamelled eyes** *i.e.* blossoms neat and bright. The centre of a blossom is sometimes called an 'eye'; the name is also given to a tender bud or even to a flower (as here). Milton's use of the word 'enamelled' is illustrated in *Arc.* 84, and his use of 'quaint' in *Arc.* 47; see notes. . . .Note on *Arc.* 47: **quaint** neat, dainty. In modern English it means 'odd' or old fashioned. The word is from Lat. *cognitus*, 'known' or remarkable; and Chaucer uses it in the sense of 'famous'. In French it became *coint,* which was treated as if from Lat. *comptus,* neat, ingenious. This explains how the word obtained the meaning Milton gives it. Its present meaning is due to the fact that what is in one age designed with too great attention to art is liable, in a later ago, to seem whimsical and odd. See note on *Nat. Ode,* 194 (Milton(1929, notes), 146-147). Note on *Arc.* 84: **enamelled** bright. This is the radical sense of the word, and that in which Milton uses it. As enamelling is generally in colours the word has acquired a secondary sense, 'variegated'. 'Enamel' is literally a 'molten-like or glass-like coating' it is cognate with *melt.* See *Lyc.* 139, and note (*Ibid.*, 150). **140 honeyed showers** sweet and refreshing rain. . . .**141 purple** here used as a verb. The meaning is that the spring flowers are so abundant that they give the green turf a purple tint: comp. *Par. Lost,* vii. 29-30, " · · · or when morn / Purples the east: · · · " In Latin *purpureus* is common in the sense of 'dazzling'. **vernal** pertaining to Spring (Lat. *ver*). **Lines 142-151** form (as Masson says) "the most exquisite flower-and-colour passage in all Milton's poetry. His manuscript shows that he brought it to perfection by additions and after thoughts." "For musical sweetness and dainty richness of floral colour, it beats perhaps anything else in all Milton. It is the call upon all valleys of the landscape, and the banks of all the secret streamlets, to yield up their choicest flowers, and those dearest to shepherds that they may be strewn over the dead body of Lycidas." A similar fancy is found in Shakespeare's *Cymbeline*, iv. 2. 218-220, "With fairest flowers / · · · · / I'll sweeten thy sad grave: · · · · "

Those critics who judge the beauty of any poetical reference to nature by its fidelity to actual fact may readily object that Milton would here bring together flowers that are never found in bloom at the same time of the year. But the season of the year does not enter into Milton's thoughts except in so far as it enables him to characterize some of the flowers. His only concern is to honour the grave of his fellow-shepherd by heaping upon it a rich offering of nature's fairest and sweetest flowers—flowers that, by their purity or their "sad embroidery", are well fitted to "strew the laureate hearse where Lycid lies."

In connection with this passage Mr. Ruskin; John Ruskin(1819-1900) writes:—"In Milton it happens, I think, generally, and in the case before us most certainly, that the imagination is mixed and broken with fancy, and so the strength of the imagery is part of iron and part of clay." Lines 142, 145, and 147 he considers 'imaginative'; lines 144 and 146 'fanciful'; line 143 'nugatory'; and line 148 'mixed'.

142 rathe early: the root of this word survives in the comparative *rather*:. . . .The Old English *rath* = early (adj.); *rathe* = soon (adv.). **that forsaken dies** *i.e.* 'that dies because it is forsaken by the sun-light', a reference to the fact that it is often found in shady places. Milton at first wrote 'unwedded', showing that he had in mind Shakespeare's words, " · · · pale primroses, / That die *unmarried,* ere they can behold / Bright Phoebus (*i.e.* the sun) in his strength— · · · ": *The Winter's Tale*, iv. 4. 122-124. **143 tufted crow-toe** This plant is more commonly called "crow-foot", both names having reference to the shape of the flower. . . .Another similar plant is the **tufted** vetch, and this epithet correctly describes the appearance of all these plants when in flower. **pale jessamine** 'Jessamine' or jasmine, a plant which belongs originally to the East; hence the name, from Persian *yásmín*. **144 pansy freaked with jet** a species of violet having generally dark spots in the centre of its blossoms. **Freaked** spotted or marked; this word is now little used except in the diminutive *freckles*=small dark spots (as those on some faces). . . . **146 well-attired woodbine** *i.e.* the honey-suckle with its clusters of flowers. **Well-attired** does not here mean well clothed or well covered with leaves, but 'having a beautiful *head-dress* of flowers'. **Tire** (the prefix being dropped) occurs in the same sense. The word is now extended to the whole dress: comp. *On Time*, l. 21. **147 hang the pensive head** 'pensive' is here used proleptically, *i.e.* it denotes the result of the action expressed by the verb 'hang': comp. *Arc.* 87. **148 sad embroidery**

or, as Milton originally wrote, "sorrow's livery", *i.e.* colours suited to mourning. 'To embroider' is strictly to adorn with needlework, hence used in the sense of 'to ornament', and finally 'to diversify by different colours'. **149 amaranthus** a plant so called because its flowers last long without withering. In *Par. Lost,* iii. 352 it occurs as 'amarant', the adjective being 'amarantine', which comes directly from the Greek *amarantos*, unfading. The word is cognate with 'ambrosia', the food of gods, both having their counterpart in the Sanskrit *amrita*, immortal. **his beauty shed** 'his' here stands for 'its': see note on *Il Pens*. 128. 'Shed' is the infinitive after 'bid'; so is 'fill' in the next line. **150 daffadillies** more commonly written 'daffodils'. . . .**151 laureate hearse** the poet's tomb. The word 'laureate' here signifies that Lycidas was a poet and was lamented by poets. Another interpretation is that it refers to the fact that King had obtained an academical degree: see note on *Son*. xvi. 9. 'Hearse' now denotes the carriage in which the dead are carried to the grave, and even the meaning which Milton here gives it is not the primary one. The changes of meaning which this word has shown are: (1) a harrow, *i.e.* a frame of wood fitted with spikes, and used for breaking up the soil; (2) a frame of similar shape in which lighted candles were stuck during church service; (3) a frame for lights at a funeral; (4) a funeral ceremony, a monument, etc.; (5) a frame on which a dead body is laid; (6) a carriage for a dead body; comp. *An Epitaph on the Marchioness of Winchester,* 58. **Lycid**=Lycidas, the suffix being dropped. **153 false surmise** The surmise is false because King's body is missing so there is no chance of strewing his hearse. **154 There is a zeugma** in *wash* as applied to 'shores' and 'seas'. Comp. Virgil's *Aeneid*, vi. 362: "my body is sometimes *tossed* by the waves, and sometimes *thrown* on the shore." The pathetic allusions in *Lycidas* to King's death at sea may be compared throughout with Virgil's language on the death of the pilot Palinurus. . . .**156 Hebrides,** or Western Isles, a range of about 200 islands, scattered along the western coast of Scotland. King having been wrecked in the Irish Sea, his body may (according to Milton) have been carried far north to the Hebrides or far south to the coast of Cornwall, these two parts being the extremities of Great Britain. **157 whelming** the compound 'overwhelming' is more commonly used. **158 the bottom of the monstrous world** *i.e.* the bottom of the sea, "there being more room for the marvellous among the creatures of the deep than among the better known inhabitants of the land." 'Monstrous' is therefore here used literally=full of monsters. Comp. *Par. Lost,* ii. 624-625, " · · · · and nature breeds, / Perverse, all *monstrous*, all prodigious things,"; also Virgil's *Aen.* 729, "Quae marmores fert *monstra* sub aequora pontus." **159 Or whether** This would naturally answer to 'whether' in line

156, but there is another anacolouthon, or change of construction; the first 'whether' introduces an adverbial phrase, while the second introduces a complete sentence. **to our moist vows denied** *i.e.* your body being denied to our tearful prayers. 'Moist' is properly applicable to the eyes of those praying for the recovery of Lycidas' body. There may be an allusion in 'vows' to those promises of thanksgiving and offerings made to Neptune that he might restore the bodies of those who had been drowned. Comp. *Arc.* 6. Note on Arc. 6 is as follows: **vows** desires: comp. *Lyc.* 159. The Latin *votum* means (1) a solemn promise, (2) a wish or desire (Milton(1929, notes), 142). **160 fable of Bellerus old** *i.e.* the fabled abode of the old Cornish giant Bellerus. Bellerium was the Latin name for Land's End in Cornwall, and Milton 'fables' this name to have been derived from Bellerus, though no such name occurs in the catalogue of the old Cornish giants. There was, however, a giant named Corineus, said to have come into Britain with Brute, and in his first draft of the poem Milton wrote 'Corineus', not 'Bellerus' (pron. *Bellérus*). **161 great Vision of the guarded mount** The 'guarded mount' is St. Michael's Mount, near Land's End, on which there is a crag called St. Michael's Chair. The tradition is that the 'vision' (or apparition) of the Archangel had been seen seated on this crag. Milton, therefore, speaks of the Mount as 'guarded' by the Archangel. **162 Namancos** Namancos is in the province of Gallicia, near Cape Finisterre, in Spain (the name being found in old maps). . . . **hold** = stronghold, castle. **163 Angel** *i.e.* St. Michael, who is here asked to cease looking towards Spain and to turn his gaze to the seas around him, where the shipwrecked Lycidas lies. Some would take 'Angel' as addressed to Lycidas, who would then be regarded as a glorified spirit looking down upon his weeping friends: that this is not the meaning is evident from the language of l. 164. **ruth** pity, see note on *Son.* ix. 8. **164 dolphins** sea-animals; here alluded to because Arion, an ancient Greek bard, when thrown overboard by sailors on a voyage to Corinth, was supported on the backs of dolphins whom he had charmed by his music. **waft** a word generally applied to winds, sometimes also to water, is here used of the dolphins to signify their swift passage through the sea. **165 The poem here becomes** a strain of joy (see *Analysis*), which may be compared with that which closes Milton's other famous elegy on the death of Charles Diodati two years after *Lycidas* was composed. . . . **woful** also spelt 'woeful'.—Milton(1929, notes), 174-180. **Lines 165-185** This is concluding passage of the monody, since the last eight lines are a kind of epilogue. We may compare the end of the *Epitaphium Damonis; Damon's Epitaph* (Milton's famous elegy on the death of his friend Charles Diodati). In each case sorrow dies away and gives place to consolation —that through death the lost friend has found life. . . . —Verity(notes), 158.

166 your sorrow object of your sorrow; by synecdoche the name of a passion or emotion is often put for the object that inspires it, *e.g.* joy, pride, delight, care, hope, etc. **is not dead** *i.e.* he lives in Paradise. **167 watery floor** the surface of the sea: comp. "level brine", l. 98, and the Lat. *aequor* (a level surface) applied to the sea. . . .**168 day-star** the sun, which, to one looking seaward, seems to sink, at setting, into the ocean. Comp. *Com.* 95-97, "And the gilded ear of day, / His glowing axle doth allay / In the steep Atlantic stream," **169 anon** after a short time, *i.e.* at sunrise. Comp. *L'Alleg.* 131. **repairs his drooping head** renews his brightness. **170 new-spangled ore** bright golden rays. 'Ore'=metal, the newly-risen sun being like a ball or disc of gold. 'Spangled'=sparkling: a spangle is strictly a small plate of shining metal used as an ornament, and hence in poetry it is common to speak of the stars as spangles, and of the sky as 'spangled with stars.' Comp. Shakespeare's *The Taming of the Shrew*, iv. 5. 31: see also *Par. Lost,* xi. 130. **172 So** The meaning is, "*As* the sun sinks into the sea in the evening but rises again in the morning with renewed beauty, *so* Lycidas sank low into the sea, but rose again through the saving power of Christ, to take his place in Paradise." **Sunk** sank. . . .**173 the dear might of Him,** etc.=the power of that dear Saviour over whom the waves of the sea had no power. Milton thus appropriately illustrates Christ's power by a reference to that one of his miracles which shows his rule over the waters. See *Matthew,* xiv. 22. **174 Where** *i.e.* mounted high (to that place) *where*, etc. **along** a preposition governing 'groves' and 'streams.' **175** His locks that were wet with the sea ooze he washes with the pure nectar of heaven. **Oozy** slimy; 'ooze' is the soft mud found at the bottom of the sea. 'To ooze' is to flow gently, as ooze would do. **Nectar** the drink of the gods. . . .**176 unexpressive nuptial song** *i.e.* inexpressible marriage song: see *Revelation,* xix. 9, where all true believers are spoken of as bidden to the marriage feast of the Lamb of God. In the two preceeding lines the language of *Lycidas* is that of classical mythology; in this line and the six following, the imagery is Christian; and then the poet reverts to mythology. "We might say that these things are ill-fitted to each other. So they would be, were not the art so fine and the poetry so overmastering; were they not fused together by genius into a whole so that the unfitness itself becomes fascination"(Stopford Brooke). 'Unexpressive' both Shakespeare and Milton use adjectives with the termination *-ive* where we now use *-ible* or *-able.* Comp. incomprehensive, plausive, insuppressive, etc., occurring in Shakespeare. For the prefix *-un* see note on l. 64 above. The word 'unexpressive' has therefore, in modern English, become *in-express-ible.* 'Nuptial' is from Lat. *nubere*, to marry; comp. 'connubial'. **177 kingdoms meek** abodes of the meek. **178**="There all the saints above entertain him." **179 sweet societies** What Milton here calls 'sweet societies' of angels, he calls (in *Par. Lost,* xi. 80) 'fellowships of joy'. Milton believed in a complete angelic system, with a most elaborate division into orders and degrees of rank—a system widely recognised in mediæval Christian tradition. In *Par. Lost* he makes large use of this belief; in this poem it is merely hinted at. **181 The language of this line** is taken from the Scriptures: see *Isaiah,* xxv. 8, and *Revelation,* vii. 7, "God shall wipe away all tears from their eyes." **for ever** once and for all. **182 This line is** to be compared with line 165. **183 the Genius of the shore:** see *Arc.,* 25-26; *Il Pens.* 154. It is common in Latin poetry to represent a drowned person as becoming the genius or guardian spirit of the locality where he met his fate, his office being to prevent future voyagers from a like disaster; hence Milton says, "(thou) shalt be good (*i.e.* propitious) to all that wander," etc. The Latin *bonus* occurs in the sense of 'propitious', Virgil's *Eclogae,* v. 64. **184 In thy large recompense,** *i.e.* as a great recompense to *thee.* "The use of the possessive pronouns and of the inflected possessive case of nouns and pronouns was, until a comparatively recent period, very much more extensive than at present, and they were employed in many cases where the preposition with the objective now takes its place"[Marsh; George Perkins Marsh(1801-1882)]. **185 wander in that perilous flood,** *i.e.* sail over that dangerous sea. **186 The epilogue begins here** (see *Analysis*): its separateness from the rest of the poem is indicated by the fact that in it Milton lays aside his "oaten flute" and resumes his own personality, and by the metrical and rhyming structure of the eight lines of which it consists. It is, in fact, a stanza in *Ottava Rima,* the arrangement of rhymes being *a b a b a b c c* . **uncouth** unknown, see note, *L'Alleg.* 5. **187 with sandals gray** *i.e.* at the gray dawn. . . .**188 He touched the tender stops of various quills,** *i.e.* throughout his song he had passed through various moods and had sung in various metres. 'Quill' is here used in its primary sense,=a reed, which Milton has already called 'oaten pipe': the application of this word to the feather of a bird is secondary. The 'stops' of a reed or flute are the small holes over which the fingers of the player are placed, also called vent-holes or (as in Shakespeare) 'ventages': comp. *Com.* 344, " · · · pastoral reed with oaten stops". The epithet 'tender' is here transferred from the music itself to the stops, from the effect to the cause. **189 thought** care: comp. *Matthew,* vi. 25, "Take no *thought* for your life," etc. **Doric lay** pastoral song, so called because Theocritus, Bion(*ca.* 290-100 B.C.) and Moschus(*fl. ca.* 150 B.C.) wrote their pastorals in the Doric dialect of the Greek tongue: see note on *L'Alleg.* 136. **191 was dropt** had dropt: see note, l. 97, and *Son.* ii. 6. **192 twitched** plucked tightly around him. **his mantle blue** The colour is that of a shepherd's dress, hence the allusion. It is very improbable that any allegorical sense is intended.—Milton(1929, notes), 180-182.

MILTON'S SONNETS.

Milton's sonnets are of interest not merely from the circumstances of their composition and form the subjects of which they treat, but also from the fact that they are, in metrical structure, closer to the Italian type than those of any other English poet. The sonnet came to us originally from Italy, and hence Milton speaks of it as the Petrarchian stanza. It is a poem of fourteen decasyllabic lines, the first eight forming the octave, and the remaining six the sestet. The octave consists of two quatrains, and has its rhymes arranged thus—*abba, abba.* In the strict Italian type a pause or break in the thought occurs at the end of the octave, but this rule has many exceptions. The rhymes of the sestet are less strictly governed by rule, and the first three forms employed by Milton (see subjoined metrical table) are all common in the sonnets of Petrarch; Fransesco Petrarca(1304-1374), Dante; Alighieri Dante(1265-1321), Tasso; Torquato Tasso(1544-1595), and Vittoria Colonna(1492-1547). Ariosto; Ludovico Ariosto(1474-1533) chiefly follows what is here called Milton's first form. In the Italian sonnet a final rhyming couplet was allowable, but Milton uses it only once (*Son.*(*Sonnet*) xvi.): in Spenser and Shakespeare, on the other hand, this rhyming couplet is always present. The sonnet must be absolutely complete in itself and must be dignified and full of strength. It must be the direct expression of some *real* emotion, of some incident that has stirred the poet's soul. Judged by these requirements Milton's sonnets are seen to be worthy of the form in which they are cast; they are not fanciful expressions of some simulated feeling, but are straightforward, majestic and impassioned. Wordsworth might well say of the Sonnet that, in Milton's hands, "the thing became a trumpet, whence he blew soul-animating strains,—alas! too few!"

METRICAL ANALYSIS

1st form: abba, abba; cdc, dcd:—
Sonnets i., viii., xi., xiv., xviii., xxii., xxiii.
2nd form: abba, abba; cde, cde:—
Sonnets ix., x., xvii., xix., xxi.
3rd form: abba, abba; cde, dce:—
Sonnets ii., xiii.

4th form: abba, abba; cdd, cdc:—
Sonnets xii., xv.
5th form: abba, abba; cdc, eed:—
Sonnet xx.
6th form: abba, abba; cdd, cee:—
Sonnet xvi.
7th form: abba, abba; cde, dec; cff, fgg:—
(*tailed*) Sonnet xii*a*.

The Italian sonnets (iii.-vii in Latin) are, of course, omitted from this edition. As a guide to the student we give a classification of the sonnets according to the nature of their subject (see Stopford Brooke's *Milton,* Classical Writers series):—

I. *Personal:* i., ii., viii., xiii., xix., xx., xxi., xxii.
II. *To woman:* iv., x., xiv., xxiii.
III. *Controversial:* xi., xii., xii*a*.
IV. *Political:* xv., xvi., xvii., xviii.

—Milton(1929, notes), 183-184.

Milton's Sonnets may be divided into three groups, "the controversial", "the personal", and "the political". The first of these groups (Sonnets XI., XII. and "The New Forcers") are the least interesting, at once from the nature of their several subjects and the grim ungainliness that usually characteristics Milton's attempts at humour. To the other groups Mr Stopford Brooke; Stopford Augustus Brooke(1832-1916) introduces us thus:

"The *personal sonnets* have great and solemn beauty, the beauty that belongs to the revelation of a great spirit. We may well compare the second sonnet, with its quiet self-confidence, its resolved humility, its aspiration to perform the great Task-master's work, with the sonnet written, twenty years after, on his blindness, in 1652. It looks back over many sorrows and tumults to the earlier one; and, depressed by his blindness, he thinks how little has been, and may now be done; but deep religious patience helps him to think that God works, and that 'They also serve who only stand and wait.' Not less noble in thought, not less stately in expression, but full of the veteran's consciousness of work, is the sonnet written three years later to Cyriack Skinner(1627-1700?), also on his blindness. He does not bate one jot of hope, but steers right onward . . . The sonnet written when the Assault was intended to the City, and three others, written to Lawes; Henry Lawes(1596-1662), and Mr Lawrence; Edward Lawrence(1633-1657), and Cyriack Skinner, may also be called personal. They show Milton in his artist nature as the poet who knew his own worth; as the lover of music and as the musician; the lover of Italy, of Dante's poem, and of Tuscan airs; the tender friend; the lover of classic verse. No sonnets in the English tongue come nearer than those to Lawrence and Cyriack

Skinner to the mingled festivity and serious grace of Horace, and their religious spirit, graver than that of Horace, makes them Miltonic.

"Of the *political sonnets*, the finest is that to Cromwell; Oliver Cromwell (1599-1658). Those to Fairfax; Sir Thomas Fairfax; Thomas Fairfax, 3rd Baron Fairfax of Cameron(1612-1671) and Vane; Sir Henry Vane the Younger(1613-1662) are 'noble odes', but that to Cromwell is written like an organ song by Handel; George Frederick Handel; Georg Friedrich Händel(1685-1759) in his triumphant hour. More solemn still, and justly called a psalm, is the stern and magnificent summons to God to avenge His slaughtered saints, slain by the bloody Piedmontese. It is harsh, some have said; nay, it is of great Nature herself: it has 'a voice whose sound is like the sea'."—Milton(1933), xxvii-xxviii.

M.'s sonnets: style and versification. M. wrote twenty-three sonnets. The first six are love poems and were written in 1629, by which time the vogue of the sonnet in England had been over for thirty years. Most of the other sonnets belong to the period 1642-55. Three of them—*Son.* xv, to Fairfax (writ. 1648), *Son.* xvi, to Cromwell (writ. 1652) and *Son.* xvii, to Vane (writ. 1652)—are addressed to great political figures of M.'s day. Probably Tasso's *Sonneti Eroici* gave M. the idea of celebrating contemporary leaders in sonnets of epic grandeur. However, the tone of these sonnets, like that of the three sonnets to young friends—*Son.* xx, to Edward Lawrence (writ. 1653) and *Son.* xxi-xxii, to Cyriack Skinner (writ. 1655)—is markedly Horatian (see the notes to these poems).

In Dec. 1629 M. bought a copy of Giovanni Della Casa's(1503-1556) *Rime e Prose*(1563), now in the New York Public Library (French i 205). Marginal notes and text corrections in M.'s hand bear witness to the thoroughness of his reading: he also copied into it another Della Casa sonnet from the 1623 edition. Della Casa, like Pietro Bembo(1470-1547), from whose experiments he profited, gave his sonnets a complex and artificial word-order by devices such as inversion, interpolation and suspension of grammar, in order to create the impression of an intricate syntax akin to Latin. By multiplying pauses within the lines-manipulating clauses and sentences to chop across the verse divisions-he made his sonnets sound abrupt, uncompromising and densely meaningful. To allow opportunities for more elongated syntactical intricacies he planned the development of ideas within the sonnet so that it struck through the formal limits of quatrains and tercets and flowed across the octave-sestet boundary, where Petrarch and his followers had always observed a pause. At the same time, beneath this elaborately irregular surface, he retained an effect of inner balance by frequent pairing of adjectives, nouns and verbs, by antithesis and parallelism, and by other duplex structures. M.'s sonnets imitate these techniques, and at times, as Prince (Prince, F.

T. *The Italian Element in Milton's Verse* (Oxford: The Clarendon Press, 1954), 106) remarks, citing *Son.* xviii *On the Massacre in Piedmont* (1655), they carry Della Casa's innovations further than any poet had done in Italian. In these later sonnets M. is clearly developing his epic style.

M.'s versification follows the Italian metrical scheme (as opposed to the English or Shakespearean) of two quatrains and two tercets. His quatrains always rhyme *abba abba*: this was called the 'enclosed order' and was favoured by Petrarch who, however, along with other Italian poets, sometimes used alternate rhymes in his quatrains. The rhyming of M.'s tercets, as in the Italian poets, in much more varied. Most frequently he uses well-established Petrarchan schemes: *cdc dcd* in seven sonnets, *cde cde* in five, and *cde dce* in four. In four sonnets he employs a couplet-ending, which Petrarch never does: *cdc dee* in *Son.* iii, *Son.* iv and v (a scheme preferred By Thomas Wyatt the Elder(1503-1542), but previously used, as Smart (Smart. John. Ed. *The Sonnets of Milton.* Glasgow 1921, 17-19) notes, by the fourteenth century Italian poet Fazio degli Uberti, and mentioned in Minturno's *Arte Poetica*); and *cdd cee* in *Son.* xvi (a scheme used by Uberti and also by Tasso). In two of the remaining three sonnets M. introduces a couplet in lines *10* and *11*: *Son.* xv, to Fairfax, has tercets rhyming *cdd cdc*; and *Son.* xii 'I did but prompt', a sonnet with only three rhymes, has a variant of this, *cbb cbc*. *Son.* xx, to Lawrence, introduces a couplet in lines *12* and *13*, rhyming its tercets *cdc eed.*—Milton(1971), 88-89.

TO THE NIGHTINGALE.
(Sonnet I)

O NIGHTINGALE, that on yon bloomy spray
Warbl'st at eve, when all the woods are still,
Thou with fresh hope the lover's heart dost fill,
While the jolly hours lead on propitious May.
Thy liquid notes that close the eye of day,
First heard before the shallow cuckoo's bill,
Portend success in love. O, if Jove's will
Have linked that amorous power to thy soft lay,
Now timely sing, ere the rude bird of hate
Foretell my hopeless doom in some grove nigh;
As thou from year to year hast sung too late
For my relief; yet hadst no reason why,

Whether the Muse or Love call thee his mate,
Both them I serve, and of their train am I.
1629? 1631? 1645, 1673

Notes. The source of this sonnet is originated from Milton(1929), and the notes of it are from Milton(1929), Milton(1933), and Milton(1971). The headnotes of it are as follows.

The title is printed in brackets in the text, because it is not found in either of the two editions (1645 and 1673) superintended by Milton himself: comp. also *Son.* ii., ix., xix., xx., xxi., xxii., xxiii. There is no means of dating this sonnet precisely, but it is placed first by Milton himself, and must be referred either to the close of the Cambridge period or to the beginning of the Horton period (*i.e.* about 1631). It shows that Milton had, even in the first efforts at sonnet-writing. resolved to adhere to Italian models.—Milton(1929, notes), 184.

First printed in 1645; written perhaps about 1630-1631. As Milton placed it first among the Sonnets published in 1645, its composition must have preceded that of the Sonnet "On his being arrived", the probable date of which is December 1631.

The subject of the Sonnet is the old superstition that to hear the nightingale earlier in the year than the cuckoo (which, as a rule, arrives first) portends good fortune in love. Cf. Robert Burton(1577-1640), describing a lover on whom his mistress has smiled favourably, "he is too confident and rapt beyond himself, as if he had heard the Nightingale in the Spring before the Cuckoo" (*The Anatomy of Melancholy*, vol. ii. p. 302, ed. 1800). Milton had read Chaucer's *The Cuckcow and the Nightingale;* cf. the following stanza: "But as I lay this other nyght wakynge / I thoght how lovers had a tokenynge, / And among hem hit was a comune tale, / That hit wer good to here the nyghtyngale, / Rather then the leude cukkow synge."

The lover who is supposed to say this goes out in hopes of hearing the nightingale, and does—but not before the note of the cuckoo has surprised him. Then, falling into a kind of 'swoon', he listens to a dialogue between the nightingale and cuckoo, on the "service of Love"; cf. the last couplet of this Sonnet.

Milton seems to have had a peculiar fondness for the nightingale, if we may judge by the number of references to the bird in his poems; cf. *P.L.* iii. 38-40. iv. 602-604, v. 40-41, vii. 435-436. See too the lines to the nightingale in *Comus* (*Com.*), 233-234, 565-566, *Elegia V*, 25-28, *Il Penseroso* (*Il Pens.*), 56-64, a poem written (1632 or 1633) not very long after this Sonnet and descriptive, in great measure, of the poet's own feelings and tastes.

Of the style of the poem Mr Mark Pattison well remarks: "In this sonnet. . .Milton has not yet shaken himself free from the trick of contriving 'concetti' as was the fashion of the previous age, and especially of his models, the Italians. . .[Afterwards] his sense of reality asserted itself, and he never again, in the sonnets, lapses into frigid, and farfetched ingenuities." Of the tendency of Milton's earliest style towards strained and artificial turns of fancy and phrase ('concetti') such as the 'metaphysical' school of poets employed, the *Nativity Hymn* affords striking illustrations; see the Pitt Press edition, *Introduction*, pp. xxvi-xxvii.—Milton(1933, notes), 29-30.

Date. Spring 1629? There is no firm evidence for dating, but the similarity between *Sonnet* i 1-2 and *Elegia V* 25-6 suggests nearness in date. *Publication*. *1645* and *1673* (no significant variants).—Milton(1971), 88.

And we can find out the difference between the edition of Milton(1929) and the edition of Milton(1971) in the matter of letters and punctuations. The contrast between Milton(1929) and Milton(1971) is as follows. Milton(1929)] Milton(1971), *2*. Warbl'st]Warblest *4*. May.]May, *6*. bill,]bill *7*. love.]love; O,]O *10*. nigh;]nigh:

1 O, nightingale Milton's fondness for this bird shows itself in *Il Pens*. 61-64, *Com*. (*Comus*) 233, 565, and elsewhere. It arrives in England about the middle of April. Poets generally (as here) refer to it by the feminine gender, perhaps on account of the story of Philomela (see *Il Pens*. 61), but it is the male that is the song-bird: he sings on till the young are hatched in the month of June (Milton(1929, notes), 184). **nightingale;** literally 'singer by night'; *gale* coming from A.S. (Anglo-Saxon) *galan*, to sing, akin to *yell* (Milton(1933, notes), 30). **yon bloomy spray** For 'yon' see note, *Il Pens*. 52. 'Bloomy' strictly denotes 'blooming', *i.e.* covered with blossom, but if it is objected that the trees are not in blossom in April, it may be interpreted to mean 'covered with buds', *i.e.* about to burst into blossom. For the termination *y* (=A.S. *ig*), comp. 'massy', *Il Pens*. 158. 'Spray'=sprig (which is radically the same word), implies the breaking up of a branch into a number of twigs, just as 'twig' itself (from the same root as *two*) implies a small shoot branching off from a larger one. **2 Warbl'st** art accustomed to warble. The present here denotes not what is actually taking place, but what frequently takes place. **when all the woods are still** when all the other songsters have ceased: comp. *Il Pens*. 61. **3 fresh hope,** *i.e.* renewed hope. **4 the jolly hours lead,** etc., *i.e.* 'while the bright hours herald the approach of the happy month of May'. The Horae (or Hours) of classical mythology (in the Greek mythology) were regarded as the goddesses of the Seasons, whose course was described as the dance of the Horae. The

Hora of Spring accompanied Persephone (the goddess of Spring) every year on her ascent from the lower world, and the expression "The chamber of the Horae opens" is equivalent to "The Spring is coming." The attributes of Spring—flowers, fragrance, and the bloom of youth—are accordingly transferred to the Horae. 'Jolly': the original sense is 'festive', and this would suit the sense here; in *Com.* 985, Milton calls the Hours 'rosy-bosomed'. In Chaucer, Spenser and others, 'jolly' is used in the sense of the French *joli*,=pleasing, pretty; in modern English it means merry, and implies boisterous mirth. **propitious May** May is here called propitious (*i.e.* favourable) because it was regarded as favourable to love, "Love, whose month is ever May,"—Shakespeare's *Love's Labour's Lost,* iv. 3. 102. The literal sense of 'propitious' is 'flying forward', a meaning which points back to the time when the Romans judged omens to be good or bad according to the flight of birds. **5 liquid** smooth-flowing, sweet. . . . **close** *i.e.* with sleep, the Day (personified) being lulled to rest by them. Cf. *Il Pens.* 141, "Hide me from day's garish eye," and *Com.* 977. Elizabethan writers use "eye of *heaven*"=the sun; cf. Spenser, *F. Q.*(*Faerie Queene*) i. 3. 4, "As the great eye of heaven shyned bright,"; and Shakespeare, *Son.* 18. 5, *King John,* iv. 2. 15.—Milton(1933, notes), 30. **the eye of day** The song of the nightingale is so sweet that it lulls the day to sleep. Comp. *Lyc.* 26, *Com.* 977; "Where day never shuts his eye." **6 First heard** This line forms a participle clause, doing duty for a temporal clause introduced by 'when' (or 'if'). In Latin this construction is frequent. **before the shallow cuckoo's bill,** *i.e.* before the unmusical notes of the cuckoo are heard. 'Shallow' here expresses contempt, as in *Son.* xiia. 12; in the same way we speak of sounds as being *thin* or weak. 'Bill'=song; by synecdoche the source of the song is put for the song itself. The name of the bird is said to be derived from the sound made by it: comp. Lat. *cuculus*, Sansk. *kokila*, both imitative. **7 Portend** foretell. The nightingale and the cuckoo were regarded as rival heralds of Spring. It was a superstition that to hear the cuckoo before the nightingale betokened unhappiness for lovers. **8 Have linked** subjunctive mood, as 'Foretell', l. 10. **amorous power** power over the affairs of lovers (Lat. *amor*=love). This is an instance of transference of attribute: 'amorous' can strictly be applied only to persons. **9 timely sing** sing in good time (*i.e.* be not too late as you have hitherto been). 'Timely' is now used as an adjective, here it is an adverb: comp. *Com.* 688, 969; 'timely rest' (adj.), 'timely tried' (adv.). **bird of hate** 'Of hate' is here used passively=hated. The cuckoo is feared and hated by the smaller birds (Milton(1929, notes), 186). **Bird of hate** is the cuckoo. M. probably read of the belief that it is a good omen for a lover to hear the nightingale before the cuckoo, and a bad to hear the cuckoo before the nightingale, in *The Cuckoo and the Nightingale*, printed among Chaucer's works in Speght's edition (1598) 333.— Milton(1971, notes), 90. **11 As** since; here introduces an explanatory clause, giving the cause of the poet's request. **11-12 too late / For my relief,** *i.e.* too late to be able to relieve me. An adjective preceded by the adverb *too* is often followed by a gerundial infinitive or a prepositional phrase, which is equivalent to an adverb and modifies the adjective. The prepositional phrase corresponds to the Lat. *ad* with the gerund. **12 yet hadst,** etc.; *i.e.* yet thou hadst no reason why (thou shouldst have sung so late). The word 'yet' (=nevertheless) introduces an independent clause, and marks a contrast. 'Why', along with the understood clause, is an attribute to 'reason'. **13 call** name: is here singular and in subjunctive mood. Its two objects are 'thee' and 'mate'. **his mate** the use of pronoun *his* implies reference to the nightingale by the feminine gender, as usual; but it makes Muse masculine, which is unusual: comp. *Il Pens.* 47, *Lyc.* 19. **14 Both them** In modern English *both*, when used with pronouns, is treated either as an adjective or as a substantive: in the former case it follows the pronoun, *e.g. them both;* in the latter case 'of' is inserted, *e.g. both of them.* The latter use is, strictly speaking, not logical, for 'of' gives a partitive meaning, as in 'six of them', 'a few of them': whereas in 'both of them' there is no reference to a part, but to the whole. This is avoided in Latin, where 'all of us' is 'we all' (*nos omnes*), 'how many of you were there?' is 'you how many etc.,' (*quot estis?*). When *both* is used with nouns there is greater choice of arrangement, *e.g.* 'both brothers', 'both of the brothers', 'both the brothers', and even 'brothers both'. The last two lines form an adverbial clause, giving a reason for the statement made in line 12. —Milton(1929, notes), 186.

ON HIS HAVING ARRIVED AT THE AGE OF TWENTY THREE
(Sonnet II)

How soon hath Time, the subtle thief of youth,
　Stolen on his wing my three-and-twentieth year!
　My hasting days fly on with full career,
　But my late spring no bud or blossom shew'th.
Perhaps my semblance might deceive the truth,
　That I to manhood am arrived so near;
　And inward ripeness doth much less appear,
　That some more timely-happy spirits endu'th.

Yet, be it less or more, or soon or slow,
　It shall be still in strictest measure even
　To that same lot, however mean or high,
Toward which Time leads me, and the will of Heaven;
　All is, if I have grace to use it so,
　As ever in my great Task-Master's eye.
1631 1645, 1673

Notes. The source of this sonnet is originated from Milton(1929), and the notes of it are from Milton(1929), Milton(1933), and Milton(1971). Refer to the following for the headnotes of it.

Milton was twenty-three years old on the 9th of December, 1631: this fixes the date of the sonnet, the last he wrote while at Cambridge. By the time he took his degree of M.A.(1632) he had given up all intention of entering the Church, and on account of this decision a friend ventured to remonstrate with him. The reply was a letter accompanied by this sonnet, which Milton described as a Petrarchian stanza: in fact, nearly seventy of Petrarch's sonnets have the same metrical structure as this has.—Milton(1929, notes), 186.

First printed 1645; written just after—perhaps, on—December 9, 1631, Milton's twenty-third birthday. The Sonnet, in his handwriting, occurs in the Cambridge MSS., and there forms part of a letter in prose to one of his friends.

Milton had taken his B.A. degree two years previously and had remained at the University for further study. The unknown friend to whom the letter is addressed (possibly it was never sent) had evidently urged that this period of indefinite study should close, and that Milton should, as the saying is, 'do something'—*e.g.* carry out his original intention of taking Orders in the Church. M. in reply, while defending study as the means of making him "more fit" for the higher purposes of life, admits that his friend's remonstrance is reasonable: "I am something suspicious of myself, and do take notice of a certain belatedness in me." As a proof, he inserts the Sonnet (composed "some little while ago. . .in a Petrarchian stanza"), in which he had expressed this feeling of "belatedness" very clearly. Cf. "late spring", l. 4.

The great interest of the poem lies, I think, in its last six lines. The dominating idea of Milton's life was his resolve to use his high gifts for the glory of God, and to achieve this object by writing a great poem. He feels an intense responsibility to do something worthy, and it is revealed plainly in this Sonnet, which has been well called "an inseparable part of Milton's autobiography".—Milton(1933, notes), 31-32.

Date. Dec. 1631. In the Trinity MS after *Solemn Music* and before *Time* there are two drafts in M.'s hand of an undated letter to an unnamed friend, perhaps Thomas Young (*The Works of John Milton*, ed. F. A. Patterson *et al.* (New York 1931-8) xii 320-25, *The Complete Prose Works of John Milton,* ed. Douglas Bush *et al.* (New Haven 1953-) i 319-21). The first draft contains this sonnet as an example of 'my nightward thoughts some while since'. M.'s twenty-third year ended 9 Dec. 1631. W. R. Parker, *RES* (*Review of English Studies*) xi(1935) 276-9, argues from M.'s method of dating some of his Latin poems (see headnote to *Q Nov; In quintum Novembris*) that 'my three and twentieth year' should be interpreted 'the year in which I was twenty-three': he thus dates *Sonnet VII* on or soon after 9 Dec. 1632 (*Sonnet* ii in the edition of Milton(1929) and the edition of Milton(1933) is *Sonnet VII* in Milton(1971), 146). For objections to Parker's re-dating see E. Sirluck, *JEGP* (*Journal of English and Germanic Philology*) lx(1961) 781-4. *Publication. 1645* (*11.* mean]mean,) and *1673* (the text followed here, except in *2* where *1673* misprints 'Soln' for Stol'n'). The Trinity MS draft has no verbal variants but is, with the exception of a comma after 'me' (*12*), entirely unpunctuated. —Milton(1971), 146-147.

Refer to the following for the contrast between the edition of Milton(1929) and the edition of Milton(1971) in the matter of letters and punctuations. Milton(1929)] Milton(1971), *1.* Time]time *2.* Stolen]Stol'n three-and-twentieth] three and twentieth *4.* shew'th]sheweth *6.* near;]near, *8.* endu'th]endueth *10.* even]even, *12.* Time]time Heaven]heaven *14.* Task-Master's]task-master's

1 How soon exclamatory, not interrogative. **subtle thief of youth** Time is so called because youth passes away imperceptibly: with this phrase compare Young's "procrastination is the *thief* of time", and Pope's "Time, the *thief* of life", etc. **2 Stolen** the verb is 'hath stolen', and its object is 'year'. 'Steal' here implies that the twenty-third year had been completed, not, as some think, that it had begun. **3 full career** comp. the use of 'full' in the phrases 'at full speed', 'in full swing', etc.—Milton(1929, notes), 187. 'Career'=speed; this was properly a term of horsemanship=a short gallop at full speed; used especially of tournaments.—Milton(1933, notes), 32. **4 no bud or blossom shew'th** *i.e.* gives no sign of inward fitness. Comp. Shakespeare's the Second Part of *Henry IV,* i. 3. 38-41: "・・・as in an early spring / We see the appearing *buds; which to prove fruit,* / Hope gives not so much warrant as despair / That frosts will bite them.・・・・" Here *shew'th* rhymes with *youth*: comp. *Il Pens.* 171. **5 my semblance,** etc., *i.e.* 'perhaps my outward appearance belies the fact that I have arrived so near manhood, and maturity of mind may be much less evident in me than in some more fortunate natures'. Milton here alludes to his youthful face and figure, *sc.* his appearance, which at Cambridge led to his being called 'the lady of Christ's'.—Milton(1929, notes), 187. **5-6 An allusion to his youthful appearance,** which was evidently due, in great measure, to his fresh complexion. Cf. John Toland's(1670-1722) description of him as "middle sized and well proportioned, his deportment erect and manly, his hair of a light brown, his features exactly regular, his complexion wonderfully fair when a youth, and ruddy to the very last"(*The Life of John Milton, containing, besides the history of his works, several extraordinary characters of men and books, sects, parties, and opinion.* London, 1698, 1699). Cf. also Samuel Johnson(1709-1784): "Milton has the reputation of having been in his youth eminently beautiful, so as to have been called the Lady of his college (*i.e.* Christ's College, Cambridge). His hair, which was of a light brown, parted at the fore-top, and hung down upon his shoulders, according to the picture which he has given of Adam (*John Milton* in *Lives of the English Poets,* vol. 1. 90).

Milton himself in 1654, replying to the coarse attacks on his person, writes: "My face. . .is of a complexion entirely opposite to the pale cadaverous [as Salmasius; Claudius Salmasius(1588-1653) had described it]; so that, though I am more than forty years old, there is scarcely any one to whom I do not appear ten years younger than I am," *Second Defence of the People of England, P.W.* I. 235-236. **5 deceive** disguise, belie.—Milton(1933, notes), 32. **6 am arrived** It is more usual in modern English to say 'have arrived'. With some intransitive verbs of motion (*e.g.* to go, come, arrive, enter) either of the auxiliaries *be* and *have* is used; in Elizabethan writers both forms are common: thus 'I *am* arrived' expresses my present state, while 'I *have* arrived' expresses the activity which preceded the present state. This distinction of meaning is not now strictly observed, and the auxiliary 'have' is in general use (see Edwin Abbott's(1838-1926) *A Shakespearian Grammar.* 1869). **8 timely-happy** fortunate with regard to time. See note, *Son.* i. 9. **endu'th**=endoweth, of which it is an older spelling. It is from Fr. *endouer* (Lat. *in-dotare*), to give a gift to: cognate words are *dowry, endowment.* It has no connection with *indue,* which means 'to clothe with' (Lat. *in-duere*). The words are often confused. **9-12** L. Campbell, *Classical Review* viii(1894) 349, was the first to point out the apparent debt to Pindar [Pindar; Pindaros of Thebes(*ca.* 518/522-446/438 B.C.)], *Nem.; Nemeonikai* (*The Nemean Odes*) iv 41-3: "But, whatsoever excellence Lord Destiny assigned me, well I know that the lapse of time will bring it to its appointed perfection."—Milton(1971, notes), 147-148. **9 be it less or more** In this line 'or' occurs three times, there being two pairs of alternatives—'*whether* it be less *or* more', and '*whether* it be soon *or* slow'. In the first case 'whether' is understood; in the second 'or'=*whether* (a cognate word).—Milton(1929, notes), 187-188. **10 It shall**

be still, etc., it shall in any case be strictly in proportion to the lot for which Heaven intends me. We have here Milton's deliberate statement of his intention to become a great poet. The word 'shall' is emphatic. 'It'=inward ripeness. 'still'=always. **10-11 even / To** equal to, in proportion to, level with, conformable with: an adjective. **11 mean** humble (Ger. *gemein*, common). The adjective mean=middle is a totally different word, being from Lat. *medius*. **12 will of Heaven,** *sc*. 'leads me'. **13 All is,** etc. This may mean 'all is even', or 'all that concerns me': "my first consideration is to use my powers as one who is conscious that God constantly sees and judges my work." **14 As ever**=As being ever.—Milton(1933, notes), 32. **Task-Master's eye** This is in allusion to the parable of the labourers in the vineyard (*Matthew*, xx. 1-16); in the letter which accompanied this sonnet Milton says, "Those that were latest lost nothing when the Master of the vineyard came to give every man his hire." Compare the closing lines of *Son.* xix.—Milton(1929, notes), 188. **Task-Master** compare *Exodus,* i. 11, *ib.* iii. 7, v. 6, 10. With these lines compare *Sonnet* xix (written before *Paradise Lost*), where Milton laments that the "talent" of poetic genius committed to him has not yet been used fully, but that his duty to his "great Task-Mater" still remains unfulfilled.—Milton(1933, notes), 32.

TO A VIRTUOUS YOUNG LADY
(Sonnet IX)

LADY, that in the prime of earliest youth
Wisely hast shunned the broad way and the green,
And with those few art eminently seen
That labour up the hill of heavenly Truth,
The better part with Mary and with Ruth
Chosen thou hast; and they that overween,
And at thy growing virtues fret their spleen,
No anger find in thee, but pity and ruth.
Thy care is fixed, and zealously attends
To fill thy odorous lamp with deeds of light,
And hope that reaps not shame. Therefore be sure
Thou, when the Bridegroom with his feastful friends
Passes to bliss at the mid-hour of night,
Hast gained thy entrance, Virgin wise and pure.

1643? 1644? 1645, 1673

Notes. The source of this sonnet is originated from Milton(1929), and the notes of it are from Milton(1929), Milton(1933), and Milton(1971). The headnotes of it are as follows.

This sonnet, written probably in 1644, has no title in Milton's editions; and we have no certain clue to the name of the lady addressed in it.—Milton(1929, notes), 190.

Printed 1645; written about 1643-1644. The lady may have been a Miss Davis, with whom M. was very friendly (Mark Pattison). "In the Cambridge MS, we find that Milton had originally written '*blooming virtues*' for '*growing virtues*' in line 7, and that line 13 ran originally thus: '*Opens the door of bliss that hour of night.*' Both passages are corrected into their present form on the margin" (David Masson).—Milton(1933, notes), 38.

A personal allusion appears to be intended. Edward Phillips, the poet's nephew and one of his biographers, states that after Milton's first wife refused to live with him he paid much attention to a Miss Davis (possibly the lady addresses in his 9th Sonnet); . . . .—Milton(1937, notes), 131.

Date. 1643? In the Trinity MS a working copy of this sonnet follows a fair copy of *Sonnet VIII* (Nov.? 1642). There is no other evidence for dating it, except the presence of the poem in *1645*. The identity of the 'Lady' is not known: some have been tempted to identify her with the 'Lady' of *Comus* (who did not marry until 1652, and who was twenty-four in 1643) but there is no evidence that M. saw her after 1634. *Publication. 1645* (*5.* Mary and with Ruth,]Mary, and the Ruth, *9.* fixed]fixed,) *1673* (the text followed here).—Milton(1971), 287.

The contrast between the edition of Milton(1929) and the edition of Milton(1971) in the matter of letters and punctuations is as follows. Milton(1929)] Milton(1971), *1.* youth]youth, *2.* hast]hath *3.* seen]seen, *4.* Truth]truth *5.* Ruth]Ruth, *6.* hast;]hast, *9.* fixed,]fixed *12.* Bridegroom] bridegroom *14.* Virgin]virgin

1 Lady, that, etc. The relative 'that' here introduces an essential characteristic: the full nominative of address occupies the first four lines of the sonnet, the principal verb (*hast chosen*) occurring in l. 6. The biblical phraseology of *Sonnets* ix. and xiv., both addressed to virtuous women, should be noted. Mr. Smart (John Smart) conjectures that the two women were mother and daughter. Evidently the young lady had been a target for spiteful criticism, and Milton seeks to comfort her. **prime** The words 'prime' and 'earliest' together emphasise the early choice made by the lady (Lat. *primus*, first). 'Earliest', very early, the superlative being merely intensive (as often in Latin): see note, *Il Pens.* 12. **2 the broad way and the green** the broad and green way. This sonnet is full of Biblical imagery: comp. *Matthew*, vii. 13, " · · · *broad is* the way that leadeth to destruction, · · · · " By calling it green as well as broad, Milton signifies that the way of the sinful is not merely easy to travel, but attractive. When two adjectives refer to one object, this arrangement of words cannot be imitated: *e.g.* 'the broad way and the green' would, in ordinary prose, imply that there were two ways, one green, the other broad. **3 with those few** *i.e.* in company with the few referred to in *Matthew*, vii. 14, "· · · narrow *is* the way which leadeth unto life, and *few* there be that find it." 'Those' is therefore used demonstratively. **art eminently seen** *i.e.* thou art conspicuous. 'Eminently' is here an essential part of the predicate; 'to be seen eminently'='to be seen to be eminent' (Lat. *eminens*, standing out). **4 That labour,** etc. Comp. *Hamlet*, i. 3. 47-50, "Do not, as some ungracious pastors do, / Show me *the steep and thorny way to heaven*; / While, like a puff'd and reckless libertine, / Himself the *primrose path of dalliance* treads,"—Milton(1929, notes), 191. **the hill of · · · Truth** Suggested by the allegory, as old as the *Works and Days*, 287 *et seq.* of Hesiod; Hesiodos(*fl. ca.* 700 B.C.), that Virtue dwells on a hill steep and difficult of ascent. Cf. "Seated as on the top of virtue's hill,"—*P.R.* ii. 217. In one of his letters Milton speaks of "that steep and rugged way which leads to the pinnacle of Virtue." *The Faerie Queene* is full of such allegory, *e.g.* the hill of Contemplation (i. 10. 46).—Milton(1933, notes), 39. **hill · · · Truth** Comp. John Donne, *Satire* 3; *Kind pity chokes my spleen*, ll. 79-81, "· · · · On a huge hill, / Cragged, and steep, Truth stands, and he that will / Reach her, about must, and about must go;" but the hill of truth was a commonplace.—Milton(1971, notes), 287. **5 The better part,** etc.: *i.e.* thou hast chosen, as Mary and Ruth did, the better part, viz, devotion to God and heavenly things. The poet here likens the lady to two women mentioned in the Scriptures as having made a similar choice. Mary and Martha were two sisters, of whom the latter was troubled about wordy affairs, while the former had "chosen that good part, which shall not be taken away from her" (*Luke*, x. 38-42). Similarly Ruth, the Moabitess, refused to leave her mother-in-law, saying: "· · · thy people *shall be* my people, and thy God my God;" (*Ruth*, i. 16). **6 overween** think arrogantly, think too highly of themselves. The word, though frequent in Milton, is now nearly obsolete except as a participial adjective, 'overweening'=conceited, arrogant. It is from the verb *ween*, to suppose, think; now obsolete except in the parenthetical clause 'I ween' (A.S. *wenan*, to imagine). **7 growing virtues** Trinity MS: *blooming* '*prospering*' virtues for 'growing virtues'.—Milton(1971, notes), 288. **fret their spleen** become spiteful or ill-humoured. The old theory of "humours" placed the seat of anger and ill-humoured melancholy in the spleen, a spongy gland situated above the kidneys; hence a spiteful person is said 'to have the spleen' or 'to be splenetic'. Shakespeare uses the adjectives 'splenitive', 'spleenful', and 'spleeny'. So in Latin *stomachus* was used for ill-temper: comp. melancholy, *L'Alleg.* 1. 'Fret', to excite, literally 'to eat away' (A.S. *fretan*). **8 No anger find in thee** *i.e.* they do not excite your anger, but your pity. **pity and ruth** 'Ruth'=pity (or compassion). It is not uncommon to find in poetry two nouns of the same sense thus connected by *and*: this is sometimes to give emphasis, and sometimes it points to a usage rendered necessary when the Normans settled in England. It "sprang out of the mutual necessity felt by two races of people and two classes of society to make themselves intelligible the one to the other. It is, in fact, a putting of colloquial formulae to do the duty of a French-English and an English-French vocabulary." 'Pity' is the old Fr. *pité*, from Lat. *pietas* (from which our word *piety* is directly derived). 'Ruth', now obsolete (except in poetry and in the adjective *ruthless* and its derivatives), is from the verb *rue*, to be sorry for (A.S. *hréowan*). The word here rhymes with *Ruth* in l. 5, an instance of what is called an *identical* rhyme, which is not now tolerated in English poetry. Such rhymes occur occasionally in Chaucer and Spenser, and twice in Shakespeare. 'Pity' and 'ruth' are objects of the verb 'find'. **9 Thy care is fixed** comp. *Psalms*, cxii. 7. **zealously** see note, *L'Alleg.* 6. **10 odorous lamp** The lady is here likened to the five wise virgins of Scripture (*Matthew*, xxv. 1-13) who, unlike their foolish sisters, were careful to take oil in their vessels with their lamps when they went out to meet the Bridegroom, and so were able to gain admittance to the marriage feast. 'Odorous'=fragrant. **deeds of light** *i.e.* good deeds. Comp. *Matthew*, v. 16, "Let your light so shine before men, that they may see your good works, ..." **11 hope,** etc. Comp. *Romans*, v. 5, "And hope maketh not ashamed: because the love of God is shed abroad in our hearts by the Holy Ghost which is given unto us." **12 Bridegroom** in allusion to the parable of the Ten Virgins (see note, l. 10). The word is from A.S. *bryd*, bride, and *guma*, man: the *r* in 'groom' is due to confusion with A.S. *grome*, a groom, which is a totally different word. **feastful** festive. 'Feastful', a hybrid word, is now obsolete, being one of a large number of adjectives formed by means of the word *full* and now disused, *e.g.* charmful, despairful, excessful, etc. 'Feast' is from Lat. *festus*, joyful; there are two derived adjectives in common use—*festal* and *festive*, of which the terminations are of Latin origin. **13 mid hour of night** hour of midnight. **14 Hast gained** The sequence of tenses here should be observed. In the dependent clause we have a *present* (*passes*), and in the principal clause a *perfect* (*hast gained*): the sense is, "at the moment the bridegroom passes to bliss, at that very moment thy entrance is complete (has been gained)."—Milton(1929, notes), 191-192.

TO THE LADY MARGARET LEY
(Sonnet X)

DAUGHTER to that good Earl, once President
Of England's Council and her Treasury,
Who lived in both unstained with gold or fee,
And left them both, more in himself content,
Till the sad breaking of that Parliament
Broke him, as that dishonest victory
At Chaeronéa, fatal to liberty,
Killed with report that old man eloquent,
Though later born than to have known the days
Wherein your father flourished, yet by you,
Madam, methinks I see him living yet:
So well your words his noble virtues praise
That all both judge you to relate them true
And to possess them, honoured Margaret.
1642-1645 1645, 1673

Notes. The source of this sonnet is originated from Milton(1929), and the notes of it are from Milton(1929), Milton(1933), and Milton(1971). Refer to the following for the headnotes of it.

This was written in 1644 or 1645; it is the latest of the sonnets printed in the edition of 1645. Edward Phillips, the nephew and biographer of Milton, relates that during the time the poet was deserted by his first wife he "made it his chief diversion now and then of an evening to visit the Lady Margaret Ley. This lady, being a woman of great wit and ingenuity, had a particular honour for him, and took much delight in his company, as likewise Captain Hobson, her husband, a very accomplished gentleman." Her father was created Earl of Marlborough; James Ley, first Earl of Marlborough(1550-1629) by Charles I.—Milton(1929, notes), 192-193.

Written probably 1643 or 1644; the last of the Sonnets printed in the edition of 1645. It is among the Cambridge MSS.

The "good Earl" whose merits the Sonnet celebrates was James Ley, first Earl of Marlborough; a Judge and politician of some distinction. Born in 1550, the son of a Devonshire gentleman, he rose to various high offices of the law; later, became Lord High Treasurer, 1624, and was made a Baron—afterwards, 1626, an Earl. Resigning the Treasury in 1628, he held for a few months the post of President of the Council. He retired from office altogether at the end of 1628 and died on March 14,

1629, four days after the dissolution of Charles's third Parliament. Milton implies that the event hastened the Earl's death. The two highest offices to which he attained are skilfully referred to (1-4); perhaps, with the implication that he resigned rather than be a party to the king's unconstitutional methods.

His daughter Lady Margaret married a Captain Hobson from the isle of Wight; at the time when this Sonnet was written they were living in London. Milton's wife had returned to her father's house (see *Introduction*, p. xvi), and, says Phillips, "Our author, now as it were a single man again, made it his chief diversion, now and then in an evening to visit the Lady Margaret Ley. This Lady, being a woman of great wit and ingenuity, had a particular honour for him, and took much delight in his company, as likewise her husband Captain Hobson, a very accomplished gentleman; and what esteem he [Milton] at the same time had for her appears by a Sonnet he made in prase of her"(John Toland(1670-1722), *The Life of John Milton,* 1694).—Milton(1933, notes), 39-40.

Date. 1642? There is no certain evidence for dating. According to Edward Phillips (Darbishire, Helen. Ed. *The Early Lives of Milton* (London: Constable, 1932), 64): "Our author, now as it were a single man again [i.e. after his wife's return home in or around July 1642], made it his chief diversion now and then in an Evening to visit the Lady Margaret Lee . . . This Lady being a Woman of great Wit and Ingenuity, had a particular Honour for him, and took much delight in his Company, as likewise her Husband Captain Hobson . . . ; and what esteem he [Milton] at the same time had for Her, appears by a Sonnet he made in prase of her." She and her husband, who fought on the Parliamentarian side in the Civil War, lived in Aldersgate Street, and were thus near neighbours of M.

Sonnet X is printed as the last of the ten sonnets in *1645*, so presumably it was written before 6 Oct. 1645, when *1645* was entered in the Stationers' Register. No evidence for dating can be drawn from its position in the Trinity MS, since it is there in fair copy. It is headed 'To the Lady Margaret Ley'. *Publication. 1645* (*3.* fee.]fee, *10.* you,]you) *1673* (the text followed here).—Milton(1971), 286.

Refer to the following for the contrast between the edition of Milton(1929) and the edition of Milton(1971) in the matter of some punctuations. Milton(1929)] Milton(1971), *3.* both]both, fee,]fee. *9.* born]born, *11.* yet:]yet; *12.* praise] praise, *13.* true]true,

1 that good Earl James Ley, born 1552, was made Lord High Treasurer of England in 1624, and Lord President of the Council in 1627. Both these offices are alluded to in the sonnet. "He had been removed from the High Treasurership to the less laborious office of President of the Council, ostensibly on account of his old age, but really, it was thought, because he was not sufficiently compliant with the policy of Charles and Buckingham. He died in March, 1628-9, immediately after the dissolution of Charles's Third Parliament; and, as the sonnet hints, his death was believed to have been hastened by political anxiety at that crisis"(Masson). The construction 'Daughter *to* that good Earl' should be noticed; the preposition *of* is commonly used. **once President** 'Once' is here as adverbial adjunct to 'President', for when a noun stands in attributive relation to another noun, it may be modified by adverbs. It is not necessary, therefore, to explain 'once' as an adverb modifying 'was' understood.—Milton(1929, notes), 193. **1-2 Earl · · · Treasury** James Ley(1550-1629), who became Lord Chief Justice in 1622 and was created Earl of Marlborough in 1626 by Charles I. He retired from the Bench in Dec. 1624 to become Lord High Treasurer. Resigning this post in 1628, he was made President of the Council. Finley (Finley, J. H. 'Milton and Horace', *Harvard Studies in Classical Philology* xlviii, 1937) 53 calls this opening Horatian in that it achieves its poetic effect out of the description of a man's official life: he compares Horace, *Odes* II i 13-6.—Milton(1971, notes), 286. **2 her** *i.e.* England's. **3 in both unstained** *i.e.* not having, in either of these offices, sullied his reputation by taking bribes. 'Fee' is from the A.S. *feoh*, cattle, property, now used of the price paid for services: see note, *Son.* xii. 7. **4 left them** James Ley retired from the Presidentship of the Council 14 Dec. 1628.—Milton(1971, notes), 286. **more in himself content** This does not mean that he resigned of his own accord, but that, "when dismissed, he went willingly": the construction is, "(being) more content in himself (than in the enjoyment of office)".—Milton(1929, notes), 193. preferring a private station.—Milton(1933, notes), 40. **5 sad breaking** There is here a play upon the word 'break' applied in l. 5 to the dissolving of Parliament, and in l. 6 to the effects of this upon the old Earl. In the former sense we speak of the breaking up of an assembly, and in the latter of a person's spirits or health being broken. Milton calls the dissolution of Charles's third Parliament a sad one, because it showed that the King had entered upon that line of conduct which led to the Civil War. The demonstrative *that* implies that the Parliament referred to is too well known to need further mention: comp. l. 8. **6 as that dishonest victory,** etc., *i.e.* in the same way as the victory at Chaeronea broke the heart of Isocrates(436-338 B.C.). The word 'dishonest' is here used in the sense of Lat. *inhonestus*=dishonourable: in the same way our word 'honesty' has not the high sense of the Lat. *honestas*=all that is honourable. Milton calls the victory dishonest because it was 'fatal to liberty': in it Phillip of Macedon defeated the combined Athenian and Theban forces, B.C. 338, Greece thus losing her independence. Chaeronea was a city of Boeotia.—Milton(1929, notes), 193-194. **dishonest**=Lat.

inhonestus, disgraceful, *i.e.* to those who won the victory: an *oxymoron*. . . . —Milton(1933, notes), 40. shameful.—Milton(1971, notes), 287. **7 Chaeronea** a town in Boeotia; the sense of the defeat of the united army of the Athenians and Boeotians by Phillip of Macedon in August, 338 B.C. This battle finally put an end to the independence of Greece: hence the 'dishonour', Milton says, of winning it.—Milton(1933, notes), 40. **8 with report** 'With'=by means of. The use of the instrumental *with* is not now so common as in earlier English, and is never used to denote the agent. In Chaucer we find "slain *with* (=by) cursed Jews". **that old man eloquent** Isocrates, one of the most famous of Greek orators, who, at the age of ninety-nine, died four days after hearing the report of disaster at the Chaeronea. So the good Earl of the sonnet died four days after the dissolution of Parliament.—Milton(1929, notes), 194. The allusion is to Isocrates, one of the greatest of Athenian orators. "Although Isocrates took no part in public affairs, he was an ardent lover of his country; and, accordingly, when the battle of Chaeronea had destroyed the last hopes of freedom, he put an end to his life, B.C. 338, at the age of 98"—*Classical Dictionary*. But this tradition of his suicide does not rest on very sound evidence, according to Professor Jebb. . . .—Milton(1933, notes), 40. **old man** Isocrates. Dionysius of Halicarnassus, in a short biography included in his *Commentaries on the Ancient Orators*, says that Isocrates lived ninety-eight years and died a few days after Chaeronea, for he had vowed that he would not survive the good of Athens. Stephanus(*fl. ca.* 16th century) repeats this information (*s.v.* Isocrates).—Milton(1971, notes), 287. **9 Though later born,** etc., "though I was born too late to have known your father at his best, yet, methinks, I am able from seeing you to judge what he was like." Milton does not mean that he was born after the Earl's death, for the Earl died twenty years after Milton's birth. **Than** in this line is a conjunction introducing an elliptical clause depending on *later*. It is difficult to give a satisfactory syntactical explanation of such clauses: we may expand it into, "Though I was born later than (I should have been in order) to have known": see note on *than*, *Son.* xvii. 2. Note on *than* in *Son.* xvii. 2 is as follows. **Than whom,** etc. 'Than' here looks like a preposition governing 'whom': but *than* is a conjunction, and if followed by a noun or pronoun some word or words must be supplied before deciding whether the noun or pronoun is in the correct case; *e.g.* "I admire you more than *he*"=more than *he admires* you; "I admire you more than him"=more than *I admire him*. In the case of the relative *whom* it is difficult to supply the ellipsis: this is seen if a personal pronoun in the same case be substituted for it, *e.g.* "a better senator than *him*", which would be wrong (Consult Fowler's *Modern English Usage*).—Milton(1929, notes), 209. **to have known**

Elizabethan writers use the perfect infinitive to express something that might have been but was not, especially with verbs of hoping, intending—*e.g.* "He trusted to have equalled the most high," *P.L.* i. 40. See Edwin Abbott(1838-1926), *A Shakespearian Grammar*(1869), p. 259.—Milton(1933, notes), 40. **10 by you** through or by means of you. **11 methinks** it seems to me. Here *me* is the dative, and *thinks* is an impersonal verb (A.S. *thincan*, to appear), quite distinct from the verb 'I think', which is from the A.S. *thencan*, to cause to appear. For a similar relation compare *drink* with *drench* (=to cause to drink). **yet** In this line *yet*=up to the present time; in the previous line *yet*=nevertheless. **13 That all both judge you** *That* here introduces a clause of consequence in adverbial relation to *well*, and co-ordinate with *so*: comp. "He spoke *so* fast *that* I could not understand." **Both** in this line is strangely placed: the ordinary form would be: 'All judge you *both* to relate them (*i.e.* your father's virtues) truly, *and* to possess them'. The co-ordinate words are *relate* and *possess*: the one is preceded by *both*, the other by *and*.—Milton(1929, notes), 194.

ON THE RELIGIOUS MEMORY OF MRS. CATHERINE THOMASON, MY CHRISTIAN FRIEND, DECEASED DECEMBER. 1646.

(Sonnet XIV)

WHEN Faith and Love, which parted from thee never,
Had ripened thy just soul to dwell with God,
Meekly thou didst resign this earthly load
Of death, called life, which us from life doth sever.
Thy Works, and Alms, and all thy good Endeavour,
Stayed not behind, nor in the grave were trod;
But, as Faith pointed with her golden rod,
Followed thee up to joy and bliss for ever.
Love led them on; and Faith, who knew them best
Thy handmaids, clad them o'er with purple beams
And azure wings, that up they flew so drest,
And speak the truth of thee on glorious themes
Before the Judge; who thenceforth bid thee rest,
And drink thy fill of pure immortal streams.

1646 1673

Notes. The source of this sonnet is originated from Milton(1929), and the notes of it are from Milton(1929), Milton(1933), and Milton(1971). The headnotes of it are as follows.

In his edition of Milton's sonnets Mr. Smart (John Smart) shows that the lady here addressed was Katharine Hutton, wife of George Thomason, a well-known London bookseller and publisher, who was an intimate friend of the poet. She was a woman of high character and wide knowledge. —Milton(1929, notes), 204.

First printed 1673. The heading of this Sonnet in the Cambridge MS. (which shows that Milton made a number of changes in the original draft) fixes its date of composition, 1646. Three or four years later Milton lived near Charing Cross at the house of a Mr Thomson; Perhaps "Mrs Catherine Thomson" belonged to the same family—*Newton*. The Sonnet is entitled "An Elegy" in an early (1713) ed.—Milton(1933, notes), 47.

Date. Dec. 1646. The Trinity MS has three drafts: (*a*) a working copy later struck through, headed 'On the religious memory of Mrs Catharine Thom'a'son my Christian friend deceased *16* Dec. 1646' (it was Smart (Smart, John. Ed. *The Sonnets of Milton*. Glasgow 1921) 81 who first noticed the inserted 'a' and thus identified the subject of the sonnet. The deleted *16* are the first two numerals of the year [1646], which M. crossed through in order to insert, first, the month. Mrs Thomason was buried 12 Dec. 1646); (*b*), a second draft, also in M.'s hand, headed '14'; and (*c*) a fair copy made by an amanuensis. Mrs Thomason was the wife of George Thomason, a bookseller whose magnificent collection of civil war pamphlets is now in the British Museum. Several of M.'s treatises contained in it are marked *Ex dono authoris*. Smart 79 suggests that Thomason is the intimate friend (*mihi familiarissimo*) to whom M. entrusted his letter to Carlo Dati in Florence (*The Works of John Milton*, ed. F. A. Patterson *et al.* (New York 1931-8) xii 52, *The Complete Prose Works of John Milton,* ed. Douglas Bush *et al.* (New Haven 1953-) ii 765) in Apr. 1647. Very little is known of Mrs Thomason. She had nine children, and the mention of her library in her husband's will (Smart 81) indicates scholarly leanings. *Publication. 1673.*—Milton(1971), 296.

The contrast between the edition of Milton(1929) and the edition of Milton(1971) in the matter of letters and punctuations is as follows. Milton(1929)] Milton(1971), *1.* Faith and Love]faith and love *3.* earthly]earthy *4.* life,]life; *5.* Works, and Alms,]works and alms Endeavour]endeavour *7.* But, as Faith]But as faith *9.* on; and Faith]on, and faith *11.* drest]dressed *13.* Judge]judge rest,]rest

1 parted from thee never which never left you: *never* is emphatic.
2 ripened brought to perfection. The verb is here used in an active sense. In *Son.* ii. 7, 'ripeness' is similarly used to denote moral growth.

to dwell with God grammatically, denotes the extent of the action expressed by 'ripened'. Comp. *Psalms*, xxiii. 6. **3 earthy** so the edition of 1673; now sometimes misprinted *earthly*. Cf. "this earthy grossness", *On Time*, 20.—Milton(1933, notes), 47. **3-4 earthy load / Of death** Human life is fleeting, and is here called a "load of death". Comp. *Romans*, vii. 24, "Who shall deliver me from the body of this death?"; also *1 Corinthians*, xv. 49; see also note, *Il Pens*. 92.—Milton(1929, notes), 204. **4 Of death,** etc. Cf. *Samson Agonistes*, 100, "To live a life half dead, a living death," . . . .—Milton(1933, notes), 47. **from life doth sever** which separates us from eternal life. This mortal life is only so-called, the future and immortal life is true existence.—Milton(1929, notes), 204. **5 Thy Works and Alms** Comp. *Acts*, x. 4: ". . . . Thy prayers and thine alms are come up for a memorial before God." The history of the word 'alms' illustrates how the form of a word may gradually come to disguise its origin. It is singular, not plural; and comes through Latin from the Greek *eleémosyné;* this became in A.S. *oelmoesse*, then *almes* (two syllables), and finally *alms*. It has thus dwindled from six syllables to one. **good Endeavour** *i.e.* good deeds. In modern English it would mean well-meant or good efforts, whether successful or not. Here it means duty actually performed, being from Fr. *devoir*, duty, and the verbal prefix *en*. **6 nor in the grave,** etc.: they were not forgotten after your death. Contrast this with the lines in Shakespeare's *Julius Caesar*, iii. 2. 80-81, "The evil that men do lives after them; / The good is oft interred with their bones;"—Milton(1929, notes), 204. *i.e.* were not buried with thee, as if done with.—Milton(1933, notes), 47. **7 golden rod** Faith is here represented as pointing the way to heaven by means of a golden rod. In poetry saints are often represented as bearing wands or rods.—Milton(1929, notes), 204. Suggested perhaps by *Revelations*, xxi. 15.—Milton(1933, notes), 47. **8 Followed** *i.e.* your good deeds followed you to heaven. 'For ever' is in this line an attributive adjunct to 'joy and bliss'=eternal.—Milton(1929, notes), 205. **Followed · · · for ever** Cf. *Paradise Lost*, xi. 43, xii. 549-551.—Milton(1933, notes), 47. **9-10 knew them best / Thy handmaids** knew them best to be thy handmaids=knew best that they were thy handmaids. A comparison of these two renderings will show that such verbs as 'know', 'say', 'think' may have as their object either a substantive accompanied by an infinitive or a substantive clause. The former is Latin idiom, and is frequent in Milton; it is not so common in English as it was: *e.g.* in Anglo-Saxon we find 'They say him live', *i.e.* 'They say *that* he is alive'.—Milton(1929, notes), 205. **11 that,** etc.: so that, having been thus beautiful, they flew up to God's presence. **12 speak** The earlier editions read 'spake', but the present implies that the good deeds of the lady *still* plead for her at the judgment-seat.—Milton(1929, notes), 205. **speak · · · on** The Trinity MS (*a*) and (*b*): spake the truth of thee in (*c*): spake the truth of 'thee' on. H. J. C. Grierson, *TLS; The Times Literary Supplement* (15 Jan. 1925) 40, prefers 'in glorious' (The Trinity MS (*a*) and (*b*) reading) to 'on glorious', and suggests that 'themes' is being used in a musical sense (meaning 'strains').—Milton(1971, notes), 297. **themes** some editions read "*in* glorious themes". A 'theme' is a melodic strain or subject.—Milton(1929, notes), 205. **14 drink thy fill,** etc. Comp. *Psalms*, xxxvi. 8, ". . . . thou shalt make them drink of the river of thy pleasures", alluding to the waters of eternal life.—Milton(1929, notes), 205. See also *Revelation*, vii. 17, xxii. 1, to which there are similar allusions in *Par. Lost,* iii. 358-359, v. 652, xi. 78-79, *Lyc.* 174, *Epitaphium Damonis* (*Damon's Epitaph*), 206-207.—Milton(1933, notes), 47. Grammatically, 'thy fill' may be taken to denote the extent of the action implied by the verb: some, however, regard it as a cognate object.—Milton(1929, notes), 205. **thy fill** now a somewhat vulgar expression, but not then; cf. *Leviticus*, xxv. 19, *Deuteronomy*, xxiii. 24. So in *Par. Lost,* v. 504.—Milton(1933, notes), 47.

ON THE LORD GENERAL FAIRFAX, AT THE SIEGE OF COLCHESTER.
(Sonnet XV)

FAIRFAX, whose name in arms through Europe rings,
Filling each mouth with envy or with praise,
And all her jealous monarchs with amaze,
And rumours loud that daunt remotest kings,
Thy firm unshaken virtue ever brings
Victory home, though new rebellions raise
Their Hydra heads, and the false North displays
Her broken league, to imp their serpent wings.
O yet a nobler task awaits thy hand,
(For what can war but endless war still breed?)
Till truth and right from violence be freed,
And public faith cleared from the shameful brand
Of public fraud. In vain doth Valour bleed
While Avarice and Rapine share the land.
1648 1694

Notes. The source of this sonnet is originated from Milton(1929), and the notes of it are from Milton(1929), Milton(1933), and Milton(1971). Refer to the following for the headnotes of it.

This, and Sonnets xvi., xvii., and xxii were not published in Milton's lifetime: their references to Pre-Restoration politics did not allow of their publication in the second edition of the Minor Poems (1673). The siege of Colchester occurred during what is called the *Second Civil War*—a rising of the English and Scottish royalists on behalf of Charles I, then a prisoner in the Isle of Wight. The siege was conducted by the commander-in-chief of the Parliamentary armies, the third Lord Fairfax; Sir Thomas Fairfax; Thomas Fairfax, 3rd Baron Fairfax of Cameron(1612-1671); and lasted more than two months (1648), during which time the inhabitants endured all the miseries of famine Fairfax was a great general, a poet, and a man of culture, and Milton's sonnet is a tribute to his success on a particular occasion and to his high character.—Milton(1929, notes), 205.

Sonnets xv, xvi, xvii. A group of kindred, Political Sonnets. This and the following Sonnet were not printed in the edition of 1673, on account of their political tone. They first appeared, with numerous imperfections of text, in the *Life* of Milton by his nephew Phillips, 1694. Fortunately both are in the Cambridge MS., the text of which is followed by modern editors. Bishop Newton first transcribed them from the MS.

The Sonnet was written in 1648, between June 13, when Fairfax laid siege to Colchester, and August 17, when Cromwell; Oliver Cromwell(1599-1658) defeated the Scottish army; see note on line 8. In 1648 the Royalists made a fresh and final effort. There were "new rebellions" (line 6) in the king's behalf in Kent, the west of England and Wales, and Scotland sent an army to his aid. Defeated by Fairfax at Maidstone, the surviving leaders of the Royalists in the east retreated to Colchester, which was besieged from June 13 to August 27. This poem therefore was prompted by, and surely breathes the spirit of, a national crisis.

It is addressed to the Commander-in-chief of the Parliamentary forces—Thomas, the third Lord Fairfax: born 1612, died 1671. Milton and he were contemporaries at Cambridge, Fairfax being of St John's College.—Milton(1933, notes), 47-48.

Date. Aug. 1648. After defeating the Kentish Royalists at Maidstone (2 Jun. 1648) Fairfax laid siege to Colchester (13 Jun.). The town fell on 27 Aug. Of the Royalist leaders Sir Charles Lucas and Sir George Lisle were immediately shot after trial by court-martial, and the Earl of Norwich and Lord Capel; Arthur Capel, 1st Earl of Essex(1631-1683) were left to the mercy of Parliament; Capel was subsequently executed. The Military career of Sir Thomas Fairfax up to 1648 had been a brilliant one. In Jan. 1643 he recaptured Leeds, and in May took

Wakefield. With Cromwell he was victorious at Winceby in Oct., and in Jan. 1644 he defeated Lord Byron at Nantwich. In Mar. he returned to Yorkshire and was victorious at Selby: at Martson Moor (Jul.) he commanded the Parliamentarian right wing. In Jan. 1645 he was made Commander-in-chief of the New Model Army, and on 14 Jun. inflicted a crippling defeat on the King at Naseby, where he behaved with reckless courage and captured a Royalist standard with his own hands. He went on to recapture Leicester, defeat Goring at Langport (10 Jul.), and take Bridgwater (24 Jul.) and Bristol (10 Sep.). In the campaign of 1646 he defeated Hopton; Ralph Hopton, Baron Hopton(1596-1652) at Torrington and took Exeter (9 Apr.) and Oxford (20 Jun.). M.'s hope that Fairfax might took over the management of peacetime affairs was not realised: after the execution of the King, of which he disapproved, he resigned his Commandership (25 Jun. 1650) and retired to his seat, Nun Appleton, Yorkshire. M. includes a long eulogy of him the *Defensio Secunda* (*The Works of John Milton*, ed. F. A. Patterson *et al.* (New York 1931-8) viii 216-19).

Publication. Fairfax was never printed by M. It first appeared in the *Letters of State* edited by Edward Phillips in 1694. Phillips' text (Fletcher, Harris F. Ed. *Milton's Complete Poetical Works in Photographic Facsimile* (Urbana: University of Illinois Press, 1943), i 372) differs in several respects from the fair copy in M,'s hand in the Trinity MS (which the present text follows): *1694* verbal variants are indicated in the notes. . . .—Milton(1971), 319-320.

Refer to the following for the contrast between the edition of Milton(1929) and the edition of Milton(1971) in the matter of letters and punctuations. Milton(1929)] Milton(1971), *1.* rings,]rings *2.* envy]envy, *7.* Hydra]hydra *8.* wings.]wings, *9.* hand,]hand; *11.* truth]truth, *13.* Valour]valour *14.* Avarice and Rapine]avarice, and rapine

1 name in arms reputation as a soldier. The poet here speaks of Fairfax's European reputation as a commander in almost the same words as he speaks of his own reputation as a pamphleteer in *Son.* xxiii. **2 Filling** This is an example of syllepsis, the word 'filling' being applied to 'mouth' and to 'monarchs' in different senses.—Milton(1929, notes), 205. **envy** slighting, depreciatory remarks; rather than *envious* in modern sense.—Milton(1933, notes), 48. **3 her** Europe's. **amaze** amazement, consternation: an allusion to the effect that the doings of Parliament would have on the minds of other kings besides Charles. The word 'amazement' is a hybrid, *amaze* (=in a maze) being Teutonic, and the suffix *ment* Romanic. Many words originally used both as verbs and nouns, exist only as verbs, *e.g. amaze*, *revile*, *retire*, all of which occur in Milton in both uses.—Milton(1929, notes), 206. **4 daunt** see *Il Pens.* 137.—*Ibid.*,

206. **that daunt remotest kings** *i.e.* with the fear that their monarchies like the English would be overthrown.—Milton(1933, notes), 48. **5 virtue** valour: see *Il Pens.* 113, note. Cf. *Par. Lost*, i. 319-320: "After the toil of battle to repose / Your weared virtue, · · · ·" **5-6 ever brings / Victory home** "Though the credit of the parliamentary triumph has been popularly attached to the greater name of Cromwell, it was to Fairfax that it was in great measure due."—Mark Pattison. **6 new rebellions** This sonnet having been written during the siege of Colchester, the poet must be referring to the various outbreaks which together form the Second Civil War—in Wales, Kent, Essex, and the west of England.—Milton(1929, notes), 206. **6-7 new rebellions · · · heads** The hydra had nine heads: it was one of Hercules' labours to destroy it, and he did so with the aid of Iolaus who held a lighted torch to the stump when Hercules cut a head off, to stop it growing again. The rebellions are hydra-headed in that they break out in several regions: there were Royalist risings in S. Wales and Kent, and the Scots invaded from the north.—Milton(1971, notes), 320. **7 Their Hydra heads** It was one of the labours of Hercules to destroy the monster Hydra; it had nine heads, and as each head was struck off two new ones grew forth in its place: hence the epithet 'hydra-headed' applied to a rebellion, an epidemic, or other evil that seems to gain strength from each endeavour to repress it. **false North** the meaning is, "Though Scotland, having broken her alliance with the Parliament, renews the war on the pretext that the English have failed to observe the *Solemn League and Covenant.*" This is Milton's view of the matter.—Milton(1929, notes), 206. The Scots, having come to an understanding with Charles, invaded England in violation of the Solemn League and Covenant. They were defeated by Cromwell at Preston (17 Aug. 1648). Smart (Smart, John. Ed. *The Sonnets of Milton*. Glasgow 1921) 84 takes the present tense ('displays') as an indication that *Fairfax* was written before this date. —Milton(1971, notes), 320. **8 to imp their serpent wings** *i.e.* 'to strengthen the English royalists, as a hawk's broken wing is *imped* or strengthened by the insertion of new feathers'. Euripides(*ca.* 489-406 B.C.) speaks of the monster Hydra as a winged serpent. An 'imp' is properly a graft, or shoot, and was applied in a good sense to the scions or younger members of a family. Except in its technical sense in falconry (as in this line) it is now applied only in an uncomplimentary sense, *e.g.* to a troublesome child, a wicked spirit, etc. —Milton(1929, notes), 206. **imp** When a falcon had broken wing-feathers its flight was impaired, and new feathers were therefore fixed to the stumps of the old to remedy the loss: this process was called 'imping'.— Milton(1971, notes), 320. **9 yet a nobler task** *i.e.* a yet nobler task. **10**

but=except. **still breed** continue to breed. **12-13 public faith · · · public fraud** 'Public'=in public affairs. The reference is to the fact that the army leaders (chiefly Independents) charged the Parliament (chiefly Presbyterians) with misappropriation of the war funds, and with having taken bribes from royalists. **13 in vain,** etc.: the sense is, "The blood of brave men will be shed in vain for a land which is given up to avarice and self-seeking." By synecdoche, 'Valour' is put for 'men of valour'. **14 Rapine** see *Il Pens.* 40, note.—Milton(1929, notes), 206.

TO THE LORD GENERAL CROMWELL, MAY 1652, ON THE PROPOSALS OF CERTAIN MINISTERS AT THE COMMITTEE FOR PROPAGATION OF THE GOSPEL. (SONNET XVI)

CROMWELL, our chief of men, who through a cloud
Not of war only, but detractions rude,
Guided by faith and matchless fortitude,
To peace and truth thy glorious way hast ploughed,
And on the neck of crownèd Fortune proud
Hast reared God's trophies, and his work pursued,
While Darwen stream, with blood of Scots imbrued,
And Dunbar field resounds thy praises loud,
And Worcester's laureate wreath: yet much remains
To conquer still; Peace hath her victories
No less renowned than War: New foes arise,
Threatening to bind our souls with secular chains:
Help us to save free conscience from the paw
Of hireling wolves, whose Gospel is their maw.
1652 1694

Notes. The source of this sonnet is originated from Milton(1929), and the notes of it are from Milton(1929), Milton(1933), and Milton(1971). The headnotes of it are as follows.

This sonnet, written in 1652, was, like the preceding one, called forth by a particular occasion, and does not profess (as Prof. David Masson points out) to be a general estimate of Cromwell's career. The 'proposals' referred to in the subtitle were made regarding the provision of competent maintenance for ministers, and similar questions: they were put forward by a Committee for the Propagation of the Gospel, which had been appointed by Parliament to consider how the confused state of Church affairs might be remedied. In the sonnet Milton calls upon Cromwell to see that the Presbyterian party, aided by a section of Independents, did not succeed in imposing too great restrictions upon religious thought, or, at least, that it did not succeed in establishing a system of mercenary and self-seeking clergy.—Milton(1929, notes), 207.

First printed (like the preceding Sonnet) by Phillips in 1694; in a form differing considerably, and for the worse, from the version in the Cambridge MS., which is now followed by all editors. Written probably in May 1652.

The Sonnet has an obvious affinity to that addressed to Fairfax, being equally the outcome of a crisis (as Milton thought) in the nation's history. It is not, David Masson remarks, a general expression of Milton's admiration for Cromwell, but a special appeal invoked by certain circumstances. That appeal comes in the last four lines and is the climax to which the preceding ten lines have led up; its nature is indicated by the title of the Sonnet.

"*The committee for the propagation of the gospel* was a committee of the Rump Parliament. It consisted of fourteen members, and had general administrative duties in church affairs, specially that of supplying spiritual destitution in the parishes. The *proposals of certain minsters* were fifteen proposals offered to the committee by John Owen(1616-1683), and other well-known ministers, in which they asked that the preachers should receive a public maintenance."(Mark Pattison)—Milton(1933, notes), 49.

Date. May 1652. The sonnet appears in the Trinity MS in the hand of an amanuensis, headed 'To the Lord General Cromwell, May 1652. / On the proposals of certain ministers `at the Committee' for Propagation of the Gospel'. This committee, of which Cromwell was a member, had been appointed 10 Feb. 1652, to consider questions like the payment of ministers and limits of toleration. On 18 Feb. 1652 John Owen (formerly Cromwell's chaplain) and other Independent ministers laid certain proposals before it. They advocated an established church with clergy paid for by the state: dissenters were to be allowed freedom of worship so long as they did not promulgate doctrines contrary to fifteen fundamental tenets. Cromwell, however, was in favour of unlimited liberty of dissent. M. urges him away from establishment altogether: this would entail the union of civil and religious power ('secular chains'), which he always opposed, and a stipendiary clergy ('hireling wolves'). On 29 Apr. Parliament had resolved that the tithe system should be continued until the committee had evolved some other means of providing for the clergy: this resolve seemed to take it for granted that the clergy should be stipendiary, hence M.'s alarm. The text printed here follows the Trinity MS.

Publication. First printed in Phillips's *Letters of State* (1694) in a mangled form (see notes for *1694* readings, and headnote to *Fairfax*, p. 319).—Milton(1971), 323-324.

The contrast between the edition of Milton(1929) and the edition of Milton(1971) in the matter of letters and punctuations is as follows. Milton(1929)] Milton(1971), *3.* fortitude,]fortitude *5.* Fortune]fortune *7.* stream,]stream *9.* wreath:]wreath; *10.* Peace]peace *11.* War:]war, arise,] arise *14.* Gospel]gospel

1 our chief of men Grammatically, 'our' may qualify 'chief'. Another explanation is that the phrase means 'chief of our men', because in Elizabethan writers we often find an adjective or pronoun thus misplaced, *e.g.* in Shakespeare we have '*your* height of pleasure'='height of *your* pleasure', etc. "To Milton Cromwell was *chief of men*, in respect of his personal qualities and thorough-going liberality of opinion, and not merely as the foremost man in the Commonwealth"(Mark Pattison).—Milton(1929, notes), 207. **who · · · cloud** *1694*: that · · · crowd. M.'s 'cloud' echoes Virgil [Virgil or Vergil; Publius Vergilius Maro(70-19 B.C.)], *Aeneid*, x 809 *nubem belli.* Finley (Finley, J. H. 'Milton and Horace', *Harvard Studies in Classical Philology* xlviii, 1937) 48-9 compares this opening with Horace's; Horatius'(65-8 B.C.) addresses to Augustus (*Odes* IV vi 5; xiv 6).—Miton(1971, notes), 324. **2 but detractions rude** the syntax is: "who, guided by faith, etc., hast ploughed thy way *not only* through a cloud of war, *but also* through a cloud of rude detractions." 'Cloud of war' is a classical expression: comp. *nubem belli*, *Aeneid*, x. 809.—Milton(1929, notes), 207. **detractions** *1694*: distractions.—Milton(1971, notes), 324. **3 Guided** this participle modifies 'who'. It will be noticed that there is no principal verb in the first eight lines: they form a string of clauses which together qualify 'Cromwell'. *Who*, in line 1, is nominative to *hast ploughed*, *hast reared*, and (*hast*) *pursued*; while *stream, field*, and *wreath* form the nominative to *resounds*. The effect of this involved construction is to make the pause in line 9 very striking. **5 neck of crownèd Fortune** this is an unmistakable allusion to Charles I, expressed in Biblical language: comp. *Genesis,* xlix. 8, ". . . . thy hand shall be *on the neck of* thine enemies;" also Lord Alfred Tennyson's(1809-1892) *A Dream of Fair Woman*, 142, " · · · I rode sublime / On Fortune's neck : · · · · " —Milton(1929, notes), 207. **on the neck** cf. *Joshua*, x. 24, " · · · · Come near, put your feet upon the necks of these kings.": an obvious symbol of triumphing over.—Milton(1933, notes), 50. **6 God's trophies** memorials of God's victorious power. See note, *Il Pens.* 118. —Milton(1929, notes), 207. **reared** raised, set up. **pursued** followed up steadily.—Milton(1933, notes), 50. **7 Darwen stream** this falls into the Ribble near Preston in Lancashire, where Cromwell routed the Scots in

1648 (see *Son.* xv.). **imbrued** stained. This is an unusual application of the word, as its literal sense is 'soaked' or 'moistened'. Both *imbrue* and *imbue* are originally from a Latin root meaning to drink in or imbibe: *imbrue* is usually applied to material objects, and *imbue* to a person's mind, language, etc.— Milton(1929, notes), 208. *1694:* Darwent streams. The Darwen, in Lancashire, joins the Ribble near Preston where, 17-19 Aug. 1648, Cromwell, joining John Lambert(1619-1684), routed the invading Scottish army under the Duke of Hamilton [James Hamilton, 1st Duke of Hamilton (1606-1649)], destroying almost half of it.—Milton(1971, notes), 324. **Lines 7-9** Finley (Finley, J. H. 'Milton and Horace', *Harvard Studies in Classical Philology* xlviii, 1937) 60-1 comments on the Horatian quality of this list of victories, and compares *Odes* II ix 19-24.—*Ibid.*, 324. **8 Dunbar field** The battle of Dunbar (Sept 3, 1650), in which Cromwell defeated the Scots; they were not crushed, however, and Cromwell had to march south as far as Worcester before he finally overthrew the royalists. 'Resounds' is singular; it may be repeated with each of its three nominatives.— Milton(1929, notes), 208. **9 Worcester's laureate wreath** The battle of Worcester was fought on the 3rd of September, 1651, the anniversary of Dunbar. On the same day, seven years later, Cromwell died. Hence Byron's allusion to "his day of double victory and death". He called Worcester his 'crowning mercy'; hence Milton's allusion to the laureate wreath. 'Laureate', composed of laurels, a token of victory. The title 'Poet Laureate' arose from an ancient university custom of presenting a wreath of laurel to graduates in rhetoric and poetry.— Milton(1929, notes), 208. Elizabethan poets were fond of the phrase "wreath of victory"; cf. Shakespeare's *Julius Caesar*, v. 3. 82, "Put on my brows this wreath of victory," Cromwell himself called the victory at Worcester a "*crowning* mercy", and M. may have had this in mind. The MS. has *Worsters.*— Milton(1933, notes), 50. The Trinity MS: *twenty battles more* 'Worcester's laureate wreath' [this is obviously the correction for which that in 8 was an error]. At Worcester, 3 Sep. 1651, Cromwell virtually annihilated Charles II's Royalist Scottish army.—Milton(1971, notes), 325. **9-10 yet · · · still** yet=nevertheless; still=yet (adverb of time). **remains / To conquer** *i.e.* remains to be conquered. This idiom is a relic of an older use of the infinitive (comp. 'a horse to *sell*'), in which the word *to* has its full force as a preposition='much remains *to* the conquering'. **10 her** is emphatic.— Milton(1929, notes), 208. **10-11 Peace · · · War** Comp. Cicero, *De Officiis* I xxii 74: *Cum plerique arbtrentur res bellicas maiores esse quam urbanas vere autem si volumus iudicare, multae res extiterunt urbanae maiores clarioresque quam bellicae* (Most people think that the achievements of war are more important than those of peace . . . but there have been many instances of achievement in peace more important and no less renowned than in war), and M. in *Defensio Secunda*, addressing his countrymen (*The Works of John Milton*, ed. F. A. Patterson *et al.* (New York 1931-8) viii 240-1): "If, after putting an end to war, you neglect the arts of peace; if war be your peace and liberty, war alone your virtue, your highest glory, you will find, believe me, that your greatest enemy is peace itself; peace itself will be by far your hardest warfare."—Milton(1971, notes), 325. **11 new foes** These are not the "new forces of conscience" of *Son.* xii*a.*, but still newer foes, viz., those Independents who were not in favour of full spiritual independence.—Milton(1929, notes), 208. **12 secular chains** *i.e.* the bonds of a State Church: Milton was in favour of absolute separation of Church and State. 'Secular' (Lat. *seculum*, an age or generation), that which belongs to the present age, as opposed to that which concerns a future life; hence the words 'secular' and 'sacred' have come to be opposed to each other, like 'temporal' and 'spiritual'. **13 Help** this is the only imperative in the sonnet; it begins the special appeal for which the poem was written. **14 hireling wolves** comp. *Lyc.* 114. The word 'hireling' expresses Milton's contempt for all who served the Church for payment, "whose Gospel is their maw". **wolves** See the parable of the 'Good Shepherd', *John*, x. 12; and *Acts*, xx. 29. With Milton it is a favourite metaphor for avaricious ministers of religion; cf. *Par. Lost*, xii. 508-511: "Wolves shall succeed for teachers, grievous wolves, / Who all the sacred mysteries of heaven / To their own vile advantages shall turn / Of *lucre* and ambition, · · · "—Milton(1933, notes), 51. **whose Gospel,** etc., *i.e.* whose sole object is to obtain worldly benefits for themselves. 'Gospel'=God-spell, the story of God: it is sometimes used as a general term for any religious system, and, still more widely, for any rule of life; *e.g.* we say that one man's *gospel* is to become rich, another's to become famous, and so on. It is aptly used in this sense by Milton, and at the same time suggests that Gospel which the clergy *ought* to have adopted. **maw**=stomach; used figuratively for appetite or desire: cf. *Philippians*, iii. 19: "Whose end *is* destruction, whose God *is their* belly, ..."—Milton(1929, notes), 208-209.

ON THE LATE MASSACRE IN PIEDMONT
(Sonnet XVIII)

AVENGE, O Lord, thy slaughtered saints, whose bones
Lie scattered on the Alpine mountains cold,
Even them who kept thy truth so pure of old,
When all our fathers worshipt stocks and stones,

Forget not: in thy book record their groans
    Who were thy sheep and in their ancient fold
    Slain by the bloody Piemontese that rolled
    Mother with infant down the rocks. Their moans
The vales redoubled to the hills, and they
    To heaven. Their martyred blood and ashes sow
    O'er all th' Italian fields where still doth sway
The triple Tyrant; that from these may grow
    A hundredfold, who, having learnt thy way,
    Early may fly the Babylonian woe.
May? 1655 1673

Notes. The source of this sonnet is originated from Milton(1929), and the following notes of it are from Milton(1929) and Milton(1971). This sonnet in the edition of Milton(1929) and the edition of Milton(1933) is *Sonnet XV* in Milton(1971), 409. The headnotes of it are as follows.

This sonnet, written in 1655, refers to a massacre in April of that year of the inhabitants of certain Piedmontese valleys in North Italy. These people (Vaudois or Waldenses) had, in their poverty and seclusion, preserved a simplicity of worship resembling that of the early days of Christianity; but in January, 1655, they were ordered by the Turin government to conform to the Catholic religion. Those who refused were to leave the country within three days under pain of death. Remonstrances were vain, a massacre was ordered, and for many days the Waldenses were exposed to the most frightful atrocities. When the news reached England the indignation reached a white heat, and Cromwell sent letters (written in Latin by Milton) and an ambassador to the offending Duke of Savoy; Emmanuel Philibert(1528-1580) demanding the withdrawal of the cruel edict; a Fast Day was appointed; and the sum of ₤40,000 was subscribed for the relief of the sufferers. The result was that they were allowed to return in peace to their valleys and to worship in their own way.—Milton(1929) 211.

This Sonnet was evoked by the sufferings in 1655 of the Waldenses or Vaudois, a sect which appears to have originated about the close of the 12th century. In the first instance, they were the followers of a Lyons merchant Peter Waldo; Peter Valdes (12th-century French religious leader. Cf. The followers of a Lyons merchant Peter Waldo are originally named Waldenses), whose teaching anticipated the Protestant principles of the Reformation. As, with increasing numbers, the sect became more important, they were persecuted, and eventually forced to leave the south of France and take refuge in certain valleys of Piedmont subject to the Duke of Savoy. Susa, to the south-east of Mont Cenis, became (and remains) their chief centre. Thenceforth they were commonly called Vaudois, after the Canton Vaud.

In January 1655 the Duke of Savoy issued an edict that the Vaudois must, within a few days, either join the Church of Rome or quit his territory—under pain of death if they resisted. Their remonstrances were in vain, and in April an army was sent to enforce the edict.

A general massacre took place among those who had refused to leave, or to profess the Roman Catholic faith; some escaped, however, into the mountains and appealed to England for help. The news of the event aroused great sympathy in this country, and Cromwell ordered a national fast and subscription (which amounted to ₤40,000) for the benefit of the survivors; he also sent an envoy bearing a letter of remonstrance to the Duke, and urged the Protestant powers of Europe to make similar intercession. His efforts proved successful, the survivors being permitted to return to their homes and retain their forms of worship. As Latin Secretary to the Committee of Foreign Affairs (see p. xvii), Milton composed all the despatches sent by Cromwell in connection with the event. They are printed among his "Letters of State". This Sonnet, of course, is far stronger in expression of feeling.

The following extract is from the despatch to Charles X. of Sweden and is typical of the Letters: "We make no question but that the fame of that most rigid edict has reached your dominions, whereby the Duke of Savoy has totally ruined his protestant subjects inhabiting the Alpine valleys . . . so that many being killed, the rest stripped and exposed to most certain destruction are now forced to wander over desert mountains, and through perpetual winter, together with their wives and children, half dead with cold and hunger . . . Therefore we make it our chief request that you would solicit the Duke of Savoy by letters, and, by interposing your intermediating authority, endeavour to avert the horrid cruelty of this edict"(*P.W.* II. 252-253).—Milton(1933, notes), 52-53.

Date. May? 1655. The Vaudois, founded by Peter Valdes in the twelfth century, were looked upon as the first of the Protestant churches. The sect was formally excommunicated in 1215: in the seventeenth century its strongholds were in the Alpine villages on the borders of France and Italy. A treaty with the Duke of Savoy in 1561 granted them the right to reside within certain territorial limits, from which the lower villages, including Torre Pellice and San Giovanni, were excluded. The Vaudois continued to live in these villages until 1655 when an army under the Marquis of Pianezza was sent by Charles Emmanuel II, Duke of Savoy, to expel them. They fled to the hills; Pianezza pursued, and massacred the inhabitants of the upper villages (24 Apr.). Many who tried to escape into France by the pass of St Julian died in the snow, others were butchered. The prisoners taken were hanged at Torre Pellice bridge. The Vaudois themselves estimated their dead at 1,712. Cromwell took up their cause, and M., as Secretary, wrote letters of protest to various European heads-of-state (May 25) and an address to be delivered to the Duke of Savoy by Sir Samuel Morland(*fl. ca.* 12th-century) a special ambassador (French iv 24-30). Meanwhile the tide turned and the Vaudois won several victories against the Piedmontese troops, and a decisive battle on 12 Jul. A peace treaty, restoring their ancient rights, was signed 18 Aug. *Publication. 1673.*—Milton(1971), 409.

Refer to the following for the contrast between the edition of Milton(1929) and the edition of Milton(1971) in the matter of letters and punctuations. Milton(1929)] Milton(1971), *1.* Avenge, O Lord,]Avenge O Lord *3.* old,]old *4.* worshipt] worshipped *7.* Piemontese]Piedmontese *12.* Tyrant;]Tyrant: *13.* way,]way

1-2 AVENGE, O Lord · · · / Lie scattered · · · Comp. *Luke,* xviii. 7: ". . . shall not God avenge his own elect," and *Revelation,* vi. 9-10: ". . . .the souls of them that were slain for the word of God. . .cried with a loud voice, saying, How long, O Lord, holy and true, dost thou not judge and avenge our blood. . . .", and *Psalms,* cxli. 7: "Our bones are scattered at the grave's mouth, ..."—Milton(1971, notes), 409. **2 Alpine mountains cold** J. Willock, *N & Q* (*Notes and Queries*) ix(1914) 147, finds this phrase in Fairfax's translation of Tasso (xiii 60).—*Ibid.*, 409. **3 Even them who kept thy truth** see headnote above.—Milton(1929, notes), 211. 'Kept · · · so pure', *i.e.* preserved so free from the ritual that had crept into the Roman Catholic Church. 'Them' is the object of 'forget not'. **4 worshipt stocks** Milton considered Roman Catholicism to be idolatrous. 'Worshipt'=worshipped. Now that the participles of such words are almost exclusively formed by *-ed* the final consonant is doubled, thus, *worshipped:* this indicates the nature of the vowel sound; compare the sound of 'hoped' and 'hopped,' 'striped' and 'stripped'.—*Ibid.*, 211. **stocks and stones** D. S. Berkeley, *Explicator* xv(1957) 58, suggests a reminiscence of Jeremiah's condemnation (ii 27) of the idolatrous leaders of his people. M. thus links the image worship of pre-Reformation England to the adoration of Baal, Ashtoreth and other idols.—Milton(1971, notes), 409. **5 in thy book,** etc. Here again we have biblical phraseology: comp. *Psalms,* lvi. 8, ". . . . put thou my tears into thy bottle: *are they* not in thy book?" Cf. *Revelation,* v. 1, *ib.* xx. 12. **their groans Who** *i.e.* the groans of them who: see note, *L'Alleg.* 124. **7 Slain** who were slain. **Piemontese** *i.e.* the Piedmontese troops. **7-8 rolled / Mother with infant,** etc. Such an incident actually took place. "A mother was hurled down a mighty rock with a little infant in her arms; and three days after was found dead with the child alive, but fast clasped between the arms of the mother, which were cold and stiff, insomuch that those that found them had much ado to get the child out." **9-10 The vales redoubled · · · / To heaven** "The valleys redoubled (= re-echoed) their cries to the hills, and the hills in turn redoubled them to heaven." **10 martyred blood and ashes sow** an allusion to Tertullian's [Tertullian; Quintus Septimius Florens Tertullianus (160?-230?)] saying, "The blood of Christians is the *seed* of the Church." Milton prays that this massacre may be the means of spreading Protestantism wherever Roman Catholicism prevails. **11 doth sway** governs, holds sway. **12 The triple Tyrant** the Pope, in allusion to the triple crown (*tricoronifer*) or tiara worn by him as head of the Roman Catholic Church. . . . **that from these,** etc. in order that from the blood and ashes of the Waldenses the number of Protestants may increase a hundredfold. **13 hundredfold** is here treated as a plural antecedent of 'who'. **thy way** God's way, the true religion. **14 fly** flee from, avoid. For this use of 'fly' comp. *Sams. Agon.*(*Samson Agonistes*) 1541. **the Babylonian woe** Papacy: see *Revelation,* xvii. and xviii. The Puritans considered the Church of Rome to be the Babylon there mentioned. —Milton(1929, notes), 211-212.

ON HIS BLINDNESS
(Sonnet XIX)

WHEN I consider how my light is spent
  Ere half my days in this dark world and wide,
  And that one talent which is death to hide
  Lodged with me useless, though my soul more bent
To serve therewith my Maker, and present
  My true account, lest He returning chide,
  "Doth God exact day-labour, light denied?"
  I fondly ask. But Patience, to prevent
That murmur, soon replies, "God doth not need
  Either man's work or his own gifts. Who best
  Bear his mild yoke, they serve him best. His state
Is kingly: thousands at his bidding speed,
  And post o'er land and ocean without rest;
  They also serve who only stand and wait."

1652? 1655? 1673

Notes. The source of this sonnet is originated from Milton(1929), and the notes of it are from Milton(1929) and Milton(1971). This sonnet in the edition of Milton(1929) and the edition of Milton(1933) is *Sonnet XVI* in Milton(1971), 327. And see the pages 160-167 of this book for the translation, notes, and interpretation. Refer to the following for the headnotes of it.

This sonnet, probably written in 1655, is one of Milton's first references in poetry to that blindness which had gradually crept upon him since 1644 and had in 1652 blotted out the sight forever. He continued, in spite of his affliction, to act as Secretary for Foreign Tongues to the Council of State during Cromwell's protectorate. But in this sonnet he seems to despair of making further use of his genius as poet. This mood passed away (cf. *Son.* xxii).—Milton(1929), 212.

Date. 1652? There is some doubt about the exact date. French iii 201 thinks 1652 likely, shortly after M. became totally blind (*i.e.* about 28 Feb., according to French). L. Kemp's theory, *Hopkins Review* vi(1952) 80-3, that the poem's subject is not blindness but loss of inspiration, and that it should be dated 1642, is ably countered by M. Kelley, *XVIIth-Century News* xi(1953) 29. Kelley himself, *MP* (*Modern Poetry*) liv(1956) 20-5, favours mid or late 1655, on the evidence of the order of the later sonnets in *1673*, which he takes as chronological. W. R. Parker, *PMLA* (*Publications of the Modern Language Association of America*) lxxiii(1958) 196-200, questions this assumption. He argues that M. considered himself blind for all practical purposes in Nov. 1651, when he was forty-two years old. Since his father lived to be at least eighty-four (when, according to Aubrey, he could read without spectacles), 'Ere half my days' (l. *2*) may be a reference to M.'s age as compared with his father's. Parker thus dates the sonnet late 1651. Another explanation of 'Ere half my days' is offered by D. C. Dorian, *Explicator* x(1951) 16, who interprets 'days' as 'working days'-at forty-two M. was perhaps less than halfway through a working life. J. T. Shawcross, *N & Q* (*Notes and Queries*) iv(1957) 442-6, dates Oct.-Nov. 1655, on the grounds that 'half my days' is estimated with reference to *Isaiah,* lxv. 20 ('an hundred years old'): this verse, however, is taken from a prophecy about the new Jerusalem, and relates to a future, not an actual state of affairs. *Publication. 1673.*—Milton(1971), 327.

The contrast between the edition of Milton(1929) and the edition of Milton(1971) in the matter of letters and punctuations is as follows. Milton(1929)] Milton(1971), *1.* spent]spent, *2.* days] days, *5.* Maker]maker *6.* He]he *7.* "Doth · · · denied?"]Doth · · · denied, *8.* ask.]ask; But

Patience,]but Patience *9-14.* "God · · · · wait."]God · · · · wait. *10.* gifts. Who]gifts, who *11.* best. His] best, his *12.* kingly: thousands]kingly. Thousands *13.* rest;]rest:

TO THE MEMORY OF HIS SECOND WIFE
(On His Deceased Wife)
(Sonnet XXIII)

METHOUGHT I saw my late espoused saint
Brought to me like Alcestis from the grave,
Whom Jove's great son to her glad husband gave,
Rescued from Death by force, though pale and faint.
Mine, as whom washed from spot of child-bed taint
Purification in the Old Law did save,
And such as yet once more I trust to have
Full sight of her in Heaven without restraint,
Came vested all in white, pure as her mind.
Her face was veiled; yet to my fancied sight
Love, sweetness, goodness, in her person shined
So clear as in no face with more delight.
But, oh! as to embrace me she inclined,
I waked, she fled, and day brought back my night.
1658? 1673

Notes. The source of this sonnet is originated from Milton(1929). The notes of it are from Milton(1929) and Milton(1933). This sonnet in the edition of Milton(1929) and the edition of Milton(1933) is *Sonnet XIX* in Milton(1971), 413. Refer to the following for the headnotes of it.

This (sonnet) was his second wife, Catherine Woodcock, who died in childbirth in February, 1657, fifteen months after her marriage. She had been a good and faithful wife to him. This sonnet was probably written in 1658.—Milton(1929, notes), 218.

Perhaps Sir Walter Raleigh's or Ralegh's(1552?-1618) Sonnet "*A Vision upon The Faerie Queene*" suggested to M. "the idea of a Sonnet in the form of a Vision".

Milton's first wife died in 1652. In November 1656 he married Catherine Woodcock, who died fifteen months later (February, 1658) in childbirth. Of her we know nothing more than this Sonnet tells us. Probably it was written in 1658. Its pathos is heightened by the fact that Milton had never *seen* his wife.—Milton(1933, notes), 59.

Date. 1658? It is disputed whether the sonnet is about M.'s second wife, Katherine Woodcock, whom he married 12 Nov. 1656 and who died 3 Feb. 1658 having borne him a daughter, 19 Oct. 1657, or about his first wife, Mary Powell, who died May 1652, three days after giving birth to a daughter. . . .In the sonnet the wife appears 'as'(like) one 'washed from spot of childbed taint'(l. *5*). The description fits Katherine in fact, but if the point of the line is dream-reversal of fact, then it fits Mary and not Katherine. R. M. Frye misses this distinction in his reply to Parker, *N & Q*(*Notes and Queries*) clxxxix(1945) 239. F. Pyle, *RES* (*Review of English Studies*) n.s. ii(1951) 152-4, thinks 'whom' (l. *5*) is the Blessed Virgin, who survived 'the days of a purification according to the Law of Moses', *Luke,* ii. 22. Katherine died the day after the Feast of the Purification of the Blessed Virgin. However, even if Pyle is right about 'whom', it might be argued that Mary's name associates her with the Blessed Virgin more surely than Katherine. He is on firmer ground in insisting, *RES* xxv(1949) 57-60, that the figure's 'veiled'(l. *10*) face fits Katherine, whom M. married after he was blind, better than Mary ('it is typical of M.'s habitual rectitude of mind that even in the dream state he will not endow his visionary figure with a face supplied by guesswork'). Parker, *RES* n.s. ii(1951) 147-52, admits that the veil gains in appropriateness if Katherine is the subject. Another argument for Katherine is advanced by E. S. LeComte, *N & Q* i(1954) 245-6, who notices the poem's insistence on purity ('washed' *5,* 'Purification' *6,* 'white, pure' *9*) and connects it with the name Katherine (from Greek *ḳatharos*, pure): M., an inveterate etymologist, is perhaps doing what Dante had done with 'Beatrice' and Petrarch with 'Laura'. This carries more conviction than J. T. Shawcross's theory, *N & Q* iii(1956) 202-4, that the purity of the wife's mind (l. *9*) is only mentioned to contrast with the impurity of her (*i.e.* Mary's) body, uncleansed from childbirth. . . .*Publication. 1673.*—Milton(1971), 413.

Refer to the following for the contrast between the edition of Milton(1929) and the edition of Milton(1971) in the matter of letters and punctuations. Milton(1929)] Milton(1971), *4.* Death by force,]death by force *5.* Mine,]Mine child-bed taint]childbed taint, *6.* Old]old *7.* such as]such, as *8.* Heaven]heaven *9.* mind.]mind: *10.* veiled;]veiled, sight]sight, *11.* goodness,]goodness *12.* clear]clear, *13.* But, oh!]But O inclined,]inclined

1 Methought see note, *Son.* x. 11. Milton speaks as if he were recalling a dream. **espoused** married: from Fr. *espouer*, to marry (Lat. *sponsus*, promised). Strictly it may be applied either to husband or wife, though now generally used of the latter alone. **saint** an honourific expression, *i.e.* wife. **2 Alcestis** wife of Admetus, king of Pherae in Thessaly: on the day of his marriage with Alcestis, Admetus neglected to offer a sacrifice to Artemis, but Apollo reconciled the goddess to him, and induced the Fates to grant him deliverance from death if his father, mother or wife would die for him. His wife died in his stead, but was brought from the lower world by Hercules, "Jove's great son".—Milton(1929, notes), 218. **1-4 The story** how Alcestis, wife of Admetus, king of Pherae in Thessaly, died in place of her husband but was brought back from the lower world by Hercules ("Jove's great son"), is told in the *Alcestis* of Milton's favourite Euripides(*ca.* 489-406 B.C.); cf. Robert Browning, *Balaustion's Adventure.*—Milton(1933, notes), 59. **5 Mine** pronoun, subject to 'came,' l. 9. **as whom** *i.e.* as or like (those) whom, etc. The antecedent of the relative is not expressed. **6 Purification** By the Old Law is meant the Mosaic law, which enjoined certain ceremonies of purification upon mothers after child-birth. See *Leviticus* xii. **7 And such as yet,** etc., *i.e.* and such *as* I trust *yet*, etc. **8 without restraint** This is an allusion to the legal restrictions upon women under the Old Law noted above. **9 all in white** as if denoting that ceremonial uncleanness ended with death: cf. *Revelation*, vii. 13-14. **10 Her face was veiled** This may signify that Milton had never actually seen his wife, and could not therefore picture her face in his dreams. **my fancied sight** *i.e.* the eye of my fancy = my imagination. **11 shined** shone. In early English *shine* is a strong verb, *shinen* being the past participle and *shone* the past tense. But as early as the fourteenth century *shined* occurs as a past tense. **12 There seem to be two comparisons involved in this line:** 'love, etc., shone more clearly in her face than they have ever done in any other'; and 'love, etc., shone with more delight in her face than in any other'. **13 as** while; introduces a temporal clause. **inclined** bent over me. **14 day brought back my night** *i.e.* daybreak recalled me to the knowledge of my blindness (and loneliness). This verbal contradiction between 'day' and 'night' is very striking.—Milton(1929, notes), 218-219.

FROM *PARADISE LOST*
Book I

Of man's first disobedience, and the fruit
Of that forbidden tree, whose mortal taste
Brought death into the world, and all our woe,
With loss of Eden, till one greater man

Restore us, and regain the blissful seat,
Sing heavenly Muse, that on the secret top
Of Oreb, or of Sinai, didst inspire
That shepherd, who first taught the chosen seed,
In the beginning how the heavens and earth
Rose out of chaos: or if Sion hill
Delight thee more, and Siloa's brook that flowed
Fast by the oracle of God; I thence
Invoke thy aid to my adventurous song,
That with no middle flight intends to soar
Above the Aonian mount, while it pursues
Things unattempted yet in prose or rhyme.
And chiefly thou O Spirit, that dost prefer
Before all temples the upright heart and pure,
Instruct me, for thou know'st; thou from the first
Wast present, and with mighty wings outspread
Dove-like sat'st brooding on the vast abyss
And madest it pregnant: what in me is dark
Illumine, what is low raise and support;
That to the highth of this great argument
I may assert eternal providence,
And justify the ways of God to men.
1658-1663? 1667, 1674

Notes. The source of *Paradise Lost* is originated from Milton(1968), and the notes of it are from Milton(1934), Milton(1937), Milton(1940), and Milton(1968). And see the pages 171-176 of this book for the translation, notes, and interpretation of these lines. The headnotes of these lines are as follows.

Like Homer and Virgil he indicates the theme of his poem at the outset. . . .The invocation of the Muse is an epic convention; like Dante and Tasso, M. follows therein Homer and Virgil. The significance lies in his choice of a power to be addressed: not one of the Nine Muses to whom a Greek or Roman poet would have appealed, but the Muse of sacred song, the Heavenly power which inspired Moses on Sinai, and David on Zion, and the other prophets of Israel. Twice he speaks of great singers as "taught by the Heavenly Muse" (III, 19, *Com.* 514), and in VII. 1-4 he gives her the name "Urania", 'the Heavenly':. . . ."Urania, or Spiritual Poems";. . . .Cf. similar invocation of the Holy Spirit *P.R.* I.

8-17: a higher power than the Muse addressed above. "There can be little doubt that Milton believed himself to be, in some real sense, an inspired man"(David Masson). In *Church Gov.* he says that a great poem can only be achieved through "devout prayer to that eternal Spirit, who can enrich with all utterance and knowledge"(*P.W.* II, 481); and in *Christian Doct,* VI. he explains that he means by the Spirit "that impulse or voice of God by which the prophets were inspired". . . ."And justify the ways of God to men". Cf. *S.A.*(*Samson Agonistes*) 293-294, "Just are the ways of God, / And justifiable to men"—the Scriptural reference being to passages like *Psalms,* cxiv. 17 and *Revelation,* xv. 3, "just and true are the ways". Pope professed the same design; cf. *An Essay on Man* I, ll. 15-16.—Milton(1934), 74-77.

The Lines 1-26 of *Paradise Lost* are also the *principium* that states the whole scope of the poem's action. M.'s particular overlapping arrangement of the opening parts traditional in epic combines the Virgilian and Homeric plans; so that, without the interruption of direct allusion, *PL* is silently related to its three principal analogues. A metaphorical comparison is set up between Adam and Achilles, Odysseus and Aeneas, and between the loss of Paradise and the loss of Troy (Condee). On the placing of the poem's four invocations, see ix 1-47*n* below.—Milton(1968), 40.

▪참고문헌

Abrams, Meyer H. & Others. Eds. *The Norton Anthology of English Literature.* 2 Vols. New York: Norton Co., 1962. *The vol. 1 of 2 volumes is abbreviated to* ***NA.***

__________. *A Glossary of Literary Terms.* New York: Holt, Rinehart and Winston, 1981.

.Altenbernd, Lynn. and Lewis, Leslie L. *A Handbook for the Study of Poetry.* New York: Macmillan Company, 1966.

Bate, Walter Jackson. Ed. *Criticism: The Major Texts.* New York: Harcourt Brace Jovanovich, Inc., 1970.

Bennett, Joan. *Five Metaphysical Poets.* Cambridge: Cambridge University Press, 1964.

Brooks, Cleanth. Ed. with introduction. *Complete Poetry and Selected Prose of John Milton.* New York: The Modern Library, 1950.

__________. & Warren, Robert Penn. *Understanding Poetry.* New York: Holt Rinehart and Winston, 1960.

__________. *Modern Poetry and the Tradition.* New York: Oxford University Press, 1965.

Buscaglia, Leo E. *Love.* Fawsett Crest · New York: Charles B. Slack, Inc., 1972.

Butler, Samuel. *Shakespeare's Sonnets Reconsidered.* New Edition. London: Jonathan Cape, 1927.

Capellanus, Andreas. *The Art of Courtly Love.* New York: Columbia University Press, 1941.

Clements, A. L. Ed. *John Donne's Poetry: Authoritative Texts Criticism.* New York: W · W · Norton & Company, 1966.

Coles Editorial Board, *The Works of John Donne; Notes.* Toronto: Coles Company Publishing Ltd., 1981.

Donne, John. *John Donne: The Complete English Poems.* Ed. A. J. Smith. Harmondsworth: Penguin Books Ltd., 1971.

__________. *Donne: Poetical Works.* Ed. Herbert J. C. Grierson. Oxford: Oxford University Press, sixteenth impression, 1979.

Dowden, Edward. Ed. *Shakespeare's Sonnets.* London: Kegan Paul, Trench & Co., 1881.

Dryden, John. *The Poetical Works of Dryden.* Ed. George R. Noyes.

Boston: Houghton Mifflin Company, 1909.

Eliot, Thomas Stearns. *Selected Essays*. London: Faber and Faber Ltd., 1932.

_________. *On Poetry and Poets*. London: Faber and Faber Ltd., 1957.

Fowler, Roger. Ed. *A Dictionary of Modern Critical Terms*. London and Boston: Routledge & Kegan Paul Ltd., 1973.

Fyfe, H. Hamilton. Trans. with an introduction and explanation. *Aristotle's Art of Poetry: A Greek View of Poetry and Drama*. Oxford: The Clarendon Press, 1967.

Gardner, Helen. Ed. *The Metaphysical Poets*. Harmondsworth: Penguin Books Ltd., 1957.

Gayley, Charles Mills & Others. Ed. *English Poetry: Its Principles and Progress*. New York: The Macmillan Company, 1904.

Gill, Roma. Ed. *The Plays of Christopher Marlowe*. London: Oxford University Press, 1971.

Hulme, Thomas Ernest. *Speculations: Essays on Humanism and the Philosophy of Art*. Ed. Herbert Read. London: Routledge and Kegan Paul Ltd., 1924.

Hume, David. *Enquiries Concerning Human Understanding and Concerning the Principles of Morals*. Ed. with introduction, comparative table of contents, and analytical index by L. A. Selby-Bigge. Third edition with text revised and notes by P. H. Nidditch. Oxford: Oxford University Press, 1975.

_________. *A Treatise of Human Nature*. Ed., with an analytical index, by L. A. Selby-Bigge. Second edition with text revised and notes by P. H. Nidditch. Oxford: Oxford University Press, 1978.

Hunt, Clay. *Donne's Poetry*. New Haven: New Haven University Press, 1956.

Johnson, Samuel. *Lives of the English Poets.* 2 Vols: Everyman's Library 770-771. London: J. M. Dent & Sons Ltd. New York: E. P. Dutton & Co. Inc., 1925.

Kearns, David. *How to Study Milton*. London: The Macmillan Press Ltd., 1993.

Ker, William Paton. Ed. *Dryden's Essays*. 2 Vols. Oxford: The Clarendon Press, 1926.

Kirsch, Arthur C. Ed. *Literary Criticism of John Dryden*. Lincoln: University of Nebraska Press, 1966.

Kreuzer, James R. *Elements of Poetry*. New York: The Macmillan Company, 1955.

Leggatt, Alexander. *Ben Jonson: His Vision and His Art*. London:

Methuen & Co. Ltd., 1981.

Lewis, C. A. *The Allegory of Love: A Study in Medieval Tradition.* London: Oxford University Press, 1976.

Locke, John. *An Essay Concerning Human Understanding.* Collated and annotated by Alexander Campbell Fraser. 2 Vols. New York: Dover Publications, Inc., 1959.

Martin, Philip. *Shakespeare's Sonnets: Self, Love and Art.* Cambridge: Cambridge Unversity Press, 1972.

Martz, Louis L. Ed. *Milton: Paradise Lost: A Collection of Critical Essays.* Englewood Cliffs: Prentice-Hall, Inc., 1966.

Milton, John. *Nativity Ode, Lycidas, Sonnets &c.* Ed. with introduction and notes by W. Bell, C.I.E., M.A. London: Macmillan and Co., Ltd., 1929.

_________. *Milton's Sonnets.* Ed. with introduction, notes, glossary and indexes by A. W. Verity, M.A. Cambridge: Cambridge University Press, 1933.

_________. *Paradise Lost: Books I. and II.* Ed. with introduction and notes by A. W. Verity, M.A. Cambridge: Cambridge University Press, 1934.

_________. *Paradise Lost: Books IX. and X.* Ed. with introduction and notes by A. W. Verity, M.A. Cambridge: Cambridge University Press, 1937.

_________. *Paradise Lost: Books III. and IV.* Ed. with introduction and notes by A. W. Verity. Cambridge: Cambridge University Press, 1940.

_________. *Paradise Lost.* Ed. Alastair Fowler. Harlow, Essex: Longman Group Ltd., 1968.

_________. *Complete Shorter Poems.* Ed. John Carey. London: Longman Group Ltd., 1971.

Moody, William Vaughn and Lovett, Robert Morss. *A History of English Literature.* New York: Charles Scribner's Sons, 1964.

Newsome, David. *Two Classes of Men: Platonism & English Romantic Thought.* London: John Murray Ltd., 1974.

Newton, Sir Isaac. *Optics: Britannica Great Books.* Vol. 34. Published with the editorial advice of the faculties of the University of Chicago. Chicago · London: Encyclopaedia Britannica, Inc., 1952.

_________. *Principia: Sir Isaac Newton's Mathematical Principles of Natural Philosophy and His System of the World.* Translated by Andrew Motte, revised by Florian Cajori. Vol. II. Berkeley: University of California Press, 1961.

Onions, C. T. *A Shakespeare Glossary*. Oxford: The Clarendon Press, 1911.
Pater, Walter. *The Renaissance: Studies in Art and Poetry*. London: Macmillan and Co., Ltd., 1928.
Patrides, C. A. and Waddington, Raymond B. Eds. *The Age of Milton: Backgrounds to Seventeenth-Century Literature*. Manchester: Manchester University Press, 1980.
Pattison, Mark. *Milton*. London: Macmillan and Co., 1887.
Pope, Alexander. *Pope: Poetical Works*. Ed. Herbert Davis. Oxford: Oxford University Press, 1978.
Preminger, Alex. *Princeton Encyclopedia of Poetry and Poetics*. Princeton: Princeton University Press, 1974.
Radzinowicz, Mary Ann Nevins. "Eve and Delilah: Renovation and the Hardening of the Heart." in *Reason and the Imagination*. Ed. J. K. Mazzo. New York: Columbia University Press, 1962.
Roston, Murray. *The Soul of Wit: A Study of John Donne*. Oxford: The Clarendon Press, 1974.
Rowse, A. L. Ed. with introduction. *The Annotated Shakespeare: Complete Works Illustrated*. III Vols. *Comedies,* vol. I. *Histories and Poems,* vol. II. *Tragedies and Romances,* vol. III. London: Orbis Publishing Ltd., 1978.
Secretan, Dominique. *Classicism: The Critical Idiom*. Ed. John D. Jump. London: Methuen & Co Ltd., 1973.
Shakespeare, William. *The Sonnets of William Shakespeare*. Ed. Edward Dowden, London: Kegan Paul, Trench & Co., 1881.
_________. *The Sonnets: The Works of Shakespeare*. Ed. John Dover Wilson. Cambridge: Cambridge University Press, 1966.
Shawcross, John T. Rev. ed. *The Complete Poetry of John Milton*. New York: Anchor Books, Doubleday, 1971.
Smith, James Harry. and Parks, Edd Winfield. Eds. *The Great Critics: An Anthology of Literary Criticism*. New York: W. W. Norton & Company, Inc., 1960.
Spenser, Edmund. *Faery Queene, Book I*. Ed. with notes and glossary by G. W. Kitchin, D.D. Oxford: The Clarendon Press, M DCCC V(1805).
_________. *Book II of the Faery Queene*. Ed. with notes and glossary by G. W. Kitchin, M.A. Oxford: The Clarendon Press, M DCCC LXXII(1872).
_________. *The Faerie Queene: Book III*. Ed. with introduction and glossary by Kate M. Warren. London: Archibald Constable &

Co Ltd., 1908.

________. *The Faerie Queene: Book II.* Ed. Lilian Winstanley, M.A. Cambridge: Cambridge University Press, 1928.

Thorpe, James. Ed. *Milton Criticism: Selections from Four Centuries.* London: Routledge & Kegan Paul Ltd., 1951.

Trilling, Lionel. *The Experience of Literature: Poetry*. New York: Holt, Rinehart and Winston, 1967.

Verity, A. W. *Milton's Ode on the Morning of Christ's Nativity, L'Allegro, IL Penseroso and Lycidas*. Cambridge: Cambridge University Press, 1929.

Williamson, George. *A Reader's Guide to the Metaphysical Poets*. Thames and Hudson: The Camelot Press Ltd., 1967.

Willey, Basil. *The Eighteenth Century Background: Studies on the Idea of Nature in the Thought of the Period.* Boston: Beacon Press, 1961.

Wimsatt Jr., William K. & Brooks, Cleanth. *Literary Criticism: A Short History*. 4 Vols. *Classical Criticism*, vol. 1. *Neo-Classical Criticism*, vol. 2. London: Routledge & Kegan Paul Ltd., 1970.

Wyatt, A. J. Ed. with notes. *Milton: Samson Agonistes*. London: University Tutorial Press, 1908.

졸저(拙著). 『워즈워스의 감각력 *Wordsworth's Sensibility*』. 서울: 푸른사상사, 2001.

_______. 『신고전주의 영시론 *Theories on English Neo-Classical Poetry*』. 서울: 신아사, 2005.

저 자: 정식헌(鄭湜憲)
문학박사 ▪ 필명 정상림(鄭常林) ▪ 아호 농산(農山)
국제 워즈워스학회 종신회원(영국)
경상대학교 초대 영어영문학과장(80-82)
경상대학교 인문대학장(94. 3-96. 2)
영국 케임브리지대학 교환교수(82-83)
영국 옥스퍼드대학 객원교수(96-97)
2006. 2-현재 경상대학교 영어영문학과 명예교수
저서: 워즈워스의 감각력(2001)
신고전주의 영시론(2005) ▪ 관련된 논문 多數

현주소: 〒 660-931, 경남 진주시 집현면 봉강리 249번지, 현대Apt. 106-302.
Tel. 055-772-6066.

밀턴 시의 이해

Understanding Milton's Poetry

1판 1쇄 찍음 • 2008년 11월 1일
1판 2쇄 펴냄 • 2011년 2월 28일

저 자 • 정 식 헌
발행인 • 정 현 걸
발 행 • 신 아 사
인 쇄 • 예지인쇄

출판등록 • 1956년 1월 5일 (제9-52호)
서울특별시 은평구 녹번동 28-36 2F
전화 (02)382-6411 • 팩스 (02)382-6401
홈페이지 • www.shinasa.co.kr.
E-mail • shinasa@chol.com.
ISBN 978-89-8396-622-3

정가 20,000 원